脸谱 （吴明清摄于2016年7月30日椿木营风筝节）

宣恩年鉴

XUANEN YEARBOOK

2017

（总第十卷）

方志出版社
Publishing House of Local Records

图书在版编目(CIP)数据

宣恩年鉴:2017 / 宣恩县史志办公室编
—北京:方志出版社,2018.12
ISBN 978-7-5144-3600-6

Ⅰ.①宣… Ⅱ.①宣… Ⅲ.①宣恩县—2017—年鉴
Ⅳ.①Z526.34

中国版本图书馆 CIP 数据核字〔2019〕第 023924 号

宣恩年鉴(2017)

编　　者:宣恩县史志办公室
责任编辑:何明忠

出 版 人:冀祥德
出 版 者:方 志 出 版 社
　　　　地址　北京市朝阳区潘家园东里 9 号(国家方志馆 4 层)
　　　　邮编　100021
　　　　网址　http://www.fzph.org
发　　行:方志出版社发行中心
　　　　(010)67110500
经　　销:各地新华书店
印　　刷:武汉兢佳印刷有限公司

开　　本:889mm×1194mm　1/16
印　　张:53
字　　数:829 千
版　　次:2019 年 8 月第 1 版　2019 年 8 月第 1 次印刷
印　　数:1～500 册

ISBN 978-7-5144-3600-6　定价:280.00 元

《宣恩年鉴》编纂委员会

《宣恩年鉴》编辑人员

编 辑 说 明

一、《宣恩年鉴》是系统记述宣恩县自然、经济、政治、文化、社会等方面情况的地方综合年鉴，以马克思列宁主义、毛泽东思想、“三个代表”重要思想、科学发展观、习近平新时代中国特色社会主义思想为指导，围绕中共宣恩县委、宣恩县人民政府的中心工作，突出时代特征和地方特色，全面、客观、系统地记述2016年度全县各乡镇、各部门的基本情况和各项事业发展现状，反映全县社会主义现代化建设的基本面貌和发展进程，为构建和谐社会、促进宣恩县域经济发展服务，为社会各界了解和研究宣恩提供基本资料和历史借鉴。

二、《宣恩年鉴(2017)》采用类目编辑法，按类目、分目、条目三级结构组成，条目为收录资料信息的基本单元。2016年卷年鉴共设11个类目。(1)特载；(2)大事记；(3)县情概览；(4)生态建设；(5)经济；(6)政治；(7)文化；(8)社会；(9)乡镇概况；(10)人物；(11)附录。类目下的分目按工作分类编排。分目下的条目标题加【 】表示。

三、《宣恩年鉴(2017)》所刊特载内容为报告原文。凡涉及全县经济与社会发展的数据均以县统计局《宣恩县2016年国民经济和社会发展统计公报》为准。凡县统计局未予统计和提供的，则以各撰稿单位提供的数据为准。附录中统计资料由县统计局提供。

四、《宣恩年鉴(2017)》行政区划、单位名称以2016年年底正称为准。为表述简单，晓关侗族乡简称晓关乡，长潭河侗族乡简称长潭河乡；地名以《宣恩县地名志》为准；村(社区)名等以宣恩县人民政府2010年5月14日公布的各乡镇驻地大道、街(路)巷、广场、桥梁、花园和村(居)民委员会等标准名称为准。

五、《宣恩年鉴(2017)》原则上使用法定计量单位。但“特载”和不表示具体数值的个别地方，计量单位仍保留市制，如百亩示范基地。

六、单位领导班子成员任职时间均以组织任命文件或法定时间为准。

七、人物主要收录2016年度见义勇为先进个人等县级以上模范人物、百岁老人、立传人物。

目　　录

特　　载

大事记

县情概览

生态建设

经　济

农业农村经济

住房和城乡建设

综合管理监督与服务

政　　治

宣恩县人民代表大会

宣恩县人民政府

中国人民政治协商会议宣恩县委员会

中国共产党宣恩县纪律检查委员会

社会团体

法　　治

军　　事

文　化

精神文明建设

文化·体育·广播事业

电　视

社　会

乡镇概况

人　　物

附　　录

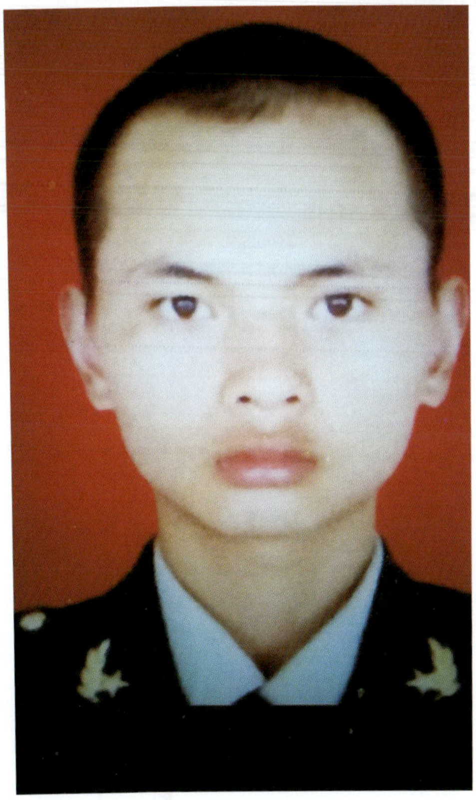

龚昊

男，侗族，中共党员，

1990年9月28日出生，

宣恩县晓关侗族乡堰塘坪村人。

2008年12月入伍，

火箭军某部班长，中士军衔。

2016年8月14日，在执行巡逻任务中，

因抢救落水战士牺牲，被部队批准为烈士。

2017年8月15日，宣恩县在县殡仪馆举行仪式，迎接烈士龚昊回家。

数字宣恩2016

1735年改土归流始建宣恩县，地处北纬29°33′－30°12′，东经109°11′－109°55′，土地总面积2737.17平方千米。

全县辖1个自然保护区（正县级）、1个工业园区（副县级）、4乡5镇，5个社区居委会，279个行政村，2698个村（居）民小组，361092人。

地区生产总值60.23亿元，三次产业结构比为25.5∶28.6∶45.9

农林牧渔业总产值27.25亿元

规模以上企业工业总产值33.66亿元

全社会固定资产投资44.67亿元

野鸡坳大桥

外贸出口总额2330.9万美元

招商引资到位资金28.83亿元

地方财政总收入4.73亿元

地方公共预算收入3.29亿元

年末金融机构各项存款余额85.44亿元，贷款余额39.02亿元

全体居民人均可支配收入12270元，农村常住居民人均可支配收入8550元，城镇常住居民人均可支配收入22784元

中共宣恩县委第十五届常务委员会委员，左起：宣传部长谢世鸿、统战部长周志斌、政法委书记龙志刚、副书记王波、书记刘智勇、副书记（县长）习覃、纪委书记曾志敏、组织部长刘红艳、常务副县长邵爱华、办公室主任覃国锋

宣恩县第十八届人大常委会领导成员，左起：副主任乾维德、副主任覃正彪、副主任姚元文、主任刘智勇、常务副主任朱瑾、副主任唐斌、副主任史红珍

宣恩县第十八届人民府领导成员，左起：副县长向重臣、副县长（县公安局长）张友刚、常务副县长邵爱华、县长习覃、副县长向建强、副县长李家锦、副县长胡晓洪

中国人民政治协商会议宣恩县第九届委员会领导成员，左起：副主席陶华、副主席姚敏、副主席钟昌泽、主席黄同元、副主席黄玉贤、副主席李川、秘书长奚泽辉

模范人物

荆楚楷模——张兴红（长潭河侗族乡两溪河村党支部书记）

湖北省三八红旗手罗杰（中，宣恩县荧屏特殊教育学校校长）

宣恩县总工会主席朱瑾（右五）、常务副主席李华生（左五）与2016年度恩施州劳动模范合影
(左起：郑奉英、杨再双、陈应国、朱学杰、李华生、朱瑾、杨光海、王真友、张继亮、曹翠平)

第四届湖北最美警察、2016年度出彩宣恩人—— 郑奉英
（宣恩县公安局出入境管理大队大队长）

见义勇为先进个人—— 陶建华
（宣恩县人民医院职工）

2016年度出彩宣恩人

代娜，万寨乡人，
县第一中学高三学生

方应鹏（右二），
沙道沟镇二坪村“第一书记”

军嫂韩英（右），沙道沟镇人

龙维民，晓关侗族乡人，
湖北宣恩维民实业有限公司董事长

沈香云，珠山镇人（右）

王焕军，晓关侗族乡大山坪学校老师

张山、李金凤夫妇，
长潭河侗族乡芭叶槽村人

张相成，高罗镇人，
非物质文化遗产三棒鼓传承人

长潭河流动法庭
（左起：陈涛、范韬、
胡任权、王明）

2016年3月28日，湖北省司法厅王志忠副处长一行验收“省级法治文化建设示范点”，查看宣恩法治文化长廊(兴隆大道)　（杨美容　摄）

“12·4”国家宪法日法治文化宣传活动现场(县河滨广场)

（杨美容　摄 ）

2016年5月10日，宣恩县人民法院组织首批入额法官宪法宣誓

院长郑向东宣誓

县委常委、政法委书记黄同元在宣誓仪式上讲话

宣恩县首批入额法官集体宣誓

宣恩县首批入额检察官与监誓人合影

2016年3月1日,宣恩县人民检察院组织首次计入员额检察官宪法宣誓

检察长李美福宣誓

宣恩县首批入额检察官集体宣誓

2016年3月24日，县委、县政府召开“2•7”专案表彰奖励大会，给田丰（左一）、吴德芳（左二）、杨昆（右二）、夏涛（右一）分别记个人三等功一次

2016年4月22日，县委书记刘智勇(左四)专题调研公安工作

2016年7月19日，公安民警深夜开展抗洪救援工作

2016年9月28日，县公安局组织国庆节前集中清查行动

宣恩义工

儿童减贫

2016年6月19日，义工们在铁厂沟村开展活动

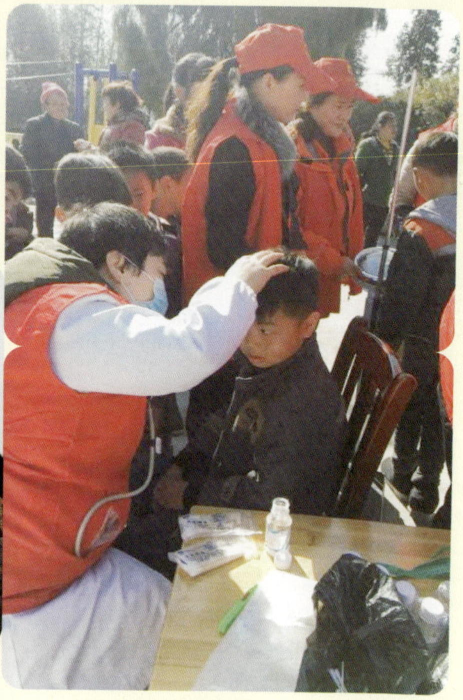

2016年12月4日，义工们在高罗七把刀小学开展活动

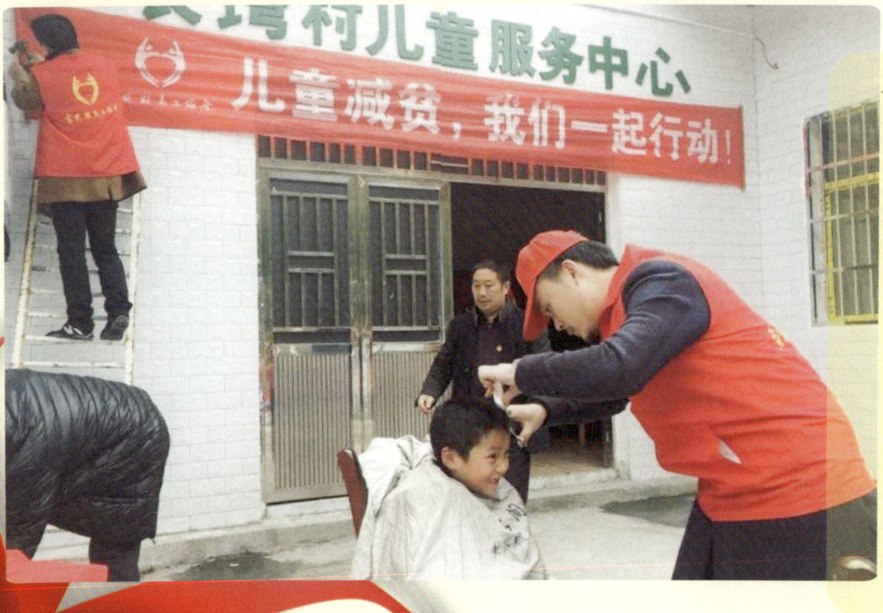

2016年11月27日，义工们在李家河镇长湾村开展活动

2016年8月13日，宣恩
义工服务水运会留影

2016年12月1日，
宣恩义工在年会上宣誓

义工服务晓关侗族乡成立30周年庆祝大会午餐

2016年7月9号,义工服务晓关侗族乡成立30周年庆祝大会

珍稀动物

林麝（国家一级保护动物）

红腹角雉（国家二级保护动物）

红腹锦鸡（国家二级重点保护动物）

苏门羚（国家二级重点保护动物）

斑羚（国家二级重点保护动物）

猕猴（国家二级重点保护动物）

黑熊（国家级重点保护动物）

红嘴相思鸟（珍稀鸟类）

(湖北七姊妹山国家级自然保护区管理局提供)

白鹭

叉尾太阳鸟

黑枕黄鹂

黄头鹡鸰

蓝喉太阳鸟

铜蓝鹟

(汪国超　摄)

2016年5月20日，珠山镇五里牌村党支部开展“不忘初心·永跟党走”主题实践活动

2016年6月15日，浙江省乐清市湖北宣恩商会成立

2016年9月23日，全州基层党建重点项目拉练观摩会参会人员到宣恩县公安局参观学习

2016年9月30日，宣恩县在县烈士陵园开展“烈士纪念日”公祭活动

2016年7月30日，县委书记刘智勇(前排左一)到晓关侗族乡大山人影站调研人影工作 （陈海鹰 摄）

2016年8月5日，宣恩县举办城市综合体跨区域应急救援演练

2016年8月12日，县环保局对椒园镇废品处理厂火灾进行应急监测

特载

高扬发展龙头　实现后发赶超
为宣恩率先提前建成全面小康而努力奋斗

——在中国共产党宣恩县第十五次代表大会上的报告

刘智勇

（2016年12月14日）

各位代表、同志们：

现在我代表中国共产党宣恩县第十四届委员会向大会作报告，请予审议。

大会的主题是：全面贯彻党的十八大和十八届三中、四中、五中、六中全会及习近平总书记系列重要讲话精神，紧密团结在以习近平同志为核心的党中央周围，带领全县各族人民，把握时代发展脉搏、巩固当前良好态势、掌握未来发展主动，进一步提振精神、凝聚力量、改革创新、奋发图强，为打赢脱贫攻坚决战、率先提前建成全面小康而努力奋斗。

一、回顾过去，成绩令人鼓舞，昂首迈进新征程

过去五年，在省委、州委的坚强领导下，县委团结带领全县人民开拓创新、砥砺奋进，是宣恩应对重大挑战、经受重大考验、取得重大成绩的五年，也是综合实力提升最快、城乡面貌变化最大、人民群众得到实惠最多的五年。

（一）实力进一步提升。预计到2016年底，全县地区生产总值达到60.24亿元，比2011年增长1.7倍；公共财政预算收入达到3.27亿元，增长2.2倍；全社会固定资产投资达到50.47亿元，增长2.6倍；社会消费品零售总额达到38.1亿元，增长3.8倍。在全州率先建成"省级现代农业示范区"。成功打造"中国名茶之乡""全国重点产茶县""全国有机农业示范基地""国家茶叶出口质量安全示范区"和"国家有机产品认证创建示范区"。工业园区成为县域经济新增长极，入园企业已突破100家，规模以上工业企业达到65家；椒园生态产业园成为独具宣恩特色的"工业梯田"，被评为省级农业产业化示范园区。经营性景区、四星级酒店、地接旅行社、游客集散中心等旅游基本要素均实现"零"的突破，"两会三赛四节"品牌[1]已成为宣恩靓丽的名片。

（二）魅力进一步彰显。扎实开展"山更青、天更蓝、水更绿、土更净、城乡更美"五项行动，着力推进生态文明建设。森林覆盖率逐年提升，城镇化率不断提高，贡水河流域国家湿地公园建设进展顺利。成功创建"省级卫生县城"，建成一批"全国美丽乡村""中国少数民族特色村寨""中国传统村落"和国家级、省级生态乡镇。着力完善城乡基础设施，恩来、恩黔高速公路建成通车，完成"两桥两路"、高速公路县城连接线等重大项目建设，基本形成"一主两组团"[2]县城空间布局。县城区主干道、背街小巷实现道路黑色化、街面一体化、管线入地和雨污分流。建成中心客运站、莲花坝带状公园、城区沿河人行栈道等公共设施。实现了乡乡通二级路、村村通沥青路（水泥路）、村村通客车的目标。

（三）活力进一步释放。行政审批制度改革全面推进，"市民之家"基本建成，形成县乡村三级政务服务体系。商事制度、财税体制、法院和检察院机构改革顺利推进。公共资源交易"六统一"工作模式[3]更加规范。建立基本药物制度。启动县级公立医院改革。完成卫计、食药、新闻出版广电机构整合。成立全省首家"小微企业发展促进会"，创建浙江省乐清市宣恩商会。创新投融资模式，全县金融机构各项存款

余额、贷款余额增幅均居全州前列，成功推出全省金融扶贫“宣恩模式”。预计招商引资到位资金可达24.6亿元，增长3.6倍；外贸出口突破3600万美元，增长4.7倍。

（四）民生进一步改善。人民生产生活条件得到极大改善，群众获得感和幸福感明显提升。五年来，累计投入民生项目资金近80亿元，切实解决群众出行难、饮水难、用电难、看病难等问题。城镇常住居民人均可支配收入增加1万元；农村常住居民人均可支配收入增加5000元。连续三年被表彰为“全省三万活动先进县”。精准扶贫精准脱贫成效明显，累计减贫6.37万人。教育质量大幅提升，教育中心建设进展顺利，县一中完成整体搬迁，“改薄”工程全面实施，办学条件不断改善，学校布局逐步优化，城乡教育均衡发展。文化体育事业竞相繁荣。公共卫生服务体系不断完善。社会保障更加全面。文明创建取得新突破，涌现出一批全国先进工作者、全国最美孝心少年、全国民族团结进步模范个人。

（五）法治进一步加强。各级领导干部带头尊法、学法、守法、用法，依法决策、依法管理、依法行政能力不断提高。“六五”普法顺利完成，广大公民的法律意识和法治观念不断增强。社会矛盾依法疏解，社会大局和谐稳定。群众“一感两度两率”[4]测评位居全省县市前列，宣恩县连续八年获得“省级平安县”称号，被全国普法办表彰为“全国法治建设先进县”。

（六）党建进一步深化。深入学习贯彻习近平总书记系列重要讲话精神，扎实开展党的群众路线教育实践活动、“三严三实”专题教育和“两学一做”学习教育，深入开展“支部主题党日”活动，“争做出彩宣恩人”成为全县干部群众的共同追求。认真落实党风廉政建设党委主体责任纪委监督责任“五十条”，推动全面从严治党向基层延伸。扎实推进思想政治建设，建立和落实意识形态工作责任制。不断加强基层组织建设，大力实施村医、村教进村“两委”班子及村“第一书记”工程。大力整顿软弱涣散基层党组织，提档升级村党员群众服务中心，基本实现“农民办事不出村”。切实加强党管武装工作。巩固壮大爱国统一战线。精简县纪委参加的议事协调机构，整合纪委内设机构，派出机构改革受到省纪委和州委的高度肯定。扎实完成巡视整改工作。

各位代表，同志们！五年风雨兼程，五年克难奋进。经验弥足珍贵，短板不容忽视。我们必须清醒地看到，前进的道路上还有太多的坎要过、关要闯。主要表现在：经济总量不足、发展不平衡、服务不优化、基本公共服务供给不足、社会保障水平不高、社会文明程度有待提升、人民生活质量有待提高。这些问题，需要我们再鼓干劲、再加力度、再强措施，逐一解决。

二、审视未来，机遇多于挑战，精心描绘新画卷

未来五年，是抢抓机遇、后发赶超的五年，是聚集要素、科学发展的五年，是发挥区位优势、增强人民群众获得感的五年。新一届县委要在思想和行动上贯彻落实“五大发展理念”，理清发展思路，突出发展重点，在全面从严治党中凝聚发展合力，推进县域经济快速发展。

（一）纵观大势，现实性机遇叠加，宣恩大有可为。党的十八大以来，习近平总书记提出的治国理政新理念新思想新战略，成为我们新时期发展的行动指南。伴随新工业革命和数字经济的兴起，“党建＋”“硒＋”“贡＋”“互联网＋”有力促进多元高效的开放合作。宣恩作为革命老区、民族地区、西部开发区和集中连片贫困地区，是国家脱贫攻坚的重点县、省委“616”工程[5]对口帮扶的少数民族贫困县，只要把战略机遇转化为发展优势，让新动能成为宣恩发展的强引擎，就一定能在更大区域和平台聚集生产要素，提高经济发展速度和效益。

（二）立足现状，集聚性优势凸显，宣恩必有所为。恩来、恩黔高速公路2014年建成通车，宣鹤高速公路已开工建设，这不仅改变了我们所处的区位条件，更提振了我们加快发展的信心。恩施海关监管场所等项目的落户，聚集了更多的技术、资金、项目、人才和信息。宣恩已经成为恩施州1小时交通圈、武陵山区3小时交通圈的重要节点，正在成为鄂西、湘西、渝东

生态文化旅游圈交汇的重要交通枢纽。

（三）着眼未来，内生性动力强劲，宣恩定有作为。通过深入开展“党员过政治生日·记入党初心”“立足岗位做贡献，争做出彩宣恩人”“双指数管理”[6]等活动，坚定了“坚持一张蓝图绘到底、一届接着一届干”的信心，展示了“团结一心、苦干实干、开拓创新”的精神，营造了“心更热、火更旺、力更足”的氛围。我们理应把握机遇、乘势而上、顺势而为，实现更高目标、谋求更大发展。

未来五年，指导思想是：高举中国特色社会主义伟大旗帜，坚持以邓小平理论、“三个代表”重要思想、科学发展观为指导，全面贯彻党的十八大和十八届三中、四中、五中、六中全会精神，深入学习贯彻落实习近平总书记系列重要讲话精神和治国理政新理念新思想新战略，加强党的领导，统筹推进“五位一体”总体布局，协调推进“四个全面”战略布局，以脱贫攻坚为主线，以质量强县为核心，以变革求新为突破，以“六精战略”[7]为抓手，全面推进经济建设、政治建设、文化建设、社会建设、生态文明建设和党的建设，为宣恩率先提前建成全面小康而努力奋斗。

未来五年，奋斗目标是：坚定不移推进全面从严治党，从全州全省全国的视角，审视富美宣恩的跨越发展，书写富美宣恩的时代答卷，加快推进“五城五县三区”[8]建设，实现经济总量位次前移，一二三产业融合发展，城市功能显著增强，民生福祉持续改善，改革创新意识切实增强，社会文明程度全面提升，社会大局和谐稳定，人民生活质量显著提高，全面小康率先提前建成，以人民为中心的绿色发展全面推进。

未来五年，主要措施是：坚持实施“精确定位、精进发展、精准脱贫、精细管理、精湛文化、精益求精”战略，以“宣恩精神”和“宣恩速度”回应实践要求，上下同心，强力推进宜居宜业宜旅的富美宣恩建设。

——找准精确定位，建立科学完善的全域规划体系，打造经济发展新高地。面对率先提前建成全面小康的伟大目标，务必吃透上情、把握县情，按照《宣恩县“十三五”规划纲要》，精确定位，补齐短板，跨越发展，建设政治清明、经济活跃、人民富裕、生态文明、开放包容的新宣恩。

——注重“精进”发展，推进“富民富财政”，实现县域经济突破升级。到2021年年末，实现GDP突破100亿元，全社会固定资产投资突破100亿元，社会消费品零售总额力争达到100亿元，规模以上工业企业突破100家，工业总产值突破100亿元；财政收入翻一番；旅游接待人数突破300万人次，旅游总收入突破30亿元。

——强化精准脱贫，压紧压实责任，坚决打赢脱贫攻坚战。以扣扣子、担担子、钉钉子的精神，切实加强“五个一批”帮扶举措，充分发挥扶贫资金项目的最大功效，确保“2018年县摘帽、乡脱贫、村出列、户销号”的目标率先提前实现。

——加强精细管理，打造“六城”同创升级版，提升城市品位。完善城市功能、优化城市环境、提升市民素质，突出精细化管理、人性化服务，坚持城乡共建，推动基础设施、公共服务城乡一体化，营造文明和谐的社会环境。

——凝炼精湛文化，激发文化创造活力，彰显求实求新求进的宣恩精神。深入挖掘和弘扬地域文化、少数民族文化和红色文化。依托“文化＋”“互联网＋”，以文化活动、建筑、服饰为载体，打造土家、苗、侗文化精品，以“出彩宣恩人”凝聚发展合力。

——坚持精益求精，推进全面从严治党，营造良好政治生态。始终坚持滴水穿石的韧劲、久久为功的恒心和精益求精的标准，加强干部队伍和纪律作风建设，推进全面从严治党向基层延伸，充分发挥基层党组织的战斗堡垒作用和党员先锋模范作用。

三、决战决胜，补齐小康短板，坚决打赢新战役

认真贯彻落实习近平总书记提出的“六个精准”和“五个一批”要求，充分把握脱贫攻坚重大历史机遇，把脱贫与致富、扶贫与脱贫、扶志与扶智、输血与造血相结合，实现“精准扶贫，不落一人”。

（一）破解精神贫困。一方面切实解决党员干部队伍中存在的等、靠、要和安于现状的问题，激发奋发赶超、以干求助的动力。另一方面教育引导贫困户摒

弃依赖思想和吃穿不愁就满足的思想，变“要我脱贫”为“我要脱贫”，增强自力更生、奋发脱贫的内生动力。同时，充分发挥致富能人、典型示范带动和乡规民约催化作用，改变落后风俗习惯，焕发人心思进、人心思干、脱贫光荣的精神状态。

（二）做实创业就业。推动县域经济大发展与贫困户增收致富无缝对接，统筹安排适合每户扶贫对象经营的脱贫产业项目；建立市场主体与贫困户稳定的利益联结机制，依托县域大产业联动、经济能人带动和新型经济合作组织，推广“公司＋专业合作社＋基地＋贫困户”发展模式；抓实“双创”工作，进一步扩大金融扶贫覆盖范围，搭建“政银企(保)＋扶贫”合作平台，解决贫困户创业资金难题；通过实体企业招聘一批、公益岗位安置一批、政策扶持创业一批、就业培训输出一批，鼓励贫困人口积极就业。

（三）完善基础设施。着力加强水、电、路、网等基础设施建设，努力改善贫困群众的生产生活环境。实施好贡水河国家湿地公园、小流域治理等生态工程项目，让河、渠、库、池有机连通，构建功能完善的水系网；实施好国土整治、农村公路建设等项目，建好乡村便民路、打通乡镇断头路、延伸产业循环路、提升县乡出口路，构建通畅便捷的公路网；实施新一轮农村电网改造升级工程，构建安全稳定的电力网；实施好乡镇宽带惠民工程、农村电商等信息化建设项目，构建互联互通的信息网；整合部门行业资源，统筹建设农村物流基础设施，构建县乡村三级物流网。

（四）强化民生保障。优化教育资源配置，稳定发展学前教育，推进义务教育均衡发展，着力构建以就业为导向的现代职业教育体系，全面提升普通高中阶段办学质量。深化公立医院改革，推进医疗卫生资源下沉，提高城乡居民医疗保障水平。严格落实各项惠民政策，持续做大社会救助基金规模，稳步提高兜底保障能力。完善城乡公共文化体育设施，不断丰富群众文化生活。

四、调优结构，强化产业支撑，深入挖掘新潜力

围绕做强“优势资源”、做活“市场主体”、做大“生态拉动”，强化产业链建设，促进产业优化升级，推动产业向集聚化布局、规模化发展、中高端迈进。

（一）推进特色农业提质增效。从市场关注的放心问题抓起，加快产业结构调整，紧贴市场优化特色产业链，加快发展休闲农业，坚持一手抓传统产业转型，一手做大做强富硒有机农业；从农民关心的增收问题抓起，集聚要素做强园区平台，大力谋划实施产业发展项目，坚持高端引领、科技支撑，积极探索促进农村电子商务发展体制机制，推动粗放型的“吨农业”向精致型的“克农业”转变，提高农业综合生产能力、农产品附加值和有机品牌影响力，力争实现农业生产机械化、经营主体职业化、农业产业管理信息化。

（二）做大做强工业经济。坚持“专而精”和生态优先的原则，把工业园区打造成特色鲜明、优势明显的精品工业园。营造优质的服务环境，解决企业发展困难，重点打造融资、孵化服务平台。鼓励在外发展的宣恩人返乡创业，落户一批具有品牌优势和规模优势的企业；围绕大平台、产业链和服务链招商，引进一批质量和效益好的企业；坚持优化资源配置，壮大一批符合宣恩产业发展方向、关联带动力强、发展层次高的龙头企业；运用信息化手段，支持一批企业“走出去”，把宣恩作为全国特色产业出口基地进行打造。

（三）加快发展生态文化旅游业。主动融入“两圈两带”战略，构建全域旅游体系，把宣恩建成全国休闲农业与乡村旅游示范县、体育休闲健康养生之都和特色旅游集散地，实现旅游总收入“翻两番”的目标。申报创建以彭家寨、小茅坡营、侗乡院子为主体的宣恩土家、苗、侗文化风情山寨国家AAAAA级景区，力争建成县城等多个AAAA级景区。坚持差异化发展，保护、传承和挖掘土家、苗、侗少数民族文化特质，推出一批文化精品，打造一批民族特色村落；依托“北茶南果高山药”主导产业，建成一批休闲观光农业村落。建成大型商业综合体和五星级酒店等服务设施，提高现代服务业发展水平，着力构建吃、住、行、游、购、娱要素齐全的旅游服务体系。

（四）推进一、二、三产业融合发展。牢固树立“绿水青山就是金山银山”的意识，把绿色作为发展底色，

着力抓好产业对接，以发展生态高效农业为基础、低碳生态加工业为主导、生态文化旅游业为增长点，推进全产融合，建设集生产、加工、展销、教育科研、观光旅游、电子商务等于一体的全产业链，促进农村一、二、三产业融合发展。推进工农对接，积极发展专业合作社，建立稳定的工农利益联结机制；推进农旅对接，大力发展生态观光农业，提高绿色农业综合效益；推进工旅对接，实现"一家企业就是一道风景"。

五、统筹城乡，强化精细管理，全面绽放新魅力

以县城为龙头、乡集镇为支点、中心村为基础、主干道为纽带，加强城镇精细管理，打造全国山区最美县城，建成一批特色小镇和美丽乡村。

（一）全力推进全国山区最美县城建设。坚持"景城一体、文城一体、产城一体"的思路，加快县城规划修编，切实将自身特色与国际眼光、国家标准相结合，把县城创建成开放式AAAA级景区，着力申报中国人居环境奖，彰显"天蓝气爽，地绿水净，四季花香，处处鸟鸣"的城市魅力。做好山水文章，围绕"一河两库"，大力实施净化、绿化、美化、亮化、景观化工程，建成兴隆老街"城市客厅"，建设宝塔山森林公园、园艺村四季果园等八大城市公园，形成"青山为屏、贡水为魂、山环水绕、城水相依"的优美画卷。建立完善投融资平台，发挥"四两拨千斤"的杠杆作用，基本建成便捷快速、互联互通、安全高效、管理科学的现代基础设施体系。巩固"六城"同创成果，强力推进城镇"十化"[9]管理，共同营造整洁、畅通、平安、雅致、文明的宜居环境。

（二）着力推进特色魅力乡镇建设。大力推进"五化同步"，建设富有古韵山水自然特色、地方人文特色和产业发展特色的风情小镇。珠山镇突出城镇经济特色；椒园镇突出城镇经济和生态产业特色；万寨乡突出贡茶特色；晓关乡和长潭河乡突出贡茶和侗族风情特色；高罗镇突出贡水白柚和美丽苗乡特色；李家河镇、沙道沟镇突出贡水白柚和边贸特色；椿木营乡突出高山特色。形成差异化发展、各具特色、齐头并进的城乡一体化发展模式。

（三）大力推进美丽乡村建设。抢抓"少数民族村寨保护与利用示范县"建设机遇，突出原生态、原风貌、原风味，沿高速公路、国省道、县乡道，每个乡镇每年选取1至2个人口相对集中、产业初具规模的中心村，按照全国美丽乡村创建试点的标准，结合易地扶贫搬迁、特色民居、生态文明建设和乡村旅游，打造一批美丽乡村。

六、开拓创新，深化改革开放，持续迸发新活力

改革开放是决定当代中国命运的关键一招，也是宣恩升腾发展气场、破解发展难题、实现发展目标的关键一招。要坚持"三督三察"[10]，把改革蹄疾步稳、驰而不息向前推进。

（一）营造改革开放的环境。下大力气持续营造勇于改革、勇于创新、勇于开放，崇尚成功、允许试错、宽容失败的社会氛围。毫不含糊地褒奖积极有为者，支持拥护推进改革开放的促进派，宣传鼓励干出成效的实干家，让他们成为"出彩宣恩人"的杰出代表，大胆选拔任用实绩突出的人才，把后备人员放到改革开放一线去锻炼提升；毫不留情地惩罚消极怠慢者，让"无为就是错，无功就是过"成为人们的共识；毫不犹豫地宽容积极干事、勇于改革的失误失败者，建立健全容错免责机制，为敢想的人"开绿灯"，为敢干的人"兜住底"。

（二）突出改革开放的重点。紧紧围绕供给侧改革，从基地、产品、企业、园区、营销和品牌等方面，探索支持壮大基地和龙头企业的新方式，走富硒、有机特色农业发展壮大之路。建立健全现代企业制度，加快推进国有企业改革；紧紧围绕投融资机制，促进地方投融资平台市场化，探索PPP投融资模式和精准扶贫产业扶持资金资产化、股权化，切实解决资金与项目对接不够的问题；紧紧围绕民生大改善，在公共服务均等化上打破城乡界限，探索和丰富农村土地"三权分置"形式，引导示范家庭农场、"521"示范社[11]、农业产业化示范基地和服务组织，与农户建立紧密利益联结机制；紧紧围绕服务更优化，紧扣"放、管、服"，深化行政管理体制改革，坚持清单管理、依法

公开、全面监督三管齐下，不断加强便民服务中心建设。

（三）把握改革开放的关键。解放思想，破除四平八稳、路径依赖、封闭僵化的思想，树立勇趟深水、改革创新、开放共赢的意识；依靠群众，在贯彻落实上级精神和实施具体改革项目时，必须相信、尊重、联系、依靠、发动和服务一线干部群众，尊重其首创精神、激发其创造活力；建好平台，充分利用恩施海关监管场所项目落户宣恩的历史机遇，以开放倒逼改革，加快大通道、大平台、大通关建设，打造内陆开放新高地。

七、共建共享，提高幸福指数，共同汇聚新动力

把人民对美好生活的向往作为我们的奋斗目标，多办一些群众看得见、摸得着、感受得到的好事实事，让群众更加公平地共享发展成果。

（一）念好民生“八字经”。围绕衣食住行、医教保业，织密社会保障网，多谋民生之利，多解民生之忧。紧扣均衡均等，全面增加公共服务供给。推进社会事业改革创新，鼓励社会资本参与民生公共服务。统筹城乡教育资源配置，推进城乡教育公共服务满足城镇化发展需要，提高全民科学文化素质。建成以县级医院为龙头、乡镇卫生院为中心、村卫生室为基础的基本医疗服务体系，实现中小学校校医室全覆盖，不断提高公共卫生应急处理能力。高度关注“三留守”人员。实施更加灵活的就业政策，鼓励以创业带动就业，大力开展职业技术培训，提高就业者劳动技能和就业能力。实施全民参保计划，深化机关事业单位养老保险制度改革，提高城镇医保和新农合报销比例，实现异地住院医疗费用直接结算。

（二）推动文化大繁荣。高扬时代主旋律，把培育和践行社会主义核心价值观作为凝魂聚气、强基固本的基础性工程。深入推进文明创建，培育“出彩宣恩人”，以时代榜样引领宣恩发展，形成共同理想信念、强大精神力量和高尚道德规范。抓住武陵山区（鄂西南）土家族苗族文化生态保护实验区总体规划编制的机遇，大力传承、保护和挖掘民间工艺、优秀民族民间文化，不断放大“中国民族民间文化艺术之乡”的示范、辐射和带动效应，让干部群众自觉成为真善美的追求者和传播者。加强基层文化队伍和文化体育阵地建设，基本建成公共文化设施志愿服务组织体系、志愿服务项目体系和志愿服务管理制度体系。

（三）维护和谐大格局。落实落细第一责任，把源头防范作为工作之首，把提升能力作为关键之举，把依法处置作为根本之策，把引领舆论导向作为重要支撑，确保社会大局和谐稳定。深入推进依法行政，把法治思维贯穿到改革发展全过程，把对法律的敬畏转化为办事底线和行为习惯，让行政权力在阳光下运行。认真落实“谁执法谁普法”和以案释法制度，扎实开展“七五”普法教育。积极推进司法体制改革，全力构建公开、透明、便民的阳光司法机制。创新社会治理，巩固网格化治理成果，充分发挥法律顾问“社会稳压器”的作用，推进基层治理法治化、现代化、规范化。完善矛盾纠纷多元化调解机制，推动依法信访和维权。筑牢安全生产底线，落实安全生产主体责任，建立健全安全管理制度，加强重点领域的安全监管，构建“党政同责、一岗双责、齐抓共管”的安全责任体系，尽最大努力保障人民群众生命财产安全。

八、从严治党，优化发展环境，坚持凝聚新合力

实现五年奋斗目标，必须坚定不移地推进全面从严治党。坚决落实中央、省、州全面从严治党的部署要求，压紧压实党风廉洁建设“两个责任”，建好班子，带好队伍，把理想信念立起来，把党建责任扛起来，把优良作风树起来，把纪律规矩挺起来，把制度笼子密起来，充分发挥基层党组织战斗堡垒和党员先锋模范作用。

（一）狠抓思想政治建设，坚定理想信念。认真落实“三会一课”制度，抓好党员干部在线学习，进一步完善“支部主题党日”活动，增强党内政治生活的实效性，筑牢信仰之基、补足精神之钙、把稳思想之舵。深入学习贯彻党的十八届六中全会精神，认真贯彻地方党委工作条例，以“关键少数”引领“大多数”，推动全会精神深入基层、深入群众、深入人心。系统学习中国特色社会主义理论和习近平总书记系列重要讲话

精神，以知促进，把党中央各项决策部署落到实处。大力选树学习典型，弘扬社会主义核心价值观，唱响时代主旋律。抓好意识形态工作，严格落实意识形态工作主体责任。坚持开展“宣恩好人”“出彩宣恩人”等评选活动，学习感受先进榜样的理想信仰、党性光辉和人格魅力，鼓励人人“出彩”。

（二）狠抓基层组织建设，夯实执政基础。抢抓全州首批基层党组织“整县推进”机遇，推动宣恩基层党建全面进步、全面过硬。巩固农村基层党组织领导核心地位，配齐配强村“两委”班子，推进村主职干部专职化管理，建好乡镇党委书记、村党支部书记和农村党员队伍。统筹推进机关党建，着力抓好机关支部建设。加强非公经济党工委建设，努力提升“两新”组织党建工作覆盖面。设立离退休干部党工委，加强对离退休党员干部的服务管理。推进服务型党组织和基层党建信息化建设，深化“多务合一”，实现服务群众到家门、农民办事不出村。发展壮大村集体经济，带动群众增收致富。强化基层党组织示范引领作用，做到学有榜样、比有参照、赶有目标。

（三）狠抓干部队伍建设，提升干事能力。充分发挥党校、行政学校培训主渠道作用，着力培养“开口能说、提笔能写、动手能做、群众认可”的复合型干部队伍。加强专业技术人才、企业家队伍建设，大力培养年轻干部、少数民族干部、妇女干部和非党干部，优化干部队伍储备。坚持好干部“五条标准”，加大正向激励力度，大力选拔思想解放、敢抓善管的干部，大胆任用勇于担当、务实肯干的干部。建立健全干部能上能下管理机制，果断调整只求不出事守摊子、不愿多做事混日子的干部，营造有为者上、平庸者让、无为者下的从政环境。

（四）狠抓干部作风建设，树立良好形象。巩固“两学一做”等系列学习教育成果，用好用活用足“精神经济学”，教育引导党员干部谋发展之策、履发展之职、担发展之责。各级领导班子要以上率下、率先垂范；主要负责人要当好“班长”，抓好“一班人”，带动“一层人”，影响“一群人”；党员领导干部要带头强作风、立标杆，树形象、做表率。要以永远在路上的恒心和韧劲，落实中央八项规定精神，驰而不息纠正“四风”，持续释放越往后执纪越严的信号。要进一步优化发展环境，强化“简政放权仍在路上”的意识；进一步完善重点工作县领导包保责任制；进一步完善利益诉求解决机制，树立“说办就办、马上就办、办就办好”的作风。

（五）狠抓反腐倡廉建设，强化正风肃纪。各级党组织和主要负责人要担起全面从严治党主体责任。加强经常性正面纪律教育，系统学习党章党规党纪，坚持推行干部去向公示、请示报告、“两清单一承诺”和“五级廉政约谈”制度。坚持有腐必反、有贪必肃，做到无禁区、全覆盖、零容忍，加强廉洁政治建设。持续深入开展基层“小五长”信访突出问题专项整治。坚持把纪律挺在前面，准确把握监督执纪“四种形态”，坚决维护党规党纪的严肃性。加强政治巡察和政治体验，全面开展巡察工作，实现届期内乡镇和县直部门巡察监督全覆盖。

（六）狠抓县委自身建设，打造过硬指挥系统。打造政治上靠得住、工作上勇担当、作风上过得硬、廉洁上立标杆的坚强领导集体。进一步完善县委议事规则等党内制度，坚持民主集中制，抓住“衣领子”，牵住“牛鼻子”，深耕“责任田”，筑牢全面从严治党的制度基石。进一步强化政治意识、大局意识、核心意识、看齐意识，加强和规范党内政治生活，强化党内监督，实事求是开展批评与自我批评。打造绝对忠诚、绝对负责、绝对守纪的模范党政机关。加强对人大、政府、政协、法院、检察院党组的领导，积极支持其依法依章程开展工作。加强和改进对工会、共青团、妇联等群团工作和史志等专门工作的组织领导，支持其既围绕县委中心“公转”，又聚焦服务群众“自转”。强化党管武装工作，推动军民深度融合发展。

各位代表，同志们！新开局要有新作为，新常态要有新状态，新班子要有新风貌。在其位谋其政，任其职尽其责，走好新的长征路，建好富美宣恩，是我们的唯一选择。宣恩是我们的家，宣恩喻为“传布恩德”，我们一定要树立“功成不必在我，建功必须有我”的理念，在位一天，赶考一天，感恩一天，不忘初心，继续前进，把对党、对组织、对人民、对国家的感恩化作为民服务的实际行动，朝着坚定的理想信念迈进！

“天地之大，黎元为先”。为人民恪尽职守，为民族履职担当，为时代继往开来，是我们的使命和荣光。只要我们凝神聚力、万众一心、开拓进取、奋勇前行，我们就一定会领略到宣恩“十三五”发展的波澜壮阔和旖旎风光，一定会夺取宣恩率先提前建成全面小康的伟大胜利！

附注：

[1]**“两会三赛四节”品牌**：水上运动会，中秋恳亲商贸洽谈会暨贡乡贡品博览会；全国山地自行车邀请赛，环贡水河健身徒步和长跑比赛，全国汽车场地越野赛；伍家台贡茶文化节，贡水白柚采摘节，椿木营高山露营节，稻草人文化艺术节。

[2]**“一主两组团”**：县城主城区，椒园、和平两组团。

[3]**“六统一”工作模式**：统一制度规则、统一平台交易、统一服务标准、统一信息公开、统一专家资源、统一信用管理。

[4]**“一感两度两率”**：“一感”，即群众安全感；“两度”，即社会治安满意度、政法机关公正执法满意度；“两率”，即平安创建活动知晓率、参与率。

[5]**“616”工程**：对民族地区10个县（市）实施对口支援，每个县（市）由1名省委、省政府领导同志负责，省直6个单位（4个省直部门、1个大中型企业、1所大专院校或科研单位）开展对口支援，每年至少为对口支援县（市）办6件实事。

[6]**“双指数管理”**：党员先锋指数管理和基层党支部星级管理。

[7]**“六精战略”**：找准精确定位，建立科学完善的全域规划体系，打造经济发展新高地；注重“精进”发展，推进“富民富财政”，实现县域经济突破升级；强化精准脱贫，压紧压实责任，坚决打赢脱贫攻坚战；加强精细管理，打造“六城”同创升级版，提升城市品位；凝炼精湛文化，激发文化创造活力，彰显求实求新求进的宣恩精神；坚持精益求精，推进全面从严治党，营造良好政治生态。

[8]**“五城五县三区”**：国家卫生县城、国家园林县城、省级文明县城、省级森林县城、全国山区最美县城，全国休闲农业与乡村旅游示范县、全国农产品质量安全县、全国美丽乡村建设示范县、全国民族团结进步模范县、全省少数民族村寨保护与利用示范县，省级旅游标准化示范区、省级生态文明建设示范区、省级工业示范区。

[9]**“十化”管理**：精细化、信息化、智能化、市场化、法治化、网格化、全域化、全程化、清单化、人性化。

[10]**“三督三察”**：2016年7月22日，习近平在主持召开中央全面深化改革领导小组第二十六次会议时，对改革督察工作提出“既要督任务、督进度、督成效，也要察认识、察责任、察作风”的新要求。

[11]**“521”示范社**：年产值达到500万元，入社农户达到200户，辐射带动周边发展1000户的农民专业合作社。

政府工作报告

——2016年12月20日在县十八届人大一次会议上

习　覃

各位代表：

现在，我代表县十七届人民政府向大会报告工作，请予审议，并请县政协委员和其他列席会议的同志提出意见。

一、过去五年工作回顾

五年来，县人民政府在州委、州政府和县委的正确领导下，在县人大和县政协的监督支持下，团结带领全县广大人民群众，深入贯彻落实党的十八大和十八届三中、四中、五中、六中全会精神，着力转变经济增长方式，致力统筹城乡协调发展，全力以赴推进扶贫攻坚，奋力改善民生社会事业，圆满完成了县十七届人大一次会议确定的各项目标任务，全县经济社会呈现出健康平稳、效益提升、民生改善、幸福和谐的良好局面。

——综合实力迈上新台阶。2016年，全县预计实现地区生产总值60.23亿元，是2011年的1.7倍；预计实现地方财政总收入4.63亿元，是2011年的2.2倍；预计实现公共预算收入3.27亿元，是2011年的2.2倍；城镇居民人均可支配收入、农村居民人均可支配收入预计分别达到22666元、8702元，分别是2011年的1.8倍、2.2倍。其中财政总收入、公共预算收入和农村居民人均可支配收入在2011年基础上翻一番，部分核心指标年均保持两位数增长，全县经济总量与运行质量明显提高，综合实力显著增强。

——对外形象获得新提升。五年来，特色农业提档升级，获得6个国家级称号[1]，创建多个国字号品牌，在全州率先建成“省级现代农业示范区”。有机农业创建经验、新型农村社区建设模式全省推广。“一区三园”[2]引领工业经济竞进提质，“宣恩制造”成为宣恩新名片。贡水河成为流光溢彩的“不夜河”，锣圈岩体育休闲线路入选“中国体育旅游精品项目”。滚龙莲厢舞动省内外，高腔山歌、十姊妹歌、三棒鼓相继走进央视《远方的家》《民歌中国》等栏目。宣恩对外知名度、美誉度显著提升。

——民生事业取得新成就。五年来，财政支出80%用于社会民生事业发展，城乡居民人均储蓄存款达到13507元，是2011年的2.4倍。金融扶贫“宣恩模式”[3]获得国家、省、州高度肯定。易地扶贫搬迁2421户7996人即将入住新居，累计减贫6.37万人。“五大民生工程”扎实落地、惠及长远，医疗卫生、社会保障、教育科技、创业就业得到全面改善。“三位一体”基层治理模式深入推进，连续八年获得“省级平安县”称号。

五年来，全县上下团结一心、携手共进，经受了严峻考验，战胜了重重困难，顶住了经济下行压力，创造了宣恩综合实力提升最快、城乡面貌变化最大、人民群众得到实惠最多的五年。

（一）紧扣转型升级，经济结构不断优化。全县三次产业结构比由2011年的34.2∶24.9∶40.9调整为25∶28.9∶46.1，二、三产业占比提高9.2个百分点。特色农业产业基地达到68万亩，有机农产品认证基地达到2.15万亩，建成全省生猪调出大县，农业主导产业产值突破15亿元。国家地理标志保护产品达到4个；省级著名商标达到8件；“伍家台贡茶”成为中国驰名商标，荣登“湖北最受欢迎十大茶叶品牌”榜。规模以上工业企业达到65家，其中产值过亿企业8家，工业用电量预计达到6600万千瓦时，是2011年的2.2倍。预计实现规模以上工业总产值32.2亿元，是2011年的2.5倍。农民专业合作社达到480家，家庭农场达到200个，椒园生态产业园升级为省级农业产业化示范园区。全面推进5个

ΛΛΛA 级景区建设，经营性景区、星级酒店、地接旅行社、游客集散中心实现“零”的突破，“两会三赛四节”成为宣恩靓丽名片。网购网销成为社会零售新业态，社会消费品零售总额预计达到 38.1 亿元，是 2011 年的 3.8 倍。

(二)注重统筹推进，城乡面貌不断改善。县城建成区面积扩大 2.2 倍，城镇化率提高 13 个百分点。编制完成椒园、和平、三河沟控制性规划和城区绿地系统、供排水等专项规划，实现乡镇集镇总规和村庄规划全覆盖。“两桥两路”、高速公路县城连接线建设完成，西门沟至莲花坝道路、和平大道建设有序推进，“一主两组团”的县城空间布局初见端倪。龙洞电厂、西门沟等出口路改造完成，贡水一桥加宽、兴隆大道中端道路拓宽和凌云路改造全面完工，县城区主干道、背街小巷基本实现道路黑色化、街面一体化、管线入地和雨污分流，城区交通更加顺畅。来之不易的黄河沟“防洪工程”从根本上缓解了老城区内涝问题。大力推进“三拆四建”[4]，扩建绿地 1.4 万平方米，新增公共活动面积 1.5 万平方米，停车位达到 3408 个。中心客运站、人民广场、贡水河一期绿道等公共基础设施建成使用，“三大片区”旧城改造使“脏乱差”的老城区重新焕发了生机与活力，金源小区、万和广场等项目实现县城扩区增容。全县城镇实现全面禁鞭，智能交通系统投入运行，“两违”得到有效遏制。椒园“四化同步”[5]示范镇建设进展顺利，李家河、高罗实现“乡改镇”，乡镇集镇建管水平显著提高，“省级卫生乡镇”达到 3 个。以“三坝两寨”[6]为示范的新型乡村建设成效明显，新建和改造特色民居 4000 户，建成 6 个省级“新农村建设示范村”、7 个省级“宜居村庄”，中国传统村落达到 6 个，“中国少数民族特色村寨”达到 5 个。

(三)聚焦要素保障，发展后劲不断增强。五年来，实施项目 466 个，固定资产投资累计达到 168 亿元，年均增长 21%。谋划和实施了一批补短板、管长远的重大项目，宣恩发展基础逐步夯实。恩来、恩黔高速建成通车，宣鹤高速建设有序推进，宣万线、甘长线改造全面完成，石心河大桥、七眼泉大桥建成通车，沙道沟、高罗绕镇线建设基本完工，乡乡通二级路，村村通沥青路(水泥路)，村村通客车。加大中小河流治理、水库除险加固力度，实施基本农田治理、低丘岗地改造，完成“九乡镇、十水厂”建设，解决 15 万人饮水安全问题。新建和改造电力线路 2382 公里，城乡居民用电保障能力进一步增强。宽带光纤网络总里程达到 1.25 万公里，光纤通村率达到 100%。4G 移动网络以及通讯基本实现城乡全覆盖，行政村有线电视网络覆盖率达到 45.9%。工业园区“一区三园”发展布局已经形成，入园企业达到 101 家，固定资产投资连续四年超过 10 亿元，椒园农副产品加工产业集群、和平承接产业转移基地初步建成，宣南产业新城建设加快推进，跨入了先进园区行列。

(四)深化改革开放，内外活力不断激发。深入推进行政审批制度改革，县“市民之家”、乡镇综合便民服务大厅基本建成，74 个中心村配备智慧民生平台，县、乡、村三级政务服务体系不断完善。质监、工商管理体制调整顺利完成，商事制度改革有序推进，市场主体达到 17169 户，是 2011 年的 2.25 倍。财政管理体制改革不断深化，统筹财力办大事能力进一步增强。公共资源交易“六统一”工作模式成效明显，党政机关公车改革基本完成。县级公立医院改革有序启动，政府机构职能整合全面完成，事业单位分类改革、食品药品监管体制改革和司法体制改革稳步推进。不动产统一登记、农村土地承包经营权确权登记颁证等改革扎实开展。创新投融资模式，政府投融资平台达到 6 个，撬动金融资本服务实体经济发展能力全面增强，连续 13 年荣获“全省金融信用县”。成立全省首家“小微企业发展促进会”和浙江乐清市宣恩商会。招商引资累计到位资金 81.6 亿元，落户招商引资企业 118 家，居全州前列。外贸出口达到 3606 万美元，是 2011 年的 4.7 倍。

(五)坚守环境底线，生态文明不断加强。启动了贡水河国家湿地公园建设，完成绿化面积 29.4 万亩，建成 36 个“省级绿色示范乡村”。以“六城”同创为抓手，实施“八大工程”[8]，成功创建“省级卫生县城”。9 个集中式饮用水源地水质达标率均为 100%。连续五年全面完成省、州下达的减排目标任务。加强环境污染综合整治，秸秆禁烧工作全面开展，突出环境问题整改销号，县域环境质量明显改善。高罗板寮成为全国首批"美丽乡村"创建试点，椒园成为"国家级生态乡镇"，晓关、万寨、高罗成为"省级生态乡镇"。

（六）回应群众关切，幸福指数不断提升。始终坚持教育优先发展战略，实施县一中、二中和县民族中学整体搬迁，新组建宣恩县第二民族实验小学，"改薄"工程全面实施，义务教育均衡发展通过省级验收。县人民医院业务综合楼、医技楼和急救中心投入运行，改扩建乡镇卫生院9所，新建标准化村卫生室163个，新农合参合率达到99.2%。严格落实计划生育政策，生育水平总体稳定。文化体育事业蓬勃发展，先后获得"中国楹联文化县""中华诗词之乡""全国群众体育先进单位"等荣誉。城乡低保政策全面落实，城镇新增就业2.5万人，城乡居民养老保险人数达到14.5万人。新建保障性住房8026套，改造农村危房8522户。珠山公墓、殡仪馆新区建设搬迁全面完成。双拥国防全面加强，被表彰为全省"双拥模范县"。深入开展文明创建，"宣恩好人"、先进模范竞相涌现，正向能量广泛传递。"六五"普法顺利验收，长潭河司法所成为"全国先进司法所"。严格落实安全生产责任制，狠抓基层综合治理，社会治安防控体系逐步完善，县内发案少、秩序好，群众"一感两度两率"测评位居全省县市前列。同时，移民、统计、科技、人才编制、应急消防、史志档案、民族宗教、外事侨务、工会老龄、妇女儿童、慈善残疾、供销、邮政、保险、石油、气象、机关事务管理等各项事业都取得了新的成绩。

（七）致力作风转变，自身建设不断进步。扎实开展党的群众路线教育实践活动、"三严三实"专题教育和"两学一做"学习教育，严格落实党风廉政建设责任制，认真贯彻落实中央"八项规定"精神，驰而不息纠正"四风"，抓实省委巡视整改，挺纪在前，旗帜鲜明反腐倡廉。自觉接受人大、政协监督，累计办理人大代表议案、建议321件，政协委员提案293件。完善《县政府工作和议事规则》，规范重大行政决策程序，普遍建立法律顾问制度，行政决策更加科学、民主，行政监察、审计监督力度进一步加大。推进政务公开，组织开展政风行风评议和网络、电视媒体问政，政府系统执行力、落实力进一步提升。

回顾过去五年，我们欣喜地看到，宣恩的发展思路更加清晰，发展步伐更加坚实，经济更加繁荣，城乡更加美丽，社会更加和谐，开创了改革开放以来又好又快发展的新局面。这些成绩的取得，是上级党委、政府和县委坚强领导的结果，是人大依法监督、政协民主监督的结果，是历届班子打下坚实基础的结果，是各位人大代表、政协委员理解信任、建言献策的结果，是各位老领导、老同志关心、支持的结果，凝聚着全县人民的智慧、心血和汗水，离不开社会各方的深切关怀和大力支持。在此，我代表县人民政府向全县广大干部群众，向在宣恩投资创业的企业家，向关心、支持宣恩建设和发展的社会各界朋友，表示衷心的感谢并致以崇高的敬意！

五年来的成果，为今后的发展打下了坚实基础；五年来的实践，为继续前进积累了宝贵经验。我们深深地体会到：唯有始终保持发展定力，才能在竞相发展的角逐中抢占先机；唯有始终突出真抓实干，才能在科学发展的征程中攻坚突破；唯有始终做到一心为民，才能在共享发展的红利中赢得民心。

总结经验是为了更好地指导实践，正视差距才能奋起直追。在继续前进的道路上，仍面临着不少困难和问题，主要表现在：一是经济总量小、人均水平不高，市场主体不多、不大、不强，财政收入增速放缓，刚性支出不断增加，收支矛盾日益突出，发展不足仍是当前最大的矛盾。二是农业现代化水平低、工业循环链条短、三产培育未成规模，转型升级任务艰巨，保持经济持续增长压力较大。三是区域发展不平衡，基础设施历史欠账较多，农村贫困面大、贫困发生率高，全面建成小康社会还存在一些突出短板。四是群众利益诉求更趋多元，民生保障、社会管理、公共服务能力与群众的需求仍有较大差距。五是少数干部作风不实、担当不够、能力不足的问题依然存在，一些部门存在门好进、脸好看但事难办、服务不到位的现象。这些问题，我们必须高度重视，切实增强忧患意识和责任意识，再加力度，再强措施，着力解决。

二、今后五年工作建议

各位代表，国家脱贫攻坚、新一轮西部大开发、“长江经济带”[9]和东西部地区脱贫协作帮扶等重大战略的深入实施，省委、省政府大力推进“一元多层次”战略[10]和“两圈两带”[11]“一红一绿”[12]试验区建设，“616”工程和荆州对口帮扶持续实施，是宣恩加快发展的重大历史机遇。同时，经过多年的努力，我们积蓄了特色鲜明的产业体系、厚积薄发的生态优势、开放包容的发展环境，更重要的是，随着宣鹤高速、209国道绕城线、中国海关恩施监管场所等一批重大项目相继建成，AAAA级景区县城、“一区三园”发展平台、“硒＋X”等新优势加速聚集，宣恩新的经济增长点、增长极和增长带将加快涌现。今后五年，是宣恩发展的黄金机遇期、投资高峰期，更是宣恩加速崛起、进位赶超、脱贫摘帽、建成小康的关键攻坚期。

按照县第十五次党代会确定的指导思想和发展定位，今后五年政府工作的总体思路是：**在以习近平同志为核心的党中央坚强领导下，按照“四个全面”战略布局，牢固树立“五大发展”理念，积极融入“一元多层次”战略体系，坚持以人民为中心，深入贯彻落实县第十五次党代会决策部署，以“六精战略”为抓手，聚力精准扶贫、项目投资、产业发展主战场，加强基础设施建设、生态保护、社会治理和民生改善，加快“五城五县三区”建设，奋力谱写决战脱贫攻坚、建设富美宣恩的新篇章！**

今后五年的主要奋斗目标是：到2021年末，地区生产总值突破100亿元，年均增长10.8%；财政总收入达到9.3亿元，年均增长15.1%，其中公共财政预算收入达到6.6亿元，年均增长14.9%；全社会固定资产投资总额达到105亿元，年均增长14.8%；社会消费品零售总额力争达到100亿元，年均增长21.3%；城镇常住居民人均可支配收入达到34560元，年均增长9%，农村常住居民人均可支配收入达到14208元，年均增长10.5%。通过五年的努力，全县产业融合发展新体系基本建立，城乡协调发展新格局全面形成，社会创新活力持续迸发，民主法制建设不断推进，城乡文明程度显著提高，各项社会事业全面进步，全面建成小康宣恩。

实现上述目标，我们需重点做好以下工作：

(一)聚焦实现同步小康，坚决打赢脱贫攻坚战。着力把握“六个精准”，统筹推进“五个一批”，以决战决胜的勇气和信心，坚决打赢脱贫攻坚战。

健全精准扶贫机制。健全脱贫攻坚过程追踪、绩效考评机制，确保政策措施落到实处。整合资金，加大投入，发挥金融资金对扶贫开发的撬动作用。强化政策引领，导向激励贫困户脱贫致富内生动力。创新社会参与机制，鼓励各类企业、社会组织和个人自愿参与扶贫，继续开展党政机关、人民团体、县内企业定点扶贫，确保扶贫帮扶全覆盖。

确保按期脱贫摘帽。以产业为支撑，以创业促就业，因地制宜、因户施策发展特色优势产业。以搬迁为重点，有序引导贫困人口向县城、工业园区、旅游景区、中心镇和中心村搬迁转移，突出抓好后期扶持，确保贫困群众搬得出、稳得住、可发展、能致富。以教育为根本，改善农村办学条件，落实教育资助补助政策，阻断贫困代际传递。以生态为突破，引导各类项目、资金向贫困村倾斜，构建具有区域特色的绿色产业体系，实现贫困地区环境美、居民富。以兜底为保障，积极推行“四条保障线”健康扶贫[13]，严格落实各项惠民政策。确保“2018年县摘帽、乡脱贫、村出列、户销号”的目标按期实现。

增强持续发展能力。落实把握国家“摘帽不摘政策”的机遇，巩固脱贫攻坚成果，对已脱贫的贫困村、贫困户，坚持“扶上马再送一程”，帮助其加快实现小康。继续加大投入，以教育、交通、水利、电力、信息、文化等为重点，全面改善农村基础设施条件。深度开发农村资源，盘活农村资产，壮大集体经济，增强农村发展后劲。大力提升贫困群众自我发展能力，力争有劳动能力的贫困户有一个主导产业、掌握一门就业创业技能。

(二)构建现代产业体系，打造产业转型升级版。立足优势资源，突出特色效益，促进三次产业融合发展，加快形成特色鲜明、多元支撑的现代产业新体系。

全力发展绿色工业。以创新驱动为引擎，大力发展特色农产品加工、绿色加工制造、外贸加工等主导产业，建平台、强龙头、延链条、促聚集，推动工业增量提质。优化资源配置，努力建成循环经济示范基地、富硒茶叶出口基地、建材家居生产基地和武陵山区外贸加工基地。大力实施园区基础设施、公共服务提升工程，完善产业准入和退出机制，提升商贸、金融等产业承载能力。顺应市场规律，发展高效产业、清理“僵尸企业”，到 2021 年，实现工业“双百”目标[14]，力争园区进入全省先进开发区行列。

高效发展现代农业。坚持走“有机”、“富硒”、“精致”之路，推进烟、茶、畜、果、药、菜六大产业提档升级，推进马铃薯主粮化，到 2021 年，全县农业总产值达到 36 亿元。推进土地有序流转，引导农业适度规模经营，培育发展农民专业合作社、家庭农场等新型经营主体。推进农业“接二连三”，积极发展特色加工农业、体验观光农业、创意农业、智慧农业，提升产业附加值。推进品牌战略，积极申报地理标志保护产品和原产地保护标识，加强农产品“从田间到餐桌”全过程质量监管，建成全国农产品质量安全县。推进农村土地所有权、承包权、经营权三权分置，探索农村产权交易平台建设，盘活农民“沉淀的资产”，为现代农业注入新活力。

加速发展全域旅游。按照“一心一核四片区”[15]的旅游发展空间布局，不断完善旅游总规和专项规划。新建一批旅游基础设施，开发一批特色旅游商品，发展一批旅游经营市场主体，提升旅游综合服务水平。围绕发展生态观光游、民族风情游、运动休闲游和康体养生游，全力打造伍家台、锣圈岩、野椒园、彭家寨、中武当、狮子关等重点景区，加快建设乡村旅游示范“十姊妹”[16]，包装策划一批精品旅游线路，建成全国休闲农业与乡村旅游示范县。到 2021 年，全县力争拥有 AAAAA 级景区 1 个、AAAA 级景区 4 个，旅游接待人数突破 300 万人次，旅游综合收入突破 30 亿元，建成湖北旅游强县。

大力发展现代服务业。合理布局县乡商业网点，大力实施“农村电商”计划，构建电子商务多元运营和服务体系。推进物流园区建设，聚集培育一批集货运、仓储、冷链、配送于一体的现代物流企业，把宣恩建成物流、客流公路港。加大商品房去库存力度，促进房地产市场健康发展。加强大型商业综合体和五星级酒店建设，发展一批城乡商贸中心，着力打造“1＋8”城镇商圈[17]。加速发展金融保险、节能环保、会展经济、文化创意等新兴现代服务业，形成业态共生、产业相融的现代服务业体系。

（三）突出绿色发展理念，彰显生态文明新优势。牢固树立环保底线、生态红线“双线思维”，正确处理发展与保护的关系，着力建成省级生态文明建设示范区。

强化生态保护治理。持续推进“山更青”“水更绿”“天更蓝”“土更净”“城乡更美”五大专项治理。继续实施“绿满荆楚”、退耕还林、石漠化治理工程，加强地质灾害防治，提升自然生态系统稳定性，到 2021 年，森林蓄积量达到 1050 万立方米，建成省级森林城市。加大贡水河、酉水河保护力度，全县水功能区水质达标率保持 100％。推进农村环境综合整治，治理农村面源污染，加快建设一批城乡垃圾、污水综合处理设施。抓好大气污染防治，空气质量优良天数年均超过 320 天。

大力发展绿色经济。坚持从生产生活两头入手，治理与保护同步进行，构建循环型生产生活体系。集约和高效利用土地、森林、河流等资源，实行最严格的耕地保护制度和水资源管理制度，切实保护基本农田。大力培育环境治理和生态保护市场主体，推进再生资源回收利用。积极探索碳排放权、排污权、水权交易试点，争取国家加大重点生态功能区转移支付力度，建立科学合理的生态补偿机制，着力把生态优势转化为发展优势、竞争优势，让人民群众共享生态红利。

完善生态建设机制。推行生态环境损害责任终身追究制度，全面落实环境保护党政同责、“一岗双责”，建立健全生态文明建设考核、激励、约束、监管机制。严格执行产业准入负面清单制度，严把环保准入关,建立监管统一、执法严明、多方参与的环境治理和生态保护体系。推进节能减排,倡导垃圾分类,引导低碳生活,弘扬生态文化,深入推进生态乡(镇)、生态村创建,让绿色、环保、节俭、健康的生活方式成为人们的自觉行动。

(四)坚持全域规划引领,推进城乡发展一体化。坚持以人为核心,加强“三位一体”城镇体系[18]建设,努力构筑功能完善、特色彰显、品味提升的城乡协调发展新格局。

全力打造精美县城。立足把县城打造成独具特色的开放式4A级旅游景区,突出“山水园林、民族风情”两大特色,实现“山水相依、景城一体”目标。全面完成县城外环路网建设,加快棚户区改造、贡水河南岸和莲花新区开发。加大县城美化、绿化、亮化、净化力度,统筹建设排污防洪、公共停车场、农贸市场等公共服务设施。加快建设“八大城市公园”[19],建成兴隆老街“城市客厅”、莲花坝风情小镇,强力推进城镇“十化”管理,争创国家卫生县城、国家园林县城、省级文明县城,建成全国山区最美县城。

着力发展特色乡镇。立足产业特色,依托区位、资源、人文优势,加快乡集镇绕镇线建设,拓宽集镇发展空间。鼓励社会资本建设集镇基础设施,完善集镇功能,协同推进集镇美化、绿化、亮化、净化、特色化,建设乡镇特色街,打造特色鲜明、功能完善的居民小区,吸引农村人口向集镇集中。加快椒园同城化建设步伐,沙道沟建成区域中心镇,长潭河、椿木营建成旅游特色乡镇,万寨、高罗、晓关建成农工旅复合型乡镇,李家河建成“产城融合、园城一体”示范区。

加快建设美丽乡村。抢抓宣恩作为全省唯一“少数民族村寨保护与利用示范县”建设机遇,以“生态美、产业美、村容美、乡风美、生活美”为标准,着力推进乡村道路、安全饮水、危旧住房、电力通讯等基础设施改造升级。加强传统村落和民居改造、保护,建成一批产业配套、设施完备、生态宜居、文明和谐的新型农村社区。发展中心村,培育特色村,集中打造乡愁浓厚的特色小镇,争创全国美丽乡村建设示范县。

继续提升基础设施。积极争取安张衡、昭黔恩铁路和恩施旅游轻轨过境宣恩、许家坪机场迁建椒园;抓好宣鹤高速、宣咸高速建设;继续推进农村公路改造升级,完成351国道、242国道、325省道和长椿线改造等工程建设,建设一批三级客运站,构建区域性的交通枢纽。加强耕地保护,完成官千水库、石马水库、黄柏营水库和贡北灌区项目建设,推进酉水支流、忠建河流域治理。加快农村电网改造升级,构建安全稳定的电力网。推进“三网融合”,加强信息基础设施建设,构建多终端、全覆盖的信息网络,努力建设智慧宣恩。

(五)深化改革开放创新,激发经济增长内生力。把改革作为最强驱动,把开放作为源头活水,以创新集聚发展要素,努力打造动力增强、跨越腾飞的内引外联新高地。

全面深化改革。围绕“三去一降一补”[20],大力推进供给侧结构性改革,切实为企业发展降本增效、加油护航。深化行政管理体制改革,切实提升“放管服”水平。全面推进商事制度、财税金融、农村综合产权等重点领域和关键环节改革。持续深化投融资体制改革,加强国有资产管理和利用,做大做强县属国有企业,提高投融资和债务风险防控能力,扩大PPP模式在基础设施、基础产业和公共服务领域的应用。建立健全风险防范和化解机制,大力营造公平、公开、公正的市场环境和竞争环境。持续深化教育、户籍、医疗改革,让改革成果更多惠及广大人民群众。

持续扩大开放。坚持硬件显特色、软件树品牌,把园区建成对外开放的高地、创业投资的洼地,形成一批承接产业转移、回乡创业就业、发展特色外贸的产业集群和“园中园”。放大区位、资源、政策优势,精心包装、策划、充实招商项目库,更加突出集群招商、产业链招商、以商招商,确保五年累计到位招商引资资金150亿元,引进项目突破100个。加强出口基地建设,培育布局一批外贸加工、服务外包产业,力争五年内外贸出口累计创汇2亿美元。

着力加强创新。实施创新驱动发展战略,完善创新投入机制,推动土地、资金等要素流向创新领域。支持企业与高校、科研院所建立产学研用协同创新体系，让创新逐步成为推动发展的主动力。大力推动大众创业、万众创新，尊重首创精神，完善孵化体系，引导“城归”返乡创业，“草根经济”形成气候，催生一批“参天大树”。大力实施人才强县战略，创新人才引进、评价和使用机制，构建有利于创新创业的人才发展政策体系。

（六）着力增进民生福祉，推动公共服务均等化。把民生所望作为施政所向，加大财政投入力度，努力解决好人民群众最关心、最直接、最现实的利益问题。

实施五大民生工程。今后五年，县政府将继续集中人力、物力、财力，办好五件大事：一是乡镇集镇污水处理及城乡垃圾回收处理工程；二是义务教育阶段农村中小学校优化布局、质量升级工程；三是县城环河、环城、环山绿道建设工程；四是农村公路安全生命防护工程；五是乡村文化体育广场全覆盖工程。

完善社会保障体系。扎实开展职业技能培训，以创业带动就业，城镇登记失业率控制在4%以内，五年内新增就业1.6万人。扶持残疾人家庭创业就业。实施全民参保计划，提高城乡医保报销比例，努力提高综合保障水平。积极应对人口老龄化，建成城乡居家养老服务中心168个。完善社会救助和住房保障体系。鼓励发展社会慈善事业。

促进社会事业发展。坚持优先发展教育，稳步提高财政教育支出比重，加强教师队伍建设，提升高中和职业教育办学水平，改善农村办学条件，支持社会力量办学，促进教育均衡发展。深化医药卫生综合改革和公立医院改革，健全覆盖城乡的公共卫生医疗服务体系，推动城乡医疗资源共享，探索医养融合发展，打造人人共享的健康宣恩。全面推进人口计生服务转型，促进人口均衡健康发展。深入贯彻《湖北省散居少数民族工作条例》，建成全国民族团结进步模范县。

打造特色文化品牌。加强县、乡、村三级公共文化服务体系建设，继续实施文化惠民工程，大力完善公共体育设施，积极创建省级基本公共体育服务体系示范区。大力传承、保护、挖掘民间工艺和优秀民族民俗文化，加快发展文化产业，打造多姿多彩的文旅品牌，推动文旅深度融合。大力倡导社会主义核心价值观，争做“出彩宣恩人”，凝聚推动宣恩发展的正能量。

提升社会治理水平。深入推进法治宣恩建设，全面开展“七五”普法，提升公民法律素养。实施法治惠民工程，完善法律服务体系，扩大法律援助和司法救助范围。畅通信访渠道，完善矛盾纠纷多元化调解机制，打造阳光信访、责任信访和法治信访。健全安全生产责任体系，夯实安全生产基层基础，坚决杜绝重特大事故发生。强化食品药品安全监管，增强突发事件、重大自然灾害的预警和应对处置能力。加强社会治安立体化、数字化防控体系建设，巩固网格化治理成果，严厉打击违法犯罪，推进社会治理法治化、精细化、现代化，争创“全国平安县”。

（七）加强政府自身建设，提升人民群众满意度。秉承“忠诚、干净、担当”信念，自觉增强“四个意识”，转变作风，狠抓落实，努力塑造人民满意政府新形象。

建设法治政府。坚持“法无授权不可为、法定职责必须为”，自觉运用法治思维和法治方式，健全重大事项依法决策程序，严格按照法定权限和程序行使权力。自觉接受人大法律监督和政协民主监督，高度重视行政监察、审计监督和社会舆论监督。大力推进政务公开，办好电视和网络问政，保障人民群众的知情权、参与权、监督权，增强政府工作透明度。

建设效能政府。继续发扬苦干实干精神，努力在招商引资、向上争资、筹资融资等经济发展主战场突破难题，在重大项目征地拆迁、对象安置、协调推进中打破僵局。实施重大事项、重点项目、重要工作台账式管理，定期向社会亮进度、晒问题、找对策，加强效能督查、绩效考评，推动工作落实。强化“必为”意识，提高“会为”能力，增强“敢为”胆气，问责“不为”行为，为“有为”担当，形成想作为、敢作为、善作为的良好风尚。

建设清廉政府。全面落实党风廉政建设主体责任，严格履行“一岗双责”。严格落实中央八项规定精神，持续深化“两学一做”学习教育，严格执行《中国共产党廉洁自律准则》和《中国共产党纪律处分条例》等党内法规。始终把纪律和规矩挺在前面，紧盯行政审批、工程项目、惠民资金等重要领域和关键环节，加强惩治和预防腐败体系建设，切实管好权、管好钱、管好人，努力营造干部清正、政府清廉、政治清明的良好风尚。

建设服务型政府。始终不忘初心、牢记使命，把一切工作的出发点和落脚点放在为民谋利上，切实帮助群众解决实际问题。树牢践诺理念，端正服务态度，提高服务水平，服务好基层、服务好企业、服务好群众。进一步完善党员干部直接联系群众制度，坚持一线工作，畅通群众诉求反映渠道，确保群众话有地方说、理有地方讲、困难有人帮，理顺社会情绪，促进社会和谐。

三、2017年重点工作

2017年，是新一届政府的开局之年，也是全县精准脱贫、竞进小康的关键之年，全县上下务必再强信心、再鼓干劲，以优异成绩迎接党的十九大召开。

2017年，全县经济社会发展的主要预期目标是：地区生产总值增长10%；规模以上工业增加值增长8.5%；公共财政预算收入增长15%；全社会固定资产投资增长15%；社会消费品零售总额增长20%；城镇常住居民人均可支配收入增长10%，农村常住居民人均可支配收入增长11.5%；城镇登记失业率控制在4%以内；城镇化率提高2个百分点；人口自然增长率、节能减排、安全生产控制在州定目标以内。

围绕上述目标，我们要着力抓好以下工作：

（一）抓精准，深入推进脱贫攻坚。持续推进“五个一批”。全力推进易地搬迁，整合资金17.3亿元，完成贫困户搬迁安置8647户26636人。大力发展产业，扶持有劳动能力、有发展意愿的贫困户重点发展烟叶、茶叶、水果、养殖、蔬菜、药材等产业，确保户均有1项以上相对稳定的增收产业。全面落实公益林保护、退耕还林奖励补贴政策，让贫困户共享生态红利。推进贫困线和保障线两线合一，稳步提高兜底保障能力。加大贫困对象就业创业培训力度，鼓励贫困对象积极就业。大力发展乡村教育，改善基本办学条件，减少贫困家庭教育支出。

着力补齐发展短板。持续抓好金融扶贫，新增村级扶贫互助社30家，覆盖贫困户2000户以上。积极争取中央公益彩票基金支持，抓好儿童减贫与综合发展、革命老区公益项目建设，推进10个国家乡村旅游扶贫工程重点村建设。积极争取“四县市五乡镇”高山连片特困片区区域扶贫项目资金，补齐边远贫困地区基础设施短板。继续争取“616”工程、省直部门对口帮扶，把握杭州市对口支援恩施州的重大机遇，推进贫困村教育、医疗卫生等公共事业快速发展。

完善扶贫保障机制。统筹专项扶贫资金、相关涉农资金和社会帮扶资金向易地搬迁安置点和重点贫困村倾斜，确保每个重点贫困出列村累计扶贫投入不低于500万元。深入落实结对帮扶机制，全方位帮助贫困村抓好产业发展和基础设施建设，以干部用心用情帮扶激发贫困户脱贫内生动力。建立贫困户进出动态管理机制，定期进行贫困识别核定，做到应进则进、应扶则扶、应退则退。实行“日常抽查、半年检查、年度考核”实效检验，确保长潭河、晓关、椿木营3个乡镇整乡脱贫，20个重点贫困村出列，12815人脱贫销号。

（二）抓融合，有效推动产业升级。促进农业增效。着力推进现代农业示范区建设，加强生态原产地产品保护，推进硒资源开发，新建茶、果基地2万亩，新增有机认证基地3000亩。稳定烟叶种植面积6.5万亩，实现烟农收入1.8亿元。出栏生猪64万头。推进马铃薯主粮化，发展优质马铃薯18万亩。继续加大“521”示范社扶持力度，培育壮大家庭农场、种养大户等新型经营主体，新增省州农业产业化龙头企业3家、农民专业合作社20家、家庭农场100家。鼓励企业抱团发展，打造富硒、有机核心品牌，提升农业综合竞争力。

促进工业提质。完善部门服务企业联系制度，用足用活省级产业发展资金、县域经济发展基金，支持骨干企业和特色企业做大做强，新培植亿元工业企业2家。健全企业融资担保体系，拓宽融资渠道，破解实体经济发展难题。继续实施“企业成长工程”，净增规模以上工业企业8家，总数达到73家，实现规模以上工业总产值35亿元。

促进旅游升级。加快全域旅游规划编制，推进重点景区建设，实现锣圈岩、野椒园旅游区年内开园营业。加快县城AAAA级景区建设和彭家寨、中武当旅游综合开发，推进椒园工业旅游示范园创建四星级工业旅游示范点。大力发展乡村休闲游，支持乡镇打造乡村旅游示范点。启动全县智慧旅游信息平台建设，规范县内旅游标示标牌，打造一条旅游示范线路。打造具有民族特色的乡村民宿体系。

促进产业融合。强融合、促链接，推动资源、要素、技术、市场需求整合集成、优化增效。创新“旅游＋”发展模式，促进旅游业与其他产业融合发展，鼓励创新开发更高效的商业模式。用好“文化＋”金字招牌，深度挖掘开发特色文化资源，加快“农旅文、城旅文”一体化建设。大力发展“互联网＋”新业态新模式，加快发展电子商务、现代物流等新兴业态，鼓励支持返乡下乡人员创新创业，新增电商企业（网点）100家，争创全国电子商务进农村示范县。

（三）抓龙头，加快建设宜居家园。提升县城品质。持续巩固“六城”同创成果，着力实施贡水河“水更清、河更靓、岸更绿、路更畅”工程建设，全力打造全国最美山区县城。开工建设人民一路、莲花坝三路，实施兴隆大道西端、黄河巷等综合管网改造工程，沿贡水河污水收集主管网完成闭环工程，实现城区污水不进贡水河。全面推进“留住乡愁·兴隆老街”项目建设，加快万和广场二期、睿山华庭等项目建设进度。积极引进省政府交投、长江投等公司到宣恩投资，启动贡水河北岸风情小镇、三河沟教育配套综合体建设。实施县城垃圾填埋场改造，新建城区夜市，规范汽修专业市场。建立环卫“双五”考核体系[21]，力争城市生活垃圾无害化处理率达到95%以上。推进数字化城管建设，持续开展“三拆四建”工作，坚决打击“两违”，努力营造整洁、畅通、平安、优雅、文明的宜居环境。

推进集镇建管。结合易地扶贫搬迁，让贫困群众分享城镇化的红利，乡镇集镇实现提质增容。建设乡镇垃圾中转站，启动建设乡镇污水处理PPP项目，全面完成长潭、沙道、万寨集镇街道改造升级。实施乡镇街道规范化、特色化立面改造，加强集镇管理队伍建设，加大乡镇街道整治力度，提升集镇建管水平。

建设美丽乡村。以新型社区、中心村和特色村寨为重点，节约集约利用土地，引导农村人口相对集中居住。完成10个村的环境综合整治，洁化、美化农村人居环境，力争每个乡镇打造1个“全国美丽村庄”。加快农村道路硬化升级，加强农村公路养护管理，切实解决出行难题。完善农村信息基础设施，深入推进“宽带乡村”“村村响”“户户通”工程，全力建设幸福新农村。

强化生态建设。继续实施“绿满荆楚”行动，完成植树造林12.7万亩、退耕还林0.6万亩，积极创建省级森林城市。加强饮用水源地、空气质量等环境监测，推进沅江流域酉水干流河道治理，实施石漠化综合治理、农村面源污染治理、人工湿地建设、旧宅基地复垦等生态工程，取缔桐子营、洞坪水库网箱。加强环境污染源监管，进行“未批先建”项目清理。空气质量优良天数位居全州前列。

（四）抓投资，不断夯实发展后劲。抓实项目。全年计划实施各类项目165个，完成固定资产投资65亿元。紧盯政策导向和投资取向，强化项目规划论证，力争项目扩面增量提质。完善项目建设“保姆式”服务机制，实行重点项目领导领衔、清单管理、节点控制，统筹做好项目争取及协调工作，补齐项目前期工作短板。督办在建项目及时登统入库，提高项目建管水平和投资效益。

拓展平台。聚焦省级工业示范区创建目标，不断完善发展规划和基础设施配套，推动政策、项目、资源、人才、技术向园区聚集。启动宣恩县创新创业产业园建设，加快推进宣南富硒食品工业园等18个在建项目建设，争取恩施硒谷、中国硒茶交易中心线上线下交易平台等6个项目落地，新增入园企业10家，完成固定资产投资10亿元，构建园区产业发展新格局。

提质招商。加大项目储备，精心研究编制项目

30个，力争15个以上项目进入省、州重点招商项目库。主动承接发达地区产业转移，做深做实项目前期工作，完善招商保障机制，提高项目履约率、资金到位率和落地开工率，完成招商引资到位资金28亿元。充分利用中国海关恩施监管场所通关带来的资源集聚优势，引进进出口企业，培育壮大自营出口队伍，完成外贸出口4000万美元，其中自营出口1000万美元。

（五）抓改革，持续增强内生动力。深化重点领域改革。推动简政放权、放管结合、优化服务向纵深发展，实现"市民之家"一站式服务。全面深化商事制度改革，完善跨部门联动响应机制和失信惩戒机制，规范市场秩序，激发创业活力，推动市场主体增量提质。着力抓好机关事业单位养老保险制度、户籍制度、医疗卫生体制、农村金融服务中心等重点领域和关键环节的改革，探索出可示范的改革创新样板。

增强创新发展活力。有效对接供给与需求，探索打通全县库存商品房与易地扶贫搬迁安置、棚户区改造、村集体经济发展、新型城镇化建设等连接通道。继续推进金融创新，紧密"政银企"合作，引导和支持金融机构优化信贷结构，降低企业融资成本，力争年末金融机构各项存款余额突破100亿元、贷款余额突破50亿元。

强化要素保障能力。做实做强政府投融资平台，推进天宇生态物流园（中国海关监管场所）、县民族医院整体搬迁PPP示范项目建设，实现政府和社会资本深度融合。实施特色优势产业科技、人才支撑行动计划，支持企业与高校、科研机构深度合作，搭建智库合作平台。加强智慧国土建设，推进节约集约用地。构建财政支撑长效保障机制，强化财政资金统筹和税源管控，推进县级财力可持续增长。

（六）抓民生，倾力增进群众福祉。解民忧，完善保障体系。坚持就业创业政策引领，推进公共实训和创业孵化基地建设，城镇新增就业3500人。健全覆盖城乡的社会保障体系，城乡居保参保率和医保参保率分别达到100%、99%以上；大病患者合规费用报销比例达到90%以上。加强保障性住房建设，实施棚户区改造627户、农村危房改造2000户。

谋民利，发展社会事业。全力推进宣恩清江外国语学校、宣恩思源实验学校建设，确保秋季学期投入使用，启动县教育中心全民健身公园[22]建设。加快乡镇卫生院、村级卫生室标准化建设，强化卫生计生基础服务能力，提升卫生计生服务水平。启动县档案馆建设。全面完成县文体中心一期、二期工程，启动三期工程建设；开展文化惠民活动，鼓励文艺精品创作。严格落实意识形态工作主体责任，践行社会主义核心价值观，培育"出彩宣恩人"，争创全国民族团结进步模范县。全面完成第三次全国农业普查工作。

保民安，加强社会治理。持续巩固"三位一体"基层治理模式，深入推进"七五"普法，严控网络舆情，提高应对突发事件和保障公共安全的能力。完善立体化、数字化社会治安防控体系，抓好"四类特殊人群"[23]服务管理，建设戒毒社区，加强社会治安综合治理。全面落实"两个全覆盖"[24]，压实安全生产责任。加强食品药品监管体系建设，确保人民群众饮食用药安全。

2017**年，我们一以贯之为民办好"十件实事"：**一是完成县直机关幼儿园迁建；二是完成南三镇输水管网大联通工程；三是完成和平片区供水管网建设；四是完成乡村道路视频微卡口建设；五是完成黄河巷综合治理工程；六是在城区新建五个公厕和三处垃圾转运站，每个乡镇集镇至少建成一处规范化公厕。七是县城新增停车位500个，规范城乡行车停车秩序；八是基本建成县城区标准化农贸市场和2个乡镇标准化农贸市场；九是实现村村通光纤电视；十是扩建县民族实验小学运动场和学生餐厅。

百舸争流，破浪者领航；千帆竞发，奋勇者当先。脱贫攻坚、实现小康，是时代赋予我们的光荣使命，是全县人民的共同愿望。责任与重托，鞭策我们奋发有为；光荣与梦想，激励我们不懈追求！让我们在县委的坚强领导下，团结带领全县人民，不忘初心、继续前进，凝心聚力，奋勇争先，为建设富美宣恩而努力奋斗！

附注

[1]**6个国家级称号**:“全国有机农业示范基地”“国家有机农产品认证示范创建区”“全国十大生态产茶县”“国家级出口茶叶质量安全示范区”“全国重点产茶县”“中国名茶之乡”。

[2]**“一区三园”**:湖北宣恩工业园区;椒园生态产业园,和平制造产业园,宣南产业新城。

[3]**金融扶贫“宣恩模式”**:黄坪村“2+3”模式,即严把入社关、个人征信关和担保申请、借款申请、贷后检查,建立能有效防范担保金风险的扶贫方式。

[5]**“三拆四建”**:拆违建、拆危房、拆围墙;建交通路网体系、建绿地生态体系、建休闲健身体系、建安全防护体系。

[6]**“四化同步”**:工业化、信息化、城镇化、农业现代化同步发展。

[7]**“三坝两寨”**:椒园水田坝、晓关大岩坝、高罗谭家坝、万寨伍家台、沙道沟彭家寨。

[8]**“八大工程”**:环境洁净工程、交通畅通工程、绿化亮化工程、城市宁静工程、空气净化工程、河道美化工程、全民素质提升工程、集镇环境整治工程。

[9]**“长江经济带”**:中国新一轮改革开放转型实施的覆盖上海、江苏、安徽、江西、湖北、湖南、重庆、四川、云南、贵州11个省市的新区域开放开发战略。

[10]**“一元多层次”战略**:以“中部地区崛起重要战略支点”为一元,统筹“两圈一带”“四基地一枢纽”“一主两副”等战略。

[11]**“两圈两带”**:武汉城市圈、鄂西生态文化旅游圈;长江经济带、汉江生态经济带。

[12]**“一红一绿”**:大别山革命老区经济社会发展试验区和武陵山少数民族经济社会发展试验区。

[13]**“四条保障线”健康扶贫**:以农村合作医疗、新农合大病保险、大病商业补充保险、医疗救助四条保障线为主的健康扶贫模式。

[14]**“双百”目标**:到2021年,全县规模以上工业企业突破100家,工业总产值突破100亿元。

[15]**“一心一核四片区”**:“一心”,即在县城主城区建设旅游集散中心;“一核”,即在珠山镇和贡水河国家级湿地公园建设休闲养生核心区域;“四片区”,即依托县城周边乡镇和景区资源,建设北、东、南、西四大旅游片区,打造北部“寿山贡茶”皇城贡品旅游和清江生态民俗旅游片区、东部“七姊妹山—中武当”仙山养生旅游片区、南部“酉水源”山水乡愁旅游片区、西部“土(家)苗侗家”民俗体验旅游片区。

[16]**“十姊妹”**:每个乡镇重点打造一处乡村旅游示范点,形成突出宣恩“土家、苗、侗”民族特色的乡村旅游组团“十姊妹”,并探索形成高效的商业模式和规范便捷的服务体系,初步确定为九子抱母、千户土家、张家院子、酉水桃源、清水塘、小茅坡营、象鼻沟、卢家院子、白金马茶海、五子岩。

[17]**“1+8”城镇商圈**:以县城为中心、八个乡镇为支撑的城镇商贸体系。

[18]**“三位一体”城镇体系**:精致县城、特色乡镇、美丽乡村。

[19]**“八大城市公园”**:宝塔山森林公园、园艺村四季果园、莲花坝民族风情带状公园、文体中心民族文化公园、教育中心全民健身公园、鼓台山红色主题公园、贡水河畔农耕公园、双龙湖水上主题公园。

[20]**“三去一降一补”**:去产能、去库存、去杠杆、降成本、补短板。

[21]**环卫“双五”考核体系**:每平方米浮尘不超过5克,垃圾停留地面不超过5分钟。

[22]**教育中心全民健身公园**:教育中心公共广场、体育场、体育馆、游泳馆及沿河、沿山开放步道景观等。

[23]**“四类特殊人群”**:易肇事肇祸精神病人、吸毒人员、刑满释放人员、社区矫正对象。

[24]**“两个全覆盖”**:安全生产隐患排查治理标准化数字化体系全覆盖、网格化管理区域全覆盖。

大事记

1 月

11 日，贡水白柚、宣恩贡茶、宣恩贡米进入《2015 年度全国名特优新农产品目录》。

▲副县长、公安局长张友刚带公安、消防、城管等部门工作人员，在县供销社大院现场指挥对院内的 7 幢违章建筑进行拆除，恢复被长期占用的消防通道。

15 日，县政府召开《宣恩野椒园旅游区修建性详细规划》(以下简称《规划》)专家评审会，规划通过州、县专家组的评审。县委常委、政法委书记黄同元，县委常委、宣传统战部长岳东，副县长向建强及县直相关单位负责人参加评审会。

▲县政协副主席王仕高陪同州高路办相关人员检查宣鹤高速宣恩段实物调查工作情况。

19 日，县委召开 2015 年乡镇党委书记和县委县直机关工委常务副书记抓基层党建工作述职评议会议。

20 日，县十七届人大常委会召开第三十次会议。

21 日，州委常委、副州长马尚云带恩施海关筹备处、州发改委、州财政局、州国税局、州农发行、州物流发展局、州商务局、恩施出入境检验检疫局、鄂西高速公路建设指挥部等 9 个部门相关负责人到宣恩现场办公，协调解决中国海关恩施监管场所、中国出入境检验检疫局恩施监管区建设项目在建设中遇到的困难和问题。县委副书记、县长习覃，县委副书记朱鹏程、县委统战部长岳东，县工业园区管委会主任覃国锋参加。

▲王仕高带县高路办相关人员对恩来恩黔高速宣恩段“三改”扫尾工程进行检查验收。

▲副县长向建强陪州旅游委杨跃红一行到伍家台督导 AAAA 级景区创建工作进展情况。

25 日，副州长、州公安局局长汤文江到高罗镇，走访慰问部分老党员和困难群众。

26 日，张友刚带交警大队、消防大队、城管局等部门负责人巡查宣恩城区兴隆大道、民族路、贡水路、建设路，了解城区交通整治状况和各单位向社会开放停车场所情况，现场研究解决方案，推进宣恩“六城”同创工作。

27 日，州委常委、组织部部长张建文到长潭河乡慰问部分党员、困难群众和福利院孤寡老人。县委常委、组织部长范涌陪同。

▲副州长程水源带州政府调研组到宣恩，调研“发展生产脱贫一批、生态补偿脱贫一批”工作开展情况。

29 日，县政协副主席黄玉贤到长潭河乡龙潭坪村走访慰问贫困户。

2 月

1 日，州政协主席甘方谦到宣恩，看望慰问椒园镇福利院孤寡老人和部分困难群众。

3 日，州人大常委会副主任陈学明及州水利局相关人员，到椿木营乡深湾村走访慰问困难群众，到椿木营乡农村社会福利院，看望孤寡老人。

4 日晚，县委常委召开“三严三实”专题民主生活会。州委常委、组织部部长张建文到会指导。

15日，中共宣恩县第十四届纪委第六次全体（扩大）会议在县行政办公大楼二楼会议室召开。学习贯彻习近平总书记系列重要讲话和中央、省、州纪委全会精神，总结2015年全县党风廉政建设和反腐败工作，部署2016年工作任务。

16日，副县长向子明召集相关部门召开宣鹤高速宣恩段征迁补偿方案论证会。

24—26日，副县长周志斌陪同丹麦绫致紧急执行董事彼得森、省扶贫办副主任陈登林等一行检查宣恩县儿童减贫与综合发展项目。

29日，州委书记、州人大常委会主任王海涛到宣恩县与县级领导班子座谈。

3 月

1—2日，省农业厅党组书记、厅长戴贵洲与省畜牧兽医局、水产局、农机局、农村能源办和省农业厅相关处室负责人到宣恩，调研精准扶贫及第六轮“三万”活动开展情况。

2日，县委召开中心组学习（扩大）会议，专题学习《中国共产党章程》《中国共产党廉洁自律准则》及《中国共产党纪律处分条例》。

▲陈学明带调研组到宣恩，调研西水河保护立法工作情况。县人大常委会副主任李明山、副县长向子明参加。

3日，省扶贫办副主任柳长毅在汤文江、张友刚陪同下，到高罗镇麻阳寨村和长潭河乡龙马山村调研精准扶贫工作。

11日，县委召开中心组学习（扩大）会议，专题学习习近平总书记系列讲话及相关文件精神。

15日，程水源带州政府调研组，到椒园上好硒博园、湖北土家爱食品开发有限公司专题调研宣恩县富硒产业发展情况。

22日，刁覃与县环保局、县供销社及宣恩方圆绿色再生资源科技有限公司负责人一行到椒园镇水田坝村、老寨溪村、庆阳坝村，就农村垃圾分类处理工作进行调研。

23日，刁覃、向子明、姚元文（县人大常委会副主任）及县政府办、沙道沟镇、县交通运输局、县环保局等部门主要负责人调研宣鹤高速征迁工作，实地查看安置点、沙道沟连接线建设情况。

24日，县委常委、宣传部部长龙志刚陪省委组织部干部教育处一行到万寨乡伍家台党员干部培训基地调研。

▲朱鹏程、钟昌泽（县政协副主席）陪同巴东县委常委、常务副县长牟来举一行到高罗镇，参观考察易地扶贫搬迁工作。

25日，岳东到县国税局听取县国税局负责人关于收入组织、营改增扩围试点、精准扶贫、“六城”同创等工作情况汇报。

▲李明山陪同长阳土家族自治县人大常委会副主任田文大一行6人，到七姊妹山管理局考察，了解保护区发展状况。

30日，州委副书记、州长刘芳震到宣恩工业园区佛恩佳建材公司、立翔工艺公司等企业调研。刁覃、覃国锋陪同。

31日，县公安局出入境管理大队大队长郑奉英（女）获第四届湖北省“最美警察”称号，是全州唯一获此称号的民警。

4 月

2日，刁覃、龙志刚在椒园镇主要负责人的陪同下，到庆阳坝村调研春茶生产情况。

6日，刁覃到椒园镇黄坪村、高罗镇板寮村，就宣恩县金融扶贫工作进行专题调研。

8日，宣恩县召开全县领导干部大会，会议宣布省委决定：刘智勇任中共宣恩县委书记。州委常委、组织部部长张建文出席会议。

▲县十七届人大常委会召开第三十一次会议。

9—10日，县委书记刘智勇就全县重点项目建设及精准扶贫工作进行调研。

10日，王海涛到椒园镇水田坝村调研春茶生产销售情况，并与当地茶农一起采摘茶叶。

▲刘智勇调研锣圈岩休闲旅游区项目建设情况。

14日，汤文江陪同省政府参事赵志飞带调研组一行4人，到万寨乡伍家台村调研农村社会治理情况。刁覃、张友刚参加。

16日，省统计局党组书记、局长李克勤，副州长张勇强陪同国家统计局工业司司长张卫华一行，到宣恩县调研工业经济运行情况。刘智勇、岳东参加调研。

18日，中共宣恩县委十四届五次全体（扩大）会议在县行政办公中心二楼会议室召开。主要任务是：深入学习贯彻中央、省、州全会精神，审议《中共宣恩县委关于制定全县国民经济和社会发展第十三个五年规划的建议》，为全县未来五年发展科学确立目标，精心绘制蓝图，广泛凝聚合力。

19日，刘智勇、朱瑾（县委常委、县委办公室主任）先后到县人大常委会、县政协机关调研。并与县人大常委会主任杨安明，县政协主席张频走访看望部分正县级实职离退休老干部，了解他们当前的生活、工作情况。

20日，县政协第八届委员会召开第二十一次常务委员会议。

22日，县十七届人大常委会召开第三十二次会议。

▲刘智勇、习覃、朱鹏程、朱瑾、岳东、黄同元（县委常委、政法委书记）到县公安局调研。

▲刘智勇到椒园镇石马村开展精准扶贫活动，走访帮扶对象。

▲刘智勇、习覃、朱鹏程、朱瑾、黄同元、张友刚到消防大队，专题调研指导部队建设和消防工作。

23－24日，张建文到宣恩督办检查宣恩县落实党风廉政建设"两个责任"及防汛抗旱工作。刘智勇、习覃、朱鹏程、吴卫平（县委常委、县纪委书记）、朱瑾、刘红艳（县委常委、组织部部长）、周志斌陪同督查或参加汇报会。

25－27日，政协宣恩县第八届委员会第六次会议在宣恩县城召开。

26日，七省（区）"普惠金融暨金融服务网格化"现场会在椒园镇黄坪村召开。副省长曹广晶出席会议，省直金融监管部门、23家金融机构负责人，湖北、湖南、河南、安徽、江西、山西及新疆维吾尔自治区银监局相关负责人参加会议。

21－28日，宣恩县第十七届人民代表大会第六次会议在宣恩县城召开。

27日，县政协第八届委员会第二十二次常务委员会议。

29日，刘红艳到高罗镇下坝村、龙潭河村调研。

5　月

1日，宣恩县首家经营性景区——狮子关景区开园试营业。

3－4日，陈学明带视察组到椒园中心小学、宣恩法治文化长廊等地视察《湖北省水污染防治条例》《恩施州城乡规划建设管理条例》贯彻落实及"六五"普法工作情况。杨安明、姚元文、覃正彪（县人大常委会副主任）、向子明参加视察或座谈。

4日，州人大常委会常务副主任瞿赫之带调研组到椒园镇白泥坝村，调研马铃薯主粮化发展情况。杨安明参加。

▲习覃及国土、交通、旅游、林业等县直部门负责人到湖北七姊妹山国家级自然保护区调研，七姊妹山管理局局长熊坤赤、副局长曾凡忠和总工程师刘昌勇参加调研。

▲副州长陈晓燕一行到宣恩调研公共文化服务体系建设情况，实地查看和督办椒园镇村村响、户户通落实情况、锣圈岩民营企业投资文化体育、旅游产业情况、省级文物保护单位——野椒园以及文体中心场馆建设等情况，专题听取武陵山龙舟争霸赛·恩施州第四届（宣恩县第八届）水上运动会筹备情况汇报。

5日，周志斌陪同省水利厅党组成员、副厅长唐俊一行，到伍家台村调研水利行业精准扶贫工作。

6－7日，省林业厅副厅长黄德华一行由州林业局、七姊妹山保护区管理局负责人陪同，到七姊妹山保护区检查精准扶贫和自然保护区管理工作。

9日，县政协第八届委员会第二十三次常务委员会议。

10日，宣恩县人民法院举行首次计入员额法官宣誓仪式。张频、黄同元、姚元文、杨月轩（县人大常委会内司委主任）、龚光荣（人民陪审员）、龚道权（人民陪审员）出席宣誓仪式并担任监誓人。

12日，州委常委、常务副州长周静陪同国家统计局湖北调查总队总队长王跃新，到宣恩县调研农民收入情况。刘智勇、朱鹏程及万寨乡、县政府办、县统计局相关负责人参加。

▲新西兰怀马卡里里地区市市长DavidLindsayAyers（大卫·林赛·艾尔斯）一行在州政协副主席、州工商联主席王继刚及州外侨局负责人的陪同下到万寨乡，考察茶叶产业发展情况。

16日，副州长高云正带调研组到宣鹤高速宣恩段检查征迁工作。王仕高参加。

▲刘智勇到椒园镇店子坪、凉风、黄坪、庆阳坝、洗草坝等村，开展"不忘初心·永跟党走"主题实

践活动。

▲湖南省湘西土家族苗族自治州保靖县政协副主席向世忠、彭光海带考察组到伍家台村全国富硒有机茶示范园基地，考察美丽乡村建设及“六城”同创工作。

17日，习覃在椒园镇锣圈岩景区主持召开现场办公会，研究解决锣圈岩景区建设过程中遇到的相关问题。

18日，刘智勇到县纪委监察局调研全县纪检监察工作开展情况。吴卫平、刘红艳参加。

18—20日，州人大常委会副主任吕金施陪省人大常委会副主任王建鸣到宣恩，调研精准扶贫、对口帮扶及重点项目建设进展情况。刘智勇、习覃、杨安明、覃正彪、周志斌参加调研座谈会。

23日，湖北省推进新型城镇化工作领导小组办公室命名晓关乡大岩坝村、沙道沟镇当阳坪村等240个村为第五批“宜居村庄”。

▲全县2016年城乡低保大核查暨“三留守”人员摸底排查工作会召开。

24日，刘智勇到高罗镇调研经济社会发展情况。

25日，刘智勇、朱瑾到万寨乡调研经济社会发展情况。

▲巴东县政协主席刘太可带考察组到宣恩县，考察茶叶产业建设及“六城”同创工作。县政协主席张频，副主席王此权、陈浩陪同。

26日，陈晓燕陪省卫生计生委主任杨云彦到宣恩，调研全县卫生计生工作情况。

28日，天门市副市长雷华带考察团到伍家台全国富硒有机茶示范园基地、湖北伍家台贡茶有限公司，考察富硒产业建设情况。周志斌参加。

31日，官千水库水源工程开工仪式在晓关乡小溪村举行。覃正彪、周志斌出席。

6 月

1日，宣恩召开2016年普通高考部门联席会，专题部署2016年度高考工作。

▲刘智勇、刘红艳到县委党校与中青年干部培训班学员座谈。

▲习覃带县政府办、发改局、水利局等部门负责人到县城西门沟、三河沟及万寨、长潭河、椿木营等乡镇，调研防汛、易地扶贫搬迁及“两学一做”学习教育开展情况。

2日，县委召开运用大数据开展惠民政策落实情况监督检查问题线索交办会，按照省、州统一要求对问题线索核查与整改工作进行全面安排部署。

3日，县十七届人大常委会召开第三十三次会议。

▲习覃、向子明带县政府办、发改局、规划局等部门负责人到李家河、沙道沟、高罗，调研易地扶贫搬迁工作情况。

4日，县委召开全县乡镇领导班子换届工作会议，传达学习全省市（县、乡）领导班子换届工作会议精神，研究全县乡镇领导班子换届工作。

6日，宣恩县召开“安全生产月”启动仪式暨安委会全体（扩大）会议，深入分析全县安全生产形势，安排部署2016年“安全生产月”活动和下一阶段安全生产工作。

▲习覃到李家河调研易地扶贫搬迁工作开展情况。

7日，长潭河乡诺西村装机20千瓦的光伏发电站，一次性并网发电成功，标志宣恩县首座光伏发电站成功并入国网运行。

▲湖北省粮食局副局长熊贵斌、恩施州粮食局局长陈德义到宣恩县珠山粮食购销公司调研粮食工作。

9日，副州长张勇强到椒园镇、万寨乡伍家台村调研特色村寨建设、重点项目建设情况。副县长向子明、罗文骏参加。

12日，省文化厅党组成员、省文物局局长黎朝斌一行到宣恩县考察文物保护与利用工作。习覃、向建强参加。

14日，副州长张勇强、州政协副主席向宏贵与省政协调研组到万寨乡伍家台茶叶基地，调研民族地区绿色发展问题。张频、周志斌、王仕高参加。

▲习覃、黄同元带烟办、发改、教育等部门主要负责人到晓关乡，调研烟叶生产、易地扶贫搬迁等工作。

15日，浙江乐清市湖北宣恩商会正式揭牌成立。岳东、龙志刚出席揭牌仪式。

15—16日，刘智勇、习覃、黄同元、朱瑾，带县财政、发改、交通、水利、民宗、住建、旅游、环保、电力等部门主要负责人到晓关乡、长潭河乡，就两个乡镇30年经济社会发展情况进行专题调研。

17日，陈晓燕到宣恩县检查中考备考工作。罗文骏参加。

18日上午，国家主席习近平夫人彭丽媛在塞尔维亚总统尼科利奇夫人德拉吉察陪同下参观贝尔格莱德植物园，她们一起种下象征中塞传统友谊的珙桐树苗（来源于新华网）。送往塞尔维亚的珙桐树共有6棵，其中恩施选送的两棵是由宣恩县椿木营珙桐种培育而成。

20日，瞿赫之带视察组到宣恩，视察医疗废弃物处置情况。杨安明、史红珍（县人大常委会副主任）、乾维德（县人大常委会副主任）、向建强参加。

▲刘智勇、朱鹏程及县民宗局负责人到省民委汇报宣恩县民族宗教工作及长潭河、晓关“侗族乡庆活动”准备情况。

▲全州城市“拆围”（机关院落围墙）现场会在宣恩召开。张勇强出席。

21日，习覃带县政府办、扶贫办、发改局、民政局负责人到高罗镇，调研易地扶贫搬迁及农村低保综合评定工作。

23日，中国人民银行武汉分行行长杨立杰带行办公室、货币信贷处、金融研究处负责人到宣恩，调研金融扶贫工作。习覃、岳东参加。

▲召开全县禁毒工作会议，传达学习省、州禁毒委员会会议精神，总结2015年全县禁毒工作，分析当前禁毒工作形势，安排部署2016年禁毒工作。

24日，县人武部党委第一书记任职仪式大会召开，刘智勇任县人武部党委第一书记。

25日，刘智勇、朱瑾带县水利局、民政局负责人，到李家河镇、椒园镇检查指导防汛抗洪及抢险救灾工作。

▲省农业厅党组成员、副厅长张桂华一行到椒园镇开展精准扶贫对接工作，并对椒园镇庆阳坝村农业受灾情况进行实地察看。

27日，习覃、向子明到万寨乡、长潭河乡，查看宣恩县国省道及农村公路水毁灾害情况。

28日，宣恩县举办首届就业创业促进工程电视大赛。

29日，陈学明与省人大民族宗教侨务外事委员会主任委员谭徽在到宣恩，检查全县旅游法律法规实施情况。刘智勇、杨安明、覃正彪、向建强参加。

30日，庆祝中国共产党建党95周年暨“出彩宣恩·华美绽放”全县首届社会文艺团队展演活动在县人民广场举行。

▲宣恩县在宣恩礼堂举行庆祝中国共产党成立95周年大会暨“不忘初心·永跟党走”主题实践活动报告会。

7　月

1日，张建文到宣恩，看望慰问部分老党员、困难党员。刘红艳参加。

3日，周志斌带水利部门相关负责人，到珠山镇黄河沟检查指导防汛工作。

4日，宣恩县召开半年经济形势分析暨重点项目调度会，总结上半年经济运行工作，分析当前形势，安排部署下半年工作重点。

5日，张友刚召集县城管局、公安局、国税局、珠山镇上湖塘社区等20余家单位相关负责人，专题研究珠山镇上湖塘社区“六城”同创拆除围墙后的治安防范工作。

6日，宣恩县首届“铁军训练营”开班，35名干部参加为期5个月的理论和实战培训。

▲中国茶叶学会理事长、中国农科院茶科所副所长江用文与省茶叶学会常务理事、省农业厅经济作物处调研员姜金生分别带部分中国茶叶学会会员、省茶叶学会会员到万寨乡，调研茶产业建设情况。钟昌泽参加。

▲副州长夏锡播与湖北中烟工业公司党组书记、总经理部强，湖北省烟草专卖局（公司）党组成员、副总经理黄树立到宣恩调研烟叶产业发展情况。

▲习覃、朱鹏程、岳东、向子明到宣恩县市民之家建设施工现场，调研项目建设情况。

7日，杨安明带县人大常委会组成人员到高罗镇，视察高罗镇2016年上半年国民经济计划执行情况。

8日，江西省赣州市副市长黄金龙带考察团到伍家台全国富硒有机茶示范园基地、湖北伍家台贡茶有限公司，考察富硒产业建设情况。程水源、周志斌参加。

7—8日，全州老年大学教务管理工作会议在宣恩举行。

9日，宣恩县召开“不忘初心·继续前进·永跟党走”暨侗乡成立30周年座谈会，庆祝晓关、长潭河侗乡成立30周年。

12日，宣恩县召开2016年农业支持保护补贴改革暨易地扶贫搬迁工作会议。

13 日，在第十届中国国际有机食品博览会上，由湖北绿可生态茶业有限公司选送的“伍家台贡茶”获金奖。

▲陕西省镇巴县人大常委会副主任高县武带考察团，考察宣恩县城市规划、棚户区改造、城市管理体制等方面情况。杨安明、史红珍、向子明陪同。

15 日，刘智勇、杨安明、朱瑾、岳东、覃国锋到宣恩工业园区调研，开展“万名干部进万企”活动。

17 日，副县长邵爱华到李家河镇板栗园大捷纪念碑、红军桥、郭家坡羊角古寨屯兵遗址，调研文物保护工作。

18 日，岳东到县统计局调研统计工作。

▲宣恩县代表湖北省参赛的高腔山歌“郎唱山歌妹来还”，在重庆黔江区“十三寨女儿谷・首届武陵山山(民)歌擂台赛”中获银奖。

▲宣恩县在县政务服务大厅举行不动产统一登记首证颁发仪式。

19 日，宣恩县境内突降暴雨，主要降水区集中在椿木营乡、长潭河乡、沙道沟镇、珠山镇、李家河镇、万寨乡。其中椿木营乡、长潭河乡遭受了长达 8 小时的暴雨，降雨量达 247 毫米。

20—21 日，黎朝斌一行到万寨乡伍家台村，调研民族村寨保护与利用工作。习覃、邵爱华陪同。

25 日，习覃到长潭河乡陈家台村，调查黄田、马虎坪及陈家台通村公路损毁及灾后复建情况。

27 日，县政协第八届委员会第二十四次常务委员会议。

28 日，王波(县委副书记)、周志斌看望慰问县人武部、消防大队、武警中队、光荣院以及军队离退休老干部。

29 日，县委召开学习贯彻习近平总书记“七一”重要讲话精神暨王光国先进事迹宣讲会，深入学习贯彻习近平总书记在庆祝中国共产党成立 95 周年大会上的重要讲话精神，落实省委、州委关于开展向王光国学习活动的决定精神。

▲县政府召开防汛救灾恢复重建工作会议，传达贯彻全州防汛救灾恢复重建工作会议精神，部署全县下一阶段灾后恢复重建工作。

▲县十七届人大常委会召开第三十四次会议。

30 日，刘智勇、周志斌到晓关乡大山人影站，察看人工影响天气工作情况。

8　月

1 日，刘智勇、黄同元、张友刚等到消防大队，看望慰问坚守在防、灭火和抢险救援一线的消防官兵。

4 日，习覃及县政府办、扶贫办、住建局、发改局、招投标中心及有关企业相关负责人到长潭河、珠山、椒园等乡镇，就易地扶贫搬迁工作情况进行调研。

5 日，习覃带县财政、人社、教育、住建、交通、食药监、环保、电信公司、城投公司、自来水公司、供电公司等 13 个单位负责人到县一中现场办公，了解县一中等学校搬迁工作具体筹备情况，协调解决工作中存的困难和问题。

6 日，湖北中烟工业公司党组书记、总经理部强，湖北省烟草专卖局(公司)党组成员、副总经理黄树立带调研组，与副州长夏锡璠到宣恩调研烟叶产业发展工作。刘智勇、周志斌及县烟叶生产办公室、县烟叶分公司负责人参加调研。

7 日，刘智勇、朱瑾到高罗镇，调研易地扶贫搬迁、农村基层社会治理、旅游产业发展等工作。

8 日，宣恩召开易地扶贫搬迁决战动员会，学习贯彻湖北省第二次易地扶贫搬迁现场会精神，进一步明确全县易地扶贫搬迁目标任务，推动全县易地扶贫搬迁工作迅速进入全面建设阶段。

▲宣恩县“智慧民生”项目启动。黄同元、郭晖(县委常委、副县长)及中国移动通信集团湖北有限公司恩施分公司副总经理黄瑞参加启动仪式。

9 日，宣恩县在县城贡水河举办首届“幸福宣恩・浪漫贡水”七夕河灯节。

9—12 日，习覃到香港参加 2016 鄂港澳粤经贸合作洽谈活动。

10 日，刘智勇、朱瑾到椒园镇水田坝村、店子坪村，现场督办易地扶贫搬迁工作。

▲夏锡璠与省民政厅党组书记、厅长彭军到宣恩调研抗灾救灾工作。刘智勇、周志斌参加汇报会。

11 日，由国家旅游局、国家发展改革委、国务院扶贫办公室等 12 部门联合印发《乡村旅游扶贫工程行动方案》，宣恩县高罗大茅坡营村、李家河老司城村、椿木营长槽村、长潭河中间河、苦草坪等 31 个村入列乡村旅游扶贫重点村。

12日，“2016湖北水总杯”武陵山区龙舟争霸赛暨恩施州第四届水上运动会在宣恩贡水河开幕。州委常委、宣传部部长尹达出席开幕式并宣布开幕。刘智勇、王波、杨安明、张频等县领导以及中央电视台、湖北日报记者，湖北巴土文化体育传播有限公司、湖北水总水利水电建设有限公司主要负责人出席开幕式。

13日，刘智勇带县委办、发改局负责人到晓关乡福利院、珠山镇干溪村、椒园镇水田坝村、李家河镇板栗园及沙道沟栏杆坪等地了解易地扶贫搬迁集中安置点项目建设进度及工作中存在的困难和问题，要求各乡镇突出工作重点，加大工作力度，加快推进易地扶贫搬迁安置点的建设步伐。

16日，习覃带县政府办、财政局、教育局、食药监局、卫计局、县一中、电信公司、自来水公司、供电公司、天然气公司、教育中心指挥部办公室等负责人到县教育中心(椒园镇三河沟)，现场督办高中部建设工作。要求各相关部门认真抓好责任落实，加强协调配合，倒排工期，加快进度，确保县教育中心高中部如期开学。

22日，夏锡璠一行到宣恩检查精准扶贫工作。习覃参加。

24—25日，省旅游委副主任李开寿带省旅游景区质量等级评定组到宣恩，对伍家台贡茶文化旅游区创建国家AAAA级旅游景区工作进行检查验收。

25日，副州长、州公安局局长程建宏到高罗镇麻阳寨村，调研精准扶贫工作，并到县公安局看望慰问民警，调研基层公安工作。

26日，刘智勇、张友刚带政府办、交通局、农业局部门负责人到椒园镇，检查指导抢险救灾工作。

▲习覃、向子明带县国土局、水利局主要负责人到晓关乡，实地查看地质灾害滑坡防治工作情况。

30—31日，副省长任振鹤到椒园镇调研精准扶贫易地搬迁、灾后重建等工作。

30日，国家民委副主任陈改户带调研组与张勇强到万寨乡伍家台村，调研民族地区团结进步工作情况。刘智勇、习覃、郭晖、邵爱华参加。

▲省住建厅副厅长金涛带工作组到椒园镇察看受灾情况，现场指导灾后重建工作。向子明参加。

▲张友刚带县政府办、椒园镇、县安监局、县文体新广局、县文物局、县公安局、县气象局、县自来水公司、县消防大队等单位到椒园镇庆阳凉亭街，就省级文物保护单位庆阳凉亭街火灾隐患整改进行现场办公。

31日，县教育中心项目宣恩县清江外国语学校工程正式开工建设。

9 月

2日，县十七届人大常委会召开第三十五次会议。

▲商务部驻武汉特派员办事处副特派员武雪峰一行3人，在州商务局相关负责人的陪同下到宣恩县，调研商务工作。钟昌泽参加。

3日，刘智勇到县教育中心高中部(县第一中学)，了解秋季开学工作情况。

▲程建宏到宣恩县公安局晓关派出所、椒园派出所督导G20峰会安保工作，看望慰问值班执勤民警。刘智勇、张友刚参加。

3—4日，刘智勇、朱瑾、邵爱华及县国土、发改、民政等部门主要负责人到椿木营乡、长潭河乡，调研易地扶贫搬迁、灾后恢复重建工作情况。

5—6日，陈学明带视察组到宣恩，视察脱贫攻坚工作情况。李明山、周志斌参加。

6日，宣恩县召开县、乡(镇)人大换届选举工作会议，对县、乡(镇)两级人大换届选举工作进行安排部署。

▲宣恩县昊旺新能源科技有限公司与沙道沟镇核桃湾村、中坝坪村正式签订开发建设农业光伏发电项目土地征用协议，启动宣恩首个农业光伏发电扶贫项目。

▲全州工业经济推进会在宣恩召开，会议分析工业经济走势，研究部署下阶段工业经济运行、工业领域救灾核灾及灾后重建、行业安全生产等重点工作。

7日，省农业银行副行长方先明带调研组到万寨乡调研重点项目建设情况。习覃、岳东参加。

9日，召开2016年烟叶收购工作会议，安排部署烟叶收购工作。

9—10日，习覃、向子明、周志斌、邵爱华及财政、发改、扶贫办、旅游、民宗、林业、民政等单位负责人到长潭河乡，调研精准扶贫及旅游扶贫工作。

10日，高罗镇、晓关乡、沙道沟镇分别获2016发现恩施“魅力乡镇”名品名镇、生态名乡、魅力乡镇称号。

11日，省交通厅党组书记、厅长何光中由州交通运输局党组副书记、副局长杨盛僚陪同到宣恩县调研城乡道路灾后恢复重建工作。刘智勇、向子明、周志斌参加。

14日，习覃、黄同元、向子明、周志斌及县政府办、扶贫办、财政局、发改局、畜牧局、林业局、民政局、审计局等单位负责人到沙道沟镇，调研换届选举及精准扶贫工作。

9月15日下午，习覃在县行政办公大楼二楼会议室主持召开首届中秋恳亲招商引资洽谈会，签约10个项目，投资总金额为52.4亿元。刘智勇、习覃、杨安明、张频、龙志刚、向建强、覃国锋出席。当日晚，首届“贡水夜·宣恩情”中秋恳亲晚会在人民广场举行。刘智勇、习覃、王波、杨安明、张频及部分外来投资、返乡投资、签约客商、邀请客商代表现场观看晚会。

17日，国家科技部“北亚热带主要针叶林定向培育技术研究”项目在椿木营乡正式启动。

19日，召开县政协第八届委员会第二十五次常务委员会议。

20—21日，恩施州“四县市五乡镇”高山片区综合扶贫现场推进会在宣恩县椿木营乡召开。夏锡璠、刘晓冰(州政协副主席)、向宏贵，州直有关部门、恩施、建始、宣恩、鹤峰等4个县、市党政主要负责人参加。

22日，农业部中国绿色食品发展中心副主任刘平带检查组及省、州农业部门相关负责人到宣恩县，开展绿色食品年检工作。周志斌参加。

23日，宣恩召开精准扶贫“发展教育脱贫一批”工作会，安排部署精准扶贫“发展教育脱贫一批”工作。

▲省商务厅副厅长胡道银带调研组到宣恩县，调研伍家台全国富硒有机茶示范园基地建设情况。

▲宣恩县27家企业63种含硒产品，参加第三届世界硒都(恩施)硒产品博览交易会。

28日，县委召开精准扶贫工作推进督办会，总结全县精准扶贫工作，督办落实精准扶贫责任，安排部署下阶段工作任务。

▲县十七届人大常委会召开第三十六次会议。

29日，湖北土家爱食品开发有限公司的“土家爱”牌速溶合渣系列、植物蛋白饮料系列产品和湖北大派食品集团有限公司的“大派”牌宣恩火腿获国家质检总局批准为“国家生态原产地保护产品”，是恩施州首批获得国家生态原产地保护产品。

10　月

8日，宣恩县农村公路管理局挂牌成立。

9日，习覃、黄同元、邵爱华带县政府办、国土局、交通局、发改局、水利局、旅游局、民宗局、林业局、自来水公司等单位主要负责人到椒园镇锣圈岩休闲旅游区，专题调研宣恩县国庆“黄金周”期间全县旅游经营情况。

▲习覃、周志斌、谢世鸿到高罗、李家河等乡镇，查看精准扶贫及易地扶贫搬迁安置点建设情况。

▲湖北省绿化委员会、湖北省林业厅《关于命名2016年度湖北省森林城镇和湖北省绿色示范乡村的通知》，命名县高罗镇为“湖北省森林城镇”，椒园镇凉风洞村、锣圈岩村等18个村为“绿色示范乡村”。

10日，湖北省交通投资集团有限公司党委书记、董事长张嗣义一行到宣恩调研宣鹤高速公路宣恩段建设情况。刘智勇、邵爱华、王仕高参加。

▲刘智勇、邵爱华到高罗镇茅坡营，调研少数民族特色村寨保护与发展工作。

11日，宣恩县获第五届“中国名茶之乡”荣誉称号。

13日，习覃、邵爱华、谢世鸿、李家锦(副县长)、覃国锋带县政府办、农业局、扶贫办、旅游局、文体新广局及长潭河乡、椿木营乡相关负责人到恩施州亚麦食品有限责任公司，调研旅游商品生产销售情况。

15日，刘智勇、朱瑾到椒园镇店子坪村看望慰问贫困户。

17日，甘方谦带州政协办公室、州食品药品监督管理局、湖北中烟恩施卷烟厂、农发行恩施州分行等单位负责人到椒园镇龙潭溪村，调研精准扶贫工作。

▲宣恩县在人民广场举行“10·17”扶贫捐赠仪式，共收到捐款275.77万元。

▲程建宏到宣恩县高罗镇麻阳寨村走访贫困户，了解困难群众的生产生活和各项扶贫帮困措施的落实情况。

17—18日，张建文、邓正平(州人大常委会副主任)与王建鸣到宣恩调研精准扶贫推进及重点项目建设等工作情况。刘智勇、习覃、杨安明、周志斌、覃国锋参加。

18—19 日，戴贵洲到宣恩调研精准扶贫工作情况。刘智勇、习覃、周志斌参加。

20 日，宣恩县进行县、乡两级人大代表选举工作，93 个县级选区、301 个乡级选区，约 23 万选民选举产生新一届县人大代表 193 名，乡镇人大代表 574 名。

21 日，“宣恩早”蜜柑获“湖北省优质柑橘”称号。

▲省农业厅认定宣恩工业园区椒园生态产业园为“湖北省农业产业化示范园区”。

25 日，中国茶叶流通协会授予宣恩县“2016 年度全国重点产茶县”。

26 日，州委副书记柯东海到宣恩，专题调研全面从严治党向基层延伸工作情况。刘智勇、王波、刘红艳参加。

27 日，习覃、史红珍、向建强及县政府办、教育局、财政局、住建局、国土局、水利局、交通局及椒园镇主要负责人到县教育中心宣恩清江外国语学校施工现场调研。

28 日，张勇强带督办组到宣恩，督办宣恩县突出环境问题整改情况。习覃、邵爱华参加汇报会。

▲习覃、张频、龙志刚、谢世鸿到万寨乡，调研精准扶贫及易地扶贫搬迁工作进展情况。

29 日，习覃到李家河镇调研乡村旅游工作。

30 日，刘智勇到万寨乡、沙道沟镇、晓关乡，调研易地扶贫搬迁工作情况。

26—31 日，宣恩县首届（国际商贸城）稻草人艺术节在贡水河国家湿地公园举行。

31 日，习覃、周志斌、邵爱华、谢世鸿及各乡镇长，县政府办、发改局、国土局、规划局等负责人到珠山、椒园等乡镇，督查扶贫搬迁工作进展情况。

▲刘智勇、朱瑾到椒园镇洗草坝村，调研软弱涣散基层党组织整顿转化晋级工作。

11　月

1 日，刘智勇、朱瑾到万寨乡、长潭河乡，调研精准脱贫及城镇化建设等工作。

2 日，杂交水稻之父袁隆平为木龙寨富硒贡米题字“天然含硒，好米好生活”。

▲宣恩环境监察标准化建设通过省级验收。

3 日，王波到李家河镇研产业发展、道路建设等工作。

▲宣恩县第十届中学生民族体育运动会在沙道沟镇民族中学开幕。向建强出席。

4 日，县十七届人大常委会召开第三十七次会议。

▲宣恩县召开 2016 年秋冬季农业综合开发和森林防火工作会。

▲州委副书记刘建平到伍家台村全国富硒有机茶示范园基地、湖北伍家台贡茶有限公司，调研宣恩县党建工作及经济社会发展情况。刘智勇、王波、朱瑾、覃国锋参加。

▲恩施市副市长张伟一行到高罗镇考察黄家河安置点、九间店安置点、麻阳寨安置点易地搬迁情况。

7 日，云南省楚雄彝族自治州委常委、常务副州长赵克义带考察团，由习覃陪同到伍家台贡茶文化旅游区考察。

8 日，宣恩县首个电动公交车直流充电桩建成投运，10 辆新能源充电公交车正式上路运行。

9 日，宣恩县第三次全国农业普查工作会议召开，会议传达省、州有关农业普查会议精神，总结全县农业普查工作进展情况，安排部署全县第三次全国农业普查工作。

10 日，陈晓燕陪省人社厅副巡视员朱世荣带的考评组到宣恩，对宣恩县党政领导计划生育目标管理责任制完成情况进行考评。

▲刘智勇、朱瑾及县民政局、县供电公司等单位负责人到椿木营乡、长潭河乡，查看雪灾受灾情况，指导抢险救灾工作。

▲习覃及县委组织部、县政府办、财政局、扶贫办、卫计局、交通局主要负责人到沙道沟镇，就软弱涣散村党组织整顿转化升级工作进行调研。

▲召开全县 2016 年度突出环境问题整改暨农作物秸秆露天禁烧工作推进会。

12—13 日，宣恩县第四届贡水白柚采摘节活动在高罗镇九间店村贡水白柚示范基地举行。

11—13 日，土家爱食品开发有限公司到武昌洪山体育馆参加 2016 第 18 届湖北荆楚粮油精品展示交易会，其“速溶合渣系列”产品获金奖。

14 日，刘智勇、朱瑾、邵爱华到县地税局调研财税工作。

15 日，刘智勇、朱瑾、黄同元、龙志刚、邵爱华调研县文体中心项目、209 国道宣恩绕城线 03 标段和平大道等重点项目建设情况。

15—16 日，由江西省质监局

标准化处处长彭家骠任组长的国家标准委考核组到宣恩，对伍家台贡茶农业综合标准化示范区进行考核验收。罗文骏、钟昌泽参加。

16日，刘芳震到宣恩县调研脱贫攻坚工作。刘智勇、王波参加。

18日，省农业厅党组成员、副厅长焦泰文一行到宣恩，就精准扶贫及对口帮扶工作进行调研。覃正彪参加。

23日，宣恩县爱心献血屋启动仪式在华鑫广场隆重举行，宣恩县首个爱心献血屋正式投入使用。

▲向宏贵带调研组到宣恩，检查关心下一代工作开展落实情况。史红珍、向建强参加汇报会。

24日，2016年全省政府和社会资本合作项目推介会现场集中签约仪式上，宣恩县与社会资本方签订《天宇生态物流园(中国海关恩施监管场所)PPP项目协议》，宣恩县首次实现政府和社会资本PPP合作新模式。

▲省委统战部副部长、省民宗委党组书记、主任柳望春带调研组到宣恩县，调研社会综治工作。刘智勇、龙志刚、张友刚参加。

24日，重庆市黔江区委常委、副区长胡联合到万寨乡伍家台村调研民族团结进步创建工作。

25日，宣恩县第十届青少年科技创新大赛暨第三届青少年科技创新“县长奖”颁奖大会在宣恩礼堂举行。

12 月

1日，宣恩在县城河滨广场开展主题为“弘扬宪法精神·建设法治宣恩”的法制宣传活动。

6日，习覃带县政府办、政府督查室、环保局主要负责人到珠山、高罗、沙道沟等乡镇，现场督办突出环境问题整改工作。

8日，全县首家乡级扶贫互助社——椿木营乡扶贫互助社成立。

9日，高罗镇大茅坡营村被住房城乡建设部等部门列入第四批中国传统村落名录(建村[2016]278号)。

▲县十七届人大常委会召开第三十八次会议。

12日，刘智勇主持召开宣恩县委十四届七次全体会议。

▲召开县政协第八届委员会第二十六次常务委员会议。

13日，宣恩县首个戒毒社区——珠山镇中心戒毒社区投入使用。

▲省文物局副局长王风竹及文物保护专家到宣恩县调研民族村寨保护与利用示范县工作，先后现场查看野椒园、小茅坡营、两溪河村。习覃、邵爱华等参加。

14日，省消防总队后勤部部长刘明珠到宣恩县调研指导第二消防站建设工作。

14－16日，中国共产党宣恩县第十五次代表大会在宣恩县城召开。

15日，周静陪浙江省发改委党组成员、省对口支援办专职副主任陈海涛到宣恩，调研东西部扶贫协作工作。

16日，县十七届人大常委会召开第三十九次会议。

17日，州委常委、副州长唐泓到宣恩县，调研产业扶贫工作开展情况。刘智勇、周志斌参加。

19－22日，政协宣恩县第九届委员会第一次会议在宣恩县城召开。

20－23日，宣恩县第十八届人民代表大会第一次会议在县城召开。

26日，唐泓、刘智勇到李家河调研产业发展。

29日，宣恩县工商业联合会(总商会)召开第11届会员代表大会。

▲陈晓燕到野椒园、观音堂、彭家寨检查文物保护与安全工作。副县长胡晓洪参加。

30日，湖北省旅游景区质量等级评定委员会评定伍家台乡村旅游度假区达到国家AAAA旅游景区质量等级标准，批准为国家AAAA旅游景区(湖北省旅游景区质量等级评定委员会2016年第4号公告)。

县情概览

建置沿革

【概况】宣恩地域历代隶属管辖废置多变，直至清朝雍正十三年(1735)设县，命名宣恩。宣恩县的土著民族属土家族，系巴人后裔，自称“毕兹卡”，即“本地人”。宣恩地域，上古为廪君国地。周属夔子国。春秋属巴子国。《华阳国志·巴志》载：“华阳之壤，梁岷之域，是其一囿；囿中之国，则巴蜀矣。其分野，舆鬼、东井。其君，上世未闻。五帝以来，黄帝、高阳之支庶，世为侯伯。及禹治水命州，巴、蜀以属梁州。”巴子国受封于周武王，迄今有3000多年历史。“其地，东至鱼复(今重庆奉节)，西达僰[bó]道(今四川宜宾)，北接汉中(今陕西汉水流域)，南及黔涪(今重庆、湖北、湖南、贵州四省市接壤一带)。”“其属有濮、賨[cóng]、苴[jū]、共、奴、獽[ráng]、夷、蜑[dàn]之蛮。”战国初期，宣恩地域属巴国百濮，后期属楚巫郡。秦朝属黔中郡。汉代，东门关以北属荆州南郡；南部属武陵郡。三国时先属蜀，后属吴。北部属荆州建平郡沙渠县；南部属武陵郡。晋朝沿前隶属。北周建德三年(574)置施州，治沙渠县。隋大业时置清江郡，义宁二年(618)改为施州。唐置黔中道施州清化郡，治清江县，宣恩地域属之。五代时宣恩北部属施州清江县，南部属羁縻感化州。宋朝，宣恩北部属“夔州路施州清江县”；南部属“荆湖北路高州、顺州、保顺州”。元朝，宣恩地域置“沿边溪洞招讨司”“木册安抚司”“石溪峒司”“忠建都元帅府”等，隶属于“四川行省四川南道宣慰司”。明朝，宣恩地域置“施南宣抚司”等土司，属于“湖广布政使司施州卫”。《明史·地理志》：施南宣抚司(元施南道宣慰司)，明洪武四年(1371)十二月因之，后废。十六年(1383)十二月复置，属施州卫。二十七年(1394)复废。永乐二年(1404)五月改置长官司，属大田军民千户所。四年(1406)三月升宣抚司，仍属卫(东有旧治，后迁夹壁龙孔，即今治也。西有前江，发源七药山，西南流与后江合，入四川彭水县界)。北距卫50千米，领安抚司五。忠峒安抚司(元湖南镇边宣慰司，明玉珍改沿边溪峒宣抚司，明洪武五年(1372)正月改沿边溪峒长官司，后废，永乐四年(1406)三月改置，南有酉溪)。高罗安抚司(元高罗宣抚司，明玉珍改安抚司，明洪武六年(1373)废。明永乐四年(1406)三月复置，领长官司一。

清朝初期，宣恩地域为施南土司，仍属施州卫；雍正六年(1728)，属恩施县。雍正十三年十一月壬寅(1735年12月20日)，以15土司(忠峒、散毛、忠路、忠孝、高罗、木册、大旺、金峒、蜡壁、东流、唐崖、龙潭、沙溪、卯洞、漫水)各境并入恩施县改土归流。去施州卫设施南府。辖5县，存恩施县建府治，分置宣恩、来凤、咸丰、利川4县治。以施南、忠峒、高罗、木册、东乡、忠建六土司及石虎地合1县，定名宣恩。湖广总督迈柱大学士会同湖北抚臣马会伯合词具题“施州卫既改县如蒙俞允恭请：皇上钦定县名”。依“奉宣诏恩”赐名“宣恩”。寓意：宣示浩荡皇恩。乾隆元年(1736)，汉军正蓝旗监生陈宷出任第一任知县，勘边界定疆域，用施南土司故基作县署。管辖分3乡7里，东乡设施南里、东乡里；西乡设石虎里，南乡设高罗里、忠峒里、木册里、忠建里。宣统三年(1911)九月初七(10月28日)，施南反正，宣恩隶属于中华民国湖北军政府施南府。

民国元年(1912)，废府存县，宣恩县直隶湖北省。民国4年(1915)改属荆南道，民国14年(1925)改属施鹤道，民国16年(1927)废道复隶于省。民国17年(1928)改属鄂西行政区，民国21年(1932)属湖北省第十行政督察区，民国25年(1936)改属湖北省第七行政督察区，直至1949年11月10日宣恩县城解放。

1949年11月11日，成立宣恩县人民政府，隶属恩施专区。

1950年1月，全县划为5个区：城关区，下辖城关乡、椒园乡、万寨乡，区人民政府驻城关；狮长区，下辖镇关乡、长潭河乡，区人民政府驻狮子关；沙道区，下辖沙道乡、乐坪乡、凤山乡，区人民政府驻沙道沟；晓关区，下辖晓关乡、卧西坪乡，区人民政府驻晓关；高罗区，下辖高罗乡、新安乡、板栗园乡，区人民政府驻高罗。1950年4月，经恩施行政专署批准，将恩施县三岔区辖的凉风、白果、芷药以及向家和大河坝各一部分划归宣恩县管辖。

1951年3月，全县将区人民

政府改为区公所,为县人民政府派出机构,并将地名区改为数字区。全县共7个区:城关区为第一区,辖茅坝塘、干沟塘、狮子关、宝塔、双龙、中坝、椒园、水田坝、庆阳坝、桂花,区公所设城关;万寨乡从城关区分出设立第二区,辖白果坝、板马、凉风、大河坝、向家、中间河、中间坪、大卧龙,区公所设万寨;狮长区为第三区,辖苦草坪、万岭山、施铁坪、龙马山、洗马坪、细沙、兴隆、会口,区公所设长潭河;沙道区为第四区,辖双坪、当阳坪、乐坪、两河、二坪、龙潭、茶园、黄泥塘、沙坪、槽铺、寮叶、官庄、药铺、白水河,区公所设沙道沟;将高罗区辖板栗园乡和沙道区辖凤山乡分出,两乡合并组建第五区,辖上洞坪、司城、板栗园、冉大河、幺店、青龙嘴、二虎寨、金陵寨,区公所设李家河;晓关区为第六区,辖晓关、高桥、坪地、张官、草坝、猫山、倒洞塘、覃家坪、桐子营、八台、卧西坪、大山坪,区公所设晓关;高罗区为第七区,辖龙潭河、马家寨、下坝、光荣、干溪、龙河、九间店、蜡树园、团结、板寮,区公所设高罗。

1953年10月,将恩施县双河(济安)区辖的粟谷塆、挖断山、头棚、长坪和鹤峰县中营区辖的川东划归宣恩椿木营管辖。椿木营从第三区(长潭河区)分出,设立第八区,辖椿木营、后坝、粟谷、长坪,区公所设椿木营;第三区区公所从狮子关迁至长潭河集镇。

1955年4月,撤销第八区,并入第三区。

1956年6月,椿木营从第三区分出,恢复第八区。1956年6月,全县有8个区:第一区,下辖茅坝塘、干沟塘、狮子关、宝塔、双龙、中坝、椒园、水田坝、庆阳坝、桂花等10个乡;第二区,下辖白果坝、板马、凉风、大河坝、向家、中间河、大卧龙、中间坪等8个乡;第三区,下辖苦草坪、万岭山、施铁坪、龙马山、洗马坪、细沙、兴隆、会口等8个乡;第四区,下辖双坪、当阳坪、乐坪、两河、二坪、龙潭、茶园、黄泥塘、沙坪、槽铺、寮叶、官庄、药铺、白水河等14个乡;第五区,下辖上洞坪、司城、板栗园、冉大河、幺店、青龙嘴、二虎寨、金陵寨等8个乡;第六区,下辖晓关、高桥、坪地、张官、草坝、猫山、倒洞塘、覃家坪、桐子营、八台、卧西坪、大山坪等12个乡;第七区,下辖龙潭河、马家寨、下坝、光荣、干溪、龙河、九间店、蜡树园、团结、板寮等10个乡;第八区,下辖椿木营、后坝、粟谷、长坪等4个乡。

1958年10月,全县实行人民公社建制,设立东光(城关)、巨龙(茅坝塘)、东升(万寨)、东方红(长潭河)、红旗(沙道)、红色(沙坪)、高照(八大公山)、乐园(李家河)、五星(板栗园)、东风(晓关)、钢火(大山坪)、高歌(高罗)、心安(新安)、高原(椿木营)等14个人民公社,实行政社合一体制。

1959年1月,又将部分人民公社合并,同时改以地名为公社名称,建立城关(东光、巨龙合并)、万寨(东升)、长潭河(东方红)、沙道(红旗、红色、高照合并)、李家河(乐园、五星合并)、晓关(东风、钢火合并)、高罗(高歌、心安合并)、椿木营(高原)8个人民公社,下辖73个管理区。

1961年5月,撤销8个人民公社,恢复区建制,将管理区改称人民公社,原各区管辖的范围不变;同年10月,城关镇从城关区分出,设立县辖城关镇,管辖范围县城区。全县辖城关、万寨、长潭河、沙道、李家河、晓关、高罗、椿木营8个区和1个城关镇。城关区,下辖茅坝塘、干沟塘、狮子关、宝塔、双龙、中坝、椒园、水田坝、庆阳坝、桂花10个人民公社;万寨区,下辖白果坝、板马、凉风、大河坝、向家、中间河、大卧龙、中间坪8个人民公社;长潭河区,下辖苦草坪、大湾、东乡、施铁坪、龙马山、洗马坪、细沙、兴隆、会口9个人民公社;沙道区,下辖双坪、当阳坪、乐坪、两河、二坪、龙潭、茶园、黄泥塘、沙坪、槽铺、寮叶、官庄、药铺、白水河14个人民公社;李家河区,下辖上洞坪、司城、板栗园、冉大河、幺店、青龙嘴、二虎寨、金陵寨8个人民公社;晓关区,下辖晓关、高桥、坪地、张官、草坝、猫山、倒洞塘、覃家坪、桐子营、八台、西坪、大山坪12个人民公社;高罗区,下辖龙潭河、马家寨、下坝、光荣、干溪、龙河、蜡树园、团结、板寮、九间店10个人民公社;椿木营区,下辖椿木营、后坝、粟谷、长坪4个人民公社。

1968年1月,成立宣恩县革命委员会。到同年5月,先后成立城关、万寨、长潭河、沙道、李家河、晓关、高罗、椿木营、城关镇9个区(镇)革命委员会。至此,全县辖城关、万寨、长潭河、沙道、李家河、晓关、高罗、椿木营8个区和1个城关镇,75个人民公社。

1975年10月，撤区并社，撤销8个区，将75个公社合并为16个公社，原公社改为片，由公社直接领导生产大队。撤销城关区，建立椒园公社与和平公社，椒园公社辖桂花、庆阳坝、水田坝、椒园、中坝、双龙、宝塔等7个片，公社驻城关。和平公社辖茅坝塘、干沟塘、狮子关3个片，公社驻干沟塘集镇。撤销万寨区，建立万寨公社、板场公社与中间河公社，万寨公社辖白果坝、向家、大河坝3个片，公社驻万寨集镇；板场公社辖板场与凉风2个片，公社驻板场集镇；中间河公社辖中间河、中间坪、大卧龙3个片，公社驻中间河集镇。撤销长潭河区，建立长潭公社与会口公社，长潭公社辖细沙、兴隆、施铁坪、龙马山、东乡5个片，公社驻长潭河集镇；会口公社辖苦草坪、洗马坪、大塆、会口4个片，公社驻马虎坪集镇。撤销沙道区，建立沙道公社、龙潭公社与沙坪公社，沙道公社辖沙道沟、乐坪、当阳坪、黄泥塘、双坪5个片，公社驻沙道沟集镇；龙潭公社辖茶园、龙潭、二坪、两河4个片，公社驻伍家寨集镇；沙坪公社辖沙坪、药铺、白水河、老岔、槽铺、官庄6个片，公社驻骡子塆集镇。撤销李家河区，建立李家河公社与板栗园公社。李家河公社辖二虎寨、幺店、金陵寨、青龙嘴4个片，公社驻李家河集镇；板栗园公社辖上洞坪、司城、板栗园、冉大河4个片，公社驻板栗园集镇。撤销晓关区，建立晓关公社与桐子营公社。晓关公社辖晓关、高桥、坪地、张官、草坝、猫山6个片，公社驻晓关集镇；桐子营公社辖倒洞塘、覃家坪、桐子营、八台、西坪、大山坪6个片，公社驻桐子营集镇。撤销高罗区，建立高罗公社，辖龙潭河、马家寨、下坝、光荣、干溪、龙河、蜡树园、团结、板寮、九间店10个片，公社驻高罗集镇。撤销椿木营区，建立椿木营公社，辖椿木营、后坝、粟谷、长坪4个片，公社驻椿木营集镇。保留城关镇。

1978年12月，各公社下辖片改为管理区，经调整合并，全县建立73个管理区。椒园公社辖桂花、庆阳坝、水田坝、椒园、中坝5个管理公社；和平公社辖茅坝塘、铁厂坡、干沟塘、狮子关4个管理公社；板场公社辖板场管理区；万寨公社辖白果坝、万寨、大河坝3个管理板；中间河公社辖中间河、中间坪、大卧龙3个管理区；长潭公社辖细沙、兴隆、芭叶槽、东乡4个管理区；会口公社辖苦草坪、洗马坪、马虎坪3个管理区；沙道公社辖乐坪、当阳坪、黄泥塘、上洞坪、松坪5个管理区；龙潭公社辖茶园、龙潭、二坪、两河4个管理区；沙坪公社辖沙坪、药铺、白水河、老岔、槽铺、官庄6个管理区；李家河公社辖二虎寨、幺店、金陵寨、青龙嘴4个管理区；板栗园公社辖上洞坪、回龙、司城、板栗园、冉大河5个管理区；晓关公社辖晓关、高桥、坪地、张官、草坝、猫山6个管理区；桐子营公社辖倒洞塘、覃家坪、桐子营、八台、西坪、大山坪6个管理区；高罗公社辖龙潭河、马家寨、下坝、光荣、干溪、龙河、蜡树园、团结、板寮、九间店10个管理区；椿木营公社辖椿木营、后坝、粟谷、长坪4个管理区。

1983年6月，城关镇更名为珠山镇。

1984年5月，撤销公社、管理区、生产大队、生产队建制，设置区(镇)、乡(镇)、村、组建制。全县设椒园、万寨、长潭河、沙道、沙坪、李家河、晓关、高罗、椿木营9个区和珠山、沙道沟2个镇。撤销椒园、和平公社，合并设椒园区，辖桂花、庆阳坝、水田、椒园、中坝、和平、铁厂坡、茅坝塘、狮子关9个乡。撤销万寨、板场公社，合并设万寨区，辖大河坝、板场、凉风、白果、向家5个乡。撤销长潭河、中间河、会口公社，合并设长潭河区，辖长潭、细沙、兴隆、龙马山、中间河、大卧龙、诺西、施铁坪、东乡、苦草坪、会口、洗马坪12个乡镇。撤销沙道、龙潭公社，合并设沙道区，辖上洞、松坪、乐坪、当阳坪、黄泥塘、茶园、二坪、龙潭、两河9个乡。撤销沙坪公社，设沙坪区，辖金盆、药铺、白水河、老岔、槽铺、官庄6个乡。撤销李家河、板栗园公社，合并设李家河区，辖李家河、二虎寨、幺店、上洞坪、板栗园、司城、回龙、冉大河、金陵寨、青龙嘴10个乡镇。撤销晓关、桐子营公社，合并设晓关区，辖晓关、覃家坪、倒洞塘、八台、桐子营、西坪、大山坪、猫山、高桥、张官、草坝、大岩坝、坪地13个乡镇。撤销高罗公社，设高罗区，辖高罗、马家寨、九间店、干溪、蜡树园、龙潭河、光荣、下坝、团结、板寮10个乡镇。撤销椿木营公社，设椿木营区，辖椿木营、后坝、粟谷、长坪4个乡。新设县辖沙道沟镇，辖响龙、街上、桃子岔、水田坝、补溪、咸池、苦溪河7个村。

1984年10月，沙道沟镇对内由县辖镇降为区辖镇，划归沙道区管辖。保留珠山镇，扩大管辖范围，辖珠山镇居民委员会、七里桥、岩堡、上湖塘、猫儿堡、园艺村、莲花坝、宝塔8个村(居委会)。各村建立村民委员会，实行村民自治。

1986年5月，经省政府批准，设晓关侗族镇、张官侗族乡、猫山侗族乡、桐子营侗族乡、八台侗族乡、会口侗族乡。

1987年6月，全县进行小乡并大乡，椒园区撤销水田乡，并入椒园乡，撤销铁厂坡乡，并入和平乡；万寨区撤销凉风乡，并入板场乡(1986年12月撤并)；长潭河区撤销细沙乡、兴隆乡，并入长潭镇，撤销龙马山乡，并入长潭镇(1985年12月，将龙马山乡的龙马山村并入长潭镇，陈家台村并入会口乡)，撤销苦草坪乡，并入会口侗族乡，撤销施铁坪乡，并入诺西乡；沙道区撤销茶园乡，并入龙潭乡，撤销二坪乡，并入两河乡，撤销上洞乡、松坪乡，并入沙道沟镇；李家河区撤销回龙乡，并入上洞坪乡，撤销司城乡，并入板栗园乡，撤销二虎寨乡、幺店乡，并入李家河镇；晓关区撤销大岩坝、坪地、高桥3个乡，并入晓关侗族镇，撤销倒洞塘乡，并入桐子营侗族乡，撤销草坝乡，并入猫山侗族乡；高罗区撤销下坝、光荣、龙潭河3个乡，合并建立麻阳寨乡，撤销九间店、蜡树园、干溪3个乡，并入高罗镇。

1993年12月，经省政府批准，将雪落寨林场从沙道区划出，建立雪落寨乡，明确为县政府直属副区级单位，辖2场1村，即国营雪落寨林场、大竹坪药场和林业村。

1995年5月1日，州委、州政府决定李家河区、沙道区、沙坪区、高罗区及雪落寨乡交来凤县代管。全县辖5区1镇，即椒园、晓关、长潭河、万寨、椿木营区和珠山镇。10月，州委、州政府决定，将椒园区分为椒园区(辖椒园、中坝、庆阳坝、桂花4个乡)、和平区(辖和平、茅坝塘、狮子关3乡)；晓关区分为晓关区(辖晓关、高桥、张官、猫山4个乡)、桐子营区(辖桐子营、覃家坪、八台、西坪、大山坪5个乡)；长潭河区分为长潭河区(辖长潭、东乡2个乡)、会口区(辖会口、洗马、苦草坪3个乡)。椒园区公所驻地由县城迁至椒园集镇。至此，全县辖8区1镇。

1996年11月，经省人民政府批准，撤销椒园、和平、万寨、晓关、桐子营、长潭河、会口、椿木营8个区，建立椒园镇与和平、贡茶、长潭河、椿木营4个乡和晓关、桐子营、会口3个侗族乡，万寨乡更名为贡茶乡，珠山镇不变。至此，全县共辖2个镇、4个乡、3个侗族乡，即珠山镇、椒园镇、和平乡、贡茶乡、长潭河乡、椿木营乡、晓关侗族乡、桐子营侗族乡和会口侗族乡，原区辖乡改为管理区。

1997年1月，经省人民政府批准，将中间河、大卧龙、诺西3个管理区从长潭河乡划出，设置中间河镇。

1998年2月，州委、州政府决定，沙道沟、李家河、高罗、沙坪4个乡镇(雪落寨乡在来凤县代管期间并入沙道沟镇)取消来凤县代管，交回宣恩县管辖。至此，全县辖珠山、椒园、沙道沟、中间河4个镇。和平、贡茶、长潭河、李家河、沙坪、高罗、椿木营7个乡，晓关、桐子营、会口3个侗族乡。

2001年3月，经省民政厅批准，贡茶乡更名为万寨乡。同月18日，经省人民政府批准，县政府进行乡镇设置改革，将沙坪乡并入沙道沟镇，桐子营侗族乡并入晓关侗族乡，和平乡并入珠山镇，会口侗族乡、中间河镇、长潭河乡合并，设立长潭河侗族乡。至此，全县辖万寨、高罗、李家河、椿木营4个乡，晓关、长潭河2个侗族乡，珠山、椒园、沙道沟3个镇。

2013年11月25日，省人民政府批准撤销李家河乡，设立李家河镇，以原李家河乡的行政区域为李家河镇的行政区域，镇人民政府驻凤山。

2015年3月12日，省人民政府批准撤销高罗乡，设立高罗镇，以原高罗乡的行政区域为高罗镇行政区域，镇人民政府驻龙河村”。至此，全县辖万寨、椿木营2个乡，晓关、长潭河2个侗族乡，珠山、椒园、沙道沟、李家河、高罗5个镇。

人口·区划·民族

【人口】2016年，宣恩县辖4乡5镇(其中晓关、长潭河为侗族乡)，5个社区居委会，49个居民小组，279个行政村，2677个村民小组。截至2016年末，全县总人口361092人，常住人口30.44万人，其中城镇人口10.69万人，城镇化率35.11%。全年（自然年度）出生人口3837人，人口出生率10.25‰，出生性别比109.47；死亡人口1961人，死亡率5.24‰；人口自然增长率5.01‰。

全县人口变动情况表（一）

表1

乡镇	年末总人口（人）						年末总户数（户）		年末乡村人口（人）	
	2016年			2015年			2016年	2015年	2016年	2015年
	总人口	男	女	总人口	男	女				
全县	361092	189207	171885	360378	188872	171506	123280	122549	320377	319429
珠山镇	46203	23532	22671	46035	23447	22588	17965	17050	22902	22357
椒园镇	25769	13299	12470	25677	13255	12422	8542	8537	24579	24463
沙道沟镇	67199	35507	31692	67017	35403	31614	22895	22936	63909	63641
万寨乡	30490	16026	14464	30433	15984	14449	10063	10073	29148	29113
晓关乡	42722	22434	20288	42644	22555	20189	15198	15274	40516	40587
李家河镇	52511	27717	24794	52381	37630	34751	14950	14948	48222	48198
长潭河乡	37907	20003	17904	37940	20043	17897	14044	14076	36424	36426
高罗镇	45705	24003	21702	45665	23958	21707	14939	14970	42571	42553
椿木营乡	12586	6686	5900	12586	6697	5889	4684	4685	12106	12091

说明：人口总数来自县公安局年报数据；出生人口、人口出生率、人口自然增长率来自计划生育年报数据

全县人口及变动情况表（二）

表2

乡镇	出生人口（人）		人口出生率（‰）		人口自然增长率（‰）	
	2016年	2015年	2016年	2015年	2016年	2015年
合计	3837	6188	10.25	10.87	8.62	9.38
珠山镇	579	571	11.29	11.76	9.93	10.64
椒园镇	288	436	11.11	11.45	9.53	9.89
沙道沟镇	707	1200	10.13	11.01	8.87	9.58
万寨乡	292	393	9.42	9.55	7.49	8.16
晓关乡	493	930	10.87	10.69	8.89	8.81
李家河镇	583	1084	11.17	11.71	9.58	10.53

续表2

乡 镇	出生人口(人)		人口出生率(‰)		人口自然增长率(‰)	
	2016年	2015年	2016年	2015年	2016年	2015年
长潭河乡	306	474	7.82	9.15	5.88	7.55
高罗镇	458	925	9.85	11.14	7.87	9.46
椿木营乡	131	175	10.05	10.11	7.51	7.87

说明：出生人口、人口出生率、人口自然增长率来自计划生育年报数据

【区划】见《宣恩县2016年乡镇基本情况一览表》

宣恩县2016年乡镇基本情况一览表

表3

乡 镇	土地面积(平方千米)	年末耕地面积(公顷)	粮食产量(吨)	行政区划(个)				公共财政收入会(万元)	农民人均纯收入(元)
				社区居委会	居民小组	村委会	村民小组		
合 计	2737.17	24834	121500	5	49	279	2677	21661	8550
珠山镇	163.77	1616	10252	5	49	19	172	15065	8938
椒园镇	175.97	1477	7092			21	188	1375	9010
沙道沟镇	649.95	4324	24443			49	522	575	7254
万寨乡	183.58	2253	10472			24	244	351	9190
晓关乡	421.38	4297	18044			40	441	1423	9625
李家河镇	216.79	3226	20182			40	352	597	7538
长潭河乡	432.71	3638	15208			39	361	672	7907
高罗镇	287.18	2684	12419			32	313	661	8108
椿木营乡	205.84	1319	3388			15	84	942	7785

【民族】宣恩县共有14个民族，汉族人口占33.6%，13个少数民族占66.4%。其中，土家族占41.9%，苗族占10.2%，侗族占13.9%；还有彝族、回族、白族、满族、壮族、蒙古族、畲族、傣族、朝鲜族、维吾尔族等。

地理环境

【地理位置与面积】宣恩县位于恩

施土家族苗族自治州南部，地处北纬 29°32′46″～30°13′36″，东经 109°10′50″～109°55′52″。南北长 73.9 千米，东西宽 71.5 千米。东接鹤峰县，西南邻咸丰县、来凤县，东北、西北及北部与恩施市交界，东南与湖南省龙山、桑植等县接壤。209 国道由北入至西南出，椒(园)石(门坎)省道、鸦(雀岭)当(阳坪)省道一北一南横串东西呈“工”字形。县城距恩施许家坪机场 53 千米，距宜(昌)万(州)铁路恩施站 51 千米，距长江巴东港 234 千米。县境内恩来恩黔高速起于恩施松树坪至晓关侗族乡倒洞塘野鸡坳分蘖成“人”字形三岔互通枢纽：向南经康家坡、贡水大桥、大茅坡隧道，纵贯高罗镇、沙道沟镇、李家河镇，至来凤县关口，是国家高速公路网银北(银川至北海线)的一部分；向西经大岩坝隧道、龙桥湾大桥、至咸丰茶园坡隧道，对接恩黔高速公路重庆段，为包茂(包头至茂名)高速公路的一部分。恩来恩黔高速宣恩境内有宣恩(椒园)、晓关、高罗 3 个出入口(收费站)，有李家河、晓关两个服务区，县城距宣恩椒园收费站 11.5 千米。

【地质地貌】宣恩境内地层属元古代震旦纪变质岩基底，上覆盖自寒武纪至第四纪巨厚沉积岩。地表的岩层既有新生代(第四纪)、中生代(三迭纪)年轻地层，也有古生代(二迭纪、石炭纪、泥盆纪、志留纪、奥陶纪)古老层。宣恩属云贵高原延伸部分，地处武陵山和齐跃山交接部位，县境东南部、中部和西北边缘，横亘着几条东北至西南走向的大山岭，形成许多台地、岗地、小型盆地、平坝、横状坡地和山谷、山峡等地貌。武陵山脉横亘延伸，形成西北边界第一大土峰——羊头山，海拔 1605.8 米；支脉自东北，经恩施市石窑延伸至县境长坪、椿木营，形成椿木营高原。余脉沿湘鄂边界的八大公山，经一天门、鸡公岭、万岭山，自西向东凸起，将境内分成南北两部。全县最高点椿木营火烧堡，海拔 2014.5 米，最低点石心河(贡水与清江汇合处)，海拔 356 米，相对高差 1658.5 米，全县平均海拔 974 米。境内海拔 1200 米以上的高山占全县总面积的 25.69%，海拔 800～1200 米的二高山占 47.12%，800 米以下的低山占 27.19%。全县气候湿润，雨量充沛，有大小河流 121 条。河流总长度 538 千米，河网密度 1.2 千米/平方千米。按河流归属全县有 5 个水系。发源于沙道沟镇二坪的头坪河(海家河)，向南入湖南龙山县，属澧水水系(洞庭水系之一)；发源于晓关侗族乡草坝场的断头河，向西南入咸丰县，属乌江水系；发源于椿木营乡干竹坪经岩板沟、神州台的鸡笼洞河，向北入恩施市，属马尾沟(清江的另一支流)水系。这 3 个水系在县境内的流域面积，只占全县土地总面积的 8.7%。其余各条河则分属酉水河水系和贡水河(忠建河)水系，其中酉水河源头位于椿木营乡杨柳坨村以南约 1.5 千米处的山坳上，北纬 30°01′02″，东经 109°45′20″，海拔 1892 米。这两个水系流域面积大致相等，河流径流总量较大，全县人均径流量是全国人均径流量的 2.5 倍。河流落差大，水力资源丰富，但因降水量受季节变化大，水力资源受到一定影响而变化。宣恩气候属中亚热带季风湿润型山地气候，多年平均降雨量 1560 毫米，年日照时数 1150 小时。随海拔高程的变化，呈明显的垂直差异。海拔 800 米以下的低山地带四季分明，冬暖夏热，雨热同步；光温互补，年均气温 15.6℃，无霜期 304 天，年降水量 1491.3 毫米，年日照时数 1069.9 小时；海拔 800～1200 米的二高山地带，春迟秋早，湿润多雨，光温不足，年均气温 12.7℃，无霜期 269 天，年降水量 1553.1 毫米，年日照时数 1213.3 小时；海拔 1200 米以上的高山地带，气候冷凉，冬长夏短，易涝少旱，年均气温 9.9℃，无霜期 234 天，年降水量 1824.8 毫米，年日照时数 1509.5 小时。

自然资源

【土地资源】宣恩县土地面积 2737.17平方千米，分别占全省、全州土地总面积的 1.47%、11.39%。耕地占土地面积的 15.46%，城镇及工矿用地占土地面积的 2.08%，园地占土地面积的 1.96%，交通用地占土地面积的 0.54%，林地占土地面积的 56%，水域占土地面积的 1.03%，牧草地占土地面积的 0.45%，未利用地占土地面积的 22.48%。2016 年全县常用耕地 24834 公顷,比上年增加34公顷。

【水能资源】宣恩县水能资源蕴藏丰富,开发利用潜力大。县境内两大水系4条主要河流的水能理论蕴藏量为55万千瓦,已勘察论证可开发量为40万千瓦,占理论蕴藏量的73%,居全州第二位。全县有大中小型水库31座,总库容6.09亿立方米,塘堰505口、蓄水量876万立方米。其中小型水库27座,总库容7600万立方米;中型水库2座:龙洞水库、桐子营水库,龙洞水库6400万立方米,装机2.6万千瓦,桐子营水库6600万立方米,装机2.4万千瓦;大型水库2座:洞坪水库、狮子关水库,其中洞坪水库3.2亿立方米,装机11万千瓦。截至2016年,全县装机24.44万千瓦,年平均发电量约4.6亿千瓦小时,产值1.42亿元。

【矿产资源】宣恩县境属沉积岩分布区,地层发育齐全,地质结构复杂,成矿条件较好,矿产品种较多,经勘察探明的矿种有33种,矿产地(矿点)132处。主要矿种有煤矿、铜矿、铁矿、铅锌矿、硫铁矿、炭质页岩、石英矿、白云岩、生物大理石、石灰岩、菊花石、黑滑石、紫砂陶土等十多种矿产。其中,无烟煤探明地质储量402万吨,估算6亿吨;炭质页岩预测地质储量6亿吨;铁矿预测地质储量1.7亿吨;铅锌矿预测地质总储量30万吨;铜矿预测地质总储量13.4万吨;硫铁矿预测地质总储量1200万吨;硅矿预测地质总储量1.96亿吨;石灰石预测地质总储量120亿吨;白云岩探明储量409.67万吨,预测地质总储量4.45亿吨;生物大理石探明储量394万立方米,预测地质总储量594万立方米;菊花石探明储量51.67万吨,预测地质总储量500万吨;黑滑石预测地质总储量2000万吨;紫砂陶土预测地质总储量1000万吨;耐火黏土预测地质总储量2000万吨;方解石矿探明储量10.6万吨,预测地质总储量30万吨左右。稀有元素硒矿、钒矿亦有一定储量。

【生物资源】宣恩地处北纬30°附近大陆东岸亚热带森林过渡带。无冰川侵袭、良好的气候环境、复杂多变的地势、地貌,为野生动植物的生长、栖息、繁衍提供了良好的自然条件,境内生物资源丰富。据1998年全县野生动物调查统计,境内有野生动物8目20科,共176种,其中兽类45种,鸟类94种(候鸟12种),爬行类19种,两栖类18种;昆虫类60余种。境内高等植物达5000余种,维管束植物183科752属2027余种,常见乔、灌木有96科215属882种及63个变种,其中,乔木达400余种。境内生长的中国单种属和寡种属植物达25属以上,占全国特种属植物的14.1%。国家一级保护树种有水杉、珙桐、光叶珙桐、银杏、伯乐树(钟萼木)、红豆杉、南方红豆杉、苏铁、银杉等9种;国家二级保护树种有36种。牧草品种有12科300余种。2016年森林覆盖率60.3%。

【旅游资源】宣恩县境内人文景观、自然景观并存,且历史悠久,民族文化独具特色。按国家标准《旅游资源分类、调查与评价》(GB/T18972－2003)中旅游资源的分类分级系统,在旅游资源类型的8大主类31个亚类和155个基本类型中,宣恩县旅游资源8大主类齐全,31亚类中宣恩县有22亚类,占71%,在155个基本类型中,宣恩县有58个,占37%。

地文景观类。山丘型旅游地:七姊妹山国家自然保护区、中武当遗址、宝塔山森林公园;谷地型旅游地:萨马长潭旅游区、满天星;沙砾石地型旅游地:太极图;独峰:福寿山、观音山;峰丛:七姊妹山、五子岩;石(土)林:岩人石林;奇特与象形山石:挖断山、三仙岩、青龙摆尾、猛虎下山、将军岩、菩萨岩、仙人赶牛、观音山、人字岩、月亮岩、螺丝山、轿子岩、鸡冠山、石马;岩壁与岩缝:茅坝塘村天然崖壁;峡谷段落:黑龙河峡谷、鸳鸯峡、凉风洞、贡水峡谷、七姊妹山峡谷、酉水上游峡谷;沟壑地:白岩沟、象鼻沟、香沟;岩石洞与岩穴:锣圈岩天坑、白玉洞、勾爬洞、仙人洞、神仙洞、落水洞、锣圈岩洞、青龙洞、狮子关溶洞、硝洞、姑娘洞群、红军洞、骡马洞。

水域风光类。观光游憩河段:溜溜河、白水河、贡水、酉水、潭龙河;观光游憩湖区:双龙湖景区、九间店陪嫁湖、仙女池;沼泽与湿地:湖北宣恩贡水河国家湿地公园、泥炭藓沼泽湿地;悬瀑:飞水岩瀑布、七姊妹山大峡谷瀑布群;冷泉:肖家坪矿泉资源;地热与温泉:响龙村温泉;长年积雪地:椿木营乡木营村。

生物景观类。林地：宝塔山森林公园、雪落寨林场、众山林场；丛树：七姊妹山万亩珙桐群落、麻柳村古树群、反子山古枫群、千年油麻藤；独树：枫香、青冈栎、丝栗栲、木荷古树、“九子抱母”古银杏、白果坪千年古板栗树、干溪双龙抱柱蓝果树；草地：洗草坝；水生动物栖息地：光荣桥村大鲵养殖基地、白水河大鲵省级自然保护区；陆地动物栖息地：长潭河猕猴群、狮子关猕猴群。

天象与气候景观类。云雾多发区：云朝山云海、万岭村云海、自生桥；避暑气候地：椿木营乡；物候景观：长槽村原神州台电站冰挂。

遗址遗迹类。历史事件发生地：恩宣鹤边防司令部革命旧址、安家坡临时指挥所、中共湘鄂西中央分局会议旧址、观音坪区苏维埃旧址、施铁坪区苏维埃政府旧址、八仙台县苏维埃政府旧址、红军洞；军事遗址与古战场：土城遗址、长潭河战场遗址、板栗园伏击战战场遗址、石堡寨战场遗址、堰塘坪战场遗址、韩家坪战斗遗址、李家河碉堡；废弃寺庙：中武当、禹王宫、椿木营山王庙、高罗镇观音堂；交通遗迹：百步梯古道、盐花古道、姚家湾风雨桥、川箭河大桥；废城与聚落遗迹：施南宣抚司遗址、高罗土司衙署遗址、忠建土司衙署遗址、猫儿堡土司墓群、晓关饶氏祖墓、木册长官司。

建筑与设施类。康体游乐休闲度假地：仙佬儿农庄、中台旅游度假村、世养硒都养生谷、椿木营旅游度假区；建设工程与生产地：木笼寨景区、咸池沟村观光农业园、鑫海产业园、律吕坝村惠农有机茶合作社、坞垴村专业合作社、乐坪村白柚产业园、林业村药材基地、金龙坪村、白虎山茶叶基地、椒园工业旅游区、箭竹坪手工榨油坊、恩航富硒生态农业公司金陵寨基地、漫牯流村千丘田；楼阁：倒洞鼓楼、苗族钟楼；广场：河滨广场；建筑小品：音乐跑泉；传统与乡土建筑：彭家寨、反子山古枫寨、水田坝村千户土家、大茅坡营侗寨、小茅坡营苗寨、清水塘村、诺西村、麻阳寨村、张家院子、杨家院子、张官铺侗寨（陈家院子）、钟岭古寨、黄家寨、火烧营村、谭家坝；特色街巷：高罗镇苗街、珠山镇民族风情街、庆阳凉亭街、沙道沟镇两河口老街、板寮老街；名人故居与历史纪念建筑：板栗园大捷纪念碑、张难先先生隐居旧址；陵区陵园：宣恩县烈士陵园；桥：姚家湾风雨桥、红军桥、石心河大桥、文澜桥、莲花坝亲水走廊、胜利渡桥、庆阳凉亭桥；水库观光游憩区段：桐子营水库、洞坪水库；运河与渠道：长堉大堰。

旅游商品类。菜品饮食：熏腊肉、醪糟、鲊广椒、糍粑、社饭、油茶汤、苞谷酒、张关合渣、手工豆皮、炕洋芋、米豆腐、宣恩椒香酥肉、宣恩扣肉、宣恩粉蒸肉、苞谷粑粑、蕨粑粑炒腊肉、油香儿、凉拌折耳根、苞谷饭、腊猪蹄、宣恩烤活鱼、榨广椒炒腊肉、土家香肠；农林畜产品与制品：宣恩蜜桔、贡水白柚、黄金梨、宣恩贡米、大派火腿、伍家台贡茶、阳鹊菌、猕猴桃、空心李、油茶、银针米、红米花生、紫薯、楠竹笋、清水塘豆筋、石榴、茯苓茶；水产品与制品：大鲵、清水鱼；中草药材及制品：白术、天麻、党参、黄连、续断、厚朴、穿山龙、香独活等；传统手工产品与工艺品：西兰卡普、绣花鞋垫、扎灯笼、陶艺、蓝釉、宣恩菊花石。

人文活动类。人物：清代名医李官绪、汪家寨“状元”汪志元、高腔山歌传承人何松庭、薅草锣鼓传承人李忠和、陪十姊妹传承人李美珍；地方风俗与民间礼仪：拦门礼、拦社、跳丧、陪十姊妹、百家宴等；民间节庆类：女儿会、月半节、牛王节、摆手节、社日、六月六、路烛节；民间演艺：宣恩耍耍、摆手舞、土家草把龙、八宝铜铃舞、薅草锣鼓、滚龙连厢、茅古斯、侗族大歌、高腔山歌、绕棺舞、渔鼓、丧鼓、三棒鼓、南剧、琵琶歌、芦笙舞等；特色服饰：土家民族服饰、苗族特色服饰、侗族特色服饰；旅游节：高山露营节、黄坪梨花节、黄金梨采摘节、贡水白柚采摘节；文化节：中国内陆河水上运动会暨武陵山区龙舟争霸赛、稻草人文化艺术节、中秋恳亲会；商贸农事节：赶庙会、国际茶叶大会；体育节：风筝节、全国汽车场地越野赛、环贡水河健身徒步和长跑比赛、山地自行车邀请赛。

机构和人员名录

(一)党政军县处级领导机关

中国共产党宣恩县委员会

中国共产党宣恩县委员会,规范简称中共宣恩县委或县委,是中共宣恩地方组织,县(处)级。县委下设县委办、组织部、宣传部、统战部、政法委,直接领导和管理的机构:信访局、县直机关工委、编办、党校、档案局、史志办等单位,下辖9个乡镇党委、1个县非公经济和社会组织党工委,及工业园区、县公安局、县一中、县医院4个党组性质党委。

书　记:刘智勇(2016.3—12)
副书记:习　覃(女　2016.1—12)
　　　　朱鹏程(2016.1—7)
　　　　王　波(2016.7—12)
常　委:吴卫平(2016.1—7)
　　　　查忠志(2016.7—10)
　　　　曾志敏(2016.10—12)
　　　　朱　瑾(女　2016.1—12)
　　　　范　涌(2016.1—3)
　　　　刘红艳(女　2016.3—12)
　　　　黄同元(2016.1—12)
　　　　龙志刚(2016.1—12)
　　　　岳　东(2016.1—11)
　　　　雷天兵(2016.1—12)
　　　　郭　晖(挂职　2016.1—12)
　　　　牟来举(挂职　2016.1—6)
　　　　周志斌(2016.12—12)
　　　　邵爱华(2016.12—12)
　　　　谢世鸿(2016.12—12)
　　　　覃国锋(2016.12—12)

宣恩县人民代表大会常务委员会

中共宣恩县人民代表大会常务委员会党组

书　记:杨安明(2016.1—12)
　　　　朱　瑾(女　2016.12—12)
成　员:李明山(2016.1—12)
　　　　姚元文(2016.1—12)
　　　　唐　斌(2016.1—12)
　　　　覃正彪(2016.1—12)
　　　　史红珍(女　2016.1—12)
　　　　乾维德(2016.1—12)
　　　　周　斌(2016.1—9)
　　　　田粤兵(2016.9—12)

宣恩县人民代表大会是宣恩地方国家权力机关,宣恩县人民代表大会常务委员会是其常设机关县(处)级。

2016年5月20日,县编委印发《关于县人民代表大会设置专门委员会等机构的通知》,同意撤销县人民代表大会原设置的办事机构、专门委员会和工作委员会,批准县人民代表大会设置民族法制委员会、财政经济委员会(挂县人民代表大会常务委员会预算工作委员会牌子,实行一套班子,两块牌子)两个专门委员会。

县人民代表大会常务委员会设办公室(挂规范性文件备案审查室牌子,实行一套班子,两块牌子)、代表和人事任免工作委员会两个办事机构;设农业农村工作委员会、城乡规划建设和环境资源保护工作委员会、教育科学文化卫生工作委员会、内务司法工作委员会等4个工作委员会。

各专门委员会、办事机构和工作委员会均为正科级机构。民族法制委员会、财政经济委员会各核定领导职数两名:主任委员1名,副主任委员1名。办公室核定领导职数5名:主任1名,副主任3名,规范性文件备案审查室专职副主任1名。农业农村工作委员会、城乡规划建设和环境资源保护工作委员会、教育科学文化卫生工作委员会、内务司法工作委员会各核定领导职数1名:主任1名。

核定宣恩县人大常委会机关行政编制21名,工勤编制3名。2016年末,人大常委会机关在职行政人员25人,工勤人员2人,合同用工4人。

主　　　任:杨安明(2016.1—12)
　　　　　　刘智勇(2016.12—12)
常务副主任:朱　瑾(女　2016.12—12)

副　主　任：李明山(2016.1—12)
姚元文(2016.1—12)
唐　斌(2016.1—12)
覃正彪(2016.1—12)
史红珍(女　2016.1—12)
乾维德(2016.1—12)

宣恩县人民政府

中共宣恩县人民政府党组
书　记：习　覃(女　2016.1—12)
副书记：朱鹏程(2016.1—4)
岳　东(2016.4—11)
邵爱华(2016.12—12)
成　员：郭　晖(挂职　2016.1—12)
向子明(2016.1—11)
周志斌(2016.1—12)
李家锦(2016.11—12)
谢世鸿(2016.11—12)
张友刚(2016.1—12)
郭建华(2016.1—5)
邵爱华(2016.6—12)
罗文骏(挂职　2016.7—12)
谢世鸿(2016.11—12)
向重臣(2016.12—12)
朱正东(挂职　2016.12—12)
黄家勇(挂职　2016.12—12)

宣恩县人民政府是宣恩县级地方行政机关，县(处)级。县人民政府设置工作部门24个：政府办公室、发展和改革局、经济和信息化局、教育局、民族宗教事务局、公安局、监察局、民政局、司法局、财政局、人力资源和社会保障局、国土资源局、环境保护局、住房和城乡建设局、交通运输局、水利水产局、农业局、林业局、商务局、文化体育新闻出版广电局、卫生和计划生育局、审计局、统计局、安全生产监督管理局、扶贫开发办公室、食品药品监督管理局。民族宗教事务局与统战部合署办公、监察局与纪律检查委员会机关合署办公，均列人工作部门序列，不计入政府机构个数。政府办公室挂政府法制办公室牌子；发展和改革局挂物价局牌子；教育局挂科学技术局牌子；财政局挂国有资产监督管理局牌子；人力资源和社会保障局挂公务员局牌子；国土资源局挂地震局牌子；住房和城乡建设局挂人民防空委员会办公室牌子；水利水产局挂防汛抗旱指挥部办公室牌子；县委农村工作领导小组办公室与农业局合署办公；商务局挂招商局牌子；文化体育新闻出版广电局挂版权局、文学艺术界联合会牌子；食品药品监督管理局挂食品药品安全委员会办公室牌子。

县政府设置直属事业单位6个：旅游局、粮食局、畜牧兽医局、移民局、城市管理局、公共检验检测中心。

县　　长：习　覃(女　2016.1—12)
常务副县长：朱鹏程(2016.1—4)
岳　东(2016.1—12)
邵爱华(2016.12—12)
副　县　长：岳　东(2016.1—12)
郭　晖(挂职　2016.1—12)
牟来举(挂职　2016.1—6)
向建强(2016.1—12)
向子明(2016.1—11)
周志斌(2016.1—12)
张友刚(2016.1—12)
郭建华(2016.1—5)
邵爱华(2016.7—12)
谢世鸿(2016.9—12)
向重臣(2016.12—12)
胡晓洪(2016.12—12)
李家锦(挂职　2016.9—12)
罗文骏(挂职　2016.7—12)
朱正东(挂职　2016.11—12)
黄家勇(挂职　2016.12—12)

中国人民政治协商会议宣恩县委员会

中共宣恩县政协委员会党组
书　记：张　频(2016.1—12)
黄同元(2016.12—12)
副书记：王仕高(2016.1—12)
黄玉贤(2016.12—12)
岳　东(2016.1—4)
龙志刚(2016.4—12)

周志斌（2016.12—12）
成　员：王此权（2016.1—12）
黄玉贤（2016.1—12）
钟昌泽（2016.1—12）
姚　敏（2016.12—12）
李　川（2016.12—12）
屈代金（2016.1—8）
奚泽辉（2016.8—12）

2016年1月19日，县编委同意各乡镇设立乡（镇）政协联络组，明确为正科级机构，核定联络组组长领导职数1名。

2016年末共有办公室和提案、经济、人口资源环境、民宗法制联谊、科教文卫体、文史资料、委员工作7个专门委员会。办公室内设秘书科、行政科。核定县政协机关行政编制15名，工勤编制2名。2016年底，机关实有人员19人。

主　席：张　频（2016.1—12）
黄同元（2016.12—12）
副主席：王仕高（2016.1—12）
王此权（2016.1—12）
黄玉贤（2016.1—12）
李　川（2016.12—12）
姚　敏（2016.12—12）
钟昌泽（2016.1—12）
陈　浩（女　2016.1—12）
陶　华（女　2016.12—12）
秘书长：屈代金（2016.1—12）
奚泽辉（2016.1—12）

县人武部

中共宣恩县人民武装部党委
第一书记：刘智勇（2016.4—12）
书　　记：雷天兵（2016.1—12）
副 书 记：杨晓东（2016.1—12）
委　　员：刘友权（2016.1—12）
廖中才（2016.1—7）
赵新民（2016.1—7）
杨金龙（2016.7—12）

2016年1月19日，县编委批复：县国防动员委员会办公室为公益一类事业单位，正科级。核定全额拨款事业编制6名，其中领导职数3名（主任由县人民武装部现役军人担任）：常委副主任1名，副主任2名。

中国人民解放军湖北省宣恩县人民武装部，简称县人武部，内设军事科、政工科、后勤科和国防动员办公室。核定编制19名（其中现役干部6名，县编干部5名，省编职工5名，县编职工1名）。年末实有干部职工14名（其中现役干部6人，县编干部5人，省编职工2人，县编职工1人）。全县设9个乡镇武装部，应配专武干部18名，实配18人，其中部长9人，副部长（干事）9人。

部　　长：杨晓东（2016.1—12）
政治委员：雷天兵（2016.1—12）
副部长：刘友权（兼军事科科长2016.1—12）
政工科科长：廖中才（2016.1—7）
后勤科科长：赵新民（2016.1—7）
杨金龙（2016.7—12）

国防动员综合办公室

常务副主任：向裕华（2016.1—12）
副　主　任：刘永红（2016.1—12）
张富亮（2016.1—12）

（二）各职能机构

县纪委（监察局）

2016年1月19日，县编委批复：县纪律监察局信息中心为公益一类事业单位。核定全额拨款事业单位编制2名，其中领导职数1名：主任1名，副主任1名。

2016年7月18日，县编委批复中共宣恩县纪委：同意设立中共宣恩县委巡察工作领导小组办公室，为设在县纪委的正科级行政机构，内设综合科、督查科，核定行政编制6名（所需编制从县纪委三个派出纪工委各调剂2名），其中领导职数6名，主任1名，副主任1名，副科级巡察专员4员；内设机构负责人由副科级巡察专员兼任。调整后，县纪委3个派出纪工委行政编制分别为5名。

2016年年末，县纪委(监察局)内设办公室、组织部、宣传部、党风政风监督室、信访室、纪检监察一室、纪检监察二室、纪检监察三室、案件审理室、案件监督管理室。

派出机构：中共宣恩县纪委(宣恩县监察局)派出第一纪工委(监察分局)、中共宣恩县纪委(宣恩县监察局)派出第二纪工委(监察分局)、中共宣恩县纪委(宣恩县监察局)派出第三纪工委(监察分局)。管理的事业单位：县纪委(监察局)信息中心。

核定县纪委(监察局)编制行政26名(其中工勤编制3名)，派出机构行政编制15名，信息中心全额拨款事业编制5名。2016年末实有34人，其中县纪委(监察局)机关实有25人，派出纪工委(监察分局)9人。

书　记：吴卫平(2016.1—7)
　　　　查忠志(2016.7—10)
　　　　曾志敏(2016.10—12)
副书记：谭建军(2016.1—7)
　　　　谢昌勇(2016.1—12)
　　　　许　亚(女　2016.10—12)
常　委：李华登(2016.1—11)
　　　　杨丽中(女　2016.1—9)
　　　　魏代军(2016.1—12)
　　　　曹绪文(2016.1—12)
　　　　汪红兵(2016.11—12)
　　　　田晓荣(女　2016.12—12)

县监察局

局　长：谭建军(2016.1—8)
　　　　许　亚(女　2016.10—12)
副局长：李华登(2016.1—11)
　　　　杨丽中(2016.1—10)
　　　　赵海燕(女　2016.1—6)

派出第一纪工委(监察分局)

书　记(局　长)：魏代军(2016.1—8)
副书记(副局长)：谢秉武(2016.1—8)
　　　　　　　　郑小玲(女　2016.1—12)
　　　　　　　　胡启刚(2016.11—12)

派出第二纪工委(监察分局)

书　记(局　长)：曹绪文(2016.1—12)
副书记(副局长)：晏大鹏(2016.1—12)
　　　　　　　　廖光华(2016.1—8)

派出第三纪工委(监察分局)

书　记(局　长)：段立新(2016.1—8)
副书记(副局长)：李昌荣(2016.1—12)
　　　　　　　　张　婵(女　2016.1—8)
　　　　　　　　屈代慧(女 2016.11—12)

县委巡察办

2016年7月，县编委研究成立中共宣恩县委巡察工作领导小组办公室(简称县委巡察办)。

2016年12月，县委常委会议研究决定：将县委巡察办列为县委工作部门，实行独立核算。县委巡察办为正科级行政机构，内设综合科、督查科，核定行政编制6名，其中领导职数6名：主任1名、副主任1名、副科级巡察专员4名。年末实有6人。

主　任：段立新(2016.8—12)
副主任：黄德凌(2016.8—12)
副科级巡察专员：廖光华(2016.8—12)
　　　　　　　　谢秉武(2016.8—12)
　　　　　　　　杨天德(2016.8—12)
　　　　　　　　张　婵(女　2016.8—12)

县委办公室

2016年1月19日，县编委批复：县电子政务内网管理中心为公益一类事业单位，副科级。为县密码管理局管理的副科级事业单位，核定全额拨款事业编制3名，主任由密码管理局1名副局长兼任。

2016年11月28日，县编委同意增核县电子政务内网管理中心全额拨款事业编制4名。增核后，县电子政务内网管理中心全额拨款事业编制7名，其他事项不变。

县委办公室设11个内设机构：县委政研室(县改革办)、县委督查室、县委机要局(县密码管理局、县专用通信局)、县委保密委员会办公室(国家保密局)、县委610办公室(挂靠)、县委总值班室(秘书科)、文书科、信息科、政工科、行政科、县主体办。行政编制29名(含县委领导专项编制3名),工勤编制9名。2016年末实有公务员27人,工勤人员6人。隶属县密码管理局管理的事业单位:县电子政务内网管理中心,核定事业编制7名,实有3人。

主　　任:朱　瑾(女　2016.1—12)
　　　　　覃国锋(2016.12—12)
常务副主任:陈　涛(2016.1—9)
　　　　　李明然(2016.11—12)
副 主 任:喻以锋(2016.1—12)
　　　　　熊茂平(2016.1—12)
　　　　　吕桂花(女　2016.1—12)
　　　　　黄新枝(女　2016.1—11)
　　　　　彭家安(2016.1—9)
县委政策研究室主任:熊茂平(县全面深化改革领导小组办公室主任　2016.8—12)
县全面深化改革领导小组办公室专职副主任:吴祖贵(2016.8—12)
县委督查室主任:唐　浩(2016.1—11)

县委组织部

2016年1月19日,县编委批复:中共宣恩县委组织部党员电化教育中心为公益一类事业单位,副科级。核定全额拨款事业单位编制5名,其中领导职数1名:主任1名。

2016年5月20日,县编委批复:同意设立中共宣恩县委县管领导班子和领导干部考核工作办公室,为隶属县委组织部管理的公益一类事业单位,核定全额拨款事业编制3名,其中主任1名。

县委组织部内设办公室、组织科(加挂县委组织员办公室牌子)、干部科、干部监督科(加挂干部监督举报中心牌子)、调研科、信息管理科、人才科(加挂干部教育科牌子)、党建办公室、党代表联系办公室、远程教育办公室。核定县委组织部行政编制13名,后勤事业编制1名,年末实有公务员14人,工勤人员1人。

隶属管理的事业单位2个:党员电化教育中心,核定全额拨款事业编制5名,年末实有4人;中共宣恩县委县管领导班子和领导干部考核工作办公室,核定全额拨款事业编制3名,年末实有1人。

部　　长:范　涌(2016.1—4)
　　　　　刘红艳(女 2016.4—12)
常务副部长:钟仁义(2016.1—12)
副 部 长:陈　勇(兼　2016.1—11)
　　　　　张金龙(2016.1—12)
　　　　　向海艳(女　2016.1—12)

县委老干部局

2016年1月19日,县编委批复:县休干所(县老年大学、县老干部活动中心)为公益一类事业单位。核定全额拨款事业单位编制3名,其中领导职数1名:所长1名。

核定县老干部局行政编制3名,2016年末实有3人。县休干所属县老干部局管理的事业单位,核定事业编制3名,2016年末实有1人。县老干部活动中心、县老年大学暂未核编,与宣恩县休干所合署办公。

局　长:徐兆纯(2016.1—12)
副局长:田海云(女　2016.1—12)

县委宣传部

2016年1月19日,县编委批复:中共宣恩县委理论信息中心为公益一类事业单位。核定全额拨款事业单位编制3名,其中领导职数1名:主任1名。

2016年11月28日,县编委同意增核中共宣恩县委理论信息中心全额拨款事业编制2名和副主任领导职数1名。增核后,中共宣恩县委理论信息中心全额拨款事业编制5名,其中领导职数2名:主任1名,副主任1名,其他事项不变。

县委宣传部内设办公室、新闻宣传科、理论教育科、文化艺术科、精神文明建设委员会办公室、县委对外宣传领导小组办公室。核定行政编制11名,2016年末实有8人,工勤编制1名,年末实有1人;事业编制5名,年末实有3人,隶属管理的事业单位:宣恩县新闻中心。

部　　长:岳　东(2016.1—2016.4)
　　　　　龙志刚(2016.4—2016.12)

谢世鸿(2016.12—12)
常务副部长：黄世平(2016.1—9)
卢昌群(2016.12—12)
副部长：卢昌群(2016.1—2016.12)
宋　文(兼　2016.1～11)
王　燕(女　2016.1—12)

县委统战部(县台办)

县委统战部(县台办)内设办公室、干部科(民族宗教科)、台湾工作科(工商科),县台办与县委统战部合署办公,核定行政编制 6 名,工勤编制 1 名,2016 年末实有职工 9 人,在编公务员 7 人,行政工勤人员 1 人,“西部计划志愿者”1 人。

部　　长：岳　东(2016.1—4)
龙志刚(2016.4—12)
周志斌(2016.12—12)
常务副部长：周和军(2016.1—12)
副　部　长：田代国(2016.1—9)
周　斌(2016.9—12)
赵厚勇(兼　2016.1—11)
县台办副主任：汤月如(2016.1—12)

县委政法委

2016 年 1 月 19 日,县编委批复:县社会管理应急调度指挥中心为公益一类事业单位。核定全额拨款事业单位编制 2 名,其中领导职数 1 名:主任 1 名。

县委政法委内设办公室、政工科、县社会治安综合治理委员会办公室、县维护社会稳定领导小组办公室、法治宣恩建设领导小组办公室。核定行政编制 8 名,工勤编制 1 名,2016 年末实有公务员 9 人;管理的事业单位:县社会管理应急调度指挥中心,核定编制 2 名,年末实有 2 人。

书　　记：黄同元(2016.1—12)
龙志刚(2016.12—12)
常务副书记：刘应县(2016.1—12)
副　书　记：夏国斌(2016.1—12)
委　　员：张友刚(2016.1—12)
郑向东(2016.1—11)
李美福(2016.1—11)
张辅军(2016.11—12)
肖功平(2016.11—12)
陈鲜艳(2016.1—12)
肖　鸿(2016.1—9)
罗文恒(2016.9　12)

县社会治安综合管理委员会办公室

主　　任：夏国斌(兼　2016.1—12)
副　主　任：龚伦志(2016.1—8)

县维护社会稳定领导小组办公室

主　　任：卢　曙(2016.1—9)
向远杰(2016.12—12)

法治宣恩建设领导小组办公室

主　　任：刘应县(2016.1—12)
副　主　任：杨尔智(2016.1—12)
向远杰(2016.12—12)

县委群众工作部(县信访局)

2016 年 1 月 8 日,县编委同意设立县网络信访投诉受理中心,为隶属县委群众工作部(县信访局)管理的全额拨款公益一类事业单位,核定全额拨款事业编制 3 名,其中领导职数 2 名:主任 1 名,副主任 1 名。

县委群众工作部(县信访局)内设办公室、群众接访中心(接访科)、办信(网上信访)科、督查科。核定行政编制 7 名,机关工勤编制 1 名,2016 年末实有在编公务员 7 人,行政工勤 1 人;挂职干部 3 人,公益性岗位人员 1 人。隶属管理的事业单位:县网络信访投诉受理中心,核定编制 3 名,年末实有 1 人。

部　长：朱　瑾(女　2016.1—9)
卢　曙(2016.9—12)
局　长：彭家安(县委群众工作部常务副部长　2016.1—9)
卢　曙(2016.9—12)
副局长：胡启刚(县委群众工作部副部长　2016.1—11)

曾本友(女 2016.1—12)
杨宗祥(县委群众工作部副部长 2016.11—12)
张　勇(挂职 2016.4—12)

县法院

中共宣恩县人民法院党组
书　　记：郑向东(2016.1—11)
张辅军(2016.12—12)
纪检组长：段绍罡(2016.1—7)
成　　员：喻家安(2016.1—12)
罗　军(2016.1—12)
林宏宇(2016.1—12)
丁　梅(女 2016.1—12)
刘永红(2016.1—12)

县人民法院设15个内设机构：办公室、政治处、立案庭、刑事审判庭、民事审判第一庭、民事审判第二庭、行政审判庭、审判监督庭、执行局(加挂执行庭牌子)、监察室、司法警察大队、司法行政科、司法鉴定科、审判管理办公室、信息化办公室；派出法庭6个：沙道沟、长潭河、李家河、高罗、椒园、晓关人民法庭。核定中央行政编制85名，2016年末实有在职在编干警78人，聘用人员24人。

院　　长：郑向东(2016.1—12)
张辅军(2016.1—12)
副 院 长：喻家安(2016.1—12)
罗　军(2016.1—12)
林宏宇(2016.1—12)
执行局局长：刘永红(2016.1—12)
政治处主任：丁　梅(女 2016.1—12)

县检察院

中共宣恩县人民检察院党组
书　　记：李美福(2016.1—12)
肖功平(2016.12—12)
纪检组长：杨秀军(2016.1—12)
成　　员：苏伍云(2016.1—12)
陈　杰(2016.1—12)
李维汉(2016.1—12)
黄正华(2016.1—12)
向晓东(女 2016.1—12)

2016年8月30日，根据湖北省人民检察院《关于全面推进基层检察院内部整合改革工作的指导意见》和《恩施州基层检察院内部整合改革实施方案》，将原来14个内设机构整合为侦查监督部、公诉部、职务犯罪侦查部(反贪污贿赂局)、综合检察部、民事行政检察部、案件管理部、司法行政事务管理局。

核定县检察院政法专项编制53名，2016年末实有干警51人

检 察 长：李美福(2016.1—12)
肖功平(2016.12—12)
副检察长：苏伍云(2016.1—12)
陈　杰(2016.1—12)
李维汉(2016.1—12)
反渎职侵权局局长：黄正华(2016.1—12)
政治处主任：向晓东(女 2016.1—12)
专职检察委员会委员：刘菊平(女 2016.1—12)
李华秋(女 2016.1—12)

湖北七姊妹山国家级自然保护区管理局

湖北七姊妹山国家级自然保护区管理局为州林业局所属正县级财政拨款事业单位，内设办公室、计划财务科、保护管理科、科研宣教科、社区事务科5个正科级职能科室和恩施自治州森林公安局七姊妹山自然保护区分局(加挂保护区护林防火办公室牌子)，下设长潭、椿木、沙坪、龙潭、雪落寨5个管理站和8个管护点。核定省财政拨款事业编制49名，州财政拨款事业编制10名。2016年末湖北七姊妹山国家级自然保护区管理局有正式职工31人。

局　　长：熊坤赤(2016.1—8)
罗永生(2016.12—12)
副 局 长：宋春禄(2016.1—12)
曾凡忠(2016.1—9)
杨　斌(2016.10—12)
总工程师：刘昌勇(2016.02—12)

湖北宣恩工业园区管理委员会

中共湖北宣恩工业园区党委

书　　记：覃国锋(2016.1—12)
　　　　　邓正军(2016.12—12)
纪委书记：汪红兵(2016.1—11)
　　　　　石　刚(2016.11—12)
委　　员：石　刚(2016.1—12)
　　　　　康纪全(2016.1—9)
　　　　　舒　蓉(女　2016.1—9)
　　　　　田长锐(2016.1—12)
　　　　　廖　锋(2016.9—12)

2016年1月19日,县编委批复:县招商引资服务中心为公益一类事业单位,正科级。核定全额拨款事业编制8名,其中领导职数2名:主任1名,副主任1名。

2016年3月1日,县编委同意县招商引资服务中心增核全额拨款事业编制2名,增核后,县招商引资服务中心全额拨款事业编制为10名。

湖北宣恩工业园区管委会为隶属县人民政府管理的副县级行政机构,2016年末内设办公室、财政分局(加挂统计分局牌子)、国土建设分局3个正科级机构以及正科级全额拨款事业单位“宣恩县招商引资服务中心”。核定湖北宣恩工业园区管委会行政编制11名,年末实有10人。核定县招商引资服务中心全额拨款业编制10名,年末实有9人(其中县招商局1人)。

主　　任：覃国锋(2016.1—12)
副 主 任：邓正军(2016.12—12)
　　　　　石　刚(2016.1—11)
　　　　　廖　锋(2016.10—12)
　　　　　康纪全(2016.1—10)
　　　　　舒　蓉(女　县招商局长县招商引资服务中心主任　2016.1—10)
财政分局局长：田长锐(2016.1—12)
办公室副主任：吴　斌(2016.1—12)
县招商引资服务中心副主任：杨　胜(女　2016.1—12)

县人大常委会办公室及各工委

县人大常务会办公室
主　　任：周　斌(2016.1—11)
　　　　　田粤兵(2016.11—12)
副 主 任：黄　俊(2016.1—12)
　　　　　徐成艳(女　2016.1—12)
　　　　　高　武(2016.9—12)
规范性文件备案审查室专职副主任：周玉和(2016.1—12)

财政经济委员会(预算工作委员会)
主　　任：匡运吉(2016.1—11)
主任委员(主任)：李华生(2016.11—12)
副主任委员(副主任)：杨秋生(2016.11—12)

民族法制委员会
主任委员：肖　鸿(2016.12—12)
副主任委员：田冬生(2016.12—12)

内务司法工作委员会
主　　任：杨月轩(2016.1—11)
　　　　　彭家安(2016.11—12)

城乡规划建设和环境资源保护工作委员会(环境资源保护工作委员会)
主　　任：莫代富(2016.1—11)
　　　　　周　平(2016.11—12)

农业农村工作委员会(农村农业民族工作委员会)
主　　任：谭柏生(2016.1—12)

教育科学文化卫生工作委员会
主　　任：王明刚(2016.1—9)
　　　　　潘言培(2016.9—12)

代表和人事任免工作委员会(代表选举人事任免工作委员会)
主　　任：覃国瑜(女　2016.1—9)
　　　　　王明刚(2016.9—12)
副 主 任：周盛亮(2016.11—12)

县政府办公室

中共宣恩县人民政府办公室党组

书　记：胡晓洪(2016.1—12)
成　员：郭长卿(2016.1—12)
　　　　陆祥忠(2016.11—12)
　　　　赵诗学(2016.1—12)
　　　　徐　忠(2016.1—11)
　　　　谭大定(2016.1—11)
　　　　张亚丹(2016.1—12)
　　　　郭祥林(2016.1—9)
　　　　吴　波(2016.1—6)
　　　　罗文政(2016.1—12)
　　　　田明贵(2016.1—8)
　　　　谭元照(2016.1—12)
　　　　黄燎原(2016.1—11)
　　　　杨世军(2016.1—12)

2016年1月19日，县编委批复：县政府驻武汉办事处为公益一类事业单位，正科级。核定全额拨款事业编制1名，其中领导职数1名：主任1名。

县政府办公室内设机构：县政府应急管理办公室、总值班室、秘书一科、秘书二科、秘书三科、秘书四科、秘书五科、秘书六科、文书科、县政府政务督查室、县政府法制办公室、县政府研究室、县政府电子政务办公室、人事科、行政科、机关车队等16个科室；专设县政务服务中心、县政府外事侨务办公室、县硒资源保护与开发局。核定行政编制37名、工勤编制10名。2016年末实有37人，其中公务员29人，工勤人员8人。

主　任：胡晓洪(2016.1—12)
副主任：郭长卿(2016.1—12)
　　　　陆祥忠(2016.11—12)
　　　　徐　忠(2016.1—11)
　　　　谭大定(2016.1—11)
　　　　张亚丹(2016.1—12)
　　　　郭祥林(2016.1—10)
　　　　吴　波(2016.1—6)
　　　　罗文政(2016.1—12)
　　　　田明贵(法制办公室主任　2016.1—9)
　　　　谭元照(2016.1—12)
　　　　黄燎原(2016.1—11)
　　　　杨世军(2016.1—12)
县硒资源保护与开发局局长：唐　浩(2016.11—12)
县政府研究室主任：朱永华(2016.9—12)
县政府应急管理办公室副主任：吴利高(2016.1—9)

县政协办公室及专委

县政协办公室

主　任：屈代金(兼　2016.1—8)
　　　　奚泽辉(兼2016.8—12)
副主任：赵　林(2016.1—12)
　　　　郑大庆(2016.11—12)

提案委员会

主　任：尹　红(女　2016.1—12)

经济委员会

主　任：杨介明(2016.1—12)

人口资源环境委员会

主　任：田　松(女　2016.1—7)
　　　　谭建军(2016.7—12)

科教文卫体委员会

主　任：卢　阳(2016.1—12)

民族宗教法制联谊委员会

主　任：汪盛轩(2016.1—12)

文史资料委员会

主　任：刘建中(2016.1—7)
　　　　黄世平(2016.7—12)

委员工作委员会

主　任：赵　林(2016.12—12)

县政务服务中心管理办公室

县政务服务中心管理办公室为县政府正科级行政派出机构，设综合科、业务科2个内设机构，核定行政编制4名，2016年末实有工作人员7人(其中借调1人，公益性岗位3人)。

主　任：赵诗学(2016.1—12)
副主任：明官宇(2016.1—12)

县公共资源交易管理委员会办公室

2016年1月19日，县编委批复：县公共资源交易管理委员会办公室(县公共资源交易监督管理局)为公益一类事业单位，正科级。设立县综合招标投标(政府采购)中心。核定全额拨款事业编制6名，其中领导职数2名：主任1名，副主任1名。

2016年1月19日，县编委批复：县公共资源交易中心为公益一类事业单位，副科级。核定全额拨款事业编制8名，其中领导职数2名：主任1名，副主任1名。年底县公共资源交易中心实有3人。

2016年9月8日，县编委印发《宣恩县公共资源交易委员会办公室主要职责内设机构和人员编制规定》：县公共资源交易管理委员会办公室，加挂宣恩县公共资源交易监督管理局牌子，为隶属县人民政府办公室管理的正科级公益一类事业单位，参照公务员法管理。县公共资源交易管理委员会办公室(县公共资源交易监督管理局)设3个内设机构：综合股、监督检查股(法规股)、指导协调股。核定县公共资源交易管理委员会办公室(县公共资源交易监督管理局)编制6名，其中领导职数2名：主任1名，副主任1名；内设机构负责人职数3名。2016年末实有6人。

主任(局长)：黄燎原(2016.1—8)
　　　　　　田明贵(2016.9—12)
县公共资源交易中心主任：卢东(2016.9—12)

县直机关工委

2016年，中共宣恩县委县直机关工作委员会内设县直机关纪工委、办公室(宣传调研科)、组织科，核定编制4名，2016年末实有3人。

书　　记：范　涌(兼　2016.1—4)
　　　　　刘红艳(女　兼2016.4—12)
常务副书记：尹超文(2016.1—12)
副 书 记：涂珍云(女　2016.6—12)

县机构编制委员会办公室

2016年1月7日，县编委同意县事业单位登记管理局增核1名副局长领导职数，增核后，县事业单位登记管理局领导职数为2名：局长1名，副局长1名。

县机构编制委员会办公室(简称县编办)内设综合科、机构编制科和监督检查科(县机构编制委员会督查室)，管理县事业单位登记管理局(事业单位)。核定县编办行政编制5名、工勤编制1名，2016年末实有5人。核定县事业单位登记管理局全额拨款事业编制3名，2016年年底实有2人。

主　任：杨岱书(2016.1—12)
副主任：雷　斌(2016.1—12)

事业单位登记管理局

局　长：杨立新(2016.1—12)

县委党校(县行政学校)

2016年1月19日，县编委批复：中共宣恩县委党校(宣恩县行政学校、宣恩县民族干部学校)为公益一类事业单位，正科级。核定全额拨款事业单位30名，其中领导职数4名：常务副校长1名，副校长3名(不含校外兼职副校长)。

县委党校与行政学校合署办公，内设办公室、政工科、组教科、公务员培训办公室、社会培训科、科研室、行政科等7个科室，核定编制30名，2016年末实有在岗教职工17人(其中参照公务员管理8人，专技人员8，工勤人员1人)。

县委党校第一校长：　刘智勇(2016.4—12)
县委党校校长：　　　朱鹏程(2016.1—8)
　　　　　　　　　　王　波(2016.8—12)
县委党校第一副校长：范　涌(2016.1—4)
　　　　　　　　　　刘红艳(女　2016.4—12)
县行政学校校长：朱鹏程(2016.1—4)
　　　　　　　　岳　东(2016.4—9)
　　　　　　　　邵爱华(2016.12—12)

县委党校(县行政学校)

常务副校长：颜学龙(2016.1—12)

副 校 长：宋理俊(2016.1—12)

胡 红(女 2016.1—12)

县党史县志征集编纂委员会办公室

2016年1月19日，县编委批复：县党史县志征集编纂委员会办公室为公益一类事业单位，正科级。核定全额拨款事业编制4名，其中领导职数2名：主任1名，副主任1名。

县党史县志征集编纂委员会办公室(简称县史志办公室)内设综合科、总编室，核定编制4名，2016年末实有3人；退休职工5人。

主 任：杨和平(2016.1—12)

副主任：江安鸣(女 2016.1—12)

县档案局(馆)

2016年1月19日，县编委批复：县档案局(馆)为公益一类事业单位，正科级。核定全额拨款事业编制13名，其中领导职数3名：局(馆)1名，副局(馆)2名。主要职责等按宣办发〔2008〕14号“三定”执行。

县档案局(馆)内设办公室、档案管理编研股、档案教育法规股、行政审批股、档案业务指导股、现行文件服务中心、爱国主义教育基地。核定编制13名，2016年末实有11人。

局 (馆)长：马 忠(2016.1—12)

副局(馆)长：张华蓉(女 2016.1—12)

彭泽华(2016.1—12)

县工商联(总商会)

中共宣恩县工商联(总商会)党组

书 记：周 斌(2016.9—12)

成 员：田世进(非公经济党工委副书记 2016.1—11)

乐三宝(2016.11—12)

县工商业联合会(总商会)挂“中共宣恩县非公有制经济工作委员会“牌子，内设综合办公室，下辖宣恩县非公有制企业服务中心。核定行政编制5名，2016年末实有6人。

主 席：王 维(2016.1—12)

第一副主席：周 斌(2016.9—12)

副 主 席：田世进(2016.1—12)

王和清(2016.1—12)

蔡昌和(2016.1—12)

段 辉(2016.1—12)

奚泽登(2016.1—12)

崔江华(2016.1—12)

张安英(女 2016.1—12)

王会雄(女 2016.1—12)

黄 平(2016.1—12)

吴乐坤(2016.1—12)

谢文林(2016.1—12)

杨胜超(2016.1—12)

熊金华(2016.1—12)

邱 恩(女 2016.1—12)

李忠梅(女 2016.1—12)

雷志恩(2016.1—12)

苏世武(2016.21—12)

陈国林(2016.1—12)

县总工会

中共宣恩县总工会党组

书 记：李华生(2016.1—9)

成 员：王银平(女 2016.1—12)

2016年1月7日，县编委同意县困难职工帮扶中心增核全额拨款事业编制1名。增核后，县困难职工帮扶中心全额拨款事业编制为2名，其中领导职数1名：主任1名。

2016年1月19日，县编委批复县总工会所属事业单位分类等事项：县困难职工帮扶中心为公益一类事业单位。核定全额拨款事业编制2名，其中领导职数1名：主任1名。

县总工会内设办公室、组宣部、生产生活部、女工部、财务部，下设困难职工帮扶中心。核定县总工会行政编制6名(其中工勤编制1名)，2016年末，实有5人。核定困难职工帮扶中心全额拨款事业编制2名，年末实有2人。

主　　席：朱　瑾（女　兼　2016.1—12）
常务副主席：李华生（2016.1—12）
副 主 席：王银平（女　2016.1—12）
　　　　　向隆章（不驻会　2016.1—12）
　　　　　商克超（不驻会　2016.1—12）
　　　　　李森权（不驻会　2016.1—12）
　　　　　张　婵（女　不驻会　2016.1—12）

团县委

2016 年，共青团宣恩县委内设综合办公室，核定机关行政编制 3 名，2016 年末实有 3 人（含西部计划志愿者 1 人，挂职 1 人）。

书　记：徐兆海（2016.1—8）
副书记：陈祥恩（2016.1—6）
　　　　叶　爽（2016.11—12）
　　　　杨胜涛（不占编制　2016.1—12）
　　　　莫长锐（不占编制　2016.1—12）

县妇联

2016 年，宣恩县妇联内设综合办公室。核定行政编制 3 名，2016 年末实有 3 人.

主　席：向莲花（女　2016.1—8）
　　　　杨丽中（女 2016.9—12）
副主席：刘　敏（女　2016.1—12）

县科学技术协会

中共宣恩县科学技术协会党组
书　记：杨秀权（2016.6—12）
成　员：尹绍亮（2016.11—12）

2016 年 1 月 19 日，县编委批复县科学技术协会所属事业单位分类等事项：县民族科技馆为公益一类事业单位。核定全额拨款事业编制 1 名，其中领导职数 1 名：馆长 1 名。

县科学技术协会承担“宣恩县全民科学素质工作领导小组办公室”职责，内设综合办公室，核定行政编制 3 名，2016 年末实有 5 人，公益性岗位 1 人。县科技馆编制 1 名，实有 1 人。

主　席：杨秀权（2016.6—12）
副主席：尹绍亮（2016.1—12）
　　　　胡昌高（不驻会　2016.1—12）

县残疾人联合会

中共宣恩县残疾人联合会党组
书　记：郑大好（2016.1—12）
成　员：刘厚贤（2016.1—12）

2016 年 1 月 19 日，县编委批复县残疾人联合会所属事业单位分类等事项：

县残疾人劳动就业管理所为公益一类事业单位。核定县残疾人劳动就业管理所全额拨款事业编制 3 名，其中领导职数 1 名：所长 1 名。

县残疾人康复中心为公益一类事业单位。核定全额拨款事业编制 2 名，其中领导职数 1 名：主任 1 名。

县残疾人联合会（简称县残联）内设综合办公室，所属 2 个事业单位：残疾人劳动就业管理所、残疾人康复中心。核定县残联机关编制 5 名，2016 年末实有人员 8 人（其中含“三支一扶”2 人、聘用 1 人）；县残疾人劳动就业所编制 3 名，实有 3 人；残疾人康复中心编制 2 名，实有 2 人。

理 事 长：郑大好（2016.1—12）
副理事长：刘厚贤（2016.1—12）

县老区建设促进会

会　　长：唐松林（2016.1—12）
常务副会长：张儒前（2016.1—12）
　　　　　　刘红武（2016.1—12）
　　　　　　程忠禄（2016.1—12）
　　　　　　夏珍香（女　2016.1—12）
秘 书 长：刘需群（2016.1—12）

县机关事务管理局

2016 年 1 月 7 日，县编委同意设立县级机关综合执法应急用车保障中心，为隶属县人民政府机关事务管理局管理的全额拨款公益一类事业单位，核定全额拨款事业编制6名,其中领导职数2名:主任1名,副主任1名。年底实有3人。

2016年2月22日,县人民政府机关事务管理局更名为县机关事务管理局,为县政府办公室管理的正科级事业单位,设6个内设机构:办公室、国有资产管理股、县直节能办公室(政策指导股)、财务管理股(公务用车管理办公室)、管理服务股、安全保卫股,核定事业编制15名,其中领导职数3名:局长1名,副局长2名,内设机构负责人职数6名。年末实有在编13人(其中县政府办占编2人,县档案局占编1人);聘用服务人员43人。

局　长:徐　忠(2016.1—12)

副局长:蔡　平(2016.1—12)

中共宣恩县委宣恩县人民政府接待办公室

2016年1月19日,县编委批复:中共宣恩县委宣恩县人民政府接待办公室为公益一类事业单位,正科级。核定全额拨款事业编制4名,其中领导职数2名:主任1名,副主任1名。

县接待办公室内设综合科,核定编制4名,2016年末实有4人。

主　任:黄新枝(女　2016.1—12)

副主任:樊友艺(2016.1—12)

县扶贫开发办公室

中共宣恩县扶贫开发办公室党组

书　记:夏珍香(女　2016.1—12)

成　员:李　新(2016.1—12)

阳　源(2016.1—7)

2016年1月7日,县编委同意县扶贫发展中心增核全额拨款事业编制4名。增核后,县扶贫发展中心全额拨款事业编制为6名,其中领导职数2名:主任1名,副主任1名。

2016年1月19日,县编委批复:县扶贫发展中心为公益一类事业单位。核定全额拨款事业编制6名,其中领导职数2名:副主任1名,副主任1名。

2016年3月1日,县编委同意县扶贫发展中心增核全额拨款事业编制5名,增核后,县扶贫发展中心全额拨款事业编制为11名。

扶贫开发办公室设7个内设机构:综合股、扶贫股、老区建设股、财务股、培训股、社会扶贫股、政策法规股。核定行政编制10名,工勤编制1名,2016年末实有11人;另有"三支一扶"人员2人,聘请人员2人。

管理的全额拨款事业单位1个:县扶贫开发中心。核定全额拨款事业编制11名,2016年末实有8人。

主　任:夏珍香(女　2016.1—12)

副主任:李　新(2016.1—12)

阳　源(2016.1—7)

黄　伟(2016.9—12)

县人力资源和社会保障局(县公务员局)

中共宣恩县人力资源和社会保障局党组

书　记:陈　勇(2016.1—12)

成　员:王家金(2016.1—8)

张继选(2016.8—12)

向隆章(2016.1—12)

黄珍华(2016.1—11)

郭宪立(2016.1—11)

胡昌高(2016.1—12)

梅世万(2016.1—11)

许建军(2016.1—11)

曹国强(2016.1—11)

刘　耀(2016.1—12)

曾　莉(女　2016.1—4)

2016年1月7日,县编委整合乡镇新农保、城镇职工养老保险、城镇医疗保险、被征收土地农民社会保障、失业、工伤、生育等社会保险和劳动就业、劳动力转移培训、劳动维权服务等职能,撤销各乡镇劳动和社会保障服务中心,设立各乡镇人力资源和社会保障服务中心,名称为"宣恩县××乡(镇)人力资源和社会保障服务中心",为县人力资源和社会保障局派驻乡镇的事业单位,承担有关经办和服务工作。

2016年1月7日,县编委同意县人才交流中心更名为县人事考试中心,为县人力资源和社会保障局管理的副科级全额拨款事业单位,不再保留县人事考试培训中心牌子，核定全额拨款事业编制 5 名，其中领导职数 2 名：主任 1 名，副主任 1 名。

2016 年 1 月 19 日，县编委批复县人力资源和社会保障局所属事业单位分类等事项：

县公共就业和人才服务局为公益一类事业单位，副科级。核定全额拨款事业编制 21 名，其中领导职数 4 名：局长 1 名，副局长 3 名。

县城乡居民养老保险管理局为公益一类事业单位，副科级。核定全额拨款事业编制 11 名，其中领导职数 3 名：局长 1 名，副局长 2 名。

县人事考试中心为公益一类事业单位，副科级。核定全额拨款事业编制 5 名，其中领导职数 2 名：主任 1 名，副主任 1 名。

县社会保险管理局为公益一类事业单位，正科级。由 3 个单位合并组建，升格为正科级，调整内设机构。核定全额拨款事业编制 29 名，其中领导职数 4 名：局长 1 名，副局长 3 名。

县劳动人事争议仲裁院为公益一类事业单位，副科级。核定全额拨款事业编制 3 名，其中领导职数 1 名：院长 1 名。

县劳动监察大队为公益一类事业单位，副科级。核定全额拨款事业编制 9 名，其中领导职数 2 名：大队长 1 名，副大队长 1 名。

县自主择业军队转业干部管理办公室为公益一类事业单位。核定全额拨款事业编制 4 名，其中领导职数 1 名：主任 1 名。

县人力资源和社会保障信息中心为公益一类事业单位。核定全额拨款事业编制 2 名，其中领导职数 1 名：主任 1 名。

2016 年 3 月 1 日，县编委同意县人力资源和社会保障信息中心增核全额拨款事业编制 2 名，增核后，县人力资源和社会保障信息中心全额拨款事业编制为 4 名。县劳动监察大队增核全额拨款事业编制 1 名，增核后，县劳动监察大队全额拨款事业编制为 10 名。

2016 年 10 月 12 日，县编委决定县劳动监察大队更名为县劳动保障监察局，为县人力资源和社会保障局管理的副科级公益一类事业单位，核定全额拨款事业编制 10 名，其中领导职数 2 名，局长 1 名，副局长 1 名。更名后职责不变。

2016 年 11 月 21 日，县编委《关于整合县城乡居民基本医疗保险职责有关事项的通知》：将县卫生和计划生育局承担的新型农村合作医疗行政管理职责划入县人力资源和社会保障局。医疗保险行政管理职责由县人社局保险管理股承担。将宣恩县新型农村合作医疗管理委员会办公室承担的新型农村合作医疗经办服务职责划入县人社局新组建的医疗保险经办机构。将公共就业和人才服务局承担的失业保险经办职责划入县社会保险管理局。撤销宣恩新型农村合作医疗管理委员会办公室，收回全额拨款事业编制 24 名。撤销宣恩县事业养老保险服务中心，收回全额拨款事业编制 5 名。组建宣恩县医疗保险管理局，负责全县城乡居民基本医疗保险、工伤保险、生育保险经办服务，为县人社局管理的公益一类事业单位，核定全额拨款事业编制 29 名，其中领导职数 4 名：局长 1 名，副局长 3 名。全县机关事业企业养老保险、失业保险经办职责和五险核定职责由县社会保险管理局承担。增核县社会保险管理局参公事业编制 2 名，增核后，县社会保险管理局参公事业编制为 31 名，其他事项不变。

2016 年末，县人力资源和社会保障局内设办公室、公务员管理与人才流动调配股（挂军队转业干部安置办公室牌子）、工资福利与退休管理股、社会保险管理股、就业促进股、国家职业技能鉴定所、事业单位人事管理股、政策法规股、基金监督与规划财务股、信息统计股等 9 个股室。

隶属管理的二级单位 8 个：县社会保险管理局、县公共就业和人才服务局管理局、县城乡居民社会养老保险管理局、县劳动监察局、劳动人事争议仲裁院、县人事考试中心、县自主择业军队转业干部管理办公室、县人社局信息中心；另辖 9 个派驻乡镇的人力资源和社会保障服务中心。

核定县人力资源和社会保障局机关公务员编制 15 名，2016 年末实有 19 人；参照公务员法管理人员编制 14 名，年末实有 11 人；事业编制 12 名，年末实有 13 人；工勤编制 1 名，实有 1 人；临时人员 2 人。

局　　长：陈　勇（2016.1—12）

副 局 长：向隆章（2016.1—12）

黄珍华（2016.1—11）

郭宪立（2016.1—11）

胡昌高(2016.1—12)

总会计师：张　琰(女　2016.1—12)

军转办主任：王胜维(2016.1—12)

人事考试中心主任：肖桂琼(女　2016.1—12)

人事争议仲裁院院长：谭忠林(2016.1—12)

劳动监察局局长：吴立德(2016.1—12)

县城乡居民社会养老保险管理局

县城乡居民社会养老保险管理局是县人力资源和社会保障局下属的副科级全额拨款事业单位，内设办公室、统筹股、稽核股、退管服务股、基金财务股、信息统计股。

核定全额拨款事业编制11名，2016年末实有8人；"三支一扶"人员2人；临时聘用人员3人。

局　长：曾　莉(女　2016.1—4)

县社会保险管理局

2016年，宣恩县社会保险管理局是县人力资源和社会保障局下属的正科级参照公务员法管理事业单位。1月7日，县编委同意县社会保险管理离退休人员管理服务股更名为企业养老保险离退休人员管理服务股；增设机关事业单位离退休人员管理服务股；登记核定股、信息统计股、基金结算股增加有关职业年金工作的职责；其他事项不变。

2016年5月20日，县编委批复县人力资源和社会保障局：同意设立县机关事业养老保险服务中心，为隶属县人力资源和社会保障局管理的公益一类事业单位，核定全额拨款事业编制5名，其中主任1名，副主任1名。同时撤销县社会保险管理局内设机构机关事业单位离退休人员管理服务股。

2016年末，县社会保险管理股内设办公室、登记核定股、基金财务股、信息统计股、企业养老保险离退休人员管理服务股、基金结算股、稽核股、医疗工伤生育保险管理股等8个职能股室。核定编制31名，实有28人，另有"三支一扶"人员2人，临时人员6人。隶属事业单位：县机关事业单位养老保险服务中心，核定编制5名，实有3人。

局　长：王家金(2016.1—9)

张继选(2016.9—12)

副局长：黄祥林(2016.1—12)

胡　勇(2016.1—12)

乐春山(2016.1—12)

县公共就业和人才服务局

2016年1月7日，县编委同意整合县人才交流中心和县劳动就业管理局职责，设立宣恩县公共就业和人才服务局，加挂宣恩县培训中心、宣恩县再就业服务指导中心、宣恩县人力资源服务中心、宣恩县创业指导服务中心牌子，为县人力资源和社会保障局的副科级全额拨款事业单位，设办公室、财务股、就业援助股、创业指导股、职业指导股、人才服务股、失业保险股、培训指导股、信息统计股、宣恩工业园区就业服务中心10个内设机构；核定全额拨款事业编制21名，其中领导职数4名：局长1名，副局长3名，内设机构负责人职数10名。

2016年末实有在岗在编人员16人，其中管理岗位7人，专业技术岗位7人，试用期人员2人。

局　长：刘　耀(2016.1—12)

副局长：龙自臻(2016.1—12)

陈光耀(2016.1—12)

县发展和改革局(县物价局)

中共宣恩县发展和改革局党组

书　记：胡美玉(女　2016.1—11)

蒋照国(2016.11—12)

副书记：陆祥忠(2016.1—11)

成　员：尹进华(2016.1—11)

姜绍义(2016.1—12)

朱宗熙(2016.1—11)

刘　川(2016.1—8)

刘申法(2016.11—12)

2016年1月19日，县编委批复县发展和改革局所属事业单位分类等事项：县价格认证中心(涉案物品价格鉴证中心)为公益一类事业单位。核定全额拨款事业编制5名，其中领导职数2名：主任1名，副主任1名。县计划投资管理中心为生产经营类事业单位，副科级。核定自收自支事业编制 5 名，其中领导职数 1 名：主任 1 名。

2016 年 3 月 1 日，县编委同意县价格认证中心增核全额拨款事业编制 5 名，增核后，县价格认证中心全额拨款事业编制为 10 名。

2016 年末，县发展和改革局（县物价局）内设办公室（人事股）、国民经济综合股（发展规划股、资源节约和环境保护股、县国民经济动员办公室、政策法规股）、固定资产投资股、农村经济股（地区经济股、农业区划办）、工业交通能源股（县交通战备办公室、高新技术产业股、开发区管理股）、经济体制综合改革股（服务业发展股、对外经济股、财金贸易股）、社会发展股（就业和收入分配股）、价格股、收费股等股室，专设县西部开发领导小组办公室、县重点项目建设领导小组办公室、县生态文化旅游圈建设领导小组办公室，管理县价格监督检查分局（县成本调查监审分局），下辖县价格认证中心（全额拨款）、县计划投资管理中心（自收自支）两个部门管理的事业单位。核定县发展和改革局机关行政编制 16 名，工勤编制 1 名，实有公务员 14 人；核定县价格监督检查分局行政编制 4 名，工勤 1 名，实有公务员 3 人；核定县价格认证中心编制 10 名，实有 10 人；县计划投资管理中心编制 5 名，实有 2 人。

局　长：陆祥忠（2016.1—11）
　　　　蒋照国（2016.11—12）
副局长：尹进华（物价局长　2016.1—11）
　　　　姜绍义（2016.1—12）
　　　　刘　川（2016.1—9）
　　　　刘申法（2016.11—12）

县重点项目建设领导小组办公室

主　任：贺声映（2016.1—12）

县生态文化旅游圈建设领导小组办公室

主　任：夏吉政（2016.1—12）

县教育局（县科学技术局）

中共宣恩县教育局党组
书　记：刘　军（2016.1—8）
　　　　谢庆慧（2016.8—12）
副书记：喻　明（2016.1—12）
　　　　杨秀权（2016.1—6）
成　员：杨仕荣（2016.1—12）
　　　　商克超（2016.1—12）
　　　　郭秀红（2016.1—12）

2016 年 1 月 19 日，县编委批复县教育局所属事业单位分类等事项：

县科技开发服务中心为公益一类事业单位。核定自收自支事业编制 2 名，其中领导职数 1 名：主任 1 名。

县教学研究室为公益一类事业单位。核定全额拨款事业编制 20 名，其中领导职数 4 名：主任 1 名，副主任 3 名。

县学校后勤管理办公室为公益一类事业单位。核定全额拨款事业编制 6 名，其中领导职数 2 名：主任 1 名，副主任 3 名。

县青少年校外活动中心为公益一类事业单位。核定全额拨款事业编制 5 名，其中领导职数 2 名：主任 1 名，副主任 1 名。

县电化教育教育技术装备站为公益一类事业单位。核定全额拨款事业编制 6 名，其中领导职数 2 名：站长 1 名，副站长 1 名。

县教育经费管理中心为公益一类事业单位。核定全额拨款事业编制 7 名，其中领导职数 2 名：主任 1 名，副主任 1 名。

县学生资助管理中心为公益一类事业单位。核定全额拨款事业编制 3 名，其中领导职数 1 名：主任 1 名。

县荧屏特殊教育学校为公益一类事业单位。核定全额拨款事业编制 29 名，其中领导职数 3 名：校长 1 名，副校长 2 名。

县民族实验小学为公益一类事业单位。核定全额拨款事业编制 135 名，其中领导职数 4 名：校长 1 名，副校长 3 名。

县民族实验中学为公益一类事业单位。核定全额拨款事业编制 135 名，其中领导职数 4 名：校长 1 名，副校长 3 名。

县第一中学为公益二类事业单位。核定事业编制 193 名（其中全额拨款 181 名、自收自支 12 名），其中领导职数 5 名：校长 1 名，副校长 3 名。

县第二中学为公益二类事业单位。核定全额拨款事业编制60名,其中领导职数4名:校长1名,副校长3名。

县中等职业技术学校为公益一类事业单位。核定全额拨款事业编制81名,其中领导职数4名:校长1名,副校长3名。

县直机关幼儿园为公益一类事业单位。核定全额拨款事业编制18名,其中领导职数1名:园长1名,副园长3名。

县民族幼儿园为公益一类事业单位。核定全额拨款事业编制4名,其中领导职数2名:园长1名,副园长1名。

乡镇中小学为公益一类事业单位。核定全额拨款事业编制1488名。

2016年3月1日,县编委同意县学生资助管理中心增核全额拨款事业编制4名,增核后,县学生资助管理中心全额拨款事业编制为7名。

2016年5月20日,县编委同意设立县第二民族实验小学,为隶属县教育局管理的公益一类事业单位,核定全额拨款事业编制70名(所需编制在全县教育系统内调剂),其中校长1名、副校长3名。

2016年末,县教育局设10个内设机构:办公室(信访办公室)、教育股(成职教育股、行政审批股)、人事股(教师管理股、监察室、语委办)、计划财务股(项目办、审计股)、科技计划管理股、学校安全管理股、科技成果股(县国防动员委员会科技动员办公室)、知识产权股、招生考试办公室、县人民政府教育督导室办公室。核定县教育局机关行政编制16名,其中工勤编制1名,实有18人。

局　长:刘　军(2016.1—12)
副局长:喻　明(2016.1—12)
　　　　杨仕荣(2016.1—12)
　　　　刘红梅(女 2016.1—6)
　　　　吴　渊(2016.1—12)

县政府教育督导室

主　　任:刘　军(2016.1—9)
　　　　　谢庆慧(2016.9—12)
正科级督学:喻　明(2016.1—11)

县第一中学

中共宣恩县第一中学党委

书　记:龚光太(2016.1—12)
副书记:王海燕(女　2016.1—12)
委　员:莫长锐(2016.1—12)
　　　　张　强(2016.1—12)
　　　　杨胜涛(2016.1—12)

2016年末,宣恩县第一中学内设机构10个:办公室、教务处、教研处、德育处、信息技术处、后勤处、勤工俭学办公室、资助中心、心理咨询处、教师培训处,核定事业编制253名(全额拨款事业编制241名,自收自支事业编制12名;其中内设机构负责人职数17名),实有209人(自收自支10人)。

校　长:龚光太(2016.1—12)
副校长:刘世兵(2016.1—12)
　　　　李绍璜(2016.1—12)
　　　　王海燕(女　2016.1—12)
　　　　张　强(2016.1—12)

县中等职业技术学校

2016年5月20日,县编委同意县中等职业技术学校增设实训处、心理咨询室、学生资助中心3个内设机构。增设后,县中等职业技术学校共12个内设机构:办公室、政教处、教务处、总务处、安全处、教研处、州电大宣恩分校办公室、培训部、招生及生产实习和就业指导办公室、实训处、心理咨询室、学生资助中心。

2016年11月28日,县编委同意县中等职业技术学校事业单位分类由公益一类调整为公益二类,其他事项不变。

核定县中等职业技术学校编制81名,2016年末实有74人。

校　长:谭德浩(2016.1—12)
副校长:易继勇(2016.1—12)
　　　　李　顺(2016.1—12)
　　　　吴　渊(2016.1—12)

县民族宗教事务局

中共宣恩县民族宗教事务局党组

书　记:赵厚勇(2016.1—12)

成　员：王　恒(2016.1—12)

　　　　杨　华(女　2016.1—11)

2016年1月19日，县编委批复：县民族研究所为公益一类事业单位，核定全额拨款事业编制2名，其中领导职数1名：所长1名。

县民族宗教事务局内设办公室、政策法规宣传与社会发展股(监督检查股)、经济发展股(电脑农业办公室)和宗教股。录属1个事业单位：县民族研究所。核定机关行政编制6名，工勤编制1名。2016年末机关实有职工13人(公务员6人，机关工勤人员2人，事业单位职工2人，"三支一扶"人员2人，公益性岗位1人)。

局　长：赵厚勇(2016.1—12)

副局长：王　恒(2016.1—12)

　　　　张　瑾(女 2016.1—12)

县民政局

中共宣恩县民政局党组

书　记：甘清朗(2016.1—12)

成　员：郑大庆(2016.1—11)

　　　　周国友(2016.1—12)

　　　　王顺钊(2016.1—12)

　　　　李德平(2016.1—12)

2016年1月19日，县编委批复县民政局所属事业单位分类等事项：

县福利院为公益一类事业单位。核定全额拨款事业编制8名，其中领导职数2名：院长1名，副院长1名。

县光荣院为公益一类事业单位。核定全额拨款事业编制8名，其中领导职数2名：院长1名，副院长1名。

县烈士陵园管理所为公益一类事业单位。由自收自支变为全额拨款，核定全额拨款事业编制1名，其中领导职数1名：所长1名。

县流浪乞讨人员救助管理站为公益一类事业单位。核定全额拨款事业编制2名，其中领导职数1名：站长1名。

县婚姻登记处为公益一类事业单位。核定全额拨款事业编制3名，其中领导职数1名：主任1名。

县殡葬执法大队为公益一类事业单位。核定全额拨款事业编制3名，其中领导职数1名：大队长1名。

县殡葬管理所为公益一类事业单位。核定自收自支事业编制3名，其中领导职数1名：所长1名。

县军队离退休干部服务管理办公室为公益一类事业单位。核定全额拨款事业编制1名，其中领导职数1名：主任1名。

2016年3月1日，县编委同意县流浪乞讨人员救助管理站增核全额拨款事业编制4名，增核后，县流浪乞讨人员救助管理站全额拨款事业编制为6名。

县民政局设办公室、优抚安置股、救灾股、基政区划和民间组织股、社会福利和社会事务股、计划财务内审股、老龄委办公室、社会救助局(副科级)8个内设机构。

直属8个事业单位：县光荣院、县福利院、县殡葬管理所、县烈士陵园管理所、县军队离退休干部服务管理办公室、县殡葬执法大队、县婚姻登记处、县流浪乞讨救助站。

核定县民政局机关行政编制14名，2016年末实有13人；核定8个事业单位编制33名，年末实有在编职工26人。

局　长：甘清朗(2016.1—12)

副局长：郑大庆(2016.1—11)

　　　　周国友(2016.1—12)

　　　　王顺钊(2016.1—12)

县社会救助局局长：李德平(2016.1—12)

县财政局(县国有资产监督管理局)

中共宣恩县财政局党组

书　记：李　川(2016.1—12)

副书记：黄长德(2016.1—12)

成　员：李　宏(2016.1—12)

　　　　孙宏洲(2016.1—12)

2016年1月19日，县编委批复县财政局所属事业单位分类等事项：

县农村财政管理局为公益一类事业单位，副科级。核定全额拨款事业编制9名，其中领导职数2名：局长1名，副局长1名。

县非税收入征收管理局为公益一类事业单位，副科级。核定全额拨款事业编制9名，其中领导职数2名：局长1名，副局长1名。

县会计事务管理局为公益一类事业单位，副科级。核定全额拨款事业编制19名，其中领导职数3名：局长1名，副局长2名。

县农业综合开发办公室为公益一类事业单位，副科级。核定全额拨款事业编制9名，其中领导职数3名：主任1名，副主任2名。

县政府采购办公室为公益一类事业单位，副科级。核定全额拨款事业编制6名，其中领导职数2名：主任1名，副主任1名。

县财政监督局为公益一类事业单位，副科级。核定全额拨款事业编制15名，其中领导职数3名：局长1名，副局长2名。

财政所（农村经营管理站）为公益一类事业单位。核定珠山财政所（珠山农村经营管理站）、椒园财政所（椒园农村经营管理站）、万寨财政所（万寨农村经营管理站）、晓关财政所（晓关农村经营管理站）、长潭河财政所（长潭河农村经营管理站）、椿木营财政所（椿木营农村经营管理站）、高罗财政所（高罗农村经营管理站）、沙道沟财政所（沙道沟农村经营管理站）、李家河财政所（李家河农村经营管理站）全额拨款事业编制分别为18名、14名、11名、19名、17名、9名、18名、26名、21名，核定各财政所（农村经营管理站）领导职数3名：所长1名，副所长2名。

2016年11月28日，县编委批复县财政局：同意设立宣恩县政府和社会资本合作中心，为隶属于县财政局管理的公益一类事业单位，核定全额拨款事业编制3名，其中领导职数1名：主任1名。

县财政局（县政府国有资产管理局）设12个内设机构：办公室（法规税政股、财政信息中心、行政审批股）、综合股、预算股（预算绩效管理股）、国库股、行政政法股、教科文股、经济建设股、农财股、社会保障股、企业股（商贸股、国有资产管理股）、债务金融股（世行办公室、县道路交通事故救助基金管理中心）、人事股。

隶属副科级事业单位7个。其中参照公务员法管理的事业单位5个：县非税收入征收管理局、县会计事务管理局、县农业综合开发办公室、县政府采购办公室、县农村财政管理局；全额拨款的事业单位2个：县财政监督局、县政府和社会资本合作中心。

核定县财政局机关编制17名，其中行政编制16名，2016年末实有13人；工勤编制1名，年末实有1人。核定5个参照公务员法管理事业单位编制52名，年末实有45人，有占编不具参公管理身份的5人。核定财政监督局编制15名，年末实有12人。核定县政府和社会资本合作中心编制3名，配备主任1人（人员为财政监督局编制）。局机关有未进编制的合同工3人，借用人员5人。核定派出财政所（加挂农村经营管理站、农村集体“三资”监管代理中心、农村集体经济产权交易中心牌子）事业编制153名，2016年年底实有131人。

局　　长：李　川（2016.1—12）
副 局 长：黄长德（2016.1—12）
　　　　　李　宏（2016.1—12）
　　　　　孙宏洲（兼会计事务管理局局长 2016.1—12）
总会计师：成　涛（2016.1—6）
县政府采购办公室主任：卓贤文（2016.1—12）
县农业综合开发办公室主任：康　伟（2016.1—12）
县非税收入征收管理局局长：蔡章辉（2016.1—12）
县农村财政管理局局长：叶元华（2016.1—12）
县财政监督局局长：刘申法（2016.1—11）
宣恩县政府和社会资本合作中心主任：滕建权（2016.11—12）
宣恩城市建设投资有限公司董事长、宣恩经纬投资有限公司董事长：成　涛（2016.6—12）
宣恩贡水融资担保有限公司董事长：成　涛（2016.6—12）

县农业局（县委农村工作领导小组办公室）

中共宣恩县农业局党组
书　记：龚家邦（2016.1—8）
　　　　姚金超（2016.8—12）
成　员：杨炳南（2016.1—12）
　　　　陈文金（2016.1—6）
　　　　黄红林（2016.1—12）

向　奋(2016.1—12)

田凤文(2016.1—11)

杨年红(2016.1—12)

2016年1月19日,县编委批复县农业局所属事业单位分类等事项:

县生态能源局(农业环境保护站)为公益一类事业单位,副科级。设农业环境保护站,挂靠生态能源局。核定全额拨款事业编制9名,其中领导职数3名:局长1名,副局长2名。

县农业技术推广中心为公益一类事业单位,副科级。核定事业编制13名(其中全额拨款10名,自收自支3名),其中领导职数3名:主任1名,副主任2名。

县植物保护站为公益一类事业单位。核定全额拨款事业编制5名,其中领导职数2名:站长1名,副站长1名。

县种子管理局(农业行政执法大队)为公益一类事业单位。核定全额拨款事业编制5名,其中领导职数2名:局长1名,副局长1名。

县土肥站为公益一类事业单位。核定全额拨款事业编制3名,其中领导职数1名:站长1名。

湖北省农业广播电视学校宣恩县分校(宣恩县农民科技教育培训中心)为公益一类事业单位。加挂县农民科技教育培训中心牌子。核定全额拨款事业编制4名,其中领导职数2名:校长1名,副校长1名。

县劳动力转移培训阳光工程办公室(农业局科技发展中心)为公益一类事业单位,副科级。核定全额拨款事业编制3名,其中领导职数1名:主任1名。

县农机安全监理站为公益一类事业单位。核定全额拨款事业编制5名,其中领导职数2名:站长1名,副站长1名。

县农产品质量安全监督检验站为公益一类事业单位。核定全额拨款事业编制5名,其中领导职数2名:站长1名,副站长1名。

县特产技术服务中心为公益一类事业单位。核定全额拨款事业编制10名,其中领导职数2名:主任1名,副主行1名。

县"宣恩早"密橘无病毒苗木繁育中心站为公益一类事业单位。核定全额拨款事业编制4名,其中领导职数1名:主任1名。

县蔬菜技术推广站为公益一类事业单位。核定全额拨款事业编制6名,其中领导职数2名:站长1名,副站长1名。

县农业机械学校为公益一类事业单位。核定全额拨款事业编制2名,其中领导职数1名:校长1名。

2016年3月1日,同意县农业技术推广中心增核全额拨款事业编制3名,增核后,县农业技术推广中心全额拨款事业编制为16名。

2016年5月20日,县编委批复县农业局:同意在县农业技术推广中心加挂宣恩县马铃薯产业发展局牌子,增核县农业技术推广中心全额拨款事业编制2名。增核后,县农业技术推广中心(县马铃薯产业发展局)事业编制18名(其中全额拨款15名、自收自支3名),其中领导职数3名,其中主任(局长)1名(副科级),副主任(副局长)2名。

2016年10月12日,县编委研究决定在乡(镇)农业技术服务中心加挂乡(镇)农产品质量安全监管站牌子,加挂牌子后,乡(镇)农业服务中心管理体制维持不变。

县农业局与中共宣恩县委农办合署办公,2016年末,县农业局内设10个职能股室:办公室、人事股(老干部工作股)、发展计划与财务股、科技与教育股、新农村建设办公室(调研股、经济发展指导股)、种植业股、经济作物股(县果茶生产办公室)、农业产业化股、法规股(农产品质量监督管理办公室、县农业行政执法支队)、县农机化管理办公室。

直管13个事业单位:县土肥站、县植物保护站、县蔬菜技术推广站、湖北省农业广播电视学校宣恩分校、县种子管理局、县农产品质量安全监督检验站、县劳动力转移培训阳光工程办公室、县生态能源局、县农机安全监理站、县农业机械学校、县农业技术推广中心、县特产技术推广服务中心、县"宣恩早"蜜柑无病毒苗木繁育中心站。

归口管理正科级事业单位2个:县农业利用外资办公室、县农村经济管理局。

核定县农业局机关行政编制16名,工勤编制1名,2016年末实有14人;二级单位事业编制75名,2016年末实有52人。

局长(主任):龚家邦(2016.1—9)

姚金超(2016.9—12)

副　局　长：杨炳南（2016.1—12）
　　　　　　陈文金（2016.1—7）
　　　　　　黄红林（县委农办副主任　2016.1—12）
　　　　　　向　奋（2016.1—12）
　　　　　　吴德芳（2016.1—12）
　　　　　　舒国胜（2016.1—11）
副政委：徐远安（2016.1—12）
政治处主任：成祖红（2016.1—12）

县公安局

中共宣恩县公安局党委
书　记：张友刚（2016.1—12）
副书记：陈鲜艳（2016.1—12）
　　　　朱宗明（纪委书记　2016.1—12）
委　员：刘　瑜（2016.1—12）
　　　　黄兴祥（2016.1—12）
　　　　向守成（2016.1—12）
　　　　王海涛（2016.1—12）
　　　　吴德芳（2016.1—12）
　　　　徐远安（2016.1—12）
　　　　成祖红（2016.1—12）
　　　　张　勇（2016.1—12）
　　　　贺旭峰（2016.1—11）

2016年3月26日，县编委同意县公安局增设内设机构纪检监察室，加挂审计室牌子，不增设编制，增核主任1名，为副科级领导职物。2016年末县公安局内设指挥中心、政治处、警务保障室、警务督察大队、纪检监察室（审计室）、法制控申大队、经济犯罪侦察大队、刑事侦察大队、国内安全保卫大队、公共信息网络安全监察大队、缉毒大队、治安管理大队、交通警察大队、看守所、出入境管理大队、内保大队、反恐特警大队18个机构，下辖公安派出所10个：珠山派出所、椒园派出所、沙道沟派出所、晓关派出所、长潭河派出所、万寨派出所、椿木营派出所、高罗派出所、李家河派出所、龙洞派出所。

核定县公安局政法专项编制218名，2016年末实有人员201人。

局　长：张友刚（2016.1—12）
政　委：陈鲜艳（2016.1—12）
副局长：刘　瑜（2016.1—12）
　　　　黄兴祥（2016.1—12）
　　　　向守成（2016.1—12）
　　　　王海涛（2016.1—12）

县司法局

中共宣恩县司法局党组
书　　记：肖　鸿（2016.1—9）
　　　　　罗文恒（2016.9—12）
成　　员：谭云书（2016.1—12）
　　　　　谭　斌（2016.1—12）
　　　　　刘　嫔（女　2016.1—12）
　　　　　杨长远（2016.1—12）
纪检组长：何树蓝（2016.1—12）

2016年1月7日，县编委同意县司法局社区矫正工作办公室更名为社区矫正工作管理局。

2016年1月19日，县编委批复：湖北洪渊律师事务所为生产经营类事业单位。核定全额拨款事业编制5名，其中领导职数1名：所长1名。

县司法局内设机构：办公室、人事股、法制宣传股、基层工作股、律师公证管理股（司法鉴定管理股）、法律援助中心、法规股、社区矫正工作管理局。派出机构9个：珠山司法所、椒园司法所、晓关司法所、万寨司法所、长潭河司法所、椿木营司法所、高罗司法所、李家河司法所、沙道沟司法所。

直属公证机关：县公证处。

隶属管理的直属事业单位：湖北洪渊律师事务所。

核定全县司法行政系统政法专项编制41名，其中，县司法局机关21名（含县公证处3名），9个派出基层司法所20名；湖北洪渊律师事务所全额拨款事业编制5名。2016年末实有35人，其中局机关20人，9个基层司法所13人，湖北洪渊律师事务所2人。

局　长：肖　鸿（2016.1—11）
　　　　罗文恒（2016.11—12）
副局长：李先军（2016.1—6）
　　　　谭云书（2016.1—12）
　　　　谭　斌（2016.1—12）

刘　嫔(女 2016.1—12)

县依法治县工作领导小组办公室副主任：

杨长远(2016.1—12)

县国土资源局(县地震局)

中共宣恩县国土资源局党组

书　　记：戴恩高(2016.1—12)

纪检组长：张善明(2016.1—12)

成　　员：吴长安(2016.1—12)

杨德志(2016.1—12)

杨少雄(2016.1—12)

2016年1月7日，县编委同意将县房屋登记中心(原核定全额拨款事业编制8名)、县林权登记管理中心(原核定全额拨款事业编制3名)连人带编整体划转到县不动产登记中心，同时撤销县房屋登记中心和县林权登记管理中心。划转后，县不动产登记中心全额拨款事业编制22名，其中领导职数4名：主任1名，副主任3名。

2016年1月19日，县编委批复县国土资源局所属事业单位分类等事项：

县国土资源执法监察大队为公益一类事业单位，副科级。核定全额拨款事业编制12名，其中领导职数3名：大队长1名，副大队长2名。

县地质灾害监测防治中心为公益一类事业单位，副科级。核定全额拨款事业编制16名，其中领导职数3名：主任1名，副主任2名。

县国土资源收购储备交易中心为公益一类事业单位。核定全额拨款事业编制9名，其中领导职数3名：主任(高配为副科级)1名，副主任2名。

县土地整理开发中心为公益一类事业单位。核定全额拨款事业编制5名，其中领导职数2名：主任(高配为副科级)1名，副主任1名。

县土地利用规划队为公益一类事业单位。核定全额拨款事业编制5名，其中领导职数2名：队长1名，副队长1名。

县不动产登记中心为公益一类事业单位，副科级。核定全额拨款事业编制22名，其中领导职数4名：主任1名，副主任3名。

国土资源所(9个)为公益一类事业单位。核定沙道沟、椿木营国土资源所全额拨款事业编制分别为5名和3名，其他国土资源所全额拨款事业编制为4名；每个国土资源所核定领导职数2名：所长1名，副所长1名。

2016年3月1日，县编委同意县土地整理开发中心增核全额拨款事业编制3名，增核后，县土地整理开发中心全额拨款事业编制为8名。

2016年末，县国土资源局内设办公室(人事股、财务股)、征地利用股、耕保股、地籍股(县不动产登记管理局)、地质环境股(地震股)、矿管股、法规监察股、国土资源信息中心。

直属事业单位15个：县国土资源执法监察大队、县国土资源收购储备交易中心、县土地整理开发中心、县地质灾害监测防治中心、县土地利用规划队、县不动产登记中心和9个派出国土资源所。

核定县国土资源局机关行政编制12名，事业编制72名，派驻乡镇国土资源所事业编制36名，2016年末，全县国土资源系统实有在职职工120人。

局　长：戴恩高(2016.1—12)

副局长：吴长安(2016.1—12)

杨德志(2016.1—12)

杨少雄(2016.1—12)

县地质灾害监测防治中心主任：

向　明(2016.01—12)

县国土资源收购储备中心主任：

王　坤(2016.1—12)

县国土资源土地整理开发中心主任：

李绍伟(2016.1—12)

县住房和城乡建设局(县人民防空委员会办公室)

中共宣恩县住房和城乡建设局党组

书　记：黄燎原(2016.11—12)

副书记：黄明仕(2016.1—11)

成　员：张能珏(2016.1—12)

邓正斌(2016.1—12)

张海波(2016.1—12)

黄文重(2016.1—11)

2016年1月19日，县编委批复县住房和城乡建设局所属事业单位分类等事项：

县城市规划管理局为承担行政职能类事业单位，副科级。核定全额拨款事业编制7名，其中领导职数2名：局长1名，副局长1名。

县建设工程安全生产监督管理站为公益一类事业单位。核定全额拨款事业编制3名，其中领导职数1名：站长1名。

县建设工程质量监督站为公益一类事业单位。核定全额拨款事业编制5名，其中领导职数1名：站长1名。

县房屋安全鉴定办公室（白蚁防治中心）为公益一类事业单位。核定全额拨款事业编制3名，其中领导职数1名：主任1名。

县燃气执法大队为公益一类事业单位。核定全额拨款事业编制2名，其中领导职数1名：大队长1名。主要职责按宣编发〔2004〕19号执行。

县建设工程造价劳动定额管理站为公益一类事业单位。核定全额拨款事业编制2名，其中领导职数1名：站长1名。

县国有土地上房屋征收管理办公室为公益一类事业单位。核定全额拨款事业编制4名，其中领导职数1名：主任1名。

县建筑设计室为生产经营类事业单位。核定自收自支事业编制8名，其中领导职数1名：主任1名。

2016年3月1日，县编委同意县城市规划管理局增核全额拨款事业编制2名，增核后，县城市规划管理局全额拨款事业编制为9名。县建设工程质量监督站增核全额拨款事业编制3名，增核后，县建设工程质量监督站全额拨款事业编制为8名。县建设工程安全生产监督管理站增核全额拨款事业编制2名，增核后，县建设工程安全生产监督管理站全额拨款事业编制为5名。

2016年6月22日，县编委批复县住房和城乡建设局：同意宣恩县城市规划管理局更名为宣恩县城乡规划管理局，加挂宣恩县测绘地理信息局牌子，明确为县住房和城乡建设局管理的正科级事业单位，设6个内设机构：办公室、规划编制股、规划管理股、测绘股、村镇规划管理股、规划监督股（政策法规股）。核定县城乡规划管理局（县测绘地理信息局）全额拨款事业编制9名。其中领导职数：局长1名，副局长1名，总规划师1名；内设机构负责人职数6名。

县住房和城乡建设局加挂县人民防空委员会办公室，2016年末内设办公室（人事财务股、人防管理股）、住房保障股、房产管理股、建筑工程管理股、村镇建设股、装饰装修（建材行业）管理股、燃气办。核定县住房和城乡建设局行政编制12名，工勤编制1名，2016年末实有行政人员14人，工勤人员1人。

隶属管理的事业单位8个：县城乡规划管理局（加挂宣恩县测绘地理信息局牌子，正科级，定编9名，年末实有9人）、县燃气执法大队（定编3名，年末实有3人）、县建设工程安全生产监督管理站（定编5名，年末实有5人）、县建设工程劳动造价定额管理站（定编2名，年末实有2人）、县建设工程质量监督站（定编8名，年末实有8人）、县房屋安全鉴定办公室（白蚁防治中心，定编3名，年末实有3人）、县国有土地上房屋征收管理办公室（定编4名，年末实有4人）、县建筑设计室（自收自支，定编8名，年末实有3人）。

局　　长：黄燎原（2016.11—12）
副 局 长：黄明仕（2016.1—11）
　　　　　张能珏（2016.1—12）
　　　　　邓正斌（2016.1—12）
总工程师：张海波（2016.1—12）

县自来水总公司

宣恩县自来水总公司内设行财部、安装分公司、稽查队、珠山供水公司、制水公司、椒园供水公司、水表检定站、生技科8个部门。2016年末实有员工76人，在岗50人。

副总经理：胡永祥（主持工作　2016.1—12）
　　　　　史　军（2016.1—12）

县交通运输局

中共宣恩县交通运输局党组
书　记：洪学文（2016.1—11）
副书记：姚　敏（2016.1—12）
成　员：杨友国（2016.1—11）
　　　　余志成（2016.1—12）

谭家庆(2016.1—12)
谢应富(2016.1—6)
田　忠(2016.6—11)
田永成(2016.6—12)
黄明仕(2016.11—12)
李立发(2016.1—11)
屈代慧(女　2016.1—11)
孙京保(2016.1—9)

2016年1月7日,县编委同意:撤销椒园交通管理站和当阳坪交通管理站,现有人员划转到县农村公路管理局。椒园交通管理站和当阳坪交通管理站原分别核定的9名和7名自收自支事业编收回。

2016年1月19日,县编委批复县交通运输局所属事业单位分类等事项:

县公路管理局为公益一类事业单位,正科级。核定自收自支(上级拨款)事业编制41名,其中领导职数5名:局长1名,副局长3名,总工程师1名。

县道路运输管理所为公益一类事业单位,副科级。核定自收自支事业编制26名,其中领导职数3名:所长1名,副所长2名。

县公路养护中心为公益一类事业单位。核定自收自支(上级拨款)事业编制67名,其中领导职数2名:常务副主任1名,副主任1名。

县城市公共客运管理办公室为公益一类事业单位。核定全额拨款事业编制3名,其中领导职数1名:主任1。

县高速公路办公室为公益一类事业单位,正科级。核定全额拨款事业编制5名,其中领导职数2名:主任1名,副主任1名。

县交通基本建设工程质量监督站为公益一类事业单位。核定全额拨款事业编制4名,其中领导职数1名:站长1名。

县农村公路管理局(县物流发展局)为公益一类事业单位,副科级。核定全额拨款事业编制21名,其中领导职数4名:局长1名,副局长3名。

县交通测量设计室为生产经营类事业单位。核定自收自支事业编制2名,其中领导职数1名:主任1名。

县地方海事处为公益一类事业单位。核定全额拨款事业编制4名,其中领导职数1名:主任1名。

2016年末县交通运输局内设办公室(人事股)、工程计划股(交通战备办公室)、财务审计股和运输安全股(应急办公室、法制监督股)。

直属二级事业单位10个:县公路管理局(正科级)、县高速公路办公室(正科级)、县道路运输管理所(与县城市公共客运管理办公室合署办公,副科级)、县农村公路管理局(与交通物流发展局合署办公,副科级)、县地方海事处、县公路养护中心、县交通测量设计室、县交通基本建设工程质量监督站。

核定县交通运输局机关行政编制11名,工勤编制1名,2016年末实有干部职工9人;县公路管理局编制18名,年末实有113名(在编55人,编外58人);县高速公路管理办公室编制5名,年末实有7人;县道路运输管理所编制26名,年末实有21人;县农村公路管理局(与县交通物流发展局合署办公室)编制21名,年末实有19人;县地方海事处编制4名,年末实有4人;县城市客运管理办公室编制3名,年末实有2人;县交通基本建设工程质量监督站编制4名,年末实有4人;县交通测量设计室编制2名,年末实有1人。

局　　长:姚　敏(2016.1—12.)
副 局 长:杨友国(2016.1—11)
　　　　　余志成(2016.1—12)
　　　　　孙京保(2016.1—9)
　　　　　谭家庆(2016.1—12)
　　　　　谢应富(2016.1—6)
总工程师:李艳生(2016.1—12)

县公路管理局

宣恩县公路管理局内设:行政办公室、政工股、财务内审股、工程股、养护股(养护中心)、路政股(路政大队),下辖1个二级法人单位(恒通路桥公司)、3个公路(中心)管理站(椿木营管理站、椒园管理站、当阳坪管理站)、1个治超站(当阳坪治超检测站)。县公路养护中心(自收自支〈上级拨款〉二级事业法人,实际上没有独立运行)、宣恩县恒通路桥公司(企业法人:刘明钧)。公路管理局(含公路养护中心)合计编制108名(公路管理局41名,公路养护中心67名),年底实有干部职工113人,其中,在编人员55人,劳动合同用工58人(公路局42人签订劳动用工合同、1人签订劳务派遣合同;恒通路桥公司15人签订劳动用工合同)。

局　　长：田永成(2016.7—12)

副 局 长：李纪德(2016.1—12)

　　　　　陈　峰(2016.1—12,

　　　　　其中1—6月主持工作)

　　　　　侯龙江(2016.1—12)

总工程师：张云山(2016.1—12)

县高速公路办公室

宣恩县高速公路办公室为县交通运输局管理的正科级事业单位,内设建设管理综合科、征迁科、财务科,核定编制5名,2016年末实有7人。

主　任：谢应富(2016.1—6)

　　　　田　忠(2016.6—11)

副主任：刘书翰(2016.6—12)

县农村公路管理局（加挂县交通物流发展局牌子）

2016年1月7日,县编委同意设立县农村公路管理局,并加挂县交通物流发展局牌子,隶属于县交通运输局属副科级全额拨款事业单位,核定全额拨款事业编制21名,其中领导职数4名:局长1名,副局长3名。原核定县交通物流发展局8名自收自支事业编予以收回。

2016年5月20日,县编委批复县交通运输局:同意县农村公路管理(交通物流发展局)设置办公室、财务审计股、规划建设股、养护管理股、物流发展股、科技信息股、安全监督股、法规路政股8个内设机构,核定内设机构负责人职数8名。核定编制21名,2016年末实有19人。

局　长：谭家庆(2016.1—11)

　　　　黄明仕(2016.11—12)

副局长：荀　哨(2016.12—12)

县交通物流发展局副局长：王文学(2016.1—12)

县水利水产局(县防汛抗旱指挥部办公室)

中共宣恩县水利水产局党组

书　记：朱清华(2016.1—12)

成　员：倪衡山(2016.1—12)

　　　　查良军(2016.1—12)

　　　　张　斌(2016.1—12)

　　　　田光胜(2016.1—5)

2016年1月19日,县编委批复县水利水产局所属事业单位分类等事项：

县水土保持局为公益一类事业单位,副科级。核定全额拨款事业编制7名,其中领导职数2名:局长1名,副局长1名。

县水政监察大队为公益一类事业单位,副科级。核定全额拨款事业编制5名,其中领导职数2名:大队长1名,副大队长1名。

县水利规费征管站为公益一类事业单位。核定全额拨款事业编制5名,其中领导职数2名:站长1名,副站长1名。

县水利电力勘察设计室为生产经营类事业单位。核定全额拨款事业编制7名,其中领导职数2名:主任1名,副主任1名。

县水电开发办公室为生产经营类事业单位,正科级。核定自收自支事业编制7名,其中领导职数2名:主任1名,副主任1名。

2016年3月1日,县编委同意县水政监察大队增核全额拨款事业编制2名,增核后,县水政监察大队全额拨款事业编制为7名。

2016年3月1日,县编委批复:同意设立宣恩县官千水库水源工程建设办公室,为县水利水产局管理的财政拨款公益一类事业单位,核定全额拨款事业编制3名,其中领导职数1名:主任1名。

2016年末,县水利水产局内设股室7个:办公室(人事股)、规划计划与财务股、水利股、水政水资源股、安全生产监督股、农电股、水产股。核定县水利水产局机关行政编制12名,实有在编人员8人,编外用工4人。隶属事业单位6个:县水土保持局编制7名,实有4人;县水政监察大队编制7名,实有4人;县水利规费征管站编制5名,实有2人;县水利电力勘察设计室编制6名,实有3人;县水电开发办公室编制7名,实有3人;官千水库水源工程建设办公室编制3名,人员未配备。

乡镇水利水产管理站9个(隶属县水务服务中心管理),编制32名,实有28人。

局　　长:朱清华(2016.1—12)
副 局 长:倪衡山(2016.1—12)
　　　　　查良军(2016.1—12)
　　　　　张　斌(2016.1—12)
总工程师:田光胜(2016.1—6)
水土保持局局长:卓发东(2016.1—9)

宣恩县商务局

中共宣恩县商务局党组
书　记:杨仕祥(2016.1—12)
成　员:杨秋生(2016.1—9)
　　　　宋　波(2016.1—12)
　　　　刘元喜(2016.1—11)
　　　　舒　蓉(女　2016.1—9)
　　　　姜绍勇(2016.1—12)
　　　　尹进华(2016.11—12)

县商务局内设办公室(政工股)、政策法规和行业管理股、市场体系建设和市场运行股、外经外贸股、招商股等5个股室。核定行政编制11名,2016年末实有14人(含招商局2人)。

局　长:杨仕祥(2016.1—8)
　　　　覃道斌(2016.9—12)
副局长:杨秋生(2016.1—10)
　　　　宋　波(2016.1—12)
　　　　尹进华(2016.11—12)

文化体育新闻出版广电局(县版权局、县文学艺术界联合会)

中共宣恩县文化体育新闻出版广电局党组
书　记:谢庆慧(2016.1—8)
　　　　涂先绪(2016.8—12)
成　员:袁红亚(2016.1—12)
　　　　康彦芳(女　2016.1—12)
　　　　田　词(2016.1—12)

2016年1月19日,县编委批复县文化体育新闻出版广电局所属事业单位分类等事项:

县文化市场综合执法大队为公益一类事业单位,副科级。核定全额拨款事业编制8名,其中领导职数2名:大队长1名,副大队长1名。

县非物质文化遗产传承展演中心为公益二类事业单位。核定全额拨款事业编制20名,其中领导职数3名:主任1名,副主任2名。

县群众文化馆为公益一类事业单位。核定全额拨款事业编制7名、自收自支编制1名,其中领导职数2名:馆长1名,副馆长1名。

县图书馆为公益一类事业单位。核定全额拨款事业编制7名,其中领导职数2名:馆长1名,副馆长1名。

县民族博物馆为公益一类事业单位。核定全额拨款事业编制5名,其中领导职数2名:馆长1名,副馆长1名。

县民族体育学校为公益二类事业单位。核定全额拨款事业编制4名,其中领导职数1名:校长1名。

县卫星地面接收站为公益一类事业单位。核定全额拨款事业编制3名、自收自支编制1名,其中领导职数1名:站长1名。

撤销县音像制品管理发行站、县广播电视服务公司,原核定全额拨款事业编制1名、自收自支编制3名收回。

县文化体育新闻出版广电局为县政府工作部门,设7个内设机构:办公室(财务股、政工人事股)、文化艺术股(非遗管理股、文联工作股)、体育事业股(产业发展股)、新闻出版管理股(版权股)、广播影视管理股(事业技术股)、文化市场管理股(行政审批股、“扫黄打非”领导小组办公室)、文物管理股。核定县文化体育新闻出版广电局行政编制11名,工勤编制1名。2016年末实有9人。

隶属管理的事业单位7个,核定编制56名,2016年末实有40人。其中:县群众文化馆编制8名,实有8人(含自收自支1人);县图书馆编制7名,实有6人;县文物事业管理局(县民族博物馆)编制5名,实有3人;县非物质文化遗产传承展演中心编制20名,实有11人;县民族体育学校编制4名,实有3人;县文化市场综合执法大队编制8名,实有7人;县卫星地面接收站编制4名,实有2人。直管全县9个乡镇文化体育服务中心,编制27名,年末实有18人;9个乡镇广电服务中心编制34名,年末实有21人;监管沙道沟传统体育项目学校。

局　长:谢庆慧(版权局长　文联主席　2016.1—8)
　　　　涂先绪(2016.8—12)
副局长:袁红亚(2016.1—12)
　　　　康彦芳(女　2016.1—12)
文联专职副主席:田　词(2016.1—12)
县文化市场综合执法大队大队长:
　　　　肖文锋(2016.1—9)

县卫生和计划生育局

中共宣恩县卫生和计划生育局党组
书　记:潘言培(2016.1—8)
　　　　刘　军(2016.8—12)
成　员:向远杰(2016.1—12)
　　　　符　俊(2016.1—12)
　　　　陈　恩(2016.1—11)
　　　　聂　耘(2016.1—8)
　　　　李昌田(2016.1—12)
　　　　孟贤才(2016.1—9)
　　　　吴　彦(女　2016.1—12)
　　　　黄　腾(2016.1—12)
　　　　罗光清(2016.1—11)

2016年1月7日,县编委印发《宣恩县计划生育协会主要职责内设机构和人员编制规定》,设立宣恩县计划生育协会,为县卫生和计划生育局管理的全额拨款事业单位,列入群众团体序列。设2个内设机构:办公室、组织宣传和群众工作股(项目股)。核定县计划生育协会全额拨款事业编制3名。领导职数:专职副会长1名(会长由县卫生和计划生育局1名副局长兼任);内设机构负责人职数2名。

2016年1月19日,县编委批复县卫生和计划生育局所属事业单位分类等事项:

县卫生计生综合监督执法局为公益一类事业单位,副科级。核定全额拨款事业编制22名,其中领导职数4名:局长1名,副局长3名。

县疾病预防控制中心为公益一类事业单位,副科级。核定全额拨款事业编制37名、自收自支事业编制1名,其中领导职数4名:主任1名,副主任3名。

县妇幼保健计划生育服务中心(妇幼保健院)为公益一类事业单位,副科级。核定全额拨款事业编制32名,其中领导职数5名:主任1名,副主任4名。

县新型农村合作医疗管理委员会办公室为公益一类事业单位。核定全额拨款事业编制24名,其中领导职数3名(主任暂由卫生和计划生育局副局长兼任):常务副主任1名,副主任2名。

县红十字会办公室为公益一类事业单位。核定全额拨款事业编制2名,其中领导职数1名:办公室主任(高配为副科级)1名。

县卫生财务管理中心为公益一类事业单位。核定全额拨款事业编制8名,其中领导职数2名:主任1名,副主任1名。

县流动人口计划生育管理站为公益一类事业单位。核定全额拨款事业编制5名,其中领导职数1名:站长1名。

县计划生育协会为公益一类事业单位。核定全额拨款事业编制3名,其中领导职数1名:专职副会长1名。

珠山镇工农街社区卫生服务中心为公益一类事业单位。核定差额拨款事业编制15名,其中领导职数3名:主任1名,副主任2名。

县人民医院为公益二类事业单位,正科级。增核2名副科级领导职数,核定差额拨款事业编制200名,其中领导职数5名:院长1名,副院长4名。

县民族医院为公益二类事业单位,副科级。核定差额拨款事业编制70名,其中领导职数4名:院长1名,副院长3名。

乡镇卫生院(妇幼保健计划生育服务站)(9个)为公益一类事业单位。核定乡镇卫生院差额拨款事业编制418名,每个乡镇卫生院分别核定领导职数4名:院长1名,副院长3名。

2016年末,县卫生和计划生育局设12个内设机构:办公室、人事股(监察室)、财务股(审计股)、政策法规股(行政审批股)、疾病预防控制股(县委、县政府地方病防治工作领导小组办公室,县爱国卫生运动委员会办公室)、医政与中医药管理股(县国防动员委员会医疗卫生办公室、县深化医药卫生体制改革工作领导小组办公室）、规划与信息股、应急办公室、基层卫生与妇幼保健股、计划生育指导股、宣传科教股、计划生育家庭发展股。

二级单位 19 个，其中，县直二级单位 9 个（全额拨款事业单位 7 个：县妇幼保健计划生育服务中心、县卫生计生综合监督执法局、县疾病预防控制中心、县红十字会办公室、县卫生财务管理中心、县计划生育协会、县计划生育流动人口管理站；差额拨款事业单位 2 个：县人民医院、县民族医院）；乡镇卫生院 9 所（中心卫生院 3 所：长潭河侗族乡中心卫生院、沙道沟镇中心卫生院、晓关侗族乡中心卫生院；一般卫生院 6 所：椒园镇卫生院、万寨乡卫生院、椿木营乡卫生院、李家河乡卫生院、高罗乡卫生院、珠山镇卫生院），均为差额拨款事业单位；社区卫生服务中心 1 个：珠山镇工农街社区卫生服务中心。各乡镇卫生院（妇幼保健计划生育服务站）设置基本公共卫生科、计划生育科、妇产科、药剂药具科、办公室、院感办、医务科、护理部、内儿科、外科、门诊部、辅检科、中医科、农合医保科、口腔科、财务后期科、乡村一体化管理办公室 17 个内设科室。

2016 年末，全县卫生系统总编制数 831 名，其中（局机关行政编制 17 名，工勤人员 1 名），全额拨款事业单位编制 109 名，差额拨款事业单位制 703 名，自收自支 1 名；2016 年末实有卫生专业技术人员 1345 人，实有在编 678 人（其中局机关有公务员 18 人，工勤员 1 人）。

局　长：潘言培（2016.1—9）
　　　　刘　军（2016.9—12）
副局长：向远杰（2016.1—12）
　　　　符　俊（2016.1—12）
　　　　陈　恩（2016.1—11）
　　　　聂　耘（2016.1—9）
　　　　李昌田（2016.1—12）
　　　　孟贤才（2016.1—9）
　　　　吴　彦（女　2016.1—12）
县红十字会办公室主任：吴　彦（女　2016.1—11）

县卫生计生综合监督执法局

县卫生计生综合监督执法局为县卫生计生局管理的副科级全额拨款事业单位，内设机构 8 个：办公室、财务室后勤股、医疗卫生股、环境卫生股、学校卫生股、计划生育监督股、稽查股、公共卫生均等化监督协管办公室。核定事业编制 22 名，2016 年末实有 16 人（其中 2 人下派到乡镇卫生院、2 人到县卫计局挂职）。

局　长：王　俊（2016.1—11）
副局长：饶　俊（2016.1—12）
　　　　李传弘（2016.1—12）

县人民医院

县人民医院有科室 55 个。临床科室（共 19 个）：外一科（骨科；烧伤整形科）、外二科（普外科）、外三科（泌尿外科；神经心胸外科）、五官科（眼科；耳鼻喉、口腔颌面科）、内一科（心血管内科；内分泌内科）、内二科（中医科；消化、皮肤肾病、风湿免疫科）、内三科（神经内科；康复医学科）、内四科（呼吸内科）、妇产科（妇科；产科及计划生育科）、儿科（小儿内科；新生儿科）、重症医学科（ICU）、手术麻醉科、急诊科（含 120 急救中心）、口腔科、感染性疾病科、消毒供应中心、血液透析室、体检健康科、门诊部（含支助中心）。医技药剂科室（共 7 个）：医学检验科、输血科、放射科、功能科、药剂科、临床药学室、病理科。行管职能科室（共 29 个）：院行政办公室、党务办公室、纪检监察室、应急办、投诉办、信访室、保密办、人事科、宣传科、信息科、审计科、价格管理科、招标采购办公室、公立医院改革办公室、财务科、医务科、医患沟通办、病案统计室、质控科、公共卫生科、护理部、院感办、医合科、科教科、基建科、总务科、设备科、保卫科、医疗器械科。

核定编制 200 名，2016 年末实有在岗职工 482 人（在编职工 189 人，聘用职工 293 人）。

院　长：乾维德（2016.1—12）
副院长：李森权（2016.1—12）
　　　　张发林（2016.1—12）
　　　　杨　骏（2016.1—12）
　　　　黄向东（2016.1—12）

县民族医院

县民族医院内设机构有院办公室、人事科、总务设备科、财务科、审计科、医务科、护理部、院感办、基建科、医合科、内科、普外科、骨伤科、妇产科、针灸理疗康复科、脾胃科、手术麻醉科、检验科、放射科、功能科、药剂科、急诊科等22个行管职能及临床医技科室。核定领导职数4名:院长1名,副院长3名。2016年末,医院共有职工216人,其中在编68人,借聘7人,聘用112人,退休29人。

院　长:李劲松(2016.1—10)
王　俊(2016.11—12)
副院长:胡世培(2016.1—12)
周兴明(2016.1—12)
裴达进(2016.1—12)

县妇幼保健计划生育服务中心（县妇幼保健院）

县妇幼保健计划生育服务中心(县妇幼保健院)设置18个内设科室:办公室、财务科、政工科、医务科、护理部、院感办、妇幼健康项目办、妇女保健科、儿童保健科、计划生育技术科、妇产科、儿科、内科、外科、麻醉科、医学检验科、医学影像科、药剂药具科。核定全额拨款事业编制32名,2016年末有职工87人(在编24人,编外63人)。

主　任(院　长):黄　腾(2016.1—11)
副主任(副院长):刘清明(女　2016.1—12)
李世忿(2016.1—12)
蔡文菊(女　2016.1—12)
谭家鹏(2016.1—12)
郭孝红(2016.1—12)
孟才忠(2016.1—12)
冯本周(2016.1—12)

县疾病预防控制中心

县疾病预防控制中心内设办公室、检验科、财务科、慢病管理科、健康教育促进科、免疫规划科、预防接种门诊、艾滋病防治科、急传科、质管科、总务后勤科、结核病防治科、麻风病防治科、体检科及卫生监测科等15个职能科室。核定编制38名,2016年末实有专业技术人员54人。

主　任:易继宽(2016.1—12)
副主任:陈　朴(2016.1—12)
文建华(2016.1—12)
黄泽康(2016.1—12)

县新型农村合作医疗管理委员会办公室

2016年11月21日,县编委《关于整合县城乡居民基本医疗保险职责有关事项的通知》:将宣恩县新型农村合作医疗管理委员会办公室承担的新型农村合作医疗经办服务职责划入县人社局新组建的医疗保险经办机构。

主　任:江红英(女 2016.1—11)
副主任:郭　宏(2016.1—11)
卢秀斌(2016.1—11)

县统计局

中共宣恩县统计局党组

书　记:黄启华(2016.1—6)
谭华军(2016.6—12)
成　员:付吉绪(2016.1—12)
覃正辉(2016.1—12)
向家义(2016.1—12)

2016年1月7日,县编委同意在椒园镇、高罗镇、李家河镇、晓关侗族乡、万寨乡、长潭河乡、椿木营乡政府内设机构经济发展办公室加挂统计站牌子,由相关乡镇和县统计局双重领导,编制内部调剂,具体负责辖区内的统计工作。

2016年1月7日,县编委同意县普查中心加挂县社情民意调查中心牌子,增核全额拨款事业编制4名。增核后,县普查中心全额拨款事业编制为6名,其中领导职数2名:主任1名,副主任1名。

2016年1月19日,县编委批复县统计局所属事业单位分类等事项:

县城镇抽样调查队局为公益一类事业单位。核定全额拨款事业编制3名,其中领导职数1名:队长1名。

县普查中心(县社情民意调查中心)为公益一类

事业单位。核定全额拨款事业编制6名，其中领导职数2名：主任1名，副主任1名。

湖北省统计局宣恩经济社会调查队为公益一类事业单位。核定全额拨款事业编制5名。

2016年年末，县统计局设7个内设机构：办公室（人事股）、政策法规股、国民经济综合和核算统计股（农村统计股）、企业统计股、人口与社会科技统计股、能源统计股（服务业统计股）、固定资产投资统计股。核定县统计局机关行政编制11名，工勤编制1名，年末实有8人。

县统计局受省统计局委托管理省统计局宣恩经济社会调查队，隶属事业单位2个：县城镇抽样调查队、普查中心。省统计局宣恩农村社会经济调查队，核定编制5名，2016年末实有4人；县城镇抽样调查队，核定编制3名，年末实有3人；普查中心，核定编制2人，年末实有2人。

局　　长：黄启华（2016.1—6）
　　　　　谭华军（2016.6—12）
副 局 长：付吉绪（2016.1—12）
总统计师：覃正辉（2016.1—12）

县审计局

中共宣恩县审计局党组
书　记：杨洪明（2016.1—11）
成　员：黄光华（2016.1—12）
　　　　阮春庭（2016.1—12）
　　　　向厚勇（2016.1—12）
　　　　杨长安（2016.1—12）

2016年1月19日，县编委批复：县国家建设项目审计中心为公益一类事业单位，正科级。核定全额拨款事业编制3名，其中领导职数1名：主任1名。

2016年5月20日，县编委批复县审计局：同意县国家建设项目审计中心增核全额拨款事业编制4名。增核后，县国家建设项目审计中心全额拨款事业编制为7名，其中领导职数2名：主任1名，副主任1名。

2016年末，县审计局内设办公室、综合与法规股、财政金融审计股、行政事业与社会保障审计股、经贸农林与资源环保审计股、固定资产投资审计股等6个股室。专设机构1个：县经济责任审计局；直属管理全额拨款事业单位1个：县国家建设项目审计中心。核定县审计局行政编制16名，工勤编制1名，事业编制7名。2016年末实有人员17人（公务员13人，工勤人员1人，事业人员3人）。

局　长：黄光华（2016.1—12）
副局长：覃道斌（2016.1—7）
　　　　阮春庭（2016.1—12）
　　　　向厚勇（2016.1—12）
经济责任审计局局长：杨长安（2016.1—12）

县林业局

中共宣恩县林业局党组
书　记：曾凡忠（2016.1—9）
成　员：陈业洲（2016.1—12）
　　　　杨　峻（2016.1—12）
　　　　舒国胜（2016.1—12）
　　　　熊龙亨（2016.1—12）
　　　　刘发松（2016.1—12）

2016年1月7日，县编委同意县林业局在内设机构森林资源管理股加挂森林公园管理办公室牌子，负责全县森林公园建设和管理工作。

2016年1月19日，县编委批复县林业局所属事业单位分类等事项：

县护林防火办公室为公益一类事业单位。核定全额拨款事业编制3名，其中领导职数1名：主任1名。

县森林植物防疫站为公益一类事业单位。核定全额拨款事业编制7名，其中领导职数7名：站长1名，副站长1名。

县林业局林政稽查队为公益一类事业单位。核定全额拨款事业编制4名，其中领导职数1名：队长1名。

县林业调查规划设计队为公益一类事业单位。核定全额拨款事业编制4名，其中领导职数1名：队长1名。与森林资源资产评估中心一套班子两块牌子。

县林业科学研究所为公益一类事业单位。核定全额拨款事业编制2名，其中领导职数1名：所长

1名。

李家河木材检查站为公益一类事业单位。核定全额拨款事业编制6名,其中领导职数2名:站长1名,副站长1名。

椒园木材检查站为公益一类事业单位。核定全额拨款事业编制6名,其中领导职数2名:站长1名,副站长1名。

县林木种子查站为公益一类事业单位。核定全额拨款事业编制5名,其中领导职数2名:站长1名,副站长1名。

县林权交易管理中心为公益一类事业单位。核定全额拨款事业编制3名,其中领导职数1名:主任1名。

椿木营飞播林场为公益二类事业单位。核定自收自支事业编制2名,其中领导职数1名:场长1名。

国有雪落寨林场(天然林资源保护工程管理站)为公益二类事业单位。核定自收自支事业编制4名,其中领导职数1名:场长1名。

林业管理站(9个)为公益一类事业单位。核定全额拨款事业编制54名。

2016年3月1日,县编委同意县林政稽查队增核全额拨款事业编制1名,增核后,县林政稽查队全额拨款事业编制为5名。

2016年5月20日,县编委批复县林业局:同意在县林业科学研究所加挂宣恩县药业产业办公室牌子,增核县林业科学研究所全额拨款事业编制2名。增核后,县林业科学研究所(县药业产业办公室)全额拨款事业编制4名,其中领导职数1名:所长(主任)1名。

2016年11月28日,县编委同意撤销宣恩县椿木营飞播林场,其职责、人员编制等划转到宣恩县国有雪落寨林场。整合后,宣恩县国有雪落寨林场自收自支事业编制为6名,其中场长1名、副场长1名

2016年末,县林业局设6个内设机构:办公室、发展规划与资金管理股、行政审批股、森林资源管理股(政策法规股、森林公园管理办公室)、造林绿化管理股(县绿化委员会办公室、科技股)、天然林资源保护工程实施办公室(林业产业股)。核定县林业局机关行政编制10名,实有7人。

管理事业单位10个,核定编制49名,2016年末实有37人(其中全额拨款事业单位9个,核定编制43名,实有32人;自收自支事业单位2个,核定编制6名,实有5人);延伸派驻机构(林业管理站)9个,核定编制54名,实有人员50人;部门管理的行政机构1个(县森林公安局),核定公安编制17名,实有公安民警17人。

局　　长:曾凡忠(2016.1—11)
副 局 长:陈业洲(2016.1—12)
　　　　　杨　峻(2016.1—12)
总工程师:刘发松(2016.1—12)

县森林公安局

局　　长:舒国胜(2016.1—12)
政　　委:熊龙亨(2016.1—12)

县贡水河国家湿地公园管理局

县贡水河国家湿地公园管理局,为县人民政府办公室管理的正科级事业单位。2016年1月19日,县编委批复:县贡水河国家湿地公园管理局为公益一类事业单位,正科级。核定全额拨款事业编制11名,其中领导职数4名:局长1名,副局长2名,总工程师1名。

内设综合股、资源股、项目股、计财股、法制股、宣教股6个内设机构;核定全额拨款事业编制11名。

县公共检验检测中心

2016年5月20日,县编委整合县住房和城乡建设局、县农业局、县质量技术监督避、县粮食局、县食品药品监督管理局等部门检验检测资源,组建宣恩县公共检验检测中心,为县政府直属事业单位(公益一类)。核定全额拨款事业编制28名(从县药品医疗器械不良反应监测中心划转全额拨款事业编制3名和人员3人,从县质量技术监督检验中心划转编制5名和人员5人,需省批准划转,从疾控中心划转编制5名和人员5人,从县农产品质量安全监督检验站划转编制5名和人员5人,增核编制10名),其中领导职数5名,主任1名,副主任3名,总工程师1名。

县贸易促进委员会

中共宣恩县贸易促进委员会党组
书　记：叶元新(2016.1—12)
成　员：赵子成(2016.1—11)
　　　　谢远成(2016.1—12)
　　　　陈　恩(2016.11—12)

2016年1月19日，县编委批复：县贸易促进委员会为公益一类事业单位，正科级。核定全额拨款事业编制19名，其中领导职数3名：主任1名，副主任2名。

县贸易促进委员会内设办公室、政工财务部、对外联络部、企业服务部、会务信息部。核定编制19名，2016年末实有在职人员15人。

会　长：叶元新(2016.1—12)
副会长：赵子成(2016.1—11)
　　　　谢远成(2016.1—12)
　　　　陈　恩(2016.11—12)

县农业利用外资办公室

2016年1月19日，县编委批复：县农业利用外资办公室(特色蔬菜工作办公室)为公益一类事业单位，正科级。核定全额拨款事业编制11名，其中领导职数2名：主任1名，副主任1名。

2016年11月28日，县编委核减县农业利用外资办公室全额拨款事业编制2名。核减后，县农业利用外资办公室全额拨款事业编制为9名，其他事项不变。

2016年末，县农业利用外资办公室(简称县外资办)内设综合科、外资项目科、蔬菜产业科，核定编制9名，实有7人。

主　任：田粤兵(2016.1—10)
　　　　万才能(2016.10—12)
副主任：王代富(2016.9—12)

县粮食局

中共宣恩县粮食局党组
书　记：黄前胜(2016.1—12)
成　员：谭云峰(2016.1—12)
　　　　葛立森(2016.1—12)

2016年1月19日，县编委批复县粮食局所属事业单位分类等事项：

县粮食局为承担行政职能类事业单位。为县政府直属正科级事业单位。核定全额拨款事业编制11名，其中领导职数3名：局长1名，副局长2名。

县粮食监督检查执法大队为公益一类事业单位。核定全额拨款事业编制3名，其中领导职数1名：大队长1名。

根据优化事业单位布局要求，撤销宣恩县粮食局国有资产管理中心，收回原核定的自收自支事业编制1名。

2016年末，县粮食局内设办公室、财务审计股、调控股、产业发展股、仓储股。核定县粮食局编制11名，实有11人(其中工勤人员3人)。直属事业单位县粮食执法大队，核定编制3名，实有3人；下辖沙道、珠山两个国有粮食购销企业，聘用员工38人。

局　长：黄前胜(2016.1—12)
副局长：谭云峰(2016.1—12)
　　　　葛立森(2016.1—12)

县电视台

中共宣恩县电视台党组
书　记：蒋照国(2016.1—12)
成　员：汤　俊(女　2016.1—12)
　　　　孟希承(2016.1—12)

2016年1月19日，县编委批复：县电视台为公益二类事业单位，正科级。核定事业单位编制25名(其中全额拨款事业编制22名，自收自支事业编制3名)，其中领导职数6名：台长1名，总编辑(正科级)1名，副台长2名，副总编辑1名，总工程师1名。年末实有17人。

台　长：蒋照国(2016.1—12)
副台长：汤　俊(女　2016.1—12)
总编辑：孟希承(2016.1—12)

湖北省楚天视讯网络有限公司恩施分公司宣恩支公司

湖北省楚天视讯网络有限公司恩施分公司宣恩支公司设综合办公室、计划财务部、工程技术部、市场营销部、运行维护部5个内设机构和是城区（珠山镇）、椒园、晓关、万寨、长潭河、椿木营、高罗、沙道沟、李家河等9个乡镇经营部，2016年末公司实有员工50人。

经　　理：杨　钧（2016.1—12）
副 经 理：朱德华（2016.1—12）
财务总监：胡晓月（女　2016.1—12）
技术总工程师：杨正春（2016.4—12）

县畜牧兽医局

中共宣恩县畜牧兽医局党组
书　记：陈文金（2016.6—12）
副书记：江正月（2016.8—12）
成　员：李章鸣（2016.1—12）
　　　　夏国志（2016.1—8）

2016年1月19日，县编委批复县畜牧兽医局所属事业单位分类等事项：县畜牧兽医局（防治重大动物疫病指挥部办公室）为承担行政职能类事业单位，正科级。维持原级别、成建制转为县政府直属事业单位，改为农业局管理。核定全额拨款事业编制16名，其中领导职数4名：局长1名，副局长2名，总畜牧师1名。

县畜牧技术推广站（草原监督管理站）为公益一类事业单位。核定全额拨款事业编制5名，其中领导职数2名：站长1名，副站长1名。

县动物疫病预防控制中心为公益一类事业单位。核定全额拨款事业编制6名，其中领导职数2名：主任1名，副主任1名。

县动物卫生监督所（动物检疫站、畜牧兽医综合执法大队）为公益一类事业单位。核定全额拨款事业编制33名（含派驻乡镇的动物防疫、检疫监督人员编制18名），其中领导职数3名：所长1名，副所长2名。

2016年3月1日，县编委同意县畜牧技术推广站增核全额拨款事业编制2名，增核后，县畜牧技术推广站全额拨款事业编制为7名。

县畜牧兽医局加挂县防治重大动物疫病指挥部办公室牌子，2016年末内设7个股室：办公室、人事股、畜牧股、医政药政股、重大动物疫病防控股、生猪定点屠宰管理办公室、行政审批股，核定编制16名，实有7人。

隶属管理的二级事业单位3个：县动物卫生监督所（动物检疫站、畜牧兽医综合执法大队），核定编制33名，2016年末实有29人；县畜牧技术推广站（草原监督管理站牌子），核定编制7名，实有5人；县动物疫病预防控制中心，核定编制6名，实有6人。

局　长：陈文金（2016.7—12）
副局长：李章鸣（2016.1—12）
　　　　夏国志（2016.1—9）
　　　　江正月（2016.9—12）
总畜牧师：姚良明（2016.1—12）

县经济和信息化局

中共宣恩县经济和信息化局党组
书　记：万才能（2016.1—9）
　　　　康纪全（2016.9—12）
成　员：万成凤（2016.1—11）
　　　　杨　林（2016.1—11）
　　　　向继平（2016.11—12）
　　　　张秀军（2016.1—8）

2016年1月19日，县编委批复：县中小企业培训中心为公益一类事业单位。核定全额拨款事业编制4名，其中领导职数1名：主任1名。

县经济和信息化局内设办公室、政策法规股、经济运行股（县域经济股、中小企业股）、科技技改股、行业管理股，核定行政编制9名，2016年末实有人员7人。隶属管理的事业单位1个：宣恩县中小企业培训中心，核定事业编制2名，年末实有2人。

局　长：万才能（2016.1—11）
　　　　康纪全（2016.11—12）
副局长：万成凤（2016.1—11）
　　　　杨　林（2016.1—11）
　　　　张秀军（2016.1—9）

向继平(2016.11—12)

县食品药品监督管理局
(县食品药品安全委员会办公室)

中共宣恩县食品药品监督管理局党组
书　记：黄舜卿(2016.1—12)
成　员：周世宪(2016.1—12)
　　　　蒙　玲(女　2016.1—12)
　　　　周　刚(2016.1—12)
　　　　杨成刚(2016.1—12)

2016年1月19日，县编委批复县食品药品监督管理局所属事业单位分类等事项：

县食品药品稽查大队为公益一类事业单位，副科级。核定全额拨款事业编制11名，其中领导职数3名：大队长1名，副大队长2名。

县药品医疗器械不良反应监测中心(县食品药品监督检验所)为公益一类事业单位。核定全额拨款事业编制3名，其中领导职数1名：主任1名。

2016年5月20日，县编委批复县食品药品监督管理局：同意9个派出机构名称由宣恩县××乡(镇)食品药品监督管理所更名为宣恩县食品药品监督管理局珠山监管所、宣恩县食品药品监督管理局椒园监管所、宣恩县食品药品监督管理局万寨监管所、宣恩县食品药品监督管理局晓关监管所、宣恩县食品药品监督管理局长潭河监管所、宣恩县食品药品监督管理局椿木营监管所、宣恩县食品药品监督管理局高罗监管所、宣恩县食品药品监督管理局沙道沟监管所、宣恩县食品药品监督管理局李家河监管所，更名后其他事项不变。

县食品药品监督管理局设7个内设机构：办公室、综合股(应急管理办公室、食品药品投诉举报中心)、行政审批股、食品监管股、药品化妆品监管股、人事教育财务股、法制宣传股。核定县食品药品监督管理局(县食品安全委员会办公室、县酒类流通管理局)机关行政编制12名，工勤编制1名。2016年末实有公务员11人，长期合同工(司机)1人。

派出机构9个：宣恩县食品药品监督管理局珠山监管所、宣恩县食品药品监督管理局晓关监管所、宣恩县食品药品监督管理局椒园监管所、宣恩县食品药品监督管理局万寨监管所、宣恩县食品药品监督管理局长潭河监管所、宣恩县食品药品监督管理局椿木营监管所、宣恩县食品药品监督管理局高罗监管所、宣恩县食品药品监督管理局沙道沟监管所、宣恩县食品药品监督管理局李家河监管所。核定9个派出机构行政编制45名，年末实有44人。

直属事业单位2个：县食品药品稽查大队，核定编制11名，实有10人；县药品与医疗器械不良反应监测中心，核定编制3名，2016年末实有3人。

局　　长：黄舜卿(2016.1—12)
副 局 长：周世宪(2016.1—12)
　　　　　蒙　玲(女　2016.1—12)
　　　　　周　刚(2016.1—12)
总工程师：杨成刚(2016.1—12)

县安全生产监督管理局

中共宣恩县安全生产监督管理局党组
书　记：李明然(2016.1—11)
　　　　段　勇(2016.11—12)
成　员：张家义(2016.1—12)
　　　　段　勇(2016.1—12)
　　　　张祖强(2016.1—12)
　　　　乐三宝(2016.1—11)

2016年1月19日，县编委批复：县安全生产执法监察大队为公益一类事业单位。核定全额拨款事业编制3名，其中领导职数1名：大队长1名。

县安全生产监督管理局内设机构6个：办公室、政策法规宣传教育股、综合安全监督管理股、危险化学品安全监督管理股、矿山安全监督管理股、职业卫生监督管理股。内设二级事业单位1个(宣恩县安全生产执法监察大队)。核定县安全生产监督管理局行政编制11名，工勤编制1名，2016年末实有公务员8人，工勤人员1人，临时聘用人员1人；核定县安全生产执法监察大队事业编制3名，年末实有2人。

局　　长：李明然(2016.1—10)
　　　　　段　勇(2016.11—12)
副 局 长：张家义(2016.1—12)
　　　　　段　勇(2016.1—11)
　　　　　张祖强(2016.1—11)

总工程师：乐二宝（2016.1—11）
　　　　　张祖强（2016.11—12）

县环境保护局

中共宣恩县环境保护局党组
书　记：周　平（2016.1—9）
　　　　郭祥林（2016.9—12）
成　员：张宗宪（2016.1—12）
　　　　向广华（2016.1—12）

2016年1月19日，县编委批复县环境保护局所属事业单位分类等事项：

县环境监察大队（机动车排污监控中心）为公益一类事业单位。核定全额拨款事业编制10名，其中领导职数3名：大队长1名，副大队长2名。

县环境监测站为公益一类事业单位。核定全额拨款事业编制10名，其中领导职数3名：站长1名，副站长2名。

2016年3月1日，县编委同意县环境监察大队增核全额拨款事业编制3名，增核后，县环境监察大队全额拨款事业编制为13名。

县环境保护局内设办公室（法规宣教股）、自然生态与农村环保股（科技与环评股）、污染物排放总量控制股（污染防治股）、辐射环境管理股（环境监测管理股）。隶属二级事业单位两个：县环境监察大队、县环境监测站。核定县环保局机关行政编制6名，工勤编制1名，2016年末实有25人，其中行政人员7人，工勤人员1人。核定所属事业单位编制23名，2016年年末实有事业人员14人，临时用工3人。

局　长：周　平（2016.1—11）
　　　　郭祥林（2016.11—12）
副局长：张宗宪（2016.1—12）
　　　　向广华（2016.1—12）

县移民局

2016年，宣恩县移民局内设办公室、规划安置股、计划财务股、信访接待股、后期扶持股。核定编制11名，2016年末实有7人。

局　长：唐辉树（2016.1—12）

副局长：田长柱（2016.1—11）
　　　　黄长喜（2016.1—12）
　　　　任雪琴（女 2016.1—12）

县旅游局

2016年1月7日，宣恩县编委同意设立县旅游质量监督管理所，为隶属县旅游局管理的全额拨款公益一类事业单位，核定全额拨款事业编制4名，其中领导职数2名：所长1名，副所长1名。

2016年3月1日，县编委同意县旅游质量监督管理所增核全额拨款事业编制4名，增核后，县旅游质量监督管理所全额拨款事业编制为8名。

2016年末，县旅游局内设机构5个：办公室、发展规划与项目股、市场执法股、质量规范与管理股、市场促进与联络股。核定全额拨款事业编制13名，实有9人。隶属事业单位1个：县旅游质量监督管理所，核定编制8名，实有6人。

局　长：罗文恒（2016.1—10）
　　　　舒　蓉（女　2016.10—12）
副局长：孙　弘（2016.1—12）
　　　　季建华（女　2016.1—12）

县城市管理局

中共宣恩县城市管理局党组
书　记：谭大定（2016.1—12）
成　员：唐　勇（2016.1—12）
　　　　赵　涛（2016.1—12）
　　　　覃　兵（2016.8—12）

2016年1月7日，县编委同意县城市管理执法大队内设椒园执法中队。增核县城市管理执法大队全额拨款事业编制6名，内设机构负责人职数2名（中队长、中队指导员各1名）。增核后，县城市管理执法大队全额拨款事业编制为21名，其中领导职数3名：大队长1名、副大队长2名；内设机构负责人职数10名。

2016年1月19日，县编委批复县城市管理局所属事业单位分类等事项：

县城市管理局为公益一类事业单位，正科级。核定全额拨款事业编制21名，其中领导职数4名：局长1名，副局长3名。

县园林局为公益一类事业单位，副科级。核定全额拨款事业编制7名，其中领导职数2名：局长1名，副局长1名。

县环境卫生管理局为公益一类事业单位，副科级。核定全额拨款事业编制7名，其中领导职数2名：局长1名，副局长1名。

县城市管理执法大队为公益一类事业单位。核定全额拨款事业编制21名，其中领导职数3名：大队长1名，副大队长2名。

2016年末，县城市管理局设6个内设机构：办公室、财务股、法制股、人事股、公共管理股、行政审批股。核定全额拨款事业编制21名，实有19人。下设二级单位3个：县城市管理执法大队、县环境卫生管理局、县园林局。县城管执法大队全额拨款事业编制21名，实有12人，聘用协管员36人；园林局编制7名，实有3人，聘用协管员6人；县环卫局编制7名，实有4人，聘用协管员30人（含环卫监察岗位9人），环卫工人220人。

局　长：谭大定（2016.1—12）

副局长：唐　勇（2016.1—12）

　　　　赵　涛（2016.1—12）

　　　　覃　兵（2016.9—12）

县农村经济管理局（农村经济审计局）

2016年1月19日，县编委批复：县农村经济管理局（农村经济审计局）为公益一类事业单位，正科级。核定全额拨款事业编制11名，其中领导职数3名：局长1名，副局长2名。

2016年5月20日，县编委批复县农村经济管理局：同意设立县农村土地承包仲裁委员会办公室，为隶属县农村经济管理局管理的公益一类事业单位，核定全额拨款事业编制3名，其中主任1名。

2016年末，县农村经济管理局（农村经济审计局）内设办公室、农民负担监督管理股、农村土地承包经营管理股（行政审批股）、农村财务监督管理股、农经统计调研股、农民专业合作社管理办公室。核定编制11名，实有9人。专设机构4个：县农民负担监督管理领导小组办公室、县培育和发展农村专业合作经济领导小组办公室、县农村土地承包仲裁委员会办公室、县李家河镇川大河村全国农村固定观察点工作领导小组办公室。隶属管理的事业单位：县农村土地承包仲裁委员会办公室，核定编制3名。

局　长：郑　强（2016.1—12）

副局长：黄泽林（2016.1—12）

　　　　陈艳平（女　2016.1—12）

县供销社

中共宣恩县供销合作社党组

书　记：华青山（2016.1—12）

成　员：向继平（2016.1—11）

　　　　杨友国（2016.11—12）

2016年1月19日，县编委批复：县供销社联合社为公益一类事业单位，正科级。核定全额拨款事业编制6名，其中领导职数2名：主任1名，副主任1名。

县供销合作社联合社（简称县供销社）内设办公室、合作指导股、财务政工股。直属企业3个（新宇烟花爆竹有限公司、兴华商贸公司、资产管理中心），股份制企业1个（宣恩县宜红贡茶有限公司）。核定县供销社编制6名，2016年末实有17人（财政编制人员6人，机关其他人员4人，新宇烟花爆竹有限公司7人，宣恩宜红贡茶公司年末职工32人）。

主　任：华青山（2016.1—12）

副主任：向继平（2016.1—11）

　　　　杨友国（2016.11—12）

县工商行政管理局

中共宣恩县工商行政管理局党组

书　　记：赵明金（2016.6—12）

副 书 记：李华登（2016.11—12）

纪检组长：王和清（2016.1—12）

成　　员：熊　琼（2016.1—12）

　　　　　欧阳文平（2016.1—12）

2016年1月6日，依据《省工商局关于市县工商部门机构设置及职责调整情况的通知》，县工商行政管理局(简称县工商局)内设办公室、人事股(老干部股)、法规股、市场合同股(网络交易监管股)、商标广告股、财务审计股、工会、监察室;直属机构5个(副科级):登记注册分局、消费者权益保护分局(12315申诉举报指挥中心)、督察队、稽查分局、市场主体信用监督管理分局;派出机构(副科级)5个:珠山工商所、沙道工商所、晓关工商所、李家河工商所、长潭河工商所,工商所都加挂经济检查中队牌子。核定工商系统行政编制67名,2016年末实有63人;工勤编制7名,实有7人;核定事业编制8名,实有4人。

局　长:赵明金(2016.1—12)
副局长:熊琼(2016.1—12)
　　　　李华登(2016.11—12)

县国税局

中共宣恩县国家税务局党委
书　记:陈　杰(2016.1—12)
副书记:胡晓波(2016.1—12)
委　员:于　恩(2016.1—12
　　　　张光明(2016.1—12)
　　　　杨建平(2016.1—12)
　　　　郑景军(2016.1—12)
　　　　彭运华(2016.1—12)

中共宣恩县国家税务局党组
书　　记:陈　杰(2016.1—12)
纪检组长:徐自汉(2016.1—12)
成　　员:杨建平(2016.1—12)
　　　　　胡晓波(2016.1—12)
　　　　　张光明(2016.1—12)
　　　　　郑景军(2016.1—12)

县国税局内设办公室、政策法规科、税收政策管理科、收入核算科、征收管理科、人事教育科、监察室、机关党办8个科室;事业单位1个:信息中心;直属机构1个:稽查局;副科级派出机构2个:珠山分局、沙道分局。核定县国税局编制125名,2016年末实有在职公务员91人,工人2人,长期用工2人,劳务派遣人员20人;另有退休人员51人。

局　长:陈　杰(2016.1—12)
副局长:杨建平(2016.1—12)
　　　　胡晓波(2016.1—12)
　　　　张光明(2016.1—12)
　　　　郑景军(2016.1—12)

县地税局

中共宣恩县地方税务局党委
书　　记:刘兴铸(2016.1—12)
纪委书记:高荣华(2016.1—2)
　　　　　向远望(2016.2—12)
委　　员:刘　杰(2016.1—12)
　　　　　左成竹(2016.1—12)
　　　　　黄德高(2016.4—12)

2016年,宣恩县地税局内设4个科(室):办公室、政策法规科、人事教育科、监察室;辖4个副科级直属机构:规划财务局、征管信息局、稽查局、税费服务局;2个副科级派出机构:税源管理一分局、税源管理二分局。核定行政编制67名(其中工勤编制2名),2016年末有在职职工66人(其中工勤人员2人),劳务派遣人员2人,因残退岗1人。

局　长:刘兴铸(2016.1—12)
副局长:刘　杰(2016.1—12)
　　　　左成竹(2016.1—12)
　　　　黄德高(2016.4—12)

县质量技术监督管理局

中共宣恩县质量技术监督管理局党组
书　记:龙昌明(2016.1—12)
副书记:郭旭(纪检组长2016.1—12)
成　员:谭代威(2016.1—12)
　　　　熊国庆(2016.1—12)
　　　　张　阳(2016.1—12)

2016年,宣恩县质量技术监督管理局(简称县质监局)内设办公室、质量管理科、产品质量监督科、标准化科、计量科、特种设备安全监察科、人事科;下设直属二级事业单位2个:县质量监督技术检测中心、县质量技术监督局稽查分局。核定编制26名,其中行政编制11名,机关工勤编制1名,参照公务员法管理事业编制8名，全额事业编制6名；2016年末实有在编20人，其中公务员10人，参公事业人员7人，全额事业人员3人。

局　长：龙昌明(2016.1—12)
副局长：谭代威(2016.1—12)
　　　　熊国庆(2016.1—12)
　　　　张　阳(2016.1—12)

县气象局

中共宣恩县气象局党组
书　记：骆亚军(2016.1—12)
成　员：向晓琴(女　2016.1—12)
　　　　张宏伟(2016.1—12)

2016年1月19日，县编委制定气象局所属事业单位分类事项：

县人工影响天气办公室(气象灾害防御办公室)为公益一类事业单位。核定全额拨款事业编制2名，其中领导职数1名：主任1名。

县防雷中心为公益二类事业单位。核定自收自支事业编制2名，其中领导职数1名：主任1名。

县气象局内设机构：综合办公室、气象台、气象服务中心，核定编制8名；归口管理地方事业单位2个：县人工影响天气办公室、县防雷中心。年末实有12人。

局　长：骆亚军(2016.1—12)
副局长：向晓琴(女　2016.1—12)
　　　　张宏伟(2016.1—12)

中国邮政集团公司湖北省宣恩县分公司

2016年，中国邮政集团公司湖北省宣恩县分公司内设两个职能部室：综合办公室、市场经营部；4个专业分局：金融保险局、分销电商局、函件集邮分局、分拣转运分局；下辖1个城区支局和8个农村支局：建设路支局，椒园、万寨、长潭、晓关、椿木营、高罗、沙道、李家河支局。实有职工172人(其中在职111人、离退休、退养61人)。

总经理：谢永干(2016.1—12)

国网宣恩县供电公司

中共国网宣恩县供电公司党委
书　记：潘宗俊(2016.1—12)
副书记：郑传斌(2016.1—12)
书　记：崔安明(2016.1—12)
委　员：文丕锋(2016.1—12)
　　　　韩仕富(2016.1—12)

2016年，国网宣恩县供电公司机关部室设置7个部门：办公室、人力资源部、党群工作部、发展建设部、财务资产部、安全监察质量(保卫)部和电力调度控制分中心。业务支撑和实施机构(简称“支撑实施机构”)设置2个：运维检修部(检修(建设)工区)、营销部(客户服务中心)。运维检修部与检修(建设)工区合署。下辖8个供电所(椒园供电所、晓关供电所、万寨供电所、长潭河供电所、椿木营供电所、高罗供电所、沙道沟供电所、李家河供电所)。2016年末有职工345人，其中正式工261人，农电工84人。

总 经 理：郑传斌(2016.1—12)
副总经理：潘宗俊(2016.1—12)
　　　　　文丕锋(2016.1—12)
　　　　　韩仕富(2016.1—12)
总工程师：施照军(2016.1—12)

国电恩施水电开发有限公司宣恩县管理处

2016年4月10日，宣恩县撤销多产业办公室，多产业工作由安全生产办公室代为处理。至此，国电恩施水电开发有限公司宣恩县管理处下设3室1组3站共7个二级单位，分别是安全生产办公室、综合办公室、财务室、水工电气检修组、河源电站、龙头沟电站、岩底河电站。2016年末实有职工68人。

副经理：燕维常(主持工作　2016.1—12)

宣恩电信公司

2016年1—9月，宣恩电信分公司内设综合部(下设设备维护中心、线路维护中心)、业务部(下设营销中心、综合服务支撑中心)、政企客户部(下设大客户中心、商客及校园中心、项目及技术支撑中心)3个职能部门。下辖11个分局:县城城南分局(含和平片区)、城东分局、城西分局;沙道沟分局、李家河分局、高罗分局、椒园分局、长潭河分局、椿木营分局、晓关分局、万寨分局,沙坪、桐子营设电信营业厅。2016年10月,撤销综合部、业务部,保留政企客户部(内设大客户销售服务中心、商业客户销售服务中心、校园销售服务中心、ICT营销及技术支撑中心),另组建办公室(内设督查组)、网络部(内设设备维护中心及线路维护中心)、销售服务部、移动业务销售部、综合服务支撑中心,形成"一室四部一中心"格局,各乡镇分局管理模式保持不变。2016年末有在编合同制企业员工39人,内部退养员工12人,退休人员51名,离休人员1名。

总 经 理:任　锋(2016.6—12)

副总经理:任　锋(主持工作,2016.1—5)

陈光来(2016.1—12)

吴　攀(2016.6—12)

宣恩移动公司

2016年,宣恩移动公司设有综合部、市场部、政企客户中心、技术支持中心、三个区域营销中心、中移铁通宣恩工作站及51个营业网点。

2016年末有员工49人,其中正式员工42人,劳务派遣人员7人。

总经理:丁孝武(2016.1—11)

谭永洲(2016.11—12)

宣恩联通公司

2016年,中国联合网络通信有限公司宣恩县分公司内设集团客户营销中心、综合支撑中心,另设3个营服中心:城区营服中心、长潭河营服中心、沙道沟营服中心。年末实有员工33人。

总经理:喻极凯(2016.1—12)

宣恩石油公司

2016年,宣恩石油分公司内设综合办公室、财务股、非油管理部、数质量管理部,机关编制6名,2016年末公司实有在岗员工48人(正式工9人,劳务派遣人员39人)。

经　理:张胜元(2016.1—12)

副经理:伍　玮(2016.1—3)

陈　俊(2016.4—12)

县烟叶分公司

中共宣恩县烟叶分公司党组

书　　记:冯成恩(2016.1—12)

纪检组长:洪建权(2016.1—12)

成　　员:孟建刚(2016.1—12)

李占杰(2016.1—12)

王兴斌(2016.1—12)

2016年,宣恩县烟叶分公司内设7个科室。其中,5个职能部门:综合办公室、财务管理办公室、生产管理办公室、技术质检办公室、现代烟草农业建设办公室;2个专业部门:烟叶质检站、烟叶技术服务站。下设晓关、椒园、椿木营、沙道4个基地单元,9个烟草站(晓关基地单元含晓关烟草站,椒园基地单元含椒园、珠山、万寨3个烟草站,椿木营基地单元含椿木营、长潭站2个烟草站,沙道基地单元含沙道、高罗、李家河3个烟草站),25个收购组。年末职工总人数244人,在岗人员203人,其中正式工人83人,技术员120人;内退5人,离退休36人。

经　理:冯成恩(2016.1—12)

副经理:洪建权(2016.1—12)

李占杰(2016.1—12)

王兴斌(2016.1—12)

孟建刚(2016.1—12)

县烟草专卖局

中共县烟草专卖局党组

书　　记:潘年冬(2016.1—12)

成　　员:张昱辉(2016.1—2)

纪检组长:刘登武(2016.1—12)

2016年,县烟草专卖局(卷烟营销部)下设城区(辖珠山、长潭、椿木营)、椒园(辖椒园、万寨、晓关)、李家河(辖李家河、高罗、沙道)3个专卖所和市场部,

1个稽查大队，共计7个基层部门；内设综合办、客户中心、财务办、专卖办4个机关科室，年末实有在岗职工45人，内退、退休职工15人。

局　长(经　理)：潘年冬(2016.1—12)

副局长(副经理)：张昱辉(2016.1—2)

刘登武(2016.1—12)

向　阳(2016.1—12)

盐业公司

经　理：孟　涛(2016.1—12)

恩施土家族苗族自治州住房公积金管理中心宣恩县办事处

恩施土家族苗族自治州住房公积金管理中心宣恩县办事处核定编制8名，2016年末实有8人。

主　任：吴言初(2016.1—12)

副主任：向和平(女　2016.1—12)

中国人民武装警察部队宣恩县中队

中　队　长：秦光平(2016.1—12)

政治指导员：高丹君(2016.1—12)

县消防大队

2016年，中国人民武装警察部队宣恩县消防大队(简称县消防大队)内设消防业务受理中心、消防监督办公室和1个中队。

大队长：罗俊峰(2016.1—12)

教导员：贺旭峰(2016.1—12)

人民银行宣恩县支行

中共中国人民银行宣恩县支行党组

书　　记：易继滨(2016.1—9)

徐海涛(2016.10—12)

纪检组长：张孝忠(2016.1—10)

夏昌辉(2016.11—12)

成　　员：覃志宪(2016.1—12)

2016年，中国人民银行宣恩县支行内设综合业务办公室、监督管理股、会计国库股。核定编制16名，年末实有16人。

行　长：易继滨(2016.1—9)

徐海涛(2016.10—12)

副行长：张孝忠(2016.1—12)

覃志宪(2016.1—12)

建行宣恩支行

2016年，建行宣恩支行内设办公室、业务部、营业室，年末实有在编员工20人，聘用制员工4人。

行　长：黎　伟(2016.1—5)

吕　波(2016.10—12)

副行长：吕　波(2016.1—9，5至9月代履行长职责)

熊志勇(2016.1—12)

工行宣恩支行

2016年，工行宣恩支行内设综合办公室、营业室。年末实有员工16人。

行　长：赵明宏(2016.1—8)

邱佳恩(2016.8—12)

副行长：方　勇(2016.1—12)

农行宣恩县支行

中共中国农业银行股份有限公司宣恩县支行党委

书　记：张　涛(2016.1—12)

委　员：黄万平(2016.1—9)

廖兆懿(2016.9—12)

潘思渠(2016.1—12)

2016年，农行宣恩县支行内设综合管理部、支行客户部，下设营业网点2个(支行营业部、贡水支行)，年末有在岗正式员工46人。

行　长：张　涛(2016.1—12)

副行长：黄万平(2016.1—9)

廖兆懿(2016.9—12)

潘思渠(2016.1—12)

农发行宣恩县支行

2016年,农发行宣恩县支行内设客户业务部、会计结算部、综合办公室。年末有在岗正式职工13人。

行　长:覃　磊(2016.1—12)

副行长:李长清(2016.1—12)

宣恩农商行

中共湖北宣恩农村商业银行股份有限公司党委

书　　记:杨万元(2016.1—12)

纪委书记:田启华(2016.1—12)

委　　员:魏斌武(2016.7—12)

田启华(2016.1—12)

龚文军(2016.1—12)

代　勋(2016.1—12)

2016年2月26日,宣恩农商行调整部门设置及职能,内设机构调整为:综合管理部、人力资源部、信贷管理部、合规与风险部、运营管理部、计划财务部、稽核监察部、安全保卫部、电子银行部、公司银行部、营业部,下辖珠山、和平、民族路、椒园、晓关、桐子营、万寨、长潭河、椿木营、沙道沟、高罗、李家河12家支行。年末共有职工256人,其中在岗职工167人,退休职工89人。

董事长:杨万元(2016.1—12)

行　长:魏斌武(2016.7—12)

监事长:田启华(2016.1—12)

副行长:龚文军(2016.1—12)

代　勋(2016.1—12)

邮储银行宣恩县支行

2016年,邮储银行宣恩县支行内设综合管理部、综合业务部2个职能部室,下设10个营业网点,其中,一类支行2个,邮储银行宣恩县支行营业部(贡水路)、长潭河支行;代理营业网点8个:建设路、沙道沟、高罗、李家河、椿木营、万寨、椒园、晓关营业所。一类支行为邮储银行宣恩县支行自有网点,开办所有银行业务,人财物归口邮储银行。年末有邮储银行宣恩县支行实有在岗员工44人,其中在岗合同工35人,劳务工9人;离退职工3人。

副行长:文白建(主持工作　2016.1—12)

陈永红(2016.1—12)

宣恩兴福村镇银行

2016年,宣恩兴福村镇银行内设营业部、客户经理部、小额贷款中心。下辖高罗支行,年末有实有职工23人。

行　长:田远泽(2016.1—12)

湖北银行宣恩支行

2016年,湖北银行宣恩支行内设营业部、市场部。年末有实有职工11人。

行　长:谭亚辉(2016.1—12)

副行长:曹　昆(2016.1—12)

中国人民财产保险股份有限公司宣恩支公司

2016年,中国人民财产保险股份有限公司宣恩支公司(简称人保财险宣恩支公司)。内设经理室、综合部、理赔服务部、农险服务部、车险团队、商非团队。年末有正式员工18人。

经　理:刘志刚(2016.1—12)

副经理:尹　磊(2016.1—12)

陈施羽(2016.1—12)

中国人寿保险股份有限公司宣恩县支公司

2016年,中国人寿保险股份有限公司宣恩县支公司(简称中国人寿宣恩县支公司)内设经理室、个险销售部(下设城区营销部和8个农村营销服务部)、团体业务部、银行保险部、综合管理部、客户服务中心。农村营销服务部下辖沙道沟、李家河、高罗、长潭河、万寨、椒园、晓关、椿木营等8个营销部。年末实有保险营销员425人。

经　理:朱祥胜(2016.1～12)

副经理：刘　宇(2016.1～12)

中华联合财产保险公司宣恩支公司

2016年，中华联合财产保险公司宣恩支公司内设经理室、理赔科、综合科。年末有合同制员工6人。

经　理：张美玲(女　2016.1—12)

副经理：田仁刚(2016.1—12)

(三)乡镇党委和政府

2006年3月17日，中共恩施州委、恩施州政府《关于推进乡镇综合配套改革的实施意见》要求：乡镇机关设党政综合办公室(加挂社会治安综合治理委员会办公室牌子)、经济发展办公室(加挂防汛抗旱指挥部办公室牌子)、社会事务办公室(加挂计划生育办公室牌子)。2009年9月21日，在乡镇单独设立社会治安综合治理委员会办公室，2012年更名为社会管理综合治理委员会办公室。2010年5月13日，在乡镇设立村镇建设管理办公室。2015年11月5日，在各乡镇内设机构经济发展办公室加挂扶贫开发办公室牌子，明确1名副书记(或副乡长)兼任扶贫开发办公室主任，明确人员专职从事扶贫开发工作，其中：辖区人口2万人以下的3至5人；人口2至5万人的4至5人；人口5万人以上的6至8人，所需人员在乡镇工作人员内调剂解决。2016年1月7日，县编委同意在椒园镇、高罗镇、李家河镇、晓关侗族乡、万寨乡、长潭河乡、椿木营乡政府内设机构经济发展办公室加挂统计站牌子，由相关乡镇和县统计局双重领导，编制内部调剂，具体负责辖区内的统计工作。2016年1月19日，县编委同意各乡镇设立乡(镇)政协联络组，明确为正科级机构，核定联络组组长领导职数1名。

珠山镇

2016年，珠山镇党委、珠山镇政府内设机构5个：党政综合办公室(加挂防汛抗旱指挥部牌子)、经济发展办公室(加挂统计分局、扶贫开发办公室牌子)、社会事务办公室(加挂计划生育办公室牌子)、社会管理综合治理委员会办公室、村镇建设管理办公室。核定编制51名，年末实有46人。

珠山镇党委

书　记：向重臣(2016.1—9)
　　　　曾　伟(2016.9—12)
副书记：戴青(女　2016.1—12)
　　　　秦正才(2016.1—8)
　　　　孟友顺(2016.8—12)
　　　　龚伦志(2016.8—12)
委　员：成　勤(2016.8—12)
　　　　江正月(2016.1—8)
　　　　刘学宇(2016.1—8)
　　　　杨昌龙(组织委员 2016.1—9)
　　　　周朝顺(宣传统战委员 2016.1—8)
　　　　杨晓英(女　人武部部长 2016.1—9，宣传统战委员 2016.9—12)
　　　　漆健岚(2016.8—12，其中组织委员 2016.9—12)
　　　　张　继(2016.9—12)
　　　　伍登科(2016.10—12)
　　　　姚　瑶(女　挂职　2016.10—12)

中共珠山镇纪律检查委员会

书　记：刘学宇(2016.1—8)
　　　　成　勤(2016.8—12)

珠山镇人大主席团

主　　席：向重臣(2016.1—9)
　　　　　曾　伟(2016.10—12)
专职副主席：杨昌龙(2016.10—12)

珠山镇人民政府

镇　长：戴　青(女　2016.1—12)
副镇长：江正月(2016.1—10)
　　　　黄　伟(2016.1—10)
　　　　杨晓英(女　2016.10—12)
　　　　伍登科(2016.10—12)
　　　　姚　瑶(女　2016.10—12)
　　　　张　敏(女　2016.12—12)

政协联络组

组　长：秦正才(2016.1—8)
　　　　孟友顺(2016.9—12)

椒园镇

2016年，椒园镇党委、椒园镇政府内设机构5个：党政综合办公室（加挂防汛抗旱指挥部牌子）、经济发展办公室（加挂扶贫开发办公室、统计站牌子）、社会事务办公室（加挂计划生育办公室牌子）、社会管理综合治理委员会办公室、村镇建设管理办公室。核定编制36名，年末实有36人。

椒园镇党委

书　记：黄　敏（女　2016.1—12）
副书记：袁永灿（2016.1—12）
　　　　向莲花（2016.8—12）
　　　　廖　锋（2016.1—8）
　　　　王绍文（2016.1—8）
　　　　侯宏开（2016.8—12）
委　员：刘书翰（2016.1—6）
　　　　瞿尚坤（组织委员　2016.1—12）
　　　　罗兴文（宣传统战委员 2016.1—9，人武部部长 2016.10—12）
　　　　刘太文（2016.1—8）
　　　　田　波（人武武部长　2016.1—8）
　　　　熊　峰（2016.8—12，其中9—12月任宣传统战委员）
　　　　杨胜军（2016.8—12）
　　　　石　伟（2016.10—12）

椒园镇纪律检查委员会

书　记：刘书翰（2016.1—6）
　　　　杨胜军（2016.8—12）

椒园镇人大主席团

主　　席：黄　敏（女　2016.1—12）
专职副主席：廖　锋（2016.1—10）
　　　　　　王绍文（2016.10—12）

椒园镇人民政府

镇　长：袁永灿（2016.1—12）
副镇长：罗兴文（2016.1—12）
　　　　刘太文（2016.1—10）
　　　　熊　峰（2016.10—12）
　　　　石　伟（2016.10—12）

政协联络组

组　长：王绍文（2016.1—8）
　　　　侯宏开（2016.9—12）

沙道沟镇

2016年，沙道沟镇党委、沙道沟镇政府内设机构5个：党政综合办公室（加挂防汛抗旱指挥部牌子）、经济发展办公室（加挂统计分局、扶贫开发办公室牌子）、社会事务办公室（加挂计划生育办公室牌子）、社会管理综合治理委员会办公室、村镇建设管理办公室。核定行政编制81名，年末实有70人。

沙道沟镇党委

书　记：奚泽辉（2016.1—8）
　　　　朱朝春（2016.8—12）
副书记：朱朝春（2016.1—8）
　　　　秦正才（2016.8—12）
　　　　周国茂（2016.1—8）
　　　　宋隆权（2016.1—8）
　　　　戴　虎（2016.8—12）
　　　　成长江（2016.8—12）
委　员：黄　义（2016.1—8）
　　　　王开发（组织委员　2016.1—7）
　　　　杨明海（2016.1—8）
　　　　罗　军（2016.1—12，其中1—9月任人武部部长）
　　　　肖光辉（宣传统战委员　2016.1—8）
　　　　梁立勇（宣传统战委员　2016.9—12）
　　　　卓发东（2016.8—12）
　　　　陈应竹（人武部部长 2016.9—12）
　　　　邓啟明（组织委员　2016.8—12）

沙道沟镇纪律检查委员会

书　记：黄　义（2016.1—8）
　　　　卓发东（2016.8—12）

沙道沟镇人大主席团

主　　席：奚泽辉（2016.1—10）
　　　　　朱朝春（2016.10—12）
专职副主席：周国茂（2016.1—10）
　　　　　　宋隆权（2016.10—12）

沙道沟镇人民政府

镇　长：朱朝春（2016.1—10）

秦正才(2016.10—12)
副镇长:杨明海(2016.1—8)
肖光辉(2016.1—12)
胡　静(女 2016.5—12)
罗　军(2016.10—12)
秦志刚(挂职)(2016.1—12)

政协联络组

组　长:宋隆权(2016.1—8)
戴　虎(2016.9—12)

万寨乡

2016年,万寨乡党委、万寨乡政府内设机构5个:党政综合办公室(加挂防汛抗旱指挥部牌子)、经济发展办公室(加挂扶贫开发办公室、统计站牌子)、社会事务办公室(加挂计划生育办公室牌子)、社会管理综合治理委员会办公室、村镇建设管理办公室。核定行政编制40名,年末实有公务员39人,工勤人员4人。

万寨乡党委

书　记:肖赋生(2016.1—12)
副书记:张艳丽(女 2016.1—12)
张继选(2016.1—8)
黄泽涛(2016.1—8)
聂　耘(2016.8—12)
詹德永(2016.8—12)
委　员:黄德凌(2016.1—8)
杨　彦(组织委员　2016.1—8)
许安萍(女　宣传统战委员　2016.1—7)
孙友亮(2016.1—8)
覃正祥(2016.1—12)
孔　为(女　组织委员　2016.8—12)
刘太文(2016.8—12)
向　路(宣传统战委员　2016.8—12)
焦志刚(2016.10—12)

万寨乡纪律检查委员会

书　　记:黄德凌(2016.1—8)
刘太文(2016.8—12)

万寨乡人大主席团

主　　席:肖赋生(2016.1—12)
专职副主席:张继选(2016.1—8)
王绍兵(2016.10—12)

万寨乡人民政府

乡　长:张艳丽(女 2016.1—12)
副乡长:许安萍(女 2016.1—8)
孙友亮(2016.1—12)
向　路(2016.10—12)
焦志刚(2016.10—12)

政协联络组

组　长:黄泽涛(2016.1—8)
聂　耘(2016.8—12)

长潭河侗族乡

2016年,长潭河侗族乡党委、长潭河侗族乡政府内设机构5个:党政综合办公室(加挂防汛抗旱指挥部牌子)、经济发展办公室(加挂扶贫开发办公室、统计站牌子)、社会事务办公室(加挂计划生育办公室牌子)、社会管理综合治理委员会办公室、村镇建设管理办公室。核定编制64名,年末实有在编人员56人;另有大学生村干部3人,西部计划志愿者1人。

长潭河侗族乡党委

书　记:涂先绪(2016.1—8)
龚家邦(2016.8—12)
副书记:谢选胜(2016.1—12)
宋　赟(2016.1—8)
张秀军(2016.8—12)
刘　军(2016.9—12)
侯宏开(2016.1—8)
委　员:刘　军(2016.1—8)
谭友弟(2016.1—9)
梁　杰(女　组织委员　2016.1—12)
刘　伟(2016.9—12)
覃　义(人武部部长　2016.9—12)
彭　毅(宣传统战委员　2016.8—12)
覃国安(2016.7—12)

长潭河侗族乡纪律检查委员会

书　记:刘　军(2016.1—9)
刘　伟(2016.9—12)

长潭河侗族乡人大主席团

主　　席：涂先绪(2016.1—10)
　　　　　龚家邦(2016.10—12)

专职副主席：宋　赟(2016.1—10)
　　　　　谭友弟(2016.10—12)

长潭河侗族乡人民政府

乡　长：谢迭胜(2016.1—12)

副乡长：谭友弟(2016.1—10)
　　　　梁　杰(女　2016.1—12)
　　　　彭　毅(2016.10—12)
　　　　覃国安(2016.10—12)

政协联络组

组　长：侯宏开(2016.1—8)
　　　　张秀军(2016.9—12)

李家河镇

2016年，李家河镇党委、李家河镇政府内设机构5个：党政综合办公室(加挂防汛抗旱指挥部牌子)、经济发展办公室(加挂扶贫开发办公室、统计站牌子)、社会事务办公室(加挂计划生育办公室牌子)、社会管理综合治理委员会办公室、村镇建设管理办公室。社会事务办公室下设计生办、综治维稳信访办、安监办、民政办、福利院，经济发展办下设李家河、板栗园、上洞坪3个工作队、新街办、交通办、统计办、农办、扶贫开发办。核定编制41名，年末实有43人。

李家河镇党委

书　记：唐　刚(2016.1—12)

副书记：明关祝(2016.1—12)
　　　　滕召强(2016.1—12)
　　　　张　勇(2016.9—12)

委　员：高　武(2016.1—8)
　　　　覃　兵(组织委员　2016.1—8)
　　　　刘正坤(宣传统战委员　2016.1—9)
　　　　张　勇(人武部部长　2016.1—9)
　　　　张　英(女　2016.1—7)
　　　　杨　洋(女　2016.8—12，其中宣传统战委员2016.9—12)
　　　　肖光辉(2016.8—12)
　　　　肖文锋(人武部部长　2016.8—12)
　　　　唐子标(组织委员　2016.8—12)

李家河镇纪律检查委员会

书　　记：高　武(2016.1—8)
　　　　　肖光辉(2016.8—12)

李家河镇人大主席团

主　　席：唐　刚(2016.1—12)

专职副主席：滕召强(2016.1—11)
　　　　　刘正坤(2016.10—12)

李家河镇人民政府

镇　长：明关祝(2016.1—12)

副镇长：刘正坤(2016.1—11)
　　　　张　英(女　2016.1—6)
　　　　杨　洋(女　2016.11—12)
　　　　谭长江(2016.11—12)

政协联络组

组　长：滕召强(2016.1—12)

晓关侗族乡

2016年，晓关侗族乡党委、晓关侗族乡政府内设机构5个：党政综合办公室(加挂防汛抗旱指挥部牌子)、经济发展办公室(加挂扶贫开发办公室、统计站牌子)、社会事务办公室(加挂计划生育办公室牌子)、社会管理综合治理委员会办公室、村镇建设管理办公室。核定编制54名，年末实有50人。

中共晓关侗族乡委员会

书　记：姚金超(2016.1—8)
　　　　唐　猛(2016.8—12)

副书记：唐　猛(2016.1—8)
　　　　黄　义(2016.8—12)
　　　　田　忠(2016.1—6)
　　　　朱昌顺(2016.1—8)
　　　　刘　川(2016.8—12)
　　　　田　波(2016.8—12)

委　员：詹德永(2016.1—8)
　　　　卢远春(2016.8—12)
　　　　朱永华(宣传统战委员　2016.1—8)
　　　　涂珍云(女　组织委员　2016.1—6)
　　　　姜绍来(人武部部长　2016.1—12)
　　　　陈帮立(2016.1—12，其中2016.9—12宣传统战委员)
　　　　罗晶月(女　组织委员　2016.6—12)

龚传华(2016.10—12)

中共晓关侗族乡纪律检查委员会

书　记：詹德永(2016.1—8)

卢远春(2016.8—12)

晓关侗族乡人大主席团

主　　席：田　忠(2016.1—6)

唐　猛(2016.10—12)

专职副主席：朱昌顺(2016.10—12)

晓关侗族乡人民政府

乡　　长：姚金超(2016.1—10)

黄　义(2016.10—12)

常务副乡长：唐　猛(2016.1—10)

副 乡 长：朱永华(2016.1—8)

陈邦立(2016.1—12)

姜绍来(2016.1—12)

胡章禹(2016.1—12)

李家忠(2016.1—9)

政协联络组

组　长：朱昌顺(2016.1—8)

刘　川(2016.8—12)

高罗镇

2016年，高罗镇党委、高罗镇政府内设机构5个：党政综合办公室(加挂防汛抗旱指挥部牌子)、经济发展办公室(加挂扶贫开发办公室、统计站牌子)、社会事务办公室(加挂计划生育办公室牌子)、社会管理综合治理委员会办公室、村镇建设管理办公室。核定行政编制47名，年末实有公务员43人，工勤编制4人。

高罗镇党委

书　记：曾　伟(2016.1—9)

彭　超(2016.9—12)

副书记：彭　超(2016.1—9)

陈　涛(2016.9—12)

孟友顺(2016.1—8)

覃丰收(2016.1—9)

田远海(2016.9—12)

吴利高(2016.8—12)

委　员：王代富(2016.1—8)

曾毅(女　2016.1—8任宣传统战委员，2016.8—12任纪委书记)

田远海(2016.1—9)

罗爱国(人武部部长　2016.1—12)

叶　坚(组织委员　2016.1—12)

王　博(宣传统战委员　2016.8—12)

赵振文(2016.10—12)

高罗镇纪律检查委员会

书　记：王代富(2016.1—8)

曾毅(女 2016.8—12)

高罗镇人大主席团

主　　席：曾　伟(2016.1—10)

彭　超(2016.10—12)

专职副主席：孟友顺(2016.1—10)

覃丰收(2016.10—12)

高罗镇人民政府

镇　长：彭　超(2016.1—10)

陈　涛(2016.10—12)

副镇长：曾　毅(女　2016.1—8)

田远海(2016.1—9)

王　博(2016.10—12)

赵振文(2016.10—12)

政协联络组长

组　长：覃丰收(2016.1—9)

田远海(2016.9—12)

椿木营乡

2016年，椿木营乡党委、椿木营乡政府内设机构5个：党政综合办公室(加挂防汛抗旱指挥部牌子)、经济发展办公室(加挂扶贫开发办公室、统计站牌子)、社会事务办公室(加挂计划生育办公室牌子)、社会管理综合治理委员会办公室、村镇建设管理办公室。核定编制32名，年末实有干部职工34人，其中公务员27人(1人被抽调至县政府办)，工勤人员1人，大学生村官1人。

椿木营乡党委

书　记：邓正军(2016.1—9)

尤　浩(2016.9—12)

副书记：尤　浩(2016.1—9)

徐兆海(2016.8—12)

田永成(2016.1—6)

姚　罡(2016.9—12)
周朝顺(2016.8—9)
王绍兵(2016.1—8)
汪鼎昱(2016.10—12)
委　员：夏国志(2016.8—12)
汪鼎昱(人武部部长　2016.1—12)
成　勤(2016.1—8)
姚　罡(组织委员　2016.1—9)
杨祝奎(2016.1—12)
白俊德(2016.9—12)
刘艳红(女　宣传统战委员　2016.8—12)
张瑞臣(挂职　2016.1—12)

椿木营乡纪律检查委员会

书　记：成　勤(2016.1—8)
夏国志(2016.8—12)

椿木营乡人大主席团

主　　席：邓正军(2016.1—10)
尤　浩(2016.10—12)
专职副主席：田永成(2016.1—10)
周朝顺(2016.10—12)

椿木营乡人民政府

乡　长：尤　浩(2016.1—10)
徐兆海(2016.10—12)
副乡长：杨祝奎(2016.1—12)
刘红艳(女 2016.10—12)
张瑞臣(挂职 2016.1—12)

政协联络组

组　长：王绍兵(2016.1—8)
姚　罡(2016.9—12)

(四)县处级领导

刘智勇(县委书记、县人武部党委第一书记)　男，1971年11月出生，汉族，湖北随州人，湖北省襄阳农校畜牧兽医专业毕业，党校研究生学历(2004年7月毕业中共湖北省委党校经济管理专业)。1990年7月参加工作(襄樊市农委)，1992年6月加入中国共产党。2016年4月任中共宣恩县第十四届委员会书记、县人武部党委第一书记。2016年12月，当选为中共宣恩县第十五届委员会常务委员、书记。

习覃(县委副书记、县长)　女，1976年5月出生，土家族，湖北枣阳人，湖北民族学院新闻专业毕业，大学学历，浙江大学公共管理专业硕士。1997年9月参加工作(恩施州委组织部电教中心)，1999年4月加入中国共产党。2011年4月—2011年10月，任中共宣恩县委常委、组织部部长。2011年10月—2011年11月，任中共宣恩县委副书记、副县长、代理县长。2011年11月—2016年11月任宣恩县第十七人民政府县长(其间：2015年3月—2015年11月，挂职任全国总工会办公厅主任助理)。2016年12月，当选为中共宣恩县第十五届委员会常务委员、副书记、宣恩县第十八届人民政府县长。

朱鹏程(县委副书记)　男，1965年6月出生，汉族，湖北咸丰人，鄂西大学中文专业毕业，大学本科文化程度(湖北大学汉语言文学专业)。1987年7月参加工作(咸丰县甲马池中学)，1996年7月加入中国共产党。2006年10月—2009年5月，任宣恩县人民政府副县长。2009年5月—2011年10月，任中共宣恩县委常委、县委办公室主任。2011年11月—2016年1月任宣恩县常务副县长。2016年1月—2016年7月任中共宣恩县第十四届委员会副书记。

王波(县委副书记)　男，1970年2月出生，土家族，湖北鹤峰人，鄂西州农校农学专业毕业，大学本科文化程度(中共湖北省委党校函授学院政法专业)。1988年8月参加工作(鹤峰县太平区公所)，1994年6月加入中国共产党。2016年7月任中共宣恩县第十四届委员会副书记。2016年12月，当选为中共宣恩县第十五届委员会常务委员、副书记。

吴卫平(纪委书记)　男，1973年7月出生，土家族，湖北恩施人，恩施州农校农学专业毕业，党校研究生学历(中共湖北省委党校公共管理专业)。1992年7月参加工作(咸丰县尖山区钟塘乡政府)，1993年7月加入中国共产党。2009年6月—2010年12月，任宣恩县人民政府党组成员、副县长。2010年12月—2016年7月，任中共宣恩县第十四届委员会常务委员、纪律检查委员会书记。

查忠志(纪委书记)　男，1972年10月出生，土家族，湖北恩施人，中南民族学院民族学专业毕业，大学本科文化程度。1993年12月加入中国共产党，

1995年8月参加工作。2016年7月—2016年10月，任中共宣恩县第十四届委员会常务委员、纪律检查委员会书记。

曾志敏（纪委书记） 男，1974年8月出生，土家族，湖北鹤峰人，恩施州财校企业管理专业毕业，大学本科文化程度（中央党校法律专业）。1994年7月参加工作（恩施红庙经济开发区经济发展总公司隆惠商社），1997年3月加入中国共产党。2016年10月—2016年12月，任中共宣恩县第十四届委员会常务委员、纪律检查委员会书记。2016年12月，当选为中共宣恩县第十五届委员会常务委员、纪律检查委员会书记。

朱瑾（县人大常委会副主任） 女，1970年5月出生，土家族，湖北恩施人，鄂西州农校农学专业毕业，大学本科文化程度。1991年7月参加工作（宣恩县椒园区公所），1992年7月加入中国共产党。2006年11月—2011年10月，任中共宣恩县第十三届委员会常务委员、宣传部部长、统战部部长。2011年10月—2016年12月，任中共宣恩县第十四届委员会常务委员、县委办公室主任。2016年12月当选为宣恩县第十八届人大常委会副主任。

范涌（县委常委、县委组织部部长） 男，1976年10月出生，土家族，湖北恩施人，研究生学历。1995年12月加入中国共产党，2003年6月参加工作（中共恩施州委办公室秘书科）。2011年10月—2016年3月，任中共宣恩县委第十四届委员会常务委员、组织部部长。

刘红艳（县委常委、县委组织部部长） 女，1974年11月出生，土家族，湖北建始人，湖北民院计算机及应用专业毕业，大学本科文化程度（中央党校法律专业）。1997年9月参加工作（中共恩施州委组织部干信科），2000年8月加入中国共产党。2016年3月—2016年12月任中共宣恩县第十四届委员会常务委员、组织部部长。2016年12月，当选为中共宣恩县第十五届委员会常务委员、组织部部长。

黄同元（县政协主席） 男，1964年12月出生，土家族，湖北咸丰人，湖北省警察学校治安管理专业毕业，大学本科学文化程度。1985年7月参加工作（咸丰县公安局高乐山派出所），1990年5月加入中国共产党。2010年7月—2011年11月，任中共宣恩县第十三届委员会常务委员、政法委书记。2011年11月—2016年12月，任中共宣恩县第十四届委会员常务委员、政法委书记。2016年12月当选为中国人民政治协商会议宣恩县第九届委员会主席。

龙志刚（县委常委、县委政法委书记） 男，1971年1月出生，侗族，湖北宣恩人，湖北省人民警察学校治安专业毕业，大学本科文化程度（中共湖北省委党校法律专业）。1991年8月参加工作（宣恩县公安局椒园派出所），1995年7月加入中国共产党。2014年10月—2016年4月，任中共宣恩县第十四届委员会常务委员。2016年4月—2016年12月，任中共宣恩县第十四届委员会常务委员、宣传部部长、统战部部长。2016年12月当选为中共宣恩县第十五届委员会常务委员、政法委书记。

岳东（县委常委、常务副县长） 男，1974年9月生，汉族，湖北房县人，华中农业大学观赏园林本科毕业，研究生学历。1994年3月加入中国共产党，1995年8月参加工作（湖北十堰四方山植物园）。2010年3月—2011年10月，任宣恩县第十六届人民政府副县长。2011年11月—2016年4月，任中共宣恩县第十四届委员会常务委员、宣传部部长、统战部部长。2016年4月—2016年11月，任宣恩县第十七届人民政府常务副县长。

雷天兵（县委常委、县人武部政治委员） 男，1972年1月出生，土家族，湖北咸丰人，大学本科学历。1990年12月参加工作，1991年7月加入中国共产党。2014年2月，任宣恩县人武部政治委员。2014年3月—2016年12月，任中共宣恩县第十四届委员会常务委员、宣恩县人武部政治委员。

郭晖（挂职　县委常委、副县长） 男，1975年1月出生，土家族，湖北来凤人，研究生学历。1996年9月参加工作，1998年12月加入中国共产党。2015年4月—2015年5月，任中共宣恩县第十四届委员会常务委员。2015年5月—2016年12月，任中共宣恩县第十四届委员会常务委员、宣恩县第十七届人民政府副县长。

周志斌（县委常委、县委统战部部长） 男，1970年1月出生，汉族，湖北宣恩人，湖北民族学院林业专业毕业，大学本科文化程度（中共湖北省委党校经济管理专业）。1990年8月参加工作（宣恩县林业局），

1997年6月加入中国共产党。2011年11月—2016年12月，任宣恩县人民政府副县长。2016年12月当选为中共宣恩县第十五届委员会常务委员、统战部部长。

邵爱华(县委常委、县政府常务副县长) 男，1973年7月出生，土家族，湖北五峰人，恩施州农业学校特产专业毕业，省委党校研究生(中共湖北省委党校经济管理专业)。1994年9月参加工作(五峰土家族自治县谢家坪乡人民政府)，1998年6月加入中国共产党。2016年6月—2016年12月，任宣恩县第十七届人民政府副县长。2016年12月当选为中共宣恩县第十五届委员会常务委员、宣恩县第十八届人民政府常务副县长。

谢世鸿(县委常委、县委宣传部部长) 男，1973年11月出生，土家族，湖北建始人，中南民族大学国民经济管理专业毕业，经济学学士。1997年4月加入中国共产党，1997年7月参加工作(建始县官店镇政府)。2016年9月—2016年12月，任宣恩县第十七届人民政府副县长。2016年12月当选为中共宣恩县第十五届委员会常务委员、宣传部部长。

覃国锋(县委常委、县委办公室主任) 男，1969年10月出生，土家族，湖北宣恩人，鹤峰县师范学校教育学专业毕业，研究生学历(中共湖北省委党校法学专业)。1987年7月参加工作(宣恩县珠山镇第一小学)，1994年6月加入中国共产党。2012年1月—2016年12月，任宣恩工业园区管理委员会主任。2016年12月当选为中共宣恩县第十五届委员会常务委员、办公室主任。

杨安明(县人大常委会主任) 男，1962年3月出生，土家族，湖北咸丰人，恩施州工业学校路桥专业毕业，大学本科文化程度。1982年2月参加工作(咸丰县工交办公室)，1983年12月加入中国共产党。2003年11月—2006年11月，任中共宣恩县第十二届委员会常务委员、统战部部长。2006年11月—2011年4月，任中共宣恩县第十三届委员会常务委员、组织部部长。2011年4月—2011年11月，任宣恩县第十六届人大常委会常务副主任。2011年11月—2016年12月，任宣恩县第十七届人大常委会主任。

李明山(县人大常委会副主任) 男，1959年9月出生，土家族，湖北宣恩人，大学本科文化程度。1983年12月参加工作，1986年5月加入中国共产党。2004年1月—2006年12月，任政协宣恩县第六届委员会副主席。2006年12月—2016年12月，任宣恩县第十六、十七届人大常委会副主任。

姚元文(县人大常委会副主任) 男，1970年1月出生，土家族，湖北宣恩人，鄂西农校农学专业毕业，大学本科文化程度。1988年7月参加工作，1996年5月加入中国共产党。2009年8月—2011年8月，任湖北省宣恩县沙道沟镇党委书记、镇长(2009年11月，明确为副县级干部)。2011年8月—2011年11月，任中共宣恩县委办公室副主任。2011年11月—2016年12月，任宣恩县十七届人大常委会副主任。2016年12月，当选为宣恩县第十八届人大常委会副主任。

唐斌(县人大常委会副主任) 男，1966年4月出生，土家族，湖北宣恩人，大学本科文化程度。湖北省商业学校毕业，1988年7月参加工作，1995年5月加入中国共产党。2011年11月—2016年12月，任宣恩县十七届人大常委会副主任。2016年12月，当选为宣恩县第十八届人大常委会副主任。

覃正彪(县人大常委会副主任) 男，1969年3月出生，土家族，湖北宣恩人，大学本科文化程度。1991年8月参加工作，1995年6月加入中国共产党。2011年11月—2016年12月，任宣恩县十七届人大常委会副主任。2016年12月，当选为宣恩县第十八届人大常委会副主任。

史红珍(县人大常委会副主任) 女，1964年5月出生，土家族，湖北宣恩人，大学本科文化程度。鄂西卫校妇幼医士专业毕业，1984年8月参加工作，1993年5月加入中国共产党。2011年11月—2016年12月，任宣恩县十七届人大常委会副主任。2016年12月，当选为宣恩县第十八届人大常委会副主任。

乾维德(县人大常委会副主任) 男，副主任医师，1965年2月出生，土家族，湖北宣恩人，恩施医专中医专业毕业，大学本科文化程度。1986年7月参加工作(宣恩县人民医院)。2011年11月—2016年12月，任宣恩县十七届人大常委会副主任。2016年12月，当选为宣恩县第十八届人大常委会副主任。

向建强(副县长) 男，1965年2月出生，土家族，湖北建始人，宜昌卫校计划统计专业毕业，大学本科文化程度。1984 年 7 月参加工作(恩施州卫生局)。2011 年 11 月—2016 年 12 月，任宣恩县第十七届人民政府副县长。2016 年 12 月当选为宣恩县第十八届人民政府副县长。

向子明(副县长)　男，1973 年 7 月出生，土家族，湖北宣恩人，鄂西工业学校机械专业毕业，大学本科文化程度。1993 年 7 月参加工作(宣恩县沙道区乐坪乡政府)，1995 年 3 月加入中国共产党，2010 年 9 月—2016 年 11 月，任宣恩县第十七届人民政府副县长。

李家锦(副县长)　男，1976 年 3 月出生，土家族，湖北鹤峰人，湖北民族学院茶学专业毕业，大学学历。1998 年 9 月参加工作(恩施市三鑫科技有限责任公司)，2001 年 5 月加入中国共产党。2016 年 11 月，任宣恩县第十七届人民政府副县长。2016 年 12 月当选为宣恩县第十八届人民政府副县长。

张友刚(副县长、县公安局局长)　男，1967 年 2 月出生，土家族，湖北巴东人，湖北省人民警察学校公安专业毕业，大学学历，1986 年 7 月参加工作(巴东县公安局清太坪派出所)，1990 年 7 月加入中国共产党。2011 年 11 月—2015 年 5 月，任县公安局局长。2013 年 5 月—2016 年 12 月，任宣恩县第十七届人民政府副县长、县公安局局长。2016 年 12 月当选为宣恩县第十八届人民政府副县长。

郭建华(副县长)　男，1968 年 11 月生，汉族，湖北仙桃人，武汉城市建设学院城建系工民建专业本科毕业，研究生学历(重庆建筑工程学院建工系结构工程专业)，1991 年 3 月参加工作(武汉城市建设学院城市建设与管理系)。2013 年 11 月，任宣恩县人民政府科技副县长。

罗文骏(挂职　副县长)　男，汉族，1968 年 9 月出生，湖北武汉人，中南财经大学工业会计专业毕业，研究生学历，1989 年 12 月参加工作(武汉市邮政局押运中心)。1995 年 6 月加入中国共产党。2016 年 6 月，任宣恩县人民政府副县长。

牟来举(挂职　县委常委、副县长、珠山镇党委副书记)　男，1978 年 12 月生，土家族，湖北利川人，湖北师范学院中文系汉语言文学专业毕业。2000 年 6 月加入中国共产党，2001 年 7 月参加工作(巴东县清太坪镇香樟坪村驻村)。2015 年 3 月—2015 年 7 月，任中共宣恩县第十四届委员会常务委员、珠山镇党委副书记。2015 年 7 月—2016 年 6 月，任中共宣恩县第十四届委员会常务委员、宣恩县第十七届人民政府副县长、珠山镇党委副书记。

向重臣(副县长)　男，1967 年 7 月出生，土家族，湖北宣恩人，中南民族大学工业经济管理专业毕业，党校大学学历。1989 年 7 月参加工作(宣恩县水泥厂)，1991 年 12 月加入中国共产党。2016 年 12 月当选为宣恩县第十八届人民政府副县长。

胡晓洪(副县长)　男，1968 年 8 月出生，侗族，湖北恩施人，来凤师范学校师范专业毕业，党校大学学历。1988 年 8 月参加工作(宣恩县珠山镇岩堡小学)，1996 年 6 月加入中国共产党。2016 年 12 月当选为宣恩县第十八届人民政府副县长。

朱正东(挂职　副县长)　男，汉族，1985 年 6 月出生，湖北仙桃人，武汉理工大学经济学毕业，经济学学士。2008 年 9 月参加工作(天津中德住房储蓄银行职员)，2011 年 6 月加入中国共产党。2016 年 12 月，任宣恩县人民政府副县长。

黄家勇(挂职　副县长)　男，土家族，1968 年 7 月出生，湖北建始人，北京理工大学应用物理专业毕业，理学学士。1990 年 7 月参加工作(中国建设银行恩施州分行营业部)，2002 年 6 月加入中国共产党。2016 年 12 月，任宣恩县人民政府副县长。

张频(县政协主席)　男，1963 年 5 月出生，土家族，湖北建始人，大学本科文化程度。1980 年 9 月参加工作(建始县景阳公社任民办教师)，1988 年 3 月加入中国共产党。2003 年 7 月—2006 年 10 月，任中共宣恩县第十二届委员会常务委员、宣传部部长。2006 年 11 月—2010 年 8 月，任中共宣恩县第十三届委员会常务委员、纪律检查委员会书记；2010 年 8 月—2011 年 10 月，任湖北七姊妹山国家级自然保护区管理局局长；2011 年 10 月—2016 年 12 月，任政协宣恩县第八届委员会主席。

王仕高(县政协副主席)　男，1958 年 9 月出生，土家族，湖北宣恩人，宣恩师范学校毕业，大学本科文化程度。1980 年 9 月参加工作(椿木营中学)。1990 年 6 月加入中国共产党。2006 年 12 月—2016 年 12 月，任政协宣恩县第七、第八届委员会副主席。

王此权（县政协副主席） 男，1957年2月出生，汉族，湖北鹤峰人，大学专科文化程度。1980年9月参加工作（宣恩县特产局）。1985年6月加入中国共产党。2011年11月—2016年12月，任政协宣恩县第八届委员会副主席。

黄玉贤（县政协副主席） 男，1967年2月出生，土家族，湖北恩施人，鄂西财校会计专业毕业，大学本科文化程度。1988年7月参加工作（宣恩县劳动保险局）。1995年6月加入中国共产党。2011年11月—2016年12月，任政协宣恩县第八届委员会副主席。2016年12月当选为政协宣恩县第九届委员会副主席。

钟昌泽（县政协副主席） 男，1963年4月出生，侗族，湖北宣恩人，恩施财校利川分校毕业，大学本科文化程度。1984年8月参加工作（宣恩县政府办公室）。1992年8月加入中国共产党。2011年11月—2016年12月，任政协宣恩县第八届委员会副主席。2016年12月当选为政协宣恩县第九届委员会副主席。

李川（县政协副主席） 男，1966年1月出生，土家族，湖北利川人，大学本科文化程度。1988年7月参加工作，1993年5月加入中国共产党。2016年12月，当选为政协宣恩县第九届委员会副主席。

陈浩（县政协副主席） 女，1973年5月出生，台湾台东人，高山族，恩施州财校财经专业毕业，大学本科文化程度。1990年12月参加工作（宣恩县高罗乡财政所）。2011年11月—2016年12月，任政协宣恩县第八届委员会副主席。

陶华（县政协副主席） 女，1977年12月出生，土家族，湖北利川人，中南民族大学法学专业毕业，本科学历。2001年7月参加工作（恩施州教育局）。2016年12月，当选为政协宣恩县第九届委员会副主席。

姚敏（县政协副主席） 男，1962年9月出生，侗族，湖北宣恩人，恩施财经学校毕业，党校大学学历。1982年8月参加工作（宣恩县民贸局）。1987年4月加入中国共产党。2016年12月当选为政协宣恩县第九届委员会副主席。

郑向东（县法院院长） 男，1968年2月出生，土家族，湖北鹤峰人，湖北省人民警察学校毕业，大学本科文化程度，四级高级法官。1987年7月参加工作（鹤峰县公安局）。1990年7月加入中国共产党。2011年11月—2016年12月，任宣恩县人民法院院长。

张辅军（县法院院长） 男，1968年7月出生，土家族，湖北恩施人，湖北大学化学系毕业，研究生学历，四级高级法官。1990年7月参加工作，1993年8月加入中国共产党，2016年12月当选为宣恩县人民法院院长。

李美福（县检察院检察长） 男，1971年4月出生，汉族，湖北省建始人，大学本科文化程度。1989年7月参加工作（建始县长梁乡中学教师）。2002年5月加入中国共产党。2011年11月—2016年12月，任宣恩县人民检察院检察长。

肖功平（县检察院检察长） 男，1966年12月出生，土家族，湖北省鹤峰人，大学本科文化程度，1986年8月参加工作（鹤峰县公安局城郊派出所）。1989年1月加入中国共产党。2016年12月当选为宣恩县人民检察院检察长。

杨晓东（县人武部政委） 男，1972年8月出生，汉族，广西滕县人，大学专科文化程度。1990年3月入伍参加工作，1991年9月加入中国共产党。2012年4月，任中国人民解放军湖北省宣恩县人民武装部政治委员。

刘友权（县人武部副部长） 男，1974年9月出生，土家族，湖北建始人，大学本科文化程度。1999年7月入伍参加工作，2000年4月加入中国共产党。2011年3月，任中国人民解放军湖北省宣恩县人民武装部副部长。

熊坤赤（湖北七姊妹山国家级自然保护区管理局局长） 男，1966年3月出生，汉族，湖北利川人，高级工程师，研究生学历。1984年参加工作，1995年5月加入中国共产党。2012年7月，任恩施州林业局党组成员、副局长，湖北七姊妹山国家级自然保护区管理局局长。

罗永生（湖北七姊妹山国家级自然保护区管理局局长） 男，1973年11月出生，土家族，湖北建始人，大学本科学历。1995年6月加入中国共产党，1995年9月参加工作。2016年12月，任湖北七姊妹山国家级自然保护区管理局局长。

宋春禄(湖北七姊妹山国家级自然保护区管理局副局长) 男,1963年2月出生,汉族,湖北宣恩人,大学本科学历。1982年8月参加工作(宣恩县第二中学)。1987年3月加入中国共产党。2010年8月,任湖北七姊妹山国家级自然保护区管理局副局长。

曾凡忠(湖北七姊妹山国家级自然保护区管理局副局长) 男,1968年12月出生,侗族,湖北宣恩人,省委党校大学学历。1991年7月参加工作,1994年4月加入中国共产党。2014年9月任湖北七姊妹山国家级自然保护区管理局副局长。

杨斌(湖北七姊妹山国家级自然保护区管理局副局长) 男,1968年10月出生,土家族,湖北来凤人,大学本科学历。1990年7月参加工作,1995年7月加入中国共产党。2016年9月,任湖北七姊妹山国家级自然保护区管理局副局长。

(五)中国共产党宣恩县第十五次代表大会代表(218人,排名不分先后)

徐海涛(土家族) 杨万元(土家族) 张涛(土家族)
龚厚朴(土家族) 龙昌伟(侗族) 贺旭峰
蓝勇(土家族) 秦光平 肖功平(土家族)
张辅军(土家族) 许亚(女,土家族) 丁梅(女)
王明刚(土家族) 王斌(土家族) 尹超文(土家族)
卢昌群(土家族) 田粤兵(土家族) 冯英(女)
成祖红(侗族) 向晓东(女,土家族) 向群英(女,土家族)
刘嫔(女,土家族) 孙明国(土家族) 李传宏
李明然 杨玉成(苗族) 杨秀权(土家族)
杨岱书(侗族) 肖俊杰(土家族) 吴长安(侗族)
宋文(苗族) 张亚丹 张华蓉(女,土家族)
张金龙(土家族) 张勤(女) 陈勇(侗族)
陈鲜艳(苗族) 易宗武(苗族) 周斌(苗族)
郑奉英(女) 郑海涛(苗族) 赵明金(土家族)
查婷(女,土家族) 高峨(女,土家族) 黄光华
黄振创 康纪全(苗族) 谭代魁(土家族)
谭华军(土家族) 颜学龙(土家族) 戴恩高(侗族)
魏代军(侗族) 王波(土家族) 覃国锋(土家族)
向重臣(土家族) 曾伟(土家族) 戴青(女,土家族)
孟友顺(苗族) 龚伦志 成勤(土家族)
漆健岚(土家族) 杨晓英(女,侗族) 张继(侗族)
覃正平(土家族) 王军(土家族) 杨鹏芝(女,侗族)
叶琴(女,侗族) 李先英(女,苗族) 万世祝
伍登科(苗族) 杨懿(土家族) 彭泽纯(苗族)
刘智勇 朱瑾(女,土家族) 李川(土家族)
马维奎(土家族) 石伟(苗族) 向莲花(女,土家族)
杨胜军(侗族) 张传友(土家族) 侯宏开(土家族)
袁永灿(土家族) 夏国新(土家族) 黄敏(女,土家族)
熊峰(土家族) 瞿尚坤 雷天兵(土家族)
唐斌(土家族) 李家锦(土家族) 肖赋生(土家族)
张艳丽(女,土家族) 詹德永(土家族) 聂耘(苗族)
刘太文 覃正祥(土家族) 孔为(女,土家族)
焦志刚(苗族) 叶从权 魏奎(女,土家族)
李军 贵体恩(苗族) 廖世勇(土家族)
黄同元(土家族) 邵爱华(土家族) 谢世鸿(土家族)
姚敏(侗族) 唐猛(土家族) 黄义(侗族)
朱昌顺 刘川(土家族) 田波(土家族)
卢远春(侗族) 陈帮立(侗族) 罗晶月(女,土家族)
蔡长万(土家族) 黄平(苗族) 尹绪梅(女,土家族)
龚传华(土家族) 吴江(侗族) 李远凤(女,土家族)
杜琼瑶(女) 姚元文(侗族) 钟昌泽(侗族)
甘清朗(土家族) 夏珍香(女,侗族) 龚家邦(土家族)
谢迭胜(侗族) 张秀军(侗族) 刘军(土家族)
刘伟(土家族) 梁杰(女,侗族) 李金桃(女)
易宗明(土家族) 张于勇(土家族) 江柏林
谭福香(女) 杨涛(侗族) 高友红(女,土家族)
杨艳平(女,侗族) 欧阳尚刚(侗族) 曾志敏(土家族)
邓正军(苗族) 尤浩(土家族) 徐兆海(土家族)
夏国志(土家族) 姚罡(土家族) 刘艳红(女,土家族)
冯仕菊(女,苗族) 陈胜祥(土家族) 蔡术林(苗族)
杜继勇 李福云 刘红艳(女,土家族)
胡晓洪(土家族) 彭超(土家族) 陈涛(苗族)
覃丰收(土家族) 吴利高 田远海(土家族)
曾毅(女,土家族) 叶坚(土家族) 罗爱国(土家族)
王博 龙长富(苗族) 杨正勇(苗族)
兰海英(女,侗族) 黄良春(侗族) 季信华(土家族)
蒋祥东 李勇(土家族) 龙志刚(侗族)
周志斌 黄玉贤(土家族) 万开均(土家族)
付森平(土家族) 乐喜云(女) 杨洋(女,苗族)

杨梅(女,苗族) 杨志云(女,土家族) 肖文锋(土家族)
肖光辉(侗族) 张勇(土家族) 张应宏(土家族)
张春华(土家族) 明关祝(苗族) 唐刚(苗族)
唐子标 唐守文(土家族) 谭长江(土家族)
滕召强(侗族) 习覃(女,土家族) 张友刚(土家族)
覃正彪(土家族) 史红珍(女,土家族) 朱朝春(土家族)
秦正才(土家族) 成长江(土家族) 戴虎(侗族)
卓发东(土家族) 邓啟明 罗军(土家族)
陈应竹 梁立勇(苗族) 刘友军
燕为刚(土家族) 冯国胜 赵恩(女,土家族)
杨连山(苗族) 燕良培(土家族) 滕新宇(土家族)
谭百玲(女,土家族) 谭英(女,水族) 刘敏
李永红(土家族) 朱琳(女,土家族) 赵官家(土家族)
李文玉(女) 王群英(女)

(六)宣恩县出席中国共产党恩施州第七次代表大会代表(共28人,州委提名的3人排在前面,其余分别按姓氏笔画排序)

甘方谦(土家族) 张建文 程建宏
习覃(女,土家族) 尤浩(土家族) 龙志刚(侗族)
朱瑾(女,土家族) 朱朝春(土家族) 刘红艳(女,土家族)
刘智勇 汤俊(女,土家族) 李森权
邵爱华(土家族) 周志斌 姜海燕(女)
姚元文(侗族) 莫安文(土家族) 唐猛(土家族)
唐斌(土家族) 黄敏(女,土家族) 黄玉贤(土家族)
黄同元(土家族) 龚家邦(土家族) 彭超(土家族)
覃国锋(土家族) 覃庚银(女,土家族) 曾志敏(土家族)
谢世鸿(土家族)

(七)中国共产党宣恩县第十五届委员会委员(38人,按姓氏笔画排序)

习覃(女,土家族) 王波(土家族) 尤浩(土家族)
邓正军(苗族) 甘清朗(土家族) 龙志刚(侗族)
朱瑾(女,土家族) 朱朝春(土家族) 向重臣(土家族)
刘红艳(女,土家族) 刘智勇 许亚(女,土家族)
李明然 李家锦(土家族) 肖功平(土家族)
肖赋生(土家族) 张友刚(土家族) 张亚丹
张辅军(土家族) 陈勇(侗族) 邵爱华(土家族)
周志斌 胡晓洪(土家族) 钟仁义(畲族)
唐刚(苗族) 唐猛(土家族) 黄敏(女,土家族)
黄光华 黄同元(土家族) 黄燎原(侗族)
龚家邦(土家族) 彭超(土家族) 蒋照国
覃国锋(土家族) 曾伟(土家族) 曾志敏(土家族)
谢世鸿(土家族) 谢庆慧(侗族)

(八)中国共产党宣恩县第十五届委员会候补委员(6人,按得票多少排序)

明关祝(苗族) 郑时兵 颜学龙(土家族)
袁永灿(土家族) 戴青(女,土家族) 杨丽中(女,侗族)

(九)中国共产党宣恩县第十五届纪律检查委员会委员(共25人,按姓氏笔画排序)

王和清(苗族) 卢远春(侗族) 卢昌群(土家族)
田晓荣(女,土家族) 成勤(土家族) 朱宗明(土家族)
向海艳(女,土家族) 刘伟(土家族) 刘太文
许亚(女,土家族) 阮春庭 孙宏洲(土家族)
杨亨祥(土家族) 杨胜军(侗族) 肖光辉(土家族)
汪红兵(土家族) 卓发东(土家族) 赵林(土家族)
夏国志(土家族) 黄正华(土家族) 曹绪文(土家族)
曾毅(女,土家族) 曾志敏(土家族) 谢昌勇(土家族)
魏代军(侗族)

（十）中国共产党宣恩县第十五届纪律检查委员会常务委员会委员（共7人，按姓氏笔画排序）

田晓荣（女，土家族） 许业（女，土家族） 汪红兵（土家族）
曹绪文（土家族） 曾志敏（土家族） 谢昌勇（土家族）
魏代军（侗族）

（十一）宣恩县第十八届人民代表大会代表（200人，排名不分先后）

向重臣（土家族） 许应三 曾伟（苗族）
吴云彪（侗族） 刘莹（女，侗族） 覃庚银（女，土家族）
文世梅（女，苗族） 康忠华（土家族） 吴娅玲（女，侗族）
戴青（女，土家族） 罗万林（土家族） 李白平（土家族）
杨昌龙（侗族） 郑从耀（土家族） 王波（土家族）
张友刚（土家族） 胡晓洪（侗族） 刘应县（侗族）
谭大定（土家族） 徐海涛（土家族） 李家锦（土家族）
郑传斌（土家族） 雷天兵（土家族） 杨仕荣（土家族）
李川（土家族） 刘智勇 赵启绪（土家族）
王绍文 向晓龙（土家族） 向莲花（女，土家族）
袁永灿（土家族） 刘召儒 李维仟
谭德浩（土家族） 杨丽中（女，侗族） 席建忠（苗族）
黄敏（女，土家族） 黄再茂（苗族） 谢世鸿（土家族）
杨宏念（土家族） 张继亮（土家族） 叶立灿
邵爱华（土家族） 王绍兵 谢昌勇（土家族）
杨再云 张艳丽（女，土家族） 高帆（女，土家族）
蒋照国 叶艳清（土家族） 肖赋生（土家族）
唐斌（土家族） 黄同元（土家族） 覃浩（土家族）
刘娇（女，苗族） 刘卯玲（女） 孔为（女，土家族）
李华生（土家族） 陈亚玲（女） 朱昌顺
黄武荣（侗族） 谭红（女，土家族） 胡珍云（女，侗族）
罗晶月（女，土家族） 钟昌鹏（土家族） 陈真祥（侗族）
骆荣秀（女，土家族） 乾维德（土家族） 杨天九（侗族）
罗体军（侗族） 唐猛（土家族） 黄定安（土家族）
杨卫（侗族） 朱瑾（女，土家族） 杨宏应（侗族）
周斌（苗族） 陈菊云（女，侗族） 周志斌
杨静平（女，侗族） 黄义（侗族） 龙银玉（女，侗族）
田冬生（土家族） 陈明忠（侗族） 陈涛（土家族）
赵青先（土家族） 覃正彪（土家族） 彭超（土家族）
曾轶 覃丰收（土家族） 龙长富（侗族）
杨正勇 陈祖恩 卢昌群（土家族）
石明应（苗族） 鄢桂芝（女） 季信华（土家族）
江书华（侗族） 刘红艳（女，土家族） 黄良春（侗族）
段太国（土家族） 向忠阳（土家族） 冉秀兰（女）
苏六云（土家族） 肖功平（土家族） 李志斌（土家族）
潘言培 陈小丽（女） 杨纯威（苗族）
唐子标 向姮（女，土家族） 钟仁义（畲族）
姚永超（土家族） 刘正坤（土家族） 陈秀珍（女，土家族）
田金荣（女，土家族） 杨秀权（土家族） 杨春才（苗族）
王志兵（侗族） 王明刚（土家族） 段绍迪（土家族）
龙志刚（侗族） 段绪明（土家族） 龚道林（苗族）
田粤兵（土家族） 杨胜耀（苗族） 覃庆海（土家族）
张辅军（土家族） 明关祝（苗族） 李成文（土家族）
石英（女，土家族） 付吉春（土家族） 王超（土家族）
唐刚（苗族） 滕建成（苗族） 姚元文（侗族）
夏礼海（土家族） 燕为刚（土家族） 田绍泽（土家族）
史红珍（女，土家族） 谭百玲（女，土家族） 李永红（土家族）
肖鸿（土家族） 明清江（苗族） 庞业长（苗族）
杨秋生（土家族） 宋隆权（苗族） 燕道文
李继平 王辉 周平
燕良培（土家族） 王忠亮 秦正才（土家族）
彭家安（土家族） 朱朝春（土家族） 李云华（女，土家族）
罗方兵 杨银莲（女，苗族） 梁立勇（苗族）
刘友军 高松清（土家族） 左建华（女，土家族）
习覃（女，土家族） 王先华 康平（苗族）
吴桂桃（女，土家族） 冯梅（女，土家族） 冯国胜
覃凤英（女，土家族） 覃国锋（土家族） 李世学
谭柏生（土家族） 谭友弟（土家族） 张兴红（苗族）
龚家邦（土家族） 杨长高（侗族） 梁杰（女，侗族）
田逊国（土家族） 张正祥 谢迭胜（侗族）
谭家信（土家族） 龚光成（土家族） 喻以锋（土家族）
刘军（土家族） 匡运吉 杨银华（侗族）
李绍德（土家族） 覃章兵（土家族） 向建强（土家族）
吴可军（侗族） 邓正军（苗族） 汤红英（女）
李永辉（土家族） 周朝顺（土家族） 胡平（土家族）

曾志敏(土家族)　尤浩(土家族)　张明英(女,土家族)
徐兆海(土家族)　谢子章

(十二)宣恩县出席恩施州第八届人民代表大会代表(43 人,排名不分先后)

刘建平(土家族)　刘恒明　关树华
杨安明(土家族)　张娟(女,彝族)　张建文
陈学明(苗族)　胡小兰(女,土家族)　郭隆平
唐洪贵(土家族)　习覃(女,土家族)　马大明(土家族)
王金海　石明应(苗族)　龙戊平(女,侗族)
史红珍(女,土家族)　冉茂权(土家族)　冯成恩(苗族)
朱琳(女,土家族)　朱瑾(女,土家族)　伍忠奎
刘海(苗族)　刘红艳(女,苗族)　刘智勇
江红英(女,土家族)　汤俊(女,土家族)　阳平(土家族)
杨东(苗族)　李白平(土家族)　李永辉(土家族)
严辉(苗族)　张华林(土家族)　明清江(苗族)
郑时兵　姜海燕(女)　姚元翔(侗族)
夏红艳(女,土家族)　高振华(土家族)　黄武荣(侗族)
覃庆海(土家族)　覃遵红(土家族)　蔡章林(土家族)
滕建成(苗族)

(十三)宣恩县第十八届人民代表大会常务委员会委员(29 人,排名不分先后)

刘智勇　朱瑾(女,土家族)　姚元文(侗族)
唐斌(土家族)　覃正彪(土家族)　史红珍(女,土家族)
乾维德(土家族)　王绍文　卢昌群(土家族)
田冬生(土家族)　田粤兵(土家族)　匡运吉
刘应县(侗族)　杨丽中(女,侗族)　杨秀权(土家族)
杨秋生(土家族)　李华生(土家族)　肖鸿(土家族)
宋隆权(苗族)　周平　周斌(苗族)
郑传斌(土家族)　徐海涛(土家族)　彭家安(土家族)
喻以锋(土家族)　谢昌勇(土家族)　谭柏生(土家族)
谭德浩(土家族)　潘言培

(十四)中国人民政治协商会议宣恩县第九届委员会委员(178 人,排名不分先后)

黄同元(土家族)　黄玉贤(土家族)　钟昌泽(侗族)
陶华(女,土家族)　姚敏(侗族)　李川(土家族)
李明然　谢庆慧　奚泽辉(苗族)
王毅(土家族)　文丕锋(土家族)　龙晶(女,苗族)
龙维明(侗族)　李兴文(侗族)　向海艳(女,土家族)
宋永亮(土家族)　杨长安(苗族)　杨克环(侗族)
吴乐坤(侗族)　肖俊(苗族)　张华林(土家族)
张孝忠(土家族)　张敏(女,土家族)　陈德家(土家族)
郑大好　周和军(土家族)　胡静(女,土家族)
胡章禹(土家族)　郝莹(女,土家族)　奚泽登(苗族)
黄平　黄伟(土家族)　黄晓春(土家族)
廖锋(土家族)　蔡章林(土家族)　熊茂平(土家族)
熊金华(土家族)　尹红(女)　杨介明(侗族)
赵林(土家族)　夏国斌(土家族)　许娜(女,土家族)
卢文锋(土家族)　杨娅琴(女,侗族)　王银平(女,土家族)
冯琼(女,苗族)　夏芳(女,土家族)　王平华(女,土家族)
田晶莹(女,土家族)　刘敏(女,苗族)　胡红(女,土家族)
傅于洪(女)　李才志(苗族)　李良伶(土家族)
李忠梅(女,土家族)　向儒(侗族)　余万都
伍忠立(苗族)　杨胜超(土家族)　邱恩(女)
何青珍(女,侗族)　张勇(土家族)　张程(苗族)
陈一富　周银菊(女,土家族)　洪志伟
曾庆家　曾贤浩(土家族)　谭红辉(土家族)
熊胜祥　尹绍亮(土家族)　田甜(女,土家族)
刘川(土家族)　周桃月(女)　王坤(土家族)
王维(土家族)　田亮(土家族)　田秀琼(女,土家族)
刘万红　李明恩(土家族)　李晋三
汪盛轩(土家族)　沈媛英(女)　邹迎玖(土家族)
张瑛(女)　张桃云(女)　陈鲜艳(苗族)
费军(土家族)　侯宏开(土家族)　侯金宇(土家族)
龚道　上官承斌　覃道斌(土家族)
蔡丽江(土家族)　谭元照(土家族)　王少敏(土家族)
左航瑞(土家族)　邓秀云(土家族)　田远海(土家族)
李光浩(土家族)　李金凤(女)　李代烈
陈红　陈宏斌(土家族)　乾艳(土家族)

舒开永(苗族)　喻家权(土家族)　王宁(女,土家族)
王鸿彪(苗族)　卢阳(苗族)　尹进(苗族)
刘孝文(土家族)　刘恩俊(土家族)　汤美秀(女,土家族)
向秀碧(女,土家族)　杨述清(苗族)　张艳(女,土家族)
张秀军(侗族)　罗红玉(女)　罗孝军(苗族)
黄清理(侗族)　覃玉梅(女,土家族)　滕召强(侗族)
廖世勇(土家族)　阳平　姚罡(土家族)
田词(土家族)　杨蓉(女,土家族)　张安芳(侗族)
周仕华　钟建洪(畲族)　黄丽莉(女,土家族)
丁明(土家族)　孙弘　曲明
杨敏(女,苗族)　杨同保(侗族)　邹昌松(土家族)
张云山　张海勇　张艳辉
张绪臻(女,土家族)　郭祥林(土家族)　赵厚勇(侗族)
满金山(苗族)　熊昌友(侗族)　成汉
成春松(女)　汪波(女,土家族)　武海蓝(土家族)
吴燕妮(女,土家族)　张祖富(土家族)　聂耘(土家族)
胡金璜(女,土家族)　徐庆亚(女)　龙自臻
李德平　张家斌　谭红(女,土家族)
黄世平(土家族)　王恒(土家族)　杨天兵(侗族)
孟友顺(苗族)　周庭军(土家族)　谭建军(土家族)
魏代军(侗族)　刘洲君(侗族)　汤月如(土家族)
姚芳(女,侗族)　段辉(苗族)　王博
刘艳红(女,土家族)　向路(土家族)　杨洋(女,土家族)
杨晓英(女,侗族)　陈帮立(土家族)　彭毅(土家族)
熊峰(土家族)　戴虎(侗族)

(十五)中国人民政治协商会议恩施州第八届委员会委员(宣恩县18人,排名不分先后)

黄同元(土家族)　周志斌　钟昌泽(侗族)
杨秀权(侗族)　舒蓉(女,苗族)　黄光华
杨年红(土家族)　向建强(土家族)　陶华(女,土家族)
陈德家(土家族)　杨克环(侗族)　张敏(女,土家族)
胡静(女,土家族)　龙晶(女,苗族)　奚泽登(苗族)
王维(土家族)　黄伟(土家族)　覃道斌(土家族)

(十六)中国人民政治协商会议宣恩县第九届委员会常务委员(29人,按姓氏笔画排序)

王毅(土家族)　文丕锋(土家族)　龙晶(女,苗族)
龙维明(侗族)　李兴文(侗族)　向海艳(女,土家族)
宋永亮(土家族)　杨长安(苗族)　杨克环(侗族)
吴乐坤(侗族)　肖俊(苗族)　肖超
张华林(土家族)　张孝忠(土家族)　张敏(女,土家族)
陈德家(土家族)　郑大好　周和军(土家族)
胡静(女,土家族)　胡章禹(土家族)　郝莹(女,土家族)
奚泽登(苗族)　黄平　黄伟(土家族)
黄晓春(土家族)　廖锋(土家族)　蔡章林(土家族)
熊茂平(土家族)　熊金华(土家族)

生态建设

【概况】2016年，宜恩县耕地保有量1.32万公顷，基本农田保有量3.07万公顷。森林面积14.64万公顷，覆盖率达60.3%。全年造林面积2300公顷，其中退耕造林面积1700公顷。七姊妹山国家级自然保护区位于宣恩县境内，属森林生态系统类型自然保护区，总面积3.46万公顷。2016年空气质量优良332天，其中优123天，良209天，优良率为90.71%。完成COD、SO_2、氨氮、氮氧化物减排目标，全年辖区内没有发生一起重特大环境污染责任事故。

国土资源开发管理与利用

【概况】2016年，宣恩县耕地保有量1.32万公顷，基本农田保有量3.07万公顷，上报新增城市建设用地9批(次)、45.27公顷，获批准6批(次)、31.8公顷，完成宣鹤高速公路138.79公顷用地报批，供应各类建设用地243宗、1.89公顷，收缴土地出让金4554万元。按照“统筹规划、突出重点、不断探索、稳步推进”的工作思路，全面推进信息化建设，完成电子政务三期的验收工作，基本实现建设用地预审、建设用地审批、土地供应审批、土地登记、矿权管理等业务的网上审批。全年共接待来信来访76人(次)，受理信访件30件，政策咨询解答158人(次)。其中，上级交办6件，网上信访24件，阳光信访办件26件，上级交办的信访回复率100%。通过领导带头接访、约访、下访和协调相关单位等形式及时化解矛盾纠纷，来信来访问题全部得到处理和妥善解决，没有造成重复上访和集体上访的问题发生。

【征地利用】2016年，宣恩县上报新增城市建设用地9批(次)，面积45.27公顷，已获批准6批(次)，面积31.8公顷；完成宣鹤高速公路138.79公顷用地报批，保障全县重点工程建设和园区发展的用地需求。

2016年全县供应各类建设用地243宗，面积1.89公顷，收缴土地出让金4554万元。采取多项举措保障工业园区项目用地，全年挂牌供地6个项目共10.53公顷。

【规划修编】2016年，宣恩县完成李家河创美物流综合城等重点建设项目土地利用总体规划修改，调入允许建设区地块30个，面积136.6公顷。完成高罗熊洞35千伏变电站、232省道扩建、观音坪水电站等9个重点建设项目用地预审，面积229.93公顷。

【耕地保护】2016年，宣恩县签订耕地保护目标责任书，将耕地保有量纳入各乡镇综合目标考核的重要内容。建立健全各项监管制度，全县耕地保有量1.32万公顷、基本农田保有量3.07万公顷的目标责任得到落实，做到面积不减少，质量不降低。建立健全耕地和基本农田保护动态巡查网络，实施县级耕地“占一补一”项目等，确保全县耕地面积总量动态平衡，全年共申报4个地方占补项目，计划新增耕地面积105.82公顷，完成项目立项前期工作。

【地政地籍管理】2016年，宣恩县执行农村宅基地“一户一基”政策，全年共审批集体建设用地1506宗，面积24.73公顷。

【矿产资源管理】2016年，宣恩县共办理矿业权延续登记2宗(探矿权1宗、采矿权1宗)、变更登记2宗，征收采矿权补偿费52.91万元。优化矿产资源配置，矿山企业年检合格率达100%。矿山现场选址8处，挂牌出让采矿权1处。围绕资源开发、产业结构调整对珠山、椒园、万寨3个乡(镇)实施土地质量地球化学评价(二期)调查，完成生态地质调查、1∶50000土壤取样、地质剖面测量，调查面积529公顷，主要实物工作量：1∶50000土壤测量529平方千米，样品2202件，完成比例100.32%；灌溉水测量529平方千米，样品35件，完成比例100%；生态地质调查529平方千米，完成比例100%；大气沉降监测点布置6个，完成比例100%；1∶10000土壤测量7.33平方千米，样品455件，完成比例100%；1∶10000土壤剖面测量41.28千米，样品200件，完成比例103.2%；土壤垂直剖面测量31个，样品124件，完成比例103.33%；茶叶、水稻、玉米、土豆等农作物样品311件，完成比例103.67%。按任务书要求全面完成各项工作量，按《土地质量地球化学评价规范》编制土壤各元素地球化学图、等级图、土地质量地球化学综合等级图、氮磷钾施肥建议图及富硒产业种植基地建设规划建议图等各类图件，编写湖北省宣恩县土地质量地球化学评价(二期)成果报告(技术版)和湖北省宣恩县土地质量地球化学评价(二期)成果报告(政府版)，编制湖北省宣恩县珠山镇岩堡村、万寨乡伍家台村、椒园镇椒园村等66个村级土地质量档案和66个基本农田质量档案。

【地质灾害监测防治】2016年，宣恩县有32处地质灾害监测点。坚持“预防为主、防御结合”的原则，开展地质灾害隐患排查。编制《突发性地质灾害应急预案》和《突发性地质灾害防治预案》。健全监测网络，设立警示牌，各监测点明确1名监测员负责日常监测工作。7月4日，省国土资源厅副巡视员颜永红由向子明、周志斌陪同，到椒园查看庆阳坝老街地质灾害点，要求县国土局做好主汛期地质灾害防治工作，确保人民群众生命财产安全。7月11日，颜永红、州国土局地质灾害监测防治中心主任邓玉平和向子明检查晓关侗族乡桥塘村地质灾害点，在农户家中召开座谈会，听取村民代表对地灾防治工作的看法和建议。全年发放防灾责任工作明白卡和防灾避险明白卡2000份，开展应急调查110余次，出具应急调查报告及现场处置意见书56份，全年无人员伤亡事故发生。

【国土资源执法监察】2016年，宣恩县共开展动态巡查413次，发现国土资源违法案件27件(起)，发出责令停止国土资源违法行为通知书15份，自行纠正违法行为11起，立案查处13件，其中土地违法案件10件，涉及土地面积0.91公顷，耕地0.27公顷。收缴罚没款7.46万元。

【不动产登记】2016年，宣恩县完成不动产统一登记制度改革。1月县房屋登记中心、县林权登记管理中心连人带编整体划转到县不动产登记中心，撤销县房屋登记中心和县林权登记管理中心，实现人员编制、经费保障、职责调整、人员整合、集中办公“五到位”。启动全县房地一体、农村宅基地和集体建设用地使用权确权登记发证工作，完成47个村、1.58万户外业调查和1.41万户内业资料整理工作。7月18日，在县政务服务大厅举办不动产统一登记首证颁发仪式，县长习覃为刘金颁发全县第一本《不动产权证书》。州国土资源局党组成员、纪检组长张祖廷，州国土资源局党组成员、总工程师刘进，县委常委、常务副县长岳东，七姊妹山国家级自然保护区管理局副局长、县林业局局长曾凡忠，参加颁证仪式。

搭建完成宣恩县不动产登记信息管理平台，实现不动产登记数据信息的图文一体化管理和查询与利用，全年共办理1607件，颁发《不动产权证书》558本，出具不动产登记证明1049份。

(覃义然)

水利

【概况】宣恩县地处武陵山区，属云贵高原的延伸部分。属热带湿润性季风气候，雨量充沛，水资源相对丰富；喀斯特地貌特征，地下暗河、溶洞较多，储水蓄水不易。

贡水河在珠山镇以下称忠建河，是清江中游右岸最大支流，发源于咸丰县出水洞，经晓关坪地坝入境，由西南向东北流经晓关、椒园、珠山、万寨、长潭河等乡镇，在万寨两河口入清江。水系发达，共有支流12条，沿途汇入的有洪家河、花塌河、龙潭河、岔槽河等11条一级支流及长潭河1条二级支流，干流全长73.7千米，其水能蕴藏量丰富，流量之大属四河之首，平均流量54.72立方米/秒，多年平均径流深1077.4毫米，径流量17.76亿立方米，河流洪枯比大，最枯年份是1961年6月27日，流量1.29立方米/秒，最大洪峰流量是1969年9月3日，高达2320立方米/秒。河流境内总落差444米，坡降6‰，水能蕴藏量（含支流）37.88万千瓦，占全县可开发量67%。

鸡笼河发源于椿木营神州台，经恩施马尾沟河流入清江，在宣恩县仅流经椿木营乡境内，河长13千米，河流坡降大，平均为46.2‰，河流季节性强，丰枯比大，易暴涨暴落，流量小，多年平均年径流量1.32亿立方米，水能蕴藏量达到2.19万千瓦，可开发1.98万千瓦。

酉水河发源于县境椿木营乡的杨柳坨，经沅江汇入洞庭湖，境内干流全长87.3千米，自北向南，流经南部三镇（沙道沟镇、高罗镇、李家河镇），共计大小支流17条，沿途汇入的有曹铺河、龙潭河、高罗河、川箭河4条一级支流及冉大河等9条二级支流，可开发17.1万千瓦。

头坪河发源于沙道红旗河，从二坪响水河出境进入湖南澧水入洞庭湖，河流短，流量小，坡降大，境内河长11千米，平均流量仅1.2立方米/秒，坡降为63.6‰，水能蕴藏量4700千瓦，可开发3900千瓦。

全县共有大小河流121条，总长度538.65千米，流域面积大于10平方千米的有34条，河长10千米以上的21条。全县两大水系，北部为忠建河水系，经清江汇入长江；南部为酉水水系，经沅江流入洞庭湖。忠建河发源于咸丰县高乐山镇，由晓关坪地坝注入县境，流域面积1388平方千米，县内长82千米，主要支流有花塌河、洪家河、龙潭河、龙头沟、马尾沟、官千河、长潭河。酉水河发源于椿木营杨柳坨，于李家河金陵寨流入来凤县，流域面积1328平方千米，河长90千米，主要支流有林家河、龙潭河、高罗河、岩底河、冉大河等。水能理论蕴藏量60万千瓦，可开发50万千瓦，居全州第二位，已开发24.44万千瓦，仅占可开发的48.88%。

全县水资源总量约22.51亿立方米，人均水资源占有量为7437立方米，高于全国、全省、全州水平。从数量上看，水资源十分丰富，但时空分布不均，大量的水资源以洪水的形式流入下游，利用率不高。全县多年平均降雨量为1450毫米，从地域分布上看，椿木营降雨量最大，李家河、椒园、珠山、万寨较少，从时间上看，4—9月占70%以上。

全县主要以水电工程的形式利用水资源，截至2016年全县投产电站34座，总装机达24.44万千瓦，年发电量约4.6亿千瓦时，产值1.42亿元。其中，民营电站29座，总装机容量22.76万千瓦，占全县装机总容量的97%。年末有小型水库27座，总库容7600万立方米。中型水库2座（龙洞水库、桐子营水库），龙洞水库6400万立方米，装机2.6万千瓦；桐子营水库6600万立方米，装机2.4万千瓦。大型水库2座（洞坪水库、狮子关水库），洞坪水库3.2亿立方米，装机11万千瓦。

（陈宁　杨云书）

【防汛抗旱】2016年3月14—16日，宣恩县对2016年汛前检查任务进行分解，细化各部门汛前要做的工作，调整充实防汛抗旱指挥部组成人员，刘智勇为政委，刁覃为指挥长，朱鹏程为副政委，周志斌为常务副指挥长，岳东、黄同元、雷天兵、覃正彪、向子明、张友刚、王仕高、钟昌泽、朱清华为副指挥长，明确各部门防汛责任分工，补充全县防汛仓库防汛抢险物资。坚持24小时防汛值班制度，确保值班信息畅通，及时做好暴雨预报预警工作。

2016年宣恩县汛期（4月15日至10月15日）累计降水量968.5毫米，2015年汛期累计降水量515.2毫米，2016年比2015年偏多88%。汛期全县共有8次连续强降水过程，全县45个雨量站中，降水量600毫米以下有15站，降水量600～800毫米的有22站，800～900毫米的有6站，900毫米以上的有2站（分别为车洞河1000.6毫米、彭家寨911.4毫米）。小时雨强度最大出现在李家河镇板栗园站（12日02～03时，70.7毫米/小时）。年降水过程具有持续时间长、覆盖范围广、雨强大、总量大等特点，多地暴雨重现期达到或超过100年一遇。受强降水影响，全县多地发生严重洪涝灾害，3座大中型水库多次开闸泄洪，黄河沟排涝隧洞3次分洪运行。6月29日20时至6月30日14时，宣恩县遭遇暴雨袭击，降水集中在西、北部，局部地区大暴雨，部分乡镇受灾严重，暴雨雨势急、雨水集中，造成县城区严重内涝，交通不畅，多个街道洪水泛滥，干道成河。致使4个乡镇1.24万人遭受暴雨灾害，转移人口0.14万人，房屋受损87户242间。

7月3日，县城区突降大雨，黄河沟河水暴涨，县政府迅速启动防汛应急预案，周志斌及水利部门相关负责人到黄河沟检查指导防汛工作，利用大型机械将来自瞿家沟、西门沟的山洪引流进入黄河沟防洪治理工程2号、3号防洪隧洞，避免与来自靶场沟的洪水相遇。经过引流，黄河沟水位迅速降至安全水位，由于措施及时，洪水没有对黄河沟、县城低洼路段居民的生产生活造成影响。7月10日，恩施州水文局局长王平章及水情科和州水利局相关科室负责人对宣恩县防汛抗灾工作进行检查，查看桐子营水电站、龙洞水电站和在建的宣恩县城黄河沟防洪治理工程，检查县防汛办值班值守情况和防汛物资储备情况，调阅有关资料，听取全县防汛抗灾工作情况汇报。7月19日，汛期最大灾情出现，造成全县9个乡镇受灾，椿木营乡、长潭河乡严重。使乡内恩鹤省道、县道长椿线、农村公路200多处均不同程度垮塌，电力和通信基本瘫痪，雨水形成的强大洪流倾斜而下，造成山洪和泥石流等灾害。刘智勇在县防汛抗旱指挥部坐镇指挥防汛工作，确保讯息指令有条不紊的上传下达，各项调度执行有力；习覃、杨安明、张频、朱瑾、岳东、周志斌、张友刚等县领导到各乡镇指导防汛救灾工作。22时许，黄河沟小流域洪水猛涨，直接威胁到县城防汛安全，黄河沟防洪排涝隧洞再次启动撇洪分流，分洪流量达到20立方米/秒；23时，根据水文、气象部门提供的水雨情信息，结合当时桐子营、龙洞、洞坪三大水库的水位、进入库流量等数据分析，县防汛指挥部再次启动梯度错峰联调下泄，确保水库水位在安全水位运行。7月20日1时10分，宣恩城区最高洪水位497.06米，洪峰1100立方米/秒，超警戒水位1.06米，为1997年以来最大洪水。汛期暴雨共造成9个乡镇13.54万人遭受灾，农作物受灾面积6.69千公顷，成灾面积3.47千公顷，绝收面积1.14千公顷。紧急转移安置人员4513人。水毁乡村级公路1090千米（凉风台至洗马坪村级公路通行完全瘫痪），公路塌方36.88万立方米，山体滑坡7处，冲毁拦水坝1座，冲垮桥梁5座，损毁桥梁29座，倒塌农房219间、严重损毁319间，水毁7个集镇供水管网和1处集中供水工程，损坏水电站5座、渠道70米，冲毁灌溉渠道12处，冲毁河堤2600米，晓关乡西坪排涝隧洞内水毁挡土墙40米，隧洞底板入口段混凝土底板摧毁40米，商铺门面被淹287家，中断电力线路64条、252个台区20162户断电，10千伏倒杆37根，低压倒杆39根，断线39档。冲毁农用车2辆，冲走耕牛1头，暴雨造成全县直接经济损失3.31亿元，其中水利设施直接经济损失0.11亿元。

（倪衡山　陈宁）

【农村饮水安全巩固提升工程】 2016年，宣恩县农村饮水安全巩固提升工程实际到位中央资金219万元，省级配套资金219万元，用于解决建档立卡重点贫困人口5467人的饮水安全问题。农村饮水安全巩固提升工程共34处，主要建设重点贫困村小型集中分散供水工程及管网铺设工程，完成小型集中分散供水工程水池64口，管道铺设约466.53千米。其中，晓关10口，分别位于干家坝、山尖坳等村，共计铺设管道59.5千米；珠山14口，分别位于芭蕉坨、大坝沟、岩堡、七里桥等村，共计铺设管道64.2千米；高罗仅管道铺设，分别位于麻阳寨、下坝、磨子沟、马家寨、水塘等村，共计铺设管道30.73千米；沙道沟5口，分别位于鱼泉、芦茅湾、布袋溪等村，共计铺设管道53.4千米；李家河仅管道铺设，分别位于下洞坪、利福田、长湾等村，共计铺设管道16.7千米；椿木营8口，分别位于范家坪、挖断山、杉坨、黄家坪、长槽等村，共计铺设管道43.2千米；长潭河10口，分别位于猫村子、杉木树、诺西、吕律坝、龙潭等村，共计铺设管道90.1千米；椒园2口，分别位于黄坪、龙洞等村，共计铺设管道3.3千米；万寨15口，位于向家坪、芷药坪、凉风、长堰沟等村，共计铺设管道105.4千米。2016年农村饮水安全巩固提升工程在11月完成招投标相关工作，工程涉及全县9个乡镇32个行政村共34处工程，于11月全面开工。

（陈红　陈宁）

【小型农田水利建设】2016年，宣恩县完成年度农村小型水利设施维修养护项目项目申报及后期招标、开工，完成椒园饮水工程维修5处、长潭河九坝渠道维修435米。

2016年农村小型水利设施维修养护项目。分为四标段，一标李家河镇干坝村河道维修，二标晓关乡西坪河道维修，三标椿木营乡勾腰坝村河道维修，四标珠山镇界直岭村饮水工程维修。9月6日，湖北天缔工程咨询有限公司在县政府招投标中心发布招标公告，并于9月14日开标，确定一、二、三、四标中标单位分别为湖北三一八建设有限公司、湖北金鑫禹水利水电工程有限公司、湖北硕凌建设工程有限公司、重庆诚信建筑工程（集团）有限公司。项目于8月15日确定招标代理公司，9月6日确定中标单位，10月24日确定项目监理，10月28日签订各标段合同。年内一、二、四标已完工：一标完成河道修建704米，新建交通桥一座；二标完成岩板桥以上段左岸维修129.1米，修建渠道30米，岩板桥以下段沟底开挖43米，土地平整一处；四标完成更换饮水主管3200米，新建50立方米蓄水池一座，新建泵房一座，原有500立方米蓄水池加盖一处。三标由于建设地点海拔高度约1700米，冬季气温太低，施工存在混凝土强度不能达到抗冻临界强度，无法保证施工质量等问题，故根据实际情况，经三方协商，决定2017年开春进行施工。

椒园饮水工程5处维修。2016年4月14日上午10点，宣恩县水利水产局通过询价方式确定椒园红岩卡1组、4组饮水工程维修，土皇坪李家湾饮水工程维修，石家沟12组饮水工程维修，香树林8组饮水工程维修中标人为恩施州嘉宇建设工程有限责任公司，中标金额19.2万元。完成新建100方蓄水池1口，新建污水渠道120米，整修100立方米蓄水池一口，整修20立方米水源池1口，铺设管道3250米。

长潭河乡九坝村渠道修建。通过询价方式确定九坝村渠道修建中标人为湖北弘鹰建设工程有限公司，中标金额19.68万元。完成修建1.5米×1.2米水渠215米，1米×1米水渠100米，0.5米×0.5米水渠120米。

（覃浩　杨贵方）

【黄河沟中小河流防洪治理工程】2014年9月开工，历经2年3个月，工程于2016年12月底全线完工。2016年12月，工程处于申请验收阶段。

2013年6月26日，一场特大暴雨致使黄河沟两岸居民悉数被淹。2014年启动黄河沟防洪治理工程，2016年7月3日、7月19日和8月25日，县城区3次遭遇强降雨，黄河沟水位猛涨，黄河沟防洪工程三条隧洞迅速采取临时过流措施，成功避免类似2013年因暴雨造成县城近亿元直接经济损失的洪涝灾害发生。工程实施后不仅能解决城市内涝问题，而且改善水环境，水资源利用率得到提高、河道景观美化、综合效益显著，实现“河畅、水清、堤固、岸绿、景美、路通”的建设目标。

（陈宁　游蕾　胡浩然）

【水库除险加固工程】2016年4月，茶园沟水库全部完工，11月20日，榨房沟水库全部完工。长槽湾、茶树湾、前塘水库降等设计报告已经完成并上报备案。舒家湾水库已完成工程量40%，补家河水库已完成工程量50%。黑龙河水库已完成工程量45%，后塘水库完成工程量80%。

茶园沟水库位于李家河镇金陵寨村，总库容12.26万立方米，是一座以灌溉为主，兼有防洪、供水等综合利用效益的小（二）型工程，批复投资118.94万元，主要工程量为：土方开挖2368.08立方米，石方开挖139.92立方米，土方回填3568.30立方米，浆砌石103.32立方米，砼206.06立方米，钢筋3.17吨。工程于2016年4月完工。

榨房沟水库位于晓关侗族乡大山坪村，总库容17.19万立方米，是一座以灌溉为主，兼有防洪、供水等综合利用效益的小（二）型工程，批复投资128.63万元，主要工程量为：土石方开挖3315.64立方米，土石方回填856.14立方米，浆砌石91.96立方米，砼210.02立方米，钢筋9.86吨。工程于2016年11月20日全部完工。

补家河水库位于高罗镇黄家河村，总库容16.36万立方米，是一座以灌溉为主，兼有防洪、养殖等综合利用效益的小（二）型工程，批复投资161.01万元，主要工程量为：土石方开挖6100立方米，土石方回填8700立方米，浆砌石346.74立方米，干砌石1343.79立方米，充填灌浆488.95立方米，接触灌浆98.0立方米，砼307.89立方米，钢筋10.63吨。2016年末完成工程量50%。

后塘水库位于晓关侗族乡大岩坝村，总库容30.79万立方米，是一座以灌溉为主，兼有防洪、供水、养殖等综合利用效益的小(二)型工程，批复投资212.52万元，主要工程量为：土石方开挖1768.0立方米，土石方回填2062.4立方米，干砌石463.68立方米，砼968.4立方米。2016年末完成工程量80%。

舒家湾水库李家河镇金陵寨村，总库容20.21万立方米，是一座以灌溉为主，兼有防洪等综合利用效益的小(二)型工程，批复投资166.49万元，主要工程量为：土方开挖1087.27立方米，土石方回填1401.93立方米，砼754.55立方米，钢筋12.71吨。2016年末完成工程量40%。

黑龙河水库位于李家河镇烂泥沟村，总库容131.52万立方米，是一座以发电为主，兼有灌溉、生态等综合效益的小(一)型工程，批复投资447.92万元，主要工程量为：土石方明挖1168立方米，土石方填筑477立方米，砼2880立方米，钢筋78吨，模板1810平方米，帷幕灌浆工程666米。2016年末完成工程量45%。

(陈宁　肖柳)

【水土保持】2015年度巩固退耕还林工程，位于珠山镇狮子关村，工程总投资42.5万元，2016年9月开工，工程包括清淤河道350米，新修防洪河堤700米，可有效保护基本农田3.33公顷，年末已基本完成。

2015年度计划的石漠化综合治理工程，位于李家河镇塘坊村，工程计划总投资180万元，工程包括10.5公顷坡改梯、排水沟1.5千米，田间作业道1.85千米、沉砂池6口，蓄水池2口，2016年7月开始施工，年末完成85%以上。

(杨贵方　陈宁)

【水政、渔政监察】2016年，宣恩县针对全县水库多、河流多的现状，制订河道管理和水库管理的相关制度及规范性文件。县水政监察大队、渔政站把涉水涉渔法律法规的宣传作为重点，以制作永久固定标语、发放宣传单、进行法律讲座等方式，进行法律宣传，提高全社会对水政渔政工作的理解支持和认同。全年累计印发关于河道管理、渔业资源保护公告2100份，发放水法律法规宣传手册500份，结合“世界水日”“中国水周”设立咨询台、展板、播放水法宣传片、组织宣传车等，开展形式多样的宣传活动。

加大渔政执法力度，严厉打击水事渔事违法行为。按照水生态文明建设纲要和“水更绿”专项活动的要求，截至12月31日，县水利水产局、县公安局沙道沟、珠山镇等各乡镇派出所联合执法，处罚电鱼事件当事人4人，没收电鱼设施4台，劝解制止电鱼违法行为11人(次)，共取缔围栏围网667平方米。12月，启动桐子营水库网箱拆除工作，进入处罚告知、听证告知程序。

(奚泽斌　杨云书　陈宁)

【项目编制及申报】沅江流域酉水重点河段防洪治理工程。沅江流域酉水重点河段防洪治理工程宣恩县境内主要包括沙道沟镇范围内的官庄段、沙道沟段和李家河镇范围内的仙佛寺段、支流李家河段共4段合计河段长度5.03千米，项目总投资8159.1万元。

椒园石马水库。石马水库位于椒园镇石马村，坝址以上集水面积1.16平方千米，河长1.33千米，河道平均坡降114.7‰，坝址处多年平均径流深1031毫米，多年平均来水量为120.45万立方米。拟建的石马水库工程是以供水、灌溉为主，兼顾农村人畜饮水、防洪等综合利用效益的小(二)型水库。2012年开始椒园石马水库前期规划，于2016年底完成水库的可研报告送审。

椿木营乡黄柏营水库。黄柏营水库工程位于椿木营乡长槽村，距椿木营集镇8千米，开发任务是以农业灌溉为主，结合城镇供水和农村人畜饮水，同时工程建成后还可增加长槽村及周边灌区面积和减轻水库下游洪水灾害。工程建设规模为小(一)型，主要建筑物级别为4级。2016年项目进入宣恩县水利“十三五”规划。

(李先文　钟莉华)

林　业

【概况】2016年，宣恩县林业用地面积214265.23万公顷，其中有林地149619.09万公顷、灌木林地39162.6万公顷、未成林造林地9513.47公顷、其他林地15970.07万公顷；活立木蓄积738.6万立方米，森林覆盖率60.3%，林木绿化率75.9%。县境内维管束植物183科752属2027种，常见乔灌木96科215属882种63个变种。10月9日，湖北省绿化委员会、湖北省林业厅《关于命名2016年度湖北省森林城镇和湖北省绿色示范乡村的通知》，命名宣恩县高罗镇为"湖北省森林城镇"，珠山镇咸池沟村、天井堡村，椒园镇凉风洞村、锣圈岩村，高罗镇甘溪村、火烧营村，李家河镇柏子坳村、金陵寨村，晓关乡黄草坝村、倒洞塘村，椿木营乡挖断山村、长槽村，长潭河乡诺西村、杨柳池村，万寨乡长堰沟村、中台村，沙道沟镇布袋溪村、茶园村为"绿色示范乡村"。

2016年全县林业系统实际到位资金8505万元，全部为国家投资(含国债资金)，国家投资主要投入到天然林保护、退耕还林、长江流域防护林建设、石漠化综合治理等林业重点工程建设和生态公益林补偿等。全部林业固定资产投资完成额达到8505万元。全县未发生森林火灾，没有重特大森林火灾、人员伤亡事故和责任事故发生，实现"三无"目标。

(朱明超)

【生态建设与保护】2016年，宣恩县完成荒山荒地造林面积6673公顷。其中，人工造林5096公顷，四旁(零星)植树799.7万株，年末实有封山育林面积1.10万公顷，无林地和疏林地新封山育林1577公顷，退耕还林1667公顷，当年苗木产量1200万株，育苗面积53公顷。

(赵红梅)

【天然林保护工程二期】2016年，国家天然林资源保护工程(二期)继续在宣恩县实施，对森林管护、公益林建设、森林抚育等方面进行投资建设。2016年宣恩县天保工程总投资2012万元。全县建立健全森林管护网络体系，聘请133名专职护林员对全县11.92万公顷森林进行有效管护。补偿林农2015年度重点生态公益林生态效益补偿金4.67万户、9.52万公顷、924.33万元。补偿村、组集体重点生态公益林生态效益补偿金146个单位、6060公顷、59.94万元，完成封山育林666.6公顷，人工造林133公顷。

【石漠化综合治理工程】2016年，湖北省发展改革委、省林业厅、省农业厅、省水利厅联合行文下达宣恩县2016年岩溶地区石漠化综合治理工程建设任务：中央预算内投资规模1000万元，其中林草植被建设投资566.31万元；治理岩溶面积40.65平方千米，实施林草植被建设任务1822.08公顷，其中封山育林1553.15公顷，人工造林268.93公顷。通过组织实施，全面完成年度工程建设任务，工程涉及万寨乡石心河、芷药坪、绿堰塘、向家、大明山；长潭河乡猫村子、中间河、杉木树、涌洞河。其中，人工造林树种以油茶、柏木、柳杉、栾树为主，封山育林地类中灌木林地292.28公顷，有林地1260.87公顷。

【退耕还林工程】宣恩县退耕还林工程于2002年启动，累计营造2.57万公顷，完成投资3.52亿元。2016年完成人工造林413.33公顷，完成投资496万元，其中茶叶119.83公顷，以油茶、核桃为主的生物质能源林293.5公顷，高价值经济林木比重得以增加。

【长江防护林工程】2016年，宣恩县完成人工造林66.7公顷，封山育林200公顷。中央投资80万元。人工造林以柳杉、漆树、马褂木等乡土树种为主。封山育林地类全部为疏林地封育。

(陈端华)

【森林采伐】2016年，宣恩县根据《省人民政府办公厅关于下达"十三五"期间年森林采伐限额的通知》和《恩施州人民政府办公室关于执行"十三五"期间年森林采伐限额的通知》，全县"十三五"期间年森林采伐限额按省政府下达总量的30%执行，数量为3.49万立方米，其中，国有0.02万立方米，集体0.08万立方米，个人3.39万立方米。全县严格执行采伐限额红线，按照分类施策，分类管理，严格控制生态公益林和天然林采伐，严禁生态公益林和天然林的商品性采伐；森林采伐限额内林木采伐主要用于满足林农生产生活自用所需。县内各项工程建设占用征收林地的林木采伐，严格按照采伐作业设计，控制在红线范围内，确定专人监督管理。乡镇林业管理站每个职工管护责任落实到村，加强采伐源头管理，同时利用生态护林员进行伐区监管，县林业局不定期对各乡镇林木采伐许可证核发情况和验收情况进行核查。2016年全县发放林木采伐许可证3578份，蓄积量1.66万立方米，占下达限额的47.6％。

【林业执法及案件查处】2016年，宣恩县共立涉林刑事案件7起，其中滥伐林木案4起，盗伐林木案1起，非法采伐国家重点保护植物案1起，非法收购国家重点保护植物案1起。破案5起，逮捕1人，取保候审6人。办理2015年积案4起，抓获网上逃犯1人，起诉5人。共查处各类林业行政案件37起，行政处罚34人，处罚单位3个，收取罚款9.37万元，没收木材22.6立方米。

【木材经营加工管理】2016年，宣恩县根据恩施州对木材加工经营企业清理整顿的部署和要求，将木材经营加工行业纳入限制发展清单，自2012年起，全县未新增任何木材加工经营企业，同时对原有木材加工经营企业开展清理整顿，压缩木材经营加工单位数量，截至2016年年底，全县木材加工经营单位已减少到22家。各执法单位加强对辖区内木材经营加工企业巡查，对进出木材实行台账管理，严肃查处违法加工经营和非法运输木材行为，维护正常的木材流通秩序。

【林地管理】2016年，宣恩县林地管理坚持依法审批，严格履行林地征占用审批程序，对工程项目使用林地进行提前介入，主动上门服务各需使用林地业主，认真做好使用林地的报批工作。全年，全县共报批长期使用林地项目8个，使用林地面积125.34公顷，上缴森林植被恢复费1109.18万元；临时使用林地项目13个，使用林地面积15.40公顷，上缴森林植被恢复费178.56万元。

（戚金兰）

【林业有害生物防治】2016年，宣恩县林业有害生物寄主面积18.73万公顷，其中松林面积5.73万公顷。全年实施监测面积35.88万公顷，监测覆盖率67.5％，全县无成灾森林病虫害发生。全年调运检疫木材及其制品2825立方米，苗木291万株，林副产品及其他364吨，调运检疫率达100％。

2016年完成宣恩县第三次林业有害生物普查工作，按时提交普查工作总结、技术报告及林业有害生物分布图。共调查昆虫类6目37科64种，林木病害13种，有害植物3种；线路踏查62条，720千米；按调查要求设立标准地55个，采集林业有害生物标本300余份，拍摄林业有害生物照片1000余张。

【国礼珙桐】2016年6月18日上午，国家主席习近平夫人彭丽媛同塞尔维亚总统夫人德拉吉察一起，在贝尔格莱德植物园种下中国的珙桐树。

2016年6月初，恩施州林木种苗站副站长肖慈国接到湖北省种苗站的电话，要求尽快准备6株珙桐树苗，准备出口，带土球，苗高1.5米至1.7米，不能断苗。肖慈国第一时间就近想到恩施市太阳河种苗基地，但是由于天气和土质原因，树苗不符合要求，被迫放弃。当时想去宣恩椿木营去挑选，但考虑到要求是1米多的幼苗，加上路途遥远，就去利川的种苗基地进行挑选。在凉雾乡小地名炸药仓库猫耳洞的基地里，与周永和挑选了6棵符合条件的宣恩珙桐种苗培育成的幼树起挖、封存、装车，运回恩施。6月12日，将包装好的珙桐树苗送上从恩施到北京的客车。翌日中午，珙桐树苗安全运至北京。送往塞尔维亚的珙桐树共六棵，其中有两棵是恩施的，另外四棵是四川省北川县选送的。恩施选送的这六棵珙桐树苗是2007年底从宣恩椿木营采集种籽、经过2年的沙藏培育、2010年播种培育而成的。

（谢迭飞）

七姊妹山自然保护区

【概况】湖北七姊妹山自然保护区始建于1990年，2002年批准建立省级自然保护区，2008年晋升为“湖北七姊妹山国家级自然保护区”（以下简称“七姊妹山”）（国办发〔2008〕5号）。七姊妹山位于宣恩县境内，北与恩施市河溪村交界，东北属宣恩县椿木营乡管辖，东与鹤峰县太平镇接壤，南接湖南八大公山国家级自然保护区核心区毗连，西与宣恩县长潭河乡和沙道沟镇相连，地处北纬 29°39′30″～30°05′15″，东经 109°38′30″～109°47′00″。七姊妹山属森林生态系统类型自然保护区，主要保护以珙桐等珍稀动植物为主的森林生态系统和以亚高山泥炭藓沼泽湿地为主的湿地生态系统。总面积3.46万公顷，其中核心区1.16万公顷，缓冲区1.17万公顷，实验区1.13万公顷，森林覆盖率68.97%（森林“二清”调查数据）。

经专家考证，保护区分布有5个植被型组、9个植被型、30个植物群系。现有维管束植物183科、752属、2027种，分别占湖北省维管束植物科、属、种数的78.88%、51.86%和33.44%，占全国维管束植物科、属、种数的53.82%、23.69%和7.29%。国家重点保护植物28种，其中国家Ⅰ级有珙桐、光叶珙桐、红豆杉、南方红豆杉、钟萼木、银杏、莼菜7种；国家Ⅱ级有连香树、水青树、鹅掌楸、红豆树、黄杉、花榈木、香果树等21种。国家珍稀濒危植物有白辛树、紫茎等29种。列入国家15个野生动植物拯救工程之一的野生兰科植物有67种。特有种有宣恩牛奶菜和宣恩盆距兰2种。已发现的植物中有32个中国特有属。中国特有的单科、单属、单种植物钟萼木、杜仲、大血藤在保护区分布集中，更新良好。保护区内有陆生脊椎动物355种，其中兽类67种、鸟类225种、两栖类26种、爬行类37种；昆虫22目177科1300余种。国家重点保护动物56种，其中国家Ⅰ级有金钱豹、云豹、林麝、金雕等5种；国家Ⅱ级有黑熊、猕猴、鬣羚等51种；列入中国15个野生动植物拯救工程之一的野生雉类6种。保护区海拔1650～1950米范围内呈斑块状分布着亚高山泥炭藓沼泽湿地810公顷，这片湿地对维持洞庭湖水系沅江支流酉水源头的水源稳定，起着关键性的作用。

【资源管护】2016年，保护区管理局坚持以生物多样性保护为核心，以森林巡护为重点，建立天保管护总站—管护站—护林员的三级森林管护体系，明确管护范围，落实管护责任。按期兑现生态公益林补偿资金568.48万元，兑现生态公益林面积2.97万公顷，兑现率达97.26%。常年保持防火态势，按照预防当先的原则，与农户签订护林防火责任状共计2500份，通过竖立防火宣传牌、悬挂宣传横幅、刷写宣传标语、发放森林防火宣传手册、张贴森林防火通告等多种方式，强化宣传教育，做好防范，实现森林火灾零纪录目标。加强有害生物及森林病虫害监测，确保保护区森林资源安全健康和生物多样性稳定。开展法律法规宣传，严厉打击乱砍滥伐、滥捕滥猎的违纪违法行为。2016年共办理刑事案件2起，成功抓获网上追逃人员1人，法院判决3人；办理林业行政案件5起，处理违法行为人5人，收缴罚款及没收物资金额4000元；调查举报线索6起，调查擅自进入保护区6人，调解涉林信访纠纷3起。

【科研宣教】2016年，制订《七姊妹山野生动物监测管理办法》，实现监测工作常态化，监测相机达到87台。监测到国家一级保护动物林麝，主要分布在北部七姊妹山核心区、中部秦家大山缓冲区内；监测到国家二保护动物黑熊、苏门羚、斑羚、猕猴、红腹锦鸡、红腹角雉共6种；监测到湖北省级重点保护动物有花面狸、豹猫、猪獾和毛冠鹿共4种。2月25日，国家林业局天保办监测处副处长宋露露、龙江森工集团天保办主任刘长胜等3人，由湖北省林业厅天保办主任刘友明、省林科院生态所所长潘磊陪同，到湖北七姊妹山国家级自然保护区开展生态效益监测情况调研，听取生态监测方面的意见和建议，了解生态效益监测中存在的问题。

不断推进科研项目，与湖北民族学院合作共建6公顷的大样方，共监测木本植物4.25万株；与中南民族大学合作，完成保护区内珍稀濒危植物调查，编纂《七姊妹山自然保护区野外科考及彩色植物图鉴》；完成与湖北大学合作开展的泥炭藓沼泽湿地恢复项目，协助湖北大学进行后阶段数据的统计和整个实验的观察。3月25—26日，德国霍恩海姆大学植物系统学专家瓦尔德·舒尔赤教授、中南民族大学植物分类学专家刘虹教授到七姊妹山保护区进行为期2天的植物资源考察。

作为中国野生动物保护协会保护区委员会成员单位宣传《中华

人民共和国野生动物保护法》，组织开展植树节造林和“爱鸟周”活动，在人口密集的交通通道上安装14块保护区宣传界碑，警示强化人们的保护意识。5月30日，七姊妹山国家级自然保护区在恩施亚洲大酒店三楼会议厅举行生物多样性保护成果新闻发布会，对保护区的生物多样性成果进行宣传。制定完成第二个十年规划方案，已经上报到省林业厅转国家林业局审批。

【项目建设】2016年，宣恩县长潭河防火物资库和龙潭哨卡完成建筑工程招标及土地划拨手续，完成森林防火视频监控系统设备采购，包括前端视频采集设备(主要是5台可见光与热成像双目摄像机、1台监控球机)，与管理局控制中心设备采购工作，森林防火与人员活动监管将实现可视化。运用保护区LOGO标志，制作安装进入保护区的提示牌、防火警示牌、界碑等碑牌162块。采购科研监测与森防等设备、灭火弹等防火物质和2台巡护管理用车，完成二期项目517万元的投资任务，提升资源保护与监测的能力与手段。

【社区工作】2016年，成立易地扶贫搬迁工作领导小组，整体推进自然保护区易地扶贫搬迁。按照“全面覆盖，精准到人”的原则，开展拉网式摸底排查，保护区核心区共计408户，1326人，已建档立卡贫困户214户749人，已迁出核心区49户172人。11月保护区内长潭河侗族乡、椿木营乡遭遇雪灾，经统计核实，辖区内种苗受灾面积0.1公顷，共3万株，损失3万元；林区多种经营中种植损失89万元，养殖损失6.5万元，合计98.5万元；基础设施中住房损毁1100平方米，损失价值25万元；道路损毁20.5千米，损失价值90万元；雪折日本落叶松4000多株，其他灌木若干株。保护区内因灾损失价值合计188.5万元。

（姚源玲）

环境保护

【概况】2016年，宣恩县空气质量优良332天，其中优123天、良209天；因停电导致数据不足8天；污染26天，其中轻度污染19天，中度污染4天，重度污染3天，优良率为90.71%。完成COD、SO_2、氨氮、氮氧化物减排目标，全年辖区内没有发生一起重特大环境污染责任事故。

2016年投资1300余万元，在万寨、长潭河集镇分别建日处理污水量为500吨和800吨的人工湿地各1座，投资59万元对7个村进行农村环境综合整治，购置垃圾清运车2辆、垃圾箱130个、垃圾桶86个，安装太阳能路灯150盏。

【中央环境保护督察】2016年11月26日，中央第三环保督察组进驻湖北省，宣恩县高度重视，第一时间进行安排部署，全面启动迎接中央环保督察准备工作。制定《宣恩县环保局做好迎接中央环保督察工作方案》，组建工作专班，分别设立综合协调组、信息材料组、信访接待组、现场督察组、环境监测组、后勤保障组。明确工作纪律，工作人员在中央环保督察期间，周末照常上班，不得请假外出，实行24小时值班制度，保持通信畅通，以极端负责的精神做好环保督察相关工作。截至12月30日，全县共接到中央环保督察组交办的各

庆阳坝农村饮用水源现场采样

类信访案件11件,已经全部办结。

【生态县创建】2016年,宣恩县完成县生态功能区红线图修改工作。上报《国家生态文明建设示范县规划》,待省环保厅评审通过。明确生态县建设各相关部门的责任,分解下达省级生态县创建的相关指标,建立各相关部门和乡镇生态建设的目标考核制度。加大生态乡镇、生态村创建力度,提高创建速度和水平,2016年全县申报国家级生态乡镇1个、省级生态乡镇2个、省级生态村66个。

【环境监察执法】2016年,宣恩县环境监察大队共出动380余人(次),检查企业150家(次),下达责令改正违法行为决定书50份,立案调查违法企业并实施行政处罚7家,罚款29.5万元。开展全县非煤矿山环境安全大检查,重点检查非煤矿山企业生产加工过程中噪声、扬尘、植被恢复治理、石料堆放场和弃渣场建设是否规范等一系列环境安全问题以及企业的环保相关手续和"三同时"的执行情况,对发现的问题要求企业做出相应的整改。加强对企业现场监督检查,开展对严重污染企业现场督察,建立健全辖区排污单位现场监督检查制度,重点检查排污单位及其污染防治设施运行状况,采取巡回检查、定期不定期抽查、组织夜间突击检查等明察暗访方式,加大对企业的监督检查频次,并明确监督责任,对全县4家国控及州重点企业实行"一企一人"责任分工制度,落实职责到人,有效控制企业排污行为。进一步规范环境信访受理、查处、督办及回复等工作程序,加大环境信访工作力度。全年共受理各种环境信访件80件,环境信访受理率、回复率分别达100%,群众满意率达98%。

【全面禁烧秸秆】2016年,宣恩县召开秸秆禁烧专题会3次,制作宣传警示牌10块,印发宣传资料3万份,张贴通告200份,发动宣传车流动广播92次,共出动检查人员283人(次),发现192处焚烧点。9月1日开始对重点禁烧区域进行重点检查,发现焚烧现象,及时扑灭并通报相关乡镇。9月6日,召开农作物秸秆禁烧工作会议,动员和部署农作物秸秆禁烧工作,向子明出席。11月8日,县政府办公室印发《宣恩县农作物秸秆露天禁烧和综合利用工作实施方案》。全县重点禁烧区域包括:县城区及城区禁鞭范围内区域;高速公路、国道、省道两侧内区域;电力电缆线、发电站、变电站等保护区内;自然保护区、风景名胜区辖区。各乡镇人民政府是秸秆禁烧工作的责任主体,各乡镇主要负责人为禁烧工作第一责任人,负责本行政区域内秸秆露天禁烧工作。同时全县做好秸秆综合利用工作。

(查婷)

节能减排

【节能降耗】2016年,宣恩县节能降耗指标完成GDP单位能耗下降2.5%,二氧化碳排放比上年度下降2.6%。12月15日,湖北大派食品集团有限公司投入36.2亿元,将城区内2台燃煤锅炉更换成生物颗粒气化锅炉。城区外8台燃煤锅炉,5台改造成清洁能源,2台注销停产,1台经整改达标。实施完成化解煤炭过剩产能,宣恩县天地矿业有限公司退出煤矿工作,通过省、州、县三级验收,关闭两家煤矿(观音山煤矿、黑金山煤矿),共化解煤炭过剩产能12万吨,完成全年目标的120%。

在全国公共机构节能宣传周和全国低碳日期间,开展以"节能领跑、绿色发展""绿色发展、低碳创新"为主题的宣传活动,传播节能理念,普及节能知识,进一步增强干部职工的节能意识。做好公共机构能耗统计工作,建立全县公共机构能耗统计系统,构筑横到县直各部门单位,纵到各乡镇的公共机构能耗统计网络化、信息化服务平台,完善公共机构能耗资源消耗状况监测及数据分析的管理体系。全年开展公共机构耗能单位能源消耗统计培训两次,培训200余人次,完成全县行政事业单位公共机构耗能单位能源消耗数据上报工作,公共机构节能降耗工作纳入年底全县综合目标考核范畴。

(周翠芝　赖宏伟)

气　象

【概况】2016年,宣恩县的气候特点:年气温与历年相比正常,略偏高,降水量偏多,降水日数略偏少,暴雨日数正常,气候较为正常。春季平均气温较历史同期偏高,日照正常略偏少，降水偏多，对春耕春播、作物生长发育未造成多大影响；夏季气温较常年偏高，降水偏多且分布不均，出现强对流天气引发的洪涝及晴热高温天气引发的干旱等自然灾害，并对水库蓄水及电站发电不利；秋季气温较常年偏高，降水偏多，雨量丰富对水库蓄水有利；冬季降水依然降水偏多，气温偏高，对作物生长和水库蓄水有利。

【主要气象要素】2016 年，宣恩县气温：平均气温为 16.3℃，与历年值(15.7℃)偏高 0.6℃；年极端最高气温为 37.7℃，出现在 7 月 31 日；年极端最低气温为−3.0℃，出现在 1 月 25 日。

降水：年总降雨量为 1828.9 毫米，与历年同期 1417.7 毫米相比，偏多 29%；年降水达 0.1 毫米以上的日数为 182 天；全年共出现 3 次暴雨过程：最大一次出现在 8 月 26 日，日降水量为 208.4 毫米。

日照：年日照时数为 1104.1 小时，与历年(1137.3)相比偏少 33.2 小时。

【主要天气事件及其影响】2016 年，宣恩县的气象灾害以强对流天气为主，暴雨衍生灾害主要为滑坡及洪涝，对境内工农业生产造成不同程度损失。

暴雨灾害：6 月 24 日 20 时至 6 月 25 日 08 时，宣恩县出现中到大雨、局部暴雨天气过程，最大降雨量彭家寨 88.4 毫米。7 月灾情最大出现在 7 月 19 日，受灾非常严重的乡镇有椿木营乡、长潭河乡。8 月 25 日 20 时至 8 月 26 日 20 时，出现暴雨、局部大暴雨天气过程，暴雨造成椒园、珠山、晓关、沙道沟、椿木营、李家河 6 个乡镇 50 个村遭受暴雨灾害。11 月最大强降雨出现在 12 日凌晨，11 日 20 时至 12 日 04 时，最大雨量出现在李家河，最大雨量为 57.9 毫米，较强降水站点板栗园 110.5 毫米。

【人工影响天气】2016 年，宣恩县人工影响天气办公室(简称人影办)严格执行岗位责任制，明确“一把手”负责制，落实作业登记制，空域申请及交接班登记制，坚持作业设备维护保养制等安全制度。4 月 27 日，对全县 7 个人影站的 14 名作业人员进行 2016 年度人影工作培训。7 月 30 日，刘智勇、周志斌到晓关侗族乡大山人影站实地调研。全县 7 个人影工作站共作业 95 次，消耗炮弹 2271 发、火箭弹 93 枚。作业有效面积 230 平方千米，直接和间接经济效益在 2000 万元以上，保护人民生命财产和烟叶等支柱产业。

【防雷管理】2016 年，宣恩县对辖区 33 家单位进行防雷安全专项检查，完成新建、改(扩)建防雷图纸审核 18 份，参与跟踪技术服务 17 家，完成竣工验收 17 家。县防雷检测机构着重做好防雷公共服务，及时按月报送雷电灾害信息，优化服务机制，建立新的服务流程，确保易燃、易爆物品和化学危险物品的生产、储存设施和场所的防雷装置按时定期检测。5 月 12 日“防灾减灾日”，县气象局在河滨广场通过向市民发放气象灾害防御指南 1000 余份、接受群众现场咨询百余人次等方式开展现场咨询，进行气象科普宣传。

(陈海鹰)

经 济

农业农村经济

【概况】2016年，宣恩县实现农林牧渔业总产值27.25亿元，比上年增长4.4%(可比价增幅，下同)；其中，农业产值15.98亿元，增长6.4%，林业产值5204万元，增长4.5%，畜牧业产值10.33亿元，增长1.7%，渔业产值2860万元，下降1.6%，农林牧渔服务业产值1327万元，增长1.9%。实现农林牧渔业增加值15.44亿元，比上年增长4.2%。

全年粮食种植面积3.76万公顷，比上年下降1.4%；油料种植面积3920公顷，比上年增长0.6%；药材种植面积9786.67公顷，增长1.2%；烟叶种植面积4634.2公顷，增长2.7%；蔬菜种植面积1.19万公顷，增长1.2%。粮食总产量12.15万吨(主要农产品产量见表4)，下降11.3%。其中夏粮总产量2.18万吨，下降0.8%；秋粮总产量9.97万吨，下降13.4%。

2016年宣恩县主要农产品产量统计表

表4

产品名称	产　　量(吨)	同比增减(%)
水　稻	40262	－15.0
马铃薯	21400	－1.0
玉　米	38103	－10.4
大　豆	3374	－0.1
油　料	5133	－8.8
其中:油菜籽	3237	－13.9
烟　叶	8004	11.8
茶　叶	16550	3.4
蔬　菜	136509	3.6
水　果(含果用瓜)	112800	6.3
水产品	362	0

续表 4

产品名称	产　　量(吨)	同比增减(%)
畜禽肉总产量	51820	－2.4
其中：猪　肉	45140	－4.4
禽　蛋	3191	－14.7

全年烟、茶、畜、果、药、菜6个产业产值23.66亿元，占农林牧渔业总产值86.8%，增长6.1%。烟叶产值1.16亿元，增长22.9%；茶叶产值8.48亿元，增长3.6%。新培植“4450”生猪养殖模式户200户，年末达到4065户；年内生猪出栏55.82万头，比上年减少2.83万头；羊出栏4.75万只，比上年增加370只；家禽出笼121.01万只，比上年增加4.97万只；年末生猪存栏43.27万头，比上年增加7.21万头。水果产值2.08亿元，增长13.2%。药材产值5629万元，增长32.5%。蔬菜产值1.05亿元，增长33.2%。新增绿色食品认证基地200公顷，年末绿色食品认证基地2913公顷，有机食品认证基地1433公顷。年内认证无公害畜产品生猪40万头、鸡2万只。新发展以茶叶、贡水白柚为主的特色产业基地2000公顷，年末全县茶叶、水果、烟叶、蔬菜等特色产业基地达到4.8万公顷，其中茶叶1.48万公顷。1月11日，农业部优质农产品开发服务中心颁发证书，贡水白柚(果品类)、宣恩贡茶(茶叶类)、宣恩贡米(粮油类)入选《2015年度全国名特优新农产品目录》，有效期2016年1月至2017年12月；10月11日，宣恩县被评选为“中国名茶之乡”；10月21日，湖北省柑橘学会鉴评“宣恩早”为湖北省蜜柑“优质果品”；同日，省农业厅认定宣恩工业园区椒园生态产业园为“湖北省农业产业化示范园区”；10月25日，中国茶叶流通协会授予宣恩县“2016年度全国重点产茶县”称号，连续4年荣获“全国重点产茶县”称号；11月2日，首届国家最高科学技术奖获得者、杂交水稻之父袁隆平为木龙寨富硒贡米题字“天然含硒，好米好生活”。全年获得“国家级出口茶叶质量安全示范区”“全国有机农业示范基地”“国家有机农产品认证示范区”“全国十大生态产茶县”“全国重点产茶县”“中国名茶之乡”6块国字号招牌。

全县农产品加工业产值24.47亿元，增长13.7%。年内新建茶叶清洁化加工生产线3条(宣恩县皇贡茶业有限公司、宣恩县盛源茶业有限责任公司、宣恩县神农茶业有限责任公司各1条)，年末达到23条。新增伍家台贡茶专卖店43家，年末达到79家。新建高罗镇白柚批发市场，新建李家河镇八洲坝贡水白柚果袋生产线1条。年末贡水白柚商品化处理生产线3条。全年新增规模以上农产品加工企业2家(宣恩御茶府茶叶有限责任公司、湖北省佳鑫农业科技发展有限公司)，年末达到36家，其中省级重点龙头企业4家(湖北伍家台贡茶有限公司、湖北西部现代农业有限公司、湖北土家爱食品开发有限公司、湖北大派食品集团有限责任公司)，州级重点龙头企业21家。年末亿元茶叶企业4家(湖北宣恩维民实业有限公司、宣恩县伍台昌臣茶业有限公司、恩施州伍家台富硒贡茶有限责任公司、宣恩县椒园采花茶叶专业合作社)。

全年新发展农民专业合作社171家，累计达到539家，入社总户数2.58万户，带动农户6.89万户，年内实现销售农产品收入3.49亿元。农民专业合作社中种植业276家，林业62家，畜牧业132家，渔业22家，服务业21家，其他26家。新增家庭农场80家，年末达到231家(注册229家)，经营土地面积1173公顷，销售农业总产值2716万元，其中经营种植业46家，畜牧业157家，渔业6家，种养结合18家，其他4家，省级示范家庭农场3家(宣恩县硒香聚茶叶种植家庭农场、宣恩县晓关双丰园家庭农场、宣恩新盛泽家庭农场)，州级示范家庭农场1家(宣恩新盛泽家庭农场)。

通过精准扶贫，全年减少农村贫困人口2.5万人。以“三坝两寨”(椒园水田坝、晓关大岩坝、高罗谭家坝、万寨伍家台、沙道沟彭家寨)为重点,依托茶、果特色产业园和特色民居,开展农旅融合建设,建成伍家台"国家AAAA旅游景区"。全年完成清洁能源入户2736户,年末全县有特色民居4000户,沼气池4.87万口,"三改"(改厨、改圈、改厕)2.92万户,太阳能热水器8793台,生物质半气化炉3.53万台。全年造林2300公顷,其中退耕造林1700公顷,全县森林面积14.64万公顷,覆盖率达60.3%,自然保护区面积3.46万公顷。全县自来水受益的村133个,比上年增加17个。农村用电量5630.7万千瓦时,比上年增加489.47万千瓦时。完成土壤酸化治理1.13万公顷,石漠化综合治理10.5公顷。新建村组公路73.2千米,硬化46千米。宣万线、甘长线改造全面完成,石心河大桥、七眼泉大桥建成通车,沙道沟、高罗绕镇线建设基本完工,实现乡镇通二级路,村村通沥青路(水泥路)和通客车。新建农村安全饮水池68口和集中供水工程34处,解决7000余人安全饮水。宽带光纤网络总里程达到1.25万千米,光纤通村率达到100%。4G移动网络通信实现城乡全覆盖,行政村"有线电视网络"覆盖率45.9%。全县地方一般公共预算支出27.7亿元,其中农林水事务支出5.33亿元,增长31.9%。1月11日,高罗镇板寮村被省农业厅、省旅游局确定为"2015年湖北省休闲农业示范点"。7月18日,椿木营高腔山歌《郎唱山歌妹来还》在重庆市黔江区"十三寨女儿谷·首届武陵山山(民)歌擂台赛"比赛中获二等奖。9月8日,住建部、国家发展改革委、农业部等7部委共同发布的《全国3675个重点镇名单》湖北共有140个镇入选,恩施州共有13个镇入选,宣恩县椒园镇、沙道沟镇名列"全国重点镇"。9月10日,由恩施广电传媒集团、恩施日报传媒集团、恩商置业有限公司主办的"2016发现恩施魅力乡镇"活动,高罗镇获"名品名镇",晓关侗族乡获"生态名乡",沙道沟镇获"魅力乡镇"称号。9月27日,恩施州委宣传部、州文体新广局和州文联在恩施硒都茶城举行授牌仪式,授于宣恩县椿木营乡"民歌之乡"称号。9月28日,长潭河侗族乡易家坪村在由第三届世界硒都(恩施)硒产品博览交易会组委会主办、州民政局、州卫计委承办的恩施州"十大长寿村、十大健康长寿老人"评选活动中被评选为恩施州"十大长寿村"之一。10月11日,国家民委命名椒园镇庆阳坝村、万寨乡伍家台村、高罗镇板寮村、小茅坡营村4个村寨为第二批"中国少数民族特色村寨",加上第一批入选的沙道沟镇彭家寨,宣恩县已有5个村寨被国家民委命名为"中国少数民族特色村寨"。11月16日,住建部公布第四批中国传统村落,长潭河侗族乡白果村黄家寨、高罗镇大茅坡营入选,加上前三批入选的4个(晓关侗族乡野椒园村、长潭河侗族乡两溪河村、沙道沟镇两河口村、椒园镇庆阳坝村),共达到6个中国传统村落。截至年末,宣恩有"国家级生态乡镇"1个(椒园镇),"省级生态乡镇"1个(晓关侗族乡),"省级生态村"6个(珠山镇卸甲坝村、沙道沟镇当阳坪村、高罗镇黄家河村、李家河镇二虎寨村、椒园镇香树林村、晓关侗族乡中村坝村),"湖北省绿色示范乡村"3个(万寨乡伍家台村、椒园镇黄坪村、高罗镇板寮村),省级"宜居村庄"9个(高罗镇板寮村、埃山村,椒园镇水田坝村,珠山镇卸甲坝村,万寨乡伍家台村,长潭河侗族乡洗马坪村、两溪河村,晓关乡大岩坝村、沙道沟镇当阳坪村),省级"新农村建设示范村"6个(高罗镇板寮村,椒园镇水田坝村、庆阳坝村、老寨溪村,万寨乡伍家台村,长潭河侗族乡两溪河村),中国历史文化名村两个(沙道沟镇两河口村、椒园镇庆阳坝村)。推动农旅文化发展,4月8—10日,在万寨乡伍家台村举办第三届伍家台贡茶文化节;7月9日,晓关、长潭河侗族乡分别举办侗乡成立30周年纪念活动;7月9日,在晓关侗族乡成功举办第四届全国山地自行车邀请赛;8月9日(民间传统节日"七夕"),在贡水河举办首届"幸福宣恩·浪漫贡水"七夕河灯节;8月12—15日,在贡水河举办中国武陵山区龙舟争霸赛暨恩施州第四届水上运动会;9月14—16日,在县城人民广场举办首届中秋恳亲大会暨贡乡贡品博览会;9月27日,承办第八届世界养生大会"宣恩溯源一日游"(椒园镇水田坝村);10月26—31日,在贡水河湿地公园举办首届稻草人艺术节。全年接待游客141.02人(次),增长23.0%;实现旅游综合收入6.25亿元,增长30.2%。

年内依法流转土地160公顷,年末共有依法流转土地5838公顷，其中出租3104公顷，转包1742公顷，转让120公顷，互换82公顷，股份合作647公顷，其他形式143公顷。开展金融扶贫，全县发放涉农贷款34.39亿元，其中给农村贫困户发放贷款2158万元，金融扶贫"宣恩模式"获得国家、省、州高度肯定。减少农业污染源，提倡绿色生产，农村化肥施用量(折纯)2.66亿吨，比上年下降0.5%。

兑付农业支持保护补贴资金2818.87万元，农机具购置补贴资金215万元，水稻保险灾情赔付资金10.2万元。兑付能繁母猪保险、能繁母牛保险及猪、羊养殖环节无害化处理等各项补贴资金85.6万元。兑付生态能源碳基金补偿资金44.1万元，太阳能热水器补偿资金42.1万元。

社会主义新农村建设

【概况】2016年，宣恩县新农村建设与精准扶贫相结合，全年实现地区生产总值60.23亿元，比上年增长8.1%，农村居民人均可支配收入8550元，比上年增长9.5%。

全县烟叶、茶叶、水果、中药材、高山错季节蔬菜等特色产业基地达到5.3万公顷，农业主导产业产值15亿元。全县建成"一村一品"示范村82个，其中茶叶村39个，水果村19个，药材村4个，养殖村1个，烟叶村19个，涉及农户3.03万户、10.60余万人。2016年按照"一村一品、一户一业"，安排适合扶贫对象经营的产业项目1.94万户、6.46万人。

11月29日，长潭河侗族乡两溪河村、万寨乡板场村正式被确定为湖北省2016年度美丽乡村建设试点村。

【特色民居建设】宣恩是土家族、侗族、苗族等少数民族聚居区，村落民居在自然人文环境的制约和影响下，建筑形式灵活多变，杆栏式建筑造型美观、风格独具，建筑文化内涵丰富，境内有很多古村庄、古寨落，现存有大量的吊脚楼群和少数民族特色村寨。全县各乡镇和相关部门把特色民居工作纳入国民经济和社会发展规划、城乡建设规划。《宣恩县特色民居建设五年规划》，对县城规划区内和县城周边村庄，按照县城规划区的要求进行统一规划建设；对县城规划区外、产业聚集区和乡镇所在地村庄，通过延伸和完善基础设施与公共服务设施，建设相对集中的居住小区；对高速公路、国省道和景区沿线的重点村庄，根据地域特点，加快中心村建设，吸纳周边村民向中心村集中，形成新村庄；对暂未列入特色民居示范村的行政村，重点抓好村庄环境整治，加快改变村庄面貌。编制《宣恩县特色民居建设通用图册》，为农户设计旧木房屋、砖混结构房屋改造和新建房屋等5种户型图纸，共印发5000套新户型设计图纸，免费发送给村民选用。年末有4000户"青瓦白墙、飞檐翘角、栏杆跺脊、木门木窗"特色民居。

【民族村寨保护与利用】宣恩县共有小茅坡营苗寨、彭家寨、两河口"县苏维埃政府"旧址、中武当遗址、伍家台贡茶园等文物古迹217处不可移动文物，其中全国重点文物保护单位1处(彭家寨古建筑群)，省级重点文物保护单位10处，州级文物保护单位5处，县级文物保护单位45处；中国历史文化名村2处(沙道沟镇两河口村、椒园镇庆阳坝村)；中国传统村落6处(沙道沟镇两河口村、椒园镇庆阳坝村、晓关侗族乡野椒园村、高罗镇大茅坡营村、长潭河侗族乡两溪河村、白果村黄家寨)。

【"三坝两寨"建设】2016年，宣恩县椒园镇水田坝建成2000余平方米的生态停车场和休闲垂钓区，观光亭动工修建，产业循环路进入招投标程序，水田坝美丽乡村示范带建设初具规模。老寨溪特色候车亭完工。庆阳坝建成1500平方米文化广场，完成5组、8组的联户路硬化，落实人工湿地建设资金。锣圈岩景区进入垃圾清理和泥土开挖施工；建成农家乐37家。

晓关乡大岩坝，在新屋院子和荀家院子建特色民居110栋，新修河堤4千米，新建村组公路650米，硬化村组公路2.5千米，修建茶园观光步道800米，安装饮水管道14千米，安装太阳能热水器80台，安装太阳能路灯8盏，新建农家乐6家。

高罗镇谭家坝3千米游步道起于邀月亭，止于肖家湾，5月中旬完成征地、设计和线路林木砍伐工作。火烧营至谭家坝段2千米河堤治理工程完工，沿河植柳树450株；板寮老街群众文化广场及老年群众文化中心主体工程完工；

火烧营黄家院子、板寮老街环境连片整治人工湿地运行情况良好，沿线村庄整洁干净，农户全部实现饮用安全自来水；共有农家乐16家。

万寨乡伍家台，建成3条木结构观光游步道、135公顷生态采茶园、观光亭、景观茶壶、产业园，改造伍家台村核心区域250户民居；建成伍家台文化广场、龙洞湾沟渠治理、后山沟水库生态走廊、亲水垂钓区；开发保护昌臣墓等古遗迹、古建筑群，建成手工制茶坊、茶艺展演队，举办第三届“伍家台贡茶文化节”；在建的有贡茶书院、漫游道、龟背山游步道、天书壁、洞天福地、观湖轩、皇家茶苑等景点；年末有农家乐16家，年收入200万元。

沙道沟镇彭家寨，完成有线电视、网络全覆盖，新安装诗词楹联、灯笼各50户，完成民居“五改三建”(改水、改路、改厨、改厕、改圈，建池、建家、建园)50户。

【袁隆平题字木龙寨富硒贡米】2016年11月2日，宣恩县沙道粮食购销公司生产的“木龙寨”富硒贡米送至湖南省农科院优质水稻研究所供科研人员鉴赏后，获得杂交水稻之父、首届国家最高科学技术奖获得者袁隆平亲笔题字：“天然含硒，好米好生活”。“木龙寨”贡米产于世界硒都恩施州腹地宣恩县沙道沟镇木龙寨。木龙寨山水奇特秀丽，山上森林茂密，阳光充足，气候宜人。土壤富含硒、锌等多种有益微量元素。以水稻为主产，自古出产名米。民间广为传颂：“木龙寨”大米，曾在清朝乾隆年间，本县文人志士，广传家乡土特产品，将木龙寨地产优质大米选送为宫廷纳贡佳品，“木龙寨”贡米因此而得名。宣恩县沙道粮食购销公司与袁隆平所在的湖南省农科院优质水稻研究所技术合作，利用土壤、水源、空气、阳光适宜等条件，精心选育优质水稻种子，严格按照绿色食品栽培技术要求规范种植水稻，并以沙道沟镇木龙寨的含硒试验田为辐射点，发展订单种植基地666.67公顷，产量3000吨。采用环保加工工艺，生产出“木龙寨”品牌富硒贡米，各项指标符合国家标准。“木龙寨”富硒贡米先后获湖北粮油精品展金奖、中国硒博会金奖，并入选全国名优特新农产品、第三届世界硒都硒产品博览交易会唯一指定用米。

【农业产业扶贫】2016年，宣恩县重点围绕烟、茶、畜、果、药、菜产业，制定《宣恩县发展生产脱贫一批工作方案》《宣恩县产业扶贫发展规划》，指导贫困村和贫困户遵循比较优势和因地制宜原则，选择主导产业。制定70个重点贫困村的产业发展规划，其中32个村发展烟叶1160公顷，28个村新发展茶叶930公顷，45个村新发展果类1730公顷，41个村新发展药材2660公顷，32个村新发展蔬菜1200公顷，70个村新增出栏生猪3.7万头。全年整合农业项目14个，资金1929万元，带动1.94万户，6.46万人通过发展特色产业。高罗镇下坝村、长潭河乡甘露村、万寨乡芷药坪村3个贫困村在冬农开发中建茶叶基地，共带动贫困户400余户。

【“121”扶贫联动机制】“121”扶贫机制是指1个帮扶企业联合2个社带动1个产业的产业扶贫模式，建立村企联姻、村社共建、村户合作“三体联动”对接机制。2016年，宣恩县共56家企业、96个农民专业合作社、78个扶贫互助社参与结对帮扶，通过发展茶叶、白柚、蔬菜、药材等产业，带动贫困户脱贫，基本形成产业大扶贫格局。恩航农业发展有限公司在李家河镇金陵寨村流转土地94公顷，发展畜牧业、种植业、乡村旅游等，解决周边贫困户100余人就业，贫困户户平增收4000元以上。土家爱豆制品公司通过“公司＋基地＋贫困户”模式，在全县30个贫困村种植富硒黄豆1400公顷，实行保护价收购，直接为贫困户增收2500万元。

【省农业厅帮扶石马村】省农业厅于1994年开始结对帮扶宣恩县，2016年工作队驻点椒园镇石马村。队长郭自国，队员曾维超、萧湏、李子郴，吃住在村。全年省农业厅干部职工到驻点村开展调研和结对帮扶活动372人(次)，其中厅班子成员11人17人(次)。工作队筹措资金467万元，为村民办实事、解难事。成立专业合作社3个，新建茶叶清洁化加工生产线1条。种植烟叶61公顷。茶叶发展到100公顷，其中采摘面积80公顷，亩产效益达到4500元。新植核桃22公顷。新培植养牛、羊、猪、鸡、蜂等专业户11户，新增牛26头、羊144只、鸡鸭1.3万只、蜂90箱。新建村组公路24千米，新增变压器4台，架设太阳能路灯

120盏，推广清洁炉灶200台，发放生物质气化炉250台，新建水池2口300立方米。新建党员群众服务中心、便民广场、标准化村卫生室。开展助学活动，帮扶特困户，解决贫困户养殖及销售难题，开展抗灾救灾和灾后重建，实施河沟清淤工程。组建村民俗文化表演队，配备服装90套，音响2套，腰鼓、连厢、军乐等器材90余套。适龄儿童入学率、广播电视入户率、养老保险参保率、新农合参合率均100%。村民人均可支配收入同比增长15%，全村96户312人贫困对象全部实现脱贫，村集体经济收入达到5万元以上，实现村出列的脱贫目标。

【世界养生大会走进宣恩】2016年9月27日，世界养生大会宣恩溯源一日游暨联华千户土家养生基地开园仪式在椒园镇水田坝举行，活动是第三届世界硒都（恩施）硒产品博览交易会的重要组成部分，张频、邵爱华、椒园镇及县直有关部门主要负责人、海峡两岸医药卫生交流协会会长赵同彬、中国健康大数据产业联盟副主席王文中、中国医师协会养生专业委员会常务副会长兼秘书长郑志坚等全国各地的代表团、健康养生专家、学者、企业代表，以及马拉维、赞比亚、摩洛哥、科特迪瓦等国家驻华大使、参赞共200余人参加。

【2016年农业农村工作会议】2016年2月16日，宣恩县召开2016年农业农村、精准扶贫工作暨第六轮“三万”活动会议，贯彻落实中央、省、州农业农村工作会议精神，对2015年秋冬季农业综合开发工作、烟草工作成绩突出的单位进行表彰，分析当前工作形势和政策机遇，研究部署2016年农业农村、精准扶贫和“三万”工作。覃正彪主持会议，朱鹏程、李明山、周志斌、钟昌泽、各乡镇党委书记、分管领导、扶贫助理，县直相关单位主要负责人参加。

·种植业·

【粮食生产】2016年，宣恩县粮食播种面积3.76万公顷，比上年缩减1.4%，总产12.15万吨，比上年减11.3%，平均单产215.5千克，比上年减10.1%。夏粮播种面积1.01万公顷，比上年增0.4%，总产2.18万吨，比上年减0.8%，亩产143.4千克，比上年减1.2%。其中：马铃薯播种面积9785公顷，比上年增0.1%，总产2.14万吨（折主粮），比上年减1.0%，亩产145.8千克，比上年减1.2%；小麦播种面积12公顷，比上年增20.0%，总产18吨，比上年增20.0%，亩产100千克，与上年持平；蚕豌豆播种面积343公顷，比上年增8.9%，总产400吨，比上年增9.6%，亩产77.5千克，比上年增0.7%。秋粮播种面积2.74余万公顷，比上年缩减2.0%，总产9.97万吨，比上年减13.4%，平均亩产242.2千克，比上年减11.6%。其中：水稻播种面积7997公顷，比上年减3.7%，总产4.03万吨，比上年减15.0%，亩产335.6千克，比上年减11.8%；玉米播种面积1万公顷，比上年减0.7%，总产3.81万吨，比上年减10.4%，亩产253.8千克，比上年减9.8%；大豆播种面积2440公顷，比上年减3.6%，总产3374吨，比上年减0.1%，亩产89.5千克，比上年增0.5%；杂豆播种面积23公顷，比上年减23.3%，总产34吨，比上年增13.3%，亩产98.6千克，比上年增47.8%；红苕播种面积6972公顷，比上年减1.3%，总产1.79万吨（折主粮），比上年减17.1%，亩产172.3千克，比上年减15.9%。

【油料生产】2016年，宣恩县油料作物播种面积3921公顷，较上年增0.6%，总产5133吨，比上年减8.8%，平均亩产87.3千克，比上年减9.4%。其中：油菜播种面积2613公顷，比上年减1.1%，总产3237吨，比上年减13.9%，亩产82.6千克，比上年减12.9%；花生播种面积1163公顷，比上年增2.4%，总产1800吨，比上年增3.7%，亩产103.2千克，比上年增1.3%；向日葵播种面积145公顷，比上年增20.8%，总产96吨，比上年减28.9%，亩产44.1千克，比上年减41.2%。

【蔬菜生产】2016年，宣恩县抓好蔬菜的生产规划、品种选择、生产技术培训、现场技术指导等方面的工作。全县蔬菜种植面积1.19万公顷，较上年扩大1.1%，总产量13.65余万吨，较上年增3.6%，平均亩产767.5千克，较上年增2.4%。其中，叶菜类面积1380公顷，总产1.09万吨；白菜类面积2770公顷，总产4.60万吨；甘蓝类面积350公顷，总产5022吨；根茎类面积2208公顷，总产3.63万吨；瓜菜类面积1247公顷，总产1.07万吨；豆菜类面积1284公顷，总产7256吨；茄果菜类面积1546公顷，总产1.03万吨；葱蒜类面积593公顷，总产4760吨；水生菜类面积268公顷，总产2159吨；其他菜类面积204公顷，总产3068吨。

【测土配方施肥】2016年，宣恩县在椒园镇水田坝村、珠山镇封口坝村开展茶叶2+X肥效试验。在椒园镇椒园村举办玉米配方肥示范样板，在沙道沟镇上洞村、李家河镇干坝村举办水稻配方肥样板，在椿木营乡长槽村举办蔬菜配方肥示范样板，在李家河镇塘坊村举办白柚配方肥示范样板。全县完成测土配方施肥示范面积200公顷，完成测土配方施肥技术推广4万公顷，实现节本增效约1700万元。

【粮油作物高产示范创建】2016年，宣恩县建立7个粮油高产创建示范样板。其中，在李家河镇干坝村、沙道沟镇上洞村创建37.3公顷水稻高产示范样板，在椒园镇椒园村、李家河镇下洞坪村、长潭河侗族乡诺西村创建48.7公顷玉米高产示范样板，在珠山镇东门关村、李家河镇田幺坪村创建77.3公顷马铃薯高产示范样板。经测产验收，水稻、玉米、马铃薯示范样板分别较上年增产17.71%、16.17%、32%。

【马铃薯主粮化建设】2016年5月20日，县编委批复成立宣恩县马铃薯产业发展局，挂靠县农业技术推广中心，增核全额拨款事业编制2名。制订全县“十三五”马铃薯产业发展规划。培植湖北省宣恩县明礼生态农业有限公司、宣恩县椿木营乡惠民蔬菜专业合作社、宣恩县宣浙生态农业有限责任公司、宣恩县富强黄牛养殖专业合作社等4家企业，建立马铃薯脱毒种薯扩繁基地92公顷。全县推广鄂马铃薯5号、8号、10号、11号新品种5333公顷，占马铃薯总面积的54.5%。重点培植2家企业进行马铃薯主食产品加工，恩施州亚麦食品有限责任公司加工马铃薯主食产品800吨；湖北宏图现代农业有限公司加工马铃薯鲜薯11522吨，生产马铃薯淀粉、薯片、粉丝、干果等产品3193吨。

【土壤酸化治理】2016年，宣恩县整体推进4667公顷强酸性土壤第二轮综合治理。全县完成耕地土壤酸化治理11351万公顷，其中农业部门完成5690公顷，国土部门完成400公顷，烟草部门完成5267公顷。在治理酸化土壤过程中因地制宜采取多种治理模式，其中石灰治理1577公顷，配方肥+有机肥相结合的施肥方式治理6249公顷，配方肥治理3464公顷，土壤调理剂治理67公顷。完成土壤酸化治理示范面积233公顷。种植绿肥2000公顷。

【病虫预测预报】2016年，宣恩县发布《植物病虫情报》17期，累计印发4000份。对全县粮油及经济作物24病20虫进行长期趋势预报和短期矫正预报，对7病5虫进行大面积普查，对5病5虫进行系统观察，发生程度准确率97.2%，发生预报准确率95.2%。向省植保总站和全国农技推广中心填报模式电报以及各类报表600份。据调查统计，夏粮油病虫累计发生面积14.88万亩（次），实际损失粮食603.5吨，占夏粮总产2.77%。油菜菌核病轻发生，马铃薯晚疫病

高罗埃山村白柚冬管——石硫合剂树干涂白（2016年11月19日摄）

发生程度加权指数3.42，属中等偏重发生。秋粮累计发生面积38.78万亩(次)，防治后实际损失稻谷产量953.8吨，占秋粮总产的0.96%。轻发生的有水稻穗颈瘟，二化螟，三(1)、四(2)、五(3)代白背飞虱，四(2)、五(3)代褐飞虱，玉米丝黑穗病，1代稻秆潜蝇，稻曲病等。偏轻发生有水稻纹枯病、1代稻秆潜蝇等，中等发生有2代稻秆潜蝇、三(1)代稻纵卷叶螟、玉米螟。偏重发生的有玉米纹枯病。大发生四(2)代稻纵卷叶螟，加权发生程度1.79级，属于中等发生年份。茶叶病虫害累计发生面积22.32万亩(次)，柑橘病虫害累计发生21.61万亩(次)，烟叶病虫害累计发生面积9.36万亩(次)。

【惠农政策落实】2016年，宣恩县组织耕地承包面积核查工作，抓好惠农政策的落实，发挥惠农政策的激励效应，全年兑付农业支持保护补贴资金2818.87万元。保险部门做好水稻政策性保险工作，2016年水稻承保面积达80%以上，兑付水稻受灾赔付资金10.2万元。

【农业支持保护补贴改革】2016年6月12日，宣恩县召开2016年农业支持保护补贴改革工作会议，习覃、岳东、向子明、周志斌出席，各乡镇长(常务副乡长)，县政府办、县财政局、县发改局等单位相关负责人参加会议。会上宣读《宣恩县2016年农业支持保护补贴实施方案》，并就农业支持保护补贴改革政策进行解读。按照党中央、国务院决策部署，从2016年起，全国全面推开农业"三项补贴"改革，将农作物良种补贴、种粮农民直接补贴和农资综合补贴合并为农业支持保护补贴，政策目标调整为支持耕地地力保护和粮食适度规模经营，同时取消原种粮大户补贴试点。经各乡镇统计、审核，2016年全县耕地地力保护面积为2.36万公顷，按79.55元/亩补贴，共计兑付农业支持保护补贴资金2818.87万元。

【茶叶】2016年，宣恩县茶叶新增800公顷，茶叶总面积达到1.48万公顷。其中，无性系良种茶园1.11万公顷，投产采摘园1.19万公顷，有机茶园1160公顷，出口备案基地2667公顷。产量1.65万吨，较上年增长3.4%。其中名优茶产量7200吨，较上年增长3.3%。产值8.48亿元，较上年增长3.6%，其中名优茶产值6.1亿元，较上年增长3.7%。茶叶均价为51.39元/千克，较上年下降3.2%。直接出口茶叶710吨，出口额274万美元；间接出口茶叶3900吨，出口额1350万美元。新建茶种苗繁育基地33公顷。新增茶叶统防统治专业合作社1家(椒园镇石马村金土地合作社)，全县茶产业类专业合作社达到114家。宣恩县白金马有机茶专业合作社建成马鞍山茶园基地统防统治示范点，湖北绿可生态茶业有限公司建成白果坝茶园基地视频监控示范点。

全县茶叶加工企业达到265家，规模企业达到21家，产值过亿元企业4家；建成清洁化生产线20条，精制加工生产线4条；伍家台贡茶专卖实体店达到36家；省州农业产业化重点龙头企业达到12家，拥有茶叶出口自主经营权企业4家，通过ISO9001：2000国家质量体系认证的企业5家，并有12家企业获得国内外有机茶认证。共有各种茶叶加工机械近2000台(套)，年生产能力2万吨，形成以绿茶为主的系列茶产品。

【水果】2016年，宣恩县水果面积新增686公顷，达到1.19万公顷。其中，贡水白柚9333公顷、蜜柑及椪柑1800公顷、黄金梨及其他小水果753公顷；有机贡水白柚园213公顷，有机黄金梨园60公顷。投产面积7466公顷。其中，贡水白柚投产面积5213公顷，蜜柑及椪柑1533公顷，黄金梨及其他小水果720公顷。总产量11.28万吨，比上年增长6.3%，其中贡水白柚产量8.46万吨，蜜柑及椪柑2.52万吨，黄金梨0.25万吨，其他小水果0.05万吨。总产值2.08亿元，比上年增长13.2%。其中，贡水白柚1.56亿元，蜜柑及椪柑0.4亿元，黄金梨0.1亿元，小水果200万元。新建贡水白柚种苗繁育基地26公顷。

【果茶基地标准化管理】2016年，宣恩县按照有机、绿色标准化管理要求，以出口茶叶示范基地、有机认证基地和"三坝两寨"为重点，落实网格化管理基地5333公顷(茶园3333公顷，果园2000公顷)，果茶示范样板基地300公顷(茶园167公顷，果园133公顷)。开展果茶园标准化管理技术培训3.4万人(次)，发放技术资料2.2万份。鼓励支持茶叶龙头企业和专业合作组织，推行“加工企业＋农户”的茶叶质量安全联合管控模式，强化加工企业主体责任，完善责任茶区农业化学投入品、鲜叶收购台账，建立农残管控追溯制度和利益紧密联结机制。企业与茶农签订安全鲜叶生产协议，加工企业负责组织茶农进行技术培训，统一配送绿色防控物资，保证高于市场价格全部收购合格鲜叶；农户按照企业生产要求科学管理茶园，保证向加工企业出售无农残的茶鲜叶，按500～1000元/户缴纳鲜叶质量保证金。全县建立联合管控茶叶基地3000公顷。

【果茶园物资投入】2016年，宣恩县推行“技术＋物资”的配套方式，免费发放茶园生物有机肥1775吨、有机无机复混肥2913.5吨、粘虫板35万张、杀虫灯132盏、石硫合剂86.6吨、生物农药5吨，对果园免费发放生物有机肥500吨、果袋25万个、枝剪200把、硫酸钾复合肥16吨、捕食螨3万袋、石硫合剂晶体2万袋、阿维·哒螨灵19件、甲基托布津16件。在李家河镇金陵寨村白柚基地、高罗镇埃山村白柚基地、椒园镇黄坪村黄金梨基地投入300万元建设路、沟、渠等配套设施。

【农业产业融合发展项目】2016年，宣恩县编制申报2016年度中央现代农业产业融合发展项目申报实施方案，争取国家财政资金1000万元，计划完成新建高效标准茶园133公顷、改造中低产茶园333公顷、茶园基础设施建设等工作。实施2015年度中央现代农业产业融合发展项目，项目资金1000万元，全年完成项目投资890万元，其中新建茶园种苗购置242万元，肥培管理300万元，绿色防控101万元，茶园配套设施建设247万元。启动2016年度中央现代农业产业融合发展项目，完成项目投资848万元，其中新建茶园种苗购置100万元，肥培管理100万元，绿色防控50万元，茶园配套设施建设241万元，新建小型茶叶加工厂、家庭农场以奖代补357万元。

【贡水白柚精品果园示范园建设】2016年，宣恩贡水白柚精品果园示范园选址于高罗镇埃山村。2009年冬，种白柚71公顷。使用一级枳砧容器苗，种植规格5×3米，每亩栽44株，统一规划，统一划线，统一定植。2015年，贡水白柚平均单产0.4吨，单株挂果6～10个，亩产值1200元，商品果率80%，优质果率60%。2016年，实施标准果园建设五项技术措施：垄厢稀植栽培技术，平衡施肥技术，节本增效培管技术(大枝修剪、种植绿肥)，物理生物防控技术，花果控管增质技术。经收获期测产，贡水白柚产量平均每亩1.38吨，单株挂果平均32个，产量比2015年增长245%；亩产值实现3062元，比2015年增长155%；产品质量达到绿色食品的要求，质量安全抽检合格率达到100%。果实外形美、内质优、口感好，商品率达到90%以上，优质果率达到85%以上。

【果园四项省力化技术措施】2016年，宣恩县推广省力化喷灌技术、省力化土壤管理技术、省力化机械割草技术、省力化修剪技术，节省果园管理时间、劳力、资金，实现果园提质增效生产。推广省力化喷灌技术，在“宣恩早”蜜柑无病毒苗木繁育中心站推广安装水肥一体化设施，果园面积0.33公顷，系贡水白柚母本园，将配兑好的肥液与灌溉水通过专业设备形成滴灌，均匀、定时、定量，浸润到作物根部，相比大水漫灌的传统灌溉方式，滴灌可节水50%左右，水肥一体化设备可以提高灌溉用水效率，方便灵活准确地控制施肥数量和时间，做到精准施肥，节省施肥用工。推广省力化土壤管理技术，在果园合理套种绿肥或豆科作物，几乎不用除草，与常规的土壤深耕、浅耕、除草管理相比，减轻了除草的劳动强度和劳务投入。推广省力化机械割草技术，在李家河镇贾家沟村推广使用简易机械割草，全村果农使用手持式除草机除草，老人都可以操作，降低劳动强度。推广省力化修剪技术，在高罗镇埃山村，沙道沟镇栏杆坪村、当阳坪村，李家河镇贾家沟村、金陵寨村、青龙嘴村开展大枝修剪技术示范指导，通过先开窗、开门(锯大枝)，然后再疏除果蒂枝、枯枝、过密枝，回缩衰弱枝，每株树修剪只需10分钟，比其他修剪法节约一半时间。

·农业机械推广·

【概况】2016年，宣恩县农机总动力29.31万千瓦，同比增长9.98%，农业机械原值2.24亿元，同比增长5.16%。各类农业机械保有量达16.3万台(件)，增加0.6万台

(件)。其中,拖拉机642台,拖拉机配套农机具66部,联合收割机14台,微型耕整机5755台,排灌动力机械2597台,农产品加工机械2.96万台。全年机耕、机收面积分别达1.61万公顷、4866公顷;机械植保面积1.14万公顷,机插面积220公顷,机电灌溉面积5120公顷,农业机械化综合作业水平达42%。农业机械化作业承担全县农村劳动总量的40%以上。全县农机化作业服务组织5个,农机户3834户。其中,农机化作业服务专业户760户。农业机械化经营总收入达到1.46亿元。适合山区特点的排灌、植保、收获、脱粒生产机械基本得到普及,耕整、起垄、开沟、培土等小型耕作机械发展较快,高性能联合收割机型号有:江苏洋马4LBZJ-140C、4LBZJ-77B,江苏常发锋陵4LB—150等,主要在椒园、高罗、沙道沟等乡镇从事水稻收获作业。

【农机购置补贴】2016年5月,宣恩县在9个乡镇农业技术服务中心设立购机补贴受理窗口,添置购机补贴专用录入设备,安排专人负责购机补贴受理、核实及政策宣传工作,方便农民购机政策咨询、购机补贴手续办理。2016年省级财政拨付宣恩县购机补贴专项资金574万元,全年共使用农机购置补贴资金215万元,共补贴各类农机具2014台。其中,补贴耕整地机械1024台,农产品初加工机械346台,收获后处理机械148台,收获机械119台,田间管理机械256台。带动农民自筹投入650万元,直接受益农户1662户。

【农机推广】2016年8月,宣恩县引进茶叶采摘机20台、茶园修剪机20台、中耕除草机20台、电动喷雾器20台等作业机械,配备给洗草坝和马鞍山农机服务队,解决采茶劳力欠缺矛盾,降低劳动强度,提高茶农劳动生产效率。在椒园镇洗草坝村成立农机服务作业队,辐射石家沟村、龙潭溪村茶区;以万寨乡马鞍山村有机茶叶专业合作社为依托成立农机服务作业队,辐射金龙坪村、白虎山村茶区。

【农机安全生产监督管理】2016年,宣恩县检验拖拉机106台,审验拖拉机驾驶员换证35本。与675名农机手签订安全责任书。举办3次农机安全教育宣传活动,发放农机安全宣传资料1500份,宣传手册400份,张贴宣传标语7幅。开展执法检查28次,检查拖拉机132台(次),纠正拖拉机各类违法行为15台(次),排除安全隐患12起,整改率达100%。全县未发生农机重特大事故。

开展2016年春运期间农机安全生产工作,到乡村、田间场院等重点场所,发放宣传资料,宣传农机安全生产知识。针对出行利用拖拉机代步,农产品、农业生产资料等物资运输频繁的特点,强化执法检查,加强乡村道路拖拉机违法行为查纠力度,严查拖拉机违法载人、超载超速、未参加年检、酒后驾驶等违法行为。组织安全执法检查8次、检查上道路拖拉机56台(次)、纠正违章拖拉机5台(次)。

针对道路以外农机违法违规的现象,开展"打非治违"专项行动,到重点地段、重要场所开展巡查和宣传劝导工作。在巡查中对拖拉机载人、人货混装、超载超速、酒后驾驶等情形,责令其立即纠正。对未按规定办理拖拉机牌证和年检的,责令补办相关手续。对无证驾驶或准驾与实际不符的,责令及时参加考取驾照或增驾培训。对擅自改装改型的,责令限期恢复原状。

【农机培训】2016年,宣恩县举办新技术、新机具现场演示活动9场(次),现场解答群众咨询2400人(次);帮助农民维修农业机械900余台件,培训各类农机手1300人(次);发放农机政策、法规和农机新技术新机具简介、机具操作方法、操作规范等宣传资料3000份。

【农机报废更新补贴试点】2016年,宣恩县被省州农业部门继续确定为拖拉机报废更新补贴试点县。县农机化办安排专人负责此项工作,确保报废政策规范实施。制定拖拉机报废更新操作程序,对提出申请的报废拖拉机进行严格审核,看是否达到报废标准;审核后,农机手到报废回收企业进行报废处理,凭报废回收企业出据的报废手续到农机部门购买农机具时优先享受购置补贴政策;对符合报废条件的拖拉机填写报废档案、回收牌证。全年公告注销报废拖拉机46台。

·农业产业化·

【概况】2016年,宣恩县新增特色产业基地2000公顷,年末达到5.32万公顷,其中茶叶基地达到

1.48 万公顷，以贡水白柚为主的水果基地达到1.19万公顷。建成李家河贡水白柚、高罗贡水白柚、万寨茶叶、椒园黄金梨等产业经济带和105个特色产业专业村。全县保持有机食品认证面积1433公顷，新增绿色食品认证面积200公顷，年末绿色食品认证面积达到2913公顷。

【企业培植】2016年，宣恩县新建茶叶清洁化加工生产线3条(宣恩县皇贡茶业有限公司、宣恩县盛源茶业有限公司、宣恩县神农茶业有限公司各1条)，总数达到23条。年末全县茶叶加工企业265家，其中产值过1亿元茶叶企业4家；伍家台贡茶直销店79家，加盟店33家，电子商务30家。年末拥有贡水白柚商品化处理生产线3条。李家河镇八洲坝新建果袋生产线1条，高罗镇白柚批发市场建成并投入使用。培植马铃薯生产企业(合作组织)4家(湖北省宣恩县明礼生态农业有限公司、宣恩县宣浙生态农业有限责任公司、宣恩县椿木营乡惠民蔬菜专业合作社、宣恩五谷丰现代农业有限公司)，培植马铃薯加工企业2家(恩施州亚麦食品有限责任公司、湖北宏图现代农业有限公司)。

【市场主体培育】2016年，宣恩县新增茶叶规模以上企业2家(宣恩御茶府茶叶有限公司、湖北省佳鑫农业科技发展有限公司)，总数达到21家。年末，全县省级农业产业化重点龙头企业4家，州级农业产业化重点龙头企业21家，5家企业获得自营出口贸易权，21家企业获得QS认证，14家企业获得有机认证，5家企业获得绿色食品认证，2家企业获得无公害农产品认证，5家企业获得ISO9001质量体系认证。年末全县有机认证面积1433公顷，认证产品17个；绿色食品认证面积2913公顷，认证产品19个；地理标志农产品22667公顷，出口茶叶质量安全示范区备案基地2667公顷。

【果茶品牌建设】2016年1月11日，宣恩县“贡水白柚”“宣恩贡茶”“宣恩贡米”3种特色农产品入选《2015年度全国名特优新农产品目录》。10月21日，“宣恩早”在湖北省蜜柑鉴评会上获“湖北省优质柑橘”称号。4月8—10日，在万寨乡伍家台成功举办第三届伍家台贡茶文化节，实现商贸签约4.8亿元；8月8日，在椒园镇黄坪成功举办第二届黄金梨采摘节；11月11日，在李家河镇二虎寨成功举办首届贡水白柚商贸推介会，实现商贸签约0.4亿元；11月12—13日，在高罗镇九间店成功举办第四届贡水白柚采摘节，实现商贸签约1.8亿元。

“恩施硒茶·伍家台贡茶”公共品牌，新增茶叶广告牌2个(椒园香树林、万寨伍家台各1处)。2016年1月在“京一广”高铁电视媒体上播放“伍家台贡茶”品牌宣传片。“宜昌东一上海虹桥”动车冠名“伍家台贡茶”号。组织茶叶企业参加国际国内茶博会、农博会、有机产品博览会等展示展销及荣誉评选。6月13日，“伍家台贡茶”在第十届中国国际有机食品博览会上获“金奖”。10月11日，宣恩县被中国茶叶学会评为“中国名茶之乡”。10月25日，宣恩县被中国茶叶流通协会授予“全国重点产茶县”称号(已连续四年获此称号)。

【硒产业建设】宣恩县境内的富硒农作物有茶叶、水果、蔬菜、烟叶、玉米、大米、花生、油菜籽以及畜禽产品等，硒产业建设主要是开展基地管理、企业培植、品牌创建等工作。有茶叶1.48万公顷、水果1.19万公顷、蔬菜1.19万公顷、水稻7997公顷、玉米10008公顷、油菜2613公顷、马铃薯9785公顷，已检测认证富硒茶叶基地10000公顷、富硒大米基地2000公顷。培育“伍家台贡茶”“贡水白柚”“宣恩火腿”“恩硒贡米”等一批富硒品牌。认定“恩施硒茶”核心基地企业10家(宣恩县金玉嘉茗实业有限公司、宣恩县盛源茶业有限责任公司、湖北绿可生态茶业有限公司、宣恩县七姊妹山茶业有限公司、宣恩县神农茶业有限责任公司、湖北宣恩维民实业有限公司、恩施州伍家台富硒贡茶有限责任公司、宣恩县伍贡茶业有限公司、宣恩县皇贡茶业有限公司、宣恩县宜红贡茶有限公司)。9月23—28日，宣恩县组织27家企业63种含硒产品参展第三届世界硒都(恩施)硒产品博览交易会，湖北大派食品集团有限公司生产的“宣恩火腿”获名优硒产品奖。11月2日，宣恩县沙道粮食购销公司生产的“木龙寨”富硒贡米送至湖南省农科院优质水稻研究所供科研人员鉴赏后，获袁隆平题字：“天然含硒，好米好生活。”

【农产品质量安全】2016 年，宣恩县开展省级农产品质量安全示范县创建工作。成立习罩任组长的创建工作领导小组，县农业局负责日常工作，创建工作纳入农业农村工作年度目标考核，工作经费纳入县级财政预算，按公共财政预算收入 1%的比例安排创建经费；农业化学投入品监管、农产品检验检测专项经费纳入县级财政预算，每年不低于 50 万元。全县落实村级农产品质量安全监管员，设立乡镇农产品质量安全监管站，形成县、乡、村三级监管体系。建立健全农产品质量安全制度保障体系，制定农产品质量安全监管工作职责及制度(办法)33 项，农产品生产主体责任制度 19 项，农业投入品经营主体管理制度 5 项。建立健全农业地方标准体系及农业标准化技术服务体系，健全地方标准 13 个，有不同层次的标准化生产示范基地(场)8 个，有验收合格的清洁化(茶叶)生产线 23 条。实施农业“三品一标”品牌建设，“三品一标”认证基地面积达到 27046 公顷(有机 1433 公顷，绿色 2913 公顷，地理标志 22700 公顷)，认证无公害畜产品生猪 40 万头、鸡 2 万只。落实农产品生产经营主体责任，建立监管名录，签订农产品质量安全生产责任状 375 份，安全责任告知率和培训率达 100%，发放农产品质量安全法律法规知识手册 9000 份。对生产经营主体开展巡查 1057 次。建立应急处置机制，制定《宣恩县农产品质量安全事故应急预案》。全年培训县、乡、村三级监管人员 5 期 200 人(次)。“宣恩县农产品质量安全监管信息平台”投入运行。农业投入品经营主体落实“市场准入制、销售处方制、购买实名制”。实施农产品质量安全二维码技术全程追溯的企业 2 家。制定《农产品质量安全抽检计划》，全年完成农产品质量安全监督定性检测 1.2 万批(次)、定量检测 25 批(次)，合格率99.26%。全年没有发生农产品质量安全事件。

【科技示范户培育】2016 年，宣恩县围绕水稻、玉米、茶叶、水果等产业主导品种和主推技术，建立农村实用人才信息库，从信息库中择优遴选培育科技示范户 1410 户(水稻 100 户、玉米 210 户、水果 390 户、茶叶 420 户、生猪养殖 200 户、农机 90 户)，培养成为农业科技推广的排头兵、领头雁，辐射带动周边 2.82 万户农户共同发家致富。2016 年水稻平均每亩测产情况：示范户 576.5 千克，辐射户 511.1 千克，普通户 447.5 千克。玉米平均每亩测产情况：示范户 593.5 千克，辐射户 540.6 千克，普通户 479 千克。茶叶平均亩产值测产情况：示范户 4821.82 元、辐射户 4172.23元、普通户 3607.36 元。白柚平均亩产值测产情况：示范户 5526.29 元、辐射户 4409 元、普通户 3306.29 元。加速科技成果的转化应用，全县主导品种应用率达到 95%，主推技术到田率达到 93%，农业科技贡献率达到 58%以上。

【农村实用人才培养】2016 年，宣恩县在湖北农村实用人才信息管理系统建立县农村实用人才信息库，共有农村实用人才 10878 余万人，其中，管理服务型 49 人、果茶生产型 6812 人，林业生产型 140 人，农机服务型 347 人，农业经营型 211 人，农业种植能手 2304 人，蔬菜种植能手 479 人，水产养殖能手 3 人，畜牧养殖能手 340 人，其他 193 人。组织龙头企业带头人、农村实用人才参加省、州培训 38 人。全县开展茶叶生产标准化栽培管理、白柚生产标准化栽培管理、土壤酸化治理与测土配方施肥等实用技术的不同形式各种农民培训 32428 人(次)，其中粮油产业培训 3557 人，农机培训 1301 人，农村能源技术培训 3891 人，水果产业培训 7118 人，茶叶产业培训 1.20 万人，测土配方施肥技术培训 901 人，农产品质量安全培训 3660 人。

【标准化试验示范基地建设】2016 年，宣恩县建成万寨乡伍家台村有机茶叶、李家河镇干坝村贡水白柚、晓关侗族乡三尖坳村蛋鸡养殖 3 个标准化试验示范基地。伍家台有机茶叶试验示范基地面积 30 公顷，亩产量 1026.5 千克，比上年增长 41.8%；鲜叶亩收入 8060 元，比上年增长 17.4%，有机茶基地管理模式，促使茶叶的销售价格大幅提升，带动周边 14 个村 2000 多农户重视茶园管理。干坝贡水白柚试验示范基地面积 130 公顷，辐射带动高罗、沙道沟、李家河 3 镇 32 个白柚种植专业村，1.2 万户柚农，增加收入 8000 万元，带动贫困户及农民工 1 万余人从事白柚产业发展。三尖坳蛋鸡养殖 1 万只，年销售鸡蛋 14 万千克，年纯收入 42 万元，基地辐射带动周边蛋鸡养殖户30户，户平增收1000元左右。每个基地都开展3次以上新品种新技术的示范展示活动，观摩人数均达1200人以上。

【宣恩县获第五届“中国名茶之乡”称号】2016年10月11日，中国茶叶学会授予宣恩县“中国名茶之乡”。评选活动由中国茶叶学会组织开展，其主要目的是实施“名乡产名茶，名茶创名牌，名牌显名茶”的品牌战略，宣传主要产茶县、市（乡）的名茶，发展区域经济，推进茶产业的可持续发展。活动严格按照《中国名茶之乡评选办法》进行，有湖北、湖南、福建等11个省的重点产茶县（镇）参加评选，共评选出宣恩县等14个重点产茶县（镇）为第五届“中国名茶之乡”。截至2016年宣恩县茶叶面积1.48万公顷，其中有机认证面积1160公顷，出口备案基地2667公顷；规模以上茶叶企业21家，综合产值达到15亿元。宣恩县先后被授予“全国有机农业示范基地”“国家有机农产品认证示范创建区”“国家级出口茶叶质量安全示范区”“全国重点产茶县”“全国十大生态产茶县”5个称号；“伍家台贡茶”相继获得国家地理标志保护、国家农产品地理标志、国家地理标志证明商标、湖北省著名商标、湖北省名牌产品、“湖北十大名茶”、中国驰名商标等荣誉称号。

【第三届伍家台贡茶文化节】2016年4月8—10日，宣恩县以“游宣恩·品贡茶”为主题的第三届伍家台贡茶文化节在万寨乡伍家台村举办，湖北省说唱团、宜昌市歌舞剧团、宣恩县文工团的演员及民间艺人开展说茶、茶艺、采茶、斗茶（炒茶）、评茶、送茶、卖茶、秀茶等系列活动。

4月8日，举行第三届伍家台贡茶文化节机制名优茶鉴评会，邀请中国农业科学院茶叶研究所副研究员、硕士生导师尹军峰，恩施州职业技术学院高级讲师杨胜伟，恩施州农科院副院长、高级农艺师张强，恩施州农业局经作科科长、高级农艺师杨长勇，恩施州农科院茶科所副所长、高级农艺师梁金波、恩施州职业技术学院讲师吴建群担任评委，对全县20家茶叶加工企业选送的42个茶样的外形、汤色、香气、滋味、叶底进行综合评定，现场打分。经过鉴评，湖北贡宇茶叶股份有限公司、宣恩县神农茶业有限责任公司、湖北贡易德茶叶有限公司选送的茶样以“外形紧细原直，汤色清碧明亮，香气文秀优雅，滋味鲜活爽口，叶底明亮实整”的特质，赢得评委好评，分别获机制名优茶（绿针）、机制名优茶（贡芽）、机制名优茶（红茶）第一名。尹军峰评委点评，宣恩茶叶整体水平高、产品质量上乘，属于茶中上品。

4月8日，宣恩县农业局与伍家台贡茶产业协会联合举办“互联网＋农业及伍家台贡茶品牌”专题讲座，商务部高级顾问、人社部“国家专业技术人员继续教育”特聘专家段战江以及华中农业大学教授戴玉婵，分别以“如何用互联网＋思维开创新农业转型突围”“伍家台贡茶的品牌体验营销”为主题，分析宣恩茶产业发展形势，并就运用“互联网＋”推动产业扶贫进程，创新发展思维和理念，推进宣恩特色产业可持续健康发展作专题讲解。

4月9日，第三届伍家台贡茶文化节茶园开园仪式在万寨乡贡茶文化广场举行，省农业厅党组副书记、副厅长徐能海，省贸促会副会长张爱民，省贸促会调研员于加珠，中国农业科学院茶叶研究所副研究员、硕士生导师尹军峰及刘智勇、习覃、朱鹏程、杨安明、张频等县领导出席，华中农业大学、州农科院专家教授、州旅游委等单位和部门相关负责人，各乡镇、县直单位相关负责人，新华社、湖北日报社、湖北卫视垄上频道等11家媒体记者，各乡镇的采茶、制茶能手及游客参加开园仪式。中国国旅（宜昌）国际旅行社、湖北鑫趣旅行社、恩施州逛氧吧乡村旅游开发有限公司等近20家旅行社的500余名游客登茶山、游茶园、采茶叶、享茶乐，体验乡村休闲旅游。宣恩县与52家客商共签约4.8亿元的伍家台贡茶订单。

【“宣恩”早获湖北优质果品】2016年10月21日，在全省早熟温州蜜柑鉴评会上，宣恩选送的“宣恩早”蜜柑，被湖北省柑橘学会鉴评为“湖北省优质果品”。鉴评会由中国柑橘学会理事、华中农业大学彭抒昂教授，华中农业大学李善军教授，省农业厅果茶办主任鲍江峰，农业厅经作处调研员姜金生组成的专家评审组，采用仪器检测、专家目测和当场品尝的方式，对全省22个柑橘主产县（市）选送的48个早熟柑橘样品的柑橘色泽、果型、光滑度、整齐度、口感、化渣度等内容进行评比。"宣恩早"蜜柑是20世纪80年代宣恩县特产局选育的地方特色水果,因其个大皮薄、色泽鲜艳、味道甘甜且成熟期早于国内其他地区蜜柑而得名。1985年就被评为农业部优质产品,并多次在全国和全省的柑橘良种鉴评会上夺魁。截至年末,全县有"宣恩早"蜜柑1667公顷,年产量2.78万吨,主要分布在珠山、沙道沟及李家河镇。

【椒园生态产业园成为省级示范园区】2016年,湖北省共有27个首批认定的示范园区考核合格,10个新申报的园区被认定,其中,椒园生态产业园是恩施州唯一新入选园区。

椒园生态产业园地处宣恩县椒园镇,是中共宣恩县委、宣恩县政府确定重点开发建设的工业园区,规划面积352.86公顷。2002年开始建园,至2016年入园企业达到53家,其中,农副产品加工企业30家,为农业产业化提供配套产品及商贸、物流服务的企业17家;园区现有农业产业化龙头企业10家,其中省级5家、州级5家,形成土家爱食品、大派食品、宣桃茶叶、亚麦食品等骨干型农产品加工企业,依托县内茶叶、白柚、蔬菜等富硒农产品基地,走"公司+基地+专业合作社+农户"的产业化链条式发展之路,带动各类专业合作社近百家,带动农户3万余户,发挥"一人就业、全家脱贫"的产业化脱贫示范引领作用。2016年椒园生态产业园农产品加工企业实现产值13亿元,承接劳动力就业5000余人,年增加农户收入8亿元。

【第四届贡水白柚采摘节】2016年11月12－13日,以"诗画苗乡·高罗柚惑"为主题的宣恩县第四届贡水白柚采摘节在高罗镇九间店村贡水白柚示范基地举行,数千人一同游柚园、品柚果、赏柚景。为期两天的采摘节中,除保留节目摘柚子、吃柚子比赛外,还新增环柚园长跑、篝火晚会和垄上牛人表演,融入更多的互动,增加游客的体验感、参与感。贡水白柚栽培有100多年历史,以"果实中大、汁胞脆嫩、酸甜适度、芳香浓郁、含硒元素"等独特品质,被批准为国家地理标志保护产品。高罗镇按照区域化布局、规模化生产、标准化管理和产业化经营的方式,建成沿209国道火烧营、板寮等7个村的白柚走廊,形成高效、生态、环保、示范于一体的贡水白柚生态农业示范区,面积达3060公顷,通过国家有机农产品认证达到213公顷。高罗镇获国家林业局命名的"中国贡水白柚之乡"、省质监局批准的全省农业标准化(贡水白柚种植)示范乡镇等美誉。采摘节期间,高罗镇与全国各地的客商签订白柚销售合同1.8亿元。

【宣恩参展第三届恩施硒博会】2016年9月23－28日,宣恩27家企业63种含硒产品,参展由中国商业联合会、中国农产品市场协会、中国优质农产品开发服务协会与恩施州政府联合主办的第三届世界硒都(恩施)硒产品博览交易会。刘智勇、周志斌、覃国锋及县直相关部门负责人到硒博会现场观看参展情况。宣恩的富硒茶叶、白柚、黄金梨、土鸡蛋等农产品在硒博会上受到客商和游客的青睐。期间,宣恩与客商现场签约金额1.01亿元,经贸洽谈签订3项投资总额达23亿元的投资项目协议。

【农产品质量安全工作推进会】2016年8月17日,宣恩县创建"湖北省农产品质量安全县"工作推进会由郭晖主持召开,总结全县"湖北省农产品质量安全县"创建工作,分析农产品质量安全形势,并就下一步工作任务进行安排部署。周志斌、钟昌泽出席,各乡镇、农产品质量安全县创建领导小组成员单位相关负责人及有关企业主要负责人参加。会上,各乡镇及县农业局、县食药监局、县畜牧兽医局、县水利水产局、县粮食局相关负责人分别就创建"湖北省农产品质量安全县"工作进行交流发言。

【农资经营主体培训】2016年11月29日,宣恩县农业局组织召开全县农资市场经营主体培训会,邀请州农业局农业行政执法人员为全县160余名农资市场经营主体负责人进行授课,围绕种子、农药市场的经营与管理,农作物种子经营中常见的九种违法行为,以及与农资相关的一系列法律、法规、文件、通知等方面内容,向参训人员进行详细解读。要求农资生产经营主体要建立健全农资档案,及时发现和报告假劣农资,切实维护农资消费者的合法权益;农业行政主管部门要耐心细致地向农资生产、经营主体讲解建立农资档案的目

伍家台

2016年12月30日，伍家台乡村旅游度假区被批准为国家AAAA级旅游景区

伍家台晨曦

椿木营乡

2016年9月21日，恩施州高山四县市五乡镇现场办公会在椿木营乡五子岩召开　（孟友强 摄）

2016年11月28日，椿木营乡直机关支部党员集中听党课

2016年7月17日，椿木营乡高山腔歌队在重庆黔江参赛　（黄长安　摄）

2016年7月30日，椿木营第四届露营节　（吴明清　摄）

2016年8月14日，椿木营乡连厢队参加恩施市红土乡石窑女儿会　（黄长安　摄）

珠山镇

2016年10月12日，中国共产党珠山镇第四次代表大会召开

镇领导班子成员，前排左起：党委副书记龚伦志，党委委员、人武部部长张继，纪委书记成勤，党委书记曾伟，党委副书记孟友顺，党委委员、副镇长伍登科，副科级干事李绍林；后排左起：副镇长张敏，组织委员漆健岚，党委副书记、镇长戴青，人大主席江正月，宣传统战委员张彦龙，主任科员刘学宇，副主任科员陈辉

2016年10月22日，国家督查组在珠山镇封口坝村督查精准脱贫工作

九子抱母银杏树

双龙湖秋色

椒园镇

2016年10月12日，中国共产党椒园镇第六次代表大会召开

2016年12月26日，椒园镇干部职工义务献血

2016年12月30日，水田坝安置点发放安置房钥匙

椒园安置点

沙道沟镇

镇领导班子成员，从左至右分别为：副镇长胡静、统战委员梁立勇、人武部长陈应祝、组织委员邓啟明、副书记戴虎、书记朱朝春、镇长秦正才、副书记成长江、副镇长罗军、纪委书记卓发东、人大专职副主席宋隆权

（2016年10月28日 摄）

2016年10月27日，沙道沟镇第六届人民代表大会第一次会议召开

2016年10月22日，宣恩县首届（国际商贸城)稻草人艺术节丰收火炬传递沙道沟镇分坛活动在彭家寨举行

2016年7月1日，举办庆“七一”暨“昀和茶叶杯”篮球赛

2016年1月1日，沙道沟集镇公交车开通营运

沙道沟绿化集镇河道 (2016年3月11日 摄)

沙道沟三级客运站施工现场

高罗镇

镇领导班子成员，左起：党委委员、武装部长罗爱国，党委委员、副镇长赵振文，组织委员叶坚，党委副书记、政协联络组组长田远海，人大专职副主席覃丰收，党委书记、人大主席彭超，党委副书记、镇长陈涛，镇党委副书记吴利高，纪委书记曾毅，党委委员、副镇长王博

2016年12月17日，州委常委、副州长唐泓（左二）到高罗麻阳寨村易地扶贫搬迁安置点调研

2016年10月10日，县委书记刘智勇（前排左一）、副县长邵爱华（前排右二）到高罗镇小茅坡营，调研少数民族特色村寨保护与发展工作

2016年7月7日，县人大常委会副主任杨安明（前排左二）带县人大常委会组成人员到高罗镇调研

易地扶贫搬迁工程谭家坝安置点

中国传统村落——大茅坡营

长潭河侗族乡

侗乡民俗：拦门酒

侗寨（卢家院子）

(吴明清　摄)

合龙宴

2016年7月9日，庆祝长潭河侗族乡成立30周年庆祝大会在卢家院子召开

（吴明清　摄）

万寨乡

2016年2月20日，国家农业部相关人员考察伍家台

2016年4月8日至10日，宣恩县举办第三届伍家台贡茶文化节

2016年9月23日，硒博会参会人员参观伍家台茶园

2016年10月22日，宣恩县首届（国际商贸城）稻草人艺术节丰收火炬在万寨传递

2016年11月15日，湖北省质量技术监督局对第八批国家农业标准化项目示范——伍家台贡茶国家级农业标准示范项目，进行考核验收

2016年6月30日，万寨乡“十弟兄陪新郎”节目获全县庆七一“文化力量，民间精彩”首届社会文艺团队展演一等奖

李家河镇

2016年5月11日，县委书记刘智勇（左二）到李家河调研白柚产业发展

2016年6月3日，县长习覃（右一）检查易地扶贫安置点建设情况

李家河镇领导班子成员，左起：党委委员、副镇长张英，组织委员覃兵，党委副书记滕召强，党委书记唐刚，党委副书记、镇长明关祝，纪委书记高武，宣传统战委员、副镇长刘正坤，党委委员、人武部部长张勇

(2016年6月20日 摄)

2016年11月11日，贡水白柚狂欢节+乡村旅游商贸推介会评选的柚王，重4400克

开展“不忘初心，永跟党走”主题实践活动，党员回乡参加劳动

2016年11月11日，李家河镇“贡白水柚狂欢节+乡村旅游”商贸推介会（吴明清 摄）

象鼻沟乡村旅游

晓关侗族乡

2016年3月3日，乡党委书记姚金超（左一）陪同副州长周静（左二）、县委副书记朱鹏程（右二）在大岩坝村调研易地扶贫搬迁工作

2016年10月9日，乡党委书记唐猛（中）陪同县政协主席黄同元（左一）到野椒园村调研

2016年4月14日，野椒园旅游区开工建设

（张新欣 摄）

2016年4月20日，乡人武部在晓关乡政府开展民兵应急演练　　（张新欣 摄）

2016年5月10日，晓关乡农业服务中心在小溪村开展茶叶有机综合防治培训　　（张新欣 摄）

2016年5月11日，湖北省民族歌舞团到晓关乡野椒园村演出　　（张新欣 摄）

2016年5月31日，官千水库开工建设

（张新欣 摄）

野椒园侗乡合龙宴　　（2016年7月9日 摄）

支柱产业

2016年10月26日，湖北省烟草专卖局（公司）副经理黄树立（左二）检查宣恩烟叶收购工作

技术员指导烟农进行下部叶采收

烟叶大田管理

烟叶移栽

椿木营白菜

葱

大头菜

黄豆

辣椒

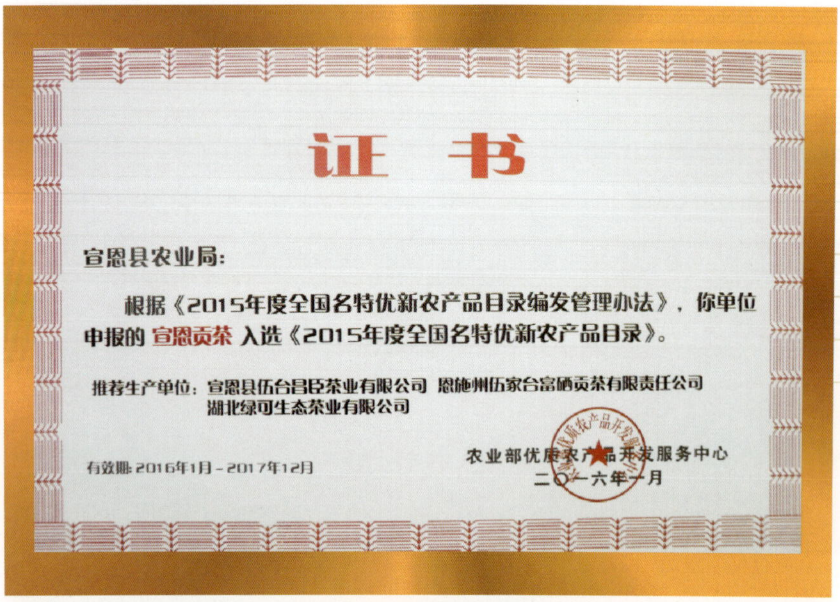

证 书

宣恩县农业局:

根据《2015年度全国名特优新农产品目录编发管理办法》，你单位申报的 宣恩贡茶 入选《2015年度全国名特优新农产品目录》。

推荐生产单位：宣恩县伍台昌臣茶业有限公司 恩施州伍家台富硒贡茶有限责任公司 湖北绿可生态茶业有限公司

有效期：2016年1月－2017年12月

农业部优质农产品开发服务中心
二〇一六年一月

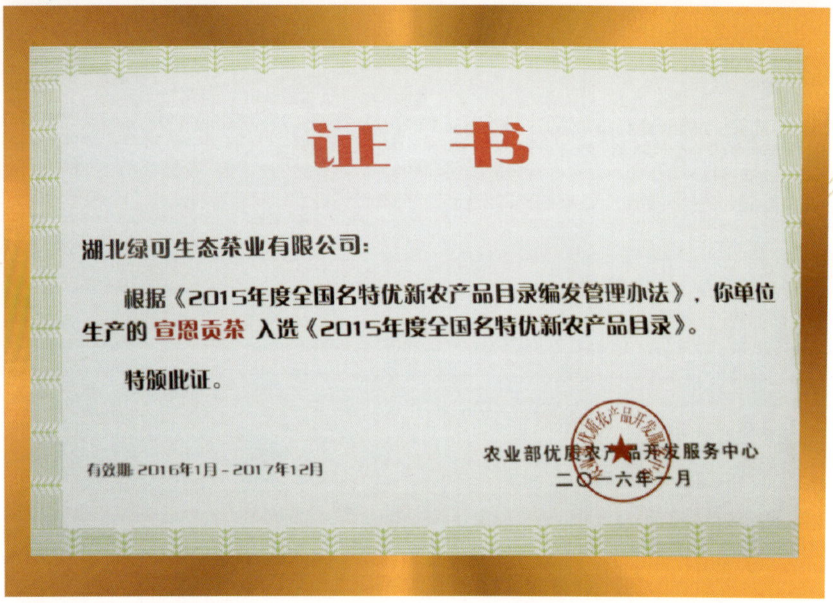

证 书

湖北绿可生态茶业有限公司:

根据《2015年度全国名特优新农产品目录编发管理办法》，你单位生产的 宣恩贡茶 入选《2015年度全国名特优新农产品目录》。

特颁此证。

有效期：2016年1月－2017年12月

农业部优质农产品开发服务中心
二〇一六年一月

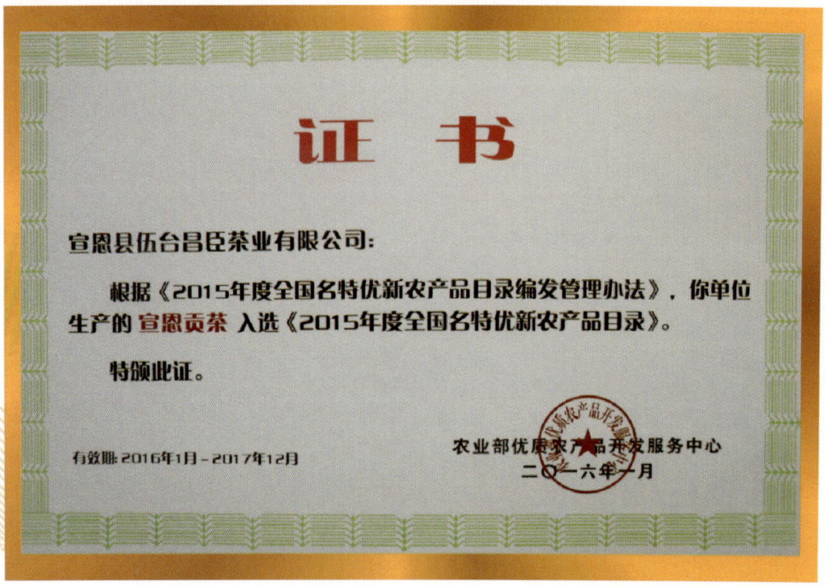

证 书

宣恩县伍台昌臣茶业有限公司:

根据《2015年度全国名特优新农产品目录编发管理办法》，你单位生产的 宣恩贡茶 入选《2015年度全国名特优新农产品目录》。

特颁此证。

有效期：2016年1月－2017年12月

农业部优质农产品开发服务中心
二〇一六年一月

2016年10月11日，宣恩县获第五届“中国名茶之乡”称号

绿茶

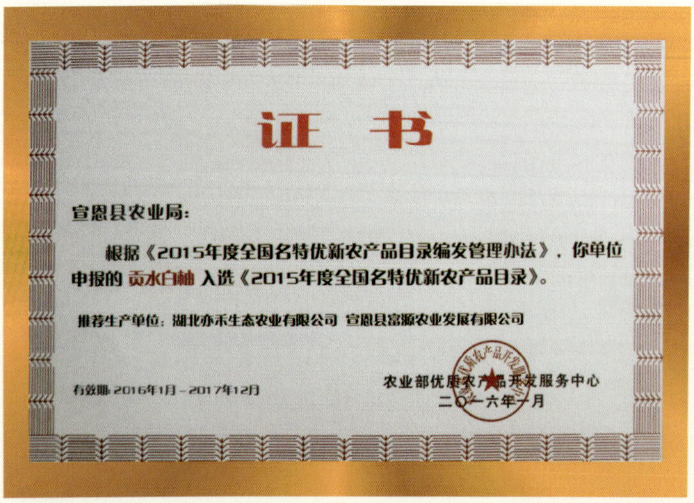

证 书

宣恩县农业局：

根据《2015年度全国名特优新农产品目录编发管理办法》，你单位申报的贡水白柚入选《2015年度全国名特优新农产品目录》。

推荐生产单位：湖北亦禾生态农业有限公司 宣恩县富源农业发展有限公司

有效期：2016年1月－2017年12月

农业部优质农产品开发服务中心
二〇一六年一月

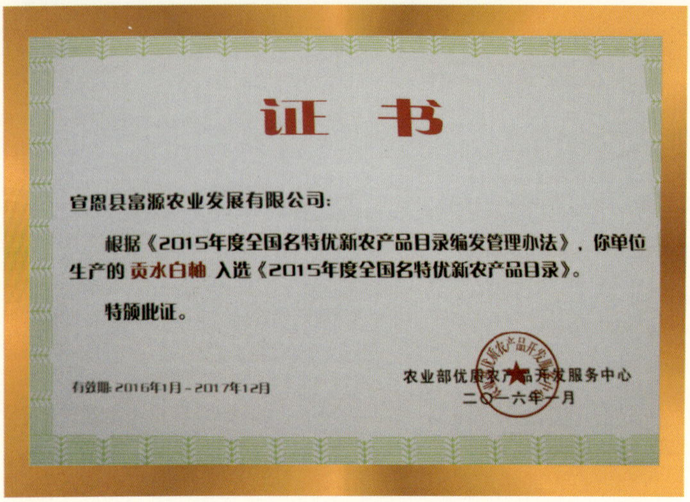

证 书

宣恩县富源农业发展有限公司：

根据《2015年度全国名特优新农产品目录编发管理办法》，你单位生产的贡水白柚入选《2015年度全国名特优新农产品目录》。

特颁此证。

有效期：2016年1月－2017年12月

农业部优质农产品开发服务中心
二〇一六年一月

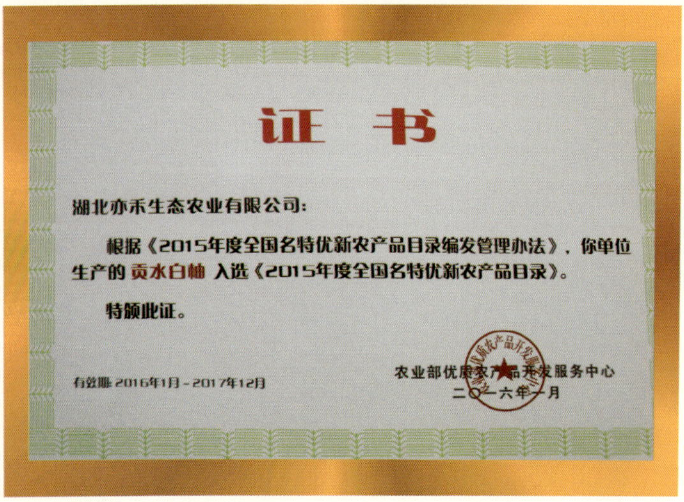

证 书

湖北亦禾生态农业有限公司：

根据《2015年度全国名特优新农产品目录编发管理办法》，你单位生产的贡水白柚入选《2015年度全国名特优新农产品目录》。

特颁此证。

有效期：2016年1月－2017年12月

农业部优质农产品开发服务中心
二〇一六年一月

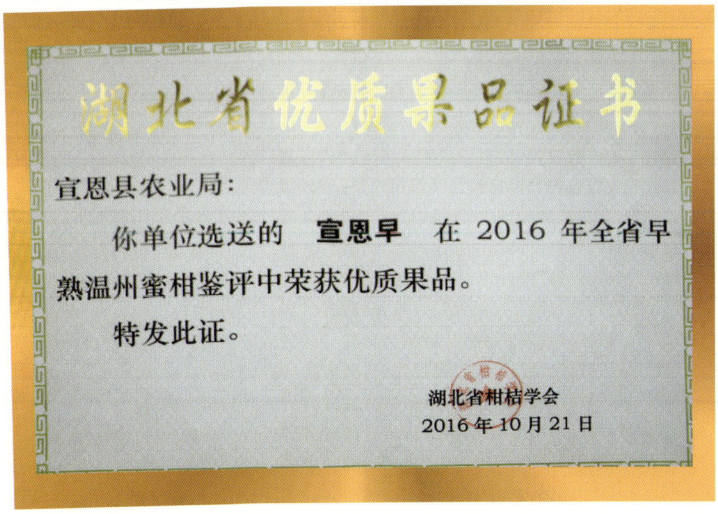
湖北省优质果品证书

宣恩县农业局：

你单位选送的 **宣恩早** 在 2016 年全省早熟温州蜜柑鉴评中荣获优质果品。

特发此证。

湖北省柑桔学会

2016 年 10 月 21 日

宣恩早

黄金梨

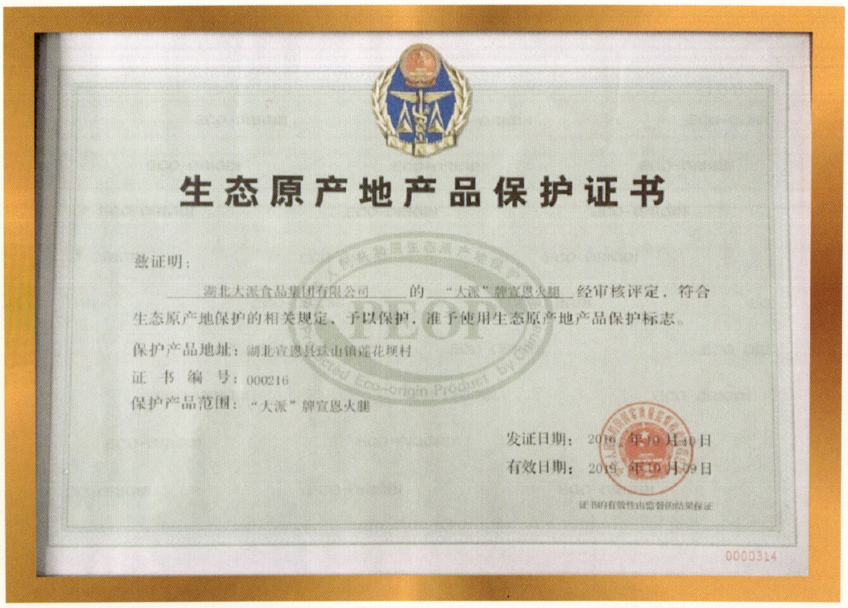

生态原产地产品保护证书

兹证明：

湖北大派食品集团有限公司 的 "大派"牌宣恩火腿 经审核评定，符合生态原产地保护的相关规定，予以保护，准予使用生态原产地产品保护标志。

保护产品地址：湖北宣恩县珠山镇莲花坝村

证 书 编 号：000216

保护产品范围："大派"牌宣恩火腿

发证日期：2016 年10月10日

有效日期：2019 年10月09日

证书的有效性由监督供给保证

0000314

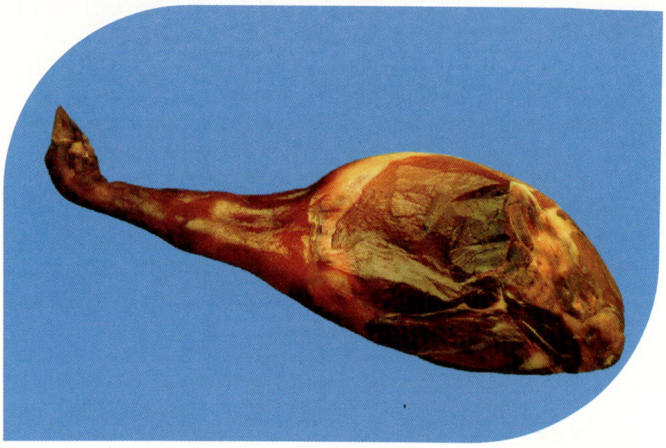

生态原产地产品保护证书

兹证明：

湖北土家爱食品开发有限公司 的 土家爱速溶合渣系列、植物蛋白饮料系列产品 经审核评定，符合生态原产地保护的相关规定，予以保护，准予使用生态原产地产品保护标志。

保护产品地址：恩施州宣恩县工业园区椒园生态产业园

证书编号：000215

保护产品范围：土家爱速溶合渣系列、植物蛋白饮料系列产品

发证日期：20[illegible]日

有效日期：201[illegible]日

证书的有效性由监督的结果保证

0000313

生猪养殖

宣恩红春生态农业有限公司蛋鸡舍

香肠

宣恩县李家河发阳生态养殖专业合作社

柚园养鸡

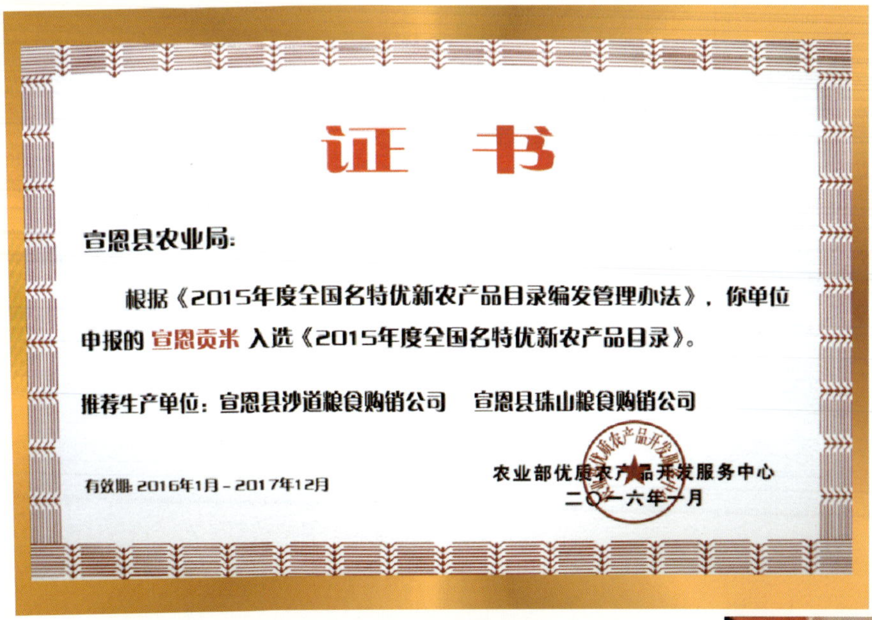

证书

宣恩县农业局：

根据《2015年度全国名特优新农产品目录编发管理办法》，你单位申报的宣恩贡米入选《2015年度全国名特优新农产品目录》。

推荐生产单位：宣恩县沙道粮食购销公司　宣恩县珠山粮食购销公司

有效期：2016年1月－2017年12月

农业部优质农产品开发服务中心
二〇一六年一月

木龙寨富硒贡米：

天然含硒
好米好生活

袁隆平
2016.11.2.

2016年9月15日，宣恩县金融办组织辖区内金融机构在人民广场开展“金融知识普及宣传月”活动

（覃浩　摄）

2016年8月4日，人民银行宣恩县支行、宣恩县扶贫办到高罗镇为村干部开展金融扶贫知识培训

（覃浩　摄）

2016年8月31日，湖北宣恩农村商业银行服务宣恩县第一中学师生

2016年7月6日，湖北宣恩农村商业银行在浙江乐清柳市为外出务工人员提供金融服务

2016年9月22日，建设银行宣恩支行开展反抢劫演练

2016年3月31日，县工商局领导为土家爱食品开发有限公司颁发著名商标牌匾（从左至右为：县工商局办公室主任屈劲松、局长赵明金、土家爱食品开发有限公司法定代表人侯令谦、工商局商广股股长崔世友）

2016年7月8日，大白溪村农民专业合作社授牌

2016年12月4日，县工商局在河滨广场发放宣传册

宣恩石油公司加油站员工优质服务

2016年8月26日，《恩施州交通运输志》编纂工作推进会在宣恩县交通运输局九楼会议室召开

2016年10月8日，宣恩县农村公路管理局挂牌

（胡敏 摄）

232省道晓关坪地坝大桥

2016年11月8日，副县长邵爱华宣布宣恩县新能源纯电动公交车上线营运

2016年11月8日，宣恩县新能源纯电动公交车上线营运

干家坝大桥

加固完工后的沙道沟大桥

鹰潭大桥

的、意义和法律依据，做好宣传和培训工作，引导农民群众购买农资，索证索票，增强农民群众的维权护法意识和自我保护意识，确保农产品质量安全、农业生产稳定发展，营造规范有序的市场环境和安全放心的消费环境。

【农产品质量安全可追溯体系建设】2016 年，宣恩县建立农产品质量安全可追溯体系，即赋予农产品电子身份证，消费者可以通过农产品上记录的标志标识，利用手机、网络等方式查询可追溯农产品的生产经营主体相关信息，做到放心、明白消费。15 家企业的茶叶、贡水白柚、黄金梨三类产品实现生产有记录、产品有标识、产品可召回、责任可追究，宣恩县伍台昌臣茶业有限公司、恩施州伍家台富硒贡茶有限责任公司、宣恩县金玉嘉茗实业有限公司 3 家企业茶产品通过二维码初步实行信息可查询、流向可追踪。3 月 9 日，宣恩举办农产品质量安全追溯与监管信息平台业务操作培训会。县农业局、县食药监局、县粮食局等县直有关部门及全县 57 家农产品生产经营主体相关负责人参加培训。浙江天演维真网络科技有限公司的讲师对农产品追溯与监管体系建设的必要性、体系构建内容、追溯与监管平台的运用等方面进行详细讲解，并对追溯与监管平台各项功能操作进行现场演示，使参训人员对安全追溯与监管平台的运用有直观的认识和了解。

・职业技能培训・

【新型职业农民培育】2016 年，宣恩县农广校围绕茶叶、白柚两个主导产业建设，依托新型职业农民培育项目，坚持“以素质教育塑造农民、以技能培训武装农民、以知识讲座提升农民”办学方针，采取“农民点菜、机构办炉、教师配席、政府买单”培训模式，推行“参与式、互动式、重实训”培训方法对农民进行技能培训。全年共培育新型职业农民 594 人。其中生产经营型 300 人（茶叶种植及加工营销 179 人，白柚种植及加工营销 121 人），专业技能和社会服务型 294 人（农产品贮藏加工 58 人，茶园园艺工 176 人，肉牛养殖 60 人）。

（陈亭光）

烟叶种植

【概况】2016 年，宣恩县 9 个乡镇、25 个收购组、123 个种烟村、551 个村民小组的 3820 户种烟农户，实际种植烤烟 4634.2 公顷，收购烟叶 7008.6 吨，烟农现金收入 2.2 亿元，实现烟叶税收 4479.68 万元。

全年全县共计育苗4352.53公顷，100%实现大棚漂湿育苗，育苗户数 571 户，其中商品化育苗 1023.53 公顷，商品化育苗率达到 23.52%。针对育苗前期阴雨低温，宣恩烟叶分公司采取育苗池底部电热丝加热增温、植物生长补光灯补光、烤房增温催芽、双膜双架增温等多项育苗技术示范推广，实现苗足、苗齐、苗壮。在此基础上，利用土地流转、土地租借、盘活烘烤设施等方式增加种植面积，通过清点棚子、盘子、苗子“三子”，确保烟苗全部进烟田，并通过打桩钉牌、大田供苗准确掌握每户烟农真实移栽株数，最大限度保证种植面积落实。

兑现 2015 年自然灾害补贴资金 44.64 万元。宣恩农村商业银行为 2024 户烟农贴息贷款 1665.19万元，全县产前投入共计 2807.71 万元，发放各类肥料物资 7924.5 吨，亩平投入超过 406.91 元，通过贴息贷款和物资补贴发放，解决烟农自身投入积累不足的困难。

【烟叶收购】2016 年，宣恩县烟叶收购工作中，宣恩烟叶分公司执行国家局“七条要求”“五条纪律”，坚持国家收购标准和样价政策，坚持平稳、平衡收购，狠抓烟叶等级纯度，确保等级合格率，坚持分部位收购，执行收购现场作业流程。

烟叶收购开始前，湖北中烟集团与州烟草公司参照国家烟叶收购样本，共同制定特色优质烟叶收购实物样品和工商交接样品发到各站组，对照样品分部位收购。坚持以“纯度为中心，四个一致”的原则，狠抓烟叶预检，收购 100% 实行预检。县烟叶分公司对全县预检人员进行集中培训，并组织理论和实际操作考试，考试合格后持证上岗。各站（组）对烟农开展多种形式培训，全方位展开烟叶预检工作。坚持把预检工作作为提高烟叶纯度的重中之重，全县聘请预检员 86 名，负责全县烟叶预检工作，实行入户预检与现场预检相结合，指导烟农在家中做好剔青去杂，实现质量关口前移。

各乡镇党委政府维护烟农利益，维持收购秩序、打击烟贩烟霸、组织烟农售烟，县烟叶分公司严格按照约时间、定部位、定数量、定地点原则安排烟农交售烟叶，烟叶收购有序进行。坚持高纯度、低眼光收购，按照“收得进、卖得出、不亏损”的原则，最大限度让利于烟农，确保烟农利益；严格执行烟叶质量标准，实行烟叶质量层级负责制，对各环节不合格的烟叶实行退回制，调拨出库的烟叶实行站长或副站长质量放行负责制，调出的每一车烟实行主检，既确保二次验收合格率，又降低烟叶损失。

严格烟叶合同管理，坚持按生产收购计划定面积、定单产、定烟叶等级比例。全年收购烟叶7008.6吨，同比增加708.6吨，超过目标值7000吨的1.69个百分点；上等烟比例达到65.5%，同比增加1.6个百分点，超过州烟草专卖局下达目标值65%的0.5个百分点；上中等烟比例达到100%，同比增加1.83个百分点，超过州烟草专卖局下达目标值99%的1个百分点；中部烟比例达到70.52%，同比增加4.59个百分点，超过州烟草专卖局下达目标值70%的0.52个百分点。烟农实现现金收入2.2亿元，户均收入5.79万元，其中收购金额2.04亿元，同比增加3123.62万元。烟叶税收4479.68万元，实现综合税收7919.4万元。

【种植管理】2016年，宣恩县因地制宜制定和改进技术措施，以剪叶、炼苗、消毒和病害防治为重点抓壮苗培育，严格实行壮苗验收制度，实现壮苗移栽。以行距、垄体饱满度和垄体高度为重点抓“三先”质量，确保覆膜后平坝地垄体高度在25厘米左右，坡土、岩壳土垄体高度在20厘米左右。全面推广小壮苗“井窖式”和“三带一深”移栽技术，实行地膜烟，分区域合理确定移栽时间和移栽密度，亩栽烟株数控制在950～1100株，保证移栽质量。开展查苗补苗、围蔸、封口、追肥等前期管理工作，重点加强病虫害统防统治，并针对5月、6月气温低、雨水多而造成部分区域出现僵苗、长势不齐的问题，采取生物质炭松蔸、施偏心肥和生根粉等补救措施。严格实行准采证制度，全面推行成熟采收及三段式烘烤技术，推广上二棚半斩株烘烤，解决上部烟中部化，改善烟叶烘烤质量。

【科研项目】2016年，宣恩县落实各级各类试验示范项目12大项，其中自主创新项目7项(国家烟草专卖局1项，省烟草专卖局5项，州烟草专卖局1项)，协作项目1项(国家烟草专卖局1项)，工作专项4项(省烟草专卖局4项)，湖北中烟集团1项。落实各类示范、技术研发项目31小项。加大平衡施肥、土壤保育与修复项目实施力度，继续在晓关乡古路槽、牛场、猫山、草坝，椿木营乡范家坪、干竹坪等区域开展平衡施肥示范，共67.6公顷，在珠山镇铁厂坡，椒园镇锣圈岩、水井坳等10个区域开展绿肥翻压、施用有机肥、生物质炭等土壤保育与修复技术示范，共580.53公顷，并带动(辐射)至全县。在平衡施肥项目中，注重硼肥、锌肥等微量元素的使用，共推广使用硼肥400公顷，锌肥333.33公顷。自主研发的《一种烟秆拔除专用工具》获得实用新型专利。与湖北省农业科学院共同参与的《一种酸化植烟土壤改良剂及其使用方法》获得发明专利。

【基础设施及基地单元建设】2016年，宣恩县投入项目资金362.48万元，建成项目243个(其中烤房11处共60栋，烤房维修183栋)。开展商品化育苗面积2666.5公顷，覆盖率57.5%。专业化机耕787.78公顷、专业化起垄887.01公顷、专业化植保621.4公顷。

【官千水库水源工程开工】2015年12月，官千水库水源工程获中国烟草总公司批准兴建。2016年3月8日，恩施州公共资源交易中心完成官千水库水源工程代理机构遴选。4月9日，启动导流洞、交通洞招标和监理同步招标工作。4月11日，启动征地移民工作。5月31日，宣恩官千水库水源工程开工仪式在晓关乡小溪村举行。官千水库位于晓关乡小溪村官千河下游，是2016年恩施州重点项目之一，项目主要由水库工程及灌溉输水管网工程两部分组成，属烟草援建项目。水库正常蓄水位高程631米，最大设计坝高58米，总库容996万立方米，以灌溉为主，兼有防洪、人畜饮水等作用，可覆盖农田灌溉面积2368.67公顷，其中基本烟田面积1880公顷。通过管网连接，可有效解决宣恩县晓关乡、椒园镇、珠山镇共30个行政村3.77万人的生活用水问题。项目概算总投资约1.54亿元,其中烟草援建资金1.26余亿元,地方政府配套资金2836.62万元,工程理论设计总工期28个月。

(李翔)

林业经济

【概况】2016年,宣恩县林业产业总产值16.02亿元。其中,对林业总产值贡献最大的是木本水果类、森林食品、茶饮料等加工制造业10.75亿元,占67.1%;其次是水果种植业3.29亿元,占20.54%;第三是第三产业达到6615万元,占4.13%。

全县各类涉林企业120个,其中,企业类88个,专业合作社28个,种养殖大户4个。全县各类涉林企业共有员工1815人,种养植面积6103公顷,2016年林业产值达14.84亿元,实现税收1467.5万元,实现出口额256万美元。第一产业各类涉林企业49个,其中,企业类22个,专业合作社27个。共有员工781人,种养植面积1677公顷,年产值8985万元,实现税收112.5万元。第二产业各类涉林企业67个,其中,企业类62个,专业合作社1个,种养殖大户4个,共有员工973人,种养植面积4426公顷,年产值13.20亿元,实现税收1275万元,实现出口额256万美元。第三产业各类涉林企业4个,全部为企业类,有员工61人,产值7450万元,实现税收80万元。

【林业产业建设】2016年,宣恩县木材产量4029立方米,竹材产量2万根。全县经济林面积2.18万公顷。全年经济林产品总产量达到10.96万吨,年末油茶种植面积2834公顷,当年种植面积400公顷,苗木产量45万株,油茶籽产量125吨。花卉种植面积10公顷,花卉从业人员3400人。全县自然保护区旅游等林业旅游与休闲服务接待人数5.6万人(次),直接旅游收入达3740万元,直接带动其他产业产值5735万元。

全县有省级林业产业化龙头企业2家。湖北西部现代农业有限公司,位于宣恩工业园椒园生态产业园,是宣恩县最早的自营出口林业企业,国家农业产业化重点扶持企业,集生产、加工、销售于一体的外向型农(林)业企业。公司产品有生鲜果系列、树叶类产品系列、功能茶等。产品主销亚、欧各洲数十个国家和地区以及国内各大中城市。公司创立于2004年11月,有标准化厂房3.83万平方米、多功能万吨冷库1座,资产总额达1.03亿元,2016年实现营业收入8082万元,出口创汇88万美元。公司通过ISO9001:2000质量管理认证和HACCP食品安全认证、质量信用AA级认证,AAA级银行信用企业。湖北蒙恩花木发展有限公司,成立于2012年3月,前身为蒙恩林业(宣恩)发展有限公司,是以造林和碳汇交易为主,绿化景观工程承接及苗木、根艺、盆景、花卉生产、销售为辅的林业产业化企业,湖北省林业厅重点招商引资企业,也是湖北省第一批纳入碳汇交易试点的民营企业。公司位于湖北宣恩工业园区椒园生态产业园,资产总额3.71亿元,有员工38人,其中总工程师1名,工程师2名,专业技术人员9人。公司有三大主体:总投资超过3亿元的1.33亿公顷碳汇林基地;占地9.33公顷、总投资1.2亿元的兰草、鲜切花工厂化培育项目;高罗镇下坝村占地面积66.67公顷、总投资额5000万元的绿化苗木基地。全年资产总额达3.71亿元,资产负债率26.69%,实现营业收入1.80亿元。

【林业专业合作社】宣恩县椒园采花茶叶专业合作社,州级林业产业化龙头企业,位于恩施州产茶历史悠久的椒园镇庆阳坝。注册资本500万元,入社社员2766户。有机茶园基地200公顷,辐射椒园镇及周边茶区茶园面积3333.33公顷,带动万余户茶农受益。合作社坚持走“龙头企业+专业合作社+基地+农户”的林业产业化经营模式,实施基地规模化、生产标准化、产品品牌化、经营产业化,形成以名优绿茶为主、高档红茶、乌龙茶为辅的一主二辅产品格局。2016年合作社实现产值1.38亿元,利润686万元,社员增收750万元,二次返利180万元。

宣恩县富源贡水白柚专业合作社,州级林业产业化龙头企业,位于“贡水白柚”原产地李家河镇,成立于2009年4月,注册资金50万元。主要从事贡水白柚品种提纯复壮、种植、加工、销售等业务,现拥有合作社成员422户,标准化生产基地133.33公顷。2014年投资500万元建成贡水白柚精细化加工生产线一条，具备年加工鲜果8000吨的能力。与州级林业产业化龙头企业宣恩县富源农业发展有限公司实现有效对接，形成“公司＋合作社＋基地＋农户”的林业产业化经营模式。2016年共加工销售有机贡水白柚7500吨，实现销售收入4860万元，为李家河镇1000多农户直接增加现金收入2550万元。

（赵红梅）

水产业

【概况】2015年4月15日，《恩施州财政局关于拨付农业转移支付资金的通知》文件批复宣恩县水生生物增殖放流补助资金30万元，经过公开招标，恩施宴星现代农业有限公司和荆门市掇刀区路鑫水产养殖专业合作社分别中A包（大鲵），中标价15万元；B包（经济鱼苗种）中标价35.20万元（其中2015年度水生生物增殖放流资金15万元，上年度结转资金20.2万元）。2016年1月7日，县水利水产局于分别与上述两家单位签订增殖放流合同书。2016年1月12日完成大鲵增殖放流工作。1月11日至14日，完成经济鱼类增殖放流工作。

2016年6月1日，恩施州财政局下达资金文件，宣恩县水产发展专项资金40万元。其中，25万元用于宣恩县恒泰农业发展有限公司鱼池改造项目，2016年9－10月，宣恩县恒泰农业发展有限公司进行公开招标，2016年12月底，项目正式施工。5万元用于宣恩县吉龙泉大鲵生态繁养有限公司的鱼池改造项目，10万元用于归还2012年县财政水生生物增殖放流补助资金。

（宋欢　钟莉华）

畜牧业

【概况】2016年，宣恩县生猪存栏43.27万头，其中能繁母猪存栏4.48万头；肉牛、奶牛存栏7.2万头，其中能繁母牛存栏4.43万头；山羊存栏5.13万只；家禽存栏135.93万只，其中活鸡118.32万只，活鸭16.9万只。全县出栏生猪55.82万头；出栏牛1.80万头；出栏山羊4.75万只；出栏活家禽121.01万只，其中活鸡103.98万只，活鸭17.03万只。全县猪肉产量4.51余万吨，牛肉产量3260吨，羊肉产量1053吨，禽肉产量2367吨，禽蛋产量3191吨，生牛奶产量318吨。实现畜牧业综合产值10.33亿元。新建动物无害化处理场1个，新建仔猪交易市场1个，完成规模化畜禽养殖场主要污染物减排任务，实现了“两个确保”（确保不发生区域性重大动物疫情，确保不发生重大畜产品质量安全事故）的工作目标。

【畜牧业生产】2016年，宣恩县累计培植养殖小区54个。新建畜牧业专业合作社（协会）48个，累计建成145个；新建家庭农场58个，累计建成248个。其中，新培植生猪“4450”养殖模式（1户修建1栋带40平方米生物发酵床的圈舍，饲养4头能繁母猪，年出栏肥猪不少于50头，实行自繁自养）户214户，累计达4065户。建成标准化养猪“150模式”（建1栋全封闭式面积为220平方米的标准猪舍进行标准化饲养，每批出栏肉猪150头。该模式猪舍环境可控，猪只自由采食，全进全出，一年可出栏3批共计450头肉猪）示范户达到263户548栋。建成标准化蛋鸡“153模式”（1栋蛋鸡舍，饲养蛋鸡5000只以上，实行湿帘风机、喂料机、清粪机3机配套）示范户达到31户50栋。建成标准化养羊“1235模式”（以农户家庭为单位种草养羊生产模式，具体含义是一个农户建设一栋标准化羊舍，饲养100只能繁母羊，种植优质牧草，年出栏商品肉羊235只）示范户达到122户204栋。建成标准化养牛“165模式”（指农户建设一栋50平方米的标准牛舍，饲养6头能繁母牛，肉牛专业合作社或育肥牛场提供冻精配种，每年向育肥场提供5头小牛的生产模式）示范户达到91户170栋。建成生物发酵床20.94万平方米。

【养殖技术推广】2016年，宣恩县重点推广杜长大三元杂交养殖技术，全县新增家庭牧场58个。全县生猪人工授精站点65个。牛冻配点1个，全年冻配母牛317头。全县生态养鸡存笼量达500～2000只的生态养鸡户15户，2000只以上的生态养鸡户12户。全县养蜂户4397户，蜂群10951桶，蜂群达10桶以上的养蜂户154户，蜂群最多的达200桶，最低的1

桶,全年新颁发养蜂证1个。

推行生态养殖模式,利用畜禽标准化规模养殖场建设、养殖场大中型沼气工程、粪污综合利用等各类项目和国家惠农政策,推广养殖场粪污综合利用等实用技术,推行猪一沼一林、猪一沼一果、猪一沼一菜等模式,将养殖污水通过沼气发酵后,还田利用,实现健康生态养殖。

【草地监测】2015年,宣恩县畜牧技术推广站成立草地资源监测专班,共抽查大样方1个、100平方米样方一个、小样方9个,入户调查农户6户,于2016年12月31日完成草地监测的室外工作。

【肉牛养殖技术培训】2016年2月29日至3月5日,宣恩县畜牧兽医局聘请恩施州职院副教授、农业局高级农艺师和畜牧局中、高级畜牧(兽医)师等不同专业和不同特色的教师、专业人才对养殖能繁母牛10头以上的肉牛养殖户管理人员或饲养员进行为期一周的培训。讲解繁殖母牛的饲养管理技术、肉牛短期育肥技术,肉牛的主要疾病的综合防治技术、饲草的种植、加工与贮存技术、养殖场经营管理技术,肉牛养殖相关法规及政策,新型职业农民相关知识等。

【重大动物疫病免疫】2016年,宣恩县六种重大动物疫病(猪瘟、猪口蹄、猪蓝耳病、牛口蹄疫、羊口蹄疫、小反刍兽疫)免疫采取春秋两季集中免疫和"月补针"相结合的方式。全县全年免疫注射猪口蹄疫疫苗69.8万头、牛口蹄疫疫苗6.8万头、羊口蹄疫疫苗5.06万只、禽流感疫苗214.43万羽、猪蓝耳病疫苗69.8万头、猪瘟疫苗69.8万头、鸡新城疫疫苗195.9万羽、小反刍兽疫疫苗5.06万只,六种重大动物疫病免疫注射密度达到100%,免疫档案建立和农户签字率100%。坚持"月补针"免疫工作制度,全年共开展"月补针"免疫注射生猪5.90万头、牛2145头、羊4256只、鸡12.43余万羽。

【常见畜禽疫病防控】2016年,宣恩县免疫注射猪丹毒疫苗和猪肺疫苗18.5万头份、猪链球菌病疫苗2000头份,全年未发生猪丹毒、猪肺疫、猪链球菌病等常见畜禽疫病疫情。

【动物疫病监测和流行病学调查】2016年,宣恩县动物疫病监测共设置动物疫病规模场(大户)监测点36个,其中猪场12个,羊场9个,牛场7个,鸡场6个,鸭场2个。每个乡镇设置2个散养户监测村,全面完成2016年动物疫病监测工作任务。春秋季集中防疫工作结束后,对各乡镇畜禽进行抽样,在中心兽医实验室集中化验监测,主要对口蹄疫、猪瘟、禽流感及鸡新城疫进行抗体检测,全年共检测血清样本1840份,合格率95%以上。按时完成州动物疫病预防控制中心猪血清180份、牛血清40份、羊血清100份、鸡血清40份、鸭血清40份的免疫抗体监测送样任务,按时完成动物疫病预防控制中心规定的鸡口腔棉拭子和泄殖腔拭子60对、鸭口腔棉拭子和泄殖腔拭子40对的送样任务。完成猪血清520份、鸡血清660份、鸭血清140份、牛血清520份和羊血清6100份的监测任务。完成56头奶牛、18只奶山羊的布病和结核病监测工作。

【动物产地检疫】2016年,宣恩县根据《宣恩县产地检疫工作实施方案》和《村级检疫申报点建设标准》,按照"规模养殖场+专职检疫员""散养户+村协检员"的产地检疫模式,落实乡镇分所检疫员包乡镇,村级协检员包村组的一级抓一级、层层抓落实的产地检疫工作格局和"八个有"(有固定办公地点、有牌子、有组织、有人员、有任务指标、有奖罚措施、有联系电话、有举报方式)的标准推进村级检疫申报点建设。全县共有9个动物卫生监督分所、1个生猪定点屠宰场(点)、39个村级检疫申报点制作检疫申报公示牌和以协检员管理制度、检疫流程为主要内容的制度牌,将协检员的姓名、联系方式、举报电话、工作职责和检疫申报事项予以公示,实行依据、权限、程序三公开,做到产地检疫有程序,检疫申报有制度。全年产地检疫生猪44.16万头、牛1.85万头、羊0.5万头、禽75万羽。在运输、出售动物之前,90%的动物养畜户能够进行电话申报检疫,100%的动物经纪人能够主动到申报点申报检疫,检疫率达100%,出证率达100%。在实施现场检疫的同时,同步进行瘦肉精快速抽检。全年共抽取尿样2500批(次),经快速检测,盐酸克伦特罗、莱克多巴胺、沙丁胺醇结果均为阴性,未发现非法添加使用违禁物现象。

【生猪定点屠宰监管】2016年，宣恩县对生猪屠宰场实行24小时跟班检疫，进行入场检查、宰前检疫、“瘦肉精”抽样检测和产品出场检疫，确保上市肉品质量安全。进入屠宰场（点）的生猪一律凭《动物检疫合格证明》和免疫耳标，经临床检查合格后方可进场。无检疫证明、无免疫耳标的生猪不得进场，否则将按相关规定进行处理或处罚。生猪进入屠宰环节后，检疫人员按照生猪屠宰检疫规程要求对生猪进行同步检疫和“瘦肉精”抽样检测，检疫合格的加盖验讫印章，开具《动物检疫合格证明》（产品B），经检疫不合格的出具《检疫处理通知单》，并进行无害化处理。在实行生猪定点屠宰厂（点）“瘦肉精”自检制度的同时，施行“瘦肉精”抽检制度。全年共屠宰检疫生猪19.05万头，回收耳标19.05万个。按屠宰比例随机抽取猪膀胱尿，同步做瘦肉精快速检测1327批（次）（1995头），检测合格率100%。入场生猪持证率达100%，上市产品持证率达100%，合格率达100%，力保“放心肉”上市。全年共开展执法工作141次，出动持法人员291人次，检查肉品等相关经营企业（户）347户（次）。在日常检查中，责令整改不规范行为事件5起，未发现私屠滥宰等严重违法事件。

【病死猪无害化处理监管】2016年，宣恩县通过举办培训班、发放宣传资料、加强对养殖场（户）教育、签订责任书等措施，明确生猪养殖场和生猪定点屠宰场（点）是病死猪无害化处理的责任主体，病死猪必须按规定进行无害化处理，不得买卖、宰杀、食用和随意抛丢。全县较大规模养猪场均建有无害化处理设施。落实病死猪无害化处理补助政策，对养殖环节符合无害化处理条件的438头病死猪按照80元/头的标准进行补贴，对屠宰环节进行无害化处理的99头生猪按照880元/头的标准给予补助87120元。全年全县出动158人（次）对全县248个生猪养殖场（户）、1个生猪定点屠宰场（点）进行排查，并对全县河道及其溪沟进行巡查，未发现死猪乱抛现象。

【兽药、饲料监管】2016年，宣恩县畜牧兽医局组织执法人员对辖区内兽药经营企业、兽医门诊药房、饲料经营企业以及规模养殖场（小区）兽药产品的经营及使用情况进行为期10个月的监督检查活动，共检查兽药经营企业2家，检查规模养殖场（小区）148家，发现过期兽药138支（盒），对过期兽药进行登记备案，当场没收，以焚烧方式进行销毁，并提出到期必须下架销毁的监督意见，针对6家规模养殖场不执行兽药安全使用规定的行为下发责令整改通知书，并督促整改到位。在兽药清查行动中同步检查饲料经营户82家，发放《饲料和饲料添加剂管理条例》《饲料及畜产品中“瘦肉精”等违禁药品事件应急预案》等资料500份，明确监管责任人，维护全县饲料行业的正常秩序和饲料质量安全。

【动物卫生监督执法】2016年，宣恩县动物卫生监督所共立案查处违法案件5起，结案5起，全年未发生因动物产品质量问题而引发的畜产品安全责任事故。

【惠农政策落实】2016年，宣恩县启动2016—2017年度能繁母猪保险工作，全县9个乡镇5590户9572头能繁母猪落实政策性保险。开展2015—2016年度能繁母猪理赔工作，能繁母猪累计死亡311头，兑现理赔31.5万元。兑现2015年省、州能繁母牛补贴资金累计191.98万元，其中省级101.08万元，州级90.9万元。完成2016年度能繁母牛补贴的核查上报工作，落实省级能繁母牛扩繁资金100.9万元，州级能繁母牛奖励资金90.9万元。启动能繁母牛保险工作，保险能繁母牛1290头。

【畜牧业项目】2016年，宣恩县实施畜牧业项目总投资790.34万元。宣恩县石漠化综合治理项目，总投资70.44万元，其中央财政投资70.44万元；畜牧强县能繁母牛补助90.9万元；肉羊家庭牧场标准化示范创建补助项目，中央财政投资20万元；畜禽养殖标准化“四级联创”补助项目20万元；强制免疫疫苗补助资金220万元；中央现代农业转移支付牛羊标准化养殖40万元；中央现代农业转移支付猪禽标准化养殖50万元；生猪调出大县奖励资金88万元；无害化处理及强制免疫省配套资金73万元；能繁母牛基础扩群89万元；生猪屠宰环节病害无害化处理补贴资金28万元；2015年畜牧业“一县两区”奖励资金1万元。

（张发亮）

农村经济管理

【概况】2016年，宣恩县农村家庭承包经营耕地2.49万公顷，家庭承包经营的农户8.29万户，家庭承包合同8.29万份，合同率达100%，颁发土地承包经营权证8.29万份。全县农民人均纯收入8233元，较上年增加1099元，增长15.4%。共发放4项农业补贴资金2833.49万元，对全县279个村开展2015年度农村财务常规审计。新注册农民专业合作社171家，累计达到539家，其中国家级、省级、州级、县级示范社75家。全县家庭农场231家，工商注册家庭农场229家，省级示范家庭农场3家。

【农民负担监督管理】2016年，宣恩县政府与各乡镇人民政府签订责任状，落实农民负担全年工作目标。审核78个村“一事一议”项目，投资总额1325.5万元，其中财政奖补资金1029万元。

【农村经济审计】2016年，宣恩县对农村集体资金、资产、资源监管突出问题进行专项治理，加强农村集体经济审计，对2015年以来农村集体“三资（资金、资产、资源）”问题进行认真清理，对突出问题进行严肃查处。在“三资”突出问题专项治理工作中，发现问题1113条，涉及金额176.52万元，退赔资金76.36万元，移交县纪委28件。

【农村产权交易】2016年4月，宣恩县农村经济管理局参加由恩施州农村经济管理局组织的到南漳、武汉、潜江等地考察学习，重点了解交易市场的构成、隶属关系、单位性质、交易品种、制度建设、价格评估、交易流程以及运转经费、从业人员等情况，并拟定宣恩县农村综合产权交易平台建设方案，报县编委研究拟组建“宣恩县农村综合产权管理服务中心”（财政全额拨款事业单位），筹建县级农村产权交易平台。全年全县农户承包土地经营权等农村产权交易1445宗，交易金额163.18万元。其中，转让20宗，交易金额9.85万元；互换10宗，交易金额5.18万元；出租1415宗（户），面积226.87公顷，交易金额148.15万元。

【农村土地承包管理】2016年，宣恩县有9个乡镇，279个村，2677个村民小组，8.29万户（二轮延包户数），二轮延包面积2.49万公顷，国土二调面积4.58万公顷。全县从2015年10月启动4个乡镇、126个村（包括白虎山村、干溪村、土鱼河村）农村土地承包经营权确权登记颁证工作，1215个村民小组、3.63万户，实测承包地块26.42万块，实测面积2.19万公顷。其中，第一标段长潭河乡、万寨乡、椿木营乡3个乡镇75个村已基本完成。第二标段湖北北半球勘探设计有限公司已完成48个村外业测绘工作，进入内业数据录入，准备第一轮公示材料。李家河镇、高罗镇已全面启动外业测绘工作。第三标段珠山镇、椒园镇、晓关乡已完成基础准备工作，可启动外业测绘工作。

农村土地承包经营权流转。加强农村的土地流转管理和服务，逐步完善县、乡两级农村土地流转服务中心的各项管理制度，引导农户规范土地流转程序。依法流转土地累计达到5838.47公顷。其中转包1741.6公顷，转让120.33公顷，互换81.87公顷，出租3103.67公顷，股份合作647.4公顷，其他143.6公顷。办理土地流转351户，新颁发放《农村土地承包经营权证》12户，分户4户，互换4户，补发土地承包经营权证28户，变更土地承包经营权证共有人85户。接待有关农村土地流转政策咨询及土地纠纷上访80人（次），明确答复及解释80人（次）。全县85%的村建成农村土地承包合同管理“三无村”（无越级上访、无土地撂荒、无乱占乱用耕地）。

【农民专业合作社】2016年，宣恩县新增农民专业合作社171家，年末共有农民专业合作539家，家庭农场231家。新培植县级521示范社10家。年末有国家、省、州、县级示范合作社75家，其中国家级3家（宣恩县晓关乡维民茶叶专业合作社、宣恩县贡茶专业合作社、宣恩县富源贡水白柚专业合作社）、省级9家（宣恩县晓关乡维民茶叶专业合作社、宣恩县贡茶专业合作社、宣恩县椒园采花茶叶专业合作社、宣恩县七姊妹山茶业专业合作社、宣恩县富源贡水白柚专业合作社、宣恩县椒园镇黄坪村黄金梨专业合作社、湖北宣恩绿可生态茶业专业合作社、宣恩县马鞍山有机茶叶专业合作社、宣恩县发阳生态养殖专业合作社）、州级示范社

19家(宣恩县晓关乡维民茶叶专业合作社、宣恩县贡茶专业合作社、宣恩县椒园采花茶叶专业合作社、宣恩县七姊妹山茶业专业合作社、宣恩县富源贡水白柚专业合作社、宣恩县椒园镇黄坪村黄金梨专业合作社、宣恩县宏伟蔬菜专业合作社、湖北宣恩绿可生态茶业专业合作社、宣恩县椿木营乡惠民蔬菜专业合作社、宣恩县木龙寨富硒贡米专业合作社、宣恩县双赢养殖专业合作社、宣恩县惠农有机茶茶叶专业合作社、宣恩县酉水生态养殖专业合作社、宣恩县万寨皇贡茶叶专业合作社、宣恩县发阳生态养殖专业合作社、宣恩县马鞍山有机茶叶专业合作社、宣恩县巅峰茶业专业合作社、宣恩县神农茶叶专业合作社、宣恩县宣安茶叶专业合作社),县级示范社44家。省级示范家庭农场3家(宣恩县硒香聚茶叶种植家庭农场、宣恩县晓关双丰园家庭农场、宣恩新盛泽家庭农场),州级示范家庭农场1家(宣恩新盛泽家庭农场)。

【川大河村全国农村固定观察点】 李家河镇川大河村全国农村固定观察点是农业部、中共中央政策研究室的定点调查单位,2016年完成主要农产品价格、农村劳动力、城镇化与粮食安全、半年现金和全年常规调查。

全村共有5个村民小组,267户,总人口1209人,劳动力520人,土地总面积214.4公顷(耕地86.07公顷、林地22.53公顷、园地101.33公顷、其他4.47公顷),人均纯收入7437元,村集体固定资产32.6万元。聘请4名辅导员,开展观察点常规调查60户,农户观察点村综合调查表1份,半年现金调查60户,农村劳动力就业调查60户。专项调查8项:2015年20户秸秆全量化利用农户调研问卷调查、15户农产品产地初加工补助政策调研问卷调查、2016年第一季度全村农村劳动力就业情况调查1份、2015年县村调查、20户农户储粮现状调查、60户村户样本核查、农业产业政策评估问卷调查县村各一份、农户23户、30户新型职业农民情况调查。每月15至17日前开展一次市场农产品价格调查。

截至2016年年末的60户中,调查人口284人,其中农村人口274人。年末经营耕地面积17.16公顷,家庭劳动力153人,其中劳动力151人,年末拥有生产性固定资产原值82.50万元,人均纯收入9637元。

(孙金凤)

工 业 经 济

工业经济

【概况】2016年，宣恩县工业企业总数409家，同比增长10.3%。其中，规模以上工业企业总数达到67家，同比增长17.5%；产值500万元～2000万元企业86家，同比增长11.7%；产值500万元以下企业256家，同比增长8.0%。全县工业企业总体布局以工业园区为中心，辐射五镇四乡，按照珠山镇、椒园镇、晓关乡、万寨乡、长潭河乡、椿木营乡、沙道沟镇、高罗镇、李家河镇、工业园区10个区域进行划分，各区域工业企业分别为75家、41家、46家、38家、34家、19家、42家、29家、35家、50家，其中规模以上工业企业分别为1家、5家、5家、11家、2家、1家、1家、3家、1家、37家。从行业结构看，全县工业包含农副食品加工业、食品制造业、酒、饮料和精制茶制造业、木材加工业、印刷及纸制品制造业、工美和娱乐用品制造业、塑料制品业、非金属矿物制品业、金属制品业、电子设备制造业、废弃资源综合利用业、电力工业等多个行业。从产业结构看，逐步发展为水电工业、农副产品加工业、建材工业、绿色制造工业四大主导产业。全县工业产品的特点，既突出地方特色，又强化科技创新，主要产品有：精制茶、大米、鲜、腊肉制品、果蔬制品、酒、饮料、饲料、砖、瓦、商品混凝土及水泥混凝土电杆、钢结构、人造板、合成石材、钢化玻璃、铸铁砂锅、金属门窗及类似制品、茶叶机械、钻头、电子元件等。

2016年全县完成工业总产值49.4亿元，完成目标任务46.7亿元的105.7%，同比增长13.4%。规模以上工业完成工业总产值33.66亿元，完成目标任务31亿元的108.6%，同比增长15.7%。其中，轻工业产值25.15亿元，增长13.8%；重工业产值8.52亿元，增长21.4%。规模以下工业完成工业总产值15.8亿元，完成年初目标任务15.7亿元的100.1%，同比增长8.9%。规模以上工业增加值增速为10.3%，同比提升1.2个百分点，高于州定目标1.8个百分点，高于全省平均水平2.3个百分点，在全州排第一位。实现销售产值33.02余亿元，同比增长15.2%，产销率98.1%。规上工业增加值按可比价格计算，增长10.3%。全县社会用电量2.32亿千瓦时，同比增长15.4%，其中工业用电量6443万千瓦时，增长20.4%。全年规模以上工业企业营业收入32.26余亿元，同比增长12.4%；实现利润总额2.24亿元，增长43.5%；资产总计38.22亿元，增长8.9%；负债总额18.79余亿元，增长3.8%。全县规模以上工业企业中，产值过亿元企业7家，年末从业人员4123人。

2016 年规模以上工业主要产品产量统计表

表 5

产品名称	单 位	产 量	比上年增减	
			绝对额	%
精制茶	吨	20801	2474	13.5
混合饲料	吨	5874	−734	−11.1
鲜、冷藏肉	吨	11990	12370	−3.1
商品混凝土	平方米	119769	93741	−43.9
大 米	吨	30222	1949	6.9
石灰石	吨	100216	195827	−66.1
胶合板	立方米	52922	1774	3.5

【工业项目投资】2016 年 12 月末，宣恩县入库统计工业投资项目 29 个，累计完成工业固定资产投资 9 亿元，其中，总投资 5000 万元以上工业项目 9 个，累计完成工业固定资产 6 亿元。全县累计实施工业技改项目 11 个，其中，总投资 5000 万元以上技改项目 4 个，总投资 5000 万元以下技改项目 7 个。累计完成技改工作量 4.1 亿元，完成州定年度目标 3 亿元的 136.7%。

【企业融资】2016 年，宣恩县通过召开政银企对接会，加大协调工作力度，促成银行企业互利共赢，2016 年宣恩县金融机构累计为中小企业发放商业贷款6.4亿元。累计为 49 家中小企业发放县域调度资金 1.5 亿元，为企业减少因商业贷款而产生的 900 万元利息。强化融资担保体系，全年宣恩贡水融资担保有限公司累计担保发生额 1.83亿元，在保余额 2.02 亿元，通过担保支持中小企业融资额 1.92 亿元，担保工业园区 30 多个企业银行贷款，担保财政调度资金借款累计额 9500 万元，累计担保企业 45 个。

【规模以上工业企业】2016 年，宣恩县共申报规模以上工业企业 11 家，入围国家统计局规模工业名录库 11 家，其中：农副产品加工业 4 家，绿色制造工业 4 家，建材工业 3 家。2012 至 2016 年，已累计成功申报入规绿色制造工业企业 16 家，占全县规模工业企业总数的 23.9%，比 2012 年增加 13 家，规模工业占比提升 12.8 个百分点。2016 年新增 11 家规模以上工业企业，退出 1 家规模以上工业企业，净增规模以上工业企业 10 家，完成州定责任目标 7 家的 142.9%，全县规模以上工业企业总数达到 67 家，完成县定责任目标 65 家的 103.1%。新增的规模以上工业企业：宣恩县御茶府茶叶有限公司、宣恩县鹏博生态农业有限公司、宣恩县兴发水泥制品有限公司、宣恩县嘉垣实业有限公司、湖北龙鑫厨具有限公司、宣恩县盛大科技有限公司、湖北省佳鑫农业科技发展有限公司、宣恩县谭家村酒业有限公司、湖北九发科技有限公司、湖北兴朝恒合金属构件有限公司、宣恩县钧尧建材有限公司，退出的规模以上工业企业：宣恩县鸿源矿业有限公司。

2016 年年底全县规模以上茶叶加工企业达到 23 家，占全县规模工业企业总数的 34.3%，同比增长 9.5%。全县茶叶加工企业主要集中于万寨乡、椒园镇、珠山镇、晓关乡、长潭河乡 5 个乡镇。

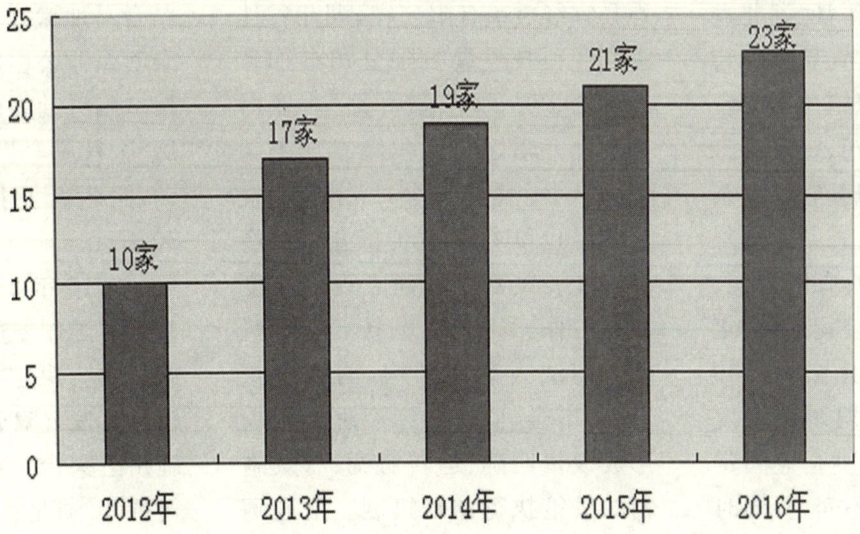

图 1:2012—2016 年全县规模以上茶叶加工企业数量

2012—2016 年乡镇及工业园区规模以上茶叶加工企业分布情况

表 6　　单位:家

乡镇 年份	椒园	万寨	长潭河	晓关	工业园区
2012 年	1	4	1	1	3
2013 年	3	6	2	2	4
2014 年	4	7	2	2	4
2015 年	4	9	2	2	4
2016 年	4	10	2	2	5

2016 年全县规模以上茶叶加工企业累计完成工业总产值 13 亿元，占规模以上工业总产值的 38.6%，同比增长 12.1%，产值过亿元企业 4 家(宣恩椒园采花茶叶专业合作社、宣恩县伍台昌臣茶业公司、恩施州伍家台富硒贡茶有限责任公司、湖北宣恩维民实业有限公司)；累计完成规模以上工业销售产值 12.9 亿元，同比增长 12.2%，产销率达 98.7%；完成利润总额 0.7 亿元，同比增长 20.7%，完成税金 800 万元，与同期基本持平。“伍家台贡茶”已成为宣恩茶叶公共品牌，并成功获得“中国驰名商标”和国家地理标志保护产品称号；“皇恩宠锡”“皇贡”“昌臣”“维民”等 4 件茶企商标被评定为“湖北省著名商标”；“皇恩宠锡”被评为“湖北老字号”。2016 年末全县有自营出口权企业 5 家，分别是宣恩县宣桃茶叶有限公司、恩施州伍家台富硒贡茶有限责任公司、宣恩县伍台昌臣茶业有限公司、宣恩县宜红贡茶有限公司、湖北省佳鑫农业科技发展有限公司(年内新增)，省级农业产业重点龙头企业 1 家(湖北伍家台贡茶有限公司)，州级产业化龙头企业 11 家(宣恩县七姊妹山茶业有限公司、

宣恩县皇贡茶业有限公司、宣恩县椒园采花茶业专业合作社、湖北宣恩维民实业有限公司、宣恩县伍台昌臣茶业有限公司、恩施州伍家台富硒贡茶有限责任公司、宣恩县宣桃茶叶有限公司、宣恩县宜红贡茶有限公司、湖北绿可生态茶业有限公司、宣恩县调阳茶业有限公司、宣恩县伍贡茶业有限公司)。全年累计为维民茶叶、昌臣茶叶等19家茶叶加工企业发放县域经济发展资金5850万元,解决企业固定资产投资、流动资金等问题,同时减少因商业贷款产生的400万元利息。

【信息产业】2016年,宣恩县新增1家电子信息制造企业,新上线营运1家电子商务企业,年末全县有12家信息产业企业,其中,电子信息制造企业2家,信息服务业10家。全县信息产业营业收入2.7亿元。移动、电信、广电分别新建通光纤行政村21个、91个、37个,累计通光纤行政村数量分别达到258个、278个、150个,已实现行政村全覆盖,全县城乡村宽带互联网平均速率提升至20MB以上。实施"宽带乡村"工程,农村宽带用户普及率34.9%。

【中小企业人才培养工程】2016年,宣恩县经信系统为提升工业经济运行质量,与省、州经信委开展对接,创优企业服务,实施中小企业人才培养工程。湖北立翔工艺开发有限公司、湖北绿可生态茶叶有限公司两家企业参加第一批第三期恩施州"123"企业家培育计划,对企业营销管理、挂牌上市、股权设计等方面进行培训指导。宣恩县宜红贡茶有限公司、湖北省佳鑫农业科技发展有限公司参加省经信委举办的"一带一路"产业对接活动。辖区企业积极参加中国国际中小企业博览会,展示企业发展的经验和成果,宣传推介企业产品。开展民营企业建立现代制度试点工作。完成宣恩县汇丰有机肥公司法人治理结构,明确股东会、董事会、监事会和经理层职权形成权责明确、运转协调、有效制衡的决策执行监督机制。引进硒圣生物科技有限公司对凯泰农业公司兼并重组,承债式购买,通过完善法人治理结构,加强内部管理,加强企业营销和新产品研发力度,提升企业核心竞争力。

(田亮)

工业园区

【概况】2016年底,湖北宣恩工业园区有企业100家,比上年新增15家;规模以上工业企业达到37家,比上年增加8家。招商引资新签约资金18亿元,到位资金11.04亿元,同比分别增长24.3%和3.67%;园区规模以上工业企业实际综合纳税突破1000万元。宣恩工业园区在省发改、国土、科技、环保等多部门组织的综合考评中,位居全省131家开发区第81位,位列恩施州第二。湖北土家爱食品开发有限公司、湖北鹏博生态农业有限公司、宣恩宜红贡茶有限公司等一批涉农企业,参与精准扶贫,搞好扶贫联系村种植基地的农产品收购工作,促进农户丰产增收。结合易地搬迁扶贫,启动园区600余套企业公租房回购前期工作,承接贫困劳动力转移2000余人。开展"金秋助学"和"扶贫日捐赠"活动,园区企业捐款捐物总额超过50万元。

2016年2月24日,湖北省质量强省工作委员会办公室、湖北省质量协会决定授予为湖北土家爱食品开发有限公司冲调合渣粉、恩施州伍家台宣硒贡茶有限责任公司茶叶、湖北巴楚风印务有限公司包装用塑料复合袋为2015年度湖北名牌产品。12月,湖北土家爱食品开发有限公司成功申报为省级高新技术企业;湖北巴楚风印务有限公司、湖北谭家村酒业有限公司成功在武汉股权交易中心完成新四板上市。

【基础设施建设】2016年,宣恩县正式启动椒园工业体验旅游示范点基础设施系列项目,完成柏油旅游公路、旅游公厕、休闲长凳、垃圾桶、青石路面等设施建设,鑫海物业、亚麦食口、蒙恩木业、谭家村酒厂等企业景点打造完毕,工业体验旅游初具雏形。和平制造产业园配套供排水、供电及通讯管网、人行道青石板硬化、绿化、亮化工程全面完工,人工湿地项目完成征地及规划设计。宣南产业新城富硒食品工业园、创美物流综合服务城、思源学校等项目征地工作完成。椒园、和平、宣南3区的安置小区建设顺利,宣恩县创业创新产业园完成征地、规划设计方案及可研报告编制并通过评审,与湖北银行达成建设融资贷款初步合作意向,项目正式进入实施阶段。10月21日,省农业厅认定椒园生态产业园为第二批"湖北省农业产业化示范园区"。

【产业项目建设】2016年湖北宣恩工业园区累计实施产业项目45个,其中新建成投产6个,在建26个,签约待建10个,无绩效退出2个。截至年末,鑫海物流、佳鑫农业、九发科技、弘亚金属、和平博今电气、信嘉玻璃钢等6个项目建成投产;维民硒产品、海关监管场所等项目主体工程基本完成;武陵种业、宣南富硒食品、椒园博今电气等项目进入主体工程建设阶段;天宇物流、宣恩商贸城、创美物流等重点项目处于建设阶段。

【园区招商引资】2016年,宣恩县制定完成《宣恩县产业项目建议书项目库》,园区17个项目入选。截至11月底,新签约项目17个,计划总投资27.5亿元,招商引资到位资金10.8亿元。和平产业制造园重点引进承接产业转移的五金机械关联企业。创美综合物流城、恩施硒谷、硒产品、长峰饲料等项目签约落户。

加快恩施海关监管场所项目建设,11月24日,在2016全省政府和社会资本合作项目推介会现场集中签约仪式上,成功签订《天宇生态物流园(中国海关恩施监管场所)PPP项目协议》,在宣恩县首次实现政府和社会资本PPP合作新模式。截至年底,具备自营出口权的企业达到7家,出口产品从单一的农产品发展到工艺品、轻工制品。湖北童话工艺礼品有限公司产品98%以上实现出口,湖北省佳鑫农业科技发展有限公司的出口茶叶、箬叶、香菇生产线建成投产,湖北省宣恩县宣桃茶叶有限公司在摩洛哥建立分厂,成为园区走出国门投资的第一企。

(熊方芳)

重点工业企业推介

【湖北立翔工艺开发有限公司】公司前身为东莞市红龙玉工艺品有限公司,创建于2006年,位于广东省东莞市厚街镇,是一家集科研、开发、生产、销售于一体的现代化制造业。2012年7月,公司董事长伍忠立携带成熟的合成玉石项目入驻宣恩工业园区,2012年10月组创湖北立翔工艺开发有限公司,注册资本1500万元,占地2.19万平方米,总投资2亿元。拥有多功能的办公大楼、一流的科研基地、先进的智能化生产车间、各式风情的体验馆、"煌玉世家"系列产品展厅、配套设施完备的迎宾大楼、阅览室、健身房、专业级球场、多媒体娱乐室等。公司已通过ISO9000—2008的质量体系认证,并与武汉理工大学材料科学与工程学院等高等院校建立长期的战略合作联盟,不断创新科技和研发顶尖的生产设备以及新材料。2014年6月边建设边试投产,综合年产能3亿元。2015年10月被评定为国家高新技术企业。2016年初被授予国家AAA级信用企业荣誉称号,2016年7月被评为重信用守合同企业,2016年10月,湖北立翔工艺开发有限公司更名为立翔(恩施)科技有限公司。

【恩施州亚麦食品有限责任公司】公司成立于1996年,以烘焙、餐饮经营为主,按照"前店后厂"模式运行的食品连锁企业。2005年6月注册,注册资本200万元。2016年有生产、服务人员近1100人,其中研发、专业技术人员近50人,大专以上学历及中高级管理人员占20%左右。2016年总销售收入1.4亿元,固定资产近7000万元,全年实现利税1000万元。

公司主要经营烘焙行业,有全家蛋糕(HomeCake)、多福滋(Christopher)、艾莫尔(Amore)3个品牌;其次是餐饮行业,有美客·美家西餐厅(MeccaHome)、家乡鸡中式快餐厅(HomeChick-enChina)两个品牌。公司有直营连锁经营烘焙门店、中西餐厅、学校配送点70余个。辐射武陵山区周边县市,在恩施州八县市、重庆黔江、湖南吉首等县域地区开设市场,各连锁店投资规模在50万元～500万元之间。2012年公司被认定为恩施州农业产业化龙头企业。

宣恩椒园食品观光工厂于2007年开始建设,占地2.67公顷,2009年4月25日投产营运。第一期工程完成投资2000万元,建成4000平方米生产车间,900平方米办公楼,900平方米的餐厅和员工培训中心,1800平方米的职工宿舍;2015年二期建设工程投资1800万元,扩建5000平方米的生产车间、仓储及厂区配套绿化、员工娱乐设施等,工厂建设成集研发、生产、物流配送、培训、休闲观光为一体的基地。

【湖北巴楚风印务有限公司】公司位于湖北宣恩工业园椒园生态产业园(金狮路190号),占地面积1.2万平方米,属民营独资企业,从业人员96人,其中高级管理4人,中级技术管理人员12人,其他80人。公司实行总经理负责制,下设综合协调部、财务部、生产部、设计部、销售部、质检部、采购部、安全部和新产品开发中心。总资产3632.68万元,资产负债率32.22%。2016年实现销售收入3214万元,利税240.2万元。

公司拥有日本三菱对开四色、德国罗兰700五色彩印设备、8色凹印塑料生产线、瓦楞设备及印后成套设备生产线。集设计、印刷、生产、服务一条龙,工艺礼盒、瓦楞外箱、塑料包装、环保拉罐和杂件、新闻出版物印刷于一体。

2011年与湖北民族学院美术学院建立产学研合作关系,被确定为教学实习基地;2012年获得ISO 9000:2008国际质量管理体系认证;2013年被宣恩县人民政府评为AAA信用等级企业、安全生产3级达标企业、消费者满意单位、质量兴县先进单位、安全生产先进单位。2014年3月被中共恩施州委、州人民政府评为“就业创业明星企业”。2014年5月率先在恩施印刷、包装行业通过职业病危害防护检测鉴定;2015年巴楚风牌包装用复合袋产品被评为“湖北名牌产品”;2016年被湖北进出口检验检疫局确定为出口食品包装定点生产企业,巴楚风本册印制品被评为“湖北名牌产品”。

电力工业

【概况】2016年,宣恩县投产电站34座,总装机达24.44万千瓦,年平均发电量约4.6亿千瓦时,产值1.42亿元。其中,民营电站29座,总装机容量22.76万千瓦,占全县装机总容量的97%。

【电源建设】1.红旗电站。位于西水河流域,水头14米,引用流量7立方米/秒,引水渠长2400米,1983年投产发电,装机容量2×500=1000千瓦,年均发电量370万千瓦时,由宣恩县鑫源电力安装有限公司建设管理。

2.龙泉电站。位于忠建河流域,属两站一厂,高水头430米,装机2×630=1260千瓦,1998年投产。中水头88.6米,装机1×2500+1×1600=4100千瓦,2005年投产发电,总装机容量5360千瓦,由宣恩县东门关水电开发有限公司建设管理。

3.龙洞电站。位于县城西2千米处,属清江中游右岸最大支流忠建河干流梯级开发的第二级电站,1995年投产发电,装机容量4×6500=26000千瓦。正在实施增效扩容改造工程,增容后装机4×7000=28000千瓦,由宣恩县卧龙水电投资公司建设管理。

4.狮子关电站。位于忠建河支流洪家河,电站形成一坝两库,水头171米,2005年投产发电,装机容量2×5000=10000千瓦,由宣恩县狮子关水电有限责任公司建设管理。

5.东门关电站。位于酉水河流域高罗河源头东门关二仙岩,水头490米,设计年发电量400万千瓦时,2004年投产发电,装机容量2×630=1260千瓦,由宣恩县东门关水电开发有限公司建设管理。

6.洞坪水电站。位于清江支流忠建河下游,水库总库容3.43亿立方米,2005年投产发电,装机容量2×55000=11万千瓦,由湖北宣恩洞坪水电开发有限责任公司建设管理。

7.花拱桥电站。位于忠建河流域,水头34米,渠道长580米,引用流量1.9立方米/秒,2005年1月投产发电,装机容量2×250=500千瓦,由宣恩县东门关水电开发有限公司建设管理。

8.陈家台电站。位于忠建河流域,水头49米,2004年投产发电,装机容量1×125+1×400=525千瓦,由宣恩县恒源水电开发有限公司建设管理。

9.漂坎电站。位于酉水河流域,漂坎因其天然跌水飞瀑而得名,2004年投产发电,装机1台,水头10米,容量320千瓦,由宣恩县清水塘水电开发有限公司建设管理。

10.杨柳塘电站。位于酉水河流域,川箭河支流岩底河上游,水头40米,装机容量1×250+2×500=1250千瓦,2003年投产发电,由宣恩县清水塘水电开发有限公司建设管理。

11.飞水岩电站。位于酉水河流域,2005年投产发电,装机容量

1×200=200 千瓦，由宣恩县飞水岩水电开发有限公司建设管理。

12. 响水洞电站。位于酉水河流域，2004 年投产发电，装机容量 1×125+1×250=375 千瓦，由宣恩县响水洞水电开发有限公司建设管理。

13. 鱼泉电站。位于酉水河流域支流龙潭河上游，2009 年投产发电，装机容量 2×8000=16000 千瓦，由宣恩县中能水电开发有限公司建设管理。

14. 东乡电站。位于忠建河流域，1985 年投产发电，后经增容，装机容量 1×400+1×800=1200 千瓦，由宣恩县鑫源电力安装有限公司建设管理。

15. 狮子关二级电站。位于忠建河流域，洪家河干流第二级电站，2010 年投产发电，装机容量 1×1250=1250 千瓦，由宣恩县龙狮水电有限责任公司建设管理。

16. 凉风洞电站。位于忠建河流域，1986 年投产发电，装机容量 2×125=250 千瓦，由宣恩县鑫源电力安装有限公司建设管理。

17. 仙人洞电站。位于忠建河流域，引仙人洞阴河伏流，1981 年投产发电，装机容量 1×100+1×125=225 千瓦，由宣恩县鑫源电力安装有限公司建设管理。

18. 龙头沟四级电站。位于忠建河流域，龙头沟（岔槽河）下游，1980 年投产发电，装机容量 2×250=500 千瓦，由宣恩县富源水电开发有限公司建设管理。

19. 洪江 1.3 级电站。位于忠建河流域，1984 年投产发电，一级 2×75=150 千瓦，三级 2×250 + 1×125=625 千瓦，总装机容量 775 千瓦，由宣恩县鑫源电力安装有限公司建设管理。

20. 双溪电站。位于酉水河流域，是酉水河流域梯级开发第一级。水头 183.5 米，2009 年投产发电，装机容量 3×5000=15000 千瓦，由湖北省宣恩县佑水公司建设管理。

21. 黑龙河电站。位于酉水河流域，1992 年投产发电，装机容量 1×125+1×250=375 千瓦，由宣恩县黑龙河水电开发有限公司建设管理。

22. 满天星电站。位于酉水河流域高罗河，1958 年 5 月建成发电，是宣恩县最早的水力发电站。1982 年 2 月，随着岩底河电站投产发电，满天星电站从此退役。位于高罗集镇供电所院内，因电站站址满天星而得名，2010 年恢复扩建，5 月投产发电，装机容量 1×55+1×100=155 千瓦，由宣恩县荣发水电开发有限公司经营管理。

23. 川大河电站。位于酉水河流域，1978 年投产发电，装机容量 1×250+1×500=750 千瓦，由宣恩县鑫源电力安装有限公司建设管理。

24. 会口电站。位于忠建河流域，1978 年投产发电，2007 年增容，装机容量 1×250+1×500=750 千瓦，由宣恩县鑫源电力安装有限公司建设管理。

25. 金滩电站。位于酉水河流域，是酉水宣恩段七级梯级开发中的最后一级，2012 年投产发电，装机容量 2×4000=8000 千瓦，由宣恩县天鸿水电开发有限公司建设管理。

26. 桐子营电站。位于忠建河流域，三级开发的最上一级，库容 8438 万立方米，2012 年运行发电，装机容量 2×12000=24000 千瓦，由宣恩县桐子营水电开发有限公司建设管理。

27. 车子口电站。位于酉水河流域，2013 年投产发电，装机容量 1×250 + 1×400=650 千瓦，由宣恩县三星水电开发有限公司建设管理。

28. 盘古庙电站。位于酉水河流域，2005 年投产发电，装机容量 1×125 + 1×400=525 千瓦，由飞水岩水电开发有限公司建设管理。

29. 南河口电站。位于忠建河流域，地处支流官千河源头云头山脚下，水头 45 米，无渠道，全部采用压力管，长 660 米。2014 年投产发电，装机容量 1×125 + 1×250=375 千瓦，设计年发电量 120 万千瓦时，由宣恩县满天星水电开发有限公司建设管理。

30. 龙头沟二级两站一厂。容纳高、中两水头，410 米高水头装机 2×630=1260 千瓦，72 米中水头装机 2×500=1000 千瓦，三级站 1×320+1×800=1120 千瓦，由国电恩施水电开发有限公司宣恩管理处经营管理。

31. 岩底河电站属酉水川箭河支流，水头 80 米，装机 2×500+1×630=1630 千瓦。河源二级电站，水头 96 米，装机 2×500+1×630=1630 千瓦，由国电恩施水电开发有限公司宣恩管理处经营管理。

（李先文　钟莉华）

【在建电站】观音坪电站为宣恩县

白水河干流梯级开发第二级，位于沙道沟镇马桑溪村，水头166米，装机2×13000＝26000千瓦，工程总投资2.1亿元，2015年3月开工，由湖北西源电力投资开发有限公司建设管理。

双溪电站在建442米高水头电站，位于椿木营乡锣鼓圈村与沙道沟镇马桑溪村相交地带，2×5000＝10000千瓦，2013年开工建设，工程总投资16188万元，由湖北佑水公司建设管理。

中寨二级电站（水塘电站）为川箭河支流岩底河，位于水塘村委会旁，于2013年开工，属恢复扩建工程，装机1×55＋1×125＝180千瓦，工程投资220万元，因遗留问题，原由宣恩县满天星水电开发有限公司建设，后由宣恩县荣发水电开发有限公司建设管理。

鸡笼洞电站为鸡笼洞流域第四级电站，位于椿木云乡沙坨村，装机7000千瓦，总投资5386万元，由恩施致盛水电有限公司建设管理。

二坪电站位于沙道沟镇二坪村头坪河境内，装机1×500＋1×250＝750千瓦，工程投资1049万元，由宣恩县清源建设开发有限公司建设管理。

（李先文　钟莉华）

【国电恩施水电开发有限公司宣恩县管理处】2012年9月3日，国家电力体制改革，实行厂网分家，恩施州国有发电资产由中央企业中国国电集团公司收购，并在恩施州注册成立中央三级法人企业国电恩施水电开发有限公司。按照“三不变”的原则，在宣恩成立临时机构国电恩施水电开发有限公司宣恩发电工区。2013年4月，经国电湖北公司批准，按照一县一机构的设置原则，成立国电恩施水电开发有限公司宣恩县管理处，单位地址：宣恩县珠山镇民族5路9号。管理处下辖全资电站4座，装机容量6640千瓦，其中河源二级电站装机1630千瓦，岩底河电站装机1630千瓦，龙头沟二级电站装机2260千瓦，龙头沟三级电站装机1120千瓦。

2016年国电恩施水电开发有限公司宣恩县管理处共完成发电量3272.31万千瓦时，同比增加30.04万千瓦时，增幅为0.93%。关口计量3214.83万千瓦时，同比增加42.78万千瓦时，增幅为1.35%。平均设备利用小时为4929.69小时，同比增加46.69小时。

2016年，宣恩县安全形势平稳，全年未发生一般及以上设备事故、一般火灾事故、一般人身伤亡事故和交通事故，无一类、二类障碍和人身轻伤事件发生，宣恩管理处获恩施公司“先进单位”称号，岩底河电站被国电恩施公司评为2016年度“安全生产先进班组”，黄登煊获长源公司“安全生产三等奖”。宣恩县管理处刘学成、黄登煊被恩施公司评为“生产技能能手”，陈黎、刘秀玉、黄朝政、瞿尚珍、谭碧云、杨红云、黄菊、丁玲、覃道英、胡春桃、李列善、余强英、田英、陈先美、田应轩、张翠菊16人被评为“公司爱企敬业员工”，雷先伟被评为“安全生产先进个人”，汪献被评为“工作标兵”，杨瑛被评为“优秀女工”。

（杨瑛）

服务业

【概况】2016年，宣恩县限额以上商贸企业34家。其中，批发企业2家，零售企业25家，住宿企业4家，餐饮企业3家。全县累计完成社会消费品零售总额38.07亿元，比上年增长12.4%。其中，限额以上零售额4.33亿元，限额以下33.74亿元。按销售地分：城镇零售额27.05亿元，增长12.5%；乡村零售额11.02亿元，增长12.3%。按行业分：批发零售业31.21亿元，增长12.4%；住宿餐饮业6.86亿元，增长12.5%。全社会用电量2.32亿千瓦时，同比增长15.4%。

2016年，全县外贸出口总额2330.97万美元，比上年下降27.6%；利用外资524万美元，增长21.3%；全年招商引资累计到位资金28.83亿元，增长35.2%。

金　融

·银行业·

【概况】2016年，宣恩县银行业金融机构8家，营业网点遍布全县9个乡镇，共31个，小额贷款公司2家。

截至年末，全县金融机构各项存款余额85.44亿元，较年初增加11.99亿元，增长16.32%。从存款结构看，住户存款余额47.13亿元，较年初增加42856万元，增长10%；非金融企业存款余额9.82亿元，较年初增加17.41亿元，增长21.54%；广义政府存款（包括财政性存款和机关团体存款）余额28.48亿元，较年初增加59.63亿元，增长26.51%；境外存款11万元，比年初减少2万元，下降15.4%。

金融机构各项贷款余额39.02亿元，较年初增加42.11亿元，增长12.01%。其中，农户贷款余额14.87余亿元，较年初增加1.92亿元，占新增涉农贷款总额的64.13%，增幅14.79%，高于全县金融机构贷款增幅2.78个百分点；农村小微企业贷款余额14.61余亿元，较年初增加1.86亿元，增幅14.56%，高于金融机构贷款增幅2.55个百分点。从贷款结构看，住户贷款余额19.40亿元，较

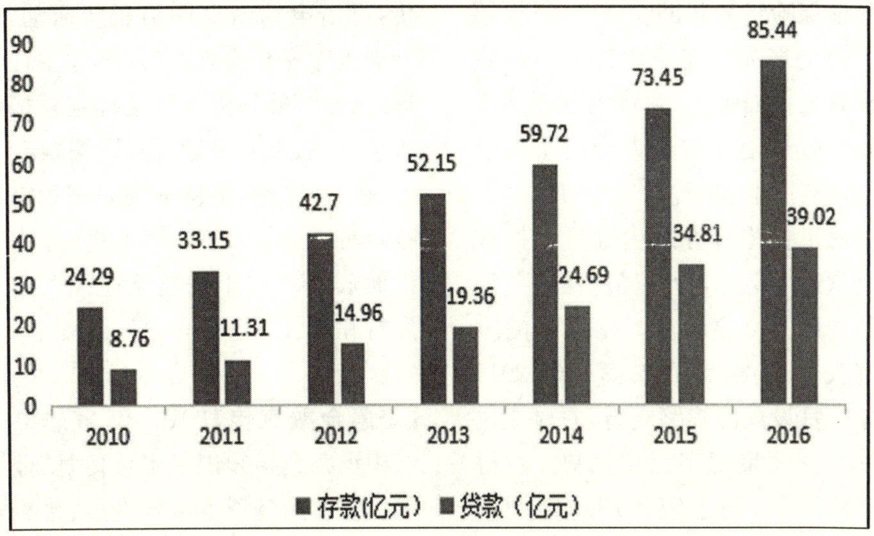

图2　2010——2016年存款余额及贷款余额

年初增加 3.49 亿元，增长 21.97%；非金融企业及机关团体贷款余额 19.62 亿元，较年初增加 7164 万元，增长 3.79%。存贷比为 45.67%。

【货币政策】2016 年，人民银行宣恩县支行首次为宣恩农村商业银行投放扶贫再贷款 5000 万元，宣恩农商行借用扶贫再贷款发放农户贷款 1171 户，945 万元(其中贫困户 392 户贷款 258 万元)；企业贷款 6 户 4055 万元。中国人民银行宣恩县支行跟踪检查，按季开展宏观审慎评估，全年共对宣恩农商行开展 2 次法人谈话。

不断优化信贷结构，建立中小企业季度监测制度，引导金融机构绿色发展。年末全县金融机构中小企业贷款余额 16.38 亿元，较年初增加 2.58 亿元，增长18.66%；累计办理创业促就业小额担保贷款 380 笔，3845 万元。

【金融服务】2016 年，宣恩县成功推出“助保贷”“政银集合贷”“小额保证保险贷款”“助农贷”“税贷通”等信贷产品。完成内部评估零收费政策扩面工作，并将内部评估零收费政策由地方法人金融机构引入国有商业银行。1—12 月，全县金融机构累计办理内部评估抵押贷款近 4 亿元，为市场主体减免评估费用 200 余万元。增设新的融资服务网点，宣恩农商行于 2016 年 3 月设立民族路支行，农村支付结算方式呈现多元化局势。农村手机银行、网上银行用户继续增长，金融服务联系点实现全覆盖，其中，全县农村手机银行用户达到 9000 户。县人民银行与发改局积极推动社会信用体系建设，启动全县信用信息数据库建设。信用报告首次被运用到人大、政协委员资格审查领域。依托村级扶贫互助社深化农村信用体系建设，开展涉农经营主体信用信息采集，培植新的市场经营主体。全县金融机构累计培植中小企业 200 家，其中培植家庭农场 3 家，农民合作社 15 家，种养大户 98 家，涉农小微企业 84 家。金融生态环境进一步改善，启动失信人员黑名单通报制度，并在网上进行公示。8 个乡镇、5 个区被评为信用乡镇和信用社区。金融机构信用企业户达到 174 家，增长 9.43%。融资性担保公司成功实现民营化改造，担保贷款规模达到 2.49 亿元。两类公司(融资性担保公司、小额担保贷款公司)参与信用评级达到 100%。全县实现保费收入 1.67 亿元，成为全省保险先进县。县人民银行与各银行业金融机构共同组织开展反洗钱、支付结算宣传月活动，配合公安部门开展反电信诈骗宣传，打击电信新型网络犯罪活动，开展国库安全检查，以及国库主任查库、分管领导检查和会计主管检查项目，强化国库监管，严格执行印、钥、证管理，坚持依规办理和审批业务。完成 2016 年生肖、孙中山诞辰 150 周年普通流通纪念币发行和监督管理工作。

【普惠金融宣传】2016 年，宣恩县组织承办金融知识集中宣传月、金融信贷产品暨资本市场发展、普惠金融服务网格化宣恩现场会、全州金融扶贫现场会、全县金融工作会等 5 次大型金融知识宣传活动。以金融扶贫政策第二轮乡镇巡回培训、金融扶贫益贷信贷产品培训等形式宣传货币、信贷政策以及金融扶贫政策。8—11 月，先后到高罗镇麻阳寨村、长潭河乡、李家河镇、椿木营乡、沙道沟镇药铺村、沙道沟镇街上村，面向村支两委、驻村干部、扶贫专干、乡镇部门负责人、贫困户和农村新型经营主体开展金融知识宣传活动，直接受训人员达 1000 余人(次)。组织金融志愿者在桐子营中学和沙道民族中学，向学生开展普惠金融知识讲课。与县综治办联合开展 2015 版 100 元券反假防伪培训专题讲座，提升网格管理人员反假防假能力。

【金融风险管控】2016 年，宣恩县制定《宣恩县 2016 年防范和打击非法集资宣传教育工作方案》，印发《宣恩县互联网金融风险专项整治工作实施方案》。开展金融知识普及宣传月活动，向社会公众发放金融知识宣传手册共 1.2 万份，为现场参会群众提供咨询服务 4200 人(次)，全年未发生非法集资案件。加强金融预警监测工作，建立地方法人金融机构流动性监测制度和不良贷款季度监测分析制度，预警监测地方法人金融机构的流动性风险和监测分析金融机构不良贷款变化趋势，随时掌握金融机构金融风险处置情况。截至 12 月末，全县不良贷款余额为 7270 万元，不良贷款占比1.86%。完成对宣恩农商行的风险评级工作，评定等级为 6 级，并正式实施差别费率政策，核定保费交纳基数 23.87 亿元，交纳保费 25.07 亿元。探索地方法人金融机构风险评级方式，承办分行存款保险核查与风险评级研讨会，协助完成风险评级手册的编撰工作。

人民银行宣恩县支行与县金融办、工商等部门联合清理全县209家可疑互联网金融企业，重点排查非融资担保公司、寄卖行、各类投资公司，确定整改企业10家。对房地产等重点领域进行风险排查，有效防范房地产企业的非法集资，全县重点领域的风险总体可控。

【金融管理】2016年，宣恩县修订完善银行业金融机构综合评价管理办法，建立按月收集、按季预评、半年评价、按年通报的综合评价新机制，把综合评价结果纳入地方政府对金融机构年度工作责任目标考核范围，扩大综合评价结果的运用领域，推动央行货币政策在基层的贯彻实施。专报信息《构建综合评价三部曲——探索金融管理新模式》得到武汉分行赵以邗副行长批示："人行宣恩县支行积极探索银行业金融机构综合评价新模式，成效明显，其做法值得肯定，希继续总结完善。"金融机构开业管理和营业管理工作受理、审查、上报程序执行到位。受理农商行民族路支行的开业审批事项，确保新机构的开业和正常营业。对新营业机构的营运情况进行监督检查，指导新营业机构依法合规办理金融服务业务。规范完善重大事项报告制度，建立重大事项零报告制度，全年受理重大事项报告6起。理顺金融消费权益保护工作流程，增强社会公众维护金融消费权益意识，组织开展金融消费权益保护宣传活动，加强"12363"金融消费咨询与投诉工作，并对外公布投诉电话。全年受理金融消费权益咨询5起，转交上级行跨区域金融消费投诉1起。

（覃浩）

【中国农业银行股份有限公司宣恩县支行】2016年末，中国农业银行股份有限公司宣恩县支行（简称宣恩县农行）各项存款余额13.15亿元，比年初净增1.09亿元，完成州分行计划的307.7%，其中储蓄存款余额为4.09亿元，比上年净增887万元，对公存款余额为9.06亿元，比年初净增9946万元，存款总额在恩施州排名第四位，存款增幅达到33%。贷款余额为6.51亿元，比年初净投放4959万元，全年累计投放信贷资金2.98亿元。其中，中小企业2.15亿元，个人贷款7214万元，向221户农户发放小额贷款846万元。各项贷款总额在全州排名第三，贷款增幅达到32%。

（姚恩平）

【中国农业发展银行宣恩县支行】2016年末，中国农业发展银行宣恩县支行（简称农发行宣恩县支行）各项贷款余额4.77亿元，较年初减少9519万元，降幅16.64%。其中，到期贷款收回3987万元，易地扶贫搬迁贷款收回2084.58万元，债券置换3430万元。全年贷款到期收回率为100%，不良贷款为零。存款余额7.98亿元，较年初增长4.73亿元，增幅145.80%；日均存款余额5.87亿元，较年初增长4.12亿元，增幅235.94%；存贷比59.74%，增幅3.36%。

全年实现中间业务收入17万元，完成恩施州农发行分行下达任务117.24%。实现各项财务收入3204万元，其中各项贷款利息收入2437万元，各项财务支出1334万元。实现账面利润1870万元，比去年同期增长1164万元，增幅164.87%。

（谭新月）

【中国建设银行股份有限公司宣恩支行】2016年，中国建设银行股份有限公司宣恩支行（简称建行宣恩支行）全口径一般性存款日均余额9.99亿元，较年初新增1.20亿元，完成新增计划130.79%。其中，对公存款日均余额6.42亿元，较年初增长9899万元，完成新增计划169.22%；个人存款日均余额3.57亿元，较年初增加2114万元，完成新增计划63.37%。全年共新开立对公账户92户，日均万元以上客户42户。

全年贷款额4.34亿元，其中申报发放对公贷款22笔共2.11亿元，申报发放个人贷款8670万元，新增贷款8769万元，计划完成率133.98%，全州排名第三。

全年中间业务实现净收入597万元，完成年度计划73.29%。新增ETC390户，完成计划42.39%，城区支行排名第七。专项分期额1264万元，完成计划104.07%，恩施州排名第三，分期额恩施州排名第二；一般分期额651万元，完成计划108.6%，恩施州排名第四。

（袁庆华）

【中国工商银行股份有限公司宣恩支行】2016 年末，中国工商银行股份有限公司宣恩支行(简称工行宣恩支行)各项存款余额 3.58 亿元，较年初净增 3638 万元，同业余额占比 13.66%，增量占比23.29%。其中，储蓄存款余额1.30亿元，较年初净增 710 万元；机构存款余额 1.66 亿元，较年初 371 万元；公司存款余额 6176 万元，较年初 2555 万元。

各项贷款总余额 1.86 亿元，较年初净增 9382 万元，完成恩施州分行下达 1.1 亿元的85.28%。其中法人客户贷款余额 9070 万元，较年初增加 4850 万元，个人贷款余额 9558 万元，较年初净增 4531 万元。个人综合消费分期 1043 万元，净增 123 万元。

2016 年实现中间业务收入 262.64 万元，较上年同期增加 81.59万元。年度新增 124 户，外汇激活存量账户 1 户。个人客户 1.52 余万户，净增 3450 户，同比增长率为 13%；年日均金融资产 1 万元客户 2200 户，新增 293 户，新增融 E 联客户 3500 户，完成年度任务的 78%。新增融 E 行移动客户端 2920 户，完成年度任务的 111%。新增企业手机银行 46 户，完成年度任务的 102%。私银达标客户 1 户，与年初持平。年度新增代发工资单位 7 户，新增代发 278 人，其中农民工工资代发新增 113 人。信用卡新增有效客户量 547 户，完成年计划的 274%。新增新型商户 211 户，完成年度计划的 106%。9944 项目(中国工商银行股份有限公司通过大数据系统筛选 9944 万信用卡目标客户，各支行通过电话外拨、短信等各种渠道通知客户申请信用卡)客户渗透率 100%；消费额 2.95 亿元，计划完成98.5%。综合发卡量 1060 张，完成恩施州分行计划目标的 120%。分期付款余额 1060 万元，较年初净增 145 万元。二维码商户新增 169 户，动户率 50.30%。

(刘向东)

【湖北宣恩农村商业银行股份有限公司】湖北宣恩农村商业银行股份有限公司(简称宣恩农商行)的前身是宣恩县农村信用合作联社。2011 年 6 月 28 日获得中国银行业监督管理委员会的筹建批复。同年 11 月 30 日，湖北宣恩农村商业银行股份有限公司正式挂牌开业，成为恩施州首家农村商业银行。2016 年全行各项存款余额 24.20 亿元，较年初净增 3.17 亿元，增幅 15.05%，存款市场份额达到 28.32%。各项贷款余额 14.94 亿元，较年初净增 2.04 亿元，增幅 15.84%，其中当年新增贷款占 48.51%，贷款总额占全县贷款余额的 38.27%，存贷款余额、当年新增绝对额、市场份额均位居全县各金融机构之首。年末，实现各项收入 1.63 亿元，同比增加 918 万元。其中贷款利息收入 1.26 亿元，同比增加 386 万元，占总收入的77.13%。新发放贷记卡 2052 张，全年新增福卡借记卡 2.06 万张，新增个人网银用户 239 户，新增企业网银用户 111 户，新增手机银行用户 7547 户，电子银行业务替代率达 69.64%。

全年新装卡乐付机具 240 台，累计达到 886 台，实现全县行政村全覆盖。发放金融扶贫贷款 1.46 亿元，其中，发放贫困户贷款 2241 万元；向履行扶贫协议的涉农新型经营主体发放扶贫贷款 1.24 亿元，共覆盖贫困户 3869 户。全年累计投放 14.94 亿元，贷款中涉农贷款 14.37 亿元，占比达 96.20%，发放小微企业贷款 1.17 亿元，余额达 8.26 亿元。2016 年，上缴各项税款 2291.93 万元，较上年增长 24.28%。县委、县政府授予宣恩农商行“2016 年目标管理考核优胜单位”及“2016 年度企业税收突出贡献奖”，并在全县经济工作会上作典型发言，成为全县 8 家金融机构中唯一获奖单位。

【农商行“春天行动”】2016 年 1 月 21 日至 2 月 8 日(春节)，宣恩农商行在县长途客运站设立民工返乡工作驿站，每天为旅客提供行李搬运、充电取暖、候车休息、免费茶水、道路指引、购票指导等一揽子便民服务，吸纳各项存款 2358 万元。春节期间，全县各农商行营业网点照常营业，完成惠农资金兑付任务。

1 月 18 日，农商行举办 2016 年政银企合作暨宣恩农商银行发展座谈会。习覃、朱鹏程、覃国峰、21 家县直单位负责人及 39 家企业参会，就筹资支农、园区建设、县域经济进行全方位统筹，实现 2016 年“春天行动”开门红。2 月 14 日，农商行举办外出创业领军人物座谈会，40 余名外出务工领军人物参会，与乐清宣恩商会签订担保基金合作协议书，年末累计发放平台基金担保贷款 1030 万元。

2016 年累计向 2011 户烟叶

种植农户，发放烟叶产前投入贷款1635万元，向茶农茶商发放贷款5999万元，向柚农及关联企业发放贷款1200万元。与256户农村专业大户、31家农民专业合作社建立主办行关系，2016年累计发放贷款近1.5亿元。有效为中小微企业解决融资难的问题，2016年累计对土家爱、湖北童话工艺、大派食品、绿可生态茶业、宣恩县沙坪酒厂等79家企业发放贷款198笔，金额7.86亿元。

【宣恩农村商业银行机关办公楼及营业部搬迁】2016年1月18日，宣恩农商行机关办公楼及营业部搬迁至珠山镇兴隆大道155号。办公楼于2013年1月开始设计，2014年12月动工建设，2015年12月工程竣工，办公楼总共7层，占地面积360平方米，建筑面积2625.18平方米，总投资750万元。

【第二届股东大会第二次会议】2016年3月10日，宣恩农商行召开第二届股东大会第二次会议，向股东大会报告增加注册资本情况，财务预算、决算方案、利润分配方案，章程修改及监事会工作情况。

【恩施州农村商业银行“信合杯”第七届运动会】2016年，8月16—19日，恩施州“信合杯”第七届运动会在宣恩举行。运动会设篮球、演讲、业务技能、游泳4个项目，全州8个县市共210名运动员参加。宣恩农商行、巴东农商行分别获优秀组织奖、体育道德风尚奖；鹤峰农商行、恩施农商行、咸丰农商行分别获篮球冠、亚、季军；来凤农商行、鹤峰农商行、宣恩农商行获游泳比赛团体前三名；宣恩农商行、恩施农商行、鹤峰农商行获知识抢答团体前三名。

（李银萍）

【中国邮政储蓄银行股份有限公司宣恩县支行】截至2016年12月31日，中国邮政储蓄银行股份有限公司宣恩县支行（简称邮储银行宣恩县支行）存款余额8.22亿元，累计投放贷款1.68亿元。其中投放宣恩工业园区中小企业贷款7230万元；投放专业合作社、家庭农场、种养殖大户、个体工商户贷款6570万元；投放城镇居民消费贷款3000万元。放金融扶贫益贷1483万元。其中个人贷款382万元，企业及专业合作社贷款1100万元。

邮储银行宣恩县支行投放中小微企业贷款从2009年单一的房地产抵押贷款发展到现助保贷、增信贷、转期贷、林权抵押贷款、税通贷、公立医院信用贷款等近20个品种。

邮储银行宣恩县支行10个金融网点利用互联网技术，开辟包括26台ATM、网上银行、手机银行、微信银行等在内的多样化的电子金融服务渠道。在行政村布放支付结算设备POS共418台，其中商易通130部，外出务工人员每年通过邮储银行结算渠道资金回流超过5000万元，通过邮储银行网点代收付交易笔数达5000多笔，发放各类惠农补贴500万元，客户逾2000户。相继开通社保代收、非税代收和交警罚没款代收系统。

建立普惠金融服务站5个，发放贷款320万元。实现在农村“取款不出村、贷款送上门、理财送下乡、资金通天下、服务全天候”。推出最低保障金、新农保、土地补偿款、代发粮食直补款、退耕还林补贴、育林补贴等十余项惠民服务，手续费年费、小额账户管理费等众多免费措施；在贷款方面，只收“贷款利息”，不收手续费等其他费用，不搞以贷引存。

（杨艳）

【恩施兴福村镇银行股份有限公司宣恩支行】2016年末，恩施兴福村镇银行股份有限公司（简称恩施兴福村镇银行宣恩支行）各项存款余额2.7亿元，较年初增加5718万元，增幅26.6%。各项贷款余额1.99亿元（其中小企业贷款950万元），较年初增加2869万元，增幅16.7%。年末存贷比73.4%，不良贷款率为0.05%。全年共安装POS机92台，完成各项收入1846万元，上缴税收221万元。

（袁丽）

【湖北银行股份有限公司宣恩支行】2016年末，湖北银行股份有限公司宣恩支行（简称湖北银行宣恩支行）各项存款余额2.1亿元，比年初增加1.9亿元。全年累计发放贷款2.12亿元，年末各项贷款余额共计1.4亿元，比年初增加223万元，增幅0.016%。被县委县政府授予2016年“精准扶贫工作优胜单位”荣誉称号。

（胡鹏）

·保险业·

【中国人寿保险股份有限公司宣恩县支公司】2016年，中国人寿保险股份有限公司宣恩县支公司总保费收入5823万元，同比增长2.45%，其中新单保费3050万元，同比增长11%。长险首年保费1848万元，其中十年以上期交560万元，长险首年标准保费370万元。短险保费415万元，同比增长53%。办理各类赔付支出2569万元，其中死亡给付164万元，满期给付1386万元，赔款支出842万元，医疗给付31万元，年金给付140万元，伤残给付6万元。全年个险保费总收入3394万元，同比下降4.62%，其中期交保费892万元，同比增长67%，短险保费41.1万元，同比下降；全年团险保险总收入370万元，同比增长61%，为全县4万余名学生提供平安保险保障；银保渠道保费总量1273万元，较上年有所下降；大病保险786万元。

（胡敏）

【中华联合财产保险股份有限公司宣恩支公司】中华联合财产保险股份有限公司宣恩支公司（简称中华保险宣恩支公司）经营范围为财产损失保险、责任保险、信用保险和保证保险、短期健康保险和意外伤害保险、上述业务的再保险业务、国家法律、法规允许的保险资金运用业务、经中国保监会批准的其他业务。2016年中华保险宣恩支公司实现保费收入954万元，超省公司任务54万元，超州中支公司任务34万元，较上年增长39%。其中，机车保险保费850万元，非车险104万元。全年理赔支出673万元，盈利123万元。

（张美玲）

交通运输

【概况】2016年末，宣恩县公路网密度达102.9千米/百平方千米，公路总里程2820千米，其中高速公路89.4千米，一级公路11.5千米，二级公路234.5千米，三级公路87.4千米，四级公路1690千米，等外级公路707.2千米。内河航道总里程120余千米，通航水域6个，渡口14个。农村通公路行政村比重100%，年末公交车8路，实有公共汽（电）车营运车辆24辆，实有出租汽车63辆。客运站6座，其中二级客运站1座，五级客运站4座，简易站1座，农村客运候车亭231座。全年客运周转量2.07余亿人（千米），货运周转量2.86余亿吨（千米）。机动车维修企业103家，A级汽车综合性能检测站1家，汽车驾驶员培训学校3所。物流运输企业8家、快递网点34家、物流代办点3处。

【基础设施建设】2016年，宣恩县完成交通固定资产总投资13.73亿元（含宣鹤高速公路宣恩段）。其中普通公路投资6.55亿元，同比增长14.9%。宣鹤高速各标段路基工程全线动工。政府借款筹措2900万元用于公路建设，其中农村公路400万元，一级公路209国道宣恩绕城公路工程（S03合同段）、二级公路改扩建232省道宣恩县城至石心河段、365省道长潭河至王家坳段共计2500万元。建设209国道宣恩绕城公路和平大道和209国道高罗绕镇公路。完成232省道石心河至芷药坪段、365省道长潭河至王家坳段总长61千米的二级公路改扩建。长潭河至椿木营段道路改造项目，全长44.25千米，路基工程完工。全面完成自然村通畅工程、窄路面加宽改造、精准扶贫产业路项目256千米。完成国省道危桥改造3座、农村公路危桥加固3座。209国道和平段大中修工程正在施工。沙道沟客运站主站楼建设正式启动。完成高罗农村综合服务站建设。上级补助资金500万元建设椒园物流园，完成总工程量的60%。

【公路管养】2016年，宣恩县重视公路绿化建设，完成209国道、325省道、233省道公路绿化和232省道龙洞库区观景台建设，栽植大叶女贞、桂花、红继木、金森女贞等树木8.2万株，增设209国道东门关隧道两端应急停车带3处。公路日常养护，累计完成水沟清理6800千米，路面坑槽修补1.23余万平方米，行道树刷白240千米，桥栏杆刷白46座。加强路政管理，拆除废路用标志标牌17块，拆除广告牌23块，清理宣传横幅90余条，查处抛洒污染45起，制止违建10起，查处水管埋设4.4万米，查处电杆埋设370根，查处超限车辆1208辆，就地卸载1023辆/5396.7吨，收取公路赔（补）偿费10.5万元。加快农村公路管理机构组建，配齐完善队伍结构，遴选、招聘15名工作人员。完善农村公路养护体系，按县、乡、村三级养护标准进行责任分解。

【运输行业监管】2016年，宣恩县开展"打非治违"行动，查处违法车辆68辆，罚款3.2万元。组织开展道路运输驾驶员从业资格证继续教育培训6次，参训人员700余人。开展船员培训4期，参训人员300余人。

【科技与信息化】2016年，宣恩县推广应用北斗卫星定位系统，对出租公交、道路客运、水运船舶、驾培、检测、物流等行业实现动态监管全覆盖，"科技助安"得到运用。新能源纯电动公交车、油气两用出租车全面推广。3月，宣恩县三合汽修厂获"湖北省绿色维修示范企业"称号。交通运输系统内4家机构建立电子政务协同办公系统，2家机构建成使用视频会议系统，县交通运输局办公院落视频监控系统良性运转。道路运输审批及涉路许可网络化运作和湖北省道路客运联网售票系统建设得到推进，行政审批及行业管理科技保障进一步增强。

【安全应急管理】2016年，宣恩县以"平安交通"建设活动为载体，全面落实安全生产主体责任，从严从实搞好安全监管，全年共出动执法人员2300人次，执法车辆450车(次)、海巡艇20艘(次)，检查车辆3020辆，检查船舶200艘次，巡航里程2000余千米，发现并及时消除安全隐患850余起，免费发放救生衣230件、救生圈12个、宣传资料1500份，安全运送旅客620万人(次)。配套完成宣万、甘长公路改扩建安保工程建设，安装公路各类警示提示标志牌310块，修复钢护栏18.4千米，疏通涵洞500余道。应对抗洪抢险救灾，坚持"主干道优先、先通后畅"的原则，抢修交通中断受灾线路80余条，排除各类险情600余处，累计投入资金5000万元完成主干道、重要农村公路灾后重建。

【交通改革】2016年，宣恩县平稳推进出租车第二轮经营权改革，落实免收出租车经营权费和营运车辆综合性能检测费。深化"放管服"改革，推动行政审批提质增效，办理办结各类行政审批126件。实施公路日常保洁社会化、小修工程专业化、养护工程市场化改革，日常保洁和小修工程队伍向专业化、规模化发展。

【交通运输行业受奖】2016年，宣恩县被州委、州政府表彰为全州交通运输工作优秀县市，县交通运输局被县委、县政府评为2016年度项目工作、安全生产及易地扶贫搬迁优胜单位。县公路管理局被州公路局表彰为2016年度公路责任目标综合考核和2016年度公路安全应急管理责任目标考核优秀单位，中共恩施州委授予莫安文"全州优秀共产党员"称号。县道路运输管理所被评为全州城市公共客运管理和汽车驾驶员培训管理工作突出单位，长大客运公司被评为全州道路运输十佳文明示范企业，县客运中心站为评为全州文明示范客运站，公交、出租、道路客运行业文明示范引领作用凸显。县高速公路办公室被湖北宣鹤高速公路有限公司表彰为2016年度征迁协调先进集体。公路、运管、海事、农路等单位10人分别获全州交通运输行业先进个人荣誉称号。

路　政

【概况】2016年，宣恩县境内列养公路：209国道1条，省道3条(325鸦来线宣恩段、232椒石线宣恩段、233恩鹤线宣恩段)，总里程180.24千米，大桥7座，长隧道1座。穿境高速公路(恩来恩黔)90千米。

【公路建设】2016年，宣恩县完成G209线水姑山桥、大坪一桥、凉风洞桥、干溪河桥的灾后重建设计图编制及评审工作。完成G209线高罗甘溪桥主拱圈加固工程。完成沙道沟至沙坪线踩水埠大桥加固工程。完成S232省道宣恩境K0＋000～K33＋156安保工程施工建设。

【公路养护】2016年，宣恩县完成水沟清理1200平方米，修复涵洞3道，新建涵洞2道，清理涵洞165道，累计清理水沟3080千米，修复桥梁栏杆20米，修补沥青路面坑槽2269平方米、修补砼路面坑槽2608平方米，泥结碎石修补路面坑槽881平方米，沥青路面灌缝122.05千米，新建防撞墙42米，修复钢护栏820米，新建钢护栏20

米,维修增设示警示柱34个,维修标志34个,新增梯形反光标志42个,完成行道树刷白140千米,完成国省干线桥梁栏杆刷白46座。灾后重建,修复完成挡土墙1.07万立方米,修复灾毁桥梁2座。

路境管理,清理清除路边垃圾,查处制止乱堆乱倒30起/90余立方米,清理拆除非公路标志,拆除广告牌23块;清理跨公路宣传横幅90余条,严格控制公路红线,制止新增违建10起/800余平方米,严格公路用地及控制区管理,查处公路用地埋设水管44千米/4起,共查处超限车辆1208辆,除不可解体及鲜活农产品外,对1023辆超限车辆实施就地卸载,卸载吨位达5396.7吨,依法对1023辆超限车辆实施行政处罚、收取公路赔(补)偿费10.533万元。

绿化建设,国、省道通道绿化工程(G209、S325、椒石线龙洞库区观景台)苗木栽植工作全部完成,栽植苗木分别为大叶女贞、桂花、红继木、金森女贞,共3.9万株,交通与林业部门共同完成恩鹤公路通道绿化,栽植苗木共计4.3万株。

(朱俊)

高速公路建设

【宣鹤高速公路施工】宣鹤高速公路东起鹤峰县艾蒿坪,由太平镇的沙园进入宣恩境内的分水岭,沿沙道沟镇管辖的雪落寨、鱼泉、龙潭、布袋溪、咸池、两河口、苦溪河、沙道沟集镇、班大湖、当阳坪、栏杆坪,在高坝与恩来高速公路连接,总长54千米,其中宣恩县境内30.66千米。2015年12月18日,宣鹤高速公路控制性工程开工仪式在鹤峰县艾蒿坪举行,2016年1月4日,宣恩县境内征迁工作正式展开。

宣鹤高速宣恩段地质复杂,桥隧占全里程的50%,且穿越国家级森林保护区七姊妹山保护区缓冲区。2016年11月底,宣鹤高速宣恩段应征地1013户,签订安置补偿协议957户,完成任务94.5%;应征房屋102户,签订安置补偿协议97户,完成任务95.1%;拆迁房屋79户;应搬迁坟墓320座,已搬315座;已交付临时用地29宗22.4公顷(其中,新建便道9条,12.8千米,0.85公顷;拌合站、弃土场等13.8公顷);利用地方道路12条19.9千米;解决饮用水源点16个,安装自来水62户;完成杆线迁改调查251处。

(荀杰)

公路运输

【概况】2016年末,宣恩县有道路客运企业5家,营运客车378辆/5797客座,客运班线173条、400班(次)。其中农村客运班线152条,跨县班线11条,跨市班线4条,跨省班线6条。城市客运企业2家,在营车辆89辆/1022客座。全年完成客运量352万人(次),旅客周转量2.07亿人(千米),较上年增长2.1%。货运车辆1335辆/3310吨位,年货运量235万吨,货物周转量2.86亿吨(千米),较上年增长7.6%。城市公交企业1家,在营公交车辆24辆(其中电动车16辆),营运线路8条,年运送旅客320万余人(次)。出租车企业1家,在营出租车63辆,年运送旅客207万余人(次)。在营二级AAA客运站1座,在营农村五级客运站4座,简易站1座(万寨),农村客运候车亭231座。五级客运站沙道沟客运站因集镇建设站场部分面积被占用,无法满足客运场经营需要而减少;万寨客运站因集镇建设站场被占用,另设简易站1座。机动车维修企业(业户)103家,其中一类维修企业1家,二类维修企业9家,三类维修业户72家,摩托车维修业户21家。全县机动车维修行业持证质检员24人,从业人员554人,全年维修行业实现产值5500万元。A级汽车综合性能检测站1家,持证检测员13人,内审员2人,从业人员15人,全年汽车综合性能检测1200余台(次)。综合二级汽车驾驶员培训学校1所,单项三级汽车驾驶员培训学校2所,教练车95台,理论教练员14人,实操教练101人,理论教室3处440平方米,实操场地7处8.8万平方米,全年培训学员4200余人,平均合格率在70%以上。道路运输驾驶员从业人员资格证培训点和继续教育培训及考点各1处,全年参加从业人员资格证培训160人,继续教育培训1500人。宣恩县政府补助资金300万元、县广通城市公交公司自筹资金740万元,新建县公交总站(占地9000平方米),购置20辆新能源纯电动公交车充实城区公交线路,11月8日,宣恩县新能源纯电动公交车上线启动仪式在宣恩县公交总站举行,邵爱华出席庆典仪式。

【公路运输行业监管】2016年,宣恩县共派出运政执法人员2484人(次),出动执法车辆548车(次),查处违法车辆68辆,暂扣车辆8台,罚款1.7万元,共处理群众投诉举报案件30件。10月9—14日,县运管所、公安交警、城管等执法部门联合开展为期6天的城区市场整治行动,在桐子营、王家坳、万寨、晓关及教育城、车站、风雨桥、医院等地上路稽查,共检查车辆46辆,发放宣传资料180余份。2016年11月10—16日,运政、路政、交警在当阳坪开展了联合治超专项整治行动,检查车辆58辆(次),走访了椒园、和平等地建筑装饰用石开采及销售场所、商品混凝土加工场所,对车辆超载的危害性及公路超限超载处罚政策进行宣传,张贴并发放宣传单142份。

【运输业务管理】2016年3月,宣恩县三合汽修厂获"湖北省绿色维修示范企业"称号。2016年4月2日,宣恩县宝路捷汽修厂通过二类机动车维修资质评审;2016年5月,县运管所组织专班对全县机动车维修业户开展一次全面清理整顿,整顿期间下发宣传单110份,下发整改通知书8份,补办手续5户。7月,县内新增1所单项三级驾校(宣恩县龙庆汽车服务有限公司)。8—10月,开展驾培市场专项整治工作,共制作宣传横幅6幅,下发问卷调查120份。机动车综合性能检测经营由许可改为备案,并收回原行政许可证件。根据省发改委关于取消汽车综合性能检测收费的规定,8月10日,县顺通汽车服务有限公司停止向车主收取综合性能检测费。县运管所、县财政局、发改局将汽车综合性能检测收费纳入财政预算的方案并报县人民政府。2016年8月29日,宣恩县众博汽修厂通过二类机动车维修资质评审。

【公共客运设施建设】2016年初,宣恩县新增2台城区线路中型观光车。4月8日,县城市公共客运公交新站(莲花坝一组)开工建设,9月底完工并投入使用。7月底,完成电动汽车群智能充电系统设施设备建设。9月底,沙道沟三级客运站新建项目完成招投标,年末完成"三通一平"、场地平整、围墙修建工程。11月8日,新能源纯电动公交车上线营运。全年维修9个普通式候车亭、4个港湾式候车亭,投入"村村通客车"补助资金16.33万元。11月,椒园农村综合服务站新建项目开工建设,12月底竣工。

(肖钢)

【水路运输概况】2016年,宣恩县共6个通航水域(清江库区宣恩段、洞坪库区、双龙湖库区、桐子营库区、狮子关库区、仙佛寺水域),通航里程118千米,乡镇渡口14处,乡镇船舶35艘,渡船11艘,各类自用船舶290只,各类持证船员63人。全年共出动检查人员200人(次),出动海巡艇20艘(次),检查船舶200艘(次)(含渡船);查处安全隐患18处,整改18处,整改率达100%;发放宣传资料700份,免费发放救生衣239件,救生圈12个。开展水上交通安全主题教育活动,发放《小学生水上交通安全教育读本》300册。建立健全船舶县、乡、村、船主四级目标管理责任制,4、5月,全县7个涉水乡镇和12个村及11个渡口16艘船舶的相关责任人集中签订责任状,签订率达100%。

(张平文)

农村公路管理

【机构改革】宣恩县交通物流发展局的前身为宣恩县公路规费征收稽查所,2010年7月21日,因2009年燃油税改革,宣恩县公路规费征收稽查所更名为宣恩县交通物流发展局。2016年1月7日,宣恩县编制委员会批准设立宣恩县农村公路管理局,2016年10月8日正式挂牌成立,加挂宣恩县交通物流发展局牌子,实行一门两牌、一套班子、合署办公。主要职能:贯彻执行国家、省、州有关农村公路规划、建设、养护、管理和交通物流发展的法律、法规、政策和技术标准;负责组织拟定全县农村公路及交通物流业发展规划及行业发展战略与政策,拟定全县农村公路及交通物流业年度计划并实施;参与拟定全县农村交通运输发展有关政策;承担全县农村公路交通战备有关工作;具体负责全县农村公路规划、建设、养护、管理及交通物流的行业指导、协调、监督和考核等日常工作；承担农村公路和交通物流的行业统计、信息引导及信息化、标准化建设工作；负责全县农村公路和交通物流建设发展规划、年度工作计划的执行落实；建立健全全县农村公路及交通物流安全保障责任体系，制定农村公路及交通物流相关安全应急保障预案并监督执行；负责全县农村公路系统法制建设及农村公路路政管理工作，依法维护农村公路的路产路权。

【椒园物流园建设】2016 年，宣恩县交通物流发展局督促宣恩椒园物流园(鑫海物流)按计划实施建设。一期工程规划占地 6.67 公顷，建筑面积 2.08 万平方米，工程总投资 1.01 余亿元。建设内容包括信息中心、零担业务中心、公路联运区、堆场、停车场。年中，指导宣恩椒园物流园参与全省物流发展资金竞争性分配工作。10 月，通过湖北省交通运输厅组织的专家评审，宣恩椒园物流园信息中心和零担业务中心项目分别获得 250 万元物流发展补助资金。年底，完成信息中心 4415.16 平方米、零担业务中心 1.40 万平方米、公路联运区 2366.4 平方米、堆场 7095 平方米、停车场 9468 平方米的建设任务，完成总投资 8500 万元。

【高罗镇农村综合运输服务站改扩建工程】高罗镇农村综合运输服务站改扩建项目是在原高罗汽车客运站基础上扩大规模，增加物流货运停车场、仓库、物流业务办理中心及其他设施设备，属农村物流基础设施建设项目。2016 年 5 月开工，7 月中旬完工，9 月竣工验收。扩建后的运输服务站总占地面积 1983.82 平方米，车购税补助投资 50 万元。

（田敏）

邮 政

【经营管理】2016 年，中国邮政集团公司湖北省宣恩县邮政分公司(以下简称宣恩县邮政分公司)实现业务收入 3159 万元，完成全年计划的 101.24%，同比增长 11.56%，其中金融板块实现收入 2369.25 万元，占比 75%。全年代理储蓄新增余额 1.87 亿元，同比增加 1.2 亿元；新增市场占有率 41%，比上年增长 20.74 个百分点；代理保费突破 1 亿元，实现保费收入 367.61 万元，保险收益率达到 3.56%。

全年电商实现业务收入 228.95万元，同比增长 37.5%；分销业务实现收入 174.81 万元；函件业务实现收入 98.75 万元；包裹快递业务实现收入 42.45 万元。电商分销纳入政府财政预算，支持村邮站建设，构建三级运营体系，建成“五个不出村(购物不出村、销售不出村、生活不出村、金融不出村、创业不出村)”标准村邮站 11 个，A 类邮掌柜站点 91 个。村邮站平台建设获全州邮政系统 2016 年度“平台建设第一名”。参与运营“常惠生活”线上平台，“邮乐网”县市馆相继上线，探索发展“电商＋仓储＋配送”模式，成功运作“大派火腿”“伍家台贡茶”等电商＋寄递项目；9 月 30 日参加全州 AB 类“邮掌柜”培训大会及分销“抱团作战”订货会，现场预订 162 万元，并对邮掌柜进行系统性培训，宣讲金融客户邀约政策及“掌柜贷”业务，为旺季金融业务发展依托站点召开“坝坝会”。

包裹快递，两频次邮运实现省内“T＋1”日递；县城设立 1 个快包揽投部，组建 8 人队伍，全面运行快包揽投站模式。强化城乡入户宣传，开展集镇上门揽收，开发春茶、腊肉、白柚等特色产品寄递。

全年以市场部为核心，金融、电商、函件、集邮抱团推进，业务共推，资源共享，整体前进。全年实现集邮业务收入 120.82 万元，同比增长 80.78%；报刊业务实现收入 126.28 万元。

【综合管理】2016 年，宣恩县完成网格化区域经营及信息系统、APP 营销走访系统、VIP 客户自动识别系统三大系统的培训应用。新增 CRS 三台，信息化建设及台席设备逐步更新。财务管理实现 ERP 系统整体上线，提升以财务为核心的管理体系信息化水平；非生产性成本进一步得到压缩，同比招待费、会议费下降 21%，差旅费下降 5%，办公费下降 10%，车辆运行费基本持平。

开展“两加强、两遏制”(加强内部管控、加强案件防控、遏制违规经营、遏制违法犯罪)专项检查复查活动，2016 年宣恩县邮政分公司获恩施州邮政系统代理金融内控管理优胜单位；平安邮政建设获全州邮政社会管理综合治理达标单位；工会工作获湖北省邮政系统2016年度工会工作先进单位。

【爱心邮路】2016年，宣恩县开展“爱心邮路”工程，共建立帮扶对象48名，累计帮扶资金达4.2万余元。

（汤祚健）

【快递】2016年末，宣恩县有快递网点34家，其中许可企业6家，分支机构28家，从业人员102人。全年快递业务量24.86万件，投递量167.22万件，共实现业务收入601.41万元，其中，农村地区快递业务量3.61万件，电子商务类快件业务量3.69万件。

（李明洁）

通　信

·中国电信股份有限公司宣恩分公司·

【概况】2016年，中国电信股份有限公司宣恩分公司（简称宣恩电信公司）完成业务收入2507.68万元，新增手机用户6320户，新增宽带用户5969户（其中城区2575户，农村3394户），新增天翼高清用户4911户（其中城区1925户，农村2986户）。2016年末，固定电话容量3万门，宽带网络容量3.5万端口，村村通、CDMA、3G、4G基站280座，移动信号覆盖率90%以上，国际互联网出口40G，县到乡（镇）10G，光缆传输总长度达1.5万千米，全县279个行政村通光纤。固定电话用户1.25万户，宽带用户2.24万户，电信移动电话3.04万户。

【项目建设】2016年，宣恩县投资6000万元，对全县9个乡镇实施宽带乡村项目，共新增FTTH（光纤到户）端口1.2万个，涉及行政村279个，实现全县所有行政村通光宽目标；投资120万元，对沙道沟集镇、县城区凌云路，长椿公路改造地段进行杆线迁改；投资45万元，完成高罗麻阳寨等20余个扶贫安置点的杆线迁改及网络覆盖项目；投资200万元，建设宣南、宣北两大100G波分复用光纤传输骨干环网；投资288万元，完成“平安宣恩”视频监控新增60个微卡口的建设任务，为全州视频监控微卡建设起到示范作用，其中高清监控点累计达412个、监控卡口达4个；累计开通185个村卫生室的农村合作医疗专网；继续推动互联网＋在教育领域的应用，在全县56所中小学免费推广家校互通软件（“阳光APP”，建成“爱心小屋”）；持续开展信息化示范机关电子政务移动办公的延伸工作，并完成县政府智慧办公系统建设工程，全县近600名公务人员可以通过移动办公系统进行办公；投资175万元，为全县教育系统搭建教育信息专网，完成宣恩县教育城域网建设；完成宣恩县第一中学信息机房及校园网络建设，确保学校秋季学期正常开学。

（郭千生）

·中国移动通信集团湖北有限公司宣恩分公司·

【概况】2016年，中国移动通信集团湖北有限公司宣恩分公司（简称宣恩移动公司）有2G基站202个，3G（TD－SCDMA）基站25个，4G（TD－LTE）基站309个，移动网络覆盖率超过99%，铺设传输光缆4260千米，通信网覆盖全县98%以上的行政村。乡镇政府、卫生院、学校、村委会、烟草等集团专线达547条，实现接入能力12M以上行政村数量为277个，占比92%。建成室分系统22个，WLAN覆盖点12个。动环接入62套，动环可用59套，可用率为95.1%。开关电源可用85个，可用率为91.7%。全年滚动投资建设完成74个小区，共1.26万个端口，累计覆盖全县2.15万户人口，实现县城集镇全覆盖，增加接入设备5套，带宽上限提升4倍。加强4G网络建设、降低4G资费门槛、增值业务透明消费、大力治理垃圾信息，实现4G不换号、不登记、快速换卡的“两不一快”服务。持续开展恶意扣费软件日常监测和伪基站治理专项行动。严格落实国家有关电话用户实名身份信息登记的规定，客户实名登记率100%。农村信息化项目412条专线建设已完成交维工作，进入使用阶段，全县200多个村委会实现网络互通。4G信号在城区无缝覆盖，已激活入网的208个4G基站，且在人口密集区和信号覆盖盲区建设微站。

宣恩移动公司专线业务，落实“一县市一精品”信息化应用工作部署，实施由宣恩县人民政府与恩施州移动公司合作推出的“智慧民生(农民办事不出村)”便民服务平台项目，通过在村级便民服务室设置自助查询一体机及视频通话终端，受理农民远程行政审批事项，已完成专项线路优化，并正常投入使用。

【抗灾保通信】2016年1月21—22日，宣恩县普降中到大雪，部分山区降雪量达10厘米以上。县境内有5镇3乡陆续倒闸停电，移动通信基站停电数量骤增。22日凌晨2时停电基站33座。4时停电基站57座，退服基站20座。6时停电基站75座，退股基站51座。10时停电基站达到122座，通服基站达73个。宣恩移动公司及时发出通信保障红色告警，组织技术支持中心人员与代维人员组成9个抢修队分区进行抢修。紧急协调油机40台、车辆9台、人员20人。当日5时30分，全体维护人员出动，根据统一部署按照先干线机房、10G、2.5G、6225重要节点进行优先保障。经过3天连续抢修发电，累计出动车辆27辆(次)、人员82人(次)、油机68台，截至24日20时，宣恩移动公司停电退服基站全部恢复正常。

7—8月宣恩特大暴雨造成宣恩移动公司骨干汇聚层杆路中断8段，接入层光缆中断13段，共计受损电杆268根，距离约17.99千米。灾后，开展通讯设施恢复重建工作，投入资金93.8万元，对灾后留下的隐患逐一排查与整治，将作业计划、巡检、优化、日常维护工作与资源管理工作相结合，全面提升数据的关联性与准确性，保障人民群众能正常使用网络。

【党员爱心助学】2013年6月，宣恩移动公司党支部启动“党员爱心基金”助学活动，将晓关乡品学兼优的卢某(贫困女生)确定为助学对象，采取“党员捐一点、鼓励员工捐一点”的办法，按月筹措、按月帮扶，长期持续资助，长期持久爱心接力。

(余勤)

·中国联合网络通信有限公司宣恩县分公司·

【概况】2016年末中国联合网络通信有限公司宣恩县分公司(简称宣恩联通公司)有通信基站146座，其中4G基站25座，光缆里程583千米，县城及乡镇实现移动通信网络的完全覆盖。累计用户3.83万户，同比减少6%。出账用户7.50万户，累计净增用户1100户。

(尹娜)

商　务

【概况】2016年，宣恩县限额以上商贸企业34家。其中，批发企业2家，零售企业25家，住宿企业4家，餐饮企业3家。全县累计完成社会消费品零售总额38.07亿元，同比增长12.4%。其中，限额以上零售额4.33亿元，限额以下33.74余亿元。按销售地分：城镇零售额27.05亿元，增长12.5%；乡村零售额11.02余亿元，增长12.3%。按行业分：批发零售业31.21余亿元，增长12.4%；住宿餐饮业6.86亿元，增长12.5%。全年外贸出口总额2330.97万美元，同比下降27.6%；利用外资524万美元，增长21.3%；全年招商引资累计到位资金28.83亿元，增长35.2%。

【出口创汇】2016年，恩施州政府下达宣恩县外贸出口目标任务3606万美元，实际完成2330.97万美元，完成目标任务的64.64%。其中自营出口实现731.56万美元(湖北西部现代农业有限公司33.10万美元、宣恩县宣桃茶叶有限公司257.01万美元、伍台昌臣茶业有限公司116.58万美元、湖北省佳鑫农业科技发展有限公司13.95万美元、湖北童话工艺礼品有限公司301.38万美元、宜红贡茶9.54万美元)，较上年312万美元增加419.56万美元，增长134.47%。下达全县新增外贸自营出口企业任务3家，实际新增自营出口企业3家(湖北省土家爱食品开发有限公司、宣恩家园科技有限责任公司、宣恩县茅坡营生态农业有限公司)，自营出口企业达到15家。

【国内贸易】2016年，恩施州下达全县社会消费品零售总额任务38.1亿元，增长12.5%的目标，实际完成社会消费品零售总额38.07亿元，占州下达任务的99.9%，同比增长12.4%，全州排名第二。下达全县新增外贸限上商贸企业任务5家，实际新增10家：宣恩县林家商贸有限公司、恩施州有啊电子商务有限公司、宣恩梦达商贸有限公司、恩施伍家台旅游发展有限公司、宣恩县淘实惠电子商务有限公司、湖北利祥医药有限公司、宣恩县云鑫商贸有限公司、宣恩校园地带商贸有限公司、宣恩贡茶山庄有限公司、宣恩县合盛商贸有限公司。全县限上商贸企业达到34家。

【电子商务】2016年，宣恩县有电商620家，农产品年网上交易总额已达1.8亿元。引进淘实惠电子商务有限公司、卓群电子商务有限公司、恩施州有啊电子商务有限公司、网讯电子商务公司落户宣恩，农产品网上交易总额1.8亿元。淘宝惠电子商务、有啊电子商务、网讯电子商务3家电子商务服务企业申报为限上商贸企业。依托以上电商服务平台建立乡、村电商服务网点238家，覆盖231个行政村。

（胡柏安）

电力供应

【概况】2016年，国网宣恩县供电公司有8个乡镇供电所，110千伏变电站1座，35千伏变电站10座。完成固定资产投资1.9亿元，内部概念利润3807万元，同比增加481万元，增幅14.47%，完成年计划的101.64%。售电量1.98亿千瓦时，同比增长2198万千瓦时，增幅12.44%，完成年计划的105.55%。主营业务收入1.12亿元（不含税、代征款），完成年计划的103.15%，增长率8.86%。售电均价664.47元/千千瓦时，同比下降24.2元/千千瓦时，比年计划低11.92元/千千瓦时（主要原因是电价调整）。综合线损率13.22%，同比上升2.18个百分点，比年度计划高2.62个百分点（主要原因是抄表例日调整）。

【安全生产】2016年，国网宣恩县供电公司落实安全职责规范，明晰安全职责界面，安全保证体系、监督体系、保障体系作用充分发挥。治理隐患，开展春秋两检、安全月活动、重要用户、三查三强化、迎峰度夏（冬）等专项排查治理行动，发现问题及隐患268项，整改264项，整改率98.5%。加强电网运行管控和优化调度，落实风险预控措施10项，发布电网风险预警11次。深化D5000平台系统应用，实现地县调控一体化协同。强化设备计划检修管理，计划检修完成率85.5%。安全稽查作业现场260次，下发违章整改通知书31份、处罚通知书13份、约谈施工队8个。落实输电线路通道属地管理责任，清理树障6.90万棵。开展10千伏及以下线路树障清理，完成率85%。严格安全奖惩，兑现安全奖励162.57万元，处罚6.66万元。加强安全能力培训，培训38场（次），参训人员1000人（次）。强化应急响应，全年投入抢险救灾保供电人力4607人（次）、车辆1027台（次），用最快速度恢复供电。

【电网发展】2016年，宣恩县完成《宣恩县"十三五"配电网规划》《宣恩县电力设施布局专项规划》《宣恩县城区配电网专项规划》编审。储备项目216个4.9亿元。沙坪35千伏变电站竣工投产，沙道35千伏输变电站工程启动"三通一平"建设，李家河110千伏输变电站工程通过可研评审，宣恩熊洞、彭家寨35千伏配电站工程完成核准，35千伏会椿线抗冰改造工程全部完工。配电网建设共完成工程建设投资2.96亿元，新建10千伏线路329千米，新建改造低压线路1014千米，新增配变容量3.89万千伏安，电网安全供电保障能力增强。

【经营质效】2016年，国网宣恩供电公司推进用电信息采集系统、低压客户"智能电管家"全覆盖，日均采集成功率为98.27%；智能电管家上线5.96余万户，推广应用率79.63%；电子缴费推广5.49万户，完成年计划的109.74%。开展电能替代"五项行动"，实施电能替代项目12个，替代电量342万千瓦时。规范业扩报装管理，完成低压报装接电3747户，接电容量2.03万千伏安，同比增长55.01%；高压报装接电73户，接电容量30710千伏安，同比增长46.38%。创建标准化示范供电所和"三全四零"（三全：全采集、全覆盖、全费控；四零：供电服务零投诉、营销行为零违规、营销服务零差错、电费回收零欠费）供电所。开展营销"一县一品"创建活动，椒园供电所"园区连心桥"品牌深受客户好评。

营销违规行为整顿成为常态，全年查处差错行为132人(次)，扣发薪金2.98万元；清理用户4.6万户，排查发现疑似问题513起，挽回损失11万元。开展供电服务网格规范化建设，建立高压客户网格70个、低压客户网格282个，1353个台区、10.58万个客户纳入网格化管理。实施营销员工素质提升工程，培训11场(次)，累计参训300余人。

【职工技能运动会】2016年8月25日，国网宣恩县供电公司在椒园实训基地举行第五届职工技能运动会，各乡镇供电所、营销部、运维检修部等11支代表队共70余名队员参加竞技。运动会设置作业现场创伤急救应急处置、“智能电管家”技能、计量装置错误接线分析、配电变压器二次绕组相间直流电阻测量、0.4千伏低压架空线路架设安装、经低压电流互感器接入的三相四线有功电能表安装共6个竞赛项目。运维检修部获得作业现场创伤急救应急处置、配电变压器二次绕组相间直流电阻测量、0.4千伏低压架空线路架设安装竞赛项目第一名，营销部获得“智能电管家”技能、竞计量装置错误接线分析、三相四线有功电能表安装竞赛项目第一名。夏星、张飞、杨世红等16名队员分别获6个项目单项第一名；蔡章松、刘玉成、胡汀等16名队员分别获得6个项目单项第二名；钱拥军、孙锡重、陈功胜等16名队员获得单项第三名。营销部、运维修部、椒园供电所分别获得团体第一、二、三名，晓关供电所、李家河供电所获组织奖。

10月8日，国网宣恩县供电公司参加州供电公司第八届职工技能运动会，参加作业现场创伤急救应急处置、配电变压器二次绕组相间直流电阻测量竞赛、智能电管家、文字材料写作技能等4个项目竞赛，获团体奖第二名、文字材料写作青年技能竞赛第一名、配电变压器二次绕组相间直流电阻测量竞赛第二名、作业现场创伤急救应急处置第二名等奖项。

(林红)

供销合作社

【概况】2016年，宣恩县供销系统有村级综合服务社185家，专业合作社43家，“农合会”1家(宣恩县农村合作经济组织联合会)，直属全资集体所有制公司3家(新宇烟花爆竹有限公司、供销合作社联合社资产管理中心、兴华商贸有限公司)，股份制公司1家(宣恩宜红贡茶有限公司)。全年实现销售进销总额5.5亿元，实现利税总额115.01万元，出口红茶260吨。开展“六城”同创，2月拆除老县社院内乱搭乱建棚户6户；4月拆除原椒园供销社占地面积300平方米老木房8间，搬离住户8户。处理网络信访事件1件、唐宏才养老保险争议等供销社改制遗留问题信访事件6件。

【综合服务社建设】2016年5月，宣恩县开展农村电商人才培训140余人。10月完成村级综合服务社10家新创建和20家改造工作任务，全县村级综合服务社创建达到185家，覆盖185个村，覆盖面达到66%。11月在伍家台村开展新型职业农民农村妇女电子商务技术人才培训60人；电商行业精准扶贫完成40个贫困村扶贫任务，实现万寨乡、珠山镇、晓关乡3个乡镇全覆盖。

【社有企业经营】2016年，新宇公司销售烟花爆竹商品1500万元，实现税收49.014万元。宣恩宜红贡茶有限公司收购茶叶4500吨，销售收入7200万元，实现税收66万元，自营出口欧盟红茶260吨。

【宣恩宜红贡茶有限公司】2005年8月，宣恩县锦合贡茶有限公司成立，注册资本金120万元。2013年9月变更为宣恩县宜红贡茶有限公司。2014年3月扩建迁入宣恩工业园区椒园生态产业园。2016年，实现销售收入861万元；出口俄罗斯红茶200吨，首次实现产品自营出口。2016年末有茶叶初制加工生产车间1200平方米、精制加工生产车间1.27万平方米，有清洁化初制生产线1条，精制加工生产线2条，资产总额3000余万元，有机茶园386.67公顷，其中网台锦合有机茶专业合作社106.67公顷，白金马有机茶专业合作社100公顷，惠农有机茶专业合作社146.67公顷，长茅岭有机茶专业合作社的33.33公顷。

(尹绪程)

粮食流通

【概况】2016年，宣恩县纳入流通统计的粮食经营主体购进粮食1.4万吨(其中，国有粮食企业购进粮食1.1万吨)。全年实现粮油加工工业总产值2.09亿元，落实优质粮食订单面积3.16万公顷，完成2500吨省商业储备粮和4000吨县级储备粮轮入任务，原粮出入库检验率、军粮质量合格率、涉粮举报案件查处率均达100%，安全粮油比例达95%以上。

【宏观调控】2016年，宣恩县实施“放心粮油”工程和粮食应急体系工程建设，建起“放心粮油”配送中心，建成15家连锁店，辐射到全县每个乡镇，建立19家覆盖全县各乡镇的应急体系网络，在全州率先联网运行。

【粮食产业化】2016年，宣恩县粮油食品工业总产值达2.09亿元。国有粮食加工企业通过创立产品品牌，提高产品质量，扩大经营范围，产品销往广东、福建、浙江等地。11月11—13日，土家爱食品开发有限公司参加2016第18届湖北荆楚粮油精品展示交易会，其“速溶合渣系列”产品获金奖。

【仓储安全】2016年，宣恩县椒园储粮9000吨容量的中心粮库建设全面完成，实施储粮的机械循环通风，环硫熏蒸，电子测温的现代化储粮手段。对晓关、高罗、王家坪3个收纳库的危仓老库和晒坝进行改造。储备粮轮换方式由单一的储备原粮“先销后购”的轮换方式调整为采取滚动轮换、原陈结合、常储常新、异地储存等多种形式轮换，宣恩县国有粮食企业同宜昌夷陵公司异地储存达2250吨，有效防止轮换亏损。

【国有粮食企业产权制度改革】2015年10月前，宣恩县有沙道、珠山两个国有粮食购销企业，属州级农业产业化龙头企业，以粮食收购、储存、加工和销售业务为主，兼营白酒酿造、菜籽油加工销售。2016年5月，依据省政府、省粮食局有关国有粮食企业改革的文件精神，推行“一县一企，一企多点”的改革目标，对沙道粮食购销公司进行民营化改革，优先整体打包出售，珠山粮食购销公司进行股份制改革。宣恩县“一县一企，一企多点”企业是“宣恩县珠山粮食购销公司”，具体库点为：椒园中心粮库、晓关收纳库、高罗收纳库、王家坪收纳库。已办理土地使用证两个，不动产证15个，房产证15个。对椒园中心库和晓关、高罗、王家坪3个收纳库进行土地变性，总面积3.64公顷。

（田自红）

烟草专卖

【概况】2016年，宣恩县完成卷烟销售8244箱，销售金额2.10亿元，单箱均价2.58万元。毛利率28.5%，实现毛利4709.44万元，综合纳税费1591.93万元。全县新办理卷烟零售许可证65户，办理停业95户，恢复营业4户，办理注销84户。查获涉烟案件117起，同比增加30起，涉烟案值42.6万元，查获非法“三烟”3125条，其中办理万元以上案件20起。“打假破网”工作，判刑1人、刑拘4人、追逃1人。9月烟叶收购开秤后，专卖工作重心放在烟叶收购秩序的维护上，规劝烟农在指定地点交售烟叶20余起，数量17.5万余千克。

（石云辉）

石油销售

【石油公司经营情况】2016年，中国石化销售有限公司湖北恩施宣恩石油分公司(简称宣恩石油公司)有在营加油站11座，实现成品油销售总量2.99万吨，比上年2.51万吨增加4769吨，上升18.99%，完成任务2.60万吨114.79%。其中汽油1.54万吨，比上年1.20万吨增加3418吨，上升28.49%；柴油1.45万吨，比上年同期1.31万吨增加1351吨，上升10.30%，市场份额占85%。全年销售收入2.4亿元，实现燃油税1.08亿元，增值税350万元。

非油品全年实现销售总额655万元，比上年同期531万元增加124万元，增幅23.35%，完成年度任务620万元的105.65%。全年非油品销售实现利润91.6万元，比同期60万元增加31.6万元，增幅52.67%，完成年度任务80万元的114.5%。毛利率由11.32%上升到13.98%，上升2.66个百分点，上升幅度23.5%。

【损耗管理】2016年，宣恩石油公司未发生一起数质量事故，没有一起因数质量引起的投诉。在数质量管理上，抓第三方(运输方)的管理，加油站反映运输损耗异常，组织人员在第一时间赶到现场核查铅封，了解原因，如属运输车辆原因，由司机按零售价全额赔偿，并通知运输公司和州公司物流配送部对运输车辆进行处理，如属发货方(油库)原因，及时和计量班、发油班相关人员联系沟通；来油全过程监控，在视频监控下完成操作，督查人员每月到加油站查看卸油视频，发现问题及时处理。落实《卸油程序十步法》，按规定留存油样。加大技改力度，每个加油站都更换卸油阴阳接头，防止卸错油及混油发生质量事故。在莲花站、西门站、椒园站、晓关站4座站油管安装限位阀，防止油品溢罐发生安全事故。11座加油站安装液位仪，超安全容积卸油或低液位运行都会自动报警，在数质量管理上确保安全。

【资源供应】2016年，宣恩石油公司作为全县成品油经营主渠道，在油库油气回收改造和城区加油站油气回收改造过程中，跨库提油数量大，运力紧张，宣恩石油公司和物流部门沟通，协调资源，全县11座加油站没有发生大面积长时间脱销，保障全县工农业生产和交通物流用油，在建重点工程用油得到很好保障，宣恩石油公司作为宣恩县“应急救援指挥平台”项目成员单位，确定西门加油站为保供加油站。

【油站管理】2016年，宣恩石油公司的经营与管理严格按照中国石化销售有限公司制定的《内部控制手册》抓落实，规范经营与管理。特别强调资金管理是不可触摸的“高压线”。并与上级公司和所属加油站签订资金管理责任状12份。坚持“质量是命、计量是钱”的理念，加强对油品数质量的管理，明确油品质量管理责任人，对有油品进、销、存各个环节进行监管，绝不允许油品损耗超过规定的范围。安全管理方面，实行自上而下的安全承包责任制，一级抓一级，层层监管，公司与上级公司签订《安全环保责任状》；公司与各加油站负责人签订《安全生产责任书》11份；各站负责人与员工签订《安全生产承诺书》42份，开展“6月安全月”“安全自查整改”等一系列安全活动，促进企业安全管理水平的提升。在加油站日常管理活动中，杜绝“三违”现象发生，定期开展不同类别的预案演练，按照《安全生产十大禁令》《资金管理十大铁律》《加油八步法》《加油站现场管理九大禁令》和《卸油十步法》操作到位，实现全年安全工作零事故目标。

对加油站实施规范化管理，省石油公司对加油站督查成绩全州系统排名第二，州石油公司对加油站督查成绩全州系统排名第一，客户满意度调查名列全州系统排名第一。IC卡客户开发全州系统排名第一，卡消费比全州系统排名第二，长潭加油站、万寨加油站获得全州系统2016年第三季度IC卡客户开发明星加油站称号，当阳坪获得全省2016年度客户开发先进加油站，员工马小丽、覃章双获得先进个人称号。商品数质量管理考核全州系统排名第一，损耗率排名全州系统第二，数质量管理员谢小平获得全州先进管理个人提名。劳资管理得到加强，全年没有一个员工流失，人均劳效全州系统第二。内控管理、财务管理考核全州系统排名第一，内控督查全州系统排名第三。

(谭丽)

食盐销售与管理

【食盐销售】宣恩县南三镇(李家河、沙道沟、高罗)由来凤县盐业公司保障供应。2016年宣恩盐业公司销售各类盐860吨：其中小袋盐770吨，食品加工盐90吨。

【盐政管理】2016年，盐政管理工作主要以日常市场监管及重点巡查相结合的方式进行，有力地打击涉盐违法行为，杜绝假盐私盐进入市场，开展碘缺乏病防治，碘盐覆盖率达到100%。

(孟涛)

招商引资

【概况】2016年，宣恩县招商围绕生态文化旅游业、绿色农业、硒产业、清洁能源、商贸物流业、文化产业、养老康体、新型城镇化、新型工业化、企业以商招商、专业园区建设等重点。共40个项目纳入县级重点招商项目库，20个项目通过州级评审并纳入州级重点招商项目库。新签约项目25个，落地17个，落地率68%；11个开工建设，开工率64.7%。累计到位招商引资资金28.83亿元,同比增长35.2%,完成目标任务117.13%;直接利用外资524万美元,完成目标任务102.54%。

(郑怀宇)

旅 游

【概况】2016年2月17日,宣恩县召开全县旅游产业发展会议,全县旅游产业突出"生态旅游、土苗文化、运动休闲、康体养生",打好山水牌、民俗牌、特色牌,努力建设特色旅游强县。宣恩县境内史上第一个经营性景区——狮子关景区实现开门迎客;开展伍家台景区AAAA级景区创建工作;编制完成11个重点村旅游扶贫规划;成功举办武陵山区龙舟争霸赛暨恩施州第四届水上运动会、中秋恳亲商贸洽谈会暨贡乡贡品博览会;环贡水河健身徒步和长跑比赛、山地自行车邀请赛、全国汽车场地越野赛;伍家台贡茶文化节、贡水白柚采摘节、椿木营高山露营节、稻草人文化艺术节等"两会三赛四节"系列活动。全年共接待游客141.02万人(次),实现旅游及相关收入6.25亿元,较上年同期分别增长23%、30.2%。

【宣恩野椒园旅游区项目开工建设】2016年4月14日,宣恩县政府在晓关乡野椒园村举行宣恩野椒园旅游区项目开工仪式。旅游区规划面积为15平方千米,包含晓关乡野椒园村、干家坝村等4个村。整个景区布局为"一轴两翼三珠四区"(一轴:贡水河;两翼:野椒园古侗寨、白岩沟众山林场;三珠:侗寨明珠野椒园、水上明珠七眼泉、高山明珠众山林场;四区:野椒园古侗寨民俗文化风情体验区、贡水河竹筏漂流休闲娱乐区、白岩沟溯溪和众山林场户外拓展运动区、干家坝国际养身养老旅游度假区),景区主要有古侗寨、十八坊传统手工艺水街、树上宾馆、树上茶座、竹排漂流、户外拓展、汽车露营等项目。项目总投资12亿元,分三期建设。

【伍家台乡村旅游度假区】恩施伍家台旅游发展有限公司负责伍家台乡旅游度假区的经营与管理。2015年8月接受省旅游局指导性验收后,2016年投资1200万元,按照省验收组反馈意见,完成游客中心改造、生态停车场场地平整、4个旅游厕所建设、游步道、景区大门、标识标牌等项目整改。8月24—25日由省验收专家组验收。12月30日,湖北省旅游景区质量等级评定委员会批准伍家台乡村旅游度假区为国家AAAA旅游景区,达到国家AAAA旅游景区质量等级标准,批准为国家AAAA旅游景区(湖北省旅游景区质量等级评定委员会2016年第4号公告)。

伍家台乡村旅游度假区位于万寨乡伍家台村,距县城18千米,距恩来恩黔高速公路入口12千米,距恩施火车站、恩施机场40千米,属恩施州城半小时旅游经济圈。主要景点有:

龟背山,因山形似龟背而得名。相传一天晚上,一位白发苍苍、仙风道骨的老人对伍昌臣说:"我是龟背山下的千年老龟,你这样勤扒苦做、为人厚道,特送你几棵茶苗,日后好好栽种,不久就会给你带来好运!"伍昌臣十分激动,正要叩首致谢,猛的一惊,方知一梦。第二天伍昌臣将信将凝来到龟背山,果然发现了数棵茶苗,如获至宝,精心栽培,几年时间整个龟背山就变成形似龟纹的茶园,龟背山也因此成为伍家台"贡茶"的发源地。

老虎洞,冬暖夏凉,相传曾有老虎在洞中歇息而得名。老虎洞内不仅有钟乳石奇观,且有泉、河、滩及一口7000平方米左右深不可测的水潭。洞中泉水色晶莹、味甘洌而醇厚,四季势如鼎沸,涌水量稳定,从不干涸,无论暴发多大的山洪,但泉水依然清澈明净,从不浑浊。让人称奇的是用这洞中的泉水泡当地所产的茶,不仅甘甜清香,而且回味悠长。当年地方官吏选伍家台茶进贡,就是专门令人从这里取的水去为乾隆皇帝冲泡的。所以后来人们也称老虎洞为"虎茗泉",并常取洞中泉水泡茶待客,以示最高礼遇。

乾坤壶,乾坤壶屹立的地方,先前是一座青峰道观,清乾隆年间由一位星云大师在此做主持,香火很旺。星云大师博学多才,深谙茶道,道观常高道云集,在此品茶论道,因此与伍昌臣有忘年之交。据传昌臣所制的茶叶每回斗茶夺魁,后来得到乾隆皇帝的赞赏,都与星云大师的悉心指点分不开。自星云大师去后,青峰观便衰落下来,人们因怀念星云大师及贡茶创始人伍昌臣,特地在道观遗址上塑起了一把巨大的茶壶,又因有村民曾在道观的废墟中拾得一把写有一行“壶里乾坤大，玄机笑谈中”文字的旧茶壶，人们便把这把大茶壶命名为“乾坤壶”了。

昌臣湖：昌臣湖是当年茶农伍昌臣种制茶叶发家致富后出钱修建的一座小水库，以方便这方的茶农浇地、饮用，后来人们为铭记他的功德，加之“福”与“湖”同音，便叫这座小水库为“昌臣湖”。20 世纪 70 年代，人们在原基础上加大堤坝，后来又在坝上整修道路、停车场及公厕，并种上桃李花草，在湖中还放养鱼苗。

狮子山：狮子山最高处在海拔 1 千米左右，可谓伍家台村的一道绿色屏障。山上有大型天坑，可供游客深入坑底，体验天险风光。山坡上有当年运送贡茶出山的“茶马古道”，以及沿线风景。沿栈道行进，建有贡茶文化长廊，全国各地众多的党政领导及文人墨客留下的不少有关伍家台贡茶脍炙人口的字画诗章，可尽情欣赏。山脚下，还有龟背山、老虎洞等景点，以及供游客品尝原汁原味的土、苗、侗农家菜的农家乐。

古茶树，是伍家台贡茶文化之源。伍家台现保存下来的几棵古茶树虽历经沧桑，但仍年年吐新蕊。尖峰堡，沿着步行栈道拾级而上，不需半个小时便能登上尖峰堡顶。尖峰堡，曾是皇家御茶园的地方，如今是全国有机茶种植示范生态园。园区内有三条步游栈道浏览路线供游客观光，可游览《皇恩宠锡》石碑，观赏古茶树、乾坤壶及贡茶母本园，不仅能够从中了解到博大精深的中国贡茶文化知识，还能站在堡顶的凉亭中啜口茶，小歇片刻，以狮子山、龙洞塆、乾坤壶等景点为背景合影，然后体验一把惊险刺激的空中观光索道俯瞰茶园美景。

科技园，伍家台贡茶科技园，融贡茶文化博览与传播、茶叶科研与推广、茶叶品茗与休闲、贡茶产品展示展销等功能为一体。拥有生态茶园 906.67 公顷，其中有机茶认证 240 公顷。建有 1.5 万平方米的标准化茶叶加工厂房，安装有 6 条先进的清洁化、茶叶精制加工成套设备，建有现代化茶叶冷藏保鲜库、贡茶文化广场、旅游接待中心、伍家台贡茶展示厅，是华中农业大学茶叶科研基地、湖北省非物质文化遗产传承示范基地和重点文物保护单位。

【狮子关景区】狮子关距宣恩县城 13 千米，为宣恩三大古关隘之一，也是宣恩古集市之一。此地山势雄伟，有大小岩山五座，山形如虎牙交错，其中有两座石山，状似狮子，扼守通往长潭河的要道，狮子关因而得名。狮子关景区由亮洞（大天坑）、狮子关电站、狮子关旅游区、洪家河库区组成。洪家河属清江水系忠建河支流，河水在流经狮子关集镇之前便“钻”入地下成为“暗河”，并在地下潜流数百米后再流出地面。后寻到水流钻进地下的地方，“堵洞成库”，兴建狮子关水电站，形成一坝二库（洪家河、亮洞）的奇迹。距狮子关集镇居民点向南 100 米处亮洞昔为一天坑，洪家河之水进洞伏流 1300 米注入形成，水深 169 米，周长 1500 米，形如一圆形大湖，如一块明镜般镶嵌在这群山之中。水面距山顶 150 米，皆为刀削绝壁，观者不敢久视。发电引水隧洞闸门位于天坑西侧，狮子关电站发电厂房立于亮洞口 100 余米处。装机 2 台 1 万千瓦，总库容 1.41 亿立方米。与其他水库不同的是，大坝筑于地下，坝长 12 米、坝高 142.5 米，形成 180.88 米的高水位，建隧洞引水发电，形成五大特点，即“堵头式拦水坝”，一座大坝形成两座水库，堵洞成库形成高水头，瘦高苗条大坝（坝高 190 米，腰径只 16 米），库容量大，堪称世界奇迹。亮洞绝壁如削，洞上有轻柔纤细高达百米的狮子关“线瀑”，朝东晚西，随温变化，十分壮观。

从第一水库（亮洞）再向南行约 1200 米山间小路，就到第二水库（洪家河水库）。洪家河水库长 1.3 万米，宽 500 米，水深 169 米。站在山顶向下望去，群峰环抱之中，万顷碧波荡漾。泛舟湖中，但见山水相连，别有洞天。湖中有一岛，树木葱茏，苍翠欲滴，宛若一颗绿色的宝石嵌在湖水之中，堪称一绝。逆流而上，沿途经过黑洞坪、田坪、油榨坊、张家湾、东门关隧道等处，两岸层峦叠嶂，水天一色，高峡平湖的景色让人流连忘返。横亘在第一库（亮洞）和第二库（洪家河水库）之间的一座山，因山脚下是暗河通道，湖水充盈其间后，就好似一座“浮”在湖面上的“隧道”，沟通两座水库。以致当其他电站因为丰水期而不得不泄掉库里多余的水时，该山的“肚子”大得让人惊奇，可一直保持蓄水状态一年以上，也不必开闸放水。

狮子关旅游区项目一期计划投资 6800 万元，主要建设游客接待中心、生态停车场、水上浮桥、旅游厕所、景区道路等。2016 年完成投资 760 万元，进行景区门禁系统、监控系统及安全隐患整改等项目建设，累计完成投资7000万元，5月1日正式开园，成为宣恩首家经营性景区。整体由三段峡谷围合而成，峡谷内洞穴、象形石、瀑布等景点遍布其中，分干峡谷观光带和水峡谷观光带，有廊桥遗梦、猕猴水寨、狮吼瀑布、狮子口、金猫冲关、雄狮护关、一线天、狮吼岩、天坑瀑布等几十个旅游景点，自然与人文景观相得益彰。猕猴水寨，位于巍峨群山之下，屹立于层层岩石之上，木结构吊脚楼，上有蓝天白云，下有溪水潺潺，给猕猴提供良好的保护。猕猴嬉戏玩耍，追逐打闹，引得游客驻足观赏。廊桥遗梦，又称水上浮桥，从上方俯瞰，蜿蜒的浮桥横亘在水面上，让人惊叹不已；行走至浮桥上，两岸层峦叠翠，让人心旷神怡。

【锣圈岩景区】锣圈岩景区项目计划总投资11.5亿元，2016年被列为湖北省重点建设项目。2016年完成投资9995万元，主要完成热气球起降点场地平整、悬空宾馆、石林栈道、天坑隧道建设、梅园等景区绿化项目以及天坑绝壁栈道等项目建设，累计完成投资2.04亿元。锣圈岩天坑景区体现自然神秘氛围，真实展示和创新体验地质奇观，体验土家生活、探险天坑、亚高山体育运动；洗草坝养生度假区体现品质养生度假氛围，再现世外草原养生度假产品，实现"隐世不离市"的意境；水田坝人文旅游区主要体现民俗文化体验主题，游千户土家，赏施南土司遗迹。

【野椒园民俗生态旅游区】2016年3月26日，宣恩县签订开发合同。4月14日动工开建设。年内完成生态停车场基础工程，杨家院子20余户特色民居改造，传统民间手工艺制作项目恢复等项目。主要景点有：

张氏侗寨，坐落在"圈椅形"台地上，由3栋四合水天井相邻的吊脚楼和12栋单体吊脚楼组成，距今200多年。3个四合水天井院落建筑面积1780.8平方米，吊脚楼下有过道。寨内12栋单体吊脚楼建于解放前后，合围在天井院落四周，总面积1420平方米。寨内吊脚楼、半边火炉、神龛、雕花窗户、燕子楼、扫檐万字格、瓜瓜齐、鼓钉磉磴等，特别是天井正屋前面的二屋建成吊脚楼的建筑形式独具特色，2014年7月，被湖北省人民政府公布为第六批省级文物保护单位，2014年11月，被列为第三批中国传统村落名录。

杨氏侗寨，分布在三山两溪的相思谷中，紧邻张氏侗寨，寨内小桥流水人家，良田美池修竹相互掩映，堪称人间仙境。2014年11月，被列为第三批中国传统村落名录。杨氏始迁祖杨昌松（1643～1671）雍正年间从湖南保靖迁入，现有35户150多人。杨氏侗寨有18个堂屋，分布在三山两溪三峰之间。房屋多为正屋，也有四合水天井。其他多为单体吊脚楼，一正一厢房或一正两厢房形式，堂屋内有神龛，供有家神。寨内有杨氏始祖墓地，院落东西两边有小溪萦绕，溪边建有造纸作坊。中国传统民居建筑讲究对称，屋宇正堂与大门必须在一条中轴线上，但杨家院子却有例外。院子大门朝旁开是其独特之处，当看到这道门躲开周边拥挤的楼群，将门前石板路延伸到翠竹掩映的红豆溪时，自然会感受到这怪异布局中独辟蹊径的合理性。

枫香树，枫香树树高约50米，胸径1.35米，树龄600余年。县人民政府挂牌保护树木。张氏寨民崇文尚武，树形如伞盖，苍劲挺拔，枝繁叶茂，生命力强，秋季红绿相衬，显得格外美丽，被寨民敬奉为神树，又称"许愿树"。树干下有一树洞，名曰"许愿洞"。虔诚的崇拜者在树下焚香烛，烧纸钱，许下心愿，然后站在离树洞九尺九寸远的地方（有天长地久、久长久远等意），向"许愿洞"投掷许下的"心愿"，通过投中和投中率来看自己的愿望能否实现，据传大都得到应验。

红豆树，树高31米，胸径1.95米，树龄约1200年。其生长规律奇特而神秘，有时枝桠分别落叶、长叶，完全不受春夏秋冬四季规律制约，无固定落叶发叶时间，无固定落叶发叶部位。本地寨民对此树敬若神灵，逢年过节，总要到树下焚香烛，烧纸钱，祈求平安。谁家的孩子不好养，就拜寄红豆树为干儿子，孩子就会平平安安，身康体健。青年男女，喜到树下合影留念，永结连理。本地寨民从不上到树上砍枝剔桠，甚至连树上掉下的干树枝也不捡回去当柴烧，以免受到神灵的惩罚。

【椒园工业旅游区】椒园工业旅游区项目由宣恩工业园区组织实施，2016年末完成修建性详规评审和招投标程序，园区内道路黑色化、公交车站、休憩设施等相关项目建设，依托鑫海产业园建设的椒园游客集散中心正式开园迎客。

【宣恩(椒园)游客集散中心】依托鑫海物流公司投资建设的宣恩(椒园)游客集散中心,2016年完成投资2900万元,建成游客信息中心、景区实景体验、饮食一条街等项目,以及生态停车场、信息中心等主体工程,汽车影院正式运营。

【旅游扶贫】2016年8月11日,国家旅游局、国家发展改革委、国土资源部环境保护部、住房城乡建设部、交通运输部、水利部、农业部、国家林业局、国务院扶贫办、国家开发银行、中国农业发展银行《关于印发乡村旅游扶贫工程行动方案的通知》,确定宣恩县高罗大茅坡营村,李家河老司城村,椿木营长槽村,长潭河中间河、苦草坪等31个村列入乡村旅游扶贫重点村。

全县按照“村村寨寨是景点”的思路,发展以乡村休闲、度假养老、运动体验等为主的乡村旅游,重点推进伍家台、锣圈岩、野椒园、两溪河、清水塘等11个旅游扶贫重点村建设。伍家台乡村旅游度假区成功创建国家AAAA级景区,两溪河(卢家院子)、彭家寨、勾腰坝(五子岩)、清水塘等乡村旅游点服务设施不断完善。成功新创建三星级农家乐3家(珠山镇大派风情园、九子抱母,万寨乡红梅人家),五星级农家乐1家(高罗镇绿康缘),全县星级农家乐达429家,其中五星级农家乐2家,四星级2家,三星级3家,有效地带动贫困户就业。

【旅游规划】2016年,宣恩县编制完成《宣恩县旅游扶贫可行性研究报告》、易地搬迁扶贫可研报告和伍家台、两溪河、锣圈岩、野椒园、勾腰坝等11个乡村旅游重点村旅游扶贫规划。组织专家评审通过《宣恩野椒园侗寨民俗旅游区修建性规划》和《椿木营运动休闲旅游区总体规划》等旅游规划。

【节庆活动】2016年4月8—10日,宣恩县举办第三届贡茶文化开园节;7月9日在晓关乡举行全国山地自行车邀请赛;7月29日至8月1日在椿木营运动休闲旅游区举办恩施首届风筝文化节和第四届高山露营节;8月8日至11日在椒园镇黄坪村举办黄坪黄金梨采摘节;11月12日,在高罗镇板寮村举办第四届贡水白柚采摘节;8月12日至15日,举办“2016湖北水总”杯武陵山区龙舟争霸赛暨恩施州第四届水上运动会,武陵山区四省六市(州)46个县(市、区)近百支队伍1600余名运动员参加游泳、龙舟比赛、水上排球和水上拔河等体育比赛项目。

【宣传营销】2016年,宣恩县举办“二会三赛四节”等系列文化旅游推广活动,吸引大批到宣恩参加活动的游客,活动期间,印制《宣恩旅游线路》,发放7000余份宣传画册。

10月,申请认证宣恩旅游官方微信公众号“浪漫宣恩”并委托专门的传媒公司进行托管运营,同时入驻开通“今日头条”“一点资讯”“新浪微博”等官方号,进行全方位、多角度、多层次的宣传推广,提高宣恩旅游形象的知名度和美誉度。

(徐楠)

移　民

【概况】宣恩县水能资源丰富,理论蕴藏量达60万千瓦,水库移民工作始于修建龙洞电站,大规模移民工作缘起修建洞坪电站。全县共有大中型水库6座,分别是水布垭库区、洞坪水库、狮子关水库、桐子营水库、龙洞水库和观音坪水库,小型水库共有25座。宣恩县因水电工程建设影响人口4.2万人,已完成搬迁安置大中型水库移民1248户4402人。

按照“增人不增,减人要减”的原则,开展移民后期扶持人口核定工作,核对移民“一折通”资料。2016年实施后期扶持项目20个,总投资871.7万元,涉及珠山、晓关、长潭河、万寨4个乡镇,21个村,完成项目18个,正在实施2个。县移民局全年共接待移民到访350余人(次),受理移民信访案件3件,办结3件,其中,网上办信1件,办结1件。

(葛宏俊)

住房和城乡建设

【概况】2016 年，宣恩县具有资质等级的建筑企业 5 家，年末从业人员 1137 人，实现总产值 6.42 亿元，比上年增长 15.3%；房屋建筑施工面积 13.6 万平方米，增长 8.3%。年末全县具有资质等级的房地产开发企业 9 家。商品房施工面积 40.77 万平方米，比上年下降 8.8%；商品房竣工面积 3.89 万平方米，下降 62.2%；商品房销售面积16.22万平方米，增长11.8%；商品房销售额 6.02 余亿元，增长 2.3%。

2016 年末，城区规划控制面积 30 平方千米，核心建成区面积 6.48 平方千米，建成区绿地面积达到 207 万平方米，绿化覆盖率 39.13%，建成区绿地率 34.57%。公园绿地 53 万平方米，人均公园绿地 12.18 平方米，初步形成了绿地布局合理、功能设施齐全、风格特色鲜明的城市园林景观，成功创建“省级卫生县城”。中心客运站、人民广场、贡水河一期绿道等公共基础设施建成使用，“三大片区”旧城改造使“脏乱差”的老城区重新焕发了生机与活力，金源小区、万和广场等项目实现县城扩区增容。停车位达到 3408 个，兴隆大道中端道路拓宽和凌云路改造全面完工，县城区主干道、背街小巷基本实现道路黑色化、街面一体化、管线入地和雨污分流，城区交通更加顺畅。

全县城市道路 32.9 千米，其中主干道 13.80 千米，次干道及其他支路长度 16.64 千米。全县加快城市道路及小街小巷的改造工程，全年完成道路改造 2.3 万平方米；全县有污水处理厂 1 个，生活污水集中处理率89.13%；全县供气主管网长 51.8 千米，天然气供气量 232.05 万立方米；液化气供气量 390 万吨，用气户数 1.39 万户。

【宜居村庄】2016 年 5 月 23 日，湖北省推进新型城镇化工作领导小组办公室《关于命名第五批“宜居村庄”的通报》命名晓关乡大岩坝村、沙道沟镇当阳坪村为“宜居村庄”。至此，全县有“宜居村庄”9 个。2012 年 2 月 28 日命名的第一批高罗镇埃山村、板寮村，2013 年 5 月 27 日命名的第二批椒园镇水田坝村、珠山镇卸甲坝村，2014 年 5 月 12 日命名的第三批万寨乡伍家台村，2015 年 4 月 17 日命名的第四批长潭河两溪河村、洗马坪村，2016 年 5 月 23 日命名的第五批晓关乡大岩坝村、沙道沟镇当阳坪村。

【第四批中国传统村落】2016 年 12 月 9 日，《住房城乡建设部等部门关于公布第四批列入中国传统村落名录的村落名单的通知》将高罗镇大茅坡营村、长潭河乡白果村黄家寨等 1598 个村落列入中国传统村落名录。至此全县有中国传统村落 6 个：第一批椒园镇庆阳坝村、沙道沟镇两河村，第三批晓关乡野椒园村、长潭河乡两溪河村，第四批高罗镇大茅坡营村、长潭河乡白果村黄家寨。

【房产管理】2016 年，宣恩县落实房产去库存供给侧改革，坚持“四门并进”去库存。坚持量化管控抓源头关闸门，严格土地供应和规划从严管控，实现零供地、项目零审批；坚持净化市场治“两违”堵偏门，狠抓“两违”综合整治，共拆除各类危旧房、“两违”房 3.1 万平方米；坚持适度奖补重引导开正门，组织县内房产开发商参加 2016 年中秋恳亲商贸活动，政府按应缴住宅专项维修资金的 80%予以财政补贴，共销售 57 套 6592.13 平方米；坚持政策引导、完善功能提人气敞大门，累计发放住房公积金贷款 5.02 亿元。打通商品房与公共租赁住房、棚改安置房、易地扶贫搬迁房安置建设通道，购买 342 套 2.30 余万平方米商品房作为公租房，棚改安置 65 户面积 4525.36 平方米，购买商品房 305 套 3.04 余万平方米作为易地扶贫搬迁安置房。加快城乡建设步伐，改善居住环境，推动农民洗脚进乡集镇、进县城、进工业园区，共有 501 户新市民购商品房。

【建筑市场管理】2016 年，宣恩县规范施工许可程序，共发放施工许可证 27 个，总建筑面积 10.52 万平方米，合同总造价 2.04 亿元。加强市场监管，严格执行建筑市场准入和清出制度，杜绝参建责任主体各类违法、违规行为的发生，工程报建率、工程监理率、招投标率、竣工合格率达 100%。推进墙体材料革新，在建工程节能墙体材料使用率达 80%以上，严把节能验收关，在建项目保温隔热等节能标准执行率达 90%以上。

【规划管理】2016 年，宣恩县围绕提升城镇化发展质量，坚持高起点推动城乡规划编制工作，进一步提升成果质量和实施水平，城乡规划的引领、统筹、协调和管控作用有所增强。做好规划方案审核，完成《十三五城乡规划》编制，审查《宣恩工业园区总体规划》等 6 个方案，通过《宣恩县城区上湖塘片区示范街区改造规划》等 10 个方案规划设计评审。规范完善规划审批，加强规划核实管理，共对 20 个项目进行规划核实验收，核实面积：27.3 万平方米。抓好测绘管理，对全县范围内 36 个标志测量点进行巡查，全年对申请的 7 个测绘项目登记进行审核。

【村镇建设】2016 年，宣恩县实施以农村危房改造为重点的行业扶贫，改造农村危房 2424 户，其中精准扶贫对象 2235 户，完工 1680 户，累计投入资金 4500 万元，其中中央、省级财政投入 2399.76 万元。完成 28 个重点村的危房改造整体评估验收。成立工作专班，为易地扶贫搬迁项目提供规划选址、户型设计，报建程序开辟审批绿色通道，简化流程，实行容缺施工许可；加大巡查力度，每月开展一次质量、安全和市场行为的综合巡查，确保工程建设的质量和安全，没有出现质量、安全事故。长潭河乡黄家寨村和高罗乡大茅坡营村成功申报第四批中国传统村落，争取到位椒园镇庆阳坝村和沙道沟镇两河口村传统村落补助资金 600 万元和城乡建设与发展以奖代补资金 270 万元。开展农村工匠培训 100 人(次)。

(汪胜华)

城市供水

【概况】2016 年，宣恩县新增教育城(三河沟)高中部、椒园镇锣圈岩景区、和平卸甲坝小区等供水区域。新增县教育城高中部 DN110～200 主管 9 千米，新增椒园至锣圈岩景区 DN110～200 主管 6.5 千米，新增凌云路 DN315 主管 2 千米，DN100 以上供水主管总长实际已达 69 千米。锣圈岩供水工程，建设日供水 600 立方米泵站 1 座，安装 DN110～200 供水主管 6.5千米，8 月 14 日通水运行。县城规划区内，只要有用水需求的区域都用上了自来水，供水普及率 100%。县自来水总公司 2016 年供水量(抄表量)达到 364 万立方米(含椒园和平)，比上年的 337 万立方米增长 8%。城市管网漏损率 25%。年水费销售收入 801 万元，比上年的 717 万元增长 11.72%。全年应收水费 829 万元，实收水费 801 万元，回收率超过 95%。11 月底，实现账面盈利 32.4万元，比上年的16.9万元增长

91%;上缴各项税金41.5万元(不含工程建安税),比上年增加18.9%;利税总额达到73.9万元。

【管网建设和改造】2016年,宣恩县结合椒园和平工业园区、兴隆大道改造、凌云路改造、教育城高中部搬迁、"六城"同创拆墙透绿等工程,做好供水管网的配套建设与服务工作,全年共抢修720余处(次),投入资金100万元,保证重点工程建设和市民的正常用水尽量不受影响。对县教育中心、文体中心、市民之家、兴隆大道改造、凌云路改造、和平大道建设、水厂路改造、西门沟道路建设、官千水库建设等重点建设项目,搞好供水服务。

【供水安全生产】2016年,宣恩县自来水总公司从健全各项管理制度入手,按国家《生活饮用水卫生标准(GB5749－2006)》《城镇供水服务(GB－T32063－2015)》规范和住建部《城镇供水规范化管理考核办法》,严格规范管理,完善《水源管理制度》《水质检测管理制度》《涉水产品索证制度》等专项制度;2016年对制水车间沉淀池网格、蜂窝斜管、加药系统全部更新改造,迁建凌云路加压站、七里桥加压站、猫儿堡三组加压站,新建马家坪居民区加压站、三河沟居民区加压站,共投入100余万元,使城区供水在水量、水压、水质上都得到提升,全年没有发生安全事故。

(王海燕)

城市管理

【概况】2016年,宣恩县有生活垃圾中转站2座,全年清运、中转生活垃圾2.75万吨,无害化处理生活垃圾2.68万吨,处理率达98%。有洒水车3辆、护栏清洗车1辆、扫地车4辆、人行道清洗车1辆、垃圾清运车8辆、垃圾对接车1辆、吸粪车1辆,机械化作业面积近40.72万平方米,机械清扫率达到84.8%。全年共新安装路灯19盏,维修城区路灯138盏、景观灯71盏,更换节能灯157盏。城区主干道路灯亮灯率达98%以上,次干道达96%以上,景观灯亮灯率达90%以上。

【"六城"同创】2016年,宣恩县城管局在"六城"同创工作中从"扫干净、摆整齐、保畅通"的基本要求,向推进城市管理"规范化、精细化、常态化"的更高、更细、更严要求推进,扎实有序开展环境洁净工程和"创园"工作,成功创建省级园林县城。

推进实施环境洁净工程,落实好日常"两扫一保"的环卫班组责任,推行"一路一策",加大机洗机扫作业力度,机械化作业面积近40.72万平方米,机械清扫率达到84.8%。生活垃圾定时压缩、及时清运、填埋,做到日产日清,无垃圾暴露和滞留现象。全年清运、中转生活垃圾2.75万吨,无害化处理生活垃圾2.68万吨,处理率达98%。定期开展城区卫生死角、城郊结合部存量垃圾排查清理,共排查清理110余处800余吨,清理水域垃圾25余吨。城区公厕标准化、精细化管理,达到处处无污渍、时时无异味的要求。继续推进"门前五包"的落实,按月开展"'六城'同创·我把城市当客厅"全民清扫日活动,逐步建立了全民共建共享的长效管理机制。

实施"绿满荆楚"和绿化美化工程,对照省级园林县城创建标准,加强绿化养护工作,增加城区花量,注重改善细节。坚持见空插绿、拆墙透绿、拆违补绿,不断做优绿化景观。对城区草坪及树球修剪造型6次,对城区所有行道树树干防虫刷白并进行大树春秋防虫、剪枝两次。在莲花大桥下、带状公园补植八角金盘小苗500株,红叶石楠100株、杜鹃103株、金森女贞330株、红继木570株。并为花坛、绿篱设置白色PVC材质和竹编护栏,提升绿化景观效果。

加强城市改造和道路改造扩建中照明设施迁改还建的监督管理,每天进行巡查,保障道路照明及附属设备完好安全。全年共新安装路灯19盏,维修城区路灯138盏、景观灯71盏,更换节能灯157盏。城区主干道路灯亮灯率达98%以上,次干道达96%以上,景观灯亮灯率达90%以上。加强对城区护栏、井盖、青石板等各类市政公用设施的日常巡查,建立巡查台账，及时维修处理，确保运行安全。坚持城区排水管道每季度清理维护一次，井盖、护栏、人行路面破损在36小时内修复。共更换井盖雨水箅87套，补回丢失石狮子196只，修复青石板护栏23.25米，青石板路面493.1平方米；修复铁质护栏球220个，新增拦车柱225个、拦车球34个。及时排解民忧民难，疏通农商行旁、大派公司和兴隆大道朝天门餐馆后污水沟48立方米，清理人民广场喷泉污水110立方米，疏浚华鑫广场化粪池60立方米。重点做好音乐跑泉、七彩桥瀑的日常管护，制定运行管理制度，明确专人管理。坚持每周一、三、五、六、日晚定时开启，遇重大节假日及重要活动根据需要随时开放，每月定期清理1次、每季全面检修维护1次。

【市容环境综合治理】2016年，宣恩县加大"两违"清理整治力度，坚持全天候、全覆盖巡查管控，围绕"存量递减、增量为零"目标，对新增"两违"和乱搭乱建依法进行即查即拆、快查快拆，依法依规、细致有序消化存量。全年共巡查1912车(次)6.35万千米，发现并制止新增"两违"72起，拆除违法建筑145处9781.2平方米。其中：强制拆除93处6102.4平方米；督促自拆38处2412.3平方米，整改14处，面积1266.5平方米。重点对兴隆大道黄某3户共计1470平方米"两违"建筑，依法组织集中强拆。

清理占道经营，落实"定人、定岗、定责"的网格化、常态化路段管理责任，坚持正面引导、堵疏结合，推行"三先一不"(先告知、先教育、先纠正，首次轻微违章不予处罚)，加强对出店经营、流动摊贩占道行为的管控，对城区广场、桥头、路口等重点路段实行定点专人值守。持续开展"一周一整治"，共清理临街商铺占道(出店)经营5000余次，纠正流动商贩占道经营2万余次，发放责令改正通知书300余份。开展重点专项整治40余次，拆除建设路县民族中学前、河滨广场地下通道、民族路东端占道雨棚和临时构筑物60余处，对在工农街长期强行占道近30平方米、经反复教育劝导无效的服装摊贩刘某依法采取强制处置措施。同时，与临街商户和单位签订"门前五包"责任书1000余份。

开展综合执法和集中整治，采取智能抓拍、拍照录入和强制拖离等方式严管重罚，共规范摩托车停放6500余次，清理规范机动车停放2000余次，锁车、拖车500余台次，清理"僵尸车"230台。同时进行合理疏导，在城区人行道上划定摩托车车位框上百个，设置有序停车提示牌56块，免费开放单位院内停车位2200余个。

清理户外广告，以"净化城市空间、美化城市环境、确保运行安全、提升城市品质"为主线，按照"减量、规范、安全、美观"的要求，对城区范围内各类存在安全隐患、不符合设置要求和严重影响市容环境的户外广告及门店招牌开展集中整治行动。按照"调查摸底、核查评审、规范清理"的步骤依法有序开展清理整治，共排查户外广告和门店招牌1600余处(块)，其中有500余处(块)不符合设置要求、存在安全隐患，通过宣传教育督促整改300余处(块)，下达责令整改通知督促自拆50余处(块)，

2016年8月6日，县园林局市政工作人员维护兴隆大道高杆路灯(罗清峰摄)

依法，强制拆除150余处(块)。

治理环境问题，以持续推进“山更青”“水更绿”“天更蓝”“土更净”“城乡更美”五大专项治理为契机，针对州住建委、县环委会重点督办的渣土扬尘污染、餐饮油烟污染和渗滤液排放不达标等问题，成立工作专班，制定工作方案，采取集中整治与日常巡查相结合，依法依规予以治理、限期督促整改。重点监察城区内18个建筑工地、4条主干道道路以及莲花坝、工业园两大片区道路扬尘情况，严格执行“五不开工六不上路”标准，落实工地裸土覆盖，出入口硬化和车辆密闭运输要求，及时做好道路洒水降尘。联合环保、工商、食药监等部门对城区学校、酒店等大型餐饮行业部门的燃料和净化设备进行全面排查并督促整改更新。同时，按照县里的统一安排部署，联合环保部门大力开展秸秆禁烧整治，共出动检查人员283人(次)，及时发现和扑灭焚烧点192处，改善城区空气质量。

【**项目建设**】2016年，宣恩县按照“协调一处、拆除一处，建设一处”的思路，推进停车场建设，共拆除县农业局院内、中药材公司院内、县图书馆后院、椒园供销社院内、政协宿舍院内、县工行小区宿舍院内等22处公有危旧房，面积达1999平方米。改造中药材公司、诸仕巷、图书馆后院等3处废弃院落，共建成生态停车场10个，新增生态停车位240个。

推进环卫设施建设，建成城区莲花坝、兴隆大道两座集生活垃圾压缩转运、公厕、环卫工人休息室于一体的中转站，和平中转站开工建设，椒园中转站已完成选址设计。新建公厕5座，城区较为合理分布公厕15座，其中旅游公厕10座。投资近500万元购置2台洗扫车、1台洒水车、1台护栏清洗车、1台人行道洗扫车、1台吸粪车、1台勾臂车，添置勾臂式垃圾桶80个，果皮箱250个。

贯彻落实中央城市工作会议和《中共中央国务院关于进一步加强城市规划建设管理工作的若干意见》，开展上湖塘片区示范街区建设。拆违建、拆危房、拆围墙，建设车行人行通道、休闲健身设施、公共停车场和公共绿地，修缮排水、排污系统，拆除上湖塘金龙湖花苑、政协宿舍区、老种子站、七姊妹山等34家单位围墙7600米，拆除各类危旧房、两违房3.1万平方米，建设生态停车场，增加停车位242个，增建公共绿地2600平方米，新建化粪池12口，新建和改建排污管网2100米，道路的通达性、安全性和环境的宜居性得到提升。

推进绿化美化建设，开展省级园林县城创建工作，植绿补绿栽花，建设人行栈道公园、莲花坝带状公园、音乐跑泉观景台等绿化景观带和兴隆大道绿道等一批布局合理、功能齐全、特色鲜明的城市园林景观。建设城市绿道和沿河绿化景观带，城区绿化覆盖面积达到234万平方米，绿化覆盖率39.13%。绿地面积达到207万平方米，建成区绿地率34.62%，人均公园绿地面积达到12.18平方米。在人行栈道两侧种植红叶李、红梅、紫薇、红枫等乔灌木3106株，种植爬山虎1000株，种植野花组合860平方米，补植桂花11株。推行城区道路彩色工程建设，在工业大道、兴隆大道等城市主干道遍植草花1.17万平方米，补植行道树173株，在莲花路种植曼海姆月季1万株、西鹃2400株。大力实施河道绿化，其中实施音乐喷泉绿化200平方米，莲花大桥至风雨桥沿河绿化780平方米，莲花坝足球场周围绿化1200平方米，实施护坡绿化5620平方米，河堤护坡栽花2.4万盆。为迎接重大盛会活动，在高速公路出口摆放花岛2个，摆放大型盆景69盆，护栏挂花篮620套。城区57个单位屋顶进行绿化建设。

【**城管系统队伍建设**】2016年，宣恩县城市管理局坚持用制度管人管事，修订完善《机关管理规则》《机关事务规则》《绩效考核办法》，对公车管理、经费管理、工作目标管理进行规范，实行“每天一督查、每周一交办、每月一通报，时时有奖惩”，强化制度执行，按月通报并兑现奖惩。县城市管理局全年共印发督查通报18期，表彰先进集体5个，先进个人46人次，处罚509人(次)，罚金2.36万元，奖励142人次，奖金2.91万元。探索实行“一周一学、一季一考、一年一训”的学习型队伍建设模式。坚持每周例学，每周四晚组织职工集中学习，及时学习贯彻各级会议、文件精神，学习城市管理相关业务知识。坚持每季一考，组织《行政处罚法》《行政诉讼法》《行政强制法》和“两学一做”知识四次考试，强力推进城管队伍执法能力提升。坚持每年一训，分两期举办城管执法人员全脱产的进行执法培训，聘请州内专业人士讲课，开展法律法规和执法业务技能学习培训，百余干部职工通过听讲座、开展军训、情景模拟、法规学习和测试等形式，锻炼纪律作风，提高能力素质。

县城市管理局38名在职在编人员统一进行全省行政执法证换证考前培训，考试合格率达100%。坚持执法台账登记制度，做到案件立案、处罚审核事实清楚、适用法律准确、程序合法、处罚适当。全年共审核《责令改正通知书》456份，《证据先行登记保存通知书》12份，《行政处罚事先告知书》14份，《行政处罚听证权利告知书》6份，《当场行政处罚决定书》4份，《行政处罚决定书》19份，审核合同1份，整治通告2份，起草网络问政答复意见书1份，无行政复议、行政诉讼发生。严格执行行政审批一次性告知、一周办结制，简化行政审批程序，做到及时、公平、高效、便民。全年共办理行政审批事项453件，并在规定期限内审批办结。其中，广告设置审批240件，临时占道审批64件，道路挖掘审批19件，房屋建设审批107件，建筑垃圾处置审批21件，占用绿地审批1件，管线架设审批1件。落实信访案件首问负责制、领导交办制和办理回告制，保持城管服务热线、网络问政、宣恩论坛等信息交流平台的畅通和良性互动，及时回应民生诉求，全年共接听处理群众热线电话共318件，办理回复网络问政47件、宣恩论坛网帖33件，办理信访交办、转办件13件，录入阳光信访信息平台42件，接待来人来访38人（次），回复率和满意率均达100%。

加强城管文化建设，全年在报刊、电视台和网站发表外宣传稿件278篇，其中国家级63篇、省级71篇、州级75篇、县级69篇。编印《2016年度工作会议学习资料》《工作手册》各120册，设置广告宣传栏108平方米，宣传广告牌10个。郭玉琼被表彰为湖北省优秀环卫工人，陈应国被评为恩施州劳动模范；郭玉琼、黄锐二人被评为恩施州“百名文明市民”；赵涛、石力伎、陈蕾、曹阳、唐艮新、向邦安6人被表彰为恩施州“六城”同创优秀个人；在县电视台和新闻中心宣传宋春红、宋爱军、崔碟等14名“六城”同创先进典型人物。参加全县庆五一体育达标竞赛活动荣获女子组团体第8名，参加中国武陵山区龙舟争霸赛暨恩施州第四届水上运动会荣获男子水上排球赛第五名，参加全县首届稻草人艺术节荣获拔河比赛第一名、跳长绳比赛第三名。

（肖仲权）

住房公积金管理

【概况】2016年，宣恩县共完成资金归集1.37亿元，完成目标任务8000万元的171%；全年共有3075人提取公积金8522万元，完成目标任务5000万元的170%；为656户发放住房公积金个人贷款1.91亿元，完成目标任务5000万元的381.6%，个贷率99%；到期逾期贷款为0元，逾期贷款率控制在1‰以下，住房公积金资金运行安全，风险可控。

（李思）

综合管理监督与服务

改革发展

【**2016年国民经济和社会发展概况**】2016年，宣恩县实现生产总值602347万元，剔除价格因素，比上年增长8.1%。其中，第一产业增加值153338万元，增长4.2%；第二产业增加值172267万元，增长9.5%；第三产业增加值27.67余亿元，增长9.5%。按年均常住人口计算，全县人均生产总值19847元。

全县三次产业结构由2015年的28.0∶28.8∶43.2变为25.5∶28.6∶45.9，一产业比重下降2.5个百分点，二产业下降0.2个百分点，三产业上升2.7个百分点。第三产业增长9.5%，高于GDP增速1.4个百分点；三产业对GDP贡献率达52.4%，拉动GDP增长4.2个百分点。金融业增长11.3%；住宿餐饮业、批发零售、房地产业，分别增长7.8%、7.3%、6.0%；交通运输、仓储和邮政业增长1.5%；其他服务业增长11.7%，增速为各行业之首。

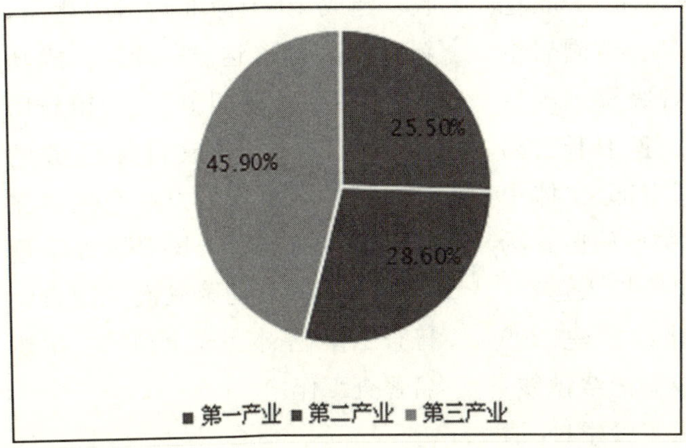

图3　2016年宣恩县三次产业构成

全年完成固定资产投资44.67亿元(不含农村私人投资)，比上年增长19.1%。其中，500万元以上项目投资40.25亿元，增长34.0%；房地产开发项目投资4.42亿元，下降40.9%。项目投资分产业看，第一产业投资5738万元，下降23.9%；第二产业投资8.26亿元，下降25.0%；第三产业投资31.41亿元，增长47.8%。公共财政预算收入3.29亿元，增长15.5%；全社会固定资产投资44.7亿元，增长19.1%；社会消费品零售总额38.1亿元，增长12.5%；城镇居民人均可支配收入达到2.28万元，增长10.6%；农村居民人均可支配收入8550元，增长9.8%；招商引资到位资金28.8亿元，增长35.2%；外贸出口2330.9万美元，下降27.6%；实现旅游综合收入6.2亿元，增长30.2%。

全县特色农业基地面积达到53220公顷，农业主导产业产值15亿元，形成十万亩茶叶产业示范带和万亩贡水白柚走廊，有机农产品认证基地达到1433.33公顷。种植烟叶面积4634.2公顷，烟叶收购7100吨；新建高效标准茶园333.33公顷，茶园面积达到1.48万公顷，产量1.65万吨，出口茶叶700吨，出口额310万美元；“4450”生猪养殖模式发展到4065户；完成核心特色果业示范基地标准化管理2000公顷，有机白柚保持认证216.67公顷、有机黄金梨保持认证60公顷；“伍家台贡茶”获“湖北最受欢迎十大茶叶品牌”称号。国家地理标志保护产品达到4个(贡水白柚、伍家台贡茶、宣恩火腿、宣恩贡米)。农业专业合作社达到480家,家庭农场达到200个。椒园生态产业园被认定为恩施州唯一的省级农业产业化示范园区。

全年规模以上工业企业达到67家,实现规模以上工业总产值33.7亿元,比上年增长15.7%。加快实施中小企业成长工程,新增规模以上工业企业8家;进一步完善“一区三园”规划布局,以农产品加工、新型建材、五金机械、商贸物流为主的四大产业链初具规模,椒园农副产品加工产业集群、和平承接产业转移基地成为县域经济发展的生动示范和产业结构优化升级的重要平台。2016年,入园企业总数达到100家,较上年新增15家;实现总产值20亿元,增长12%,其中规模以上工业总产值17.5亿元,增长10.56%;招商引资新签约资金18亿元,到位资金11.04亿元。土家爱、巴楚风获得湖北省名牌产品称号;贡硒实业、巴楚风、谭家村酒业先后在新三板、新四板上市。

全县第三产业增加值达到27.7亿元,增长9.5%,占比45.9%。狮子关旅游区一期开园迎客,锣圈岩生态旅游区、野椒园民族文化旅游区、伍家台贡茶文化旅游区国家级AAAA级景区建设推进顺利。全年旅游接待141万人(次),实现综合旅游收入6.2亿元,同比分别增长23.0%、30.2%。中国海关恩施监管场所(椒园集镇)主体工程基本完成,天宇物流、宣恩商贸城、创美物流等物流项目稳步推进。信息产业链建设扎实推进,信息产业市场主体达到22家,建成使用移动通信基站454座、运营自留站121座;城乡宽带光纤完成改造升级,宽带光纤行政村实现全覆盖。

兴隆大道中段道路拓宽,椒园加压泵站及管网建设、龙门大桥(三桥)至龙洞库区大坝北岸人行栈道工程基本完工,今典国际、万和广场、贡水明珠等小区建成投入使用,和平大道、西门沟道路建设以及黄河沟治理工程有序推进。县城智能交通系统投入运行。椒园“四化同步”示范镇建设进展顺利。乡镇集镇街道净化,垃圾综合治理逐步走向规范。启动实施70个重点贫困村整村推进建设;推进农村通畅公路、水库除险加固、农村饮水安全、电力变电站等工程建设。截至年末,全县有“省级卫生乡镇”3个(椒园镇、高罗镇、长潭河乡)、省级“新农村建设示范村”6个、省级“宜居村庄”7个。

全年全社会固定资产投资44.7亿元,增长19.1%。其中,500万元以上项目完成投资40.2亿元,增长34%。8个省州级重点项目,完成固定资产投资9.55亿元,完成计划113.7%。锣圈岩生态文化旅游区进入省级重点项目行列。宣万公路改扩建、甘长公路改扩建、教育中心高中部、文体中心一期工程、中国海关恩施监管场所、天宇生态物流园等投入运行。和平大道、长椿公路改扩建、209国道高罗绕镇线、沙道沟绕镇线、官千水库、宣恩思源实验学校、清江外国语学校、民族医院整体搬迁、异地扶贫搬迁等项目全面实施;351国道椿木营至长潭河段道路、野椒园民族文化旅游区、文体中心二三期工程、民族档案馆等项目前期工作有序推进。

天保工程、退耕还林、长江防护林工程、石漠化治理、低产林改造等生态工程推进。“绿满荆楚”行动造林6133.33公顷。全县森林覆盖率达到60.3%、林木绿化率达到75.9%。环境污染综合整治,全面禁烧秸秆,加强建筑施工及道路扬尘防治管控。完成省、州下达节能减排目标任务。加强城区大气监测,空气优良率92.4%。集中式饮用水源地水质安全监测,饮用水、断面水水质达标率100%。启动万寨、长潭河、晓关三地集镇污水处理工程建设。土壤酸化治理,建成土壤酸化治理示范样板7个,示范面积426.67公顷;推广示范循环农业基地266.67公顷;清洁能源产业链建设,完成清洁能源入户2600户。

县教育中心、学前教育工程、“全面改薄”等项目建设稳步推进,实现县一中、二中和县民族实验中学整体搬迁,新组建县第二实验小学。教育均衡发展通过省级验收。建成20个标准化村卫生室,新农合参合率达99.22%。成功举办“两会三赛四节”。城镇新增就业5600人,完成目标任务的122.4%;城镇登记失业率控制在4.1%以内;城乡居民养老保险达14.5万人。启动第三次全国农业普查工作,基本完成全国第二次地名普查工作。

【国民经济布局】2016年,宣恩县特色农业发展按“南果北茶(烟叶)”布局。截至年末,全县建成

1.48万公顷贡茶基地，建成1.12万公顷以贡水白柚为主的水果基地，蔬菜种植面积1.19万公顷，烟叶种植面积稳定在4000公顷，出栏生猪58.7万头。全县建成111个特色产业专业村。宣恩贡米、宣恩贡茶、贡水白柚荣获全国名特优新农产品。全县特色产业基地4.53余万公顷，获得有机认证基地0.14万公顷，建成全州首个"省级现代农业示范区"。"一区三园"工业园区布局成型，入园企业增加到100家，全县规模以上企业达到67家，初步形成集农副产品加工、清洁能源开发、绿色制造于一体的工业产业体系。

【产业结构调整】2016年，宣恩地区生产总值由2010年的29.1亿元增加到60.24亿元，同比增长9.0%。地方财政总收入、累计全社会固定资产投资、城镇常住居民人均可支配收入实现翻番目标，社会消费品零售总额33.87亿元，是2010年的4.45倍。三次产业结构比调整为25.0∶28.9∶46.1。生态特色农业发展取得成效。茶叶、烟叶、畜牧、水果、蔬菜、药材等特色产业发展态势良好，获得"全国有机农业示范基地县"等5块"国字号"金字招牌，伍家台贡茶等4个特色农产品获得国家地理标识产品认证，成功创建全省生猪调出大县。

【项目工作】2016年，中央和省投资项目26个，到位资金1.25亿元，其中中央预算内资金1.16亿元，省预算内资金898万元。共申报2017年度石漠化综合治理工程、退耕还林、天保工程、长江防护林工程、宣恩县国家综合档案馆建设项目、宣恩县边远地区农村学校教师周转房、宣恩县残疾人康复中心、宣恩县残疾人综合服务设施建设项目、宣恩县高罗镇农村敬老院、宣恩县公共实训基地、宣恩县中等职业技术学校基础能力建设项目、宣恩县民族医院整体搬迁住院楼建设项目、宣恩县剧场、宣恩县老干部学习活动场所等建设项目。

2016年度全县计划实施重点项目166个(含易地扶贫搬迁点36个)，完成固定资产投资44.3亿元，完成年计划100%。省、州级重点项目8个，全部开工建设，完成固定资产投资9.55亿元，完成年计划111.3%。除8个省、州级重点项目外的20个"亿元项目"完成固定资产投资14.8亿元，完成年计划103.3%。全年实施3个物流项目，总投资10.89亿元。投资1.1亿元的鑫海物流园二期，主体工程完成，进入信息大厅、美食大厅等室内装修阶段，完成投资3500万元。投资5.5亿元的天宇生态物流园项目，其中中国海关恩施监管场所，完成集装箱堆场、查验平台、电子围网、海关大门、地磅基础、监管仓库及查验仓库建设；建成海关联检大厅和报关大厅，完成投资1.5亿元；天宇物流建成综合服务大楼1、2号楼，3号楼完成10层主体浇灌；二级平台平整，完成投资1.29亿元。投资4.29亿元的创美物流综合服务城项目，"三通一平"全面完成，投资9800万元。

物价管理

【概况】2016年，宣恩县物价部门从清费降价、提醒告诫、合理调价等入手，运用提醒告诫手段，维护市场价格、收费秩序，开展客运市场、旅游市场、明码标价、检测收费、垃圾处理收费等方面的提醒告诫活动，集中发放价格条例和告诫通知3次、400余份，将春运期间的客运车辆乱涨价、检测站违规乱收费、某部门借物业管理乱收垃圾费等行为消除在萌芽状态。CPI(居民消费价格指数)2016年实际监测结果1.8%，控制在省定3%目标内。对全县收费项目进行全面清理，并将清理结果在宣恩网进行公示，让各行业各部门的收费权力在阳光下运行。

降低重点建制镇的水费标准，椒园集镇自来水价格由3.80元/立方米降至2.60元/立方米，每立方米降1.20元，降幅为32%。降低消费标准后，宣恩县自来水公司给椒园集镇的企业及群众年让利40万元。宣恩物价局提出降低恩施州内高速公路收费标准的建议，省物价局予以采纳，州内高速公路收费标准降低约10%。针对客运票价政策执行难的问题，县物价局提出"放开县级客运市场，降低各条线路票价，开通州城至各县市、各县市至各乡镇的公交车"的建议，已引起省物价局的高度重视，相关改革政策正在实施中。

宣恩县天然气、自来水因购进成本、人员工资成本等逐年上涨，企业经营举步维艰，县物价局结合阶梯价格改革的契机，在人大代表、政协委员、州物价局的监督和指导下，开展成本监审工作。在弄清企业经营成本情况的前提下召开听证会，分别于2016年7月和12月完成城区天然气销售价格调整和城区供水价格调整工作。调整后的居民用水价格为2.3元/立方米，非居民用水价格为3.12元/立方米，特种有水价格为4.00元/立方米。调整后的居民用天然气价格为2.82元/立方米，非居民用天然气销售价格为3.78元/立方米，车用天然气销售价格3.8元/立方米。

居民生活用水阶梯价格调整为：第一级用水量为每户每年0—300立方米，价格2.3元/立方米；第二级用水量为每户每年301—600立方米，价格3.45元/立方米；第三级用水量为每户每年601立方米及以上的部分，价格6.9元/立方米。居民生活用气阶梯价格调整为：第一档用气量为每户每年420立方米，价格2.82元/立方米；第二档用气量为每户每年421～600立方米，价格3.1元/立方米；第三档用气量为每户每年601立方米及以上的部分，价格3.95/立方米。

2016年开展对刑事案件涉案物品鉴定，出具价格认定结论书82份(其中涉检2份、涉纪1份、涉案79份)，标的额220.7万元。

(周翠芝)

财　政

【概况】2016年，宣恩县地方财政总收入完成4.73亿元，占年初预算数4.63亿元的102.2%，较上年完成数4.20亿元增收5334万元，增长12.7%。公共财政预算收入完成3.29亿元，占年初预算数3.27亿元的100.4%，较上年完成数2.98万元增收3119万元，增长10.5%；地方税收收入完成2.36亿元，占公共财政预算收入的71.8%。全县公共财政预算支出完成27.70亿元，较上年26.20余亿元增加14982万元，增长5.8%，完成县级年度预算13.54亿元的204.5%，完成省对县全年支出测算数27.94亿元的99.1%。财政八项支出16.57亿元，同比增长11.0%。其中，一般公共服务支出2.84亿元；公共安全支出7516万元；教育支出4.35亿元；科学技术支出2785万元；社会保障和就业支出3.52亿元；医疗卫生和计划生育支出2.97亿元；节能环保支出8058万元；城乡社区支出1.05亿元。

融入省级以上PPP项目两个，总投资7.15亿元，其中，天宇生态物流园(中国海关恩施监管场所)PPP项目总投资4.8亿元，吸引社会资本6720万元，成功进入省级PPP项目的示范项目，并作为省级推荐进入财政部PPP项目的示范项目；县民族医院整体搬迁(PPP)项目总投资2.35亿元。利用县域经济调度资金，委托商业银行放款1.55亿元，支持52个企业、建立过桥资金6000万元。累计利用重人产业发展基金1.14亿元，注资旅游产业4000万元、茶叶产业3000万元、贡水担保公司3000万元、州农发信用担保1400万元。全面清理国有资产资源，搭建国有资本营运平台，探索存量土地资源的开发利用，逐步盘活国有土地资源，提高国有资本利用率，拉动投资增长，降低公共财政支出安排建设的比重。

完善各类资金审批制度，改革财政授权支付和公务卡方式结算，全面推进公务卡制度结算，提高资金支付效率。全面统筹各类资金23.4亿元，其中精准扶贫统筹17.4亿元，落实项目140个。简化政府采购程序，修订《宣恩县建设工程招标投标管理办法》，完善《宣恩县小型建设工程招标投标管理办法》。建立常态机制将地方债务纳入预算，实行“借、用、还”相统一，切实防范金融风险。建立公开、透明的监管制度，落实财政专管员制度。建立健全财政资金监管检查机制，加强巡查抽查，做到有项目就有监管。在省对县考核中，宣恩县在全省2016年农业综合开发工作绩效评价综合得分97.44分，全省排名第四，被评为先进单位一等奖；在农村公益性服务“以钱养事”激励机制绩效考核中，排位在良好等次；在农村公共服务运行维护机制示范试点绩效考评中，排位优秀等次，奖励100万元；椒园镇庆阳坝村、沙道沟镇两河口村被列入传统村落，并纳入美丽乡村建设试点村，每村各下达150万元建设资金；在2016年财政与编制政务公开中期考核中，考核排名优秀等次；在预算绩效管理工作综合评定结果为优秀等次。

【国有资产管理】2016年，宣恩县国有资产管理的范围主要包括行政事业单位国有资产的管理和对国有企业的监管。国有企业纳入报表管理系统的共3家：县自来水总公司、珠山粮食购销公司、沙道粮食购销公司，对国有企业的监管主要以主管部门为主。

国有资产管理重点为行政事业单位国有资产。2016年，根据省财政厅统一安排，对全县行政事业单位进行资产清查，收集各单位资产基础信息资料，录入行政事业单位国有资产信息管理系统，通过现代化手段实施动态管理。6月，制订《关于进一步规范和加强全县行政事业单位国有资产管理的通知》，对国有资产管理进行职责明确，并对资产的配置、处置、对外投资、出租出借等方面进行规范。根据《湖北省行政事业单位国有资产监督管理条例》，制订《宣恩县财政局关于贯彻落实〈湖北省行政事业单位国有资产监督管理条例〉有关事项的通知》，对条例中的一些事项进行细化和明确。

加强行政事业单位经营性国有资产(主要为门店)监管，对各单位的租赁合同实行备案制管理，统一档案资料收集整理。门店的具体租赁事项由主管单位负责，租赁收入由国资局统一开具缴款书，所有租金缴入金库。国有资产收益纳入预算管理，所有门面收入及国有资产处置收入全部收缴非税收入管理，严禁坐收坐支、体外循环，2016年取得国资收益共455万元。

资产处置严格执行审批制度、坚持资产评估制度、实行进场公开交易制度。按照公平、公开、公正的原则，按程序处置行政事业单位资产，通过公开竞价的方式，实现国有资产保值增值。全年共计处置资产50宗，全部为公务用车，处置收入113.6万元。

【财政综合管理】2016年，宣恩县建立政府提供资金、社会承包服务、约定合同实现特定公共服务目标的新机制。依据国务院、省政府关于政府向社会力量购买服务的实施意见，根据《政府向社会力量购买服务的实施意见》和《政府向社会力量购买服务项目绩效考核管理暂行办法》的管理要求，在部门预算中明确将一批公共服务纳入政府购买服务相关项目管理，并研究制定指导性目录和具体实施办法。2016年政府购买服务83项、金额8067.3万元，其中：基本公共服务36项、金额4058.8万元；社会管理性服务7项、金额699万元；行业管理与协调性服务6项、金额351.2万元；技术性服务16项、金额2005.5万元；政府履职所需辅助性事项其他适宜由社会力量承担的服务事项8项、金额939.8万元。

【资金整合】2016年，宣恩县统筹项目135个，共整合各类资金23.03亿元。其中，统筹部门预算资金2.31亿元，统筹财政扶贫资金发展资金1678万元，统筹地方政府债券4.99亿元，统筹高中教育资金242万元，统筹革命老区扶贫开发资金1121万元，统筹公路建设资金1.01亿元，统筹经纬公司易地扶贫搬迁融资6.24亿元，统筹惠农补贴资金1030万元，统筹就业专项资金3565万元，统筹农村安全饮水1651万元，统筹农村综合改革示范试点资金2152万元，统筹其他专项资金1.74亿元，统筹少数民族发展资金1923万元，统筹社会保障资金1.65亿元，统筹生态公益林资金41万元，统筹省基建支出资金292万元，统筹水资源返还费60万元，统筹退耕还林资金3149万元，统筹危房改造资金350万元，统筹现代农业生产发展资金1708万元，统筹小型农田水利设施建设资金3168万元，统筹“一事一议”奖补资金2300万元，统筹医疗卫生资金2463万元，统筹“以工代赈”资金990万元，统筹义务教育资金9422万元，统筹学前教育资金1364万元，统筹易地搬迁脱贫专项资金434万元，统筹职业教育资金2649万元，统筹中央预算内投资9084万元。资金统筹方向主要分为五大类。其中，精准扶贫17.42亿元(“生产发展一批”统筹1.33亿元、“易地扶贫脱贫一批”统筹8.07亿元、“生态补偿脱贫一批”统筹2470万元、“发展教育脱贫一批”统筹1.16余亿元、“社会保障兜底一批”统筹1.78余亿元、“改善基础设施一批”统筹4.83亿元)；城乡建设2.82余亿元；公共服务1.56余亿元；“六城”同创9987万元；专项工作2309万元。

【农业综合开发】2016年，宣恩县实施的农业综合开发项目，做到与新农村建设和片区开发相结合、与扶贫开发和整村推进相结合、与发展现代农业和标准化生产相结合、与尊重农民意愿和发挥自主创新相结合，发展特色、优质、高效农业。按照“渠道不乱、性质不变、集中使用、各记其功”的原则，整合政府其他部门项目资金、民间资金、企业资金，合力投入到农业综合开发项目建设，围绕茶叶产业，加强农业基础设施建设，将晓关西坪村、铜锣坪村、高罗镇龙河片区发展为茶叶基地。实施两个土地治理项目（晓关乡铜锣坪片区高标准农田建设项目、长潭河侗族乡洗马坪生态综合治理项目）和5个产业化项目（宣恩县200吨柚子花茶加工扩建项目、500吨伍家台贡茶精制加工改扩建项目、300吨“贡宇”富硒绿茶加工改扩建省级专项项目、180吨巅峰硒片加工改扩建省级专项项目、1000吨正兴白柚精细化加工改扩建省级专项项目），在验收考评中均获得优秀。农业综合开发竣工项目验收及绩效评价得分97.44分，位列全省第四名，评为绩效管理工作先进单位一等奖。

【会计事务管理】2016年，全县共有1529人持有会计从业资格证，其中，具有初级职称的471人，具有中级职称的54人，具有高级职称的4人。2016年共组织200余人参加会计从业资格考试；组织48人参加会计专业技术职称考试，其中，中级25人、初级23人。

在全县范围内组织开展行政事业单位内部控制基础性评价工作，各单位研究制订实施方案、广泛动员、精心组织，开展内部控制基础性评价，并认真撰写行政事业单位内部控制基础性评价报告和工作总结。通过行政事业单位内部控制基础性评价工作的开展，进一步推进全县行政事业单位内控制度建设，建立适合各单位实际情况的内部控制体系，加强对单位层面和业务层面的内部控制，实现内部控制体系全面、有效实施，提高行政事业单位内部管理水平。在抽查的60个单位中，内部控制基础性评价指标评分在90分以上的有40个，80～90分之间的有16个，70～80分之间的有4个。

开展会计培训，做好会计日常事务管理工作。2016年全县会计人员参加培训的共有600余人。组织县直各行政事业单位会计、乡镇财政所所长和会计以及财政局各业务股室人员200人，参加为期3天的行政事业单位会计制度、财务软件及财政支付系统的具体操作培训，发放《小企业会计准则》与《行政事业单位内部控制规范》教材近160余本。会计人员自觉在网上参加会计继续教育培训和其他途径组织会计业务培训与学习的有200余人。全县所有会计从业资格人员全部进入系统管理，并做好会计证定期登记工作与会计继续教育培训工作。对于会计证省内调转、跨省调进调出，严格依据程序办理。继续做好会计从业资格证书换证工作，截至年底，已换发新证1217本。

做好会计代理记账机构的年审工作。5月，完成2016年度代理记账机构材料报备工作。对“宣恩县百斯特会计服务有限公司”和“宣恩县大管家财务管理有限公司”进行严格检查，没有发现违规现象。新增“恩施卓信财务管理有限公司”和“恩施州恒源财务管理有限公司”两家会计代理记账公司。

【财政监督管理】2016年，宣恩县财政监督工作围绕“遏制会计造假，规范会计秩序，服务宏观管理，维护公众利益”，开展会计信息质量检查，严格处理处罚，促进会计行为规范，会计信息质量进一步提升。

强化内控管理，健全约束机制。对财政资金分配使用、国有资产监管、政府投资、政府采购、公共资源转让、公共工程建设等权力集中的部门和岗位实行分事行权、分岗设权、分级授权，定期轮岗，强化内部流程控制，防止权力滥用。按照权责一致、有效制衡和分事行权、分岗设权、分级授权的原则，重新梳理、科学划分组织结构和职能，合理匹配内部机构的权力与责任，健全相互牵制的职能和岗位机制。重点围绕防控法律、政策制定、预算编制、预算执行、公共关系、机关运转、信息系统管理、岗位利益冲突等八类风险，通过流程再造，建立起对各类风险进行事前防范、事中控制、事后监督和纠正的机制，将县财政局二级单位和内设机构、个人执行内控制度情况纳入考核指标体系，切实将权力关进制度的笼子里。

加大检查力度，整顿和规范财经秩序，加强日常监督，强化专项检查。开展落实中央八项规定财经纪律检查和“小金库”专项治理、票据专项治理工作。持续推进政务公开，进一步拓展编制与政务公开范围，主动接受社会监督，提高编制与政务公开质量，让财政资金在阳光下运行。

【湖北省2016年度美丽乡村建设试点村】2016年11月26日，宣恩县长潭河乡两溪河村、万寨乡板场村等199个村被正式确定为湖北省2016年度美丽乡村建设试点村。试点村将得到中央和省级补助资金，县市区也将合理调整财政支出结构，统筹安排、筹措美丽乡村建设资金。试点资金主要用于农村居民点范围内的基础设施建设、人居环境改善以及村民认为迫切需要且直接受益的其他村级公益事业建设项目。美丽乡村建设试点内容，主要包括整治农民生活环境、改善农村生产条件、提升农村生态环境、建设农村特色示范村。省农村综改办每年年初，组织开展对上一年度的美丽乡村建设试点绩效评价工作，根据绩效评价结果，对获得优秀等次的县市区予以奖励。

（覃金艳）

税　务

【国地税合作】2016年，宣恩县贯彻落实《深化国税、地税征管体制改革方案》，县地税局与县国税局在县地税局共建联合办税服务厅。3月17日县国税局、地税局召开联席工作会议，正式启动联合办税、联合管户、联合汇缴、联合稽查、联合宣传的“五个联合”特色合作项目。4月18日，开展税收宣传活动，开通全州首个税务机关联合微信平台——宣恩税务微信平台、开展“便民办税春风骑行”活动、开展“魅力园区”摄影宣传活动、开展“小众”培训会、开展“广场”宣传活动。4月30日，县地税局与县国税局在县地税局（珠山镇兴隆大道294号）共建联合办税服务厅，开展联合办税。采取一体化导税、一体化咨询，实行“一窗两人两屏”的操作模式，实现“进一家门、办两家事”，达到1＋1＞2的聚合效应，方便纳税人办税。8月8日，县国税局与县地税局在国地税联合办税服务厅举行“金税三期”工程上线运行启动仪式。对所有合作项目进行细化，重点突出“六联”，推进基础信息“联通”、纳税户“联管”、征管执法“联合”、纳税信用“联评”、管理制度“联发、党建活动“联办”。

【营改增】2016年，宣恩县国税局全年召开8次专题工作会议，抽调20名业务骨干，组建6个工作专班，对全县1491户纳税人进行户籍清理。明确89项具体工作的时限要求、主要内容、实现方式和责任人员，细化时间节点，具体落实责任。县地税局成立营改增工作领导小组，组建工作专班，开展“五清”（清户籍、清税源、清欠税、清发票、清资料）工作。5月1日，县地税局、县国税局完成交接工作，全县建筑业、房地产业、金融业和生活服务业全部纳入营改增试点范围，实现营改增工作的全面推开。税务部门依托税企QQ群、微信公众号、纳税人学堂、广场集中咨询、出动巡回宣传车、散发宣传册（单）等宣传平台，全方位、无死角地向社会各界及纳税人宣传改革政策。共举办集中培训9期，培训纳税人384人（次），国、地税干部136人（次）参加。针对重点行业、特殊企业的“营改增”纳税人进行了精准培训，采取个案分析、区别对待，分片包干、责任到人的方式，上门服务，开展面对面的座谈辅导培训。加强试点效应分析和评估，及时跟踪和解决试点过程中出现的新情况、新问题，强化舆情监控。“开好票、报好税、分析好、改进好、总结好”5场战役连战连捷，全年共入库“四大行业”营改增税款3673万元。县地税局继续加强对欠税征收力度，针对欠税企业加大征缴力度，加强“二手房”交易等相关工作，共完成“二手房”交易273户，个人出租住房292户，合计代征增值税55万元。与邮政集团公司签订委托代征协议书，启动委托邮政公司代征“两税两费”（个人所得税、城市维护建设税、教育费附加和地方教育附加）工作。纳税人可在全县任何一家邮政营业网点办理代开增值税发票环节地方税费的缴纳业务，有效解决纳税人办税“多头跑”的难题。

切实加强联合办税大厅管理，制定合作实施方案、联合办税大厅行政管理制度等10项工作制度，就纳税服务、征收管理、税务稽查、信息交换、税收宣传、纳税评估、基础数据核对等多个方面进行规范；国地税联合评估联合进户，入库税款9956.65元，加收滞纳金721.86元；实行人员互派互驻、互相挂职。做好税收风险应对，全年共接受上级发布的风险任务18期，完成风险应对任务共计76户(次),共计入库税款678.69万元,抵减弥补亏损83.35万元,进一步强化社会综合治税,县政府先后两次主持召开综合治税部门协作会议,依托综合治税平台,全年共入库税收1000万元。

【地税】2016年,宣恩县地税局组织税费收入3.95亿元,其中社保费收入1.81亿元,税收收入2.04亿元,规费收入1059万元,其中税收收入剔除营改增因素同比呈增长态势,其中一般预算收入完成1.7亿元。

加强年所得12万元以上个人所得税自行申报管理和个人所得税尤其是行政、事业单位个人所得税全员全额扣缴管理。开展2015年企业所得税汇算清缴工作,县地税局做好汇算清缴宣传辅导,及时开展城区集中培训,加强汇算清缴结束后的后续管理,做到汇缴全程管理到位。加强资源税管理,严格按照中央关于推进资源税改革精神,组织开展资源税从价计征的改革工作,组建资源税清理专班,对全县砂场、矿场进行全面清理。加强“金税三期工程”上线的宣传、培训、演练,“金三”系统稳定运行。

继续深化落实各项便民措施,不断打造纳税人满意的服务品牌,宣恩县地方税务局税费服务局被共青团中央、国家税务总局授予“2013－2014年度全国青年文明号”荣誉称号。开启“互联网＋税务”新模式,推进电子办税,推广电子税务局,全省税收业务通办;推进智能办税,推广运用二维码办税。

(许頔)

【国税】2016年国税收入1.97亿元(含四大行业营改增收入3673万元),其中一般预算收入8161万元,剔除四大行业后,占年计划1.51亿元的106.17%,占同期1.48亿元的108.59%,同比增收1268万元。含四大行业增收4941万元,其中,增值税完成1.35亿元,占同期8641万元的155.75%,同比增收4817万元;企业所得税完成4199万元,占同期4125万元的101.79%,同比增收74万元;车购税入库2029万元,占同期1980万元的102.47%,同比增收49万元;消费税累计入库19万元,占同期18万元的105.56%,同比增收1万元。改征增值税累计入库4631万元。代征工会经费158万元,占年计划155万元的101.94%。

开展5次培训,完成3批数据清理工作,及时对“金三”系统中的人员及岗位、发票库房、柜台以及票证管理进行设置,6月16日开始实行“金三”双轨试运行,8月8日金税三期系统顺利上线运行。征管改革稳步推进,沙道分局与纳税服务科、票证管理中心合并成立沙道分局,负责全县的基础管理、纳税服务工作,珠山分局负责全县的风险防控工作。

完成3778户减免税调查清算工作,其中,企业668户、个体3110户。累计减免税额1266万元,其中,增值税883万元,所得税征前减免383万元。退库减免11万元,征前减免1256万元(企业经营减免394万元,个体经营减免872万元)。

(姚童)

审　计

【概况】2016年,宣恩县审计局完成审计项目16个。其中,署定项目5个,省定项目5个,州定项目1个,县定项目5个。共查出问题资金2897.23万元,其中,违规使用资金542.16万元,管理不规范金额2355.07万元。已上缴财政124.04万元,已归还原渠道资金119万元。为国家增收节支119万元。提出审计建议48条,被采纳48条。

【审计监督】2016年,宣恩县审计监督财政预算执行情况,促进公共资金安全高效使用。在项目安排上,推进审计“全覆盖”,做到财政、地税年年审。在项目整合上,将财政决算或部门预算执行审计结合经济责任审计同步安排、协同实施、共享成果。在审计内容上,根据中央八项规定,加强“三公”经费、会议费使用和楼堂馆所建设等方面审计,促进厉行节约和规范管理,并结合民生关注热点和上级审计机关的统一安排部署。2016年对县本级开展对2015年度财政预算执行及机关财政收支审计,完成对县环境保护局2015年度预算执行情况审计,对县地方税务局2015年度税收政策执行情况及机关财政收支情况审计。

审计监督经济责任,强化对权力运行的监督和制约。科学编制年度经济责任审计计划,坚持任中审计与离任审计相结合,加大对重点单位、关键岗位领导干部的任中审计力度。突出重点内容，拓宽经济责任审计的领域，深化审计内容，更加关注领导干部落实中央八项规定的执行情况，并加强对政府债务、国有土地出让、政府投资项目建设和管理、资产资源等方面的监督。立足“审、帮、促”，加强对审计成果的分析与转化，强化审计意见、建议的针对性与指导性，增强审计监督效能。2016 年对 5 个单位 8 名领导干部进行经济责任审计。其中，乡镇行政主要领导干部任中经济责任审计 6 人，占审计计划的 75%；县直政府部门行政主要领导干部任中经济责任审计 2 人，占审计计划的 25%。

加强政府投资建设项目审计，有效节约财政资金。2016 年完成国家建设项目竣工决算审计项目 71 个，送审金额 2.42 亿元，审减金额 2310.8 万元，审定金额 2.18 余亿元，审减率 9.57%。审减资金 2310.8 万元中，工程量不实 1580.86 万元，高取材料价差 128.56万元，高套定额 484.98 万元，高套取费 19.52 万元，多计人工调差 96.88 万元。完成政府投资项目招标预算审计 50 个，送审金额 6.79 亿元，审增资金 1974.12 万元，审减资金 6441.61 万元，审定金额 6.34 亿元。

扩大专项审计监督，促进国家重大决策部署落实。做好稳增长、促改革、调结构、惠民生政策措施落实情况跟踪审计工作，对全县保障性安居工程的投资、建设、分配等情况进行跟踪审计，按照省公款存放专项检查办公室的要求，对全县公款存放情况进行审计。审计发现，宣恩县在保障性住房建设上存在未取得建设用地批准而非法占地建设、挤占挪用保障性安居工程资金、目标任务未完成、租赁补贴发放不及时、违规审批认定农村危房改造对象等问题，已全部整改到位。对全县公款存放抽查县财政局、县农业局、县水利局等 15 个县直单位，及珠山镇、沙道沟镇、李家河镇、长潭河乡等 5 个乡镇，2014 年 1 月至 2016 年 6 月期间领导干部借公款存放谋取私利情况。共抽查 20 家单位，抽查面达到自查单位量的 23.8%，其中，行政单位 13 家，国有或国有控股企业 7 家。截至 2016 年 6 月 30 日，以上被抽查单位共有银行账户 109 个，银行存款余额总计 27.79 亿元，资金出借余额总计 2780 万元。

开展外派审计组工作。3 月起，按照省审计厅统一安排，县审计局抽调人员 5 人，组成外派审计组，到荆州公安县，实施对公安县党政主要领导经济责任审计、扶贫资金审计、自然资源资产审计等审计工作，7 月底完成审计任务。5 月 20 日，县审计局抽调 3 人，配合省审计厅经济责任审计组对全县自然资源资产审计，7 月底已完成审计结束。10 月，县审计局抽调 1 人，参加州审计局组织的全省防止领导干部借公款存放谋取私利专项审计调查。11 月，对鹤峰县城投公司资产负债损益情况进行审计。

（罗尧丹）

统　计

【概况】2016 年，宣恩县统计局招录 4 名工作人员（机关公务员 2 人，事业编制 1 人，省属经济社会调查队 1 人）。县政府同意从县统计局结余经费中划拨 50 万元作为民调中心建设费用，安排在建“市民之家”作为县民调中心办公用房。“四上”企业做好统计基础规范化建设以及统计诚信企业创建，乡镇、村分别开展“八有八化”（有机构、有编制、有人员、有资格、有台账、有经费、有场地、有设备）。实现了统计管理制度制度化、统计人员专业化、统计报表标准化、统计资料档案化、统计手段现代化、统计工作法制化、统计宣传经常化、统计服务优质化）及“五有五化”（有人员，有职责，有资格，有场地，有台账；统计人员专业化，统计报表标准化，统计资料档案化，统计手段现代化，统计工作法制化）的基础规范化建设。县统计局采取集中培训及检查指导等方式督促企业认真做好统计基础规范化，完善统计基础资料，做到“数出有据”。8 月 2 日，投入 10 万元对上年度各企业完成统计基础规范化建设进行奖励。8 月中旬，完成妇女儿童分性别建立数据库工作。加强统计预警监测，做好分析研究，做好决策服务，县统计局在湖北省统计局内网、恩施州统计局内网、恩施州调查队内网、中国宣恩网等各类网站发表信息、分析、统计公报和统计月报等各类稿件 300 余篇，完成 2015 年《统计资料手册》《统计年鉴》等资料的编印，做到季有分析、月有报表。通过网络、现场、电话等方式，做好公众服务，社会各界更加快捷便利地分享统计数据和信息。开展数据咨询服务，接待群众来访查询数据200余次，群众满意率和按期办结率达到100%。

【四大工程建设】2016年，宣恩县“基本单位名录库、企业一套表制度、数据采集处理系统和联网直报系统”统称为统计四大工程。全县纳入网上直报的规模以上工业企业61家，限额以上商贸企业34家，重点服务业4家，房地产企业9家，有资质的建筑业企业5家。全县严格执行一套表制度，按照规定的标准、指标、范围、表式、计算方法和统计编码开展调查，企业上报率达到100%；按照“先进库、再有数，要进库、走程序”的要求，抓好名录库建设，做好“四上”企业的审批工作，全县所有调查单位均为基本单位名录库的在库企业。全年全县累计有统计报表单位446家完成劳动工资报表，其中，“四上企业”名录库113家。

【统计法制建设】2016年，宣恩县开展“数据造假，以数谋私”专项治理。按3月初中央、省、州专项治理会议精神和5月底省委电视电话会议、省政府统计工作座谈会、州统计局重要会议精神，制定专项整治实施方案，查找问题并提出整改措施。抽查部分企业统计报表台账，核查上报数据情况，发放数据质量核查表，企业负责人签字盖章，确认落实数据质量责任人，全年核查范围达到50%。开展诚信企业创建活动，2016年全县计划纳入创建验收检查的企业22家（其中工业12家、商贸5家、建筑1家、房地产3家、服务业1家），占108家“四上”企业的20.4%。11月初，分专业到企业开展创建宣传。年底实际完成“诚信企业”创建达标授牌企业27家，超额完成5家。举行全县2016年统计从业人员业务培训，统计执法人员全部持证上岗，并严格按照法定权限、程序和要求执行公务。参加全县“12·4”宪法法制宣传日活动，采取现场抽问答题和发放《统计法》的方式，发放200余册宣传资料。

【第三次全国农业普查】2016年，宣恩县成立由岳东任组长，周志斌任副组长的全县第三次农业普查领导小组，领导小组办公室设在县统计局。核定全县第三次农业普查经费172万元，其中“两员”劳动报酬72万元，2016年到位68.42万元。组建综合协调（含宣传和执法）组、调查与培训指导组、数据处理组等工作组，在各个环节分工协作。4月12日，传达全州第三次全国农业普查工作会议精神，部署当前农业普查工作。8月8日，召开全县第三次全国农业普查试点培训会，对第三次农业普查试点工作进行动员和部署。8月9日起，组织全县各乡镇农普办业务人员到椒园镇锣圈岩村开展第三次全国农业普查试点入户登记。10月15日，县农普办和乡镇农普办工作人员共38人参加恩施州第三次农业普查业务培训。10月中旬，全面完成全县三农普农业经营单位的初步摸底核实及上报工作。11月1日，县人民政府第四十七常务会议专题研究全县第三次农业普查工作。11月9日，召开宣恩县第三次全国农业普查工作会议，会议传达省、州有关农业普查会议精神，总结全县农业普查工作进展情况，安排部署全县第三次全国农业普查工作。谢世鸿、周志斌出席，各乡镇乡镇长、分管农业普查工作领导、农业普查办公室主任以及县第三次农业普查领导小组成员参加，周志斌代表县人民政府与各乡镇农业普查领导小组组长签订《宣恩县第三次农业普查工作目标责任书》。11月15日起，宣恩县农普办派3个工作组到9个乡镇开展农业普查工作培训指导。从12月1日开始，全县组织997名普查员和普查指导员，对全县9个乡镇、284个村（居）委会、300多个农业经营单位、9万户农业经营户，逐一入户调查，对所有普查对象的信息和数据指标进行登记。12月底，完成普查小区划分、地址码编制、普查区地图绘制工作，各乡镇完成清查摸底工作。

【住户一体化调查】2016年，宣恩住户一体化调查的工作重点是住户电子记账。年内到10个小区近100户调查户家进行户访，采取先易后难的工作方法，选择平时记账水平高，操作手机熟练的户进行推广，以点代面，逐步推开。年底全县有35户调查户能够丢掉纸质账本进行电子记账。全年，宣恩县农村常住居民人均可支配收入8550元，同比增长9.55%，绝对额位列全州第7，增幅位列全州第五；城镇常住居民人均可支配收入2.28万元，同比增长10.57%，绝对额在全州位列第八，增幅位列全州第一。

【小康监测】2016年，完成《宣恩县全面建成小康社会统计监测报告》，对2015年全县小康社会监测完成情况进行较为客观、全面的分析，指出宣恩在全面建成小康社会进程中存在的问题和不足，为县委、政府科学决策提供了依据。《报告》获县委书记刘智勇同志签批：“要在县委中心组（扩大）会议上学习传达。并复印给每位四大机构领导及相关部门负责人。”

（何加旭）

工商行政管理

【概况】2016年，宣恩县实施“先照后证”“五证合一”“两证整合”等商事制度改革、全县期末企业当年登记数位居全州第一，全年共办理“五证合一”475户、“三证合一”1009户、“两证整合”941户，开展市场主体增量行动、“三名”商标创建孵化、放心消费保护行动、市场秩序优化行动。全县期末新增市场主体2889户，申报注册商标161件，受理消费投诉91件，查办案件53件，商品抽检68批（次）。

【注册登记】2016年，宣恩县共有市场主体1.74万户，增幅为16.51%，注册资本101.58亿元，增幅为17.63%。其中企业2119户，增幅为37.15%，注册资金82.30亿元；个体工商户14746户，增幅为13.51%，注册资本12.04亿元；农民专业合作社513户，增幅为35.36%，注册资本7.24亿元。深化商事登记制度改革，推进“五证合一、两证整合”登记制度改革，共发放“先照后证告知书”1562件，发放“三证合一”执照1009户，“五证合一”执照475户，“两证整合”执照941户。推进网上申请、网上受理、网上审核，网上登记企业名称31件。办理股权出质43件，质押股权6.63余亿元，贷款总额3.57亿元。

【企业信用监管】2016年，宣恩县对全县市场主体进行市场主体年报公示，截至6月30日，企业年报率93.9%；农民专业合作社年报率97.3%，二者位列全州第一。个体工商户年报率95.03%，位列全州第二。开展市场主体公示信息抽查工作3次，通过企业信用公示系统向社会公示结果，公示率100%。

【商标管理】截至2016年9月15日，按国家工商总局商标局统计数据，宣恩县有效注册商标量435件，其中2016年度新增加申请161件，注册成功59件；新申请成功地理标志证明商标3件（黄坪黄金梨、贡水白柚、宣恩贡米）。全县有驰名商标1件（伍家台贡茶）；地理标志证明商标1件（伍家台贡茶）；著名商标8件（皇恩宠锡、大派、昌臣、皇贡、覃家坪、维民、土家爱、木龙寨）；知名商标6件（硒瑞、施源、黄坪、硒都、土家香、七姊妹山）。

开展“订单式”打假行动，县工商局、宣恩县伍家台贡茶产业协会和佛山市美居乐窗帘布艺有限公司联合，开展“订单式”打假行动2次，保护经营者注册商标专用权。及时调解注册商标专用权投诉事件，全年共受理注册商标投诉3件，均妥善调处。开展校园食品“净流”行动，对校园商品的标志标识开展执法检查，净化校园商品消费环境。

【广告工作】2016年末，宣恩县有注册广告经营主体37户（2015年度注册21户），从业人员121人（2015年度92人），广告经营额达到1530万元，分别增加16户、29人、210万元，增长43%、24%、14%。

开展媒介广告信用评分评级工作，6月28日，对县电视台无证从事广告经营业务下达责令停止经营通知书，开展广告日常监测，及时发现和处置虚假违法广告。

清理整顿虚假违法广告，对互联网金融广告、特供、专供商品等专项执法检查，营造放心消费环境。调查处理广告投诉事件，全年共处理投诉广告违法3件。实施户外广告、印刷品广告、电子显示屏的执法检查，出动执法人员70余车（次），检查210户经营主体。查处简某某虚假宣传销售保健食品案和范某某在销售保健品过程中欺诈消费者行为，保护消费者的合法权益。

【消费者权益保护】2016年，宣恩县“12315”平台共受理消费者咨询107人（次），均答复释疑；共受理消费投诉91起，办结91起；举报10起，4起转化为案件，全部办结；为消费者挽回经济损失11.5万元。对91户投诉消费者中的62户进行回访，回访内容主要是对工作人员态度和处理结果满意率，对工作人员态度满意率为97%，处理结果满意率为91%。

广泛征求社会对工商部门、工商系统消费维权工作的意见和建议,共向社会发放问卷调查1200份,共收集意见和建议52条,其中,建议34条,消费维权5条,行政执法9条,咨询1条,其他3条。针对消费者提出的意见和建议,开展自查自纠,边查边改,立查立改,并针对每个问题逐一进行答复,县工商局取得全县点题督查单位评分第一名。

【商品质量检测】2016年,宣恩县严格落实监测计划,制定《2016年流通领域商品质量监测工作方案》,以批发商、代理商、大型经销企业、超市、商场、专卖店、仓库等为重点场所,以家用电器、农资产品、烟花爆竹等商品为重点,开展流通领域商品质量检测工作,第一季度共抽检37批(次),其中16批(次)产品不合格,立案查处16起,办结16起。第三季度抽检52批(次),其中不合格26批(次)转化为案件进行查处。对监测中发现的假冒伪劣和不合格商品违法行为,有针对性地实施靶向整治,达到"监测一类商品,查处一批违法行为,教育一批企业,规范一个行业"的目的。

【红盾护农】2016年,制定《宣恩县红盾护农执法行动工作方案》《宣恩县工商系统2016年创建湖北省农产品质量安全县行动工作方案》。对农业投入品进行抽样检查,以流通领域商品质量不定向监测为重点,截至10月,全县共监测农资经营户20家,检测肥料39批(次),抽检结果全部合格,合格率100%。检查"五项制度"执行情况,对全县251户农资经营主体进行抽查,主要查照、查证、查制度、查台账、查资料,对制度不健全、台账不完全、不亮证照等情形责令限期整改或立案查处,对发现的质量、安全问题进行查处。抽查农资产品39批(次),全部合格,办理农资案件2件,为农民挽回损失6.69万元。

【合同监管】2016年,宣恩县共办理动产抵押登记45件,为企业融资1.53亿元,缓解企业资金周转困难的难题。开展"守合同重信用"企业申报工作,共审查10家企业,向州工商局申报10家,9家被授予守合同重信用企业(湖北苗仙聚生物科技有限公司、宣恩县宏光建筑安装有限责任公司、宣恩县伍贡茶叶有限公司、湖北土家爱食品开发有限公司、宣恩县巴楚风印务有限公司、湖北立翔工艺开发有限公司、宣恩富城市政公用工程有限责任公司、宣恩县珠山建筑工程有限公司、宣恩县伍台昌臣茶业有限公司),其中省级6家(湖北土家爱食品开发有限公司、宣恩县巴楚风印务有限公司、湖北立翔工艺开发有限公司、宣恩富城市政公用工程有限责任公司、宣恩县珠山建筑工程有限公司、宣恩县伍台昌臣茶业有限公司)。根据《省工商局关于开展公用事业类、旅游类等合同格式条款专项整治活动的通知》要求,县工商局对全县旅游、银行、电信等行业使用合同格式条款进行专项整治,先后对15家企业的合同格式条款进行备案审查,重点审查是否存在利用合同格式条款免除自身责任、加重消费者责任、排除消费者权利等行为。全县累计备案合同格式文本22份,约谈企业4家,行政指导3家,责令改正1家。开展帮农服务,共发布涉农合同示范文本2种,办理涉农动产抵押登记22笔,融资6650万元。

【网络交易监管】2016年,宣恩县网络交易主体分别是中国邮政集团公司湖北省分公司交易平台"邮掌柜"、湖北省供销合作社联合社交易平台"裕农网"和宣恩县淘实惠电子商务有限公司设立交易平台"淘实惠"。进入3个交易平台农村电商经营户433户,全县网络交易经营店铺491家。全年查处网络案件1件,巡查142户(次),行政指导5次,限期改正1次。

【法治工商建设】2016年3月29—31日,宣恩县分别对各工商所进行执法评议考核,第一季度工商所共办理行政处罚案件14件,抽查5件,分别为晓关3件、珠山2件,其他工商所没有办理案件;抽查行政许可事项15件,其中个体登记10件,农民专业合作社5件;抽查行政指导2件,李家河2件;抽查"12315"记录3件,其中珠山、李家河、晓关各1件。

开展工商职责权力清理,共清理行政许可8项,行政处罚292项,行政强制16项,行政检查9项,行政确认2项,行政奖励1项,行政裁决1项,行政备案8项,行政服务8项,其他行政职权1项,共346项。

截至12月23日,共收到送审

案件22件，其中晓关10件，稽查分局2件，市场(合同)股2件，信监分局1件，商广股1件，珠山6件。

完成执法证办理的录入、申报、办理、发放工作。全县工商管理系统所有人员的执法证重新由地方政府办理，经过“录入一申报一考试一办理一发放”并同时收回旧证等程序，全系统原持证61人，2016年经过专业知识考试和基础知识考试，65人全部考试合格，经编办、财政局、法制办审核全部通过并发证。

开展“两法”(行政执法与刑事司法)衔接工作。截至12月23日，共办结案件29件，录入29件。

2016年11月11日，对2016年度的所有行政处罚案件(24件)和部分行政许可案卷(4件)进行评查，召集办案单位人员16人，分为3个小组开展评查，评查的行政处罚24份案卷中，90分以上的案卷12件，占评查总数的50%。行政许可案卷4个，均为80分以上，行政强制1个，评查为100分。

按照宣恩县社会信用体系建设的相关要求，完成湖北省社会信用信息目录录入工作，涉及工商行政管理局的346项权力清单已全部录入到系统中，通过县级审核，等省审核通过。

县工商管理系统77人参加无纸化学习，积分均达到600分以上，考试及格人数77人，合格率100%，平均分92.68分。

“双随机一公开”工作，按照县审改办要求，将随机抽查事项清单10项，执法人员名录库65人，抽查对象名录库(个体358户，企业69户，农民专业合作社14户)基本信息全部录入报送，并制定抽查实施细则。

(刘彦杉)

质量技术监督管理

【质量强县】2016年，宣恩县深入推进质量强县工作，完成《宣恩县县人民政府关于“十三五”质量强县工作实施意见(2016－2020)》的编制工作。确定湖北巴楚风印务有限公司的“巴楚风”牌本册作为湖北省名牌产品申报对象，向省质量技术监督管理局申报。年末全县共有湖北名牌产品4个(恩施州伍家台富硒贡茶有限责任公司的“皇恩宠锡”牌茶叶、湖北土家爱食品有限公司的“土家爱”牌合渣粉、恩施巴楚风印务有限公司的“巴楚风”牌包装用塑料复合袋、湖北大派集团有限责任公司的“大派”牌腌腊肉制品)。

开展有机产品认证示范创建区服务工作，指导企业建立健全农产品质量追溯体系。到24个有机茶叶、贡水白柚基地示范村，为主要生产区域的有机农业生产示范基地、有机农产品认证企业服务，伍家台贡茶、贡水白柚系列认证产品达17个，已达到国家有机产品认证示范区(县)的条件，向国家认监委提出验收申请。

严格认证企业监管，对全县通过自愿性管理体系认证和强制性认证(“CCC”认证企业)的2家企业(宣恩县众益农机有限公司、湖北巴楚风印务有限公司)，不定期进行认证专项监督检查和日常巡查，不断提高企业科学管理水平和产品质量水平。2016年全县新增质量管理体系认证5家(宣恩盛大科技发展有限责任公司、宣恩县家园科贸有限公司、湖北兴朝恒合金属构件有限公司、宣恩县伍台昌臣茶业有限公司、湖北方圆绿色再生资源科技有限公司)。年末全县有15家企业有效期内运行有效认证证书22张。

全年完成农产品质量安全监督定性检测2万批(次)以上，完成定量检测625批(次)，检测合格率均达到98%以上。全县已有地方标准13个，有不同层次的标准化生产示范基地(场)8个，有验收合格的清洁化茶叶加工生产线29条，标准入企率达100%。召开农业标准化生产技术培训指导会2045场(次)，培训2.13万人(次)，发放各种宣传资料2.9万份，悬挂横幅20条，刷写标语100多条，标准入户率达到100%。

【产品质量监督】2016年，宣恩县加强机动车检测线的监督检查，对宣恩县顺通汽车服务有限公司的机动车检测线实行月报表制度和定期、不定期监督检查相结合，组织引导机动车安检机构贯彻实施《省质监局关于印发湖北省机动车安全技术检验机构检验技术人员能力培训考核要求(试行)的通知》，促使机动车检验机构各个岗位从业人员提升规范化操作能力。

加强工业产品生产许可证获证企业的后续监管，根据《中华人民共和国工业产品生产许可证管理条例》《中华人民共和国工业产品生产许可证条例实施办法》和《湖北省工业产品生产许可证证后监管办法(试行)》,对全县4家工业产品生产许可证获证企业(宣恩县汇丰生物有机肥料有限公司、湖北巴楚风印务有限公司、宣恩县玖柒陆塑料制品有限公司、湖北信家玻璃钢科技有限公司)进行日常的监督管理,并严格按照程序进行年审,并对两家企业存在的进货、生产、出厂检验、销售记录不完善等问题下达监督检查不合格通知书,并要求按期整改到位,规范企业生产行为。

以消费品质量安全为重点,建立风险监测与监督抽查并重的质量安全监管和预警工作体系,根据《2016年全州产品质量定期监督检查计划》,对涉及关系质量安全的民生消费品、食品相关产品、工业产品生产许可证发证产品、社会热点产品和重要工农业生产资料等产品进行监督抽查,共抽检11家企业、24批(次)产品。完成2016年硒博会的硒产品抽样送检工作,全县23家企业的13类、共计51个产品为合格产品。

【特种设备日常监督管理】2016年,宣恩县召开全县各重点使用单位和维保单位特种设备安全工作会议,签订安全目标责任状,增强使用单位和维保单位的责任意识,共同确保特种设备设备使用零事故。2016年对全县气站、电梯维保单位、其他特种设备使用单位约谈30余次。

开展特种设备安全生产法律法规和安全知识宣传活动,利用县城人民广场LED显示屏分时段播放"特种设备安全宣传片",印发气瓶安全使用宣传单5000份、安全公告30余张,强制报废气瓶1.5万只,消除气瓶安全隐患。在春节、"五一"、国庆、元旦等重大节假日前后,组织执法人员重点对县内使用特种设备的宾馆、大型购物场所及学校、医院、住宅小区等人员密集场所进行安全检查,确保和谐安定的节日环境。全年共出动执法人员620余人(次),检查各类特种设备近441台,发现、整改并消除一般安全隐患78条,未发现重大安全隐患,发出特种设备安全监察指令51份,内容涉及设备超期未检、人员无证上岗、安全技术档案不全、安全附件未检、日常安全巡查无记录或记录不全等,其中完成整改50处,移交特种设备违法案件1起。

【标准化、计量检定】2016年,宣恩县开展生态原产地申报工作,4月到随州参加的全省生态原产地培训工作会议,5月组织相关认证和咨询公司到相关企业调研。9月1日,国家质检总局关于受理生态原产地产品保护申报的公告2016年第86号对湖北土家爱食品开发有限公司的"土家爱"牌速溶合渣系列、植物蛋白饮料系列产品和湖北大派食品集团有限公司的"大派"牌宣恩火腿实施生态原产地产品保护。9月29日,国家质检总局关于公布获得生态原产地保护产品名单的公告2016年第101号批准湖北土家爱食品开发有限公司的"土家爱"牌速溶合渣系列、植物蛋白饮料系列产品和湖北大派食品集团有限公司的"大派"牌宣恩火腿为生态原产地保护产品,准予其使用生态原产地产品保护标志,自即日起实施保护,成为全州首批获得保护的生态原产地产品。同步启动生态原产地保护示范区申报工作。

国家质检总局关于公布获得生态原产地保护产品名单的公告(节选)

表7

序号	申报单位	产品名称
30	湖北土家爱食品开发有限公司	土家爱速溶合渣系列、植物蛋白饮料系列产品
31	湖北大派食品集团有限公司	"大派"牌宣恩火腿

全国第八批农业标准化示范区(伍家台贡茶国家级农业标准化示范区项目)2016年通过省、州验收。围绕全县地理标志产品保护工作状况,开展专题调研活动。《地理标志产品宣恩贡米》已经通

过湖北省质监局组织的专家评审，报国家标准委备案。筹备修订《地理标志产品贡水白柚》两个省级地方标准，《地理标志产品宣恩火腿》3项湖北省级地方标准修订工作列入日程。

对全县的水电站、医院、天然气公司送检的压力表进行周期检定工作，共检定压力表466块，合格率90%，对检定不合格的压力表，及时更换，确保设备正常运转。对全县14个加油站开展周期强制计量检定工作，共计150枪，合格率100%，经常对加油站进行计量法制宣传，进一步规范加油站计量行为。对全县生产企业开展强制计量检定工作，其中包括电子天平、水分测定仪、架盘天平等医用计量器具。对全县25个烟草收购组67台的交易秤与公平秤周期性的检定和校准工作，经检定调修所有的计量衡器均达合格标准。

【质量技术监督检查】2016年，宣恩县根据摸排的涉及质量监督、计量、特种设备的5条违法线索，开展调查取证工作。对涉及到未经检验使用计量器具的2家企业、1家滥用“CCC”认证标志的玻璃生产企业、2家特种设备使用单位进行跟踪调查。截至年底，处于侦查阶段的有4起，结案1起。

查处移送和群众举报投诉案件。依据《产品质量法》第四十七条处理农用肥料质量问题的投诉，为投诉人挽回经济损失3.6万元。处理县消防大队移交的无法提供检测报告的消防产品质量问题。宣恩县某玻璃公司生产的一批玻璃销售于巴东商品房，后经消防部门查证无法提供检测报告，造成该房屋消防验收无法达标。县质量技术监督局对产品生产企业和使用现场进行调查，已结案。

【宣恩县3个产品获湖北名牌产品称号】2016年2月24日，湖北省质量强省工作委员会办公室、湖北省质量协会公布406家企业的相关产品为2015年度湖北名牌产品。湖北土家爱食品开发有限公司冲调合渣粉、湖北巴楚风印务有限公司包装用塑料复合袋和恩施州伍家台富硒贡茶公司茶叶3个产品获2015年度湖北名牌称号。

（江堃）

食品药品监督管理

【概况】2016年，宣恩县食品生产经营主体3109家，其中，持证食品生产经营主体2987家（食品生产加工企业含小作坊118家，食品经营2869家）。药品经营主体337家，其中，医院诊所卫生室等医疗机构268家、药品批发企业2家、零售药店67家）。4月6日，召开2016年县食品药品安全委员会全体会议暨全县落实党政同责、扎实推进“食品放心工程”工作会议，将食品药品监管能力建设纳入对各级党委政府的目标考核内容，县政府与各乡镇政府签订目标责任书，各乡镇政府把食品药品监管工作纳入年终绩效目标统一进行考核，建立起地方党政负总责的工作机制。与食品药品生产经营企业签订责任书，全面落实食品药品安全信息公示制度和安全自查制度，确保企业落实食品药品安全主体责任，形成食品药品安全地方政府属地管理责任、监管部门监管责任、企业主体责任、相关部门协管责任的“四位一体”责任体系。5月18日，县食品药品安全志愿服务队成立，县食品药品监督管理局为全县300名食品药品安全志愿服务队员发放工作证。县食品药品监督管理局共承接重大活动（会议）餐饮服务食品安全保障7次，累计出动执法人员185人（次），执法车辆11台（次），检查餐饮服务单位82家（次），快速检测餐饮具、食用农产品、大宗食品17批（次），检测结果均合格。全县没有发生一起较大及以上食品药品安全责任事故（事件），全县食品安全公众满意度87.98%，名列全州第二；药品安全公众满意度83.86%，名列全州第三，在2016年度全州食品药品安全工作考核中排名第二，被评为2016年度全州食品药品安全工作优秀（县）市。

【基层执法规范化示范所创建】2016年，宣恩县推进“四品一械”综合监管为核心的新一轮基层基础建设，解决基层执法规范化示范所创建经费30万元，配齐日常办公设施、快检设备，改善工作条件，落实“四有”（有责、有岗、有人、有手段）。9个监管所配齐执法用车，完成晓关、椒园、珠山、长潭河、李家河5个示范所创建工作。

【食品药品日常监管】2016年，宣恩县按照属地管理、分级负责、分工协作、便民高效的原则，对食品药品安全风险层次采取日常分类监管，开展拉网式日常检查，每半年检查1次，监督覆盖率达100%，逐户签订食品药品安全责任书，以“三重一大一特”(重点品种、重点问题、重点区域、大型企业和特殊食品药品)为监管重点对象，加大监督检查频次。开展药品零售药店(含零售连锁)跟踪检查工作，跟踪检查药品零售企业20家，其中检查不通过收回GSP证书1家，限期整改后复核检查4家，查处超范围经营药品和未按要求储存药品案1起，确保药品零售企业持续符合GSP要求。

【食品专项整治】2016年，宣恩县紧盯影响群众健康和生命安全的隐患问题不放松，以学校及校园周边食堂、养老机构食堂、单位食堂、旅游景区餐馆、农家乐为重点单位，针对不同节日期间消费特点重点对肉制品、乳制品、食用油、糕点、月饼等产品进行检查，持续不断开展专项整治。先后开展元旦、春节、“五一”等节假日食品安全检查、茶叶专项检查、蜂产品质量安全专项、肉制品兽药残留食品安全风险隐患排查、农村“扫雷”“进口食品”、走私食品、许可合规性和进货查验记录制度执行情况专项检查、生鲜肉市场专项整治、“肉制品”“校园周边”等专项整治行动。其中，在茶叶专项整治中检查企业及小作坊95家，发现问题123处，现场整改92处，限期整改31处，立案4起，查封扣押170.24千克鲜叶和54千克白砂糖，罚款9000元。食品安全风险隐患排查，检查食品生产企业43家，小作坊215家，抽检35批(次)，立案查处5起，下达责令整改通知书35份。“扫雷”行动共出动执法人次356人(次)，检查各类食品经营户864户，出动宣传车23台(次)，悬挂宣传标语16条，收缴各类问题食品50余千克，发现食品安全隐患223处，下达责令整改通知书151份，立案查处3起。春季学校及周边食品安全专项检查，检查学校食堂131家，学校小卖部94家，排查食品安全隐患311处，下达监督检查意见书131份，责令整改89家。

【药品专项整治】2016年，宣恩县以“三重一特”(重点品种、重点问题、重点区域和特殊药品)作为整治重点，着力整治药品、化妆品、医疗器械。2016年开展疫苗使用安全、打击非法制售和使用注射用透明质酸钠行为、医疗器械经营使用环节冷链管理、“三小”(村级零售药店、村卫生室、个体诊所)药品及医疗器械质量安全等专项整治工作。疫苗使用安全专项检查，共排查疫苗使用单位188家(次)，出动执法人员191人(次)。打击非法制售和使用注射用透明质酸钠行为专项行动，对辖区内两家药品医疗器械批发企业、233家医疗机构、美容院做到检查全覆盖，检查率达100%，未发现有经营使用注射用透明质酸钠、注射用A型肉毒毒素的情况。医疗器械经营使用环节冷链管理专项整治共计检查冷藏、冷冻医疗器械使用单位15家，累计出动执法人次30次。“三小”药品及医疗器械质量安全专项整治，共检查234家单位，检查覆盖率达100%，立案查处6起，结案6起，其中个体诊所3起，村卫生室3起，均为使用过期药品，共罚款2030.88元。

【餐饮服务单位量化分级】2016年，宣恩县按照“监管并重、量化评价、动态监管、公开透明”的原则，推进餐饮服务单位量化分级管理工作，根据现场检查情况按照优秀、良好、一般进行动态等级评定，年终依据动态等级综合判定年度等级，并将年度等级结果张贴在公示牌上，通过量化分级评定，督促餐饮单位加强硬件设施建设，提高管理水平。截至年底全县获证餐饮服务单位量化分级率和动态等级外置化率已达100%。

【可视化监管试点】2016年，宣恩县对食品生产企业关键环节和关键控制点实行可视化监管，从设施设备、生产环境、人员管理、选料、生产、加工、包装、检验等各个环节中，选取部分关键环节进行可视化监控。监管人员可通过互联网及“可视监控系统”，远程对企业的生产过程实行实时监控。宣恩县工业园区建起全州第一套高风险食品追溯系统，8月26日，恩施州食药监局在椒园工业园区召开恩施州“互联网+”高风险食品追溯系统培训会，现场观摩宣恩谭家村酒业有限公司追溯体系建设。年末全县有5家食品生产加工企业安装可视化管控系统，监管人员可通过县食品药品监督管理局网络监管平台对企业进行监管。

【食品示范创建】2016年，宣恩县根据食用农产品市场分散监管难的特点，实行销售去向“一票通”制度。在食品销售环节开展“四好农村食品安全示范店”示范创建，在餐饮服务环节实行“明橱亮灶”，2016年共建成省级放心食堂2家（李家河小学、沙道民族中学）、省级餐饮示范单位4家（宣恩金源国际酒店、宣恩县九哥缘农家乐、宣恩县万寨贡茶源农家乐、宣恩县椒园山庄），州级餐饮示范单位4家（世外茶源农家乐、野椒园侗寨农家乐、姊妹大酒店、林业宾馆），州级示范街2条（沿河北路、兴隆街），明厨亮灶90家，食品销售示范店90家。

【药品不良反应和广告监测】县食品药品监督管理局、县卫生和计划生育局制定《关于切实加强药品医疗器械不良反应（事件）监测工作的通知》，强化监管措施，将目标任务分解到每一家医疗机构和药品经营企业，纳入涉药单位诚信体系管理，定期进行督查和通报。4月15日，召开全县药品（医疗器械）不良反应监测工作暨培训会议，研究安排部署全年工作，对不良反应监测知识进行培训。全年共收集上报药品不良反应报告215例，达到百万人口报告比例604例，其中新的和严重的89例，占41.4%，严重的23例，占10.7%；医疗器械不良事件报告总计60例，达到百万人口报告比例168例，严重的12例，占比20%。建立药品（医疗器械）、广告监测工作制度，并明确专人负责，对国家、省、州食药监局通知暂停销售的违法广告药品（医疗器械）立即采取暂停销售处理措施，向县工商局移交涉嫌违法广告线索1例。

【药品医疗器械零售企业安全信用体系建设】2016年，宣恩县制定《药品安全诚信体系建设工作实施方案》，对辖区65家药品、医疗器械零售企业建立药品安全信用信息档案，主要内容包括企业基本信息，日常监管信息和违法行为查处情况。按时完成2016年度安全信用等级评定初评上报工作。辖区65家药品、医疗器械零售企业，其中62家被评为守信企业，3家被评为警示企业，评定结果报至州食药监局审定后在网站公示。实行信用分类监管，对2016年度被评为警示的3家企业开展约谈。

【食品药品宣传】2016年，宣恩县各乡镇网格信息员采取发放宣传资料、流动宣传车、现场咨询等形式，对农村集体聚餐、预防食用野生菌中毒等内容进行宣传，全年共发放农村集体聚餐和预防野生菌、生蜂蜜中毒宣传资料10万份，利用电视、广场显示屏、横幅、宣传栏等方式实现宣传的全覆盖。6月23日、10月31日组织开展食品安全宣传周、安全用药月活动，举办广场宣传活动2场，发放宣传资料4000份，接受群众咨询200余次，销毁查获的问题食品和药品1000余千克。

继续开展《食品安全法》的宣传和普及工作，向全县食品行业从业者讲解食品安全法对从业人员的要求、着重对食品安全法的处罚条款进行详细的阐述。发放《湖北省食品安全条例》1300册，《致“三小”业主的一封信》2000份。举办《湖北省食品安全条例》培训22场（次），共培训3600人。其中，县级领导1场（次），培训35人；县食药安委成员单位1场（次），培训30人；乡镇领导10场（次），培训20人；监管对象10场（次），培训3515人。编印《食品安全党政同责学习资料》400份，发放给县四大家领导、县食药安委各成员单位班子成员、各乡镇党政领导班子成员。县食药监系统干部职工开展法律进农村、社区、学校、企业、机关活动，全年共发放宣传资料4000余份，开展宣讲活动30场（次），接受群众咨询2000余次，开展食品安全企业行活动2场（次）。

【“12331”举报投诉受理】2016年，宣恩县政府批准设立投诉举报基金10万元，全年共受理食品药品举报投诉15起，药品举报投诉15起，查实立案3起，共兑现举报奖励300元。

【稽查办案】2016年，宣恩县加强部门协作，进一步完善公检法药等部门联席会议制度，召开公安、食药监参加的部门联席会议，有针对性的查办一批典型案件，对人民群众反映强烈的食品药品安全违法行为，依法从严从重处理，通过典型案件的查办严厉打击一批食品药品违法犯罪行为，规范一批食品药品生产经营行为。全年共查办药械类案件27件，化妆品案件8起，食品类案件共立案27起。移送公安部门涉案案件1起，立案1起。共立案查处68起不法行为案件，结案61起，罚款19.3万元。

【食品药品抽检】2016年，宣恩县共完成食品、餐饮具抽样400批(次)，接收到不合格报告书21批(次)；完成食用农产品快检4907批(次)，不合格18批(次)；完成药品抽样51批(次)，不合格1批(次)；完成化妆品抽样1批(次)。针对抽样不合格产品，均全部立案调查。

【行政审批服务】2016年，宣恩县优化审批流程，编制权力清单、责任清单，填写行政职权事项梳理情况表、行政职权基本信息表和行政职权运行流程图291份，梳理行政权力事项171项，严格落实限时办结制、首问负责制要求，精简申报材料，减少审核时间，让群众享受到方便快捷服务。开展第二阶段行政审批流程再造，整合调整饭馆、咖啡馆、茶座、酒吧4类公共场所核发食品经营许可证流程。2016年1月1日起施行《湖北省食品经营许可管理实施办法(试行)》《湖北省食品经营许可审查细则(试行)》。3月9日，沙道沟鸿发便利店店主在沙道沟镇便民服务中心领取宣恩县发出的首张食品经营许可证，食品经营许可制度正式在宣恩县落地。全年共发放食品生产小作坊许可证44个，发放食品经营许可证1449个，药品经营许可证67个。

【监督信息公开】2016年，宣恩县落实监督信息公开制度，利用县食药监局官方网站、中国宣恩新闻网、云上宣恩以及其他新闻媒体，对日常监督检查、行政处罚、监督抽检、技术指导等信息及时向社会公布。全年公布行政处罚信息14期，公布监督抽检不合格信息9期，信用警示信息5期。

【宣恩县首张食品生产许可证】2016年1月28日，恩施硒友食品责任有限公司领取了宣恩县首张食品生产许可证。新《食品生产许可管理办法》自2015年10月1日起实施。食品生产许可证简称“SC”证，取代原有的全国工业产品生产许可证(即“QS”证)。发证单元从以前的28大类增加到31大类，按照“一企一证”原则审批发证，证书有效期限由原来的3年延长至5年。食品生产许可证由原来的正本、副本、附页减少为正本、副本，正本载明日常监管机构、日常监管人员、投诉举报电话、签发人、二维码等信息，并简化换证程序，对申请延续许可证的企业，如果企业声明生产条件未发生变化的，可以不进行现场核查，仅对书面材料进行审查，大大简化企业的换证时间、流程。恩施州食品药品监督管理局将粮食制品、茶叶、食用油、炒货食品等四大类的生产许可下放到县一级后，恩施硒友食品责任有限公司是宣恩县首家由县级食品药品监管部门指导、审核并发证的企业。

【食品安全免费快检服务日】2016年3月18日，宣恩县食药监局在珠山镇贡水路乐享汇超市门前设立“蔬菜水果快速检测便民服务点”，与全省同步组织开展全县首个以“你点我检”为主题的“食品安全免费快检服务日”活动，免费向百姓提供蔬菜水果的快速检测服务。重点对蔬菜、水果、肉及肉制品、干货等重点品种中农药残留、注水肉、黄曲霉素、二氧化硫、苏丹红等重点项目实施快检，通过快速检测筛查问题食品，让普通市民“零距离”感受食品检验检测过程，与监管人员面对面沟通交流，增强检验检测工作的透明度和公信力，提高人民群众对食品安全的认知度。活动在全县9个乡镇同时进行，全县共检测样品100余批(次)，合格率达98%。

【乡镇监管所更名】2016年，宣恩县根据《中共湖北省食品药品监督管理局党组关于规范我省县级食品药品监督部门派出机构名称及服装的有关通知》，关于“规范县级食品药品监管部门派出机构名称。派出机构名称统一规范为：××县(市、区)食品药品监督管理局××监管所”的要求，2016年5月20日，《宣恩县机构编制委员会关于乡镇食品药品监督管理所更名的批复》，县食药监局9个派出行政机构名称由宣恩县××乡(镇)食品药品监督管理所更名为宣恩县食品药品监督管理局珠山监管所、宣恩县食品药品监督管理局晓关监管所、宣恩县食品药品监督管理局椒园监管所、宣恩县食品药品监督管理局万寨监管所、宣恩县食品药品监督管理局长潭河监管所、宣恩县食品药品监督管理局椿木营监管所、宣恩县食品药品监督管理局高罗监管所、宣恩县食品药品监督管理局沙道沟监管所、宣恩县食品药品监督管理局李家河监管所，更名后其他事项不变。

(张君)

安全生产监督管理

【概况】2016年，宣恩县发生生产安全事故6起，死亡6人，与上年同期相比，事故数量持平，死亡人数减少1人；未发生较大以上生产安全事故。矿山、危险化学品、烟花爆竹、建设项目、建筑施工、水上交通、消防及人员密集场所等重点行业领域未发生事故，全县安全生产形势总体稳定。

【安全执法检查】2016年，宣恩县开展工业企业安全生产专项大检查，重点检查工业企业储存使用易燃易爆或者有毒有害物品、存在粉尘危害及有限空间作业、特种设备使用、工业企业新改扩建项目安全生产。在元旦、春节、五一、中秋、国庆等节前开展安全生产大检查，查企业安全生产部署、安全生产责任制、安全管理制度落实情况，促进企业主体责任、隐患排查、事故防范、基础工作落实到位。摸清工业园区“一园三片”所有企业安全生产现状，指导督促整改隐患，强化动态管理，并形成调研报告，提出五大方面的工作建议。贯彻落实省、州标本兼治遏制较大事故工作实施方案，开展安全生产大检查。尤其抓好以班线客运、旅游包车、危险货物运输车、教练车、物流车、村村通班线车等为重点的道路交通安全检查。突出“五高”(高风险设备、高风险工艺、高风险场所、高风险物品、高风险岗位)风险辨识，开展高温、高压、高热、易燃易爆管道及其穿越或接近生产生活人员密集区域隐患排查治理，提高隐患排查治理针对性、实效性。开展为期20天的建设工程、建筑施工、防汛、防火、道路交通、旅游交通、水上交通、烟花爆竹、矿山、职业健康、民用爆炸物品、农用机械、特种设备、燃气等安全生产专项整治。全年各级各部门按照要求，组织成立检查组，出动执法力量590人(次)，检查生产经营单位(场所)390余个，下达执法文书550份，排查一般事故隐患2590个，现场受安全教育从业人员3230人(次)，累计整改一般事故隐患2590个，及时消除一般事故隐患。

【“两化”体系建设】2016年，宣恩县588家企事业单位、33个监管部门纳入安全生产隐患排查治理“两化”(标准化数字化)体系建设平台管理。1—12月，宣恩县“两化”绩效位于全州第一、全省前列。省安监局“两个全覆盖”(安全生产企业监管全覆盖、区域监管全覆盖)信息快报称：“宣恩县全力推进“两化”建设提档升级。县委书记、县长多次在乡镇、县直行业主管部门及重点行业领域主要负责人会上对“两化”工作进行再部署、再督办，进一步强化责任，确保了“两化”工作组织到位、责任到位。县安监局坚持抓好“三个关键”，主要领导亲自抓、分管领导每天督办、“两化”专班全程协调指导服务，建立良好的运行机制。除组织专班人员深入企业，有针对性地分乡镇、分行业、分系统开展小规模业务知识培训，使各乡镇、各行业主管部门、各生产经营单位在熟练掌握“两化”系统操作过程中，提升生产经营单位和干部职工的安全生产意识。以QQ、微信、电话等方式全面督导“两化”工作日常管理，及时传达上级会议及文件精神，解答生产经营单位及监管部门反馈的问题，化整为零，有效提高工作效率。

【安全生产月活动】2016年6月6日，宣恩县启动“安全生产月活动”，邀请省安监局原巡视员刘向东，为县安委会成员单位主要负责人、乡镇长和分管领导、安办主任、“两化”操作人员解读县(市、区)、乡镇安全生产责任7条规定，进一步厘清县、乡镇安全生产责任。组织隐患排查治理“两化”运行及网格化操作业务培训。县安全生产监督管理局、县交通运输局、县国土资源局、县供电公司等10个单位在华鑫广场设立安全生产政策法规和相关知识、技能咨询台，全面开展以“强化安全发展观念，提升全民安全素质”为主题的宣传咨询服务，共接待咨询人员近300人，发放宣传资料4000余份。各安委会成员单位、各乡镇根据实际情况，广泛开展安全生产宣传咨询、警示教育、法律法规知识网络竞赛、应急救援演练等一系列形式多样的活动。

【职业卫生监管】2016年，宣恩县将职业健康检查作为矿山企业开工复工的前置条件，推动矿山企业从业人员职业健康检查工作有序进行，矿山生产企业作业人员全部到县疾控中心进行健康检查。完成职业危害项目申报任务，全县共244家企业申报。开展职业卫生

“三同时”监管工作，1家企业开展职业卫生“三同时”，8家企业开展职业病危害因素检测。做好职业卫生评估工作，全县上报50家企业，省、州各抽查7家，14家企业评估资料已分别由省、州安监局进行评估，并取得较好成绩。按照执法计划开展职业卫生安全检查工作，全年到有职业危害较严重的企业开展职业卫生安全检查，共检查企业38家。利用“职业病防治法宣传周”“安全生产宣教月”等活动进行职业病防治知识的宣传教育工作，印发宣传资料3000份。

【安全综合监管】2016年，宣恩县发挥县安委会指导协调、监督检查、巡查考核的作用，年初分别制定出台重要时段、节假日安全生产应急值守和9类工程机械设备安全管理六条新规定。组织18个县直安全生产重点部门编制行业安全生产检查表，涉及29个行业、258项具体内容。各行业安全生产检查的具体项目，检查发现的问题、处理意见以清单方式列表，实行照单检查、清单管理，提高部门检查、企业自查和综合督查工作水平和实效，解决“查什么、怎么查”的现实难题，严防发生认不清、想不到、管不到等问题。对油气管线、消防、燃气和供暖用电等重点行业，地质灾害易发多发区、小商品市场、学校、幼儿园、福利院等城镇人口密集区、企业密集区等重点区域，道路桥梁、隧道工程、城镇垃圾消纳场等重点领域，排查治理安全隐患。加大道路交通安全管理检查督办力度，尤其是乡村道路安全管理，以及易燃易爆物品、建筑施工和建设项目、特种设备等重点行业领域、重点时段的安全检查。对长兴客运公司2名司机高速公路违规行为各处罚4000元、监控室人员监控督办不落实处罚400元，严格按企业内部规定督办到位，发挥“重处一个人、教育一大片”的震慑作用。

【2016年城市综合体跨区域应急救援演练】8月5日，宣恩县举办2016年城市综合体跨区域应急救援演练活动，州消防支队参谋长戴祥林出席，副县长、公安局局长张友刚全程指挥。为探索人员密集场所灭火救援战术，检验宣恩县综合应急救援能力，提高宣恩县消防大队扑救城市综合体建筑火灾能力和支队其他单位协同作战能力，结合宣恩县消防大队人员实力、器材装备实力及全县社会单位联动等实际情况，组织县委宣传部、县应急办、县公安局、县安监局、县住建局、县民政局、县卫计局、县气象局、县环保局、县城管局、县商务局、县消防大队、县供电公司、县自来水公司、县人民医院、县移动公司、中石化宣恩石油分公司、民生天然气公司等来自18个单位的应急救援队伍，并邀请州消防支队派特勤中队、黄石桥中队、咸丰消防中队，共100多名应急救援队员和21辆救援车辆参加演练活动。演练的灾情设定为8月5日10时，位于兴隆大道的金源国际酒店4楼KTV员工因感情纠纷，在4楼泼洒了大量汽油并点燃，导致引发大火，火势迅速扩大燃烧面积达200平方米，火势沿竖井和外墙向5楼、6楼、7楼蔓延，并产生大量浓烟，建筑物内大量人员被困，伤亡情况不明，情况万分紧急。县消防大队指挥中心接到报警后，立即调派宣恩县消防中队、椒园政府专职消防队的7辆救援车辆和28名消防官兵及救援人员赶赴现场处置，并向县政府分管领导报告情况，县政府立即启动《全县重大火灾事故应急救援预案》，并调集公安、医疗、天燃气、电力部门、供水部门等应急救援力量到场处置。州消防支队接到宣恩县消防大队报告后，立即启动跨区域灭火救援预案，调派特勤中队、黄石桥中队、咸丰消防中队共4辆消防车和18名官兵前往增援。演练中，消防部门出动46名消防官兵和云梯消防车、举高喷射消防车、登高平台消防车等投入到灭火救援行动，并将解救的被困群众转移至室外安全区域。同时，交警对火灾现场周围进行交通管制，确保救援车辆及时达到现场；住建局专家对着火建筑进行实时监控，防止建筑因持续高温导致建筑构件变形，发生建筑倒塌，随时准备提醒内部救援人员撤离大楼；县城管局用洒水车为消防车供水，保证大楼内部供水不间断；移动公司加强现场通讯信号，保证通讯畅通；民生天然气公司关闭燃气阀门……各应急队伍迅速实施应急救援工作。最终，经过全体参战人员的不懈努力，一场大火被成功扑灭，火灾现场没有发生人员伤亡，所有被困群众已经全部被成功救出，演练圆满成功。

（滕树华）

公共资源交易监督管理

【概况】2016 年,宣恩县在县公共资源交易中心交易的项目 660 个,交易金额 9.68 亿元,成交额 9.39 亿元。其中建设工程 219 个,交易额 5.16 亿元。

【招投标管理】2016 年,宣恩县完善相关制度,经过业主部门、供应商以及专家们多次讨论,5 月 16 日通过《宣恩县服务易地扶贫搬迁建设工程招标投标工作实施方案》。5 月 20 日由县人民政府办公室印发《宣恩县小型建设工程招标投标管理办法》,通过公开遴选,组建 4 个小型工程数据库,分别为:房屋市政(69 家)、交通工程(29 家)、水利水电工程(25 家)及国土整治工程(42 家),解决重点项目与易地扶贫搬迁建设工程招标程序复杂、耗时长的问题。规范档案管理,将所有的招标项目按年度、按类型、按编号一一进行整理,并进行计算机管理。规范信息登记,不管是代理机构还是业主部门来办理的招标项目,都要详细的进行登记与统计,从项目采购情况统计表上可知项目的全部信息。

规范公共资源交易管理办法,实施《宣恩县建设工程招标投标管理办法(试行)》解决招投标领域中的一些难题,同时实施《干部责任追究办法》《招标代理机构遴选办法》《不良行为记录办法》《设计变更与工程量增加管理办法》等十个配套制度,对招标人、投标人、监督人员、管理人员、服务人员等不同类型的对象在制度层面上都有不同的约束,对项目从招标文件的会审、代理机制的遴选、招标公告的发布、招标评标的办法、进场交易的确定、合同的签订、建设过程的监管等各个环节都明确各自的管理办法,做到制度完备、职责清晰、管理有据。

【公共资源交易监督管理机构和平台建设】宣恩县加强资源整合利用,融入全省“一网一库一规”公共资源交易大体系。交易场所得到逐步规范,从暂借县国土资源局一楼、办公面积约 50 平方米,到解决 1000 平方米的交易场地,建设规范的开标室、评标室、档案室、监控室,有较为完善的设施设备,基本满足县内开展的一切公共资源交易活动。2015 年下半年县政府又同意在市民之家解决约 2500 平方米的公用场所作为全县公共资源交易平台建设,2016 年完成装饰装修招标,完成公共资源交易会议系统、监控系统、信息发布系统、专家评委抽取系统、数字见证系统等系统的弱电线路、设施设备安装的设计,电子招标软件开发基本完成。

(胡敏瑛)

【政府采购管理】2016 年,宣恩县贯彻落实《政府采购法》及《政府采购法实施条例》,制定《2016 年宣恩县政府采购目录和标准》,不断扩展政府采购范围。督导各部门、各单位依法依规确定采购组织形式和采购方式,实行政府集中采购。严格审查备案资料,做到项目采购要求完整、规范、准确。加大政府采购过程监管和检查,参与项目招投标活动,开展政府采购预算执行情况专项检查活动,确保招投标活动程序合规合法,不断规范单位政府采购行为。对于需变更采购方式及组织形式事项,实行分级审查审批办法,先报县采购办审核,再报请县政府领导批准后实施。妥善处理采购质疑和投诉,维护政府采购正常秩序。开展政府采购业务培训,不断提高单位及部门采购政策及业务水平,增强政府采购业务规范性。2016 年政府采购预算 6.20 余亿元,实际采购 5.58 余亿元,节约资金 6214.19 万元,节约率 10.01%

(覃金艳)

政治

中国共产党宣恩县委员会

【概况】2016年，中共宣恩县委全面贯彻党的十八大和十八届三中、四中、五中、六中全会及习近平总书记系列重要讲话精神，带领全县各族人民，为打赢脱贫攻坚决战、建成全面小康奠定基础。

坚持走有机、富硒发展之路，椒园生态产业园升级为省级农业产业化示范园区，土家爱食品有限公司的植物蛋白饮品、速溶合渣系列产品，大派食品集团有限公司的宣恩火腿、腌腊肉制品，被评定为全州首批生态原产地保护产品。全县茶叶产量达到1.65万吨，同比增长3.4%；实现产值8.48亿元，同比增长3.6%，成功举办“游宣恩·品贡茶——宣恩第三届伍家台贡茶文化节”，伍家台贡茶品牌效益不断提升。完成烟叶收购7008.6吨，实现烟农增收2.2亿元，完成税收4479.68万元。新增“4450”生猪养殖户214户，出栏生猪55.82万头。工业经济提质增效，净增规模以上工业企业8家，总数达到67家；实现规模以上工业总产值33.66亿元；规模以上工业用电量达到1457.54万千瓦时，同比增长22.6%。伍家台乡村休闲度假旅游区获国家AAAA级景区，狮子关旅游区5月成功开园迎客，实现经营性景区零的突破；锣圈岩旅游区入选2016中国体育旅游十佳精品路线；野椒园旅游区、椒园工业旅游示范区等项目进展顺利，全年实现旅游综合收入6.24元，同比增长30.2%。

加强项目建设，全县共实施500万元以上项目投资项目130个，完成固定资产投资44.27亿元，同比增长18%。其中8个省、州重点项目全部开工建设，完成固定资产投资9.55亿元，完成年计划的113.7%。和平大道、官千水库、创美物流等一批投资过亿元的项目开工建设，宣鹤高速征迁工作进展顺利。完成工业园区调区扩区6个系列规划编制，产业发展规划、总体规划、宣南产业新城规划通过评审。实施产业项目44个，建成投产企业6家，入园企业总数达到100家，其中规模以上工业企业37家；完成固定资产投资13亿元，同比增长29%，连续4年突破10亿元。招商引资全年新签约项目25个，落地17个，其中11个开工建设，累计到位招商引资资金28.83亿元，完成出口创汇2330.9万美元。

实施“六城”同创，整合项目资金11.6亿元，实施项目69个。建成地下管廊10千米，沿河建设排污渠10千米，新建七彩瀑布、观景平台，7.5千米贡水河建成“不夜河”。推进“三拆四建”（拆违建、拆危房、拆围墙；建交通路网体系、建绿地生态体系、建休闲建设体系、建安全防护体系），扩建绿地1.4万平方米，新增公共活动面积1.5万平方米，城区停车位3408个。举办全州“六城”同创宣恩现场会、全州拆违工作宣恩现场会，宣恩城市创建工作得到了上级领导的肯定。在乡镇持续开展“十个一”工程，“扫干净、摆整齐、保畅通”工作成为常态。推动特色产业、基础设施、特色民居、村风民风“四位一体”发展，全县有省级“宜居村庄”9个、中国传统村落6个，“中国少数民族特色村寨”5个。

开展建档立卡扶贫对象“回头看”，精准锁定“六个对象”（全县建档立卡总户数、2014年已脱贫对象、2015年已脱贫对象、2016年仍未脱贫对象、2016年预脱贫对象、“五个一批”户数、人口），完成2015年7个重点贫困村的整村脱贫验收工作。制定“五个一批”实施方案，完善措施78条。整合资金17.4亿元投入精准扶贫，加大金融扶贫力度，新投入金融扶贫风险基金500万元，资金池达2135万元，成立全州首家乡镇级金融扶贫互助合作社（椿木营乡金融扶贫互助合作社），累计发放“扶贫益贷”1.1亿元。实施易地扶贫搬迁，全县建36个搬迁安置点，2421户7996人易地扶贫搬迁对象搬进新居。全县28个重点贫困村，先后接受省、州第三方考核评估验收，并按期脱贫出列。

全县公共财政用于民生支出21.6亿元，占比保持在80%以上。城镇新增就业5600人，城乡适龄居保、医保参保率分别达到100%、99.2%。成功举办两个侗族乡建乡30周年系列庆祝活动。县民族第二实验小学建设和县民族中学搬迁与县一中整体搬迁同步实施，均投入使用。成功举办“两会”（水上运动会、中秋恳亲商贸洽谈会暨贡乡贡品博览会）、“三赛”（环贡水河健身徒步和长跑比赛、山地自行车邀请赛、全国汽车场地越野赛）、“四节”（伍家台贡茶文化节、贡水白柚采摘节、椿木营高山露营节、稻草人文化艺术节）等在全州、全省，乃至武陵山地区有影响的文旅活动。贯彻“既要金山银山，更要绿水青山”和“绿色决定生死”的发展理念，全面推进“山更青、水更绿、天更蓝、土更净、城乡更美”5个专项综合治理行动，抓好生态文明和美丽宣恩建设。实施“绿满荆楚”完成造林绿化5096公顷、封山育林1600公顷、退耕还1667公顷。推进生态监管执法，加强对林地、湿地、矿山等资源的保护，开展秸秆禁烧工作，加强突出环境问题的整改销号，全面完成省、州下达的减排目标任务，全县9个集中式饮用水源地水质达标率保持了100%，全县空气质量优良天数比例达到90.7%，成功建成“省级卫生县城”。

【全面从严治党】2016年，中共宣恩县签订军令状，组建“十大战区”，县委常委会先后10次研究党风廉政建设和反腐败工作，刘智勇作出批示20件（次），专题听取工作汇报8次。严格落实省委巡视组巡视问题整改，移交的22件问题线索和7件信访举报全部办结。参与县乡换届风气巡察，实行换届全过程监督，审查换届中党员干部廉洁情况1500余人（次），核查信访举报16人（次），开展明察暗访30余次，印发情况通报5期，编发提醒短信3000余人（次），营造风清气正的换届环境。完成巡视整改工作，推行的整改责任领导化、整改任务清单化、整改过程台账化的销号制模式，受到省委第三巡视组和州委的高度肯定。坚持失责必问、问责必严，倒逼“两个责任”落实。约谈党员领导干部73人，立案审查4人，点名道姓通报曝光一批落实“两个责任”不力的典型案例。在春节、五一、国庆等重要时间节点下发禁令、制发通报，教育警醒党员干部时刻绷紧作风之弦。组织开展明察暗访8次，发现“四风”问题36个。对违反中央八项规定精神问题，坚持铁面执纪，组织处理33人，党政纪立案36人，下发通报5期、49人。充分发挥职能，加大对全县各级党委（党组）落实主体责任的指导、检查、督办力度，与党校协调，开办落实全面从严治党主体责任培训班8期，培训学员896人（次）。建立县委书记约谈县委常委、县委常委约谈联系单位（乡镇）负责人、单位（乡镇）负责人约谈班子成员、班子成员约谈分管科股室（村）负责人、科股室（村）负责人约谈普通党员干部“五级约谈制度”，共开展廉政约谈3200人（次）。认真履行“一岗双责”，切实做到业务工作分管到哪里、党风廉政建设就延伸到哪里，每月召开班子会听取主体责任落实情况汇报，确保党风廉政建设各项任务有效落实。按照“横向到边、纵向到底”的要求，实现主体责任清单和廉政风险防控清单全覆盖；由“一把手”与班子成员、班子成员与分管科室负责人、科室负责人和科室干部逐层签订《党风廉政建设责任状》，层层传导压力；深入开展“家庭助廉”等廉政教育活动，做到“家庭助廉”承诺书签订全覆盖；将“两清单一承诺”内容印制《落实党风廉政建设主体责任工作手册》，人手一本，让相关责任人随时学习，切实将主体责任担当好、落实好、履行好，形成了层层传导责任、分解责任、落实责任的责任体系。

【省委第三巡视组反馈巡视情况】2016年1月20日，湖北省委第三巡视组向宣恩县反馈巡视情况。省委第三巡视组副组长蔡方胜代表巡视组反馈意见，宣恩县委副书记、县长习覃主持会议并作表态发言，省委第三巡视组巡视专员黄金星、正处级巡视员陆凤新、正科级巡视员田国栋及州委办公室副主任、州委主体责任办公室专职副主任冯兴炼出席会议；宣恩县“四大家”党组成员、县人民法院院长、县人民检察院检察长、其他在职副县级领导干部、县直正科级单位主要负责人、各乡镇党政主要负责人、县纪委和县委组织部领导班子成员、部分退休老干部、部分“两代表一委员”和企业家代表等参加会议。

【县乡换届】2016年，中共宣恩县委坚持把党的领导贯彻县乡换届工作，始终做到全域谋划、全面指导、全程监督，组建换届选举指导组和督导组，及时掌握、研究工作中的实际问题，保证选举工作有序进行。切实加强组织领导，成立领导小组和工作专班，建立健全工作责任制，形成一级抓一级、层层抓落实的局面。强化全程监督检查，压紧压实责任，成立违反换届纪律问题专门查核组，建立快速查核机制，组建4个换届风气巡察组，开展三轮巡察和两次专项巡察，对违反组织原则和换届纪律问题的举报实行立项专办制度，快速反应、及时查处，用铁的纪律保证换届工作风清气正。通过专题学习、召开民主生活会、谈心谈话等方式，强化思想监督，严肃换届纪律。换届期间，发放严肃换届纪律提醒卡2500份、签订严守换届纪律承诺书1750份、观看警示教育片《镜鉴》5850人（次）、《警钟》1300人（次），切实做到教育在先、警示在先、预防在先。开通“12380”举报电话和“宣恩干部监督”微信公众号，畅通信访举报渠道，通过电视台、网站、“云上宣恩”“宣恩干部监督”、大型LED显示屏滚动播放“九严禁、九必须”换届纪律宣传片，扩大社会知晓面，提高群众知晓率，营造良好的换届氛围。创新选拔任用方式，以“履职尽责、干事创业”为核心全面深入考察识别干部，树立正确的选人用人导向。加大从事业单位负责人、优秀村干部、大学生村干部（简称“三类人员”）中选拔乡镇领导班子成员力度，采取“两推四审三差额”（“两推”，即初步人选经基层党组织推荐和个别谈话推荐；“四审”是基层党组织对初步人选初审、考察组对推荐人选复审、县委组织部对考察对象审查、拟任人选报州委组织部审批；“三差额”指差额提出初步人选、差额考察、差额确定拟任人选）的竞争性选拔方式，择优选拔9名“三类人员”进乡镇领导班子。严格审查考察，对596名县级“两代表一委员”、1231名乡镇党代表和人大代表人选实行“两级资格预审”和“两级综合评价”，14名因违反党纪政纪尚在处分期内、违反计划生育政策、代表性不强、群众反映强烈等原因，排查出初步人选名单，坚决防止“带病提名”“带病提拔”。

6月4日，宣恩县乡镇领导班子换届工作会议召开，传达学习全省市（县、乡）领导班子换届工作会议精神，部署全县乡镇领导班子换届工作，刘智勇、吴卫平、刘红艳出席。10月12日，宣恩县9个乡（镇）同时召开乡（镇）党代会，共选举产生乡镇党委领导班子成员81名，平均年龄38.8岁，35岁以下领导干部23名，女干部11名，具有乡镇工作经历的65名，具有大专以上学历的61人，从企事业单位选调6名干部进乡镇领导班子，从县直机关选拔12名年轻干部充实到乡镇领导班子。班子中既配备年轻干部，又保留一些50岁左右，群众经验丰富、解决实际问题能力强、善于处理复杂情况的干部，形成老中青相结合的合理年龄结构；既有熟悉现代农业、村镇规划、社会管理、产业发展等方面的专业人才，又有善于做党建工作、意识形态工作、统战工作、社会管理工作、群众工作、法治工作的干部，领导班子专业、知识结构得到改善。10月20日，全县进行县、乡两级人大代表选举工作，共选举产生新一届县人大代表193名，乡镇人大代表574名。

【县委十四届五次全体（扩大）会议】2016年4月18日，宣恩县在县行政办公大楼二楼会议室召开中共宣恩县委十四届五次全体（扩大）会议，学习贯彻中央、省、州全会精神，审议《中共宣恩县委关于制定全县国民经济和社会发展第十三个五年规划的建议》。县委副书记习覃主持，县委书记刘智勇作《中共宣恩县委关于制定全县国民经济和社会发展第十三个五年规划的建议》说明，县委常委会、县纪委分别向大会作书面报告。朱鹏程、杨安明、张频、吴卫平、朱瑾、黄同元、岳东、雷天兵、龙志刚、刘红艳等常委出席，应到县委委员35人，实到33人，应到候补委员5人，实到5人。不是县委委员的县级领导、县纪委委员、乡（镇）党委书记、乡（镇）长、常务副乡长、党群部门负责人、县人大办主任、县政协办主任、县人大工委主任、县政协专委主任和县直单位党组（党委）书记及其主要负责人列席会议。

【县委十四届六次全体（扩大）会议】2016年8月28日，刘智勇主持召开宣恩县委十四届六次全体会议。会议审议并通过《关于召开中国共产党宣恩县第十五次代表大会的决议》，对部分乡镇党政正职拟任人选和推荐人选进行表决。就如何进一步做好换届工作，刘智勇要求，要牢固树立政治意识、核心意识、大局意识、看齐意识，把思想和行动统一到中央、省委关于换届工作的要求部署上来，牢记党员政治身份，落实换届工作责任，体现对党的绝对忠诚、对人民的绝对忠诚；要带头落实主体责任，主动把自己摆进去，敢于担当，全县各级党委（党组）书记要作为第一责任人，要把政治责任的担当肩负起来，以高度的政治自觉和担当精神，切实把换届风气监督工作扛在肩上、抓在手中；要严守换届纪律，坚持把纪律挺在前面，将全面从严治党要求部署落实到换届工作中，严格执行"九严禁"纪律要求和"九必须"组织原则，要用政治的眼光来看待问题；要正确看待个人和同志的进退留转，端正思想、摆正位置、树正形象，保持平常心态，始终相信组织，服从组织安排；要营造风清气正的换届环境，把正风肃纪抓在手上，以最坚决的态度和最有力的措施狠刹歪风邪气，始终保持整治不正之风的高压态势；要两手抓、两促进，一手抓换届工作，一手抓经济工作，要以换届来推动经济社会事业发展，同时以经济社会事业发展的成绩来检验这次换届的成果，要用强烈的责任感和使命感，圆满完成换届工作。

【县委十四届七次全体(扩大)会议】2016 年 12 月 12 日，宣恩县召开县委十四届七次全体会议。审议并通过《中国共产党宣恩县第十四届委员会工作报告》《中国共产党宣恩县纪律检查委员会工作报告》，对中国共产党宣恩县第十五次代表大会人事安排情况进行说明。

【中国共产党宣恩县第十五次代表大会】2016 年 12 月 14—16 日，中国共产党宣恩县第十五次代表大会在宣恩县城召开，应参会正式代表 218 名，实到 215 人。离退休老同志代表，不是党代表的部门党员主要负责人，军警代表，非党在职县级实职领导干部，不是党代表的纪委常委，不是党代表的县人大、县政协专委党员正职，非党领导干部代表列席会议。县直单位部分党员干部参加开幕式。刘智勇代表中国共产党宣恩县第十四届委员会向大会作题为《高扬发展龙头　实现后发赶超　为宣恩率先提前建成全面小康而努力奋斗》的工作报告。曾志敏代表中国共产党宣恩县纪律检查委员会向大会作书面报告。大会讨论审查并通过这两个报告。

会议选举中国共产党宣恩县第十五届委员会委员 38 名(按姓氏笔画排序)：习覃(女)、王波、尤浩、邓正军、甘清朗、龙志刚、朱瑾(女)、朱朝春、向重臣、刘红艳(女)、刘智勇、许亚(女)、李明然、李家锦、肖功平、肖赋生、张友刚、张亚丹、张辅军、陈勇、邵爱华、周志斌、胡晓洪、钟仁义、唐刚、唐猛、黄敏(女)、黄光华、黄同元、黄燎原、龚家邦、彭超、蒋照国、覃国锋、曾伟、曾志敏、谢世鸿、谢庆慧，候补委员 6 名(以得票多少排序，得票相同的，按姓氏笔画排序)：明关祝、郑时兵、颜学龙、袁永灿、戴青(女)、杨丽中(女)，宣恩县出席中国共产党恩施州第七次代表大会代表 28 名(州委提名的 3 人排在前面，分别按姓氏笔画排序)：甘方谦、张建文、程建宏、习覃(女)、尤浩、龙志刚、朱瑾(女)、朱朝春、刘红艳(女)、刘智勇、汤俊(女)、李森权、邵爱华、周志斌、姜海燕(女)、姚元文、莫安文、唐猛、唐斌、黄敏(女)、黄玉贤、黄同元、龚家邦、彭超、覃国锋、覃庚银(女)、曾志敏、谢世鸿。

12 月 16 日，中国共产党宣恩县委员会十五届一次全体会议召开，讨论通过《中国共产党宣恩县第十五届委员会第一次全体会议选举办法》、中国共产党宣恩县第十五次委员会第一次会议监票人。以无记名投票方式选举产生中国共产党宣恩县第十五届委员会常务委员会委员、副书记、书记。习覃(女)、王波、龙志刚、刘红艳(女)、刘智勇、邵爱华、周志斌、覃国锋、曾志敏、谢世鸿(按姓氏笔画排序)当选为中国共产党宣恩县第十五届委员会常务委员会委员，习覃(女)、王波当选为中国共产党宣恩县第十五届委员会副书记，刘智勇当选为中国共产党宣恩县第十五届委员会书记。通过中国共产党宣恩县第十五届纪律检查委员会第一次全体会议选举结果。新当选的县委书记刘智勇作重要讲话。

12 月 16 日，中国共产党宣恩县第十五届纪律检查委员会第一次全体会议召开，通过《中国共产党宣恩县第十五届纪律检查委员会第一次全体会议选举办法》、监票人名单；以无记名投票方式选举产生中国共产党宣恩县第十五届纪律检查委员会常务委员会委员、副书记、书记，田晓荣(女)、许亚(女)、汪红兵、曹绪文、曾志敏、谢昌勇、魏代军(按姓氏笔画排序)当选为纪委常委，许亚、谢昌勇当选为纪委副书记，曾志敏当选为纪委书记。

【庆祝中国共产党成立 95 周年大会】2016 年 6 月 30 日上午，县委副书记朱鹏程在宣恩礼堂主持召开庆祝中国共产党成立 95 周年大会暨"不忘初心・永跟党走"主题实践活动报告会，回顾党的光辉历程，重温入党誓词，交流经验体会，进一步统一思想、艰苦创业、改革创新、争先进位、奋发有为，为宣恩脱贫攻坚、全面小康而奋斗。与会人员全体肃立，面向党旗重温入党誓词。会上宣读了中共恩施州委《关于向"愚公支书"王光国同志学习的决定》和中共宣恩县委《关于表彰全县先进基层党组织、优秀党务工作者、优秀驻村第一书记和优秀共产党员的决定》。熊茂平、明关祝、戴恩高、姚罡、张垣淼、万民等党员代表交流了参加"不忘初心．永跟党走"主题实践活动的心得体会。县委书记刘智勇在讲话中指出：六名返乡党员的交流发言很深刻，"不忘初心"就是要懂得感恩，不忘师恩、父母恩；"永跟党走"就是要不忘本，对老百姓要有真正的情怀和感情。通过"两学一做"学习教育和"不忘初心·永跟党走"主题实践活动，广大党员干部下基层、接地气、摸实情、听民意、看变化、谋发展，真正触及灵魂、震撼心灵、坚定信仰、锤炼党性。要求广大党员干部要不忘初心，牢记党的光荣历史，增强党员的光荣感和使命感；要不忘使命，全面加强党的建设，为宣恩发展提供组织保障；要不忘责任，扎实抓好当前各项工作，确保社会大局稳定。

【"两学一做"主题教育活动】组织全县副科级以上干部集中学习党章党规，举办"两学一做"领导干部法纪专题培训班，对120名科局级以上领导干部进行法纪知识专题培训，县委组建10个督导组，分别对6类党组织学习教育工作进行督查指导，同时利用"宣恩发布"微信平台推送"不忘初心跟党走，争做出彩宣恩人"等内容，转发阅读量近万人次。扎实推进"四整四强化"，采取常委挂点、以点带面的方式抓好落实。开展"不忘初心·永跟党走"主题实践活动，县委书记刘智勇在全州推进会上作了典型发言。2646名宣恩籍党员回到家乡开展走访，召开民情民意座谈会、村（社区）支部组织生活会450余场次，走访群众近万人次，为群众解决实际问题237个，收集各类意见建议900余条，形成强大社会效应。立足宣恩实际，以开展"立足岗位做贡献，争做出彩宣恩人"活动为平台，以"支部主题党日"为载体，以"四整四强化"为重点，以基层党支部"五事争先"双指数管理为抓手，构建"主题党日＋　"学习教育模式，坚持学做结合，号召党员亮身份、亮职责、亮承诺、亮业绩，促进党员在思想提升、作风转变、为民服务、创先争优上"出彩"。贯彻全面从严治党要求，建立"主题党日"制度，把每月第一个工作周星期五固定为全县"支部主题党日"，制定分类《指导方案》，分别对农村、社区、机关、医院、学校、企业和社会组织等六个领域进行指导，实现不同领域"主题党日"分类推进，并从强化保障、加强督导、营造氛围三方面确保落实生效，实现党员管理制度化、常态化、规范化。全县累计550个基层党组织、12834名党员参与"主题党日"活动。

【改革】2016年，宣恩县确定113个改革项目，应结项76个项目，已结项70个（因政策原因难以按期结项的6个）。推进供给侧结构性改革，研究制定房地产去库存工作实施意见，探索PPP融资新渠道，制定《在公共服务领域推广运用政府和社会资本合作（PPP）模式的实施意见》，天宇物流（中国海关监管场所）作为"PPP"项目，已通过专家评审并顺利实施。

持续推进简政放权，制定发布《宣恩县权力清单和责任清单》；强化互联网＋政务建设，不断优化政务服务环境；深化商事制度改革，推进落实"营改增"，营商环境进一步优化，全县新登记市场主体2889户，市场主体总数1.74万户。不断优化政务服务，完善县、乡、村三级政务服务体系建设，新建"市民之家"。完成质监、工商管理体制调整，基本完成党政机关公车改革，机关事业养老保险改革、医疗卫生体制改革、不动产登记制度改革等各项改革，不动产登记信息化服务平台正式试运行，并成功颁发首本不动产权利证书。

在中国宣恩新闻网开设深化改革专栏，编制10期县改革工作简报；8篇新闻报道和推介文章被《恩施日报》《恩施州改革简报》《今日恩施》《政策》《地方领导干部理论学习论文集》采用。

（陈威）

【县委办公室工作概况】2016年，宣恩县围绕县委的中心工作和领导重点关注的热点、难点问题，切实加强调研工作的组织、协调和重大调研课题的实施，认真抓好各层面的调查研究。2016年县委办公室牵头组织调研共10余次，涉及特色农业、精准扶贫、"六城"同创、生态文化旅游业等多个领域，形成一批高质量、有深度的调研报告。完成县第十五次党代会报告、2016年县委换届工作等系列材料、州级以上经验交流及汇报材料、双月重点工作协调汇报会等会议材料130余篇。

发挥县委办公室综合协调职能,加强同省、州的联系,及时了解上级工作动态和要求,加强“四办”的协调、沟通、联系,积极主动地做好重要活动和相关工作的协调。严格报备领导行程,充分利用传真,手机、QQ等移动平台,及时报送县委、县政府主要领导的离县情况,重要来宾来宣,宣恩重大活动、节庆开展情况等。在县委办电子显示屏上公开“四大家”领导当天及次日的行程信息,方便群众来访办事。

围绕“紧贴中心、服务决策,加强调研、提高质量”的工作思路,做好信息服务工作。每日及时汇总全县各单位和乡镇上报的信息,将新成效新经验,以及本地社会热点、网络舆情、重要社情民意及时向上级党委报送。全年共编发上报各类党委信息3000余条,被州委信息室采用300余条,被省委信息工作处采编4条。对于重大自然灾害、重大事故灾难、重大公共卫生事件等信息,及时上报,确保信息准确及时上报上级党委。

围绕上级党委、政府的交办事项和县委、县政府重要工作部署,对精准扶贫、“六城”同创、农业农村和环保问题整改和县第十五次党代会、县“两会”会议纪律等重大工作,采取联合督查、专项督查、明察暗访、会议协调等多种方式进行督查,及时向县委反馈工作落实情况并通报全县,推动各项工作落地落实。抓好领导批办、交办事项的督查落实,按照“一事一办、专人负责、严格把关”的原则,及时做好分办、转办、催办工作,做到事事有回音、件件有着落,有效发挥领导批示指导工作、推动决策落实的辐射作用。全年组织开展督查活动25次,编发《督查通报》17期,上报州委督查室《督查专报》33期,完成年度督查任务。

(陈威)

组织工作

【概况】2016年,宣恩县共有基层党组织591个。包括基层党委15个,其中乡镇党委9个,县直6个;党总支27个,其中县直机关工委管理的23个,珠山镇4个(社区);党支部549个,其中乡镇379个,下辖机关工委管理的149个,非公党工委管理的21个。全县共有中共党员1.25万人。男性9819人,女性2632人。按学历划分,研究生57人,大学本科1832人,大学专科1891人,中专及高中3063人,初中及以下5608人;按职业身份划分,在岗职工党员3349人,农民党员7188人,离退休(退职)职工党员1404人,其他510人。乡镇9475人(珠山1303名、晓关1142名、椒园809名、万寨851名、长潭河1157名、椿木营510名、高罗997名、李家河1187名、沙道沟1519名)。其中,建制村党员7417名,按年龄划分,35岁及以下的1187人,36～45岁1229人,46～54岁1304人,55～59岁417人,60岁及以上3280人。全县有建国前入党老党员6名,均于解放战争时期入党(熊德雨、刘守辉、余本斌、李思、范淑珍为离退休老党员,杨学云为农村党员)。

按照《2013－2017年湖北省党的基层组织建设工作规划》要求,基层党建经费全额纳入财政预算。全年累计投入党建专项工作经费4250万元,同比增加12%。其中投入1320万元新建、修建党员群众服务中心49个,300万元用于新建党员群众服务中心办公设备配备,2066万元保障村(社区)工作经费和村(社区)干部工资,村级工作经费达到每年2万元,社区工作经费达到每年20万元,村副职干部年工资11844元,村主职干部年工资3.88万元。

【干部选拔任用】2016年,宣恩县坚持好干部标准,结合全县领导班子和干部队伍建设实际,严审资格条件、严格工作程序、严查相关信息,优化领导班子配备。投入30万元研发干部综合管理和分析研判系统,建立领导班子配备结构模型,运用现代信息化手段,做好干部管理工作。全年共调整干部12批(次)305人(次),其中提拔48人(次),重用35人(次),交流82人(次),兼任职务5人(次),免职52人(次),机构名称调整1人(次),单位内部轮岗27人(次),换届不在提名4人(次),平职改非13人(次),挂职2人(次),县领导兼任职务任免37人(次)。

【干部监督管理】2016年,宣恩县结合巡视反馈问题整改，组织开展公务员兼任事业单位法人、机关事业单位混编混岗和党组专项清理等工作。按照因人而异、区别对待的原则，通过平级交流、不胜任调整、转任非领导职务等方式，消化超职数配备干部49名，完成超职数配备干部问题整改。完成领导干部企业兼职（任职）清理规范工作，对731名副科级以上干部进行摸底、清理、规范。坚持任前征求执纪执法部门意见、全程记实、个人事项报告、任前廉政谈话和当面承诺、干部联席会议等制度，严格执行函询、诫勉、提醒谈话、任期经济责任审计、个人重大事项报告等制度，对领导干部提醒谈话1人（次），函询1人（次），共填报个人有关事项报告422人（次），对长潭河乡、珠山镇、李家河镇、县水利水产局、县商务局等5个单位主要负责人进行经济责任审计，办理科级以上干部婚丧嫁娶操办审批登记50人（次），出国（境）审批30人（次）。完善干部监督联席会议制度，建立以组工干部、执纪执法部门、干部监督信息员、人民群众为主体的干部监督信息网络。

【干部教育培训】2016年，宣恩县落实《干部教育培训条例》，结合实际制定年度干部教育培训计划，加大对重点对象、关键岗位干部的培训力度。全年共选派7名县处级领导干部、13名科级领导干部和205名基层一线干部参加外地考察学习和上级调训；共举办主体班次13期，培训学员1327人（次）。全县525名领导干部参与省干部在线学习平台自学，人均完成111学时，参学率、达标率、平均学时均位于全州各县市前列。聘请30名兼职教师，改善和优化培训师资队伍的结构和素质。建立并落实领导干部上讲台制度，全年有县级领导干部15人（次）到党校授课。从管理、考核等方面入手，严肃培训纪律和结果运用，在干部年度考核、任用考察时，将教育培训情况作为重要内容。

【“人才强县”战略】2016年，宣恩县落实恩施州人才引进培养“双十条”，设立50万元人才专项基金，加大人才引进、培养扶持力度。建立人才工作定职责、定目标、定计划、定进度、定人头的“五定”制度，将招才引智纳入综合目标考核内容，实施“人才服务提升年”活动，依托市民之家、乡镇便民服务大厅建立一站式人才服务站，推进“人才公寓”、专家楼、高管楼建设，建立“园区人才活动中心”。启动实施精准扶贫农村医疗卫生人才能力提升工程，3年分5批（次）培养250名农村医疗卫生人才，2016年首期完成50名农村卫生人才培训任务。开展城市医生“一对一”结对帮带村医活动，规定3年内每名乡村医生累计接受培训不低于60天，其中集中理论培训10天，临床实践学习不少于20天。在工业园区投资1.6亿元建设公共实训和创业孵化基地，构建创业就业“加油站”。加大创业扶持力度，全年共发放创业小额担保贷款1.09余万元。发挥伍家台农村实用人才示范基地作用，累计完成各类人才技能培训180余批次5830余人次。

【“双指数”管理】2016年，中共宣恩县委组织部通过到浙江省桐庐县实地考察农村基层党建工作、现场观摩信息化智慧党建平台、座谈听取经验介绍，学习基层党组织星级管理和党员先锋指数管理等方面的好经验、好做法，在全县推广。“双指数”管理工作的实施，推动全面从严治党向基层延伸落实到每一个支部、每一名党员。5月，全县启动党员先锋指数管理，全年开展党员先锋指数考评8次，参评党员达到8万余人次，评出不合格党员180名，警示约谈党员700余人（次）。“双指数”管理工作被人民网、《湖北日报》《党员生活》《恩施日报》等主流媒体报道，受到州委组织部主要领导好评。在宣恩召开全州“两学一做”学习教育暨基层党建重点工作推进会上，县委书记刘智勇作典型交流发言。

【“两学一做”学习教育活动】2016年，宣恩县按照县委统一部署，积极谋划全县“两学一做”学习教育。拟定《实施方案》，着力增强党员干部队伍的政治意识、大局意识、核心意识和看齐意识，积极引导全县1.25万名党员争做“四讲四有”合格党员。建立“主题党日”制度，把每月第一个工作周星期五固定为全县“支部主题党日”，从强化保障、加强督导、营造氛围3方面确保落实生效；制定《分类指导方案》，分别对农村、社区、机关、医院、学校、企业和社会组织等6个领域进行指导，实现不同领域“主题党日”分类推进；在全县党员中开展“立足岗位做贡献，争做出彩宣恩人”活动；开展“不忘初心·永跟党走”走访活动,2646 名宣恩籍党员回到家乡开展走访,召开民情民意座谈会、村(社区)支部组织生活会 450 余场(次),走访群众近万人次,为群众解决实际问题 500 个,收集各类意见建议 900 余条,形成较大社会效应。

【村级党组织骨干队伍建设】2016 年,宣恩县以软弱涣散村整顿和精准扶贫为契机,选派 62 名党员干部任村党组织第一书记。开展“千人双培”工作,推荐 22 名符合条件的村党组织书记参加全州学历培训。先后分两期组织 284 名村(社区)党支部书记参加“双强”书记培训;组织 120 名村支部书记到建始县店子坪当代红色教育基地参训;带领 70 个重点贫困村支部书记到长阳县实地观摩学习精准脱贫、党员管理经验。协调乡镇组织实现全县 70 个重点贫困村党员脱贫攻坚培训全覆盖。全面推行村主职干部专职化管理,制定《宣恩县村干部管理办法》,明确村干部工作职责,建立履职负面清单,划出村干部不能触碰的红线,通过严管厚爱,管好激活村干部队伍。

【全州“两学一做”学习教育暨基层党建重点工作推进会】2016 年 9 月 23 日,恩施州“两学一做”学习教育暨基层党建重点工作推进会在宣恩召开。州委常委、组织部长张建文出席会议并作重要讲话,各县(市)委组织部长、州委党建工作领导小组成员单位相关负责人,中共宣恩县委刘智勇、王波及各乡镇党委书记、组织委员参加会议。会议主要内容是贯彻落实省委系列会议精神,进一步查找突出问题,研究解决措施,推动全州“两学一做”学习教育及基层党建各项重点工作得到全面落实。会上观看宣恩县基层党建重点工作专题片,刘智勇代表宣恩作典型发言,鹤峰县燕子镇党委、来凤县三胡乡阳河村党支部作交流发言。会议期间参会人员先后到宣恩县公安局机关、珠山镇白鹤井社区、珠山镇封口坝村和黄坪村,现场观摩“两学一做”学习教育、党支部星级管理和党员先锋指数管理以及发展壮大村级集体经济等工作开展情况。

(向群英)

老干部工作

【概况】2016 年,宣恩县有离休干部 26 人,副县级以上退休干部 69 人。离休干部中,男性 23 人,女性 3 人;正县级 2 人(实职正县级 1 人)。离休干部中年龄最大的 92 岁,最小的 83 岁,平均年龄 87 岁;抗日战争时期参加工作的 2 人,解放战争时期参加工作的 24 人。退休干部中,正县级 8 名,副县级 61 人。

贯彻落实习近平总书记等中央领导同志在 2014 年 11 月全国离退休干部“双先”表彰大会上讲话精神。按照省、州要求,结合宣恩实际,开展“四学”(领导重视带头学、专题部署迅速学、业务部门深入学、广泛宣传分类学),组织相关领导、老干部工作人员和离退休干部集中学习文件精神,统一思想,深化认识。

做好离退休干部的政治引领。在阅读文件、参加重要会议和重大活动、通报情况、参观学习等制度的基础上,加强对老干部的思想政治引领,结合全县“两学一做”学习教育、“支部主题党日”活动等,引导老干部深入学习《党章》《中国共产党廉洁自律准则》《中国共产党纪律处分条例》《中国共产党党内监督条例》和《关于新形势下党内政治生活的若干准则》等,使广大老干部正确认识、主动适应、积极引领政治新常态,自觉讲政治、懂规矩、守纪律,为党和人民事业增添正能量。

【离退休干部党支部建设】2016 年,宣恩县按照有利于教育管理、有利于发挥作用、有利于参加活动的原则,抓好离退休干部党支部建设。县老年支部建设纳入了全县党建考核内容。全县共有离退休干部党员 1330 人。离退休干部党支部 23 个,党员 503 人,占离退休干部党员总数的 38%;与在职干部成立联合支部 67 个,党员 566 人,占离退休干部党员总数的 42%;组织关系转入居住地 261 人,占数的 20%。

【离退休干部“两个待遇”落实】2016 年,宣恩县对离退休干部坚持做到思想上关心、生活上照顾、精神上关怀,依法保障离退休干部各项权益,在重要纪念日、重大庆典和重阳节、元旦春节期间走访慰问,在老干部生病住院、家庭发生重大变故时及时关心看望。对困难离休老干部胡泽润、欧阳超分别解决特困帮扶资金 2000 元。2016

年春节期间，县老干部局对居住在县域内的离休干部和副县级以上退休干部进行全面走访，对生病住院的老干部进行看望。2月3日，全县老干部春节座谈会召开，习覃、杨安明、张频、朱鹏程、朱瑾、范涌、岳东等县领导参加会议，习覃向老同志们通报全县的经济社会发展情况。5月22日，组织离休干部参观县一中、狮子关景区和工业园区建设情况。组织学习文件、省委老干部局周辉义在省老年大学第五次校长培训班上的辅导报告、沈因洛先进事迹、党的十届五中、六中全会精神、州委书记李建明到宣恩的讲话精神等。全年集中学习4次，印发学习资料220册。

【老年大学】2015年3月16日，宣恩县政府第27次常务会议上同意将原县委宾馆整体划拨给县老干部局管理，用于老年大学学习活动场所；8月8日，县接待办将原县委宾馆整体移交县老干部局；9月8日，县发改局批复同意宣恩县老干部活动场所（老年大学）建设项目，新校区建成后，占地面积约1.22亩，房屋建筑面积3500余平方米。2016年8月23日，县委老干部局按照公开询价的方式，遴选恩施自治州同欣工程建设监理咨询有限责任公司为县老干部学习活动场所建设项目工程造价和招标代理单位；11月23日，招标代理公司组织对本项目招标活动进行开标评审工作，确定恩施州嘉宇建设工程有限责任公司为中标施工单位，并报招投标管理机构备案；12月2日，向中标施工单位恩施州嘉宇建设工程有限责任公司发出中标通知书。

加强老年大学规范化管理，建立老年大学体育、艺术、文学团队，加强对外宣传和形象展示，提升老年大学影响力。老年大学管理工作得到州委老干部局和县委县政府领导的充分肯定。6月7至8日，全州老年大学教务管理工作会议在宣恩金源国际酒店602会议室召开，会议由州委老干部局局长汪云主持，省委老干部局副局长、省老年大学校长周辉义参加会议并作重要讲话，岳东致欢迎词。会议期间，刘智勇、岳东等陪同参会人员考察宣恩县老年大学项目建设。

老年大学在办好常规班的情况下，利用社会培训机构开办2期电脑基础和手机上网知识培训班。组织1期老年人健康知识讲座和老年眼科义诊活动。6月16至19日，举办首届“桑榆杯”老年门球赛。7月8日，组织县老年大学教职人员到高罗镇清水塘、观音堂和谭家坝等地参观考察。

【离退休干部活动】2016年，宣恩县坚持开展以“展示阳光心态、体验美好生活、畅谈发展变化”为主要内容为党和人民的事业增添正能量的活动，逐步打造“贡乡夕阳红”老干部工作品牌，引导老干部发挥独特优势，树立社会主义核心价值观，弘扬中华民族传统美德，传递向上向善精神力量。7月，潘杰、梁中图、粟安民、向香海、魏洁若、梁宏春、康心一、罗月录、叶立本、杨顺瑄10位老同志被州委老干部局授予“风范长者”称号。10月24日，《中共恩施州委关于全州老干部工作成绩突出的集体和个人的通报》，表扬了工作成绩突出的离退休干部党支部：宣恩县教育局老年党支部、宣恩县万寨乡离退休干部党支部、宣恩县财政局第二党支部，“老有所为”集体：宣恩县高罗镇“和事佬”协会、宣恩县凌云诗词楹联学会、宣恩县老年书画研究会、宣恩县老年人体育协会，成绩突出的离退休干部：周昌保、康心一、肖必成、唐均明、花树祥、李四新、杨富轩、孟成福、陈利华、蔡章武、唐松林、张松碧、谭文，老干部工作成绩突出的单位：宣恩县长潭河乡人民政府、宣恩县人民检察院、中共宣恩县委办公室，工作成绩突出的老干部工作者：成祖红、黄萍、田海云。

以关工委（关心下一代工作委员会）组织为载体为青少年健康成长服务。关工委“五老”成员进行“讲故事进校园”“作家进校园”“文学讲座进校园”“书法进校园”等活动，开展宣讲活动6场（次），3000多名青少年参与。3月18日，县关工委组织召开全县关工工作联席会，安排部署“中华魂”（遵纪守法从我做起）演讲、征文比赛活动。全县3000余名青少年参与，有14篇优秀征文和9份演讲作品报州关工委参加全州的“中华魂·遵纪守法从我做起”演讲、征文比赛。10月14日，专家评委对全县各单位推荐上报的60余篇征文进行评选；10月22日，全县各单位通过初赛移送27名青少年演讲选手在县民族实验小学报告厅参加决赛。县关工委为晓关乡倒洞小学、万寨乡板场小学、珠山镇和平中小学留守儿童捐赠棉被167套。

5月11日，县关工委、老年大学与州老年大学在宣恩荧屏特殊教育学校开展“大手拉小手·圆梦微心愿”活动，老年朋友们为全校师生表演文艺节目，为87名特殊学生捐赠文具、篮球、羽毛球拍、玩具等物品。5月，县关工委对2015年度荣获“全国最美孝心少年”荣誉称号的刘倩及其他9名“留守童星”，进行回访慰问。7月13日，在县行政综合大楼二楼会议室举行离休干部魏洁若《南下宣恩》赠书仪式，刘智勇、刘红艳到场祝贺，全县离退休干部、社团负责人和特邀嘉宾魏老参加。重阳节前后，老年大学组织老年文艺会演和庆祝国庆66周年书画、摄影汇报展出活动。

（田海云）

宣传工作

【概况】2016年，中共宣恩县委中心组集中学习16次。县电视台全年播出《宣恩新闻》221期，播出稿件1473条，《贡水视界》播发36期，《话里贡乡》播发17期。宣恩新闻网共编宣恩新闻1900余篇。全年在州级以上主流媒体发稿1894条。

【理论武装】2016年，宣恩县制定《县委理论学习中心组2016年度理论学习计划》，明确县委中心组理论学习任务，并严格按照计划进行实施；修订《2016年宣传思想文化工作考核评分细则》，将乡镇和县直单位理论武装工作纳入全县综合目标考核，并形成长效机制；紧跟形势发展，全年共组织县委中心组集中学习16次。重点学习习近平总书记系列讲话、“九严禁、九必须”换届纪律、中央关于《党委（党组）意识形态责任制实施办法》等内容。

举办主体培训班11期，培训人数1200余人（次），对全县330多名党员领导干部学习贯彻《党章》《准则》《条例》情况进行闭卷测试，并对测试成绩进行通报。县委成立25人组成的理论宣讲团和25人组成的百姓宣讲团，9个乡镇分别组建由15人组成的百姓宣讲团，宣讲人员实现县、乡、村三级覆盖，县委理论宣讲团成员为乡镇和县直部门进行理论宣讲共计29场，聆听宣讲的党员、干部群众8200人（次）。在“两学一做”学习教育中，以身边人讲身边事，把本地先进典型，百姓宣讲团成员郑奉英、方应鹏、张兴红、王星阳、姜海燕事迹制作成《百姓宣讲》电视短片，巡回播放进行宣讲。组织“两学一做”征文活动，共收到征文51篇，筛选上报州委宣传部10篇；开展第17个党风廉政建设宣传教育月有奖征文活动，共收到征文62篇，评选出一等奖2名，二等奖3名，三等奖5名，优秀奖5名。

建立健全意识形态工作责任制，印发《党委（党组）意识形态工作责任制实施细则》，明确各级党委（党组）意识形态工作责任，不断强化宣传贯彻，及时传达部署意识形态工作。县委中心组第一时间组织全体成员集体学习上级党委关于意识形态工作的一系列文件精神，建立党委（党组）意识形态工作责任制检查考核制度，把意识形态工作纳入基层党建工作考评内容，纳入乡镇和县直单位绩效考核内容，县委成立7个考核组对所有乡镇和县直部门意识形态工作进行督查。

【新闻宣传】2016年，宣恩县加强选题策划，县委中心报道组每季度召开一次选题策划会，围绕县委、县政府决策部署策划重大新闻报道选题，制定《季度新闻宣传报道要点》，指导全县新闻宣传工作。突出主题宣传，县电视台推出《决战贫困》《“六城”同创》等多个系列报道，县新闻中心开设《出彩宣恩人》《两学一做》等多个栏目。县电视台全年播出《宣恩新闻》221期，播出稿件1473条。《贡水视界》播发36期，《话里贡乡》播发17期。宣恩新闻网共编宣恩新闻1900余篇。与《恩施日报》社联合开办的《恩施日报·宣恩版》，集中刊载全县的大事、要事。

按照“讲好宣恩好故事、树立宣恩好形象、凝聚发展正能量”工作思路，加强新闻外宣策划，拓宽新闻外宣渠道，新闻外宣发稿数量和质量均有较大突破。全年在州级以上主流媒体发稿1894条，其中在中央、省级发稿400多条。《人民日报》《光明日报》《经济日报》等发稿37条，反映中秋恳亲节的图片新闻《中秋摸鱼》在人民日报头版刊发。

采取发放传单、张贴标语、公交车贴、悬挂横幅、宣传栏、大型户外广告牌、LED屏幕等形式,组织开展“两会”精神、社会管理综合治理、人口与计划生育、食品卫生、安全生产、环境保护、国防教育、“双拥”工作等方面的宣传,特别是对加大“六城”同创、精准扶贫工作的宣传报道,在全县营造积极健康的社会舆论氛围。

积极应对和处置网络舆情,全年编发12期《宣恩舆情》,全县舆情安全平稳有序。全年共收到有效问政信件936件,办结信件899件,满意信件837件,办结率96.06%,满意率93.01%。通过问政平台,网友反映的一些涉及城市管理、学生教育、乡村公路保养、孩子上户、精准扶贫、农民工讨薪等民生民利的热点难点问题得到解决。

充分利用微博、微信等新媒体“成本低、见效快、互动强”的优势,围绕“信息传播、宣传推广、舆论引导、形象展示”等方面对宣恩进行全面宣传与介绍。宣恩发布新浪微博发表937篇,腾讯微博发表897篇。中国宣恩网官方微信共推文244期589条,阅读量过万的文章42篇,阅读量突破200万人次,比2015年全年阅读量171万人次增加17%。

建立媒体问政和新闻发布常态机制,县电视台抽调3名记者组成媒体问政暗访小组,筛选问题线索,暗访拍摄违规短片,对职能部门履职不力,损害群众切身利益的行为进行曝光。全年共组织召开新闻发布会10次。

【首届中秋恳亲大会暨贡乡贡品博览会】2016年,中秋恳亲大会暨贡乡贡品博览会由宣恩县委宣传部和宣恩工业园区管委会主办,宣恩县电视台承办,湖北省电视台、恩施州电视台及湖北长江星际旅游文化发展有限公司等单位协办,9月14—16日在宣恩县城举行。活动以“天下贡乡人·共叙家乡情”为主题,内容包括宣恩贡乡贡品博览会、“贡水夜·宣恩情”中秋晚会、宣恩招商引资恳谈会、宣恩“贡水捉鱼”大会、“有歌我来唱”才艺表演及贡水河露营等。活动期间,每天9:30至18:30在人民广场、人民广场周围停车场举办贡乡贡品博览会,包括车展、房展、城乡建设发展成就展、消费品展、农副产品和民族产品类展、生活服务类展、优秀企业展等,共有70余家企业参展。9月14日9时30分,中国·宣恩2016首届中秋恳亲大会暨贡乡贡品博览会在县城人民广场开幕。龙志刚出席开幕式并宣布活动开幕,邵爱华出席开幕式并发表致辞。9月15日下午,习覃在县行政办公大楼二楼会议室主持中国·宣恩2016年(首届)中秋恳亲招商引资洽谈会,签约10个项目,投资总金额52.4亿元,刘智勇、杨安明、张频、龙志刚、向建强、覃国锋出席。9月15日晚,在人民广场举行首届“贡水夜·宣恩情”中秋恳亲晚会,邀请湖北省电视台、恩施州电视台及湖北长江星际旅游文化发展有限公司等单位协办,祖籍宣恩高罗的台湾艺人刘乐妍回乡献艺,并担任嘉宾主持,刘智勇、习覃、王波、杨安明、张频等县“四大家”在家领导及部分外来投资、返乡投资、签约客商、邀请客商代表现场观看晚会。

(罗贤友)

统战工作

【概况】2016年,中共宣恩县委把统战理论、宗教理论列入中心组学习内容,专题学习新时期、新形势下的统战宗教理论政策,专题学习省委《实施办法》《恩施州贯彻〈统战条例〉实施细则》和《中共中央加强和改进宗教工作的意见》。县委常委会、党政联系会召开3次会议专题研究统战工作,将统战工作纳入对乡镇、县直各部门党建目标管理的考评内容,消除基层统战工作“边缘化”和“空心化”现象,形成基层统战工作齐抓共管的格局。县委领导4次听取统战工作汇报,了解统战工作情况,为统战工作提供支持保障,选调年轻干部充实统战队伍力量,配齐配强领导班子。

【民主政治建设】2016年,宣恩县做好党外代表人士的政治安排工作,对全县非党干部进行全面摸底,进一步健全完善党外干部资源库。全县党外实职领导干部21名,其中副处以上5人,正科2人,副科14人。2016年新提拔2名同志进入领导班子,落实2名党外干部担任部门行政正职;在县人大、政协换届期间,对非党人士代表和政协委员的安排做到早部署、早安排,在充分发扬民主基础上,严格按工作程序,严把政治关、素质关,把一批政治素质好、参政议政能力强、有广泛群众基础，又有代表性并具备一定组织能力的党外人士作为县人大代表候选人和政协委员、政协常委人选进行推荐，县人大代表中75名非党人士作为候选人，比上届增加70人；县第九届政协委员中非党委员108人，比上届增加7人，且年龄结构、文化素质等各项综合素质都有较大提高。

疏通党外人士建言献策渠道，对县委、县政府的重大决策、经济发展、项目实施、党风廉政建设等情况适时召开通报会、座谈会、协商会，广泛听取党外人士的意见建议。按照县委、县政府确定的调研课题，组织非党代表人士积极参与调研活动和撰写专题调研文章，为县委、县政府决策提供参考。建立党外干部和党外知识分子联席会议制度，成立党外知识分子工作机构。

【意识形态教育】2016年，宣恩县组织60余名非公经济人士开展以“守法诚信、坚定信心”为主题的理想信念教育。引导非公经济人士守法诚信经营，与行政部门构建“亲”“清”新型政商关系，48家非公企业签订“企业诚信承诺书”。组织50余名非公经济人士学习习近平总书记在全国政协民建工商联委员联组会议上的讲话精神，增强非公经济人士理想信念。教育引导统一战线成员不忘初心、永跟党走，党外代表人士、党外知识分子和非公经济代表人士及台属70多人参加“不忘初心、永跟党走”主题实践活动，他们回乡走访，捐资助学，看望慰问贫困户。继续开展统战委员坚持和发展中国特色社会主义学习实践活动，民营企业家代表、党外代表人士和部分统战委员30余人参加湖北省2016年“统一战线大讲堂”学习，进一步强化对中国特色社会主义的思想认同。38名非公经济人士参加北京科技大学中华工商EMBA研修班的培训学习。

【非公有制经济】2016年，宣恩县委建立完善县领导联系非公有制经济代表人士联系制度，县领导经常到各挂钩联系的非公企业，倾听企业主的意见建议，为非公企业解决实际困难。坚持“团结、帮助、引导、服务”的工作方针，组织引导62家非公企业参加70个脱贫村的“千企帮千村”扶贫行动；建成“政银集合贷”“助保贷”融资担保体系，工商银行为小微企业发放贷款7000万元，邮政银行发放贷款5000万元；县级工商联“五好建设”通过省验收和复审。创新开展异地商会创建工作，2016年在浙江乐清成立首个异地宣恩商会，举行招商引资会，成功签约项目资金1.5亿元；首届宣恩中秋商贸恳亲会上，宣恩在外成功创业人士50多人回乡联欢，成功签约项目10个，投资总金额为52.4亿元。开展“同心”创建主题实践活动，建成3个同心促发展、同心促和谐等同心基地。

【民族宗教工作】2016年，宣恩县开展民族团结进步创建活动，涌现出一批全国民族团结进步模范单位和个人。加大对党的宗教政策法规的宣传，启动“宗教政策法规学习月”活动，组织宣恩县宗教界人士座谈会暨宗教界神职人员和部分信教群众开展以《宗教事务条例》和《湖北省宗教事务条例》为主要内容的法律法规宣传学习教育活动。依法加强对宗教事务的管理，建立县、乡、村、组、中心户五级宗教工作网络，充分发挥宗教领导小组协调指导作用，促进宗教工作管理制度化、规范化，无非法活动、私设聚会点、乱建寺观教堂等不良现象发生。依法加强对宗教活动的管理，县委统战部与公安、民宗、教育等部门定期对宗教活动场所进行检查，了解情况，掌握动态，宗教场所和谐稳定、活动规范，治安有序。

【对台工作】2016年，宣恩县狠抓涉台教育工作，认真学习中央领导有关涉台问题的论述和国务院一系列对台工作政策规定；强化对台交往交流，涉台事务高效快捷：年内组织开展台胞台属联谊会“不忘初心·永跟党走”主题实践活动、两岸四地大学生文化交流、鄂台少数民族手牵手相约恩施硒博会宣恩行、台胞回乡探亲、义务支教、观看话剧《台北新娘》等活动。9月14—16日，首届宣恩中秋商贸恳亲会上，台湾艺人刘乐妍返乡联谊，加强了广大干群对台工作的了解认识。

（刘洋）

政法工作

【概况】2016年，宣恩县政法工作按照“保稳定、促发展、强管理、创平安”的工作思路，牢牢把握服务发展、维护稳定主线，突出农村网格化建设重点，全面开展平安宣恩、法治宣恩建设，为全县社会经济和谐健康发展创造良好稳定的社会环境、公平正义的法治环境及优质高效的服务环境。春运、春节、全国“两会”、县乡换届、国庆、2016中国杭州G20峰会、十八届六中全会期间等重要节会社会稳定，各项工作有序开展，没有出现恶性刑事治安案件、重大安全事故、群体性事件，全县政治稳定、社会安宁、人民群众安居乐业。

【维护社会稳定】2016年，宣恩县调整国家安全领导小组，健全完善领导机构，制定《关于开展全县国家安全宣传教育月活动的通知》，开展国家安全宣传教育活动。学习宣传《国家安全法》《反间谍法》等有关法律法规，公布全国间谍行为与线索举报热线电话“12339”，广泛宣传公民和组织维护国家安全的义务和权利。宣传“反宣币”、反假币的危害，并将反假币、“反宣币”纳入网格化管理，提高民众的防范意识和防范能力。

完善涉稳信息收集、情报会商、分析研判等机制，实现预知预警、预防预控，最大限度地将矛盾纠纷化解在萌芽状态、解决在基层。全年编发《公安信息快报》127期，《综合维稳专报》340期，维稳、信访、公安三方研判并上报各类有价值信息4121条，通过社会管理创新信息平台收集信息4649条。

妥善处置突发事件，未引发聚众上访和网络炒作。及时化解劳资纠纷。通过对欠薪责任人、农民工宣传法律法规、政策，耐心地做解释、疏导工作，化解多起极端讨薪事件。加强进京非访处置工作，对省州县交办的27件重大信访案件实现领导包案，加大问题解决力度。对缠访闹访和违法信访，坚决实行依法处置，2016年公安部门刑事打击非法上访人员3人，行政拘留6人。确保重点领域稳定，全面排查化解住建系统、人社系统、国土系统、交通系统等15件突出矛盾问题纠纷(其中全州共性问题2件)。

正确引导网上舆论，防止网络炒作事件，处置违法网站有害信息187条，全县未发生影响恶劣的群体性事件，未引发网上大炒作事件。4月3日，高罗派出所历经2天找到走失的2岁小孩李某，及时消除网传拐卖儿童恐慌。

推进普遍建立法律顾问制度，开展律师进村、法律便民工作，建立律师“六诊”制度(定期坐班问诊、约时定点问诊、入户现场问诊、视频连线问诊、手机电话问诊、集中研讨会诊)。推行“阳光执法”，落实人民监督员、人民陪审员制度，自觉接受媒体和群众监督。建立干警执法档案，组织开展“百案评查”活动，加强执法监督，确保公正廉洁执法，不断维护全县社会公平正义。

【社会管理】2016年，宣恩县推进农村网格化建设，建立规范化管理制度，对农村网格化的管理机制、运行机制和工作保障机制进行规范。279个村网格及时更新和录入信息，人口信息累计更新4.23万条，楼栋信息更新4.79万条，房屋信息更新5.13万条。排查矛盾1261起，化解1011起。基本实现社情在网上掌握、矛盾在网中化解、民意在网中表达。4月底5月初，县综治办对全县346名网格管理员进行一次集中轮训，分别邀请州综治办、县公安局、县司法局等单位专家进行授课，内容涵盖创新社会治理，反假币、反电信诈骗、反非法集资，基层人民调解，农村道路交通安全，食品药品安全等。

加强重点人群服务管理，对重点上访对象落实专班、明确责任，采取“人盯人”的策略，有效稳控影响稳定的群体。开展严防严重精神障碍患者肇事肇祸春季专项行动，对1003名精神病人实行“五方一责”管理，签订《严重精神障碍患者服务管理责任书》，促使职责明确、任务细化、责任上肩、管理有序，担负起精神障碍患者的救治、救助、管控和服务职责。

将涉法涉诉信访积案化解纳入网格平台管理，省委政法委在宣恩建立将涉法涉诉信访案件纳入网格化管理的试点。至2016年年末，共录入网格涉法涉诉信访案件123件，其中已化解106件，正在化解10件，难以化解信访积案7件，纳入省级“千案化解”信访积案4件。

【服务经济发展】2016年，宣恩县实行“一企一警”制度，建立重点企业领导挂包及政法干警联系企业制度。在公司醒目处悬挂监督牌，公开联系干警的姓名、职务及联系方式。政法系统领导班子成员带头落实服务企业各项规定，每月深入企业开展一次走访座谈，了解企业需求，为企业出谋划策、排忧解难。定期开展企业周边治安环境排查整治活动，加大对企业“乱收费、乱检查、乱罚款、乱摊派”问题整改问责整治力度，通过“走出去、请进来”活动，有效掌握企业需求，保障企业正常生产生活秩序。

【平安建设】2016年2月5日，宣恩县综治委命名表彰2015年度平安乡镇、平安单位、平安村(社区)、平安校园、平安医院，9个乡镇为平安乡镇，293个单位为平安单位，265个村(社区)为平安村(社区)，68所校园为平安校园，14所医院为平安医院。

强化治安防控体系建设，制定和完善各类应急预案，加强网上阵地布控，继续落实“3＋2”工作机制，以春节、五一、州庆、国庆等重要节日为重点，坚持动态布警，提高街面见警率，切实提高辖区居民安全感。2016年，推进“六城”同创工作，县城区进行大面积拆除围墙，开通交通微循环，城市交通有效改善。8月，在上湖塘社区加强立体化治安防控体系建设，安装视频监控探头55个，门禁系统32套，成立珠山镇上湖塘社区治安联防巡逻队，对社区进行24小时不间断巡逻，社区治安形势明显好转。

强化重点管理，实行“警车常转、警灯常闪、警察常见”，武装巡逻保平安，有效减少可防性案件的发生。加强校园周边环境整治，加大校园安全防范力度，严防涉校涉学案事件发生。落实“一校一警”制度，法制副校长每学期定期到校开展法制宣传教育，坚持涉校矛盾纠纷化解和安全隐患排查，全县未发生涉校重大案事件。

加强消防安全，开展“十小场所”(小医疗场所、小餐饮场所、小购物场所、小住宿场所、小公共娱乐休闲健身场所、小教学场所、小生产加工企业、小易燃易爆危险品销售场所、小物资储存场所、小金融和小证券场所)“三合一场所”(住宿与生产、储存、经营合用场所)，以及“城中村”、棚户区、木质连片房屋的消防安全整治，检查发现火灾隐患1289处，整改1180处，挂牌督办并完成整改重大火灾隐患1处。

开展“禁毒禁赌”“治暴缉枪”“严打整治”等专项行动。坚定命案要案必破决心，2016年5起命案全部破获，“1·29”两名未成年人被砍杀命案、高罗“2·7”杀人焚尸案迅速破获，受到县委、县政府的和州公安局主要领导的高度肯定，25名民警立功受奖。严打侵财及经济类犯罪，破获系列烟叶被盗案，维护经济社会发展秩序，社保卡被盗刷诈骗案被公安部列为部督案件。重击涉毒违法犯罪，破获宣恩史上最大贩毒案，缴获各类毒品500余克。突出治安专项整治，开展缉枪治爆行动，破获宣恩城区11起砸车窗盗窃案，出动60余名警力在珠山镇解放街一举端掉4个赌博窝点，查处涉赌人员26人，与五峰警方合成作战，历时3天2夜在在宣恩县城建设路捣毁一电信诈骗窝点。

2016年4月24日，孟顶浩、吴光银两人面对抢劫，挺身而出、临危不惧，与违法犯罪行为做斗争，并成功制服抢劫罪犯，保护他人生命财产安全，受到州见义勇为基金会的表彰。见义勇为先进个人杨海清因抢救、保护他人生命财产安全，受到州见义勇为基金会的表彰。

【政法队伍建设】2016年，宣恩县政法系统5个单位核定编制413名，截至年末在编在岗387人。其中政法委11人，县人民法院78人，县人民检察院51人，县公安局201人，县司法局46人。

坚持政治建警、作风兴警、能力强警、从严治警、从优待警，开展“两学一做”学习教育活动，认真落实党风廉政建设“一岗双责”，利用每月的“主题党日”活动，开展专题学习、主题讨论、作风整顿和专项督查，做到内强素质、外树形象，有力促进全县政法干部队伍建设。

严格履行“一岗双责”，政法系统各领导班子成员严格履行“一岗双责”，按照“一手抓分管业务，一手抓队伍管理”的要求全面落实从严治党、从严治警相关规定，坚持两手抓、两手硬，确保全县政法干部队伍建设工作的有序推进。

坚持从严治警，在全县政法系统中开展“两学一做”(学党纪党规，学习习近平总书记系列讲话，做合格忠诚卫士)学习教育活动，不断提高政法队伍思想政治素质和履职能力。政法各部门切实担负起党风廉政建设的主体责任，“一把手”要在严明政治纪律上作出表率，在严守规矩上当标杆，做到严字当头、敢抓敢管，严厉查处徇私舞弊、滥用职权、枉法裁判、以案谋私等执法司法腐败行为，保持对政法干警违纪违法行为的“零容忍”态度，真正使禁令成为谁都不敢碰的带电的“高压线”，杜绝关系案、人情案、金钱案。

认真落实从优待警各项政策措施，推进从优待警。继续实施政法系统年轻干部成长工程，开展政法系统青年干部培养选拔工作。按政策落实政法干警各项待遇，千方百计帮助解决干警工作、生活中的实际困难，切实维护政法干警合法权益，最大限度凝聚人心。加强政法文化建设，建好精神家园，引导干警快乐工作、健康生活。开展“十佳政法单位”“十佳政法干警”评选表彰活动，挖掘和推广先进典型、先进经验，营造赞警颂警的浓厚氛围。

（符敏）

机构编制工作

【**概况**】2016年，宣恩县设行政机构58个，其中，县直党政群机关43个，政府派出行政机构2个；政法机关4个；乡镇机关9个。全县设事业机构367个，其中，县委县政府直属事业单位9个，部门所属事业单位355个（其中教育事业单位99个），其他事业单位3个。

核定全县行政机关编制1572名，其中行政编制1503名，工勤编制69名；2016年末全县行政机关实有在编人员1477人。核定全县事业编制4956名（含质量技术监督部门下划时，行政机关内参管事业编制8名），实有人员4212人。

【**政府职能转变**】2016年，宣恩县按照省、州关于行政审批制度改革工作的要求和部署，以权责清单和审批目录建立为基础，以规范中介服务管理为重点，完善政务服务体系建设，加大简政放权、放管结合、优化服务工作力度，为县域经济社会发展营造良好的氛围。

按省、州行政审批事项调整的要求，强化审批目录管理。2016年对全县行政审批事项进行两次调整，明确县级行政审批事项213项，由乡镇人民政府实施的审批事项1项。加强目录管理，各部门严格按照目录进行审批，加大监督力度，杜绝目录外审批、变相审批行为，防止对应取消、承接审批事项不及时的现象。将保留事项目录以及办事流程、办理时限、受理条件、监管办法等系列要素在政府门户网站进行公示，接受群众监督、方便群众办事，做到一张清单管审批，减少权力寻租空间，真正实现权力在“阳光”下运行。

根据省、州审改办安排，推行权、责清单制度。按照统一标准、分级负责、梯次推进的要求，完成全县权力清单、责任清单的编制工作，4月开始参照省审改办《县（市、区）级政府部门通用权力清单》，完善《宣恩县权力清单和责任清单》，共涉及40个单位（不含工商、地税、质检、烟草等垂管部门），有行政职权3580项，其中，行政许可191项、行政处罚2184项、行政强制162项、行政征收33项、行政给付67项、行政检查280项、行政确认136项、行政奖励15项、行政裁决11项和其他类501项。经政府常务会议审议通过后，7月27日，县政府办公室印发《关于公开县级政府部门权责清单的通知》，将行政职权名称、办理依据、申请材料、承诺期限、收费依据及标准、责任事项、责任事项依据、运行流程、运行流程图等信息在政府门户网站进行公示公开。

全面清理中介服务机构和服务事项，继续对教育、交通运输、水利、质监、食品药品监管以及人防六大行业领域开展“红顶中介”专项治理，各行业主管部门认真开展自查和整治“回头看”。对州督查反馈问题进行整改，州督查反馈的共性问题和宣恩县存在的4个方面的具体问题已基本整改落实到位。根据法律法规的废改释立，进一步清理行政审批中介服务事项，印发《宣恩县县级行政审批中介服务事项清单（2016年版）》，各审批部门严格落实《宣恩县县级行政审批中介服务事项清单》，未列入《清单》的，审批部门不得以任何形式要求申请人委托中介服务机构开展服务，也不得要求申请人提供相关中介服务材料。

推进行政审批流程再造，优化行政审批环节，进一步减少中间层级、交叉环节和申请资料，简化审批手续，压缩办理时限，建立岗位职责清晰、审批权限明确、工作标准具体的行政审批全流程。推行“一周办结制”，凡办理本级、本部门权限内的行政审批和与行政审批相关联的行政服务、收费以及群众投诉等事项，审批、办理必须在一周内（5个工作日）办结；对程序简便可以当场办结的，即收即办；对须组织专家论证、现场勘验、公示等审批环节复杂的事项，审批时限可适当延长，但需说明理由，报政务服务中心管理办公室审核,并承诺具体的办结时间。

全面推行“双随机一公开”,建立“一单两库一细则”。9月,在工商、食药监、环保3个部门开展“双随机一公开”工作试点。随后全面推行“双随机一公开”监管工作。县审改办分别在11月9日和11月21日组织各部门收听收看全省和全州推行“双随机一公开”监管工作电视电话会,并对工作人员进行业务培训。截至11月底,应当建立“一单两库一细则”的37个部门已经全部向县审改办报送“一单两库一细则”。

【重点行业领域改革】2016年,宣恩县按照中央、省和州编办关于开展机关、编办直接管理机构编制的群众团体统一社会信用代码赋码工作的通知要求,推进统一社会信用代码制度改革,对全县机关、编办直接管理机构编制的群众团体统一社会信用代码赋码工作,为全县行政机关、群众团体办理《统一社会信用代码证书》。

整合全县城镇居民基本医疗保险和新型农村合作医疗两项制度,实施城乡居民基本医疗保险制度改革,将县卫计局承担的新型农村合作医疗行政管理职责划入县人社局,将卫计部门新型农村合作医疗经办机构与人社部门的医疗保险经办机构整合,撤销宣恩县新型农村合作医疗管理委员会办公室,撤销宣恩县机关事业养老保险服务中心,组建宣恩县医疗保险局,负责全县城乡居民基本医疗保险、工伤保险、生育保险经办服务工作。

做好工商质监管理体制改革工作,工商、质监两部门管理体制由省内垂直下放为地方分级管理。按省、州要求,对下放到县的工商、质监部门及其所属事业单位的在职和退休人员实行整体承接,确保机构、编制、人员顺利交接,保证工商、质监体制调整平稳有序实施。

做好法院、检察院机构编制省内统一管理相关工作,梳理、清理本县法院、检察院机构编制相关信息,确保拟上划的机构、编制、人员信息真实、准确。

【机构编制管理与服务】2016年,宣恩县推进机构编制政务公开,公开《宣恩县机构编制总体情况》和关于机构编制管理的有关法规政策文件,机构编制政务信息及动态信息,行政机关、事业单位机构和人员情况。对出现人员编制异动的情况及时做好后台数据调整、公开。

受理各单位各部门关于机构编制的请示,对各单位报送的关于机构编制的请示,根据《宣恩县机构编制委员会工作规则》,按照机构编制事项办理程序,全部进行妥善办理。

做好机构编制统计工作,对各单位机构和人员编制进行核查、核对,根据各单位的人员变化,随时调整统计表,力求统计数据的准确、及时、不出差错。

【事业单位管理】2016年,宣恩县全面推进事业单位登记网上运行。从1月1日起,各事业单位办理设立登记、变更登记、注销登记、年度报告、证书补领等事项,一律通过“事业单位在线”网上申请。县事业单位登记管理局在网上受理、审核、核准等。网上程序办理完毕后,事业单位再按规定向登记局报送纸质材料和领取《事业单位法人证书》。

统筹做好2015年事业单位年度报告公示和统一社会信用代码换证工作。3月31日前,各事业单位基本完成2015年事业单位年度报告公示工作。应公示单位259个,其中已公示252个、不公示4个、未提交3个;冻结事业单位6个(应注销)。期间,办理设立登记2件、变更登记30件、注销登记10件。通报事业单位登记管理工作有关情况,统筹做好统一社会信用代码换证工作,全县事业单位基本完成换发赋有统一社会信用代码的新版的《事业单位法人证书》。

开展全县事业单位法定代表人专项清理工作,共涉及公务员任职正科级事业单位12个、副科级事业单位10个、一般事业单位14个,其他非本单位在编在职人员任法定代表人22人。全县由公务员、参公人员兼任或担任事业单位法定代表人的共30人,其中正科级19人(含主任科员4人)、副科级12人;机关工勤人员担任事业单位法定代表人的1人。对清理出的问题,基本整改到位。

(陈玉国)

信访工作

【概况】2016年,宣恩县不断完善责任体系、畅通信访渠道、规范信访秩序、创新工作思路，推动解决久拖未决的信访积案，维护群众的合法权益。全年各级各部门共受理群众来信来访3426件（批）4526人（次），同比上升2.3%、人次上升1.5%，其中来信1245件，来访1952批2789人（次）。县信访局受理群众来信来访514件（批）948人（次），与上年同期相比批次上升2.5%，人次上升4.2%；其中来信107件，来访407批841人（次），全年共发生进京上访28批41人（次），其中进京非正常上访6批7人（次）；发生赴省上访13批17人（次），其中赴省异常上访1批3人（次）。完成省、州交办信访事项56件；县委、县政府领导签批及信访局交办135件；县委、县政府、县人大、县政协四大家领导包案处理信访积案27件。没有发生重大网络炒作事件、重大群体性事件、信访恶性事件。

【信访责任落实】2016年，宣恩县委、县政府与各乡镇及47个县直部门签订《信访工作责任状》，制定信访工作目标管理考核办法，对信访重点工作考核指标进行量化。县委、县政府分别召开2次常委会、常务会议，分析信访形势，研究部署信访工作。县信访领导小组7次召开会议，专题研究化解重大疑难信访问题。进一步完善责任体系，各级各部门坚持强化领导责任，建立完善主要领导负总责，分管领导负直接责任，其他领导“一岗双责”的领导责任体系，强化化解主体责任、增强部门协调责任。在化解各类矛盾中，各级各部门严格落实首办责任制，坚持以问题为导向，形成“谁制造问题、谁承担责任”的风向标，以督查、通报、约谈等措施增强信访工作执行力，各级各部门都较好地履行信访工作责任。

2016年继续开展领导接访，把领导干部接访作为畅通群众诉求渠道、解决信访疑难问题、减少越级上访的重要手段来抓，进一步健全领导接访制度，细化接访流程和考评制度。在特殊敏感时期，增加领导接访的密度和频率，提升问题化解率。全年县级领导开展接访约访下访共75人（次），共接待群众约访、下访102批142人（次），阅批群众来信189件，解决信访问题210个，解决积案8件。其中县委、县政府、县人大、县政协主要领导共接待群众来访65件112人次，阅批群众来信169件。

【畅通信访渠道】2016年，宣恩县切实做好初信初访工作。按照“初信初访及时受理率达100%，按期办结率达100%，群众满意率达100%”的要求，严格执行首接、首办责任制，热情接待初信初访群众，受理办理好初信初访案件，基本做到初信初访初结初了，使信访增量得到有效控制。

在全县范围内组织开展律师“三进”（进社区、进疑难复杂信访案件、进信访接待大厅）工作。律师进村，送法下乡，法治惠民，方便群众咨询信访及法律问题；律师进疑难复杂案件，有效帮助会诊并化解信访积案；律师进信访大厅参与接访，协助做好接谈和分类引导工作。通过律师“三进”工作，进一步畅通信访渠道，推进信访法治化建设，有效化解一批信访积案。全年律师参与接待群众114批125人（次），参与领导接访106批120人（次），参与疑难复杂信访案件办理15件。

打造网上信访主渠道，将部门信箱、视频接访、城乡网格等接入阳光信访信息系统，实行多个前端受理、一个平台办理，做到“信访网上投、事项网上办、结果网上评、问题网上督、形势网上判”。引导群众通过网络反映诉求，让群众少跑腿、信息多跑路。应用好阳光信访信息系统，做到诉求全录入、业务全流转、数据全生成。2016年全县各级各部门录入阳光信访系统的信访事项共1925件，占比达50%以上。

开展重信重访专项整治，加强信访事项复查复核，审慎推进信访事项依法终结，促进规范化，提高公信力。2016年全县举办信访业务培训会两次，着重对信访事项的受理告知、调查处理、答复（复查、复核）意见书的制作、送达告知、签收、信访文书上传信访信息系统等各个环节的工作程序、工作时限、工作标准、工作责任等方面工作规范进行讲解。对湖北省阳光信访系统操作进行系统的培训，推动阳光信访系统运行，加强信访信息系统深度应用。

【信访秩序】2016年，宣恩县落实“三到位一处理”（诉求合理的解决问题到位、诉求无理的思想教育到位、生活困难的帮扶救助到位、行为违法的依法处理）要求，对各类信访诉求，各级各部门正确区分不同情况，合理解决到位。对一些过高诉求或无理要求，各级采取有力措施加强疏导。规范信访秩序，公安机关针对违法上访人员张某某、覃某某执行刑事拘留，对麻某某、施某某、田某某、胡某某等5人执行治安拘留。建立快速反应机制，有效处置洞坪移民集体静坐、教育城民工集体冲击县政府等突发性重点上访事件。

【信访问题化解】2016年，宣恩县加强社会矛盾排查，建立县、乡、村、组四级矛盾纠纷排查网络，坚持对各种社会矛盾和群众信访实行定期和不定期排查，建立台账，强化动态管理，及时掌握各类矛盾和问题。重要敏感时期执行日报告和零报告制，实现发现得早、控制得了、处理得好的目标。

摸清信访积案情况，制定化解工作方案，开展信访积案攻坚。对疑难复杂信访事项，逐案落实领导包案化解责任，推动信访积案清仓见底。通过落实“五包”（包情况掌握、包解决问题、包教育疏导、包稳控管理、包依法处置）、领导下访等制度，县领导带头包案的27件信访事项得到有效化解，州交办的8件重大集体访隐患案件按期办结。

对城乡建设、农业农村、劳动社保、环境保护、非法集资等重点领域，开展信访突出问题整治，分领域分专题开展专项调研，对突出信访问题进行集中排查、重点整治，维护人民群众合法权益。2016年共训诫8人，行政拘留5人，刑事拘留2人，形成“合理诉求得到妥善解决，不合理诉求得不到支持，违法行为受到打击追究”的正确导向。

（孙红玲）

机关党的工作

【概况】2016年，宣恩县直机关工委分类指导160个县直机关党组织及所属单位党的建设工作和党员的教育监督管理达60余次。全年共吸纳预备党员30名、考核转正38名。5月，举办1期入党积极分子培训班和1期党务干部业务培训班。确定入党积极分子94名，开展“两学一做”学习教育活动，不断加强机关基层党组织建设，为推进县直机关党建工作提供坚强保证。

【审批组织设置】2016年，宣恩县及时协助指导一批基层党组织的换届改选工作，督促基层党组织到期换届或根据人员变动调整支委成员，做好党支部换届改选工作和党组织设置撤销工作。全年新设置党支部两个（中共宣恩县电视台支部委员会、中共宣恩县公共就业和人才服务局支部委员会），撤销党总支1个（中共宣恩县广播电视局总支部委员会）、党支部7个（中共宣恩县劳动就业管理局支部委员会、中共宣恩县广播电视局电视台支部委员会、中共宣恩县广播电视局机关支部委员会、中共宣恩县广播电视局老年支部委员会、中共宣恩县国家税务局第四党支部和第五党支部、中共宣恩县科技局支部委员会），整体转出党支部两个（中共湖北移动宣恩分公司支部委员会、中共恩施州住房公积金管理中心宣恩县办事处支部委员会）。对部分单位党组织到期换届或因人员工作调动所产生的班子缺额情况，县直机关工委及时督促、选举并审批总支、支部班子31个，注重把素质好、有能力、热爱党务工作的青年党员充实到班子中来，确保党组织班子的完备性和正常运转。按照党员发展“十六字”方针，严把党员“入门关”，按照材料预审率、手续完备率100%的要求，全年共审批各基层党总支部或党支部吸收预备党员30人，办理预备党员的转正38人。

2016年受中共湖北省委表彰的基层先进党组织2个（中共宣恩县人民医院总支委员会、中共宣恩县委宣传部支部委员会），优秀党务工作者1名（丁梅）；受中共恩施州委表彰的优秀共产党员4名（肖俊杰、孟英豪、莫安文、陈进），优秀党务工作者3名（向晓东、刘长贵、成祖红）。

【检查考评】2016年，宣恩县建立健全县直机关党建工作责任体系，与所辖的78个一级单位签订党的基层组织建设目标管理责任状；督促6个基层党委、17个党总支根据本系统、本单位的实际，结合县直机关党建工作要点，制定党建工作的实施意见，并与所属党支部签订基层组织建设目标管理责任状，形成完整的责任体系。

完善机关党建考核机制，领导班子建设和机关党建考核分值在综合目标考核中占5分，机关工委将考核分值按平时工作、半年检查、年终考评综合量分，促进党建工作开展。

【党员义工服务队】2016 年，宣恩县有党员义工服务小分队 61 支 850 余人，全年共组织 230 余名县直机关党员义工服务石马采摘春茶、侗乡成立 30 周年暨山地自行车赛、龙舟争霸赛暨水上运动会。

（张峻）

党校工作

【概况】2016 年，宣恩县委党校、县行政学校组织实施《2016 年全县干部教育培训计划》，充分发挥党校干部培训主渠道的职能作用，共办培训班 14 期，培训干部 1377 人（次）。其中，3 月 3 日领导干部集中学习《党章》《准则》《条例》专题培训班，241 人参训；4 月 17－18 日村干部考公务员专题培训班，57 人参训；5 月 6－7 日“两学一做”领导干部法纪专题培训班，122 人参训；5 月 11－12 日 2016 年宣恩县 2015 年度初任公务员廉政教育培训班，60 人参训；5 月 16－20 日入党积极分子培训班，109 人参训；5 月 19－20 日党员领导干部家属“家庭助廉”教育培训活动，92 人参训；5 月 9－6 月 8 日中青年干部培训班，40 人参训；5 月 24－25 日中层干部廉政教育专题培训班，49 人参训；5 月 31 日县直机关党务干部培训班，183 人参训；6 月 20－26 日村（社区）主职干部培训班（2 期），284 人参训；7 月 3－6 日“三类”人员专题培训班，20 人参训；11 月 7－12 日贫困村党支部书记和骨干党员脱贫攻坚专题班，70 人参训；12 月 14－16 日公务员知识更新培训班，50 人参训。与县直机关、企事业单位联合举办 16 期培训班，培训学员 2165 人。

【校外理论辅导】2016 年，宣恩县委党校、行政学校发挥全县理论宣讲主力军的作用，选派教师为全县各乡镇、县直机关、企事业单位、农村社区等宣讲 76 场（次），受众人数达 8226 人（次）。

【科研工作】2016 年，宣恩县委党校、行政学校科研工作坚持为县委、县政府决策服务、为教学服务、为社会服务的方向，承接恩施州委党校系统调研课题 3 个，结题 2 个。课题《宣恩县“五型乡村”建设典型案例剖析——以伍家台村为例》获优秀等次，课题《对构建和谐医患关系的思考》获合格等次。党校教职工有 14 篇论文获奖或发表，其中组织参加“恩施州依法治州暨党校系统第 27 届理论研讨会”论文评选，获一等奖 1 篇、二等奖 2 篇、三等奖 3 篇。参加全州“不忘初心、继续前进、永跟党走”暨王光国精神理论研讨活动论文评选，获一等奖 1 篇，二等奖 1 篇。选送省委讲师团的宣讲报告《认真学习贯彻十八届六中全会精神》获第六届“神农杯”优秀理论宣讲报告二等奖。论文《新形势下如何加强教育工作的思考》获首届全国教育科研优秀论文国家级一等奖，并发表在《教育现代化》杂志 2016 年 9 月第 26 期；《恩施州法治建设与反腐败机制》发表在《决策与信息》杂志 2016 年 4 月总第 432 期；《对当前政策下易地扶贫搬迁工作的思考和建议——以湖北宣恩县为例》发表于《长江丛刊》2016 年 7 月下旬刊；《不忘初心、继续前进的总动员令》在《清江论坛》2016 年第 3 期发表，理论文章《不忘初心、继续前进八个方面的内在逻辑关系》在《恩施日报》2016 年 9 月 15 日发表。

【师资培训】2016 年，宣恩县分 8 期先后派出 16 人（次）外出学习，其中 3 名教师到青岛参加由中国人民大学组织的师资班培训学习，两名教师到省委党校师资班培训学习，1 名教师到宜昌参加由省委党校组织的师资班培训学习，3 名教师到武汉市参加由省委宣传部组织的基层宣讲员培训班培训学习，3 名教师到鄂州市参加由省委党校组织的师资班培训学习，4 名教师到州委党校师资班培训学习。

（燕正兵）

史志工作

【概况】2016 年，宣恩县专职史志工作人员 4 人，兼职史志撰稿人员 133 人，财政预算史志专项经费 18 万元。继续编纂《中国共产党宣恩县历史（1949－1978）》，印刷出版《中国共产党湖北省组织史资料（第五卷）》，编纂《宣恩年鉴》《宣恩供水志》和《宣恩县地名志》，完成对上撰稿 2.8 万字，其中《湖北年鉴》稿 0.5 万字，《恩施州年鉴》稿 2.3 万字。

【党史编研】2016年，宣恩县继续开展《中国共产党宣恩县历史(1949—1978)》(简称党史二卷)编纂工作，主要根据初审评审会的意见和建议，进一步对书稿进行修改、补充，史料核实。印刷出版《中国共产党湖北省宣恩县组织史资料》(第五卷)，时间上限为2006年7月，下限为2011年12月，35万字。审读《中国共产党来凤县历史(1949—1978)》《中国共产党咸丰县历史(1949—1978)》，并参加终审评审会。开展《改革开放实录》课题研究，确定以龙洞水库电站建设为课题，进行资料收集，文稿撰写，完成初稿《穷则思变》。

【地方志工作】2016年，宣恩县贯彻《地方志工作条例》《湖北省地方志工作规定》，做好县志资料经常性征集工作，编纂出版《宣恩年鉴》。3月，启动《宣恩年鉴(2016)》编纂工作，共收集132个撰稿单位资料160万字，经过编纂，三审定稿的《宣恩年鉴(2016)》约70万字。7月，由方志出版社公开发行的《宣恩年鉴(2015)》印刷出版，75.5万字，印数500册。《宣恩年鉴(2015)》的发行方式主要在县新华书店上架，公开赠阅，对象为全县行政机关、企事业单位，同时开展对外交流，主要对象为州内各县市和其他有业务交流往来的外省市。按照《湖北年鉴》和《恩施州年鉴》的撰稿要求和写作规范，提供宣恩县情概况和相关图片资料。撰写文字资料2.8万字，其中《湖北年鉴》稿0.2万字，《恩施州年鉴》稿2.3万字。

根据第五次全国地方志会议精神和《省人民政府办公厅关于进一步加强全省地方志工作的意见》，制定全县乡镇志编纂工作方案，县政府办公室于2016年11月8日印发《关于开展全县乡镇及村(社区)志编纂工作的通知》正式启动全县乡镇及村(社区)志编纂工作。

(江安鸣)

档案工作

【概况】2016年，宣恩县档案管理利用坚持围绕新时期档案事业发展的战略目标和档案工作为领导决策服务、为经济建设服务、为人民群众服务的理念，全面加强档案法制建设、信息化建设、档案基础业务建设和档案馆库建设。县档案局在湖北省档案局2016年度档案工作绩效考核中获优胜单位、全省方言建档先进单位。

宣恩县档案(馆)是国家二级馆。截至12月，馆藏档案116个全宗9.55余万卷。其中，文书档案6.39万卷、科技档案1468卷、专门档案1.74万卷、会计档案2095卷。另有声像档案(照片)2555张、电子(光盘)144张、实物(奖牌、印章)1981件，图书、资料5902册。全县各机关、企事业单位室藏档案17.7余万卷，55.13余万件，音像档案1427盘，照片档案4.05万张。实物档案8372件，室藏资料3.64余万册。

【档案教育法规】2016年，宣恩县利用宣恩法治文化长廊和“12·4”法制宣传日举办两期展览，宣传档案管理违法违纪行为的处分规定。3月6日，召开2016年度宣恩县档案工作目标管理(规范)工作会议，对全县49个单位的分管领导和档案员共72人开展档案业务培训。6月13—17日，全县46名档案员参加省科技中心举办的全省档案工作人员岗位培训班，参训人员全部取得档案员岗位资格证。6月8日，组织县民族实验小学师生共65人开展“国际档案日”宣传活动，向师生们全方位介绍宣恩县爱国主义和未成年人道德教育基地，开展档案知识有奖答题。县档案局、县人大常委会教科文卫工作委员会开展档案行政执法检查。2016年完成7个单位档案管理登记工作，年末全县档案管理登记工作已累计完成198个单位。

【行政审批】2016年，宣恩县开展行政执法主体资格清理、审查及确认工作，行政执法主体清理结果为：行政许可2项、行政处罚6项、行政检查1项、行政确认1项、行政备案2项、行政服务1项。其结果县审改办已向湖北省审改办申报。

【档案业务指导】2016年，宣恩县27家单位申报档案目标(规范)管理，其中省特级9家(复查)，省一级9家(1家新升，8家复查)，省二级9家(4家新升，5家复查)。申报规范管理单位14家，其中省特级1家(新升)，省一级1家(复查)，省二级12家(新升)。全县9个乡镇卫生院申报省二级规范管理，4个乡镇申报档案目标管理复查报告。年末全县各机关、企事业单位159家达到目标(规范)管理。其中,省特级36家,省一级62家,省二级61家。

对全县8个州级重点工程项目档案开展登记,其中续建4个,新建4个。开展全县土地确权档案、精准扶贫精准脱贫档案的搜集整理,指导社区进行档案整理。

【档案接收、利用、编研、征集】2016年,宣恩县因受库房条件限制,只接收5个单位各门类档案3415卷(盒),其中,文书档案3076卷,专业档案211盒,科技档案17盒,重大活动档案108盒,声像档案(照片)3册。共征集《谢氏族谱》《刘氏族谱》《南下宣恩》《恩施地区民歌集》《宣恩县歌谣分册》《湖北名村》《贡水诗词曲赋集》《宜都市档案志》等图书资料25册。

接待社会各界档案利用者3124人(次),查阅档案、资料3698卷,出具证明2728份。利用馆藏档案开展编研工作,县档案局与县政协文史委联合编辑出版《宣恩贡茶》,编写宣恩县档案年鉴,为省档案局《红军从这里出发》撰稿2篇,提供图片5张。

【方言建档】2016年,宣恩县成立以分管县长为组长,县文体新广局、教育局、财政局、电视台等单位负责人为成员的宣恩县方言建档领导小组,制定《宣恩县方言建档工作实施方案》,聘请5名熟悉宣恩方言的专家,立足宣恩特点,负责宣恩县方言建档工作的具体指导。年内完成规定文本语音标注、自选文本选定、方言语音发音人遴选、方言录制及后期制作工作。并向省、州档案局(馆)移交音、视频光盘3套、纸质材料3套。

【档案安全】2016年,宣恩县做好防虫防蛀等安全工作,除按时给库房柜架放置更换药物以外,还严格完善防盗、防火措施,做好库房温湿度调控工作,保证馆藏档案、资料的安全。制定完善档案馆库房抢险救灾应急处置预案,使档案的安全工作更加制度化、规范化。投入资金6万元,对原监控系统进行升级,新增安装监控探头19个,库房及周围达到全覆盖。

【档案信息化建设】2016年,宣恩县录入新移交进馆档案案卷级目录389条,文件级目录2.79万条。对馆藏珍贵、重要和利用频率高的档案、资料和照片进行全文管理,档案全文扫描并上挂55万多幅。年末累计全文扫描501多万幅,数字化率接近60%。加强档案信息网互通互联,信息资源共享,全年共上传、更新信息(图片)20余篇(张),网站总访问量达31.53万次,点击率26万余次。

【档案馆建设】宣恩县档案馆建设项目于2015年12月纳入政府专题会议研究,并明确在县文体中心内建设档案馆。2016年4月启动项目申报及建设工作,并提出按不低于9000平方米建设规模申报立项。2016年5月委托华中科技大学建筑设计院进行项目可研和初设。2016年6月、8月县发改局分别进行批复,完成项目施工设计。

(康敏)

宣恩县人民代表大会

【县十七届人民代表大会第六次会议】2016 年 4 月 27 日至 28 日，宣恩县第十七届人民代表大会第六次会议在县城召开。听取和审查县人民政府工作报告、县人大常委会工作报告、县人民法院工作报告、县人民检察院工作报告；审查和批准宣恩县国民经济和社会发展第十三个五年规划纲要、宣恩县 2015 年国民经济和社会发展计划执行情况与 2016 年国民经济和社会发展计划草案的报告，批准 2016 年国民经济和社会发展计划；审查和批准宣恩县 2015 年财政预算执行情况与 2016 年财政预算草案的报告，批准 2016 年财政预算；审查宣恩县十七届人大五次会议代表议案、建议、批评和意见办理情况的报告。

【县十八届人民代表大会第一次会议】2016 年 12 月 20 至 23 日，宣恩县第十八届人民代表大会第一次会议在县城召开，参会正式代表 192 人。大会听取和审查县人民政府工作报告、县人大常委会工作报告、县人民法院工作报告、县人民检察院工作报告；审查县人民政府关于 2016 年国民经济和社会发展计划执行情况与 2017 年国民经济和社会发展计划草案的报告，批准 2017 年国民经济和社会发展计划；审查县人民政府关于 2016 年财政预算执行情况与 2017 年财政预算草案的报告，批准 2017 年财政预算；审查宣恩县十七届人大六次会议代表议案、建议、批评和意见办理情况的报告；选举县十八届人大常委会主任、副主任、委员；选举县人民政府县长、副县长；选举县人民法院院长；选举县人民检察院检察长；选举出席恩施州第八届人民代表大会代表；通过关于设立宣恩县人民代表大会民族法制委员会、财政经济委员会的决定，表决通过宣恩县人民代表大会民族法制委员会、财政经济委员会组成人员名单。

宣恩县第十八届人民代表大会第一次会议选举产生宣恩县第十八届人民代表大会常务委员会主任、副主任、委员，主任：刘智勇；副主任（共 6 人，按州委批复排序）：朱瑾（女）、姚元文、唐斌、覃正彪、史红珍（女）、乾维德；委员（共 24 人，按姓氏笔画排序）：王明刚、王绍文、卢昌群、田冬生、田粤兵、匡运吉、刘应县、杨丽中（女）、杨秀权、杨秋生、李华生、肖鸿、宋隆权、周平、周斌、郑传斌、钟仁义、徐海涛、彭家安、喻以锋、谢昌勇、谭柏生、谭德浩、潘言培。选举产生宣恩县人民政府县长、副县长，县长：习覃（女）；副县长（共 6 人，按州委批复排序）：邵爱华、向建强、张友刚、李家锦、胡晓洪、向重臣。选举产生宣恩县人民法院院长：张辅军；宣恩县人民检察院检察长：肖功平。选举产生宣恩县出席恩施州第八届人民代表大会代表（共 43 人，州委提名到宣恩县选举的代表排列在前，分别按姓氏笔画排序）：刘建平、刘恒明、关树华、杨安明、张娟（女）、张建文、陈学明、胡小兰（女）、郭隆平、唐洪贵、习覃（女）、马大明、王金海、石明应、龙戌平（女）、史红珍（女）、冉茂权、冯成恩、朱琳（女）、朱瑾（女）、伍忠奎、刘海、刘红艳（女）、刘智勇、江红英（女）、汤俊（女）、阳平、杨东、李白平、李永辉、严辉、张华林、明清江、郑时兵、姜海燕（女）、姚元翔、夏红艳（女）、高振华、黄武荣、覃庆海、覃遵红、蔡章林、滕建成。

宣恩县第十八届人民代表大会第一次会议表决通过宣恩县第十八届人民代表大会民族法制委员会、财政经济委员会主任委员、副主任委员、委员。民族法制委员会(共5人)主任委员:肖鸿;副主任委员:田冬生;委员(共3人,按姓氏笔画排序):杨仕荣、杨丽中(女)、宋隆权。财政经济委员会(共5人),主任委员:李华生;副主任委员:杨秋生;委员(共3人,按姓氏笔画排序):王绍文、徐海涛、龚家邦。

【县人大常委会各次会议】2016年,宣恩县人大常委会共召开10次会议。

1月20日,县十七届人大常委会召开第三十次会议。审议并通过了有关人事任免议案,任命岳东为宣恩县人民政府副县长、免去朱鹏程宣恩县人民政府副县长职务、免去李世祥宣恩县人民政府副县长职务;审议并通过《县公安局提请的关于许可对县人大代表郭凤连作出行政拘留处罚的决定》《关于提请接受吴德贵、张良成辞去县十七届人民代表大会代表的议案》。

4月8日,县十七届人大常委会召开第三十一次会议。听取并审议通过《宣恩县人大常委会2016年工作要点》;审查并批准通过《关于宣恩县2015年部门预算执行和2016年部门预算的报告》;审议并通过《关于补选县十七届人民代表大会代表的决议》。

4月22日,县十七届人大常委会召开第三十二次会议。听取县发改局关于“十三五”规划编制情况的说明、县十七届人大常委会代表资格审查委员会关于补选代表资格的报告和县十七届人大代表变动情况的报告,决定县十七届人大六次会议相关事宜。

6月3日,县十七届人大常委会召开第三十三次会议。听取和审议县人民政府关于落实“六五”普法决议执行情况的报告;审议并通过县人民政府关于开展第七个五年法治宣传教育的议案。

7月29日,县十七届人大常委会召开第三十四次会议。听取并审议通过《关于宣恩县2016上半年国民经济和社会发展计划执行情况的报告》《关于宣恩县2016上半年财政预算执行情况的报告》《关于宣恩县2016上半年国民经济和社会发展计划及预算执行情况的调查报告》《关于宣恩县农村土地承包经营权确权登记颁证工作情况的报告》《关于全县农村土地承包经营权确权登记颁证工作情况的调查报告》。

9月2日,县十七届人大常委会召开第三十五次会议。审议决定县乡人大换届选举有关事宜;听取并审议《县人民政府关于天宇生态物流园(中国海关恩施监管场所)PPP项目财政责任支出纳入财政预算管理的议案》。

9月28日,县十七届人大常委会召开第三十六次会议。审查和批准宣恩2015年财政决算;听取并审议2015年度县级财政预算执行和其他财政收支的审计工作报告;审议县人民政府关于调整2016年度财政预算的议案;听取并审议县人民政府关于县十七届人大六次会议代表议案、建议、批评和意见办理情况的报告;审议决定县人大常委会主任会议提请的关于许可县公安局对县人大代表乐某采取行政拘留措施的议案;会议审议并通过有关人事任免议案,任命谢世鸿任宣恩县人民政府副县长、李家锦任宣恩县人民政府副县长、免去岳东宣恩县人民政府副县长职务。

11月4日,县十七届人大常委会召开第三十七次会议。听取并审议县人民政府关于政府购买基础设施建设服务的议案;审议并通过有关人事任免议案。

12月9日,县十七届人大常委会召开第三十八次会议。审议通过《关于补选县十八届人民代表大会代表的决定》《关于召开宣恩县第十八届人民代表大会第一次会议的决定》;审议通过有关人事任免议案,接受郑向东辞去宣恩县人民法院院长职务、决定张辅军代理宣恩县人民法院院长职务,接受李美福辞去宣恩县人民检察院检察长职务、决定肖功平代理宣恩县人民检察院检察长职务。听取并审议《宣恩县人大常委会工作报告》,决定宣恩县第十八届人民代表大会第一次会议于2016年12月19日至23日在县城召开。

12月16日,县十七届人大常委会召开第三十九次。听取宣恩县十八届人大代表资格审查报告;审议通过县十八届人民代表大会第一次会议列席人员名单;决定宣恩县十八届人民代表大会第一次会议有关事项。审议县人民政府关于购买社会化服务的议案。会议决定,同意县人民政府购买创新创业产业园项目、宣恩文化旅游项目等两个基础设施建设服务，购买服务资金纳入年度财政预算。

【监督工作】2016年，宣恩县人大常委会改进监督形式，加大监督力度。十七届人民代表大会常务委员会共召开常委会会议39次，听取和审议专项工作报告119个，检查9部法律法规的实施情况，开展视察调研、执法检查156次。确保法律法规在全县有效实施，推动"一府两院"依法行政和公正司法，促进全县经济社会持续协调健康发展。

围绕中心工作实施监督，推动县委重大决策部署落实。按照"县委决策什么事项，人大就推动什么工作"的思路，围绕推进旅游业跨越式发展、加快推进新型城镇化、全力推进精准扶贫精准脱贫等重大决策部署，选准监督方向，将核心景区建设、"六城"同创开展、"五个一批"实施等工作列入人大常委会年度工作要点，纳入年度监督事项；助力政府重点工作落地，围绕有机农业示范县创建、县教育中心建设、产业结构调整、工业园区建设等事关全局发展、长远发展的重点工作确定监督议题，听取审议报告，作出决定决议。结合政府工作报告提出的发展思路、发展重点，围绕招商引资、项目建设、环境保护、民生事业开展视察调研，督办承诺实事的推进，监督政府工作报告目标任务分解的落实；加强经济运行监督。坚持程序性监督与实质性监督并重，定期审查和批准部门预算、财政决算、预算调整，听取并审议国民经济和社会发展计划执行、财政预算执行、财政财务收支审计工作报告，开展"十二五"规划中期评估。对审计报告查出问题的整改情况、重点项目建设情况开展专题询问。依据新修定的预算法，开启全口径预决算审查模式，严格监督预算执行，实行财政预算追加清单说明、分月报备，促进财政资金的规范管理。

围绕群众关切实施监督，坚持把人民群众普遍关注的热点、难点问题作为监督重点，敢于监督、善于监督、力求实效。接力十六届人大常委会，连续两年督办殡仪馆建设搬迁，并就搬迁后规范运行广泛征求意见，及时反馈给相关部门；持续关注城区饮水安全，督办部门加大《水污染防治法》执法力度，促成龙洞库区网箱养鱼及设施的取缔，推动二水厂和官千水库水源工程建设；针对县城内涝问题，常委会多次组织视察组了解社区群众意见建议，听取水利、住建、城管等部门汇报，提出防洪排涝意见建议和规划措施，推动县城防洪排涝主体工程建成；针对西坪水患问题，常委会协调农田水利资金、农发项目资金、国土整治项目资金捆绑投入，打通排涝隧洞，新修河堤沟渠，解决西坪、杉木岭、铜锣坪3个村200公顷基本农田长期内涝问题，促进农民增收和产业结构调整。综合运用实地视察、会议审议、持续跟踪督办方式，对保障性安居工程建设、公共文化事业建设、农作物种子经营管理、新型农村合作医疗、农村土地承包经营确权、农村饮水安全工程等关系群众切身利益事项进行督办，积极回应群众期盼。

围绕公平正义实施监督。对《中华人民共和国道路交通安全法》《中华人民共和国行政诉讼法》《湖北省农村扶贫条例》等9部法律法规的贯彻实施情况，开展行政执法监督，提出意见和建议，确保法律法规有效实施。着眼食品药品监督管理体制改革，常委会以《食品安全法》执法检查为切入点，对食品生产企业、食品流通环节、学校医院重点区域开展监督检查，防止体制改革过程中出现监管缺失。参与酉水河保护条例立法调研、意见征集等工作。加强司法监督，听取法院、检察院关于审判工作、检察工作情况报告，探索新形势下推进法治建设的监督促进机制。审议刑事侦查专项工作情况报告，提出提高刑事侦查能力、增强打击违法犯罪实效的意见建议。对县人民检察院2012年以来犯罪预防工作、贯彻执行州重点领域预防职务犯罪工作条例情况进行视察和检查，提出坚持预防和查办并举、注重从源头上预防犯罪的建议；加强法治建设，注重普法教育，听取和审议"六五"普法决议执行情况的报告，推进行政机关依法行政，公正执法，促进司法部门深化"法律六进"活动，以律师进村为示范，在全县普遍建立法律顾问制度。2015年，宣恩县被全国普法办表彰为"全国法治建设先进县"。

切实加强规范性文件备案审查工作，对本级人大及常委会制定的规范性文件及时向州人大常委会进行备案，接受审查。

围绕充分发挥部门职能作用，改进工作作风，增强服务意识，提高履职效能，常委会采取视察、评议、述职、满意度测评等方式，开展行权履职监督,对民政局等9个县直部门开展工作评议。在评议中,做到代表参与到位、客观评议到位、督促整改到位,使工作评议成为加强人大监督的重要手段,逐步走上制度化、规范化、长效化轨道。通过开展工作评议,全面了解、掌握被评部门工作情况,促进部门依法行政,推动各项工作落实,营造宽松的发展环境。

【重大事项审议决定】2016年,宣恩县十七届人民代表大会常务委员会先后就全县预算调整、产业建设、撤乡建镇、"十三五"规划、普法规划等重大事项作出决议、决定34项。为整合优化全县教育资源,扩大办学规模,促进全县教育事业持续健康发展,常委会作出关于建设县教育中心的决议,县教育中心高中部如期投入使用;及时审议县人民政府关于李家河、高罗撤乡建镇的议案,对撤乡建镇有关问题作出决定,有效推动全县城镇化建设;2016年11月,为增加基本公共服务供给,拓宽融资渠道,深化政府与社会资本合作,作出购买县教育中心、文体中心、棚户区改造、西门沟至物流园道路基础设施建设服务的决定。

严格人事任免程序,实行被任命人员向宪法宣誓制度,激励被任命人员忠于和维护宪法,在全社会彰显宪法权威。县十七届人民代表大会常务委员会共任免国家机关工作人员163人(次),接受常委会组成人员辞职7人,增补1人,接受州县人大代表辞职8人,补选州人大代表4名,坚持党管干部与依法任免相统一的原则,顺利实现党委人事安排意见。注重任后监督,结合听取和审议专项工作报告、开展执法检查、工作评议等,探索对任命人员履职情况的监督;许可县检察院、县公安局对3名涉嫌违法犯罪的县人大代表采取刑事强制措施,促进司法机关依法办案,依法维护人大代表的合法权益。

【代表工作】2016年,宣恩县督办代表议案建议办理,坚持把督办代表议案建议与推动工作结合起来,通过常委会领导亲自带队督办,确定议案、重点建议案重点督办,联合县政府督查室共同督办等多种方式,督促有关部门认真听取代表意见,努力解决实际问题。县十七届人民代表大会代表共提出321件议案、建议、批评和意见,答复率和办结率均达到100%,办理满意率98%以上。城乡环境卫生综合治理、林权纠纷、农村公路建设、农村安全饮水等一批代表和群众关注的问题得到有效解决,增强代表的责任感和自豪感,提升人民群众对代表的认同感。

县十七届人民代表大会闭会期间活动,邀请乡镇人大主席、专职副主席列席常委会会议,组织代表开展视察调研,参加执法检查,不断充实代表活动内容;坚持和完善常委会组成人员联系代表、代表联系选民制度,虚心听取代表汇集群众的意见建议;分年度开展代表述职评议活动,定期或不定期向代表通报常委会会议及活动情况,坚持为人大代表寄送常委会公报,不断拓宽代表知情知政渠道;注重意识形态工作,加强舆论引导,以"代表风采"电视专栏为载体,宣传代表履职事迹,开展"访代表、听民声"活动,切实增强代表履职活力;加强县乡人大代表学习培训,不断增强代表履职责任意识,切实提高代表履职能力和水平。

加强乡镇人大阵地建设,县乡人大代表活动经费列入年度财政预算,完善农民代表履职补助制度,协调解决代表履职活动中的困难和问题,为代表联系群众、开展活动、履行职责提供条件和保障。推进乡镇人大规范化建设,先后建成乡镇人大代表活动室9个,落实乡镇人大工作人员,实现乡镇人大有场所办公、有人办事、有制度规范运行,不断提高乡镇人大工作整体水平。

2016年是县乡两级人大换届选举年。换届选举工作在县委的领导下,县人大常委会精心组织,周密部署,科学谋划,及时制定换届选举工作实施意见,作出有关决定,举办换届选举业务培训,加强督导检查,指导做好选民登记、提名推荐初步代表候选人、协商确定正式代表候选人、投票选举等各个阶段工作,换届选举依法有序进行。10月20日,全县进行县、乡两级人大代表选举工作,93个县级选区、301个乡级选区,约23万选民共选举产生新一届县人大代表193名,乡镇人大代表574名。

(周盛亮)

宣恩县人民政府

【概况】2016年，宣恩县实现生产总值60.23亿元，实现地方财政总收入4.73亿元，实现公共预算收入3.29亿元，城镇居民人均可支配收入、农村居民人均可支配收入预计分别达到22784元、8550元。固定资产投资完成44.67亿元（不含农村农户投资），增长19.1%；服务业增加值增长速度9.5%，规模以上工业增加值增长速度10.3%。工业园区企业达到100家，其中产值过亿元企业8家，土家爱食品开发有限公司成为省级高新技术企业。全县市场主体达到1.74万户，农民专业合作社达到539家，家庭农场达到231个，椒园生态产业园升级为省级农业产业化示范园区。

全县特色农业产业基地4.8万公顷，其中，有机农产品认证基地1433.33公顷；建成全省生猪调出大县，农业主导产业产值突破15亿元。实现信息产业产值2.72亿元，同比增长12.8%。国家地理标志保护产品达到4个；省级著名商标达到8件；"伍家台贡茶"成为中国驰名商标，荣登"湖北最受欢迎十大茶叶品牌"榜。无公害农产品、绿色食品、有机农产品、地理标志农产品等获证产品占当地食用农产品生产总量或面积的比重超过35%。设立环境监测点40个，对全县有机、绿色等主要农产品生产基地开展环境监测工作，建立"三沼"综合利用示范点6处，面积166.6公顷，2013年以来全县农产品检测合格率均在98%以上。研制柚子花茶样32种，并成功申请专利。

兴隆大道中端、贡水河北岸人行栈道、凌云路、水厂路改扩建基本完成，"三拆四建"在经验全州推广，成功创建"省级卫生县城""省级园林县城"。贡水龙城基本完工，今典国际、万和广场一期房产项目全面建成，睿山华庭有序推进。乡镇集镇的基础设施不断完善，编制完成椒园、和平、三河沟控制性规划和城区绿地系统、供排水等专项规划，实现乡镇集镇总规和村庄规划全覆盖。"两桥两路"、高速公路县城连接线建设完成，西门沟至莲花坝道路、和平大道建设有序推进。

贯彻"既要金山银山，更要绿水青山"和"绿色决定生死"的发展理念，全面推进"山更青、水更绿、天更蓝、土更净、城乡更美"5个专项治理行动，扎实抓好生态文明和美丽宣恩建设，建成36个"省级绿色示范乡村"，9个集中式饮用水源地水质达标率均为100%，全县空气质量优良天数比例达到90.7%。

年末存款余额85.44亿，贷款余额39.01亿元，存贷比45.67%。持续开展金融信用县创建，实施"信用企业、信用乡镇、信用社区、信用区域"四大信用工程建设，全面巩固"金融信用县"创建成果。小额贷款保证保险投入资金400万元，财政过桥基金总额1亿元，为55户企业累计办理106笔过桥业务，累计过桥6.66亿元，平均每笔过桥金额628万元。引导县内有条件企业在"新三板"、"四板"市场挂牌，已挂牌的企业3家。规范发展民间金融机构。12月末，两家小额贷款公司注册资本1.3亿元，贷款余额1.4亿元，贷款笔数91笔，实现利息收入919万元，纳税145万元。建立县、乡、村分级政策性融资担保平台，申请设立村级扶贫互助社的行政村达到127家，完成登记注册78家，正式开展担保业务56家，在椿木营乡设立全州首家乡级金融扶贫互助社。新增风险补偿基金700万元，扶贫风险补偿基金规模达2835万元，扶贫互助担保贷款规模实现过亿目标，较年初增加8754万元，增长629.78%。成功组织召开金融扶贫研讨会，修订完善金融扶贫益贷补充实施意见，开展金融扶贫示范村、金融扶贫细胞工程创建活动。推出6个金融扶贫示范村，6户金融扶贫示范户，9家扶贫先进单位等示范典型，成功创建"金融支持扶贫开发示范县"。村级扶贫互助社开展扶贫益贷互助担保贷款模式被称为"恩施宣恩模式"，并得到省政府曹广晶副省长的肯定性批示，《恩施日报》将宣恩县黄坪村金融扶贫模式称为"黄坪样本"。成功组织中部六省推进普惠金融发展暨金融服务网格化宣恩现场会和全州精准扶贫宣恩现场会。

坚持以"惠民生、增民利"为着力点，重点实施以道路交通、饮水、教育、卫生、社会保障等为主的民生工程，"行路难、饮水难、上学难、就医难、保障难"等民生工程得到有效缓解。全年民生支出达21.6亿元，占比在80%以上。全县农村公路通畅率达到100%，农村饮水安全普及率达到89.85%，城乡居民养老保险人数达到14.87万人。始终坚持教育优先发展战略，实施县一中、二中和县民族中学整体搬迁，新组建宣恩县第二民族实验小学，"改薄"工程全面实施，义务教育均衡发展通过省级验收。改扩建乡镇卫生院9所，新建标准化村卫生室163个，新农合参合率达到99.2%。严格落实计划生育政策，生育水平总体稳定。完成州定年度脱贫任务和易地搬迁年度工作目标，实施棚户区改造500套，新建保障性住房8026套，改造农村危房8522户。"双拥"国防全面加强，被表彰为全省"双拥"模范县。

严格落实安全生产责任制，狠抓基层综合治理，社会治安防控体系逐步完善，县内发案少、秩序好，群众"一感两度两率"测评位居全省县市前列。正确引导网上舆论，处置违法网站有害信息187条，全县未发生影响恶劣的群体性事件，未引发网上大炒作。化解房地产领域8件不稳定事件，领导包案处理省州县交办的27件重大信访案件。持续巩固"三位一体"基层治理模式，推进"七五"普法，严控网络舆情，突发事件和保障公共安全应对能力进一步增强。实施《宣恩县农村集体聚餐食品安全管理暂行办法》《宣恩县食品药品安全考核评价办法》等规章制度，公众食品安全群众满意度87.98%，药品安全群众满意度83.86%，食品药品安全公众满意度86.39%，位列全州第三，全年没有发生较大及以上食品药品安全责任事件。

开展"两学一做"学习教育活动，严格落实党风廉政建设责任制，认真贯彻落实中央"八项规定"精神，驰而不息纠正"四风"。挺纪在前，抓实省委巡视整改，旗帜鲜明反腐倡廉。自觉接受人大、政协监督，累计办理人大代表议案、建议321件，政协委员提案293件。完善《县政府工作和议事规则》，规范重大行政决策程序，普遍建立法律顾问制度，行政决策更加科学、民主，行政监察、审计监督力度进一步加大。推进政务公开，组织开展政风行风评议和网络、电视媒体问政，政府系统执行力、落实力进一步提升。

（周恩）

【全县2016年经济工作会议】2016年2月15日，宣恩县在宣恩礼堂召开全县经济工作会议，会议总结2015年的工作，安排部署2016年工作任务，听取珠山镇、宣恩工业园区管委会、县财政局、县扶贫办、县城管局及宣恩农村商业银行等6个单位的工作交流发言，并对全县2015年工作表现突出的单位和个人进行表彰，对春耕备耕、烟叶生产、项目开工、节后安全生产等重点工作进行具体安排。

【县政府第五次廉政工作会议】2016年9月30日，向建强在县行政办公大楼二楼会议室主持召开宣恩县十七届人民政府第五次全体(扩大)会议暨廉政工作会议，传达学习省、州政府全体(扩大)会议精神，安排部署2016年后几个月的重点工作。习覃、郭晖、向建强、周志斌、张友刚、邵爱华、谢世鸿、李家锦、罗文骏、覃国锋出席，各乡镇长，县直各单位主要负责人，县政府办公室副主任、班子成员及科室人员参加会议。县政府办公室、县金融办、县监察局、县发改局、县财政局、县扶贫办、高罗镇人民政府、长潭河侗族乡人民政府主要负责人，分别围绕2016年县人民政府确定的五件民生实事进展、金融扶贫工作推进、《湖北省行政问责办法》贯彻落实、重点项目及固定资产投资、财政税收工作、精准扶贫“五个一批”实施、易地扶贫搬迁及集镇建管、灾后重建等方面情况进行发言。习覃要求全县各级各部门必须要结合县乡换届、精准扶贫、党风廉政建设和反腐败等重点工作，贯彻落实省委副书记、代省长王晓东在省政府第五次全体（扩大）会议上的重要讲话精神，确保全县全年各项目标工作任务圆满完成。

【政府常务会议】2016年，宣恩县共召开15次政府常务会议。

第35次常务会议　1月22日，县长习覃主持召开县十七届人民政府第三十五次常务会议。

听取县财政局关于2015年公共财政收支预决算和2016年公共财政预算工作的情况汇报，原则同意2015年公共财政收支预决算情况和2016年公共财政预算安排。听取县财政局关于《宣恩县县域经济发展调度资金操作规程》（以下简称《操作规程》）的情况说明，原则同意《操作规程》和《2016年度园区企业和园区外工业企业县域经济发展调度资金分配使用方案》。

听取县征兵办关于2015年思想退兵人员处罚工作的情况汇报，决定：经济处罚：对思想退兵人员庄某、刘某某的处罚，按照2015年农村户口义务兵优待金7049元的标准给予经济处罚，由退兵所在乡镇执行，罚款上交县财政，列支民政优抚安置款项。其他处罚：两年内全县所有国家机关、社会团体、企事业单位不得招聘和录用，由县人社局执行；两年内公安机关不得为其办理出国（境）手续，由县公安局执行；两年内教育部门不得为其办理升学手续，由县教育局执行；两年内工商行政管理部门不得为其办理工商营业执照，由县工商局执行。

听取县招商局关于2016年州级重点招商项目库项目报送工作的情况汇报，原则同意报州的2016年重点招商项目。要求要加大工业项目、市政项目和旅游项目的谋划力度，提高招商项目数量和质量；工业园区内临近鑫海物流园的地块布局成高端食品产业园。

审议《宣恩县建档立卡贫困户精准扶贫脱贫到户扶持政策》，听取县扶贫办关于《宣恩县建档立卡贫困户精准扶贫脱贫到户扶持政策》（以下简称《扶持政策》）的起草说明，原则同意《扶持政策》，要求相关部门进一步修改完善后印发。

听取县残联关于困难残疾人生活补贴和重度残疾人护理补贴工作的情况汇报，原则同意《关于全面建立宣恩县困难残疾人生活补贴重度残疾人护理补贴制度的实施办法》。

听取县卫计局关于加强基层医疗卫生单位建设工作的情况汇报。同意县财政局解决2015年政策性增资所需资金、对乡镇卫生院在编在岗人员按全额口径保障到单位；聘用人员保障问题，由县人社局、县卫计局等相关部门研究定向招聘、留住人才的实施办法。

第36次常务会议　2月15日，县长习覃主持召开县十七届人民政府第三十六次常务会议。审议《关于加快推进全县易地扶贫搬迁工作的实施方案》，听取县发改局对《关于加快推进全县易地扶贫搬迁工作的实施方案》（以下简称《实施方案》）的起草说明，原则同意《实施方案》，要求进一步修改完善后印发。

第37次常务会议　3月4日，县长习覃主持召开县十七届人民政府第三十七次常务会议。

听取县高路办关于《宣鹤高速公路宣恩段征地拆迁安置补偿实施方案》（以下简称《实施方案》）的起草说明，原则同意《实施方案》，要求相关部门进一步修改完善后印发。

听取县住建局关于原电影公司和机械厂职工宿舍楼D级危房处置建议的情况汇报。

听取县金融办关于《2015年宣恩县金融工作奖励办法》的起草说明。

研究高罗“2·7”杀人焚尸案专案组及有功民警奖励工作，听取县公安局关于高罗“2·7”杀人焚尸案专案组及有功民警奖励工作的情况汇报。决定对侦破高罗“2·7”杀人焚尸案专案组记集体三等功一次；对吴德芳、田丰、田业军、夏涛等4名民警分别记个人三等功一次；对陈祥书、向曦、龙世波、刘永熙、邓泽楠、杨昆、余欢、孟海壮、范磊、易悦、廖玮、向昶欣、周毅、梅屹华、向宇、瞿健、张秀臣、钟于清、赖刚、李启胜、段元新等21名民警分别嘉奖一次。

审议《宣恩县人民政府工作和议事规则（修订稿）》，听取县政府办关于《宣恩县人民政府工作和议事规则(修订稿)》(以下简称《议事规则》)的起草说明，要求对《议事规则》进一步修改完善。要求对《议事规则》中相关规定的修改，要结合实际、考虑长远，制定的各项措施要恰当、适宜，要有利于政府运行;《议事规则》中的各项规定要紧紧围绕政府的职能和工作权限来确定，其范围、事项、程序要符合政府的职能特点和工作实际，要前后连贯、有机统一;《议事规则》中涉及到资金的要结合《关于进一步明确财政资金有关审批程序的意见》要求进行修改。

会议就县政府落实巡视反馈问题整改工作进行研究部署，要求各分管县领导要认真抓好分管领域整改任务的落实，对巡视反馈问题整改报告要进行审核把关;相关部门要进一步统一思想、强化落实、严明责任，确保巡视组反馈意见整改落实到位。对现在能解决的问题，要采取有效措施立即解决;对需要有一个过程才能解决的问题，要说明原因并研究具体措施和办法，限时整改到位。

第38次常务会议　3月18日，县长习覃主持召开县十七届人民政府第三十八次常务会议。

审议《县政府班子及班子成员2016年履职尽责工作项目清单》(以下简称《项目清单》)，会议就《项目清单》进行讨论研究，原则同意《项目清单》，要求县政府班子成员就各自分管领域的工作提出反馈意见，县政府办公室负责修改完善。

审议《宣恩县推进财政资金统筹使用的实施意见》(以下简称《实施意见》)，听取县财政局关于《实施意见》的起草说明。决定原则同意《实施意见》，相关部门要结合精准扶贫工作要求，进一步修改完善后印发;相关部门要迅速制定财政资金统筹的具体方案，报县政府常务会议研究;同意县财政局提出的预算追加事项。

听取县审计局关于扶贫资金审计及经济责任审计工作的情况通报。

会议听取县公车改革领导小组办公室关于公务用车制度改革工作的情况汇报。原则同意《宣恩县公务用车制度改革实施方案》和《宣恩县公务用车制度改革纪律规定》。相关单位要结合宣恩实际，对公务交通补贴区域重新划分;同意设立执法应急用车保障中心办公场所。

研究第三届伍家台贡茶开园节活动筹备工作，听取县农业局关于第三届伍家台贡茶开园节活动筹备工作的情况汇报，同意《第三届伍家台贡茶开园节活动方案》。要求开园节活动要邀请农民日报、州茶叶协会、州摄影家协会及兄弟县市有关茶叶企业参加;相关单位要充分利用各种新媒体，做好活动的宣传报道工作，扩大伍家台贡茶的知名度和影响力。决定由县委副书记朱鹏程牵头，组织相关单位按照职责分工做好开园节活动的筹备工作;由县财政解决资金25万元作为开园节活动经费补助。

研究园区建设有关工作，听取宣恩工业园区管委会关于园区建设有关工作的情况汇报。关于征地用地相关工作，会议决定由副县长向子明牵头，组织相关部门抓紧制定全县征地用地方案，报县政府常务会议研究;县国土资源局等相关单位要优先启动海关监管场所二期用地、下椒园生态产业园扩展用地、新建民爆仓库、老民爆仓库周边储备用地、和平大型沼气池建设用地、下椒园储备用地的征地和土地报批工作。关于园区产业投资公司组建，决定以坚持发展实体经济不动摇为根本目标和原则，组建园区产业投资公司，相关部门在6月份之前拟定园区产业投资公司组建方案;同意在园区产业投资公司未正式运作前，2016年的征地、基础设施项目投入仍按照原渠道和方式由政府统筹解决。关于园区调区扩区规划评审，同意采取单一来源采购方式，采购宣南产业新城总体规划编制单位编制李家河镇全域规划，编制价格控制在30万元之内;适时在李家河镇召开县规划委员会评审会议，对有关规划进行评审，并听取易地扶贫搬迁等规划介绍。关于确定园区基础设施建设项目计划，会议同意建设和平制造产业园人工湿地项目，统筹考虑和平周边和园区发展需要;县环保局作为项目实施业主要迅速启动地勘、项目设计、招标等工作，力争年内完成项目建设;项目建设所需资金由县财政局制定筹措方案。同意建设和平制造产业园道路绿化亮化工程项目;启动椒园生态产业园连接高速公路收费站公路和209国道绕镇线建设项目;将亚麦公司纳入四星级工业旅游示范点基础设施项目建设，将亚麦公司建设的停车场、观光栈道及绿化工程作为分包工程纳入统一招标，由中标方统一结算后支付补助款，补助额度为其总体定额造价的70%，但总额不超过100万元；组建以县经信局牵头，工业园区、县水利水产局、珠山镇人民政府等相关单位参与的民爆仓库搬迁工作专班，并按照园区提出的方案启动民爆仓库搬迁工作。县水利水产局负责做好甘溪河河堤项目的调剂、申报和实施工作。关于重点项目落地问题，会议同意按照县委、县政府确定的统一招商引资优惠政策引进重庆仟淋商贸有限公司的汽车外贸综合项目，并按照两期规划建设，相关部门要抓紧与投资方接洽，促成项目早日落地；同意园区提出的汽车外贸综合项目涉及到的道路还建方案，项目由县交通运输局组织实施，在2016年10月开工建设；相关部门要迅速启动公路建设拌合站的搬迁选址、土地征收报批等相关工作，在8月底完成搬迁。

会议传达学习了中共中央、国务院对天津市委、市政府通报批评的通知精神，要求各级各部门深刻吸取"天津港8·12爆炸事故"血的教训，强化安全生产责任，切实把各项安全生产措施落到实处，坚决遏制重特大安全事故发生。

第39次常务会议　3月25日，县长习覃主持召开县十七届人民政府第三十九次常务会议。

研究县第一中学搬迁、县第二中学撤并及县民族实验中学搬迁和县第二民族实验小学筹建工作，听取县教育局关于县第一中学搬迁、县第二中学撤并及县民族实验中学搬迁和县第二民族实验小学筹建工作的情况汇报，原则同意《县第一中学搬迁、县第二中学撤并及县民族实验中学搬迁、高罗中心小学搬迁、县第二民族实验小学筹建工作方案》。

研究交通运输工作，听取县交通运输局关于交通运输工作的情况汇报，原则同意《宣恩县农村公路养护管理实施细则》和《宣恩县农村公路规范化养护及管理考评办法》，要求县政府法制办负责审核，进一步修改完善后印发。会议决定：关于资金统筹问题，由县财政局按照"多个渠道进水、一个池子蓄水、一个口子出水"的原则，牵头制定资金统筹方案。要把交通项目资金的大类统筹作为资金统筹的重要工程来推进，确保用活用好交通系统的存量资金、项目资金。要按照精准扶贫工作要求，将其他项目资金尤其是用于基础设施建设的项目资金，优先向交通项目倾斜。关于农村公路建设问题，相关部门要将农村公路及精准扶贫产业路纳入易地扶贫搬迁和精准扶贫总体规划，加大工作力度，采取有效措施，确保实现州政府下达给宣恩县的责任目标。关于"村村通客车工程"和农村公路养护管理问题，原则同意县交通运输局提出的方案，由县财政在资金上予以统筹安排。用好上级部门下达的326万元补助资金和已经列入预算的243万元财政资金，应急抢险专项资金由县财政单独列入预算。农村公路养护责任要与农村环境卫生治理一并统筹考虑。同意县财政安排205.6万元补助资金用于继续巩固"村村通客车工程"。县交通运输局做好农村公路养护和"村村通客车工程"的成效评估和检查督办工作。关于农村公路用地的问题，由副县长向子明牵头，组织相关部门、乡镇认真研究政策，制订具体操作办法。乡镇、村做好当地群众的思想教育和政策宣传解释工作。关于长椿公路改造问题，相关部门要迅速启动项目建设工作，项目所需周转金由县财政根据需要给予保障。关于研究PPP项目，由县财政局和县发改局牵头对PPP项目模式进行研究，全县哪些项目适合PPP模式、如何推广实施PPP项目等拟定工作方案，报县政府研究。

研究2016年土地征收与出让工作，听取县国土资源局关于2016年土地征收与出让计划的情况汇报，原则同意《2016年土地征收与出让计划》。会议要求相关部门要将野椒园旅游区开发用地纳入2016年土地征收计划；相关部门要做好莲花新城20公顷土地、兴隆大道党校外环线3.3公顷土地及锣圈岩等旅游项目用地的出让计划。

研究县民族医院整体搬迁工作，听取县卫计局关于县民族医院整体搬迁工作的情况汇报，会议同意成立PPP项目领导机构，由县委常委、常务副县长岳东为组长，分管副县长为副组长，相关单位为成员的PPP项目建设领导小组；将县民族医院整体搬迁作为县重点推进PPP项目试点，聘请专业咨询机构对PPP模式的推广和运用进行研究；县卫计局等相关部门要积极与有投资意向的投资人接洽，在县民族医院整体搬迁项目二、三期上达成合作。

传达学习由省人民政府常务会议审议通过的《湖北省行政问责

办法》(以下简称《办法》),要求各级各部门抓好《办法》的学习宣传,深刻领会、准确把握《办法》的主要内容和精神实质,在实际工作中,依法全面履行职责,提高行政效能,杜绝不作为、乱作为、慢作为等现象。

第40次常务会议　4月19日,县长习覃主持召开县十七届人民政府第四十次常务会议,研究财政资金整合工作、贯彻落实粮食安全行政首长责任制工作、供销合作社综合改革工作、“助保贷”及金融“扶贫益贷”工作、县城区D级危旧住房拆除及易地安置工作、棚户区旧城改造产权调换相关税费问题、狮子关旅游区门票价格制定工作,审议《湖北宣恩工业园区总体规划(2016—2030)》及《湖北省宣恩县宣南产业新城总体规划(2015—2030)》,讨论研究政府工作报告等事项。

研究财政资金整合工作,听取县财政局关于财政资金整合工作的情况汇报,会议决定:关于全县所有重点贫困村资金安排问题,对2016年要脱贫的贫困村,所有扶贫项目要迅速启动,每个村安排不低于200万元的项目资金;对其他的贫困村,每个村安排不低于100万元的项目资金。县财政局和县扶贫办负责做好工作衔接。关于精准扶贫相关重点项目建设问题,由县财政局牵头,相关部门配合,对照2016年全县经济工作会议上的安排部署,围绕重点项目建设,迅速将相关项目资金安排到位。县扶贫办、县财政局要迅速做好资金安排与项目库具体项目对接工作。由县委常委、常务副县长岳东牵头,组织相关部门对全县2014年以来统筹财政资金方面会议研究、工作落实的情况进行整理汇总,并向省审计组汇报全县财政资金整合情况。

研究贯彻落实粮食安全行政首长责任制工作,听取县粮食局关于贯彻落实粮食安全行政首长责任制工作的情况汇报,原则同意《宣恩县人民政府关于落实粮食安全行政首长责任制的实施意见》,要求进一步修改完善后印发。会议决定由副县长周志斌和工业园区管委会主任覃国锋牵头,组织相关部门对《富硒粮油产业发展奖励资金管理办法》进一步修订完善;同意将椒园粮食仓储博物馆项目纳入园区4星级工业旅游区项目开发体系,县粮食局要积极向省粮食局争取项目资金支持,力争2016年建成并投入运营。

研究供销合作社综合改革工作,听取县供销联社关于全县供销合作社综合改革工作的情况汇报,原则同意《宣恩县供销合作社综合改革实施方案》。

研究“助保贷”及金融“扶贫益贷”工作,听取县扶贫办和建设银行宣恩支行关于“助保贷”及金融“扶贫益贷”工作的情况汇报。关于“助保贷”项目,会议决定:由宣恩工业园区牵头,严格按照相关流程和程序对“重点小微企业池”入池企业进行重新认定;同意追加1000万元风险补偿资金,将贷款能力扩大到2亿元。县金融办负责做好对相关金融机构的考核工作;同意将“助保贷”与金融扶贫工作结合起来,统筹推进。县扶贫办和县金融办负责联合相关金融机构,共同做好金融扶贫工作。关于金融“扶贫益贷”项目,会议同意将风险准备金的银行存款利率由活期存款利率改为一年期定期存款利率;对贫困户以外按要求承担扶贫帮扶责任的种养大户、农民专业合作社、家庭农场、小微企业给予贷款担保,但须缴纳“互助担保保证金”,按贷款额的2%收取;对贫困户以外按要求承担扶贫帮扶责任的其他涉农市场主体在代偿清收后产生的风险由银行、政府各承担50%(资本金由本级政府承担);贫困户贷款全额贴息实行由财政直拨到承贷银行;由县扶贫发展中心牵头组建金融“扶贫益贷”项目工作专班;县编办要积极与上级部门衔接,做好将县扶贫发展中心升格为副科级实职事业单位的争取工作,同意县扶贫发展中心遴选两名工作人员;追加“扶贫益贷”本级配套风险准备金500万元;县金融办要将“扶贫益贷”作为2016年对金融机构考核的重要指标,并合理确定所占比例;对有成熟产业的村、带动能力强的村要连片设立互助社;将“扶贫益贷”纳入农民办事不出村网格化管理平台;相关部门要迅速建立“扶贫益贷+”模式,将“扶贫益贷”作为宣恩扶贫工作的品牌重点打造,努力使宣恩扶贫工作再上新台阶。

审议《湖北宣恩工业园区总体规划(2016—2030)》及《湖北省宣恩县宣南产业新城总体规划(2015—2030)》,听取宣恩工业园区管委会关于宣恩工业园区总体规划、宣南产业新城总体规划编制情况的汇报,原则同意《湖北宣恩工业园区总体规划(2016—2030)》

及《湖北省宣恩县宣南产业新城总体规划(2015—2030)》。

研究县城区D级危旧住房拆除及易地安置工作，听取县住建局关于《县城区D级危旧住房拆除及易地安置实施方案(送审稿)》(以下简称《实施方案》)的起草说明，原则同意《实施方案》。要求县住建局、珠山镇人民政府等相关单位要做切实做好易地安置标准的宣传解释工作；相关单位要按照“群众自愿、分步推进、突出重点”的原则，严把政策关，切实做好危旧住房拆除及易地安置工作；相关单位要将原机械厂、原民族电影院、原中药材公司、原大派公司和原珠山镇政府等几个片区的危旧住房拆除及易地安置工作放在首要位置，纳入2016年棚户区改造范围，迅速推进，争取早日见到成效。

研究棚户区旧城改造产权调换相关税费问题，听取县国有土地上房屋征收管理办公室关于棚户区旧城改造产权调换相关税费问题的情况汇报。会议决定：关于房屋维修专项资金，根据相关政策，还建房维修资金由政府承担，纳入财政预算；还建户个人出资购买面积部分的维修资金，由还建户自行承担。关于供配电设施费用、自来水入户安装费用、天然气安装费用，在与片区开发协议、拆迁安置协议不冲突，不存在重复补偿的前提下，由县财政从棚改配套资金中解决，供电、供水、供气企业予以适当优惠。关于产权调换房屋办证费用，按政策由征收部门承担。关于拆迁安置户房屋过户税费问题，由改造专班积极与开发商沟通衔接，严把对象关，由开发商予以妥善解决。

研究狮子关旅游区门票价格制定工作，听取县发改局关于狮子关旅游区门票价格制定工作的情况汇报，同意方案中提出的狮子关旅游区一期门票价格为100元，上浮最高不超过20%。

讨论研究政府工作报告，通报政府工作报告有关起草情况，要求各分管县领导及各部门认真审阅，及时将相关意见、建议反馈到县政府办公室，由县政府办公室进行修改完善。

第41次常务会议　5月3日，县长刁覃主持召开县十七届人民政府第四十一次常务会议。

听取县统计局关于一季度主要经济指标完成情况的汇报，一季度全县经济运行实现平稳开局，但受宏观经济形势的影响，全县经济运行依然面临着一些突出矛盾和问题，地方财政总收入、公共预算收入、规上工业增加值、规上工业用电量等部分经济指标增速有所回落，有的甚至出现负增长，全县经济下行压力依然较大。为确保二季度经济平稳较快增长，重点工作扎实推进，县域经济快速发展，会议要求各级各部门要充分发挥主观能动性，切实把各项工作抓紧抓实抓到位。抓投资进度，县发改局要切实履行项目主管部门职责，集中力量推进重点项目建设。各分管副县长、宣恩工业园区管委会主任要牵头做好各自分管领域相关项目的督办工作，千方百计提高新建项目开工率、在建项目完工率、建成项目投产率和签约项目落地率，尽快形成新的经济增长点，有力拉动投资快速增长。县委常委、常务副县长岳东要统筹相关部门做好易地扶贫搬迁工作，制定易地扶贫搬迁实施方案。县政府政务督查室要对全县项目建设情况进行专项督查。抓政府和企业收入，各有关部门要采取措施，加大项目建设力度，加快推进项目建设用地的挂牌出让工作。县国税局、县地税局要进一步加大税收征管力度，掌握金融、房地产、建安和生活性服务业等重点行业、重点税源企业的生产经营和纳税情况，保证税源不流失，加强对欠税情况的清缴，做到颗粒归仓。县财政局要盘活财政资金，完善投融资平台建设，为进一步发展壮大工业，特别是产业链的建设提供可用财力。各有关部门尤其是工业园区要提高服务实体经济的水平，深入企业，强化服务，解决企业实际困难和问题，为企业发展创造良好环境。

抓信息入库，各级各部门要牢固树立“管行业就要管统计，抓发展就要重数据”的理念，变被动统计为主动统计，加强与企业、与统计部门的沟通衔接，加大项目推进力度，做好项目入库工作，充分发挥统计工作服务领导决策、推动县域经济社会发展的重要作用。宣恩工业园区管委会主任覃国锋要对“四上”企业入库问题进行专题研究，切实做好“四上”企业尤其是商贸企业的入库工作；副县长向子明要牵头做好房地产、建安等行业企业的入库工作；县委常委、常务副县长岳东对企业入库工作进行全面统筹，力争在二季度结束时取得明显成效。

研究精准扶贫“四个一批”方

案落实工作,听取县农业局、县教育局、县林业局、县民政局、县卫计局关于“发展生产脱贫一批、发展教育脱贫一批、生态补偿脱贫一批、社会保障兜底一批”精准扶贫“四个一批”工作方案的情况汇报,原则同意该方案,以“四个一批”各领导小组行文执行。在“发展生产脱贫一批”方面,体现发展旅游产业对极度贫困地区的脱贫带动作用,要在政府采购等方面对积极吸纳贫困人口就业、带动贫困人口增收的企业予以扶持。将发展规模标准化基地种植的补助面积确定在2公顷以上,使贫困户受益。设立100万元精准扶贫就业创业扶持资金,县人社局要研究制定切实可行的操作办法。对养殖能繁母猪的贫困户,由政府发放补贴并全额缴纳能繁母猪保险费。在“发展教育脱贫一批”方面,要将保证贫困家庭学生不因厌学而辍学、不因家庭困难而辍学,并完成高中阶段学业作为对帮扶单位的刚性要求明确下来。相关职能部门要进一步完善农村支教制度。在“社会保障兜底一批”方面,要对有劳动能力并愿意进城务工的贫困户在公租房问题上予以优先考虑解决。大病救助商业保险部门要在县级医院设立服务窗口,并尽可能缩短大病救助商业保险赔付周期。县级医院要采取切实有效措施,进一步提高诊疗水平,使病患者尽可能在本地就医,减少外地就医支出。同时,相关职能部门要研究制定大病救助特殊病患救助办法,解决因病致贫问题。

研究2016年度城乡低保大核查工作,听取县民政局关于2016年度城乡低保大核查工作的情况汇报,原则同意《宣恩县2016年度城乡低保大核查工作实施方案》。会议强调县民政局要借鉴省内其他地区的经验和做法,在贫困家庭收入计算、贫困家庭成员界定、家庭贫困但评不上低保的问题等方面进行系统研究,制定实施办法,将城乡低保核查工作抓实抓到位。

研究茶产业基金使用及预算调整、国库资金预借事项。关于茶产业基金使用,会议听取县财政局关于茶产业基金使用的情况汇报,会议同意伍家台贡茶有限公司继续使用重大产业基金,用于贡茶产业的发展,额度为3000万元,资金注入期为3年;政府实行阶段参股,由县国有平台公司进行运作,比照农发基金年1.2%的投资收益率收取投资回报;第二批重大产业基金的使用,县财政局、县人社局等相关部门与伍家台贡茶有限公司要在税收、就业等条款方面进行约定。听取县财政局关于预算调整、国库资金预借事项的情况汇报,会议同意县财政局的预算调整、国库资金预借的建议,要求追加预算按程序报县人大常委会审定。

研究调拨旧城区改建补偿资金工作,听取县财政局关于调拨旧城区改建补偿资金工作的情况汇报。会议认为国有土地上房屋征收的法定主体是县人民政府,钟楼至一桥片区棚户区旧城改建征收房屋产权调换延期交房增加的临时安置补偿和停产停业损失补偿应由征收人承担,对于开发商延期交房的违约责任应由县政府与其按整体开发合同进行清算。同意县财政局借给老城改造办510万元,用于支付钟楼至大桥片区棚户区旧城改建延期交房增加的临时安置补偿和停产停业损失补偿。

会议就调整“六城”同创工作经费预算进行安排部署,同意县财政再增加500万元预算,用于推进“六城”同创工作。

研究烟叶生产及烤房建设工作,听取县烟办关于全县烟叶生产及烤房建设工作的情况汇报。会议同意县财政解决资金250万元用于补贴烟农和购置普改密烤房设备;县烟办、县烟叶分公司要迅速启动烤房设备招标工作,确保2016年6月底前完成;县烟叶分公司等相关单位要对烤房设备的质量、安装效果把关,并做好对烟农的技术指导;要采取有力措施,加大工作力度,力争实现“两烟”税收过亿的目标。

会议听取县招标投标管理办公室关于《宣恩县小型建设工程招标投标管理办法(修订稿)》(以下简称《管理办法》)修订情况的汇报,原则同意《管理办法》,要求进一步修改完善后印发。研究县国有林场改革工作,听取县林业局关于县国有林场改革工作的情况汇报,原则同意《宣恩县国有林场改革实施方案》,要求相关部门进一步修改完善。各有关部门要高度重视国有林场改革工作,严格按照上级党委、政府的安排部署,密切配合,积极作为,采取有力措施,确保全县国有林场改革任务顺利完成。关于核定人员编制,相关部门要在确保现有规模不缩减的前提下,积极与上级部门对接,并提请县编委会研究确定。县林业局要积极探索国有林场下一步发展思路，因地制宜，找准适合自身发展的项目，多元化经营发展。

第42次常务会议　5月31日，县长习覃主持召开县十七届人民政府第四十二次常务会议。

研究沙道沟镇红旗电站有关问题处理工作，听取红旗电站问题协调专班关于沙道沟镇红旗电站有关问题处理工作的情况汇报。红旗电站始建于20世纪70年代末80年代初，于1984年3月正式投运，由于建站时间早且以民工建勤的方式修建，电站设计不合理，既未规划生态流量，也没有设计泄放设施，加上沙道沟集镇排污设施不配套，电站常年运行导致沙道沟集镇段近3千米河流长期断流并且污染严重，给集镇的生态环境和群众的生产生活带来严重影响。会议要求：关于保障生态流量问题，县水利水产局负责督促做好红旗电站的水资源论证工作，论证完成前，按不低于小河口生态流量标准2.4立方米/秒执行。沙道沟镇人民政府负责做好日常监管工作，确保电站按确定的生态流量标准执行。县环保局负责做好督办工作，确保企业整改到位。关于排污管道建设问题，相关部门要迅速启动排污管道建设工作，力争在2016年9月进入招投标阶段。关于其他相关配套项目建设问题，沙道沟镇人民政府结合乡集镇建设和易地扶贫搬迁工程建设，就过河跳岩、水力自动翻板坝、沿河步行道等项目制定出河道治理方案，并请专业机构进行论证，力争在2016年9月进入具体实施阶段。关于安全生产责任界定问题，县安监局要深入现场就工程的安全生产责任进行评估，督促企业落实安全生产主体责任，县供电公司对违规加坝50厘米的行为承担连带整改责任。关于项目争取问题，县发改局、县水利水产局要结合酉水河保护和治理，积极向上级部门争取相关项目。

研究易地扶贫搬迁工作，听取县发改局关于易地扶贫搬迁工作的情况汇报，原则同意《关于加快推进易地扶贫搬迁工作实施方案》和《宣恩县2016年度易地扶贫搬迁实施计划》，要求进一步修改完善后提交县委常委会议审定。为进一步推进易地扶贫搬迁工作进程，实行县领导包片工作机制，由县委常委、常务副县长岳东负责联系珠山镇、椒园镇、万寨乡、高罗镇的试点建设，副县长向子明负责联系沙道沟镇、李家河镇的试点建设，副县长周志斌负责联系晓关侗族乡、长潭河侗族乡、椿木营乡的试点建设。关于教育、医疗配套公共服务同步跟进问题，由县委常委、副县长郭晖，副县长向建强牵头组织相关部门，结合乡镇已经选定的扶贫点进行一次专题调研并制定实施方案。关于农业产业发展同步跟进问题，由副县长周志斌牵头组织相关部门从行业保障的角度进行一次专题调研并制定实施方案。县住建局要迅速启动住房修建环节除规划设计之外的中介机构遴选工作。县规划局要联合设计单位对户型设计进一步细化调整，25平方米的户型不作“一户一宅”设计，同时，在2016年已遴选出3家设计单位的基础上再遴选增加设计单位。各乡镇要进一步抓实工作作风，勇于承担易地扶贫搬迁工程建设的主体责任。副县长向子明牵头组织相关部门对安置房修建流程进一步梳理完善，在本周内对各乡镇长进行以会代训的培训。会议原则同意相关部门出台的支持易地扶贫搬迁的配套方案，各分管县领导要严格把关。2016年全县易地扶贫搬迁须完成3000户的搬迁任务，利用全县现有存量房消化安置1500户，由副县长向子明和工业园区管委会主任覃国锋牵头，组织相关部门在6月5日前制定出具体实施方案；通过各乡镇启动的易地扶贫搬迁试点工程完成安置1000户；通过购买商品房、农村空置房或采取插花、寄养等安置方式完成安置500户。易地扶贫搬迁对象精准识别锁定，按1.1万户和12645户两个方案提请县委常委会议审定。

审议《侗族乡成立30周年系列活动方案》，听取县民宗局关于《侗族乡成立30周年系列活动方案》的情况汇报。会议强调，侗乡成立30周年系列活动要按照“造氛围、聚人气、助发展”的思路，结合精准扶贫、重点项目建设等，参照伍家台贡茶节模式，对活动内容进行策划包装，彰显民俗文化特色，助推地方旅游产业发展。会议决定侗乡成立30周年县财政每个乡镇安排活动经费20万元；由副县长向建强牵头组织相关部门和乡镇，对《侗族乡成立30周年系列活动方案》进行优化完善后，提请县委常委会议审定。

研究城镇生活垃圾处理特许经营工作，听取县城市管理局关于城镇生活垃圾处理特许经营工作的情况汇报。会议同意设定城镇生活垃圾处理特许经营权，通过公开招标进行许可；县城市管理局、县法制办要对城镇生活垃圾特许经营合同条款进行研究，严格把关；县城市管理局、县住建局等相关部门要结合实际，对县内新建垃圾处理场的设计规模进行调整。

第43次常务会议　7月1日，县长习罩主持召开县十七届人民政府第四十三次常务会议。

传达学习国务院安委会办公室关于湖南郴州“6·26”特别重大道路交通事故情况通报，会议强调当前汛期安全形势十分复杂严峻，安全生产任务重，各级各部门要深刻汲取事故教训，严格按照“抓生产必须抓安全、管行业必须管安全”的要求，切实将责任落实到每个岗位，强化安全生产举措，坚决遏制重特大事故发生，确保全县安全生产总体平稳。

审议《关于鼓励和扶持商贸流通企业加快发展的意见》，听取县商务局《关于鼓励和扶持商贸流通企业加快发展的意见》(以下简称《意见》)的情况汇报，原则同意《意见》，要求进一步修改完善后印发。

审议《2015年宣恩县金融工作绩效资金分配方案》和《2016年金融工作绩效考核办法》，听取县金融办关于《2015年宣恩县金融工作绩效资金分配方案》(以下简称《方案》)和《2016年宣恩县金融工作绩效考核办法》(以下简称《办法》)起草情况的汇报，原则同意《方案》和《办法》，要求对《办法》进一步修改完善后印发。

研究调整基本工资标准和奖励性补贴发放工作，听取县人社局关于调整基本工资标准和奖励性补贴发放工作的情况汇报。会议要求：关于调整基本工资标准相关操作口径，严格按照上级有关政策规定执行，要切实保障到位；关于机关事业单位奖励性补贴发放有关事宜，要在县财政可承受的范围内量力而行。关于事业单位绩效工资管理，对高中以上教育及其他事业单位参照州直有关政策，根据全县实际财力确定奖励性工资上浮标准。关于解决中高级职称评而未聘教师专项奖励问题，要站在全县人才战略角度统筹考虑，将中高级职称评而未聘教师纳入全县存量人才范畴，由县人才办根据有关优秀人才奖励政策，制定切实可行的操作办法，并提请县委常委会议研究。关于解决义务教育阶段教师待遇问题，以留住人才、稳定队伍为原则，由县财政局、县人社局、县教育局研究制定具体实施办法报县政府研究。会议同意县一中、县职中奖励性工资上浮按人均年绩效工资总量在基准线水平的1.5倍内进行调控；县一中取消“高考奖”项目，新设“教育教学质量奖励基金”“优秀高中教师津贴”项目，所核定费用纳入县财政预算。

研究置换龚金平土地修建莲花坝高架桥遗留问题，听取县国土资源局关于置换龚金平土地修建莲花坝高架桥遗留问题处理建议的汇报。会议要求对龚金平土地遗留问题的处理要在程序合法、公平公开的前提下，在县城总体规划许可的条件下，按照土地等级、土地面积、土地价值与原地块相一致的原则置换土地，并确保土地用途、规划设计功能和出让年限与原协议约定不变。决定由县委常委、常务副县长岳东牵头协调，副县长向子明具体组织实施，组织相关部门研究制定土地置换方案并提请县委常委会议审定。

研究“长江云·云上宣恩”移动政务新媒体平台建设工作，听取县电视台关于“长江云·云上宣恩”移动政务新媒体平台建设工作的情况汇报。会议决定：关于成立大数据管理局，由县电视台按照上级政策要求，制定具体方案，按程序报县编委研究；关于建好企业信息，由县经信局牵头，组织全县企业接入“云上宣恩”平台，实现数据共享，方便群众使用；关于抓好政务服务建设，由县政管办牵头，组织全县各政务单位及时入驻，随时发布政务信息，并与“长江云”技术方做好技术对接。

会议对县人民政府领导班子部分成员工作分工调整情况进行通报。邵爱华同志负责民族宗教、文化体育、广播电影电视、“616”对口帮扶等方面的工作；协助分管旅游工作；分管县民族宗教事务局、县文化体育新闻出版广电局；协管宣恩广电网络支公司；联系县电视台、县新闻中心。

罗文骏同志协助分管城建规划、电力、通信等方面的工作。

第44次常务会议　7月26日，县长习罩主持召开县十七届人民政府第四十四次常务会议。

传达学习全国及省、州安全生产电视电话会议主要精神，要求全县各级各部门要严格贯彻落实习近平总书记、李克强总理重要指示批示和国务院及省、州安全生产电视电话会议精神，清醒认识当前全县安全生产工作面临的严峻复杂形势，始终绷紧安全生产这根弦，把思想和行动统一到国家、省及州委、州政府的部署要求上，全力抓好当前及下一阶段的安全生产工作。

研究“7·19”暴雨灾后恢复重建工作，听取县民政局、县交通运输局、县农业局、县国土资源局等相关部门关于“7·19”暴雨灾后恢复重建工作的情况汇报。

研究县城垃圾填埋场整改工作，听取县城市管理局关于县城垃圾填埋场整改工作的情况汇报。椒园镇人民政府要会同相关部门做好红岩卡生活垃圾填埋场附近农户的搬迁工作，抓紧制定搬迁方案，县财政要保障搬迁资金。相关工作由县委常委、常务副县长岳东牵头负责统筹。由副县长向子明牵头，组织县城市管理局、县住建局、县规划局等相关部门加快推进第二垃圾处理场的规划选址和建设工作。

研究地质灾害防治工作，听取县国土资源局关于地质灾害防治工作的情况汇报。宣恩县地质条件复杂，地质灾害种类多、分布广，尤其是受近期强降雨和工程建设活动等因素影响，县内地质灾害频发。截至 2016 年 7 月，全县共发生了 71 起滑坡、崩塌、地裂缝等地质灾害，给人民群众造成严重的经济损失。会议决定湖北省宣恩县桐子营水电有限公司为晓关乡桥塘村堰沟不稳定斜坡治理的责任主体，应在 7 月 28 日中午 12 点之前，向县国土资源局明确回复如何落实不稳定斜坡治理责任，并启动治理工程；如湖北省宣恩县桐子营水电有限公司在限定时间内未启动晓关侗族乡桥塘村堰沟不稳定斜坡治理工程，则由县国土资源局按抢险工程程序，委托相应资质的施工企业进行应急工程治理，并按照《地质灾害防治条例》的相关规定，依法对宣恩县桐子营水电有限公司进行处理。

听取县环保局关于环境保护工作有关情况的汇报，研究环境保护工作，原则同意《宣恩县水污染防治行动计划工作方案》(以下简称《方案》)，要求相关部门进一步修改完善后印发。会议要求：项目争取问题，县发改局要牵头组织相关单位，以流域为单元，就沿途及相关乡镇的污水收集与垃圾处理、生态保护与开发、文化旅游产业推进等方面，科学编制忠建河、酉水河流域保护与发展规划，并积极争取进入国家和省重点项目。相关部门根据规划做好具体项目的申报工作。重点区域水污染防治问题，县住建局要做好县城污水管网的检测排查工作，确保正常运行；县环保局要对全县已建成的人工湿地的运行情况进行检查，确保正常运行；县畜牧兽医局要对全县已建的规模化畜禽养殖设施运行情况进行检查，确保达标排放；各乡镇要逐步建立再生资源回收体系，全力推进乡集镇污水收集与垃圾处理项目建设，力争在“十三五”期间做到全覆盖；县农业局、县国土资源局、县畜牧兽医局要就农业面源污染问题制定切实可行的操作方案，深入推进农业面源污染治理工作。水污染防治工作，县环保局、县水利水产局要从保护与发展的角度对全县水污染防治与生态环境保护相关问题进行研究。

听取县水利水产局关于风车口电站建设工作的情况汇报，研究风车口电站建设工作。会议指出解决风车口电站建设工作历史遗留问题，要着重解决 3 个方面的问题：要合法合理的理顺电站涉及到的资产、政策问题；要确保电站后续建设顺利实施的问题；要确保电站发挥效益并经得住时间检验的问题。会议原则同意对原宣恩县风车口水电有限公司法人肖儒志所持 49% 的股权予以收购，由县委常委、常务副县长岳东牵头组织相关部门落实；由副县长周志斌组织相关部门负责风车口电站后续建设工作，确保国有资产保值增值。

研究第三届世界硒都(恩施)硒产品博览交易会筹备工作，听取县农业局关于第三届世界硒都(恩施)硒产品博览交易会前期筹备工作的情况汇报。会议同意《第三届世界硒都(恩施)硒产品博览交易会宣恩县工作方案》，由县财政局解决活动经费 47.56 万元(相关费用以实际支付为准)；解决第八届世界养生大会宣恩“溯源一日游”活动接待经费 5.16 万元(相关费用以实际支付为准)；结合正在策划的中秋晚会，举办“硒引天下大美宣恩”专题文艺演出，作为“溯源一日游”活动内容之一。

研究向农发行及农行融资工作，听取县财政局关于向农发行及农行融资工作的情况汇报。会议原则同意向农发行宣恩支行申报宣恩县城市棚户区(城中村)改造项目融资、向宣恩县农业银行申报教育中心项目融资、向宣恩县农业银行申报文体中心项目融资，按照程序提请县委常委会议研究、县人大常委会议审定。

听取县政府综合招标投标管理办公室关于《宣恩县建设工程招投标管理办法》实施以来全县建设工程招投标情况汇报。要求相关部门要严格贯彻落实《国务院办公厅关于清理规范工程建设领域保证金的通知》精神，《宣恩县建设工程招投标管理办法》进行修订，取消等额保证金制度，原则上按上限收取投标保证金、履约保证金、质量保证金和农民工工资保证金。会议同意取消等额保证金制度，《宣恩县建设工程招投标管理办法》修订过渡期内，可按照两轮随机遴选的办法产生中标候选人，具体操作程序由县公共资源交易监督管理局拟定；小型建设工程的招标投标管理，除将等额保证金制度更换为10%的履约保证金外，其他条款仍按《关于印发〈宣恩县小型建设工程招标投标管理办法〉的通知》文件规定执行。

第45次常务会议　8月16日，县长习覃主持召开县十七届人民政府第四十五次常务会议。

听取宣恩工业园区管委会关于园区产业扶贫规划编制、园区产业投资公司组建、宣恩县返乡创业产业园项目建设、园区企业公租房转轨运行及园区其他事项的情况汇报，研究工业园区有关工作。会议原则同意《湖北宣恩工业园区产业扶贫规划（2016—2020）》，要求对规划进行修改完善，突显扶贫主题。同意组建宣恩园创产业投资有限公司，原则同意《宣恩园创产业投资有限公司章程》，要求相关部门对公司组建方案进行修改完善。原则同意《宣恩县返乡创业产业园项目建设运营方案》（以下简称《方案》）。根据《省人民政府办公厅关于印发湖北省2016年度易地扶贫搬迁实施计划的通知》精神，要求与园区产业扶贫规划做好对接，进一步对《方案》进行修改完善。同意引进园区企业孵化器项目，并在前期提供3年免费办公场地，解决租金及其他费用40万元。对海关监管场所项目从两个方面进行支持，一是待园创产业投资有限公司实际运行后由公司与项目承建企业洽谈合作事项；二是尽早做实PPP项目可行性报告，项目进入到实际运行阶段后由相关部门协助进行融资。

听取中国人寿宣恩县支公司关于开展扶贫小额保险工作的情况汇报，原则同意《中国人寿保险宣恩支公司扶贫小额保险承保方案》（以下简称《承保方案》），研究扶贫小额保险工作。要求相关部门要与中国人寿宣恩县支公司进一步磋商《承保方案》，对开展扶贫小额保险的相关政策依据要进行深入研究，相关工作由副县长周志斌牵头负责。

听取县卫计局关于农村大病医疗救助精准扶贫及计划生育工作的情况汇报，研究农村大病医疗救助精准扶贫及计划生育工作。原则同意《宣恩县农村大病医疗救助精准扶贫工作实施方案》（以下简称《方案》），要求对《方案》进一步修改完善后实施。会议决定：实施精准扶贫农村大病医疗救助自2016年1月1日起执行。关于大病医疗救助基金管理模式，大病医疗救助基金由新农合经办机构直接审核后补助到救助对象；救助对象应享受的其他部门的救助资金和保险理赔资金先从大病医疗救助基金中垫付，再按照垫付的救助额度、理赔额度将其他部门的救助资金和保险理赔资金归还到大病医疗救助基金。调整计划生育手术并发症的奖扶资金额度，一级由每人每月300元调整为每人每月600元，二级由每人每月200元调整为每人每月400元，三级由每人每月100元调整为每人每月200元。提标增加的3.96万元纳入县财政预算。调整村级计生专干工资报酬，由每人每年4800元提高到每人每年6000元，增加的34.08万元纳入县财政预算。

听取县编办关于《宣恩县权力清单和责任清单》编制情况的汇报，审议《宣恩县权力清单和责任清单》，原则同意《宣恩县权力清单和责任清单》。会议强调：各职能部门要结合部门职责和工作实际，进一步明确各部门权责界限，认真梳理已公布的与本部门相关的法律法规规章的立改废动向，及时调整各自权责清单，保证权责清单的时效性和合法性，加快形成边界清晰、分工合理、权责统一、运转高效、法治保障的政府职责体系。要求县政府政务督查室、县监察局、县审改办要以问题为导向，为市场主体服务为落脚点，加强对权责清单运行的监督检查，对违反权责清单的不作为、乱作为行为发现一起、查处一起。

第46次常务会议　9月29日，县长习覃主持召开县十七届人民政府第四十六次常务会议。

会议听取县环保局关于环境突出问题整治工作的情况汇报，研究环境突出问题整治工作。会议要求相关部门和乡镇要按照管行业必须管环保的原则，针对相关环境突出问题，按照既定的时间段和要求切实完成整改任务。同时，以此为契机建立长效工作机制，用以指导今后的工作；系统考虑全县的生活垃圾和污水处理问题。垃圾处理问题以南三乡镇生活垃圾处理场项目建设为试点，探索解决全县生活垃圾处理问题；污水处理问题由县招商局牵头，县住建局、县环保局、县城市管理局等部门配合，共同推进污水处理PPP项目建设工作；生活垃圾和污水处理要按照市场化和规范化的方式运营，县发改局和县住建局要研究建立生活垃圾和污水处理“用者付费”机制，并拟定实施方案报县政府审定。会议同意按照日处理生活垃圾100吨（垃圾处置费80元/吨）的规模建设南三乡镇生活垃圾处理场，确保在12月底之前开工建设；由宣恩工业园区管委会主任覃国锋牵头负责生活垃圾和污水处理问题。

听取县“六城”同创办关于建立“六城”同创长效工作机制问题的情况汇报，研究“六城”同创长效工作机制问题，原则同意《宣恩县“六城”同创建立长效工作机制方案》。由县“六城”同创办牵头，围绕“十三五”期间“六城”同创创建任务，按照创建目标，分期分阶段列出创建任务清单分解到有关部门，并督促落实；由县委宣传部就“六城”同创工作中存在的问题及薄弱环节，通过各种方式面向社会进行一次征集“六城”同创意见和建议的活动，并形成问题清单分解到有关部门，相关部门对照问题清单整改落实。

听取县城投公司和县住建局关于《宣恩县棚户区改造货币化安置实施办法》（以下简称《实施办法》）起草情况的汇报，审议《实施办法》，原则同意《实施办法》，要求进一步修改完善后印发。

听取县城建办关于城区D级危旧房拆除及易地安置工作的情况汇报，研究城区D级危旧房拆除及易地安置工作。会议决定：关于安置房户型面积问题，同意将钟楼至一桥片区改造产权调换房屋剩余房源转为城区危旧房屋拆除安置房。关于房屋产权和土地产权问题，同意以兑齐补齐的办法，按照对困难群众实行最大程度优惠的原则，对安置对象的房屋产权年限和土地性质问题进行政策落实。关于超出产权置换面积部分的价款结算问题，同意超出产权置换面积的价款由拆迁户与县住建局结算，县住建局持《往来结算票据》收取，并纳入财政专户管理，再从财政专户调入保障性住房专户，继续用于保障性住房工程项目。关于调整拆除及安置范围问题，同意以D级危房片区改造为前提，将拆除安置范围扩大至修建年代较久、建设标准偏低、无维修价值的C级危房，并由房屋管理部门统一组织房屋安全鉴定。

听取县经信局关于全县化解煤炭产能工作的情况汇报，研究全县化解煤炭产能工作，原则同意《宣恩县化解煤炭产能工作实施方案》。会议要求：关于风险保证金问题，要预计工作推进过程中可能出现的风险点，科学测算、合理确定风险保证金额度；要按照省、州的统一安排部署，严格把握工作标准和程序，切实做好每个时间节点的工作任务；在工作推进过程中，要注意工作方式方法，遵守各项工作纪律，尤其是廉洁自律规定。

听取县财政局（县国资局）关于县属国有企业改革及旅游投资公司组建工作的情况汇报，研究县属国有企业改革及旅游投资公司组建工作。会议决定：关于县属国有企业改革，县编办要对县国资局的机构设置、人员编制问题进行专门研究。原则同意成立县国有资产监督管理办公室，作为县财政局二级单位，增加事业编制，明确一名副局长专司国资改革工作。县财政局（县国有资产监督管理办公室）要切实履行好全县国有企业和国有资本的管理职能。原则同意《关于明确事业单位工作人员进出县属国有企业有关事项的通知》（以下简称《通知》）和《宣恩县属国有企业领导人员管理办法（试行）》《宣恩县属国有出资企业负责人薪酬管理暂行办法》《宣恩县属国有出资企业监事会管理暂行办法》《宣恩县属国有出资企业财务管理和监督暂行办法》（以下合并简称《办法》），相关部门要进一步修改完善。相关部门要尽快拟定全县国有企业改革的意见和方案，连同《通知》和《办法》一并提请县委常委会研究后，报县人大常委会审议。关于旅游投资公司组建，同意旅游投资公司组建方案，成立旅游投资公司，相关部门要迅速启动旅游投资公司组建工作。成立筹建协调工作领导小组，统筹做好协调推进工作。公司人员选配，同意从全县事业单位和县属国有企业工作人员中遴选，县编办、县人社局要研究出台相应政策，畅通进出渠道。企业领导人员薪酬，比照同类公务员年均工资的1.5倍确定企业领导人员薪酬。盘活全县国有资产问题，由县国资局牵头，组织县直相关单位对全县事业单位和县属国有企业的国有资产及其他闲置国有资产进行清产核算，并选择优质国有资产注入旅游投资公司。

听取县文体新广局关于“村村响”“户户通”工程实施工作的情况汇报，关于研究“村村响”“户户通”工程实施工作，原则同意《宣恩县“村村响”“户户通”工程建设实施方案》，要求进一步修改完善后印发。会议同意对“户户通”工程前期已实施的农户单模机按20元/套退还补差费用，并解决资金缺口48.70万元，解决1500个“村村响”工程终端电力施工费30万元；同意在县财政局设立“户户通”资金专户。

听取县编办关于工商质监行政管理体制划转工作的汇报，研究工商质监行政管理体制划转工作，原则同意《宣恩县工商质监行政管理体制改革工作方案》。要求县编办、县财政局、县人社局、县质监局、县工商局等相关部门要密切配合，认真履职尽责，切实做好机构编制划转、人员划转、资产划转等工作，确保体制调整平稳有序进行；县工商局、县质监局要做好干部职工的政策解释工作，妥善处理可能出现的各种矛盾问题，确保思想不乱、队伍不散、工作不断。决定由副县长周志斌牵头负责工商质监行政管理体制划转工作。

听取县民政局关于2016年度转业士官工作安置建议的情况汇报，研究转业士官安置工作，同意《2016年度转业士官工作安置建议方案》，决定由副县长周志斌牵头负责转业士官安置工作。

听取县监察局关于邓某某等5人政纪处分建议的情况汇报，同意对县畜牧兽医局原局长邓某某，县住建局原局长张某某，县交通运输局原副局长、县公路局原局长孙某某，县住建局主任科员、县建筑设计室原主任于某某，县城市管理局原副局长覃某某5人的政纪处分建议。

第47次常务会议　11月1日，县长习覃主持召开县十七届人民政府第四十七次常务会议。

听取县委农办关于2016年秋冬季农业综合开发工作的情况汇报，研究2016年秋冬季农业综合开发工作，原则同意《宣恩县2016年秋冬季农业综合开发工作方案》，要求进一步修改完善后提请县委常委会议审定。会议要求：要把秋冬季农业综合开发融入到精准扶贫工作中，积极发挥农业综合开发项目载体的优势作用，精准发力，精准对接，切实发挥农业综合开发项目在精准扶贫中的作用。要从贫困户群体中发展培育一批种植2公顷以上农产品规模的农户样板；要借助秋冬季农业综合开发，大力开展“伍家台贡茶”全国驰名商标的宣传和推介，逐步发挥其品牌效益；秋冬季农业综合开发实施后，县农业局要切实做好后期成效的监管、资金的监管、与市场主体权责约定等方面的工作。

听取县畜牧兽医局关于羊布鲁氏菌病（以下简称“羊布病”）净化工作的情况汇报，研究羊布鲁氏菌病净化工作，原则同意《宣恩县羊布鲁氏菌病净化工作实施方案》，要求进一步修改完善后印发。会议要求：在宣传上要坚持正确舆论导向，在舆情报告上羊布病感染要经过县级卫生防疫部门确诊后，方可上报州级以上卫生防疫部门；县畜牧兽医局要在羊布病高发的地区对畜牧产业布局进行调整，引导当地群众积极发展替代产业。会议同意解决实验室检测设备费15万元；检测试剂费、采样及实验室检测耗材费按年度进行招标采购，相关费用据实结算；同意使用疫苗管理费和省级动物防疫专项经费，解决村级防疫员采血劳务报酬；按照动物疫病防治有关规程，对确需扑杀的羊只按实际扑杀数给予养殖户补偿，补偿标准为：成年羊600元/只、育成羊400元/只、羔羊200元/只，补偿资金由县财政予以保障。

听取县工商局关于推进企业“五证合一、一照一码”及个体工商户“两证整合”登记制度改革工作的情况汇报，研究推进企业“五证合一、一照一码”及个体工商户“两证整合”登记制度改革工作。会议强调各有关部门要密切配合，严格贯彻落实上级党委、政府的决策部署，扎实推进两项改革工作，进一步简化市场主体登记手续，降低市场主体准入门槛，营造更好的投资环境，充分激发市场活力，推动全县经济又好又快发展。会议原则同意《宣恩县“五证合一、一照一码”登记制度改革实施方案》和《宣恩县个体工商户营业执照和税务登记证“两证整合”实施方案》;县工商局服务窗口所需办公设备,在进入市民之家后,由县政管办根据工作需要统筹安排;所需换发的有关证照,按程序进行采购;由县工商局、县人社局共同做好工商服务窗口10名公益性岗位人员的招录工作。

听取县质监局关于全县生态原产地产品保护、创建国家有机产品认证示范区(县)和质量强县等工作的情况汇报,研究生态原产地产品保护、创建国家有机产品认证示范区(县)和质量强县等工作。会议决定:关于生态原产地产品保护工作,同意成立宣恩县生态原产地产品保护工作领导小组;解决以奖代补资金5万元,开展生态原产地产品保护工作以相关企业和协会为主体,政府加以引导和扶持。关于创建国家有机产品认证示范区(县)工作,同意《宣恩县创建“国家有机产品认证示范区(县)”考核验收准备工作实施方案》,由县质监局根据实际工作需要,提出国家有机产品认证示范区(县)创建验收经费支出方案,县财政予以保障。关于质量强县工作,同意成立宣恩县质量强县战略工作委员会;原则同意《宣恩县人民政府关于“十三五”期间质量强县战略的实施意见(2016—2020)》(以下简称《实施意见》),由副县长周志斌负责对《实施意见》的修改完善进行把关。

听取县统计局关于全县第三次全国农业普查工作的情况汇报,研究全县第三次全国农业普查工作。决定由副县长周志斌、谢世鸿负责牵头组织召开全县第三次全国农业普查工作会议;由副县长周志斌负责安排部署农业普查工作;同意县政府和各乡镇签订《全县第三次全国农业普查目标责任书》;将农业普查“两员”的劳动报酬72万元列入2017年度财政预算,农业普查“两员”的选聘以村主职干部以外的人员为主,农业普查“两员”中属财政供养人员的不纳入劳动报酬补助范围。

第48次常务会议　11月25日,县长习罩主持召开县十七届人民政府第四十八次常务会议。

传达学习王晓东在省政府党组(扩大)会议上传达学习党的十八届六中全会精神的讲话。

听取县国土资源局关于招商引资矿业权到期延续登记工作的情况汇报,研究招商引资矿业权到期延续登记工作。受国际国内经济下滑影响,矿业经济不景气,矿产品价格持续走低,宣恩县汉海矿业开发有限公司、和兴科技发展有限公司和鸿源矿业有限公司3家招商引资企业的采矿业务基本处于停产或半停产状态,根据相关政策和合同约定,给予3家招商引资企业采矿权延续登记是合理合规的。决定在宣恩县汉海矿业开发有限公司、和兴科技发展有限公司和鸿源矿业有限公司按照相关政策和合同约定,解决好水土保持、土地出让、农民工工资支付等遗留问题的前提下,同意依法给予其采矿权延续登记;由县国土资源局牵头,对县内矿产资源开发企业的经营状况、矿业权状况进行一次全面的摸底排查。此项工作由县人大常委会副主任姚元文牵头负责;从“十三五”时期开始,全县境内不再新增矿产资源开发和小水电开发项目。

听取宣恩工业园区管委会关于编制宣南三镇污水排放控制及西水河污水受纳量论证工作的情况汇报,研究宣南三镇污水排放控制及西水河污水受纳量论证工作。县境内西水河流域在2003年被省政府划为二类水质标准区域,按照国家污水排放有关规定,酉水河流域将无法新设置排污口,同时,现有的排污口要按照水体功能要求,实行污染物总量控制。为此,酉水河流域范围涉及到的沙道沟镇、李家河镇、高罗镇将无法新建排污口,宣南产业园的建设受到严重影响,当地的经济社会发展受到制约,同时,污水治理措施也无法落实落地。会议强调,相关部门要研究办法,采取措施,妥善解决排污口设置问题,促进项目的落地和地方经济社会发展。决定编制《宣南三镇(沙道沟镇、李家河镇、高罗镇)污水排放控制论证报告》和《酉水河污水受纳量论证报告》(以下简称《论证报告》),编制经费控制在100万元以内,据实结算;由县水利水产局牵头,组织相关单位负责《论证报告》的编制工作,通过组织招投标或政府购买服务的方式确定编制单位。

听取县财政局关于《县人民政府关于在公共服务领域推广运用政府和社会资本合作模式的实施意见》(以下简称《实施意见》)起草情况的汇报,审议《实施意见》,原则同意《实施意见》，要求进一步修改完善后印发。要求县财政局、县编委要迅速成立宣恩县政府和社会资本合作中心，并积极开展相关工作；县财政局等相关部门要制定2017年计划推进的PPP项目实施方案，报县政府常务会议研究；县卫计局、县民族医院等相关单位要在年底前制定县民族医院PPP项目工作实施方案，力争在2017年进入实质性建设，由副县长向建强牵头负责；由县政府办公室副主任张亚丹负责邀请相关专家，组织一次关于PPP模式及实务操作的专题培训讲座，提升各级干部对PPP模式的认识水平和运用能力。

听取县财政局关于企业调度资金还款过桥及追加县级过桥专项基金4000万元的情况汇报，研究企业调度资金还款过桥及追加县级过桥专项基金工作。全县的企业调度资金规模在"十二五"期间由5000万元增加到2.14亿元，为全县中小企业的发展发挥积极作用。企业调度资金政策有其利好的一面，但也存在一定缺陷，即行政措施的单一性和市场经济的不可预测性之间的矛盾。在当前市场经济下行的情况下，要科学决策、平衡矛盾，通过对调度资金发放模式进行转型升级，促进企业持续、健康发展。会议要求，相关部门和银行要充分利用此次企业调度资金还款效果，掌握相关企业的发展运行情况和诚信度并对其进行评级。对发展良好的企业，将其作为今后重点扶持对象，调度资金及相关优惠政策向其倾斜；对发展一般的企业，根据实际情况调整扶持力度；对发展很差面临倒闭的企业，引导其按市场规则及法律规定启动清算退出机制。会议同意对企业调度资金还款有困难需要向银行申请过桥贷款的企业，由县财政局向银行出具次年继续等额安排调度资金承诺函，并将承诺的额度纳入次年调度资金分配方案；增加县级过桥专项基金4000万元。

听取县财政局关于国库资金预借及追加预算工作的情况汇报，研究国库资金预借及追加预算工作，原则同意《国库资金预借方案》和《追加部门预算方案》。

听取县食药监局关于食品安全工作的情况汇报，研究食品安全工作，原则同意《宣恩县宣传贯彻〈湖北省食品安全条例〉工作方案》和《宣恩县食品摊贩(夜宵摊点)食品安全专项治理工作方案》。同意将宣传贯彻《食品安全法》《湖北省食品安全条例》《湖北省食品安全问责办法》和《恩施州食品安全党政同责实施办法》纳入食品安全年度考核。关于建设标准化农贸市场，县商务局要按照上级部门的行业标准，结合全县实际情况，制定相关工作方案，切实做好县城区标准化农贸市场建设规划和乡集镇农贸市场建设验收工作；乡集镇农贸市场建设要结合乡镇易地扶贫搬迁工作，迅速向前推进。同意调剂乡镇闲置和富余资产解决基层食药监管机构办公场所问题，并解决行政执法示范所创建经费30万元，由副县长向建强牵头负责。关于调整基层食药监管机构人员编制问题，由县食药监局拟定调整方案，按程序报县编委会研究。同意将食药安全举报奖励专项资金(10万元)、村食药安全协管员经费(28.4万元、1000元/人·年)、检验检测经费(70万元)和专项治理经费(50万元)纳入县级财政预算。将县食品药品检验中心业务用房项目纳入2017年全县计划实施的重点项目，由副县长向建强牵头负责，确保项目尽早落地。

听取县卫计局关于严重精神障碍对象管理工作的情况汇报，研究严重精神障碍对象管理工作，原则同意《宣恩县严重精神病障碍患者救治与监护以奖代补资金管理办法》，要求进一步修改完善后印发。在对严重精神病患者的管理救助上，要按照防大于治的原则，通过引导家庭监护监管，督促患者按时服用药物。相关部门要认真开展疑似严重精神障碍患者排查工作，通过多种途径扩大排查范围，按照相关规定履行严重精神障碍患者认定程序。会议同意县财政追加2016年度全县严重精神病障碍患者管理以奖代补资金35.04万元，2017年度将以奖代补资金38万元纳入财政预算，并根据每年实际情况确定预算增减额度。

听取县教育中心建设指挥部关于县教育中心公共部增加天文馆、游泳馆建设内容的情况汇报，研究县教育中心公共部建设工作。县教育中心高中部已基本建成，下一步的工作重点是公共部的建设。建设天文馆科普教育实践活动基地，对普及天文科学知识，传播科学精神，提高全民科学素养意义重大；修建游泳馆将使教育中心公共部布局更协调、功能更完善，对宣恩做足水文章，着力打造武陵山区群众文化体育活动品牌具有重要意义。游泳馆的建设标准要结合宣恩实际，相关部门和设计单位要充分沟通衔接，结合教育中心公共部总体规划布局，制定完善的设计方案。会议同意将天文馆、游泳馆纳入县教育中心公共部建设计划。

听取县监察局关于给予县民族医院李某某政纪处分建议的情况汇报，同意给予李某某撤职处分(降低一个岗位等级)。

会议听县考核办关于《宣恩县2016年度目标责任制考核办法》(以下简称《考核办法》)起草情况的汇报，原则同意《考核办法》，要求进一步修改完善后提请县委常委会议审定。《考核办法》要在保证总体稳定的情况下，鼓励突出重点工作和创新，充分调动被考核单位的工作积极性和主动性。关于工资待遇问题，凡是在国家法定范围内的工资待遇必须严格落实到位；涉及到的奖励性工资、政策性补贴，依据相关政策、根据县级财力予以落实。

第49次常务会议　12月7日，县长习覃主持召开县十七届人民政府第四十九次常务会议。

会议传达《省委办公厅、省政府办公厅印发〈关于完善县域经济工作考核的意见〉的通知》文件精神，安排部署2016年县域经济考核工作。2016年度宣恩县县域经济工作考核体系分总量、人均、结构、绿色发展、速度、后劲、社会民生等七大类35项考核指标，其中，外贸出口指标由省商务厅提供，环境质量改善指数指标(主要是空气质量和地表水质量改善情况)由省环保厅提供，森林覆盖率和森林蓄积量指标由省林业厅提供，单位GDP地耗下降率指标由省国土资源厅提供，招商引资(含实际利用外商投资)指标由省商务厅提供，科技创新综合指数指标由省科技厅提供，减贫年度目标完成率指标由省扶贫办提供，固定宽带普及率及升降幅度指标由省通信管理局提供，信用环境评价指数指标由省信用环境建设领导小组办公室提供，就业综合指数和社保综合指数指标由省人社厅提供，生产安全事故综合指数指标由省安监局提供。考核指标由省直部门提供的，县直相关单位要迅速与省直部门衔接，汇报到位；考核指标由本县掌握的，相关单位抓紧盘点到位。

听取县发改局关于2017年重点项目建设工作的情况汇报，研究2017年重点项目建设工作。会议要求：县发改局要结合相关部门意见，对2017年计划实施的重点项目进一步梳理和汇总，拟定重点项目投资计划方案，提请县委常委会议研究。确定重点项目推进措施，将省、州级重点项目与县级重点推进项目分解落实到县四大家领导，明确牵头领导、责任单位和配合单位；对招商引资项目尤其是工业园区项目和旅游项目实行“项目保姆”制度，确保每个项目有专人专班负责；县发改局要拟定项目推进方案，提请县委常委会议研究。要结合宣恩实际，统筹整合项目资金，将偏多、偏小的项目统筹整合到大项目当中，对各类专项资金按性质统筹安排，实行统一调配，集中管理，捆绑使用，集中财力办大事、办难事、办急事。相关部门对需要启动前期工作的项目进行梳理，按照各自职责，盯紧时间节点，迅速启动项目前期工作，及时协调解决项目推进中存在的问题，为项目顺利启动实施创造条件。换届期间涉及政府领导和部门领导人员变动调整的，要做好交接工作，不留工作空档，实现无缝对接。

听取县发改局关于县城市规划区供水价格调整及建立居民生活用水阶梯价格制度工作的情况汇报，研究县城市规划区供水价格调整及建立居民生活用水阶梯价格制度工作，原则同意《宣恩县城市规划区供水价格调整及建立居民生活用水阶梯价格制度方案》。要求县物价局、县自来水总公司等相关单位要积极做好水价调整的宣传工作，妥善回应相关咨询，取得社会各界的理解和支持。对经县民政局确认的城市低保户、“五保户”、优扶对象及孤儿凭证享受优惠政策，即每户月用水量在15立方米及以内的，按原1.22元/立方米的标准执行，超过部分按此次出台的相应价格政策执行。自2017年1月1日起，以实际抄见水量执行调整后的自来水价格。

听取县住建局关于《落实供给侧结构性改革五大任务房地产去库存工作实施意见》(以下简称《实施意见》)起草情况汇报，审议《实施意见》，原则同意《实施意见》，要求进一步修改完善后提请县委常委会议审定。从全县房地产业现状看，商品住宅销售形势相对较好，但商业地产库存压力大，消化周期长。相关部门要结合实际，制定科学可行的房地产去库存政策措施，激发市场活力，缩短库存周期，将全县商品房库存的消化周期控制在合理区间之内，确保房地产市场平稳、健康、可持续发展。县级房地产去库存政策措施要充分对接国家、省、州的去库存政策和易地扶贫搬迁政策，确保合理合法合规；要突出重点，加大对商业地产的扶持力度。由县住建局牵头，组织相关单位赴枝江市考察房地产去库存工作，为全县化解房地产库存提供可借鉴的经验和模式；制定房地产去库存配套政策措施，报县政府研究后，提请县委常委会议审定。

听取县财政局关于政府购买服务项目及宣恩贡水融资担保有限公司股份收购工作的情况汇报，研究政府购买服务项目及宣恩贡水融资担保有限公司股份收购工作。关于政府购买服务项目，原则同意将西门沟至物流园道路工程项目纳入政府购买服务项目工作，县财政局负责将此项目提请县委常委会议、县人大常委会议研究审定；原则同意将彭家寨和伍家台文化旅游项目纳入政府购买服务项目工作，县财政局负责将此项目提请县委常委会议、县人大常委会议研究审定；相关单位要与银行做好衔接，合理、高效的使用项目资金。关于宣恩贡水融资担保有限公司股份收购，原则同意政府出资7000万元收购贡水担保公司自然人股东41.42%股份，其中，出资4200万元收购刘祥禹24.85%股份，出资2800万元收购张顺16.57%股份；在本次转让股份后的3年期限内，民营股份可以分期回购部分国有股份，回购股本最高金额6000万元，且权益仅涵盖担保业务，完成回购时办理相关登记手续；本次回购总股本金额7000万元在过桥资金中解决，回购后政府绝对控股，民营股份不能享受过桥业务带来的收益分成；县财政局负责将此项工作提请县委常委会议审定。

听取县财政局关于《2017年公共财政预算口径建议方案》（以下简称《建议方案》）起草情况汇报，审议《建议方案》，原则同意《建议方案》。县委、县政府在保障干部职工的工资待遇方面作大量努力，在县级财力可承受的前提下，广大干部职工的工资待遇始终保持着稳定、较快增长的势头，财政全口径人均待遇支出已接近10万元。要求各分管县领导要全面统筹各分管单位的资源，切实保障各项工作有效推进；由县人社局牵头，对实际由财政供养临时聘用人员进行一次全面的清理，规范临时人员的聘用程序，形成以向社会购买劳务服务为主的方式规范管理。

听取宣恩工业园区管委会关于创新创业产业园项目融资工作的情况汇报，研究创新创业产业园项目融资工作。会议原则同意由宣恩园创产业投资公司向湖北银行宣恩支行融资1.4亿元，宣恩工业园区管委会负责将此项工作提请县委常委会议、县人大常委会议研究审定；统筹县易地扶贫搬迁资金3000万元，用于园区标准厂房及配套项目建设，其运营收益量化分配，用于搬迁贫困户后续扶持、脱贫事业。

听取县政府办关于《政府工作报告》起草情况汇报，审议《政府工作报告》，要求进一步修改完善后提请县委常委会议审定。《政府工作报告》要从全县实际出发，总结成绩实事求是，分析问题深刻透彻，坚决杜绝空话套话；各分管县领导要对报告中分管的工作内容进行严格把关；要广开言路、集思广益，充分听取各方意见建议，进一步修改完善，力求使《政府工作报告》更加精练细致，更加符合宣恩实际。

【集中交办人大代表议案和政协委员提案】2016年6月6日，宣恩县2016年人大代表议案、建议和政协委员提案交办会在县行政办公大楼二楼会议室举行，对县十七届人大六次会议代表议案、建议和县政协八届六次会议提案、转信进行集中交办。县委常委、常务副县长岳东，县人大常委会副主任史红珍，县政协副主席陈浩参加会议。史红珍、陈浩先后回顾总结2015年全县建议提案办理工作情况，并对2016年的办理工作提出意见和要求。2015年，县政府系统共承办县人大代表建议57件、县政协委员提案75件。县十七届人大六次会议共收到人大代表议案13件，建议、批评和意见35件；县政协八届六次会议共立案45件，转信6件。2016年人大议案、建议在8月15日前全部办结，政协提案、转信在9月15日前全部办结。

（张树）

【政务督查】2016年，宣恩县政务督查工作紧紧围绕全县中心工作、重点项目建设和群众普遍关注的热难点问题，开展政府绩效管理、加快实施民生工程、创新建议提案办理、推进效能建设。对县政府承诺的五件大事、《政府工作报告》分解的各项任务以及重点项目建设、行政审批改革、乡镇集镇建设等重点工作进行多次督查，全年编发《政务督查通报》8期，与县委督查室联合下发《督查通报》10期。加大对议案、建议和提案办理进度、办理质量的督促检查力度。先后对县人大议案、重点建议和县政协重点提案的办理情况进行专项督查，全年办理县人大和县政协交由县政府办理的人大建议48件，政协提案45件、转信6件。做好信访阅批件的处理答复工作，办理中央环境保护第三督察组信访交办件12件，处理答复中纪委移交信访件1件，中央巡视组移交信访件1件，州长信访阅批件6件，群众在人民网地方领导留言版块给州长的留言1件，州纪委移交信访件1件。

（陈德俊）

【政府法制建设】2016年，宣恩县发挥行政复议在行政机关内部的层级监督作用和化解行政纠纷中的主渠道作用，不断加强行政复议规范化建设。坚持进一步推行法律顾问制度，法律顾问除参与合同起草和审查、行政诉讼案件的处理外，在重大行政决策、政府重大投资项目的协商、谈判以及突发应急事件、重大安全事故的处理等方面都积极参与，逐步形成“事前防范、事中控制、事后补救”的政府法制风险防控体系。全年，县政府共收到行政复议申请16件，比上年增长45%。以县人民政府及县直部门为被告的一审行政应诉案件36件，其中以县政府为被告的一审案件18件，以县直部门及各乡镇为被告的一审案件18件。

进一步深化行政审批改革，提高政务服务水平。坚持以“规范、便民、廉洁、高效”为宗旨，以县政务服务中心为龙头、乡镇便民服务大厅为主体、村级便民服务室为基础，推进县、乡、村三级政务服务体系建设。按照中央、省、州关于推行政府工作部门权力清单制度的相关要求，编制《宣恩县政府工作部门权力清单和责任清单》，对全县40个单位（不含垂管部门）的3578项行政职权进行清理。

严格行政执法主体资格管理，强化准入和监督，确保行政执法人员统一持证上岗、亮证执法。4月，全县启动新一轮行政执法证和行政执法监督证的换证工作，全县28个执法单位的748名执法人员的参加全省执法资格考试，考试合格率达95.3%。建立健全行政执法与刑事司法衔接制度。已建立完善“两法”衔接信息平台，累计录入案件368件，涉案金额96.25万元，实现行政执法与刑事司法信息共享、资源共建。

（覃亚玲）

【外事侨务】2016年，宣恩县归侨侨眷44人，宣恩籍海外华人华侨13人，分别分布在美国、德国、日本、韩国等国家。居住在美国6人、澳大利亚1人、日本2人、德国1人、韩国1人、南非1人、佛得角1人。

8月9—12日，刁覃到香港参加2016鄂港澳粤经贸合作洽谈活动。5月12日，新西兰怀马卡里里地区市市长大卫林赛艾尔斯政府代表团一行13人到宣恩考察伍家台昌臣茶叶有限公司。

在省侨联大力支持下，实施“侨心工程”，由香港特别行政区慈教社教育基金分别为李家河镇板栗园小学、上洞坪小学各捐赠40万元，援助学校建设学生宿舍及其配套设施、设备。项目于2016年底完成并投入使用，改善两所学校学生住宿难题。

（江琼）

人事工作

【概况】2016年，宣恩县组织2016年度机关事业单位招录招考工作，新录用公务员81人，新签约“三支一扶”人员30人，完成事业单位人员招聘240人。做好全县副科级以下公务员和事业单位人员的流动调配工作，发调动文件15份，人员调配（调档）182人，其中，县内调动126人，跨县调动56人。

完成2016年度取得中级职称140人的文件通知工作；向州报送7批双肩挑及破格材料，其中，16人破格、49人双肩挑；设置及调整县纪委等29个部门所属事业单位的岗位设置方案，对教育、卫计等20个多部门623人的岗位进行认定；组织35名专业技术人员参加高级职称的水平能力测试工作；组织125人参加职称计算机考试；完成全县应考核机关工勤及事业单位工作人员3831人的年度考核工作，完成300个机关工勤及事业单位年报工作，对102人的处分进行备案。

全年完成社会人员鉴定考试并发证176人（中级1人），分别是汽车驾驶、营养师和评茶员（中级）；完成全县机关事业单位工人技术等级培训和考试工作，其中，高级技师1人、技师4人、高级工5人、初级5人。

【公务员管理服务】2016年,宣恩县组织全县2016年度公务员录用计划的申报工作、资格初审、复审、考核和录用工作,全县考试录用公务员计划61个职位81人,共招录并到岗81人(其中乡镇27人,县直51人,州直机关统一招录县工商局、县质监局3人)。办理51名机关单位试用期人员转正和晋升科员的任职手续,139名事业单位试用期转正手续。

2016年全县政府序列共有机关单位28个(包含9个乡镇),参照公务员法管理的事业单位20个。全县政府序列共有公务员939人(县直590人、乡镇349人)。政府序列共有参照公务员法管理的事业单位工作人员135人。

组织安排2016年新招录公务员参加恩施州行政学院举办第三期初任培训班。参加初任培训公务员27人,参加更新知识培训公务员113人。

【事业单位招考】2016年,宣恩县事业单位共计划招聘250人,实际完成招聘240人。其中,公开专项招聘35人,公开考试招聘92人,农村义务教育学校教师招聘113人)。

全县通过组建专班、面向社会发布公告,参与高校毕业生就业促进会,在纪委等相关部门监督下,经法定程序、能力测试、体检、考核,公开专项招聘事业单位工作人员35人。

全县计划公开招聘事业单位工作人员75个岗位共104人。2016年4月至7月,经网上报名、面试资格复审,共计确定276人进入面试。长潭河中心卫生院、椿木营卫生院、沙道沟中心卫生院、李家河卫生院、县电视台、县普查中心,县特产技术推广服务中心因报名人数比例不足取消岗位,县农村公路管理局因报名人数不足,核减1个计划数,环保系统由于改革人事冻结,故取消岗位。8—9月,各考生经过面试、体检、考核等相关程序,最终确定公开考试招聘事业单位工作人员92人。

农村义务教育学校教师招聘,经省教育厅统一组织笔试报名,县教育局初审、面试资格复审,全县统一面试、体检、考核,共招聘教师113人。

【“三支一扶”招募派遣】2016年,宣恩县共申报“三支一扶”岗位27个,网上报名通过审核176人,通过组织笔试,实际招募“三支一扶”人员30人。

【工资福利审批】2016年,宣恩根据《州人民政府办公室转发州人力资源和社会保障局州财政局关于调整机关事业单位工作人员基本工资标准实施方案的通知》和《关于机关事业单位调整基本工资标准有关操作事项的通知》文件精神,从2016年3月28日起调整机关事业单位工作人员基本工资标准。全县机关事业(含参管单位)369个单位中调整机关(含参管单位)1637人(次),月增资145.35万元,其中,代扣暂存保险费(12%)88.65万元,代扣暂存后月增56.7万元。人均增资887.90元。2014年10月1日至2015年12月31日,冲减2014年10月1日至2015年12月31日预兑付的每人每月200元后,月增加23.88万元(2014年10月),15个月应补332.09万元(15个月中有退休、调离等人员)。调整事业单位4039人次,月增资413.52万元,其中,代扣暂存保险费(12%)227.33万元,代扣暂存后月增186,18万元。人均增资1023.81元。2014年10月1日至2015年12月31日,冲减2014年10月1日至2015年12月31日预兑付后月增加105.49万元(2014年10月),15个月应补1489.68万元(注:15个月中有退休、调离等人员)。

全县在职5676人(次),月增资558.87万元,其中,代扣暂存保险费(12%)315.99万元,代扣暂存后月增242.88万元。人均增资984.62元。2014年10月1日至2015年12月31日,冲减2014年10月1日至2015年12月31日预兑付后月增加129.37万元(2014年10月),15个月应补1821.78万元(15个月中有退休、调离等人员)。

完成全县2015年因国家调标而暂缓的转正定级166人,其中公务员27人,事业单位人员139人;公务员职务变动47人(次),事业单位人员岗位变动332人(次);公务员正常晋级、晋档429人(次)和事业单位薪级工资晋升3671人(次);警衔变动71人(次)。全县2016年转正定级151人,其中公务员24人,事业单位人员127人;公务员职务变动40人(次),事业单位人员岗位变动669人(次);公务员正常晋级、晋档1535人(次)和事业单位薪级工资晋升3646人(次);警衔变动11人(次)。

9月,根据《关于调整艰苦边远地区津贴标准的通知》对全县机关事业单位工作人员艰苦边远地区津贴标准进行调整,全县在职5676人,月增加额503.02万元;全县退休3269人(次),月增加额13.07万元。

10月,根据《关于2016调整全省退休人员基本养老金的通知》对全县退休人员基本养老津贴标准进行调整,全县调待3387人(次),月增加额74.6万元。

【干部人事档案管理】2016年,宣恩县维护好人才交流中心信息管理系统,人才交流中心信息管理系统共有4535条数据,其中,大中专毕业生2346条,机关事业单位新进人员1117条,辞职辞退自动离职人员119条,人事代理人员474条,专业技术人员279条,离退休人员7条,机关事业单位工人16条,乡镇企业录用制干部11条,事企业单位聘用制干部166条。规范流动人员人事档案管理,共接收档案96卷,转出档案85卷,开出调档函61份,查阅档案400余次,接收人事代理人员、大中专毕业生学历、合同、职称、党员、考核鉴定等方面的档案资料1万余份分类归档。完成事业单位新进人员2015年年度考核、薪级工资呈报表、聘用合同、学历档案等材料按四角号码分类共计5千余份。

【职称申报及考试】2016年,宣恩县开展职称申报及评审工作,全县评审通过初级职称96人,中级职称140人,副高级职称34人,高级职称1人。全年组织35人参加高级职称的水平能力测试工作,125人(次)参加职称计算机236个模块考试。

【事业单位人事管理】2016年,宣恩县开展2015年度事业单位工作人员考核工作,全县应考核机关工勤及事业单位工作人员3883人,实际参加考核3831人,未参加考核52人。参加考核事业单位人员中优秀698人,占应参加考核人员的18.2%;合格2971人,占应参加考核人员的77.5%;基本合格2人;不合格人员6人;未定等次人员154人。

完成事业单位及参管事业单位年报工作,2015年度纳入事业单位年报的单位共有300个机关工勤及事业单位。全县2015年度事业单位年末人数为5418人,在册正式工作人员3637人。其中管理人员619人,专技人员3140人(其中管理岗位的有251人),工勤技能人员129人,其他从业人员1781人。

完成杨春娥等56人的学历备案及档案移交工作。对受党纪政纪处分的102名事业单位工作人员处理情况进行备案。

推进事业单位岗位设置管理工作,已向州报送岗位设置方案、双肩挑、破格的请示共7次,上报的岗位设置方案包括县纪委等50个部门,双肩挑与破格材料共65人;对教育、卫计等20个多部门623人的岗位进行认定,并对其聘用合同进行备案。开展乡镇财政所岗位设置工作,对该类单位的岗位设置实施方案进行批复,由财政部门拟定方案组织实施。

巩固机关事业单位"吃空饷"问题治理成果,印发《关于进一步做好机关事业单位"吃空饷"问题长效治理工作的通知》,健全长效治理机制,防治"吃空饷"问题反弹。

4月,全县启动公务用车改革,制定《宣恩县党政机关公务用车制度改革司勤人员安置办法》,对全县司勤人员进行摸底,全县71个参改单位中,有在编司机37名,编外92名。截至12月,全县参改单位全部完成司勤人员安置,其中保留司勤63人,退回劳务派遣及借用人员12人,内部转岗23人,开辟新岗位14人,解除合同17人。

6月,完成县直机关事业单位"混编混岗"治理工作,22个县直单位共清退"混编混岗"人员147人(其中125人免去职务并清退)。

(蒋华云)

民族宗教事务

【概况】2016年,宣恩县贯彻落实党的宗教工作基本方针,在全县开展宗教工作理念主题实践活动,树立"保护、管理、引导、服务"的宗教工作理念,加强宗教五级网络建设和宗教"三纳入"工作,促进宗教关系和谐。开展"宗教政策法规宣传月"专题实践活动,加大民族宗教政策、理论、知识及法律法规的宣传教育力度，实施民族宗教法律政策宣传全覆盖。进一步完善领导机制，成立民族宗教应急工作领导小组，完善《宣恩县处理民族宗教领域突发事件应急方案》。掌握外来少数民族在宣恩县的活动情况，切实维护其正当权益；扎实开展基督教非法聚会点专项治理，做好极少数信教群众的思想工作，要求他们做遵纪守法公民。

全年到位中央和省民族专项资金1536万元。其中，中央财政扶贫资金(少数民族发展资金)935万元。湖北省民宗委下达宣恩县2016年度省级民族专项资金601万元，其中侗乡散居少数民族发展资金340万元，比上年增长41.56%。抓好民贸企业发展与管理，对重新核定民族贸易企业70家，开展调查研究，引导其规范管理。2016年7月9日(农历六月初六)，是长潭河侗族乡和晓关侗族乡成立30周年纪念日。县民宗局与长潭河侗族乡、晓关侗族乡开展“颂党恩、话团结、谋发展、促进步”为主题的系列活动，投入资金1500万元，在长潭河、晓关两个侗乡建侗族风雨桥3座、侗族鼓楼1座。

【少数民族特色村寨建设】2016年，宣恩县重点建设“千户土家”水田坝、水岸苗乡谭家坝(板寮)、火烧营、大岩坝、野椒园、伍家台、狮子关、甘露、诺西、两溪河、彭家寨11个少数民族特色村寨。全年完成1座侗族鼓楼、5座景观亭、3座风雨桥的主体工程；完成3个民族文化广场主体工程，开工建设特色村寨道路10千米。修建“千户土家”水田坝“迎宾亭”1座，狮子关村景观亭1座。启动精品农家乐5家；新建和改造特色民居500余户。

【民族团结进步创建活动】2016年，宣恩县将“民族团结进步示范县”创建工作纳入县委、县政府工作计划和主要议事日程，纳入乡镇、县直部门的年度综合目标考核。2016年落实经费23.5万元，落实各项项目建设资金923万元，落实民族乡专项经费340万元。将《民族区域自治法》《散居少数民族工作条例》等相关的民族政策法规作为重点，纳入普法教育、各级党委(党组)中心学习组和县委党校各级干部培训的学习内容，建设民族团结进步示范点10个，发放宣传资料5万余份，悬挂大型宣传标语200余幅；全县9个乡镇、103个单位4112人参加民族团结进步创建知识考试。将民族专项资金项目建设与民族团结进步创建相结合，加速基础设施建设，促进社会发展。宣恩县先后有21名先进个人、13个先进集体受到国务院、省委省政府、州委州政府表彰。椒园镇水田坝村被命名为“全省十佳民族团结进步示范村”，25个单位被省、州命名为“民族团结进步示范单位”。拍摄《宣恩民歌》，制作成光盘，正式出版发行；举办“宣恩民风民俗”摄影大赛，展出优秀摄影作品。

【民族教育、文化、体育工作】2016年，宣恩县将《恩施民族知识》《恩施民族文化》及宣恩县自编乡土教材纳入民族学校小学三年级至初中阶段课堂教学内容，将民族歌舞、民族服饰、民族工艺等民族文化引进校园。支持李家河镇文体中心、县民族实验小学、椒园镇小学、沙道沟镇两河小学、李家河镇中小学校、椒园小学等推行民间绝艺“滚龙连厢”“三棒鼓”等传承活动。全年为30名优秀贫困高中生和5名大学生发放民族助学金5.5万元，资助少数民族困难户12户，资金5万元；投入20万元用于沙道民族中学、长潭河民族中学的民族传统体育项目基地建设；投入20万元，用于解决县民族实验小学、沙道镇两河小学、椒园镇小学、沙道沟镇民族中学、长潭河侗族乡民族中学基础设施建设。

举办“和美宣恩·民间精彩”2016年元宵灯会，参与主办中国武陵山区龙舟赛暨恩施州第四届·宣恩县第八届水上运动会、“贡水夜·宣恩情”首届中国宣恩2016年中秋恳亲大型文艺晚会、主题为“相约贡水湿地·回放田野童话”的稻草人艺术节，县民族宗教事务局与教育局联合主办宣恩县第十届中学生民族体育运动会。

全县有6位老艺人被命名为“恩施州民间艺术大师”，分别是“宣恩要要”传承人董兴林、“八宝铜铃舞”传承人田宗堂、“剪纸艺术”传承人周元勋、国家级非物质文化遗产“三棒鼓”传承人朱锦泉、“民歌”传承人李宗和、“竹编技艺”传承人王义方。县民族宗教事务局组织专门人员，对这几位民间艺术大师进行回访慰问，工作上积极支持，生活中予以照顾，为“宣恩要要”艺术团解决服装费4800元，为薇霞艺术团表演团解决经费

4800元。

【民族成分管理】2016年，宣恩县民族宗教事务局做好群众的咨询和解释工作，实行一次性完整告知，不让群众跑冤枉路。每月23至25日将民族成分更改材料上报恩施州民宗委审批，争取当日或隔日审批完毕并带回文件，将批准文件及时送达到县公安局户籍科、县行政服务中心窗口，电话通知到每个申请更正的群众，并开出证明。全年为167名群众依法依规更正民族成分。切实做好普通高等院校招生中享受民族优惠政策考生资格审查工作，全年为1448名高考学生审核民族成分，2016年享受少数民族政策加分学生为1325名。

（黄金超）

【武陵山试验区建设】2016年，宣恩县共确定武陵山试验区建设重点项目145个，完成固定资产投资50亿元，其中续建项目50个，完成投资20亿元；新建项目95个，完成投资30亿元；实施1亿元以上项目20个，计划完成投资24.5亿元；5000万元以上项目20个，计划完成投资10.5亿元；1000至5000万元项目105个，计划完成投资16亿元。

（黄金超）

“616”工程

【概况】2016年，宣恩县“616”对口支援工程到位项目18个，到位支援资金1.74余亿元。其中基础设施5个，到位资金5180万元；产业发展2个，到位资金80万元；社会事业4个，到位资金330万元。其他7个，到位资金1.19余亿元。武陵山试验区建设成员单位支援宣恩县项目130个，到位支援资金11.98亿元，其中基础设施项目33个，支援资金1.95亿元；产业发展项目33个，支援资金2.95余亿元；社会事业项目46个，支援资金6.63亿元；其他项目18个，支援资金4431.04万元。

【省国土资源厅帮扶情况】2016年，宣恩县共实施“616”工程项目7个，投入资金1.63余亿元。其中：新开工项目2个，总投资4945.33万元；续建项目5个，总投资1.14亿元。谋划2017年项目，组织申报2017年项目2个，预计投资5000万元。争取省国土厅政策资金支持，破解用地难题，缓解重点项目用地报批问题，2016年省国土资源厅为宣恩县解决耕地占补指标120公顷，按80万元每公顷折算，共计1.08亿元，同时解决专项工作经费6555万元。

【省总工会帮扶情况】2016年，湖北省总工会先后投入300万元，援建职工活动中心，改善县总工会机关和部分基层工会的办公条件、建设基层工会职工书屋、职工服务中心。2016年建成职工活动中心，建筑面积2600平方米，并拨付附属配套建设资金50万元。

（李龙）

精准扶贫

【概况】2016年，宣恩县实施县级领导包片、部门驻村、干部联户、分类帮扶措施，结对帮扶实现县乡两级全覆盖，全县共派出79支扶贫工作队、选派70名“第一书记”、4549名党员干部进村入户开展结对帮扶。采取“五个一”（开展一次大走访，召开一次群众会，张贴一封公开信，下发一本宣传册，培训一批政策明白人）形式，宣传精准扶贫政策，刊发精准扶贫工作简报10期，印发《湖北省农村扶贫条例》《精准扶贫工作手册》《精准扶贫到户措施工作手册》《宣恩竞进脱贫竞进小康》等精准扶贫工作手册8万份，党员干部、贫困户人手一册，政策宣传覆盖率达到100%。共落实帮扶资金750万元，引进帮扶项目88个，开展各类技术培训4490人（次），组织劳务输出3547人，资助贫困学生143人。在教育、医疗扶贫领域加大帮扶力度，1家中直单位、20家州直单位、国有企业16家、民营企业（省内外）36家，结对帮扶贫困村，通过落实“五个一批”（发展生产脱贫一批、易地扶贫搬迁脱贫一批、发展教育脱贫一批、生态补偿一批、社会保障兜底一批）政策，经县级初核，实现减贫2.5万人，28个村脱贫出列，3个乡镇整体脱贫目标。

2016年整合投入行业部门项目资金、工作队帮扶资金、中央省州专项扶贫资金17.4亿元，其中产业发展资金1.3亿元，基础设施建设资金4.8亿元，公共服务设施建设资金11.3亿元。在扶贫项目安排上，突出产业扶贫、专项扶贫、项目扶贫、社会扶贫、智力扶贫，重点用于贫困村交通、水利、能源等基础设施和教育、文化体育、文化活动广场等基本公共服务建设，涉及项目132个。“10·17”全国扶贫日组织爱心捐赠活动，全县筹集爱心捐助资金230万元，全部用于驻村帮扶。

宣恩县在精准扶贫精准脱贫工作推进中探索一些经验，在全省扶贫项目管理及干部驻村帮扶培训班上，宣恩作题为《明确责任担当，强化行业参与，合力推进精准脱贫》的典型交流发言，在全州精准扶贫及易地搬迁来凤——宣恩拉练现场会上，宣恩作题为《坚持问题导向突出五个聚焦确保全力打赢扶贫攻坚战》的交流发言。

【扶贫攻坚主体责任】2016年，宣恩县把精准扶贫精准脱贫作为最大政治责任和最大工作任务来抓，进一步明确思路，强化措施，强化责任担当。2月初，召开全县精准扶贫工作会议，对全县精准扶贫工作进行安排部署。出台《关于明确精准扶贫精准脱贫工作职责的通知》，明确县精准扶贫指挥部，联系乡（镇）、村县领导，县乡驻村单位、行业部门、驻村第一书记、结对帮扶党员干部、乡（镇）、村等八类对象的精准扶贫工作职责53条。制定《宣恩县精准扶贫目标责任考核办法》，加强对乡镇、县直行业部门、县直驻村帮扶单位、驻村帮扶企业的考核力度，将精准扶贫工作按70分的权重计入年终目标责任考核，结果运用于年终绩效兑现。加大帮扶力度，70个重点贫困村整村推进全面启动，由中直1个单位、省直4个单位、州直16家单位、县直114家单位组成79个工作队，增补建档立卡贫困村第一书记18人，驻村工作实现全覆盖。

增强精准扶贫队伍力量，县委、县政府在编制上“亮绿灯”，在人员上“开通道”，增强县级扶贫部门干部队伍力量。县精准办与县扶贫办合署办公，县扶贫办增加11个全额拨款事业编制，增加两个内设机构和1个行政编制，直选和公开遴选行政和事业单位干部11人充实到县扶贫办和县精准扶贫指挥部办公室，壮大扶贫干部队伍力量。县精准办和县扶贫办共有23人专门负责精准扶贫工作。乡级扶贫干部队伍力量不断健全，乡（镇）长直接分管乡（镇）扶贫办，每个乡（镇）扶贫部门配备3～5名干部专门从事精准扶贫工作。70个建档立卡贫困村配齐村级扶贫专干，专门从事村级精准扶贫工作，填补村级无扶贫干部的空白，形成县乡村三级联通的扶贫工作体系。成立“五个一批”领导小组，组建工作专班，并在全县调整42个事业编制，面向社会公开遴选42名干部进入“五个一批”领导小组工作专班，专门负责“五个一批”具体工作，全县专职从事精准扶贫工作队伍178人。

县委、县政府听取精准扶贫专题汇报6次，编制会议纪要6期，解决人员编制、专干待遇、资金整合、易地搬迁、到户措施、集体经济等6个议题。开展精准扶贫调研10次，撰写精准扶贫调研报告3份。开展精准扶贫专项督查9次。8月初召开半年工作督查及半年工作总结大会，对全县易地搬迁进行决战动员，一周一报进度，一周一排名次。9月下旬召开精准扶贫及易地搬迁现场督办会。10月中旬成功举办“全州精准扶贫及易地搬迁”来凤·宣恩拉练现场会议。落实到户措施，精准扶贫指挥长会议决定，鼓励各单位将结余的公用经费用于驻村帮扶，切实改善贫困户生产生活条件，捆绑生态移民资金、危房改造资金，提高危房改造补贴标准，解决非搬迁贫困户危房改造问题，提高群众满意度和获得感。

【精准识别】2016年，宣恩县按照审计整改要求，于5月16日召开全县扶贫资金审计整改及精准识别会议。针对省审计厅反馈的主要问题，及时进行整改，做到程序到位，对象精准，“不落一人、不错一人”。9月再次开展全县贫困人口精准识别专题审计整改，利用“大数据”核查，精准锁定“六个对象”。9月18日，完成审计整改对象清理工作，2014年已脱贫对象3615户1.21余万人，2015年已脱贫对象9420户3.17万人，2016年脱贫年度留存未脱贫对象1.45万户4.48万人。其中：2016年预脱贫对象7863户2.50余万人，新识别因灾致贫对象299户951人。审计“剔除不符合条件对象1073户3295人”，通过审计比对不符合条件但未作剔除处理的对象132户429人；审计整改后纳入符合条件对象492户1555人，实现贫困对象识别无误。“大核查”“回头看”期间，工作专班和各乡镇，严格对照《建档立卡贫困户审计整改花名册》，核实整改剔除对象是否已在全国扶贫开发信息系统业务管理子系统删除，核实整改保留对象在乡镇、村是否具有完备的情况说明。经核查，“硬伤查实”的整改剔除对象有 1047 人，已在系统中全部删除。根据省扶贫开发办公室的要求，对所有建档立卡贫困户地理空间信息进行全面采集。11 月 4 日，对 9 个乡镇的业务骨干及 70 个重点贫困村的扶贫专干进行“建档立卡贫困户地理空间信息采集”业务培训，工程师们分组负责，严格把握采集质量。全县共采集并上传 2.78 万户贫困户地理空间信息。按照“一户一档”，《宣恩县精准扶贫资料清单》《关于整理重点贫困村脱贫评估验收资料的通知》等文件内容，对乡(镇)、村、户档案全面进行整改。明确档案资料整理第一责任人，“一户一档”资料整理为结对帮扶干部，村级资料整理为驻村第一书记，乡镇资料整理为精准扶贫分管领导。制定《宣恩县精准扶贫档案管理办法》，将已脱贫出列的村级档案资料按照档案管理标准整理归档。规范完成 2015 年 7 个脱贫出列重点贫困村、2016 年 3 个脱贫乡镇 28 个脱贫出列重点村的档案整理。

【金融扶贫】2016 年，宣恩县出台《宣恩县金融扶贫益贷互助担保实施细则(试行)补充意见》《宣恩县金融精准扶贫工作站建设实施方案》，修订完善《金融扶贫益贷补充实施意见》。县内 7 家金融机构在全县 70 个建档立卡贫困村设立金融精准扶贫工作站，其中，在伍家台村设立 1 家金融精准扶贫中心工作站，在全县各乡镇分别选择 1 个行政村设立村级惠农金融服务工作站。根据《宣恩县贫困农户评级授信管理办法》规定，组织全县 279 个行政村成立评级授信领导小组，开展评级授信和村级扶贫互助担保贷款业务培训及宣传，全县完成 2.74 万户贫困户评级授信工作，授信总额 1.5 亿元。建立县、乡、村分级政策性融资担保平台，98 个行政村申请设立村级扶贫互助社，完成登记注册 78 家，正式开展担保业务 56 家。11 月 23 日，椿木营乡设立全州首家乡级金融扶贫互助社。全年发放贫困户贷款 2158 万元，同比增长 44.15%，通过金融扶贫直接和间接带动的贫困农户近 9000 人。建立村级扶贫互助社风险补偿基金追加激励机制，新增风险补偿基金 800 万元，其中，高山片区扶贫专项基金 300 万元，小额贷款保证保险补偿基金 400 万元。年末风险补偿基金规模达到 2835 万元，承贷银行金融扶贫益贷互助担保贷款余额达到 1.01 余亿元，较年初增加 8754 万元，增长629.78%。创建 6 个金融扶贫示范村，6 户金融扶贫示范户，9 家扶贫先进单位等示范典型。村级扶贫互助社开展扶贫益贷互助担保贷款模式被人总行称为恩施“宣恩模式”，《恩施日报》将宣恩县黄坪村金融扶贫模式称为“黄坪样本”。4 月、9 月分别召开中部六省推进普惠金融发展暨金融服务网格化宣恩现场会和全州精准扶贫宣恩现场会。“扶贫益贷”成为宣恩县精准扶贫的一道知名金融创新品牌，并得到省政府曹广晶副省长的肯定性批示。

【五个一批】2016 年，宣恩县精准扶贫“五个一批”是：发展生产脱贫一批、易地扶贫搬迁脱贫一批、生态补偿脱贫一批、发展教育脱贫一批、社会保障兜底一批。分别出台《宣恩县精准扶贫发展生产脱贫一批工作方案》《宣恩县关于加快推进易地扶贫搬迁工作实施方案》《宣恩县精准扶贫“发展教育脱贫一批”工作实施方案》《宣恩县精准扶贫“社会保障兜底一批”工作实施方案》《宣恩县精准扶贫“生态补偿一批”工作方案》。“五个一批”方案出台措施 78 条。其中“发展生产脱贫一批”从农业、工业、服务业、旅游业、金融扶持等五个方面制定发展措施 24 条；发展教育脱贫一批从学前、义务、高中、职业教育、大学生资助、学校、教师队伍建设等方面制定发展措施 27 条；社会保障兜底一批主要从兜底保障和医疗救助两大内容制定帮扶措施 14 条；生态补偿一批制定帮扶措施 5 条；易地扶贫搬迁脱贫一批制定帮扶措施 8 条。锁定“五个一批”到户对象，其中发展生产脱贫一批 1.75 余万户 5.59 余万人；异地搬迁脱贫一批 1.11 万户3.46余万人；生态补偿脱贫一批 8577 户 2.75 余万人；发展教育脱贫一批 4666 户 1.63 万人；社会保障兜底一批 7501 户 2.12 万人，其中低保、“五保”4471 户 1.12 余万人。

按照“渠道不乱、捆绑使用、各记其功”的原则，加大基础设施投入，整合项目资金 1.27 亿元，新建村组公路 73.2 千米，硬化 43 千米;完成农村安全饮水池建设68口和集中供水工程34处,解决7000余人安全饮水问题;启动2个贫困村的电网改造工程。加大专项扶贫项目资金投入,70个重点贫困村整村推进全面启动,6000万元财政专项扶贫资金已经全部分配到建档立卡贫困村,规划项目167个。加大社会扶贫和社会保障扶贫,开展"村企共建、定点扶贫"活动,全县24家企业参与联系村扶贫。严格实施农村最低生活保障制度,做到按标施保,应保尽保。完成贫困人口创业就业培训任务,培训创业人员350人。采取县级财政投入、部门资金和社会资助相结合的方式,建立大病医疗救助基金,由县级财政筹集1000万元作为救助基金,解决重特大疾病患者因病致贫、因病返贫等问题。

发展生产脱贫一批。设立产业发展基金,整合资金用于产业发展1.3亿元。全年发展烟叶4000公顷,核桃400公顷,油茶346.67公顷,发展畜牧养殖业4230户,其中带动小规模养殖6250户。"一村一品"格局基本形成,长潭河乡杉木树－诺西－涌洞河村茶叶片区,3个贫困村集中发展茶叶200公顷,培植茶叶企业4家;珠山镇东门关－土鱼河村乡村旅游片区,前期投入3000余万元,每月接待游人1000余人次,带动贫困户增收明显;宣恩县兴农农业合作社扶持勾腰坝村种植无公害蔬菜66.67公顷,带动周边300户农户脱贫致富。编制完成11个重点贫困村旅游扶贫规划,启动9个重点村项目建设。工业园区企业提供就业岗位5000余个,吸纳贫困人口就业1200余人,人均月工资超过2000元。建立利益联结机制,推进"一区三园"建设,采取"企业＋基地＋贫困户"模式,促使贫困户增收有保障,此项工作得到国务院扶贫办督查巡查组的充分肯定。全县烟、茶、畜、果、药、菜六大主导产业基本形成,总面积达5.65万公顷,贫困户人均种植面积2.42亩,覆盖贫困户1.94万户、6.46余万人。

易地搬迁脱贫一批。县发展和改革局为精准扶贫"五个一批"易地扶贫搬迁一批的牵头单位,编制完成《宣恩县"十三五"易地扶贫搬迁规划》,制定《宣恩县2016年度易地扶贫搬迁实施计划》。通过"回头看"、精准识别,全县锁定搬迁对象1.11万户3.46余万人(含因灾纳入易地扶贫搬迁的287户940人),规划集中安置点91个。省州下达2016年计划2134户7056人,县自加压力计划3287户1.09万人(含因灾纳入易地扶贫搬迁的287户940人)。2016年启动41个安置点建设,年末交钥匙入住2385户7939人,完成省任务111.76%,其中集中安置点1698户5364人,分散安置687户2548人,集中安置率为71%。已入住333户1228人,其中集中安置66户(高罗47户,珠山13户,万寨6户),入住率(入户率)15.6%。

生态补偿脱贫一批。加强生态保护与建设,全县植树造林6860公顷,封山育林2333.33公顷。加快发展林果产业,经济林造林2166.67公顷,完成用材林造林2333.33公顷。发展林下药材800公顷,培育林下经济示范典型120多个。实施生态公益林补偿面积10.46万公顷,年补偿资金1610.28万元,其中覆盖建档立卡贫困户1.7余万户、贫困人口4.97余万人,补偿面积4.39万公顷,年补偿资金536.97万元。退耕还林5600公顷,其中覆盖贫困户4653户,贫困人口13863人,退耕面积1193公顷。确定建档立卡贫困人口为森林管护人员640人,年支付管护人员工资256万元。

发展教育脱贫一批。全年资助学前教育学生475人,义务阶段学生6645人,发放助学金3782人,贫困生减免学费3152人,发放生活补助9134人,共计落实资金1644.5万元。资助大学新生建档立卡贫困学生276人,资助金额104.05万元。落实大学生贷款1017人,710.23万元。推进全面"改薄"工作,投入资金1371.13万元。投资2219万元实施53个校园校舍建设类项目。完成10个村级小学、教学点的光纤宽带接入任务。投入资金300余万元建成99套教学点班班通设备。推进职业教育资源进一步向贫困村、贫困家庭倾斜,县中等职业技术学校秋季学期注册人数达626人,创中职就读人数历史新高。城区学校教育布局有序推进,新增小学学位1500个、初中学位500个。

社会保障兜底一批。社会保障兜底涉及全县279个贫困村1.02万户贫困户1.55万人,实行一月一报告,按月进行动态管理。从4月开始,农村最低生活保障标准提高到3300元/年,五保供养提高到5100元/年。县级财政筹集1000万元作为救助资金,解决重特大疾病患者因病致贫、因病返贫等问题。落实发放残疾人两项补贴241.77万元，覆盖5571人(次)。代缴城乡居民养老保险费25万元。建立法律援助工作站9个，法律援助联络点285个，开展法律援助185起，援助贫困人员180人。2016年全县新型农合参合率为99.23%，对建档立卡贫困户中的五保户、低保户、孤儿、重点优抚对象全额资助新农合1.77万人，代缴新农合个人基金212.35万元，划拨新农合大病保险费用737.2万元，继续统筹大病救助基金735万元，大病救助政策稳步实施。全县完成2015年度新农合大病医疗救助信息审核433人，兑现救助资金174.3万元；2016年门诊重症病人补偿637人，补偿金额39.17万元，重大疾病补偿188人，共计发生医药费用281.52万元，补偿217.35万元，个人支付费用64.17万元，实际补偿比例均达到70%以上。

【社会扶贫】2016年，宣恩县落实全国加强东西扶贫协作工作电视电话会议精神，加大争取荆州市在教育、医疗扶贫领域对口帮扶力度。荆州市再次向宣恩县派出援建教师67名、医生8名，引进各项技术3项，举办培训班5次，培训教师30名、医技200名、进修16人(次)。1家中直单位(中国铁塔股份有限公司)投资40万元在驻点村委会办公场所，捐资20万元用于贫困户生产生活条件改善。20家州直单位共投入帮扶资金以及物资160多万元，用于贫困群众脱贫。县乡两级结对帮扶实现全覆盖，通过县级领导包片、部门驻村、干部联户、分类帮扶，全县累计79支扶贫工作队、选派70名“第一书记”、4549名党员干部进村入户开展结对帮扶。共落实帮扶资金750万元，引进帮扶项目88个，开展各类技术培训4490人次，组织劳务输出3547人，资助贫困学生143人。引导企业参与精准扶贫，16家国有企业，帮扶贫困户1120户，共投入资金255.32万元。36家省内外民营企业参与精准扶贫，结对帮扶42个重点贫困村，涉及贫困户3171户，累计投入无偿帮扶资金904.45万元，投资项目47个，吸收贫困户就业1569人，开展技术培训1509人(次)。10月17日全国扶贫日，组织爱心捐赠活动，筹集爱心捐助扶贫资金230余万元，全部用于驻村帮扶。

【扶贫项目管理】2016年，宣恩县突出产业扶贫、专项扶贫、项目扶贫、社会扶贫、智力扶贫，精准安排到村扶贫项目，重点用于贫困村交通、水利、能源等基础设施和教育、文化体育、文化活动广场等基本公共服务建设。启动实施2015年度中央彩票公益金1250万元的片区产业发展项目。2016年上级下达扶贫办专项扶贫资金共计5266万元，所有项目资金全部安排用于精准扶贫精准脱贫项目建设及贫困村到户项目，涉及项目132个，资金全部拨付到乡镇。严格落实财政扶贫项目资金预告制和项目库管理制度。由县扶贫办、县财政局牵头，组织9个乡镇、县直行业扶贫单位于7月建成精准脱贫项目库，印发年度重点村项目资金计划预告知文件，实行县、乡、村三级共建共管共享。12月完成项目库更新，将涉农资金统筹安排进项目库中，便于各乡镇、村提前组织项目实施。制定《涉农专项扶贫资金项目管理办法》《宣恩县涉农财政资金管理办法》《宣恩县财政专项扶贫项目管理办法》，建立健全项目管理、项目实施、验收责任机制，实施验收均要求行业主管部门、扶贫部门、财政部门三方到场并签字，由行业主管部门负责项目质量管理，扶贫部门负责项目投入精准性核查，财政部门做好扶贫资金监督。建立项目进度季度督办巡查制度。全年组织4次项目专项督查，12次单项目专项检查验收，对年终仍未启动的项目收回项目资金安排计划，实行全县统筹使用。

【脱贫验收】2016年3月，宣恩县印发《关于开展2015年度贫困户和贫困村脱贫验收的通知》，对全县贫困户和贫困村脱贫验收评估工作进行安排部署。脱贫验收实行“五步走”：第一步成立村级评估小组，由户籍在本村的上级人大代表或政协委员、村民代表、党员代表、村支两委成员、村能人、户代表等组成，小组成员5～7人，使验收人员有保障。第二步开展业务培训，由县精准扶贫指挥部组织县对乡、乡对村逐级开展验收评估工作培训，使精准脱贫验收人员在业务能力上有保障。第三步由乡组织对贫困户进行普查，并确定本村2015年脱贫人口初选名单第四步召开村民代表大会评议，确定脱贫名单。第五步将脱贫名单进行公示，接受社会监督。5月开展县级初核，印发《关于开展2015年度贫困户和重点贫困村脱贫评估验收（初核）工作通知》，对贫困户和贫困村脱贫进行验收评估，由党校中青班学员及部分人大代表、政协委员等112人组成第三方验收评估组参与脱贫验收评估。脱贫验收方分成9个组，采取随机抽查20%的方式，对全县3.10万人贫困人口、7个建档立卡贫困村进行脱贫验收抽查。7月初提请州委、州政府到宣恩县核查。7月中下旬，顺利通过州级核查验收。11月21日，召开“全县精准扶贫评估验收及迎检工作会议”，出台《关于开展2016年度贫困户、贫困村脱贫评估验收和做好州对县精准扶贫党政线考核准备工作的通知》。分别对涉及行业评估的16个县直单位，涉及州对县党政线考核的21个县直单位及9个乡镇列出责任清单。11月30日完成贫困户、贫困村村级预验收工作，12月县级组成3个督查组对乡村两级脱贫验收工作进行督查指导。12月11—15日，县政府聘请第三方机构（中南财经政法大学湖北江汉减贫与发展研究院）开展为期一周的县级初核评估验收，县直各行业扶贫部门对贫困村脱贫指标进行行业评估，分村出具行业评估验收报告。12月20日全面完成2016年预脱贫出列28个贫困村2.50余万人减贫销号及3个乡镇（珠山镇、椒园镇、万寨乡）整乡脱贫的县级初核任务。12月23日起，州委、州政府对脱贫工作进行评估验收。

【雨露计划】2016年，宣恩县是“雨露计划”工作由人工申报、审核转为互联网系统申报、审核后的第一年。全年审核2015年秋季学期438人的申请，发放364人、54.6万元的补助资金；完成2016年度春季学期1236人的申报、审核工作，发放957人、143.55万元补助资金；秋季学期申报数达1643人，审核通过数为1222人。

【精准扶贫大事】2016年1月7日，宣恩县接受省州精准扶贫检查工作；26—29日，恩施州直精准扶贫考核组到宣恩考核2015年度精准扶贫工作。

2月16日，全县召开农业农村、精准扶贫工作暨第六轮“三万”活动会议；19日，宣恩县召开建档立卡动态管理培训会；24—26日，由丹麦绫致基金执行董事彼得森、项目经理衡曼娜、财务官员邵红丽，中国国际扶贫中心外资处处长刘胜安、外资处副处长王惠娴、省扶贫办副主任陈登林、省扶贫发展中心副主任吴新越等到宣恩县，进行中国贫困片区儿童减贫与综合发展项目第五次检查，周志斌陪同。

3月3月，省扶贫专项督察组在省扶贫办副主任柳长毅在州政府副州长、州公安局局长，州扶贫办副主任向超的陪同下到宣恩县高罗镇麻阳寨村，长潭河乡龙马山村检查精准扶贫工作，张友刚参加；16日，召开全县精准扶贫脱贫验收培训会，县直相关单位驻村工作组长，各乡镇书记、分管领导、扶贫助理、州直工作队队长参加。30日，省扶贫办副主任张杰、省扶贫发展培训中心主任徐丹娅、州扶贫办副主任向超到宣恩调研精准扶贫工作，朱鹏程参加。

5月3—5日，第三方对贫困县党政领导班子和领导干部2015年经济社会发展与精准扶贫实绩考核组到宣恩开展核查评估；18—20日，省人大常委会副主任王建鸣到宣恩考察精准扶贫工作。

6月22—23日，黄冈市扶贫办纪检组长罗芬芳一行到宣恩县调研贫困村出列、贫困人口脱贫工作。

7月4—6日，召开宣恩县资金整合实施精准扶贫推介会；12日武汉理工大学在宣恩调研精准扶贫工作，审计署武汉特派办进驻宣恩县审计精准扶贫政策落实情况；13日，来凤县扶贫办到宣恩考察项目实施监管办法，财政扶贫资金报账及机关财务管理工作。19—21日，州扶贫办党组书记梁公章、副主任周明富、向超等一行到宣恩县开展拟脱贫贫困村脱贫验收评估；27—30日，县委督查室、县政府督查室、县精准扶贫指挥部办公室对全县2016年精准扶贫工作开展情况，以及各乡镇2013年以来财政专项扶贫资金项目实施情况进行督查、清理。

8月22日，副州长夏锡璠到宣恩县调研精准扶贫工作，习覃陪同；23日，华中师范大学中国农村研究院一行到晓关乡尖山坪村开展中国农村扶贫现状调查；25日晚，中国社会科学院农村发展研究所一行（国务院扶贫办调研组）到万寨乡芷药坪、晓关猫山村、椿木营长槽村、沙道沟茶园村和黄泥塘村调研，了解扶贫对象识别、帮扶和脱贫情况。

9月2日，宣恩县贫困人口精

准识别专题审计整改业务培训班在县行政中心大楼328会议室举行，县扶贫开发领导小组负责的贫困人口精准识别专题审计整改工作正式启动；20日，来凤县委常委费国华、副县长曾生等一行7人，到宣恩县考察学习精准扶贫项目管理的工作经验；28日，召开全县精准扶贫工作推进督办会。

10月17日，全国扶贫日捐赠仪式在县政府人民广场举行；18—19日，恩施州精准脱贫暨易地扶贫搬迁现场拉练会(宣恩——来凤战区)在宣恩举行；24—27日，组织到宜昌参加儿童减贫与综合发展试点项目培训会。26—31日，组织到贵州省六盘水、湖南泸溪县、江西上栗等地考察学习贫困村“异地置业”先进经验。

11月1—8日，县政府开展全县重点贫困村精准脱贫督查；2—4日，举办宣恩县重点贫困村扶贫专干业务和贫困户地理空间信息采集培训；21日，召开全县精准扶贫迎检工作会议；23日、24日分别在长潭河侗族乡、李家河镇举办金融扶贫培训会。

12月11日开始，县政府委托第三方评估机构——中南财经政法大学湖北江汉减贫与发展研究院，对全县2016年精准扶贫工作绩效进行评估，评估的主要内容为扶贫政策落实情况、扶贫任务完成情况、扶贫工作群众满意度。全县2016年预脱贫的28个重点贫困村必查，全县非重点贫困村采取随机抽选；重点贫困村的贫困户抽选比例为20%，非重点贫困村的贫困户抽选比例为8%；24—31日，州考评组对宣恩县2016年脱贫进行考评验收。

（黎晓卫）

政务服务

【概况】2016年，宣恩县政务服务中心大厅共进驻部门8个(县住建局、县国土资源局、县工商行政管理局、县城市管理局、县林业局、县质量技术监督局、县残联、县运管所)，设综合窗口2个，共代理20个单位行政审批事项。设立分中心6个(公安、人社、国税、地税、民政、农业)。全年共受理各类办件38.50万件，办结38.29万件，办结率99.5%，平均日办件1049件，服务对象综合满意率达到99.4%。

【三级政务服务平台建设】2016年，宣恩县推进三级政务服务平台建设，优化全县政务服务环境。宣恩市民之家于2015年1月16日动工，建筑面积1.8万平方米，2015年11月主体工程竣工验收，2016年底已进入室内装修收尾阶段。乡镇标准化便民服务中心基本实现全覆盖，并按照“11＋x”的模式进驻服务窗口。村级284个村(社区)中有249个已建成标准化便民服务室，并初步完成光纤到村和“三级一网”“三位一体”的布局基础性工程，全县88个智慧民生便民服务平台安装到位并进行试用。

【行政审批制度改革】2016年，宣恩县对全县审批部门中“容缺预审”的审批服务事项清理，制定《宣恩县重点项目容缺预审实施方案(试行)》，对涉及项目容缺预审部门进行事项的审批流程再造。同时，扎实推进并联审批工作，按照统一受理、抄告相关、并联审批、限时办结、集中回复的要求，推进重大建设项目并联审批，提高审批效率。

加强对“三集中、三到位”工作的监管，各职能部门按照相关文件，调整职能、完善职责，使“三集中、三到位”工作落到实处。加强政务信息的动态监管，根据相关技术标准、规范，利用信息技术建立三级政务信息的上报和数据支撑，实现对全县行政审批等服务管理事项的”一站式”服务提供数据支撑，全县完成对接三级事项的清理和县级事项的流程固化。加强中心日常管理，完善各项审批制度，重点狠抓“六制办理”“七件管理”的落实，规范政务服务行为。完善监督管理机制，将日常巡查、电子监察、视频监控、社会监督相结合，及时整改存在的问题，从而确保中心高效、有序运行，进一步提升政务服务水平。

（向姮）

机关事务管理

【概况】2016年，宣恩县贯彻《恩施州机关事务管理实施细则》(简称《细则》)，按照《细则》要求理顺厘清全县机关事务管理体制机制，明确机关事务管理部门职责，用法治化的办法，推进全县机关事务管理工作治理体系和治理能力现代化。

落实中央“八项规定”，2015年开始，每年定期或不定期的在全县组织开展“公务用车、办公用房、食堂用餐”违规问题清理整治活动（简称“三用”违规问题清理）。通过清理整治，全县在“三用”方面问题得到有效遏制。

【公车管理改革】2016年，宣恩县在推进改革的同时，做好现有车辆和司勤人员安置工作的管理。全县涉改车辆302辆，涉改党政机关在职人员1802人，涉改司勤人员129人，全县核定保留原有车辆173辆，调剂给事业单位使用49辆，车辆拍卖及报废处置80辆。2016年12月1日，举办首场党政机关公务用车制度改革取消车辆处置拍卖会，公开处置拍卖车辆51辆，67名竞拍者参与竞拍。拍卖成交47辆，成交金额120.95万元，溢价率达到57.98%。后期又通过挂网拍卖的形式，处置公开拍卖流拍及部分待报废车辆。

【后勤服务】2016年，宣恩县推行县行政办公大楼管理后勤服务社会化改革，向社会打包购买物业、餐饮等服务。做好各类维修保养，保障大楼设施正常运转。改善机关食堂膳食质量，实行每周菜谱制、每月督办制、每季测评制，实行年度合同制管理，机关食堂的服务质量和水平得到提升。定期开展食堂满意度测评，对干部职工在测评中反映的问题认真整改。

扩大安保队伍，提升安保水平，县机关事务管理局联合公安、武警形成反恐处突机制；加强大楼安全隐患管理，联合县公安局、县消防中队对县政府大楼各单位进行安全、消防隐患大检查，邀请县消防中队官兵对安保人员进行消防安全技能培训，强化各单位职工和安保人员的消防安全意识；配合县信访局做好到县上访群众的劝阻和引导工作，维护了大楼办公秩序。

【公共机构节能】2016年，宣恩县利用公共机构节能宣传周、节水型单位建设等活动平台，推广节能灯具、节能插座等节能产品，发挥全县各级公共机构示范作用。开展全县公共机构耗能单位能源消耗统计培训2次，培训人员达200余人（次），完成全县200余个行政事业单位公共机构耗能单位能源消耗数据上报工作，公共机构节能降耗工作纳入年底全县综合目标考核范畴。

（赖宏伟）

公务接待

【概况】2016年，宣恩县委、县政府接待办共接待来宾212批（次），1.1万余人（次），其中省部级来宾30余人（次），外宾20余人（次）。完成全县第三届贡茶开园节、侗乡成立30周年、武陵山区龙舟争霸赛暨全州水上运动会以及首届中秋恳亲招商引资洽谈会等大型活动的接待工作；全年协助完成全州义务教育均衡发展工作座谈会、全州综合扶贫会、全州精准扶贫暨易地扶贫搬迁现场会、全州“六城”同创现场会以及全州城市拆围现场会等大型会议的接待工作；换届期间，完成州换届考核组、巡查组以及全县第十五次党代会和“两会”的后勤保障工作。

（张艳丽）

政协宣恩县委员会

【概况】2016年，中国人民政治协商会议宣恩县第八届委员会共收到以提案形式提交的意见建议327件，经审查立案289件，转委员来信处理38件。所提意见和建议已解决165件，占57%；列入计划拟逐步解决的105件，占36%；因政策原因或条件限制暂不能解决的19件，占7%。其中，八届五次会议以来，共收到委员提案88件，其中大会提案86件、平时提案2件，经提案委员会审查，立案79件。截至12月底，79件提案办复完毕，办复率100%，委员满意率96%。

2016年中国人民政治协商会议宣恩县第八届委员会召开全体会议2次、常委会议6次、主席会议10次。八届六次会议期间，刘红梅等15名委员围绕健康养老、乡村旅游、电子商务、“六城”同创等课题进行大会发言，170名政协委员提出提案55件。

【全体委员会议】中国人民政治协商会议宣恩县第八届委员会第六次会议。2016年4月25—27日在宣恩县城召开。大会应到委员170名，实参会委员158人。刘智勇、习覃、朱鹏程、杨安明、吴卫平、朱瑾、黄同元、雷天兵、龙志刚、刘红艳、李明山、姚元文、覃正彪、史红珍、乾维德、向子明、周志斌、张友刚、覃国锋出席，县政协离退休的历届主席、副主席及担任过县委、县人大、县政府主要领导的离退休老同志魏洁若、唐松林、曾宪凡、熊真、郭大国、熊中行、孟成福，县人民法院院长郑向东，县人民检察院检察长李美福、在宣恩工作的州政协委员，县委各部委办、县级国家机关各办局及人民团体主要负责人，政府工作部门及部门管理机构主要负责人，正科级事业单位负责人，各乡（镇）党委书记、乡（镇）长、常务副乡长、政协联络组长等应邀列席会议。刘智勇代表县委对大会召开表示热烈祝贺，会议听取和审议张频代表政协宣恩县第八届委员会常务委员会所作的工作报告，陈浩作的《县政协八届委员会常务委员会关于八届五次会议以来提案工作情况的报告》，讨论并赞同县长习覃所作的《政府工作报告》，赞同县法院、检察院工作报告和计划、财政报告，赞同“十三五”规划纲要。

中国人民政治协商会议宣恩县第九届委员会第一次会议。2016年12月19—22日，中国人民政治协商会议宣恩县第九届委员会第一次会议在宣恩县城召开，大会应到委员178名，实到175名，第八届县政协主席张频及副主席王仕高、王此权、陈浩，县政协离退休的历届主席、副主席及担任过县委、县人大、县政府主要领导的离退休老同志魏洁若、潘杰、唐松林、曾宪凡、熊真、熊中行、孟成福，县人民法院代理院长张辅军，县人民检察院代理检察长肖功平，县委各部委办、县级国家机关各办局、各人民团体主要负责人，州县双重管理部门主要负责人，县武警中队、消防大队主要负责人，各乡（镇）党委书记、乡（镇）长等应邀列席会议。州换届选举工作指导组、州换届风气巡察组一行到会指导和监督。大会听取黄玉贤代表政协宣恩县第八届委员会常务委员会所作的工作报告，钟昌泽作的《中国人民政治协商会议宣恩县第八届委员会常务委员会关于八届一次会议以来提案工作情况的报告》，审议通过县政协第九届委员会第一次会议提案审查情况的报告和有关决议，选举产生第九届县政协主席、副主席、秘书长、常务委员。主席：黄同元；副主席5名（按姓氏笔画排序）：李川、钟昌泽、姚敏、陶华（女）、黄玉贤；秘书长：奚泽辉；常务委员28名（按姓氏笔画排序）：王毅、文丕锋、龙维明、龙晶（女）、李兴文、向海燕（女）、宋永亮、杨长安、杨克环、吴乐坤、肖俊、张华林、张孝忠、张敏、陈德家、郑大好、周军、胡章禹、胡静（女）、郝莹（女）、奚泽登、黄平、黄伟、黄晓春、廖锋、蔡章林、熊茂平、熊金华。

【常务委员会议】2016年4月20日，县政协主席张频主持召开县政协八届二十一次常务委员会议。副主席王仕高、王此权、黄玉贤、钟昌泽、陈浩，秘书长、办公室主任屈代金等常委会组成人员出席，县政府办公室主要负责人，各乡镇政协联络组组长列席。会议集中学习习近平总书记在十八届中纪委六次全会上的重要讲话精神，听取县政府办公室主任胡晓洪代表县政府所作的关于县政协八届五次会议以来提案办理情况的通报，协商通过王明刚等6人辞去和免去县政协委员职务的决定，协商通过关于召开县政协八届六次会议的决定，决定政协宣恩县第八届委员会第六次会议于2016年4月25日至27日在县城召开。审议通过县政协八届六次会议议程和日程等相关文件，审议通过县政协常委会工作报告和提案工作报告，并推举报告人。会议听取县政协各专委会2015年工作情况的报告及2016年工作计划。

4月27日，张频主持召开县政协八届二十二次常务委员会议，王仕高、王此权、黄玉贤、钟昌泽、陈浩，秘书长屈代金及常委会其他组成人员出席会议。会议审议并通过县政协八届六次会议关于常委会工作报告的决议、关于提案工作情况报告的决议、关于提案审查情况的报告和政治决议。

5月9日，张频主持召开县政协第八届委员会常务委员会第二十三次会议，王仕高、王此权、黄玉贤、钟昌泽，秘书长、办公室主任屈代金等常委会其他组成人员参加会议，各乡镇政协联络组组长列席会议。会议集中学习习近平总书记在十八届中纪委六次全会上的重要讲话，听取县委党校讲师燕正兵对《中国共产党廉洁自律准则》和《中国共产党纪律处分条例》的专题讲座，审议通过《县政协常务委员会2016年工作要点》。

7月27日，张频主持召开县政协八届二十四次常务委员会议。王仕高、王此权、黄玉贤、钟昌泽、陈浩，秘书长、办公室主任屈代金等常委会其他组成人员出席，县委常委、常务副县长岳东应邀出席。县政府办公室、发改局、财政局、民宗局、国土局、旅游局、文体新广局等单位负责人及各乡镇政协联络组长列席会议。会议学习习近平总书记在庆祝中国共产党成立95周年大会上的重要讲话精神，听取县政府《关于全县2016年上半年经济社会发展情况的通报》，协商通过《关于增补谭建军为县政协委员的决定》《关于任免部分专委会主任的决定》，任命谭建军为县政协人口资源环境委员会主任，免去田松县政协人口资源环境委员会主任职务；审议通过《关于民族村寨助推乡村旅游的视察报告》。县直相关单位有关负责人与委员们还结合工作职能与工作实际，围绕全县乡村旅游发展工作，从制定全县旅游发展蓝图、完善基础设施、挖掘特色民族文化资源等方面提出了具有建设性的意见或建议。

9月18日，张频主持召开县政协八届二十五次常委会议，王仕高、王此权、黄玉贤、钟昌泽、陈浩，秘书长屈代金等常委会其他组成人员出席会议。副县长向子明应邀出席会议。县政协党组成员、办公室主任奚泽辉参加会议。县政协各委室、县发改局、财政局、住建局等相关部门主要负责人及各乡镇党委分管政协工作领导列席会议。会议传达贯彻县委关于县政协换届工作的有关文件精神，审议并通过《关于县城规划工作的视察报告》《关于县民族医院整体搬迁工作的视察报告》。

12月12日，张频主持召开县政协八届二十六次常委会议，王仕高、王此权、黄玉贤、钟昌泽、陈浩，秘书长屈代金等常委会其他组成人员出席。县政府办公室、县政协办公室和专委会、县发改局、县财政局、县扶贫办等部门负责人列席会议。会议组织学习党的十八届六中全会精神，听取县政府关于县政协八届六次会议以来提案办理情况的通报，审议通过县政协经济委关于精准扶贫工作的调研报告，协商决定政协宣恩县第九届委员会参加单位、委员名额和委员人选名单，协商通过关于召开政协宣恩县第九届委员会第一次会议的决定，审议通过县政协九届一次会议议程和日程等相关文件，审议通过政协宣恩县第八届委员会常务委员会工作报告和提案工作情况的报告、推举报告人，协商通过县政协九届一次会议主席团、主席团会议主持人和秘书长建议名单。会议决定中国人民政治协商会议宣恩县第九届委员会第一次会议于2016年12月18－22日在县城召开。

【民主监督】2016年，宣恩县政协利用提案、民主评议、特邀监督等形式，对县委政府重大决策意见实施情况、重要工作部署落实情况以及部门工作开展情况进行民主监督，为县委政府科学决策、推进工作提供帮助。对县政协八届六次会议立案的45件提案集中交办。对《关于晓关侗族乡传统村落旅游开发的几点建议》《关于打通中梗阻，建贡水河带状公园大循环的建议》《关于有效保护有序开发白水河旅游资源的建议》等11件重点提案由县政协主席、副主席领衔督办和专委会协商督办，通过邀约座谈、现场商办等方式，协调推动提案办理落实。畅通社情民意信息传递渠道，听民意、察实情，向县委、县政府报送《沙坪一带盗案频发，当地群众人心惶惶》《县实小连续八年停办学生运动会》等社情民意，促成县民族实验小学运动场和学生餐厅纳入县政府2017年十件实事。选派20余名政协委员参加全县媒体问政活动，对发改局、县教育局等8个部门进行评议，对县林业局、县工商局、县国税局等部门点题督查，为提高行政效能，改善民生民利，优化发展环境，发挥积极作用。

【参政议政】2016年，宣恩县政协围绕弘扬民族文化、助推旅游产业开展民族村寨助推乡村旅游视察；围绕助推“六城”同创、建设美丽宣恩开展县城规划工作视察；围绕促进全县医疗卫生事业健康发展，开展县民族医院整体搬迁工作视察；围绕“精准脱贫，不落一人”和“精准脱贫，全面建成小康社会”的总目标开展精准扶贫调研。130余名委员参加调研、视察、考察活动，为政协委员参政议政搭建了良好平台，保证调研视察活动的顺利开展。

【换届】2016年，第八届宣恩县政协任期届满，县政协党组认真学习领会中央和省、州、县各级党委关于换届工作有关政策文件精神，明确政协委员会和常委会的规模、界别和专门委员会设置、委员人选基本条件、工作程序和方法步骤及工作要求等方面内容，拟定科学合理的换届方案报请县委批准实施；县政协各专委会对第八届县政协委员进行履职业绩考核，报请县政协党组研究同意后，向县委组织部、统战部提出政协委员履职情况的考评意见；县政协党组会同县委组织部、统战部对留任、新任委员提名人选充分协商，形成新一届政协委员建议人选名单，公示后报请县委审定；在此基础上，召开第八届县政协常委会议，协商确定县政协第九届委员会规模、界别设置和政协委员名单，在宣恩网公告178名新一届政协委员名单；12月18－22日，召开县政协第九届委员会第一次会议，选举产生第九届县政协主席、副主席、秘书长、常务委员。

（余婷）

中国共产党宣恩县纪律检查委员会

【县纪委第十四届六次全体会议】2016年2月15日，中共宣恩县第十四届纪委第六次全体(扩大)会议在县行政办公大楼二楼会议室召开。学习贯彻习近平总书记系列重要讲话和中央、省、州纪委全会精神，总结2015年全县党风廉政建设和反腐败工作，部署2016年工作任务。县委常委、纪委书记吴卫平主持并代表纪委常委会作《把纪律挺在前面　保持坚定政治定力　不断取得党风廉政建设和反腐败斗争新成效》主题报告，县委副书记、县长习覃，州纪委常委王峰出席会议并讲话。王峰对宣恩县2016年的纪检监察工作提出要求：要行正道，在思想认识、形势判断、立场决心上，坚定不移地向党中央、省委、州委看齐，担负起全面从严治党主体责任，把纪律和规矩挺在前面；要抓重点，通过深入推进"两学一做"学习教育、全面推进派出机构改革、强化巡查监督、狠抓追责问责、践行好"四种形态"、筑牢基层基础等工作，以点带面推动全局工作；要严管教，按照铁心、铁骨、铁面、铁律"四铁"要求，着力打造执纪反腐的"铁军"队伍。珠山镇、高罗镇、长潭河乡、李家河镇、县民政局、县交通局党委(党组)主要负责人和沙道沟镇、公安局纪委(纪检组)主要负责人分别作述责述廉报告，并接受县纪委委员的现场提问和测评。现场通报各会场到会纪律情况及述责述廉情况测评结果。会议以电视电话会议形式召开，县级设主会场，各乡镇分别设立分会场。朱鹏程、杨安明、张频等四大家领导，县法院、县检察院、县工业园区主要负责人，县纪委委员，各乡镇党委书记、乡镇长(常务副乡长)、纪委书记，县直副科级以上单位主要负责人、纪检组长(纪委书记)及县纪委监察局、派出纪工委全体干部在主会场参加会议；乡镇党委、政府领导班子成员，乡镇各单位主要负责人、各村(社区)书记在各分会场参加会议；县直各单位除主要负责人以外的其他领导班子成员在珠山镇分会场参加会议。

党风廉政建设

【概况】2016年，中共宣恩县委担当全面从严治党主体责任，建立指挥部，签订军令状，县委常委会先后10次研究党风廉政建设和反腐败工作，学习党纪党规和省、州纪委典型案例通报，传达上级有关精神并作出部署，县委书记刘智勇先后批示文件20次，专题听取主体责任落实情况汇报2次，听取纪委工作情况汇报6次，约谈领导干部136人(次)。

9个乡镇和75个县直部门党委(党组)按照"一岗双责"的要求，分别建立主体责任清单、廉政风险防控清单、"一把手"作公开承诺，并向二级单位、基层站所和村(社区)延伸，责任清单实现全覆盖。落实主体责任全程纪实制度，督促各级各部门建立健全工作台账，实行痕迹化管理。

县纪委全会通过视频会议形式，参会对象扩大到乡镇、县直各部门领导班子成员和284个村(社区)主职干部。各部门党委(党组)书记、纪委书记(纪检组长)每半年向县委书记、县纪委书记报告履行主体责任、监督责任情况。通过监督检查、约谈函询、检查考核等措施持续传压加压,让党委(党组)、纪委(纪检组)真正把“两个责任”抓在手上、扛在肩上。

处理落实“两个责任”不力的问题14个,约谈党员领导干部73人,立案审查4人。长潭河乡党委安排纪委书记分管城管、环保工作,乡纪委书记未如实报告县纪委,对乡党委书记、乡长、乡纪委书记进行诫勉谈话。

【党的纪律建设】2016年,宣恩县举办党纪党规专题培训班4期,培训880余人(次);开展宣讲25次,培训2000余人(次);536名党员领导干部参加网上知识测试;举办领导干部法纪知识专题培训、初任公务员、重点领域和关键岗位中层干部廉政教育培训;组织130余名党员干部到恩施监狱参加警示教育;把《廉洁自律准则》《纪律处分条例》内容搬上“千米法纪知识走廊”,纳入“灯谜元宵竞猜”活动。开展监督检查3次,因学习不到位约谈80人(次),运用《问责条例》责令25个单位党组织作出书面检查。

督办处理精准扶贫问题8个,处理41人,其中立案审查7人。对省委巡视组交办的22件问题线索和7件信访举报件全部处理完毕,立案审查13人。由纪检监察机关牵头整改的4大类10个方面的具体问题全部整改到位。抽调6名干部参与全县换届风气巡察,覆盖县直所有单位和乡镇50%以上村,实行换届工作全过程监督,营造风清气正的换届环境。廉洁审查党员干部1500余人(次),对全县副科级及以上干部的廉政状况进行集中核查。

对党员领导干部的监督,重点监督各级各部门领导班子成员,特别是单位“一把手”履行管党治党政治责任、遵守党的纪律、执行党的政策等情况。加强对民主集中制、“三重一大”事项决策等重点制度执行情况的检查,解决管党治党宽松软问题。督促各级各部门党委(党组)严肃党内政治生活,让批评和自我批评成为常态。完善党政主要负责人向县纪委全会述责述廉制度,珠山镇、长潭河乡、县民政局等8名乡镇和县直部门党委、政府和纪委主要负责人分别述责述廉,接受县纪委委员现场提问和测评,对测评靠后的人员开展约谈、督促整改。

【惩贪治腐】2016年,宣恩县完善“两见面两回复”“双信封”“回访告知”等信访举报工作机制,全年共接受信访举报330件,同比增长13.8%。其中本级接受193件,同比增长16.6%。检控类占比84.5%,检控类署实名举报率51.6%,无赴省进京越级访。

执纪审查工作,处置问题线索267件,实现“零暂存”。初核256件,同比增长0.07%;立案162件,与上年持平;结案136件,结案率84%,处分127人;查处科级干部17人,同比减少135%。委局机关自办案件65件,人均办案3件;乡镇纪委办案94件,平均每个乡镇10件。“第一种形态”的运用,全年谈话函询52件,较上年增长333.3%;纪律轻处分114人,占处分人数的89.8%,涉及原县委书记曾某某有关的33名党员领导干部,廉政约谈14人、批评教育13人、立案审查6人。

举办执纪审查知识培训班2期。全县新改建标准化执纪审查谈话室11个。建立健全执纪审查工作制度,制定问题线索处置和案件查办报告制度、纪律审查谈话安全管理规定、反映县管干部问题线索处置管理和谈话函询工作办法,修订反腐败协调相关工作制度。

【基层党风廉政建设】2016年,宣恩县成立运用“大数据”开展惠民政策落实情况监督检查工作领导小组。共采集数据142.5万条,比对交办问题线索2.54万条;乡镇组建143个专班529人对问题线索进行全面核查,查实2840条,查实率11.17%;9个巡查督导组抽查7041条;收缴违规资金106.29万元,党员干部主动退缴资金18.47万元,立案审查55件。

农村“三资”专项治理,转交相关乡镇调查处理8个问题,组织处理3件3人,立案审查3件3人;开展扶贫领域突出问题、基层违反群众纪律问题,处理党员干部14人,其中立案查处11人,查处了一批侵害群众利益的不正之风和腐败问题。

【纪检监察机关自身建设】2016

年，宣恩县县乡纪委换届工作。选举产生25名县纪委委员和新一届县纪委领导班子；9个乡镇纪委配备书记9名、副书记9名、纪检干事2名、兼职纪委委员26名。

完善纪检干部工作日志、外出请示报告、干部去向公示等管理制度，纪检干部有权不“任性”。

处理纪检监察干部2人，维护纪检监察队伍的纯洁性。

（杨亨祥）

行政监察

【纠正“四风”】2016年，宣恩县在元旦、春节、清明、端午、中秋、国庆等重要时间节点共组织参加和协调检查财务报销问题6次（春节前后1次、清明至“五一”1次、交换检查2次、财务报销专项治理1次、中秋国庆1次），协调并参加奖金津补贴发放问题“回头看”1次；协调机关事务部门检查公车管理使用2次，机关食堂违规问题专项整治“回头看”1次；协调公安部门检查带彩娱乐2次；开展汛期值班检查1次；治理“整酒风”检查1次。共查处“四风”问题36个，组织处理33人，党政纪立案36人。其中，查处违反中央八项规定精神问题31件，组织处理33人，22名党员干部受到党纪政纪处分，另有4人立案调查；带彩娱乐立案4件（另转办农商行党委1件）；工作日中午饮酒立案6件。下发通报5期，49人被点名道姓通报曝光。

【整治侵害群众利益的问题】2016年，宣恩县针对各部门第一次提供的数据错漏多的问题，责令各部门整改后重新上报数据。检查督办各乡镇不按要求公开的问题。印发惠民政策宣传资料5000余份。6月2日召开问题线索交办暨业务培训会，随后展开全面核查，各乡镇共计成立143个核查专班，529人参与核查，6月15日全面核查完成。6月5—20日，抽调83人组成9个巡查督导组开展抽查。6月30日，安排核查工作“回头看”，针对核查存在的问题，重新组建5个巡查督导组对查否问题线索进行逐条审核，各乡镇对不符合要求的核查表进行完善和重新入户的方式进行整改。针对查实的问题（特别是生态公益林补偿面积大于实际面积、农村危房改造申报验收把关不严等问题），向县林业局、县民政局、县财政局、县住建局等4个部门印发监察建议书4份。大数据工作共采集数据142.5万条，比对交办问题线索2.54万条，核查2.54万条，查实2840条，查实率11.17%；抽查7041条，占查否问题线索的31.1%；共立案55件，收缴违规资金106.29万元，党员干部主动退缴资金18.47万元。由县纪委牵头，督办各乡镇纪委及县直有关部门开展基层违反群众纪律问题专项治理，通过查纠违纪问题立案65件（包括大数据工作立案55件），查处并通报县环保局工作人员杨某某对待群众来电态度恶劣问题。协调经管局牵头，财政、农业等部门配合开展农村“三资”专项治理，转交相关乡镇调查处理8个问题，其中，组织处理3件3人，党纪处分2件2人，立案调查1件2人。协调扶贫办牵头并组织开展扶贫领域突出问题专项治理，自查问题1个（资金未及时拨付）。

【“两个责任”】2016年，宣恩县对落实“两个责任”不力的问题开展

县纪委对县直单位贯彻落实中央八项规定情况进行检查

责任追究。2016年全县共追究"两个责任"落实不力的问题14个,问责17人,其中,书面检查10人,诫勉谈话3人,党纪处分3人,立案1人。

【党内监督】2016年,宣恩县参与换届风气的巡查、换届纪律学习情况检查和换届考察。8月上旬,组织开展主体责任落实、条例和准则等党内法规落实情况的检查,《问责条例》《问责办法》的落实上均实现问责零的突破。运用《问责条例》问责四大类23个问题,问责单位23个;运用《问责办法》问责单位2个。提拔表彰事项的廉洁审查,制定县纪委监察局《廉洁状况评价办法》,对1500余人(次)廉洁状况进行层层审核把关,向有关部门出具意见。严格个人有关事项报告制度,共接受出国出境、婚丧嫁娶等个人有关事项报告32人(次)。

【督促部门履职尽责】2016年,宣恩县聘请12名督查员参与部门履职尽责督查。5月督促各被监督检查部门及其系统上报5月前工作开展情况,5月24日召开履职尽责督办会,各被督促检查部门通过主动上门征求意见、走访服务对象、走访"两代表一委员"、召开座谈会等方式征求意见,开展自查自纠。县纪委组织督查员开展问卷调查和明察暗访活动,开展第三方评价,县纠风办对7个全面督查单位、4个点题督查单位工作开展情况进行了全面检查。围绕中心工作开展监督检查,对精准扶贫、"六城"同创工作各检查1次,督办处理精准扶贫问题8个,其中,通报批评1人、诫勉谈话1人、警示性约谈32人。李家河镇、高罗镇纪委对不符合精准扶贫对象列为精准扶贫对象的7名村干部进行立案调查。

(杨亨祥)

社会团体

工　会

【劳模工作】2016年，宣恩县总工会在全县范围内开展州级劳动模范评选申报工作，共申报15人。5月16日，恩施州人民政府通报表扬2016年恩施州劳动模范，郑奉英、王斌、杨再双、陈应国、朱学杰、杨光海、王真友、张继亮、曹翠平、车昌茂等10人被评为州级劳动模范。

【帮困解困】2016年，宣恩县总工会共帮扶困难职工(含农民工)78人，发放帮扶资金27.4万元；金秋助学帮扶3人，发放帮扶资金1.2万元；为12名省部级困难劳模申请并发放困难补助金7万元。盛夏时节，对部分建设工地、企业、环卫等340人开展“送清凉”活动。

【依法维权】2016年，宣恩县开展《劳动法》《劳动合同法》《湖北省企业工会条例》《湖北省集体合同条例》为重点的普法宣传活动。全年共开展送法活动6次，发放维权宣传资料0.4万份。在非公企业中普遍开展签订集体合同及工资专项合同、劳动安全合同、女职工合同工作，签约率达到80%以上。创建省级职工书屋1家，参与全县安全生产重大责任事故的调查和处理工作，开展劳动争议调解工作，会同安监部门组织开展“安康杯”竞赛，全县共有67个单位、2528名职工参加竞赛活动；全年共接待职工群众来信来访23人(次)，均获得满意答复和解决。

【职工技能培训】2016年，宣恩县按照职工技能培训规划，县总工会牵头组建一支技能队伍，开展基层卫生岗位培训大练兵活动。9月28—30日，参加州卫计委与州总工会联合举办的全国基层卫生岗位练兵和技能大赛活动，宣恩代表队获团体三等奖。

【基层组织工作】2016年，宣恩县新建工会组织9家，新增会员774人，机关有4家基层工会组织依法进行改选，全县工会建会率达到90%，企业建会率和职工入会率保持在85%以上。

【职工活动】2016年，宣恩县举办全县“工会杯”羽毛球赛、排球赛、棋牌赛、“畅享武陵相约贡水”千人畅游贡水河表演赛等活动，丰富活跃职工的文化生活。成立“三送”活动小组，开展为农民工“送清凉、送健康、送文化”活动。在中心客运站开展“欢迎农民工回家过年”活动，举办全县“工会杯”职工象棋赛，与安监局等单位在全县范围内组织开展“安全生产月”宣传活动，与司法局等单位联合举办“12·4”全国宪法宣传日活动。全县机关、企事业单位基层工会组织职工开展各类活动156场(次)。

(李龙)

共　青　团

【概况】2016年，宣恩县共有32个基层团委，27个团总支，590个团支部，2.12余万名团员，58名专职团干部，554名兼职团干部。

县中等职业技术学校团委获2016年度“全省五四红旗团委”称号，邮政储蓄银行宣恩县支行团支部获2016年度“全省五四红旗团支部(总支)”称号,沙道沟镇龙潭小学张盼获“全省优秀共青团员”称号,县人民法院龚毅、县中等职业技术学校欧阳晓宇获“全州优秀共青团员”称号,宣恩县人民医院团支部阳亚获“全州优秀共青团干部”称号。全县表彰五四红旗团委2个、五四红旗团支部4个、优秀团干17人、优秀团员24人。

【服务中心】2016年,宣恩县参与“六城”同创,组织青年志愿者、共青团员每周五参加社区组织的街道保洁活动;到红绿灯路口,开展文明交通劝导活动;与宣恩县义工协会、自行车协会、徒步队等社会组织和社会团体,引导全社会树立环保意识、团结意识、向善向上意识;组织植树万余株,推动“美丽乡村”建设。

招募青年志愿者,组建志愿者服务队,在全民健身长跑、水上运动会、“六城”同创等重大活动赛事、消防安全、文明交通、留守儿童、普法及进城务工农民工子女结对帮扶等领域,开展志愿服务活动30余次,发挥志愿者在传播文明、塑造城市形象等方面的积极作用。号召广大青年积极加入义工协会、党员义工服务队、青年志愿者队伍等组织,开展助学、助残、关爱留守儿童等志愿服务活动120余次。对“三支一扶”志愿者和西部计划志愿者在用人单位的工作进行跟踪管理,不定期到服务单位了解志愿者工作生活情况,关注志愿者思想动态,并引导他们立足本职工作、加强自身学习,为二次就业打基础;联合县劳动就业局,通过网站、志愿者群、微博、微信等渠道,为志愿者提供创业就业信息。2016年推荐3名志愿者、2名“三支一扶”人员参加省、州、县评选表彰。

【思想引领】2016年,宣恩县总工会与司法局、公安局、教育局、关工委等单位与社团组织联合举办法制宣传教育进校园活动5场(次),8000余人(次),引导广大青少年学法、用法、守法、护法。3月组织开展“精准关爱青春同行”学雷锋志愿服务月活动,发动团员青年、志愿者参与敬老爱老、关爱留守儿童、无偿献血、社区服务活动;“五·四”期间与宣恩县中等职业技术学校联合开展“展青春风采做出彩青年”文艺展演活动;六一前夕,全县各级少先队组织广泛开展“红领巾相约中国梦”活动;6月29日,团县委、县妇联在宣恩县民族实验小学开展禁毒知识宣传教育活动。

【服务青少年】2016年,宣恩县开展“关爱留守儿童·助力精准扶贫”活动,经过两轮摸底,统计建档立卡户共计1234名贫困留守儿童,并全部录入“湖北省贫困留守儿童结对精准扶贫信息管理系统”,已完成结对70%。乡镇团委大力筹集善款,力求为贫困留守儿童排忧解难。促进青年创业就业,与县人社局联合组织青年专场招聘会、“双创”春季精准扶贫招聘会等,举办青年创业培训班,培训创业青年120余人;申报省级大学生创业项目1个,3名创业青年获县级创业扶持资金12万元。宣恩县青年就业创业服务中心平台,以网络、电视、报纸、电子屏等渠道广泛为青年就业创业提供政策咨询、就业信息、创业指导等服务。县就业创业服务中心联合县工业园区管委会和人社局、邮储银行,以椒园工业园区、和平工业园区、宣南产业园区为基地,缓解青年人就业难的问题。

【团组织建设】2016年,宣恩县初中学校在籍团员数不得超过14周岁以上学生数的30%,高中在籍团员数不得超过60%。全年共发展新团员1100名。推荐优秀青年团员向党组织靠齐,有11人向党组织递交入党申请书。

团县委联系乡镇,对乡镇182个直属支部建设的督办指导;继续利用网络专栏扩大共青团的影响力,建立一支由县直单位、国有企业、学校、乡镇团干部为骨干的网络宣传员队伍,传播共青团的正能量。在宣恩论坛“青年之家”专版、共青团业务QQ群、团县委官方微博、微信公众号“青春宣恩”等网络渠道发布创业就业信息,招募征集志愿者参与社会服务,传达党委、政府重要工作部署,引导树立文明新风。与网友进行交流互动,集思广益,探讨解决全县共青团工作面临的困难和问题。

(杨洋)

妇女联合会

【概况】2016年,宣恩县有9个乡镇妇联、279个行政村妇代会、5个社区妇联、52个机关事业单位妇委会、11个企业妇委会、9个商会妇委会和1个社团妇委会。2月29日，县特殊荧屏教育学校校长罗杰获“省三八红旗手”称号。3月7日，高罗镇卫生院、县公安局指挥中心、珠山镇上湖塘社区居委会获州妇联授予“三八红旗集体”称号，授予县公安局交警大队车辆管理所李赟、县妇幼保健计划生育服务中心副主任蔡文菊“三八红旗手标兵”称号；授予高罗镇埃山村党支部书记李金发、椿木营乡民族中小学教师万红霞、珠山镇妇联干事董秀琼“三八红旗手”称号；授予沙道沟镇中心学校、李家河镇三文幼儿园“维护妇女儿童权益先进集体”称号；授予县一中副校长王海燕、晓关乡妇联主席涂珍云“维护妇女儿童权益先进个人”称号；授予县义工协会“服务妇女儿童优秀组织”称号；授予长潭河乡财政所、椒园镇中心小学、晓关乡中心卫生院公共卫生科“巾帼文明岗”称号；授予县富源贡水白柚专业合作社“巾帼建功先进集体”称号；授予县地税局税费服务局局长宋红梅、县劳动就业局人力资源服务中心副主任陈进、李家河镇中心小学党支部书记杨梅“巾帼建功标兵”；授予长潭河乡芭叶槽村村民李金凤、沙道沟镇班大湖村党支部书记李文玉、万寨乡白虎山党支部书记王秀云“农村科技致富女能手”称号。11月30日，绿康原生态农新产品专业合作社和金土地茶业专业合作社获“恩施州巾帼脱贫示范基地”称号。

【妇联专项活动】2016年2月16日，宣恩县妇联、团县委、总工会、就业局在人民广场联合举办“春风行动”“大众创业万众创新”招聘会，为广大妇女搭建就业平台。

3—6月，县妇联开展寻找州“最美家庭”活动，通过“晒家庭幸福生活、议文明家风家规、讲家庭和谐故事、展家庭文明风采、秀家庭未来梦想”等环节，高罗镇向家坪村4组鄢桂芝家庭和珠山镇芭蕉坨村2组沈香云家庭获“恩施州最美家庭”提名奖。

8月25日，县妇联与高罗镇向家坪村联合开展“心系妇儿送法到家”系列活动，湖北夷水律师事务所专职律师、恩施州“心系妇儿送法到家”宣讲团专家、恩施州妇女儿童维权工作站站长、县妇联法律顾问杨秀梅、县妇联主席向莲花就涉农法律法规知识普及和反家庭暴力法以及防性侵、防溺水儿童保护知识讲座，为适龄幸福宝宝和妈妈发放旗帜婴儿乳品股份有限公司捐赠价值7200元的奶粉。

9月3日，县妇联与珠山镇妇联、县妇幼保健院、县义工协会、未来之星母婴店联合开展“心系妇儿送法到家”“精准扶贫为爱启航”系列活动。

8—12月，在全县中小学校开展“家校连心·亲情小屋”建设，为全县56所中小学建立互动免费视频“亲情小屋”，搭建监护人与留守儿童、监护人与学校定期沟通交流的良好平台。9月19日，州妇联副主席向继玲一行3人到宣恩调研“家校连心·亲情小屋”建设情况。

【关爱妇女儿童】2016年3—4月，宣恩县妇联、县妇保院联合开展为期一个月的妇科病普查活动。免费进行妇科检查，其他检查项目全部实行优惠价。3月，为8名“两癌”（宫颈癌和乳腺癌）患者发放“贫困母亲‘两癌’救助”专项基金1万元/人，共计8万元。

5月30日至6月3日，组织高罗镇火烧营村1组黄琴和珠山镇李富桃2人参加全国妇联妇女发展部在陕西杨凌举办的全国妇联武陵山片区（湖北）妇女电子商务培训班。

8月，继续开展金凤助学活动，椒园镇荆竹坪村3组陈莉、石马村8组曾莉、店子坪村5组刘群芳、店子坪村2组李正萍，晓关乡林业村4组刘庆，万寨乡锣真田村7组林婷，长潭河乡猫村子村9组田蜜、杨柳池村5组喻厦、细沙坝村5组韩文念，高罗镇下坝村5组刘婷，李家河镇上洞坪村8组张洁，沙道沟镇野溪村11组陈琳，共12名女大学生分别获省“金凤工程”3500元资助。长潭河乡白果村7组黄巧云、珠山镇建设路16号郭童、晓关乡覃家坪村刘淋、万寨乡凉风村6组代娜获州“金凤工程”资助分别2000～5000元。

全年县妇联共接待妇女儿童信访13起，调成率达到100%。

（刘敏　朱忠梅）

科学技术协会

【概况】2016年，全县9个乡（镇）全部建立科协机构，配齐乡（镇）科协主席。建立社区科协5个、企业科协6个、县级学会（协会、研究会)15 个、农村专业技术协会 10 个。全县有 5 个社区被命名为州科普示范社区,3 个社区被评为省级科普示范社区,并受到省级科普示范社区奖励。

(胡艳平)

工商业联合会

【概况】2016 年,宣恩县工商联(总商会)会员 2320 个,其中个人会员 2105 个,企业会员 209 个,团体会员 6 个。

【县工商业联合会(总商会)代表大会】2016 年 12 月 29 日,宣恩县工商业联合会(总商会)召开第十一届会员代表大会,应到代表 135 人,实到 108 人。选举产生执行委员会委员 41 人,主席(会长)1 人,常务副主席 1 人,驻会专职副主席(副会长)1 人,副主席(副会长)19 人,秘书长 1 人。黄伟当选为县工商业联合会(总商会)主席(会长),周斌当选为县工商业联合会常务副主席,乐三宝当选为县工商业联合会(总商会)专职驻会副主席(副会长),丁光明、龙维明、田洁(女)、杨胜超、李才志、李良伶(女)、李忠梅(女)、吴乐坤、邱恩(女)、张安英(女)、张继亮、陈一富、陈国林、段辉、黄平、龚道、崔江华、廖世勇、熊金华当选为副主席(副会长),夏丘(女)当选为秘书长。

执行委员会委员女性 8 名,占 18.6%;中共党员 18 人,占 41.9%;少数民族 29 人,占 67.4%;外地籍人士 3 人,占 7%;大专以上文化程度的 23 人,占 53.5%;平均年龄 43.5 岁;非公有制经济人士 37 名,符合《中国工商业联合会章程》规定。

【参政议政】2016 年,宣恩县工商联通过召开工商界政协委员、人大代表座谈会、发放问卷调查等形式了解情况,组织相关人员到 30 多家企业调查企业发展存在的困难,有针对性地写出全县民营经济发展现状和存在的困难报告提交到县委、县政府。以政协提案、人大议案的方式,撰写《关于急需解决椒园生态产业园用水问题的建议》《宣恩县农产品专业合作社蔬菜种植的建议》《提升茶叶档次,增加茶农收入》等 12 篇提案。根据县纪委的要求,工商界推荐吴乐坤、刘金、张安英、邱恩、崔江华参与全县的履职尽责评议工作,发挥企业参与监督作用。

【商会活动】2016 年,宣恩县组织非公非经济代表人士学习十八届六中全会精神和恩施州委第七次党代会精神及省统一战线大讲堂讲座学习共 3 次,200 人(次)。组织各非公企业支部,总结 2015 年党建工作,研究讨论签订 2016 年党建工作责任状,到相关非公企业支部调查了解预备党员一年的各方面情况,1 名预备党员按期转正。县工商联与县人社局、工业园区、团县委、县妇联到企业开展就业创业促进工程实施情况,共走访企业 20 家,通过联合评审,对解决就业创业工作做得好的企业 14 家给予 1 万—10 万元不等的无偿资金扶持共 100 万元。

【维权服务】2016 年,宣恩县开展政银集合贷业务,申报资金 8000 万元,到位贷款 1000 万元;小微企业发展促进会的融资平台解决融资信贷资金 2000 万元;商户联户担保协会为工商户贷款达 1.3 亿元,最大单笔金额达 300 万元。配合人社、工会和县非公有制企业维权投诉中心,帮助会员企业做好信息服务、法律诉讼、土地使用、协调联系、经营管理、调解纠纷、企业维权等工作,共调解矛盾纠纷 50 余起。组织民营企业代表开展百家企业评机关活动,对 35 个行政执法和行政审批部门、6 垂直管理部门、8 个公共服务行业进行政风行风测评,通过满意测评评出满意、基本满意、不满意,不了解四类情况。收集意见和建议 25 条,并将收集的意见和建议反馈到相关单位。

【民营企业扶贫】2016 年,宣恩县开展“千企帮千村、脱贫奔小康”活动,27 家民营企业重点结对帮扶 27 个行政村,投入帮扶资金 718 万元,其中,捐资助学 16 万元(用于学生学习用具 6 万元,用于学生学费、生活费 10 万元),产业发展、基础设施建设 600 万元。对 27 家民营企业主要帮扶项目:围绕茶叶、蔬菜、药材,实施科技培训、田间技术指导,配送肥料、种子、农药、农具,开展产业扶贫;宣恩县伍家台昌臣茶叶有限公司流转山林新建茶叶基地 40 公顷,宣恩县七姊妹山茶叶有限公司培训茶叶、木瓜技术人员 7 期 400 余人(次)。湖北土家爱食品有限公司资助珠山镇东门关村 4 组贫困大学生梅旺学费6500元。9月17日,县委、县政府在县人民广场举办"精准扶贫·你我同行"活动,土家爱食品有限公司捐助3000元。

【浙江乐清市湖北宣恩商会成立】2016年6月15日,浙江乐清市湖北宣恩商会揭牌成立。岳东、龙志刚出席揭牌仪式。首届乐清市湖北宣恩商会会长龙刚成在揭牌仪式上致辞。商会于2015年8月正式筹备组建,是面向所有在乐清市的湖北籍经商企业的民间非营利性团体组织,有直接会员单位近200家,直接间接合作单位1000余家,在册企业100多家,涉及电子电气(高低压电器)、电子商贸、成套设备、模具制造、五金制造、塑料制造、防爆电气、文化教育、法律事务、娱乐餐饮、健康产品、家居家纺、广告策划、印刷制作、物流运输、装饰装潢、汽车综合业务等行业。揭牌仪式上,岳东、龙志刚分别为乐清市湖北宣恩商会授牌,为商会会长、秘书长、常务副会长、副会长颁发证书。龙刚成分别为名誉会长、顾问颁发证书。县劳动就业局、县司法局主要负责人分别为宣恩县法律援助救助站和宣恩县驻乐清市劳务工作服务站授牌。宣恩县金融办、县委统战部、工业园区管委会、县招商局、县旅游局、县工商联、及农商行宣恩支行相关负责人及来自宣恩工业园区的相关企业负责人列席揭幕仪式。

(夏丘)

残疾人联合会

【残疾人两项补贴】2016年,宣恩县有5862名残疾人享受到"两项补贴"政策,其中,享受生活补贴3184人,每人年600元;享受护理补贴2678人,每人年1200元,累计发放补贴资金512万元。

【阳光家园计划】2016年,宣恩县完成省下达的居家托养150名(每人年600元)、集中托养25名(每人年3600元)的工作任务,全年发放托养资金18万元。

【无障碍改造】2016年,宣恩县完成残疾人家庭无障碍改造15户,其中珠山、晓关、长潭河、高罗、沙道、李家河各完成2户,椒园、万寨、椿木营各完成1户。按照3500元/户的标准,共计发放补贴资金5.25万元。

【机动燃油补贴】2016年,宣恩县机动车燃油补贴51人,按照300元/人标准,共补贴1.53万元。

【残疾人助学】2016年,宣恩县落实新录取大学生求助政策2名,其中大专生1000元,本科生2000元。

【残疾人康复】2016年,宣恩县共送治0岁至6岁残疾儿童21名。为64名精神病患者提供免费服药;为贫困肢残者安装普及型小腿假肢10例、普及型大腿假肢6例、膝离断2例、七彩梦2例、儿童装配矫型器1件;发放各类辅助器具265件。

【残疾人康复中心项目申报】2016年,宣恩县组织编制宣恩县康复中心项目及配套县级残疾人综合服务设施项目可研报告和初设报告,并通过专家评审,进入发改系统的3年滚动计划。项目计划新建康复中心5985平方米,综合服务设施890平方米。计划总投资2062.5万元,其中中央预算内投资补助884万元(康复中心777.2万元,综合设施106.8万元),地方自筹1178.5万元。

【残疾证办理】2016年,宣恩县乡镇启动"两项补贴"政策以来,残疾人申请办理残疾证的人员增多。办证人数多、办证纠纷多,有的残疾人不听劝解强行要求提高残疾级别,无理取闹时有发生。为方便残疾人办证,县残联采取在办证高峰期间将办证窗口前移到县人民医院、非高峰季节在大厅办理的办法为残疾人服务。全年共办理残疾证2264人。其中一级487人、二级807人、三级463人、四级507人。

【残疾人技术培训】2016年,宣恩县组织残疾人职业培训和实用技术培训,组织1名残疾人按摩师(周明华)到省职业培训中心进行中级按摩培训,并为其在培训期间的学习、生活提供保障。将农村残疾人实用技术培训任务分解到乡镇,由乡镇残联负责联合乡镇农业、畜牧、水利、烟草等部门开展适合农村残疾人就业的职业培训活动，参训人员200名。就业培训实名制录入4294条，做到应录尽录，录入数据完整率达99.71%。

【残疾人“双百工程”】2016年，宣恩县继续组织实施“双百工程”，坚持项目向新办创业门店和产业的残疾人优先倾斜，确保发挥更大效益。全年共完成“双百工程”10户。其中集镇小老板5户：椒园镇庆阳坝村杨祖敖、长潭河乡后河村李玉梅、沙道沟镇大湖村李山刚、晓关乡黄河村左文杰、椿木营乡勾腰坝村三组黎德军；农家小店主5户：椿木营乡范家坪村三组卢泽民、长潭河乡兴隆村四组李正军、长潭河乡律吕坝村6组郑家金、李家河箭竹坪村王玲、珠山镇封口坝村十一组马继群。共发放项目资金5万元。

【残疾人创业】2016年，宣恩县扶持椿木营乡范家坪村肢体残疾人卢泽民扩建养猪圈舍500平方米，并注册“宣恩县粟谷湾盾吉垭养殖专业合作社”；扶持李家河箭竹坪村肢体残疾人王玲建钢架结构养鸡场和孵化棚600平方米，养鸡1万只；扶持珠山镇干溪村精神残疾人马世菊家庭建酿酒厂500平方米，购置日产260斤白酒的钢制酿酒设备1套，2016年10月正式投产。

2016年县残联积极协调相关部门整合资源，扶持占地规模在500平方米以上的创业户6家：“万只鸡场1家、二千只羊场2家、百头牛场、500头猪场、日产260斤酒厂各一家。纳入人社部门“草根计划”扶持的残疾人创业基地3家，每家给予1万元至3万元扶持；纳入州残联扶持范围的有3家，每家给予2万元资金扶持。

【残保金征收】2016年，宣恩县财政拨款单位的残疾人就业保障金全部纳入财政预算，县地税局负责全域征收残保金，全年共计征收残保金204万元。

【残疾人信息数据更新】2016年，宣恩县残联成立全县残疾人基本服务状况和需求信息数据动态更新工作领导小组，并于8月8日召开工作动员培训会，对动态更新工作的内容、流程和工作方法进行培训。从本级残保金中增加经费预算，培训费按50元/村的标准调拨到乡镇，按调查上报对象人均6元的标准安排入户调查费等相关费用。历时45天，完成全县残疾人基本服务状况和需求信息数据动态更新工作。共调查7652人，其中珠山镇995人、椒园536人、沙道沟1308人、万寨643人、长潭河962人、李家河932人、晓关968人、高罗995人、椿木营313人。6月30日以后，对新办证残疾人纳入行政服务大厅窗口管理，由窗口工作人员负责对新办残疾证的对象在办证的同时填写《残疾人需求调查登记表》，及时将新增残疾人在生活救助、社会保障、康复服务、辅具服务、接受教育、就业帮扶、托养照料、扶贫开发、住房保障、无障碍改造、权益维护等方面的现有服务状况、托养服务需求等内容进行登记。

【助残日活动】2016年，第26次全国助残日期间，宣恩县分别在长潭河、万寨、椿木营等3乡开展残疾人辅助器具配送进农村活动，共免费发放30台轮椅、若干拐杖、盲杖等辅助用品。与州老年大学、县老干局、县人民医院、志愿者协会、县妇联、团县委、县教育局在县特校联合开展满足特校孩子微心愿活动，为98名特校学生进行义务理发和健康体检。与州惠益眼科医院、县老干局联合组织开展为全县离退休老干部和城镇居民义务筛查白内障工作，共筛查320人，免费治疗96名患者。

【残疾人信访】2016年3月17日下午，宣恩县残联收到县长习覃批示的万寨乡长堰沟村村民张开欣致信州委书记反映危房重建问题的信访交办件；3月18日，县残联与乡村一行5人组成调查组到张开欣家现场了解情况，确定多方筹措资金为张开欣修建120平方米的房屋的解决方案；10月底张开欣一家入住新房。对县领导包案的重点案件之一——杨正炳等反映民工伤残一案，及时与县民政局一道到其家中走访，了解情况，宣讲政策，依法解释，得到对方理解。

（刘厚贤）

法治

【"法治宣恩"建设】2016年，宣恩县依法行政，构建各职能部门共同参与的"1＋5＋N""大法治"工作格局(党委统一领导，县委法治办统筹协调，5个单位牵头负责)。2016年将法治纳入年底考核中，制定《中共宣恩县委重大决策合法合规性审查制度》《宣恩县依法行政工作制度》《宣恩县人民政府重大行政决策程序规定》《宣恩县人民政府重大决策听证制度》等规范性文件。5月6－7日，举办领导干部法纪专题培训班，对全县领导干部进行《宪法》《行政诉讼法》等专题培训，推动法治宣恩建设有序推进。

建立律师"六诊"制度(定期坐班问诊、约时定点问诊、入户现场问诊、视频连线问诊、手机电话问诊、集中研讨会诊)。全县应建法律顾问制度单位433个，433个单位聘请法律顾问，普建率达100%，付法律顾问费131.16万元。其中党群部门22个，政府部门32个，事业单位22个，国有企业26个，非公经济组织38个，乡镇9个，村(社区)284个，实现法律顾问制度全覆盖。县城区兴隆大道中端改扩建过程中，法律顾问全程参与，提供法律咨询。

全县组建15支法治文艺宣传队，共开展法治宣传12次，发放法治宣传资料3.6万份，受教育群众达3万人。全县2447名家工作人员人参加法宣在线国家工作人员学法用法及考试平台学习法律知识，并参加平台的无纸化考试。

在县城区、高罗集镇、椒园集镇、长潭河乡洗马坪村、长潭河乡两溪河村、椒园镇水田坝村、晓关乡大岩坝村、高罗镇板寮村等地建立法治文化走廊、法治一条街、法治院落等。2016年5月，宣恩县法治文化长廊被省司法厅命名为"四星级法治文化建设示范点"。

(符敏)

公 安

【概况】2016年，宣恩县共接处警4526起；查处治安案件1051件；立刑事案件743起，破299起，移送起诉179人；抓获网上逃犯38名；受理查处各类行政案件1222起，行政拘留511人；处置86起(92人)非正常死亡事故。确保政治、治安、交通、消防、队伍"五大安全"，维护全县大局稳定。2016年度全省"一感两度"测评，宣恩县群众安全感95%、治安状况满意度95.77%，列全州八县市综合排名第一。

【公安队伍建设】2016年，宣恩县公安局基层党建工作形成品牌，"双指数"管理全州领先。以"两学一做"学习教育为龙头，以"第一综合党支部"为抓手，以"支部主题党日"活动为载体，逐月拟定工作清单，扎实开展系列学习教育，深化意识形态工作，干警政治理论素质明显提升。副州长、州公安局长程建宏批示肯定党建工作。"5＋X"工作机制、党建"双指数"管理被州直机关工委推介为全州党建工作现场会参观点，并带领州直相关单位到县公安局考察交流。

全年队伍零违纪。共选派民警参加上级业务培训50余人(次)，邀请外单位人员讲座、授课、培训15场(次)，组织4期"轮训轮值"受训300人(次)，7名协警集训4天。全面排查廉政风险点，约谈103人(次)、廉政谈话76人(次)、警示性约谈48人(次)、函询1人(次)，诫勉谈话并调整岗位1人(次)。

在州以上媒体刊发稿件639篇(次)，上央视《今日说法》《社会与法》栏目各1期，涌现出湖北“最美警察”郑奉英、全国公安系统武装越野登山赛季军陈芬、帮助失散16年疆籍姐妹重聚的陈刚等一批先进典型。副省长、公安厅长曾欣在11月9日“黄石会议”上对身患重感冒仍取得中部协作区域特警大比武优异成绩的宣恩女民警陈芬提出特别表扬。

落实省公安厅《从优待警十项措施》，严管厚爱，共下发抚恤、慰问金22.44万元。为两人申报个人二等功，授予个人三等功11人(县政府4人、州公安局7人)，嘉奖23人(县政府21人、县公安局2人)。执行警衔津贴改革，并于6月发放增补津贴296万元。辅警费用纳入财政保障。在全州率先启动民警公租房建设。组织民警参加州、县各类活动、赛事，民警聂攀在警务创新大赛中推出的“二维码技术在公安交通管理工作中的应用”受州局嘉奖。举办第四届警体运动会，县委书记刘智勇、县长习覃观摩运动会时寄语县公安局通过举办此类活动提升整体凝聚力和战斗力，更好地服务宣恩发展。

【维护社会政治稳定】2016年，宣恩县上报综合维稳信息4121条；“全警三员”被州公安局录用331条；编发《公安信息快报》127期，编发《综合维稳专报》340期。对吸毒人员、重症精神病患者、社会极端分子等高危人群落实属地管控措施。对重点人员、群体开展滚动排查，落实包保责任和“一日一点名”制度，刑事打击非法上访人员2人，行政拘留10人(次)。开展巡查导控，处置网络违法有害信息28条。送治重症精神病患者36人(次)。协助配合处置非正常死亡事故86起92人，排查化解矛盾纠纷1693起，其中涉及重点工程、房地产开发等矛盾纠纷、群体讨薪98起，处置各类矛盾纠纷引发的群体性事件19起。周密部署敏感节点、重大活动、重要节庆专项安保工作，全年共出动警力1300余人(次)，完成各级“两会”、党的十八届六中全会、G20峰会及州、县各类重要会议和大型文体活动等安保任务34场(次)，全年大型群众性活动安保工作“零失误”，实现春节、元宵、清明禁鞭区域“零炸响”目标。

【“平安宣恩”建设】2016年，宣恩县以“荆楚平安使命2016”专项整治行动为抓手，实现刑事发案数下降、破案数提升和“五个不发生”的工作目标，侦破一批有影响的刑事案件。开展治安专项整治，不断挤压违法犯罪滋生空间，净化社会环境。11月13日，宣恩县首个戒毒社区——珠山镇中心戒毒社区投入使用。配备专职主任1名、医务人员2名、社工6名，设有接待区、检测区、警务区、档案室、阅览室、检测室、尿检室等功能区。

严密治安防控，成立反恐特警大队，充实和增强联勤防控力量。9月，在珠山镇上湖塘拆围社区建成立体治安防控体系试点，组建专职保安巡逻队，新增平安监控探头，楼栋安装门禁系统，布牢保安巡控、视频监控、楼栋防控、街面巡逻、单位内保、“两实”信息六张网，试点后实现零发案目标。上湖塘社区微卡口建设得到省公安厅、州公安局科信部门和州公安局主要领导的肯定。全县中小学完成一键式报警建设57所，新增高清视频监控探头500余个。

严管公共安全。春运期间坚持“3+2”工作机制全警管交通，守住春运及雨雪冰冻恶劣天气下的交通安全。全县连续24年未发生一次死亡10人以上的交通事故，连续3年未发生一次死亡3人以上的交通事故，高寒乡镇椿木营创5年无亡人交通事故记录。全县伤人、亡人、财产损失3项指标同比分别下降4.2%、3.8%和12.8%。开展“十小场所”“三合一场所”消防安全整治，检查发现火灾隐患1289处，整改1180处，全年未发生一次性死亡两人以上的火灾事故。全年未发生涉枪涉爆和重大涉校案事件，辖区无群众反映强烈的治安乱象和问题区域。严格执行公安部“五化”工作要求，全年未发生脱逃、自杀、自残等监所安全事故。

【服务民生】2016年，宣恩县以受理“零推诿”、服务“零距离”、问题“零积压”、质量“零差错”为标准，打造服务型公安机关。践行履职尽责20条公开承诺，下放行政审批权限，开展预约式服务。共办理各类服务5.5万项，其中，车管业务1.03万项、驾管业务1.12万项、户籍业务2.7万项、出入境业务7810项。全年评查案件案卷合格率达98%，2名民警主办案件有2起被评为优秀卷宗，8人因主办案件卷宗不合格在全警会议上作检讨发言。改造升级执法场所，强化民警教育培训，严格四级审核把关，规范执法工作进入省优档次。深化“畅通工程”，推进“六城”同创，在城区主次干道增设50处违停抓拍和1套红绿灯系统，上湖塘片区综合改造后新增停车位2000个，莲花坝停车场的建成，城区主干道乱停乱放、交通拥堵现象得到扭转。各乡镇集镇建成违停抓拍系统，乱停车行为得到改善。

【基础设施建设】2016年，宣恩县贯彻州公安局“3·25”会议精神，县委县政府领导到县公安局召开现场办公会，县公安局提请15个解决事项。投资4610万元用于21个工程项目建设。完成沙道沟、椒园、万寨等3个派出所整修和2个中心办案区升级改造，建设高罗、椿木营两个派出所的业务技术用房，警犬基地建设纳入规划。完成督察系统改造、看守所信息化改扩建工程以及DNA实验室、解剖室、二级刑事技术室、视频侦查室、电子物证实验室、110可视化指挥调度系统建设。以实战需求和基层所队为重点，进一步完善公安装备建设，全年投入660万元，配齐执法记录仪、视频采集站、移动警务终端、单警及防护装备，特警大队购置2台运警车、2台巡逻车。

【高罗“1·29”故意杀人案】2016年1月29日晚，滕某某因情感纠纷，在高罗镇板寮村三组持刀将刘某某(女)的两个未成年女儿砍死。3小时后，滕某某被民警发现并抓获。

【宣恩“2·7”杀人焚尸案】2016年2月7日(农历大年三十)，高罗镇小河村亮灯坳发现一具烧焦尸体残骸。经查，嫌疑人张某某与被害人郑某保持不正当男女关系，2015年12月6日，两人发生口角，张某生将郑某勒死后焚尸灭迹。2月16日，嫌疑人在高罗镇七把刀村家中被民警抓获归案。

（孙少尘）

宣恩“2·7”专案表彰奖励大会(2016年3月24日摄)

检　察

【概况】2016年，宣恩县人民检察院依法履行法律监督职责，共立案查办职务犯罪案件11件，受理公安机关提请批准逮捕案件94件，依法提起公诉121件，受理未成年人案件10件。

【职务犯罪查办和预防】2016年，宣恩县共立案查办职务犯罪案件11件13人，其中贪污贿赂案件10件12人，渎职侵权案件1件1人。服务非公企业，提供行贿犯罪档案查询358次。

【刑事犯罪惩治】2016年，宣恩县严厉打击刑事犯罪，全年共受理公安机关提请批准逮捕案件94件110人，批准逮捕77件86人，受理移送审查起诉案件156件200人。审查后，依法提起公诉121件159人。贯彻宽严相济刑事政策，不批捕12件17人，不起诉21件22人。加强未成年人刑事检察工作，落实未成年人刑事保护政策，全年共受理10件13人未成年人案件，依法对6名未成年人犯罪嫌疑人做出附条件不起诉决定。整合教育局、关工委、公安局等各方力量，建立“未成年人检察”工作联动机制，丰富未检工作内容，结合“未检30年”纪念活动，开展以“远离毒品·绽放青春”为主题的系列禁毒宣教活动。

【诉讼监督】2016年，宣恩县人民检察院突出诉讼监督主业，不断推进诉讼监督工作制度化、规范化、程序化和体系化建设。强化立案和侦查活动监督。将有案不立、以罚代刑、违法立案、刑讯逼供、暴力取证等作为监督重点。依法监督侦查机关立案4件4人，撤案12件13人。纠正漏捕4件7人，追诉漏犯24人。对侦查活动违法行为发出纠正违法通知书13份。强化审判活动监督。通过检察长列席法院审判委员会的形式强化监督，全年检察长和公诉部门分管领导列席审判委员会7次；依法提起抗诉5件7人。强化民事行政诉讼监督，开展“基层民事行政检察工作推进年专项活动”，评查案件75件，对行政公益诉讼案件线索进行摸排，对宣恩县水利水产局怠于履行职责案件立案办理，受到社会的关注；监督民事执行活动，对1件民事执行行为违法提出检察建议。组织2次党组会、2次检委会集中学习民事行政监察业务法律法规。依法对监管场所存在的重大安全隐患发出《检察建议书》2份，办理5起羁押必要性审查案件，发出《羁押必要性审查建议书》2份。开展财产刑执行专项检查，排查案件涉案人数372人，已执行157人，执行金额279万元；在“审前未羁押罪犯清理专项检察”活动中，敦促公安机关网上追逃4人，抓获3人，均交付执行机关执行原判刑罚。

【社会管理综合治理】2016年，宣恩县检察院依法妥善办理信访44件，处理率100%，检察长接访24次，立案办理国家赔偿案件1件。

【司法规范化建设】2016年，宣恩县检察院在“规范司法回头看”活动中自行评查案件87件，发现问题案件8件，发出整改通知书5份。建立周汇报月调度季通报制度，及时掌握工作进展，发情况通报4期。利用检察机关统一业务软件系统规范司法办案流程，将司法规范的“软约束”固化为网络运行的“硬要求”。全年受理侦查机关一次退查重报案件70件97人，二次退查重报案件33件49人，对不符合规定案件不予受理，流出检察环节，防止“带病”案件流入检察环节。全年发出期限预警12次，提出补正建议7次，对文书、卷宗和电子卷宗光盘的瑕疵以及移送超期的问题，提出整改意见120次。深化检务公开，通过官方微博、微信平台、门户网站、检察专网等载体，及时向社会通报检察工作进展情况，增加检察工作透明度。导入案件程序性信息198条，公开法律文书144份，发布重要案件信息11条。全年人民监督员监督县检察院拟不起诉案件5件7人，开展活动39次152人(次)，征集办理人民监督员意见建议30条，人民监督员工作被中央电视台《新闻联播》予以报道。通过微信、电话等方式预约，开辟面向辩护人、诉讼代理人特定群体的司法办案信息公开新途径。共接待律师24人(次)，提供刻录案件查询光盘6张，提供纸质卷宗80余册。邀请12名各界代表参加“公众开放日”活动，利用第十八个“举报宣传周”活动，发放宣传资料1100余份，发送宣传短信5000条，接受群众咨询20人(次)，让人民群众零距离感受检察工作，增进理解与支持。

【检务保障】2016年，宣恩县完成侦查信息查询平台、案管中心电子卷宗等项目基础设备配置，改建多功能视频会议室。开展电子证据取证和出庭技术协助两次，完成法医文证审查案件45件，成功纠正错误鉴定结论案件3件，协助上级检察院办理技术性审查案件13件。出警57次168人(次)，参与追捕在逃犯罪嫌疑人3次，成功捕获在逃犯2人。检察宣传工作，报送调研文章18篇，在省级期刊发表文章13篇，编发检察信息3篇，被州检察院采用2篇、省检察院采用1篇，中央办公厅采用1篇，高检院采用1篇，在各级各类媒体发表宣传稿件137篇。高度重视新媒体应用，累计发布检察微博2040条，微信174条。

【检察改革】2016年，宣恩县执行入额检察官选任程序，首次计入员额的18名检察官完成宪法宣誓，正式履职。按照要求将原有14个内设机构(办公室、政治处、反贪污贿赂局、反渎职侵权局、侦查监督科、公诉科、监所检察科、民事行政检察科、控告申诉检察科、行政装备检察科、检察技术科、司法警察大队、人民监督员办公室、案件管理办公室)整合为“六部一局”(案件管理部、侦查监督部、公诉部、民事行政检察部、综合检察部、职务犯罪侦查部和司法行政事务管理局)。开展人员分类定岗,在内部整合改革成果基础上,按照“人岗相宜、各尽其才”的原则,考虑个人意愿,对检察辅助人员和司法行政人员分类定岗。

【首批入额检察官】宣恩县首批入额检察官18人:李美福、苏伍云、陈杰、李维汉、黄正华、刘菊萍(女)、李华秋(女)、朱敏锐、马凯军、张武军、丁明、何厚春、李尚斌、丁辉、张猛、李雅(女)、黄宇、朱涛(女)。2016年3月1日,县人民检察院举行首批入额检察官宪法宣誓仪式,县人大常委会主任杨安明、县长习覃、县政协主席张频、县委副书记朱鹏程、县委政法委书记黄同元、县人大常委会副主任姚元文、县人大常委会经济委员会主任匡运、人民监督员汪盛轩、杨胜超出席并担任监誓人。

(郑来品)

法　院

【概况】2016年,宣恩县人民法院共受理各类案件2110件,审(执)结各类案件1855件,结案率为87.91%。其中,刑事案件131件,审结122件;民商事案件1358件,审结1169件;行政案件48件,审结42件;执行案件573件(含旧存26件),执结522件。

3月10日,湖北民族学院法学院实习实训基地挂牌和院校合作签字仪式在宣恩县人民法院举行,郑向东、徐铜柱分别代表双方签订《教学实习实训基地合作协议书》,并举行挂牌仪式。5月13日,新建的5个科技法庭(长潭河法庭、李家河法庭、沙道沟法庭、晓关法庭、高罗法庭)全部投入使用,实现县法院机关和各法庭科技法庭全覆盖。12月27日,县法院数字审委会会议室正式投入使用。

【刑事审判】2016年,宣恩县人民法院受理刑事案件131件,结案122件,结案率为93.12%。坚决惩治腐败,审结贪污受贿、渎职等职务犯罪案件13件。审结危害公共安全罪案件32件,侵犯公民人身权利、民主权利犯罪案件62件,侵犯财产犯罪案件47件。审结破坏社会主义市场经济秩序犯罪案件6件,妨害社会管理秩序犯罪案件57件。

【民商事审判】2016年,宣恩县受理各类民商事案件1358件,审结1169件,结案率为86.08%。贯彻“调解优先,调判结合”原则,把调解工作贯穿于民商事审判全过程,实现案结事了人和,调解、撤诉民商事案件592件,调撤率50.64%。

【行政审判】2016年,宣恩县贯彻新颁布的《行政诉讼法》,推行行政首长出庭应诉制度,行政机关负责人出庭应诉成常态。全年共受理行政诉讼案件48件,审结42件,结案率为87.50%。

【案件执行】2016年,宣恩县共受理各类执行案件573件,执结522件,执结率91.10%,执行案件合格率100%,执行到位标的额6526.57万元。改进和完善执行工作机制,将执行案件收归执行局统一执行,形成合力。利用“失信人黑名单”的社会影响力,通过电视、微信等平台,加大曝光力度,曝光失信被执行人598人,其中375名失信被执行人履行义务,对拒不履行生效法律文书义务的被执行人加大打击力度,采取司法拘留措施48人(次)。2016年8月8日,宣恩法院淘宝网司法拍卖平台正式开通,当年没有发生业务。

【信访】2016年,宣恩县法院共处理群众来信49件,来访112件285人(次)。

【法院队伍建设】2016年,宣恩县选派干警参加各类业务学习培训120余人(次),购买专业书籍500余册。1月18日,张琴获第九届湖北法官论坛征文三等奖;1月19日,秦宸烨获第九届湖北法官论坛征文优秀奖。5月10日,宣恩法院举行首次计入员额法官宣誓仪式。县政协主席张频,县委常委、政法委书记黄同元,县人大常委会副主任姚元文,县人大常委会内司委主任杨月轩,人民陪审员龚光荣、龚道权出席仪式并担任监誓人。8月17日,晓关法庭被表彰为“全州法院十佳人民法庭”,长潭河法庭庭长范韬被表彰为“全州法院人民法庭工作先进个人”。

对干警队伍中的违纪违法行为保持“零容忍”,发出13期督察通报,开展诫勉谈话2次,廉政谈话41次,工作约谈15人(次)。

【首批入额法官】2016年3月22日,《湖北省高级人民法院关于确定恩施市人民法院等6个试点法院首次计人员额法官的通知》确定宣恩县人民法院25人为首批入额法官:郑向东、罗军、林宏宇、刘永红、张登干、唐秀池、姜宗斌、苏学斌、汪秋红(女)、潘国柱、邱宗南、陈升霄、赵秀莲(女)、朱红艳(女)、刘云飞、李成召、李覃、龙远莲(女)、廖恩平(女)、范韬、何威、赵剑、姚星、徐扬、徐玺。2016年5月10日,宣恩法院举行首次计入员额法官宣誓仪式,县政协主席张频、县委政法委书记黄同元、县人大常委会副主任姚元文、县人大常委会内司委主任杨月轩、人民陪审员龚光荣、龚道权出席并担任监誓人。

(卢文锋)

司法行政

【普法依法治县】2016年,宣恩县共开展大型普法宣传活动25次,发放普法书籍、普法资料等10万份,直接受教育干部、群众15万人(次)。6月30日,县十七届人大常委会第33次会议通过《关于开展第七个法制宣传教育的决议》。宣恩县法治文化长廊被湖北省司法厅命名为"四星法治文化建设示范点"。宣恩县普法办被湖北省委宣传部、法治湖北建设领导小组办公室、省司法厅、省普法办表彰为2011—2015年全省法治宣传教育先进普法办;椒园镇人民政府被湖北省委宣传部、法治湖北建设领导小组办公室、省司法厅、省普法表彰为2011—2015年全省法治宣传教育先进单位;高罗镇人民政府被湖北省委宣传部、法治湖北建设领导小组办公室、省司法厅、省普法办表彰为全省法治文化建设先进单位;县普法办杨长远被湖北省委宣传部、法治湖北建设领导小组办公室、省司法厅、省普法办表彰为2011—2015年法治宣传教育先进个人;县国土资源局周池云被省委、省政府表彰为全省"六五"普法先进个人。对全县无纸化学法用法及考试平台网络进行升级,督促各单位进行无纸化学习和考试。

【"12·4"法制宣传日】2016年12月1日,宣恩县在河滨广场开展主题为"弘扬宪法精神、建设法治宣恩"的法制宣传活动。州司法局党组书记、局长、州依法治州工作领导小组办公室主任万雪峰,刘智勇、习覃(县依法治县工作领导小组组长)、黄同元、姚元文、张友刚、王仕高出席,全县共80余家单位参加,行政执法单位和司法机关开展法治宣传、法律咨询服务活动。县公安局、县国土局、县环保局、县食药局、县文体新广局、县城管局、县教育局、县消防大队、县供电公司等10家单位举行以普法为内容的法治文艺会演,节目有小品、舞蹈、快板、薅草锣鼓、书法表演。

县依法治县工作领导小组组织全县行政执法部门在县城河滨广场开展法律宣传、法律咨询活动。活动现场采用知识问答、猜字谜赢奖品、发放宣传挂画、法治资料、法治灯笼、法律咨询、法律知识展板等形式进行法治宣传。共发放普法资料2万余份,发放灯笼、香皂、围裙、洗衣粉等生活用品6000余份,接收群众法律咨询3000余人(次)。

各乡镇普法办组织综治办、司法所、派出所、计生办、信访办、中心学校等部门在"12·4"期间开展法律进乡村、进学校活动。

【人民调解】2016年,宣恩县、乡、片区、村、组五级调解组织完备,有调委会294个,人民调解员1044人。全县各级人民调解委员会开展大排查632次,预防纠纷283件。调解纠纷1356件,调解成功1341件,成功率98.89%,协议金额达553.12万元。防止民间纠纷引起的自杀1件1人,防止群体性上访2件13人。

【联合专业人民调解委员会】2016年,宣恩县受理重大、疑难、复杂纠纷12起,调解成功11起,调解终止1起。受理的12起中,涉及物业纠纷1起,道路交通事故责任纠纷2起,工伤赔偿纠纷3起,征地拆迁纠纷1起,领导交办5起,调解达成协议标的额147.28万元,已全部按协议履行。

【安置帮教】2016年,宣恩县司法行政部门与民政、财政、人力资源和社会保障、税务、工商等部门沟通协调,社区服刑人员和刑释人员享受农村低保7户23人、临时救助42人(次),7万余元,物质38件。与教育部门协调,帮助1名失学社区服刑人员重返校园继续完成学业。与企业协调,为3名社区服刑及刑满释放人员帮助落实就业。共安置帮教人员1190人。杜绝长时间漏管、脱管、虚管现象,重新犯罪率均控制在指标范围内,重点安置帮教接送率及安置率达100%。

【社区矫正】2016年,宣恩县共解除117人,暂予监外执行刑满释放矫正1人,矫正期间宣告死亡1人;撤销缓刑2人;累计执行收监4人;办理变更居住地迁出10人。年末社区矫正登记在册人员154人,其中缓刑126人,假释20人,管制3人,暂予监外执行5人。

【律师】2016年,宣恩县有律师事务所3家(湖北洪渊律师事务所、湖北宣明律师事务所、湖北夷水律师事务所宣恩分所),共有注册律师9名,担任机关、企事业单位法律顾问共38家,办理刑事辩护及诉讼代理43件,办理民事诉讼代理45件,行政诉讼代理11件,办理非诉讼法律事务28件,调解纠纷24件,参与仲裁8件,接待来信来访、解答法律咨询300人(次)。

【公证】2016年,宣恩县公证处有公证员2名,2016年办理各类公证事项712件。其中为重点建设项目办理各类保全证据公证137件,办理小额存款继承权公证291件,办理"六城"同创工作中有关法律事务25件,办理赠与、委托等传统业务公证259件。

【基层法律服务】2016年,宣恩县有法律服务所2家,基层法律服务工作者10人,担任法律顾问16家,代理诉讼事务140件,代理非诉讼事务15件,调解各类民事纠纷30件,解答法律咨询280人(次),办理法律援助事务15件,为农民工挽回经济损失340万元。

【法律援助】2016年,宣恩县共受理指派各类法律援助案件416件,完成州司法局下达360件任务的115.5%。完成法律援助事项3808件,完成州司法局下达3600件任务的105.7%。

【法律顾问制度】2016年,宣恩县聘任法律顾问单位433家,普建率达100%,法律顾问费用131.16万元。其中党群部门22个、政府部门32个、事业单位22个、国有企业26个、非公经济组织38个、乡(镇)9个、村(居)284个。

【司法鉴定】2016年,宣恩县有1家司法鉴定机构(宇平法医司法鉴定所),办公地点位于县中医院。共有人员3名,2016年度司法鉴定41件。

(徐岗)

军　事

武装部队

【思想政治建设】2016 年，宣恩县人武部党委统筹开展“两学一做”“学规范强班子”“用新规订制度”3个系列活动，解决党员干部担当作为不主动、遵规守纪不严格、对党忠诚不坚定等突出问题，引导党员干部树立牢固的法纪意识和规矩意识，确保改革进程中不发生任何问题。开展“不忘初心·永跟党走”活动和“支部主题党日活动”，增强干部的党员意识、党纪意识。开展改革强军主题教育和“三爱”“三知”、谈心交心等活动，解决干部职工的实际问题，确保官兵政治坚定、思想稳定，保证各项任务完成。特别是国防和军队改革大幕开启后，参加“坚决服从改革大局，忠实履行职能使命”专题教育活动，干部职工都表示坚决拥护支持改革，扎实做好本职工作，“进、退、去、留”听从组织安排，真正做到“走的愉快，留的安心”。

【正规化建设】2016 年，宣恩县重视安全防范工作，及时传达各类事故案件通报，定期进行安全形势分析，严格执行人员、车辆、枪弹、营院、保密、网络、手机等各项管理制度。

【军事斗争准备】2016 年，宣恩县人武部组织专武干部进行为期一周的业务知识培训，增强抓基层武装工作的责任感。组织县民兵应急连和各乡镇应急排实弹射击训练。县、乡两级投入 50 万元对器材室器材架、应急器材进一步规范和补充，全县民兵应急装备建设水平整体提升，应急保障能力明显加强。县人武部突出征兵宣传，严把体检、政审关口，完成年度男女兵征集任务。

【民兵组织整顿】2016 年，宣恩县根据省军区、军分区的指示要求，在基干民兵储备任务总数不变的情况下，撤销合并一批不便于机动、不便于指挥的基干民兵组织，向经济发展迅速道路交通较好的地区转移，科学排列基干民兵队伍优化分组，确保基干民兵编实建强。按照“模块化编组”的模式统筹编组，结合县直部门和企事业单位的实际情况，相对划定区域，采取抽编的形式，在县水利局、县林业局、县供电公司、县城管局、县国土局、县交通局、县畜牧局、县自来水总公司、县人民医院、县广电局、县保安公司等单位编建县应急连，落实基干民兵组织。按新《兵役法》要求科学建队，放宽基干民兵分队的编兵年龄，突出基干民兵的专业素质和政治素养。注重干部调配，将年龄较小、学历较高、发展势头较好的干部调整到乡镇武装部任职。村民兵连干部坚持从优秀退伍军人和业务能力素质强的对象中选配。

【军民融合发展】2016 年，宣恩县人武部采购橡皮艇、救生索抛射器、抽水机、液压剪扩器、金刚石链锯等器材，并组织干部职工开展橡皮艇等器材的操作使用训练。6月 17 日，县人武部组织县民兵应急连 128 人进行抗洪抢险实兵综合演练，积累抗洪抢险能力和组织指挥能力。7 月 19 日，城区普降大暴雨，县文工团职工住宿院内一处地下排水沟因龙洞库区开闸泄洪，致使贡水河下游水位上涨形成倒灌，8人被困，县人武部迅速出动人员和装备安全转移被困群众。精准帮扶沙道沟镇野溪村和辽叶村。县人武部协调相关部门为野溪村修建村委会、卫生室、饮水池和通村硬化公路的建设，出资5万元用于村民发展种植、养殖业，协调电信公司开通4个村民小组光纤信号；协调县铁塔公司，修建移动电话基站；异地扶贫搬迁工作有序开展，部领导多次到野溪村察看督办，部分居民楼顺利完工；硬化3个村民小组公路6.5千米。在州、县精准扶贫指挥部的第三方评估验收工作中，野溪沟村于2016年底按计划脱贫。辽叶村新建教学点及卫生室。易地扶贫搬迁安置房主体工程全部完工。协调武汉大学教育咨询有限公司，组织县第一中学1240名学生，开展为期6天的文明礼仪教育暨国防教育活动；组织12名军训教官对职高620名学生开展为期7天的军训活动，培养青少年国防意识和基本军事技能。

（向裕华）

武警部队

【概况】2016年，武警宣恩县中队完成实战化训练、武装巡逻、重大会议警卫、突发事件处理和看守所武装警卫等任务。出动官兵240人(次)，主要完成春节、国庆期间城市武装巡逻、宣恩县“两会”警卫任务，水上运动会大型文体活动安保任务，完成看守所犯人跨区押解任务8次。2016年3·19命案发生后，中队官兵出色完成山地搜捕任务。

【学习教育】2016年，武警宣恩县中队党支部全年落实理论学习日24个，学习习近平主席关于部队建设的一系列重要指示精神，在党员队伍中坚持开展“维护核心、听从指挥”主题教育。2016年，两名同志分别立三等功，4名战士入党，4名战士参加总队预提指挥士官培训并留队。

【警民共建】2016年，武警宣恩县中队与县公安局、县供电公司、移动公司等单位开展大量的共建活动。参加义务植树活动，中队官兵自发开展捐资助学活动，资助刘倩学费及每月生活费等。

【训练管理】2016年，宣恩县武警中队按照新军事训练《大纲》要求，开展擒敌、处突和体能等技战术训练。在恩施州支队统一组织下，开展岗位大练兵、手、步枪快速射击、擒敌技术、战术综合演练等新科目训练，成绩均在良好以上水平，抓好10人特战班及3人应急小组建设，做好应急和“反恐”准备。突出专勤专哨训练，解决执勤人员的快反处置能力。抓枪弹管理，落实“五条禁令”；抓安全管理，解决安全管理中思想不重视、忧患意识不强、隐患整治不力等问题；抓队伍管理，落实“末位淘汰”。

【后勤保障】2016年，宣恩县级财政拨付经费160万元，建设训练场地、改造执勤信息化和生活配套设施等，配置防爆运兵车1台，改善官兵的工作、生活、战备、执勤、训练条件，完善执勤信息化建设，营房整修维护、规范营区管理，为部队正规化管理创造条件。财务管理上，坚持党支部集体理财、双主官联审联签、财务公开等制度，后勤保障满意度大幅提升。物资管理上，落实计价挂账，“三分四定”和谁使用谁负责制度。

（秦光平）

中国人民武装警察部队宣恩县消防大队

【概况】2016年，宣恩县消防大队完成火灾扑救、抢险救援、消防监督等各项工作任务。全年共接警126次，出动车辆1821辆，出动警力1093人，抢救被困人员21人，疏散被困人员830人，抢救财产价值46.90万元。特别是“6·22”高罗镇小河坝抗洪抢险救援，共营救被困群众5人，转移疏散群众26人，抢救财产30万元。

【政治建警】2016年，宣恩县消防大队培养入党积极分子3名，接纳预备党员1名。通过经常管理、经常教育、经常谈心，准确把握现役官兵与合同制消防员思想情况。消防大队党委被州支队党委评为“先进基层党组织”。

2016年，县消防大队对2015年发现的6个问题进行整改。把党风廉政建设责任制工作纳入党委重要工作议事日程，层层签订党风廉政建设责任状和官兵无违纪违规行为保证书。通过举办廉政教育讲堂、党课、专题讲座,制作宣传展板、撰写心得体会、书法摄影比赛、浏览警示教育书籍等形式内化于心。在宣恩县看守所建立警示教育基地,全年组织官兵到基地接受教育2次。聘用党风廉政建设监督员,召开廉政监督员座谈会2次,面向社会公开述职述廉。抓好"防风险、查隐患、堵漏洞、补短板、保稳定"专项整训活动,全年累计走访单位281个,走访群众723人,收集单位、群众反映的各类意见建议75条。

"改革强警"和"两学一做"学习教育活动。全年累计开展全员交心谈心5次,学习习近平总书记重要论述26课时。开展专题学习讨论11次,撰写党员承诺践诺文章10份,撰写大队党委承诺书1份。4月29日,中队团支部被共青团湖北省委评为"五四红旗团支部"。3名官兵立功受奖。

贯彻支队打造"强军"文化精神,打造"德孝"文化,注重向善、感恩、挚爱,引导官兵尽孝尽责、爱岗敬业。购置乐器,组建军乐队,培育中队文艺骨干12名。县文工团指导编排《三句半赞消防》《消防监督执法为了谁》等特色文艺节目,军营文化生活丰富多彩。

【练兵实训】2016年,宣恩县对训练场地进行改造,建设多功能训练塔。推进应急救援训练基地暨第二消防站建设,11月3日获发改部门批复立项。坚持"练为战"的指导思想,开展岗位练兵工作,以单兵、班组和整建制训练科目为主,贴近火场、贴近实战,开展"三化"岗位练兵活动,实行个人训练计划与月考评结果相结合,并张榜公示,激发官兵热情。对150家单位开展调查熟悉工作,制定数字化预案150份,预案修订率达到100%。加强熟悉演练,全年累计开展实战演练200余次,其中夜间演练70次;成立抗洪抢险突击队,并与应急办、气象局等单位协调配合,完成抗洪抢险任务。

2016年8月12日,宣恩县椒园镇废品处理厂火灾扑救(谭军文 摄)

建立现役、专职、保安、微型消防站"联勤、联训、联管、联战"的"多元消防"机制。全年不间断开展专职消防队联勤联训,增强消防队伍实战能力。全县8个乡镇均按照"六有标准"完成专职消防队建设工作,并统一配发公网对讲机,纳入指挥中心调度系统,实现远程调度指挥。全县13个重点单位和5个社区以及文物古建筑群微型消防站建成率达100%,实现有人员、有器材、有制度。指导恒顺驾校建立保安消防队,按标准配备消防车辆器材,明确队员和工作职责及制度。

按要求参与州支队"智慧消防"应用系统开发的前期工作,明确中队通信班人员,参加支队组织的通信技能大比武,采购4G图传设备,定期更新灭火救援预案、社会联动力量、道路交通水源等基础信息,并报指挥中心备案,强化指挥中心辅助决策功能。

【后勤保障】2016年,宣恩县级财政预算县消防大队经费647万元,比上年增长23.4%,其中营房维修经费15万元,业务经费198万元,应急救援中心运行经费60万元,物资储备购置经费60万元,专职消防队专项经费183万元。

【火灾隐患整治】2016年,宣恩县先后组织开展假冒伪劣消防产品专项整治、文物古建筑专项治理、夏季消防安全专项行动、易燃易爆及化危品场所整治等专项行动,消除火灾隐患。1—11月大队共检查单位470家(次),发现隐患847处,督促整改793处,办理处罚案件25起，临时查封10处，责令“三停”（停止施工、停止使用或停产停业）2处，罚款15.69万元，拘留2人。

【消防基础设施建设】2016年，宣恩县开展夏季消防检查及控制室达标创建工作，完成金源国际、新欣商城等13个重点单位消防控制室远程监控巡视系统建设。微型消防站、区域联防工作，依托辖区5个社区，不定期开展区域联防演练。5月、8月，分别开展专职消防队员业务培训、消防大比武活动，其中万寨专职消防队在8月全县消防大比武中获第一名。全年推广安装独立式感烟火灾探测报警器1200个。县自来水总公司做好消火栓增建及维修工作，投入20万元专项资金新增市政消火栓52具，维修33具，并及时建立档案。椒园、沙道沟镇政府购买消防车，并完成公网手台运用和车辆上牌、洒水器和宣传播放器安装工作。县规划委员会审议通过县城区和珠山镇的消防规划，沙道沟、高罗、李家河3个镇的消防规划确定设计单位，并进入编制阶段。

【社会消防】2016年，宣恩县调整县、乡两级政府消防安全委员会，制定委员会工作职责和议事规则，召开2次联席会议。建立行业部门会商、通报、联合检查机制，对所属行业发现的隐患进行函告、联合督办。对全县所有学校、福利院进行消防安全检查，提高行业系统消防安全管理水平。县政府召开4次会议，分别就全年消防工作、农村消防工作、夏季消防工作、冬春火灾防控进行专题安排部署。7月，县政府组织开展乡镇消防工作专项督查。每月抽派两名乡镇派出所消防民警、文员到县消防大队办事大厅跟班轮训，加强业务知识学习。乡镇分管领导加强对消防工作的统筹协调，及时传达部署上级安排的工作，有效整合安办、派出所的力量，扎实做好本地消防工作。开展消防安全网格化管理，对重点单位实行户籍化管理。组织开展1次网格员消防业务培训，将火灾隐患排查整治纳入网格化管理系统。

【消防安全宣传】2016年，宣恩县充分整合社会资源，打造消防宣传“八有全覆盖”（媒体宣传有专栏、网络宣传有互动、单位宣传有提示、学校宣传有课堂、社区宣传有平台、农村宣传有声影、入户宣传有载体、户外宣传有阵地）体系。全年累计发放宣传资料5600余份，培训3500余人。通过官方微信、短信等平台，实行每天1条微信信息推送、每月1条短信信息提醒。加大校园消防安全宣传力度，提高师生消防安全意识。在全县200余辆乡村公交车上粘贴消防宣传标语，公交站台开辟消防知识专栏。电视台拍摄公益消防宣传片，滚动播放消防公益短片和滚动字幕。文体新广部门在“电影下乡”活动中播放消防公益短片。开展“消防宣传示范社区”创建暨“社区消防宣传大使”和“示范学校”评选活动。督促重点单位重点场所落实消防安全“三提示”，覆盖率达100%。

（任世才）

文化

精神文明建设

【概况】2016 年末，宣恩县有省级文明单位 12 个；州级最佳文明单位 25 个，州级文明单位 35 个，州级文明乡镇 3 个，州级文明村 10 个，州级文明社区 1 个；县级最佳文明单位 58 个，县级文明单位 144 个，县级文明村 19 个。

【精神文明创建】2016 年，宣恩县农村“两创”工作（创“十星级文明户”和“文明新村”工作）建立“十星级文明户”激励机制，包括示范户可凭荣誉证在就医、就学、驾驶培训、参军等方面享有优惠政策，让老百姓在创建中得到实惠，有效地调动群众参与的积极性，推进社会主义核心价值观在农村落地。8 月 25 日，宣恩县举行 2016 年“十星级文明户”示范户优秀学子助学金发放座谈会，龙志刚出席，60 名考上二本及以上院校的高考考生每人获得 3000 元助学金奖励。

在全县党员干部中开展“立足岗位做贡献、争做出彩宣恩人”的主题实践活动，宣恩电视台、宣恩网每月展播候选人先进事迹，年底通过推委会评审后，评选出方应鹏、郑奉英、张相成等 10 组“出彩宣恩人”，长潭河侗族乡两溪河村党支部书张兴红获 2016“荆楚楷模”年度人物。县电视台和新闻中心设立“曝光台”，对市民的不文明行为和部门“不作为”的情况予以曝光，倒逼各职能部门履行职责。开通微信平台，畅通举报渠道，广纳群众意见建议，发动市民“随手拍”。

全县各中小学校开展“朝读经典·践行社会主义核心价值观”教育活动，将“朝读经典”纳入课程计划，把诵读内容渗透、融入到学科教学之中，做到“三有”（早上有诵读、课堂有讲解、课表有安排）。小学采用“20＋20”模式，即每周一、三、五晨读 20 分钟，课外活动写 20 分钟经典内容；中学采用“好读善写”活动模式。全县 40 余所幼儿园把“起点阅读”列入学期工作计划，每周安排不少于 3 个阅读时间、至少 1 个课时，组织幼儿阅读《起点阅读·社会主义核心价值观幼儿绘本》，各中小学开展丰富多彩的文体活动。

省级文明县城创建活动，对照《省级县域文明指数测评体系》找差距，任务分解到各责任单位，细化量化工作任务，完善城区文化功能、生活功能等方面的基础设施建设，逐步达到创建目标。继续开展环保义工、文明交通服务、关爱留守儿童、留守妇女及留守老人等多种形式的活动。

引导群众讲文明话，办文明事，做文明人。以开展“六城”同创志愿服务活动，带动更多的人向善向上向好。在社区兴办市民素质提升工程培训班，宣扬社会主义核心价值观，争当文明礼仪的践行者和传播者。

以开展“六城“同创活动为契机，落实好“门前五包”。各单位除负责自身院落的环境卫生外，还要负责县里统一划定的背街小巷区域的环境卫生，每月开展一次大清扫，并将清扫评比结果计入年度考核。年末共有省级文明单位 12 个，州级最佳文明单位 25 个、州级文明单位 35 个、州级文明乡镇 3 个、州级文明村 10 个、州级文明社区 1 个，县级最佳文明单位 58 个、县级文明单位 144 个、县级文明村 19 个。

县委成立 25 人组成的理论宣讲团和 25 人组成的百姓宣讲团，9 个乡镇分别组建由 15 人组成的百姓宣讲团，宣讲人员实现县乡村三级覆盖。县委理论宣讲团成员到乡镇和县直部门开展理论宣讲 29 场，聆听宣讲的党员、干部群众 8200 人(次)。在“两学一做”学习教育活动中，将百姓宣讲团成员郑奉英、方应鹏、张兴红、王星阳、姜海燕等人的事迹制作成《百姓宣讲》电视短片，巡回播放，扩大宣讲覆盖面。县委党校举办主体培训班 11 期，培训人数 1200 余人次。对全县 330 余名党员领导干部学习贯彻《党章》《准则》《条例》情况进行闭卷测试，测试成绩全县通报。

【“荆楚楷模”张兴红】2016 年，宣恩县长潭河乡两溪河村党支部书记、村委会主任张兴红评选为“荆楚楷模”年度人物。

张兴红原本在浙江打工，事业和生活都十分红火。2011 年他为改变家乡落后面貌放弃高薪工作返乡，参加两溪河村“两委”换届选举，成功当选为两溪河村党支部书记、村委会主任。五年来，发动村民筹资投劳，筹集资金 140 多万元，修通公路 12 千米，架设桥梁 11 座，在小地名为“手扒岩”的深山绝壁上凿出“天路”。发展特色产业和旅游业，把两溪河村这个名不见经传的穷山村，建设成为远近闻名的宜居村庄。张兴红先后获第六次全国民族团结进步模范个人、恩施州践行党的群众路线先进个人，并成为恩施州百姓宣讲员。

【“出彩宣恩人”评选】2016 年，宣恩落实中央“两学一做”学习教育、省委“支部主题党日”、州委“不忘初心·永跟党走”主题实践活动，2016 年 3 月开始在全县党员干部中开展“立足岗位做贡献、争做出彩宣恩人”的主题实践活动，评选范围是在平凡的工作和生活中持之以恒地为他人、为城市、为乡村、为社会做出奉献，自觉遵守社会公德、职业道德、家庭美德和个人品德，努力践行社会主义核心价值观，其事迹在群众中有广泛影响，有良好的示范带头作用的个人或群体。评选类别包括“好媳妇”“好公婆”“好学生”“好工人”；“精准扶贫之星”“精准脱贫之星”“‘六城’同创之星”“创新创业之星”；助人为乐典型、孝老爱亲典型、爱岗敬业典型、诚实守信典型、见义勇为典型、“三留守”典型等。10 月 13 日，宣恩县“出彩宣恩人”评选活动推委会召开评审会议，评选出张相成、沈香云、龙维民、代娜、李金凤夫妇、郑奉英、王焕军、韩英、方应鹏、长潭河乡“流动法庭”团体等“出彩宣恩人”。

(罗贤友)

【《贡水文澜》】《贡水文澜》是由中共宣恩县委宣传部主管，宣恩县文学艺术联合会主办的内部发行期刊。限恩施州内发行(1000 册)。每年由县政府从专设的文化基金里拨付 10 万元用于刊物的印刷、邮寄、稿费等费用。刊物的用稿原则：宣恩人写宣恩事，外地人写宣恩事，宣恩人写外地事。中间设彩色插页，内容为“文明风采录”，用图片和文字推出文明乡镇和文明单位的风采。刊名题字为吴法乾手书。编辑部设在宣恩县兴隆大道县行政办公大楼 630 室。

2016 年《贡水文澜》共出刊 4 期，共刊各类作品 25 万字左右。从 2016 年第 1 期开始，《贡水文澜》改为季刊。栏目则固定为卷首语、新人推介、小说世界、散文随笔、新诗沙龙、古体诗词(由格律诗词更名)、文艺评论、美文悦读、民风民俗、校园文学。编辑委员会名誉主任更为：习覃、朱鹏程、岳东，主任更为：龙志刚。从第 4 期起，责任编辑更为叶芳 1 人。第 2 期编委会名誉主任更为：刘智勇、习覃、朱鹏程、岳东。第 3 期编委会名誉主任更为：刘智勇、习覃、王波、岳东。第 4 期编委会名誉主任更为：刘智勇、习覃、王波。

(周仕华)

文化体育广播事业

【概况】2016 年，宣恩县有影剧院 1 个，公共图书馆 1 个，馆藏图书 6.54 万册。全县电视覆盖率 99%，广播覆盖率 99%，全县 165 个村通有线电视。

组织编排以“精准扶贫·文化惠民”为主题的文艺节目在全县精准扶贫村巡回演出，丰富村民文化生活。举办第三届“贡茶开园节”、首届稻草人文化艺术节、第四届贡水白柚采摘节、第二届元宵路烛节、长潭河、晓关两个侗族乡成立 30 周年系列庆祝活动以及“和美宣恩·民间精彩”2016 年元宵灯会。“文化六进”下乡活动，改“送”为“种”，“文化下乡”的工作重点放在农村文艺骨干的培养上。全年农村公益性电影放映 3348 场，观众达 32.5 万人(次)。送戏下乡演出 157 场(次)，“戏曲进校园”活动 40 余场，送科普图书资料下乡 1.3 万册，义务书写春联 5000 余幅，培训农村文艺骨干 700 余人。全县

“两馆一站”免费开放共接待 6.8 万人次。举办党风廉政宣传教育月廉政专题书法展，展出作品 180 余幅。举办庆祝中国共产党建党 95 周年暨“出彩宣恩·华美绽放”社会文艺团队展演活动。县图书馆馆藏图书实行开架借阅制度，每周开放时间 56 小时，2016 年度新增馆藏图书 1205 册，征订杂志 87 种，报纸 10 种，接收赠送图书 300 册，订购 200 册。全县 298 家农家书屋 2016 年新增图书 4.95 万册，“文化粮仓”不断充实。组队参加首届恩施州文化艺术节暨“精准扶贫·文化惠民”演出季系列活动，并获得州委宣传部、州文体新广局等单位联合授予的“民歌之乡”称号。

【群众体育】2016 年，宣恩县政府将“一会三赛三节”活动（水上运动会、全国山地自行车邀请赛、环贡水河健身徒步和长跑比赛、伍家台贡茶文化节、椿木营高山露营节、稻草人文化艺术节）列入年度工作，体育事业和体育产业健康持续发展纳入《宣恩县 2016—2020 年国民经济和社会发展规划》，县文体中心项目建设、水运会活动和场地建设等费用列入财政预算。结合精准扶贫易地搬迁工作，把文化体育场地设施建设作为提升搬迁户幸福感的重要工程，全年新建农体工程 28 处。把基层体育设施建设作为健康城市发展规划、城乡一体化发展规划和文明城市、文明乡镇建设的重要组成部分，做到体育事业、体育产业协调发展，在莲花坝大桥旁，新建占地 4000 平方米的足球场。坚持每月开展一期全民健身长跑活动，举办宣恩县第四届全国山地自行车邀请赛、武陵山区龙舟争霸赛暨恩施州第四届水上运动会、恩施州青少年运动会排球赛等在全州较有影响的群众体育活动。组队参加州级以上竞技体育活动，7 月，沙道沟运动员张蓉代表恩施州参加湖北省青少年柔道比赛获得 63 千克级冠军；8 月，张蓉代表湖北省参加在江苏泰州举行的全国少年柔道锦标赛，获女子 63 千克级比赛第二名、体育道德风尚奖一等奖。销售体育彩票 1400 万元。11 月 3—5 日，宣恩县第十届中学生民族体育运动会在沙道沟镇民族中学举行，运动会由沙道沟镇人民政府、县教育局、县民宗局、县文体局主办，沙道沟民族中学承办，设有民族项目（陀螺、押加、蹴球及 30 米跷旱船竞速）、常规项目（以常规的跑、跳为主）及集体项目（队列队形、广播体操、男女混合拔河）三大项 28 个竞赛项目。全县 12 支代表队、372 名运动员参加。

【2016 中国武陵山区龙舟争霸赛暨恩施州第四届水上运动会】2016 年 8 月 11—14 日，“2016 湖北水总杯”武陵山区龙舟争霸赛暨恩施州第四届水上运动会在宣恩贡水河举行。州委常委、宣传部部长尹达，宣恩县刘智勇、王波、杨安明、张频以及中央电视台、《湖北日报》记者，湖北巴土文化体育传播有限公司、湖北水总水利水电建设有限公司主要负责人出席开幕式。三省（湖北、湖南、重庆）六市州 46 个县市（区）68 支代表队 1600 余名运动员参加游泳、龙舟比赛、水上排球和水上拔河等体育赛事，期间还有千人畅游贡水河、水上音乐节、运动员 K 歌大赛、贡水女神评选等活动。白天进行龙舟争霸赛、水上排球、水上拔河、游泳等体育项目，12 日晚上举行水上音乐节，13 日晚上举行“贡水女神”总决赛。运动会期间，宣恩县城及周边椒园镇等地宾馆、旅店满员入住，餐饮、零售营业额大幅增长，收入近 1200 万元。

2016 **中国武陵山区龙舟争霸赛暨恩施州第四届水上运动会名次表**

表 8

项 目			第一名	第二名	第三名	第四名	第五名	第六名	第七名	第八名
龙舟争霸赛	男子组	200 米	宣恩阳光贝贝	宜都鑫圣陶瓷	湖南花垣	宜都冬泳	秭归县	鹤峰县	宣恩顶汇健身	利川市
			56"53	57"21	58"05	58"32	58"27	59"88	1'00"28	决赛犯规
		500 米	宜都鑫圣陶瓷	湖南花垣	利川市	宣恩阳光贝贝	湖南龙山	鹤峰县	宜都冬泳	宣恩高罗
			2'33"75	2'34"19	2'34"26	2'34"38	2'36"80	2'37"70	2'38"21	2'38"94

续表 8

项目			第一名	第二名	第三名	第四名	第五名	第六名	第七名	第八名
龙舟争霸赛	女子组	200 米	湖南花垣	宣恩高罗	宣恩睿山华庭	宣恩西部农业	宣恩义工协会	宣都冬泳	宣恩兴隆街	来凤翔凤
			1'01"91	1'07"60	1'08"88	1'11"00	1'11"92	1'14"54	1'16"39	1'16"63
		500 米	湖南花垣	宣恩高罗	宣恩睿山华庭	宣恩西部农业	宣都冬泳	宣恩义工协会	宣恩幺妹	宣恩兴隆街
			2'39"09	2'57"13	3'00"92	3'01"93	3'16"07	3'18"18	3'22"07	3'23"86
水上排球	男子组		宣恩县公安局	鹤峰县	宣恩沙道沟	宣恩兴隆街	建始县、宣恩县城管局		—	—
	女子组		宣恩幺妹	宣恩沙道沟	宣恩老年中心	恩施职院	宣恩阳光体育、来凤呱呱		—	—
游泳	成人男子	70 米	黔江赵宏飞	黔江庞秋爽	黔江赵晓青	恩施高海	恩施冯大俊	巴东向满园	—	—
			43"76	45"53	47"16	48"03	52"37	57"53	—	—
游泳	成人男子	280 米	黔江赵宏飞	黔江庞秋爽	清江冬泳袁声涛	恩施高海	恩施冯大俊	鹤峰陈诚	—	—
			3'35"54	4'14"15	4'56"48	5'05"31	5'07"62	5'08"01	—	—
		接力	黔江区	恩施市	鹤峰县	建始县	利川市	巴东县	—	—
			3'34"00	3'42"67	4'02"89	4'11"80	4'18"90	4'21"07	—	—
	成人女子	70 米	黔江谭吉鑫	清江冬泳向林冰	黔江彭诗语	黔江樊君巍	恩施张清清	黔江段清桦	—	—
			55"41	55"79	56"16	57"37	57"83	58"45	—	—
		280 米	黔江彭诗语	黔江谭吉鑫	黔江段清桦	清江冬泳向林冰	黔江樊君巍	清江冬泳陈运逸	—	—
			4'51"66	4'52"72	5'01"23	5'18"53	5'19"16	5'30"02	—	—
		接力	黔江区	清江冬泳协会	宣恩睿山华庭 1	鹤峰县	恩施市	宣恩睿山华庭 2	—	—
			3'50"33	3'58"32	5'21"31	5'23"99	5'32"47	6'34"18	—	—
	少年男子	70 米	黔江钟元	恩施江壁鹏	黔江李坤	黔江杨金霖	黔江王俊杰	宣恩刘桁志	—	—
			47"43	49"21	50"19	50"54	58"10	1'09"32	—	—
	少年女子	70 米	黔江龚清清	黔江徐烺	恩施李安妮	宣恩尹智洁	宣恩陈麒颖		—	—
			54"52	55"47	57"15	1'26"59	1'57"60		—	—
	儿童男子	70 米	恩施张钰	黔江谭浩铭	黔江毛欣	黔江舒博	黔江黄意	宣恩胡硕桓	—	—
			52"11	53"15	56"76	1'00"18	1'03"49	1'17"35	—	—
	儿童女子	70 米	黔江冉佳一	黔江冉鑫悦	黔江谢雨涵	黔江陶天天	恩施郑思芮	黔江田若曦	—	—
			50"25	54"09	54"56	54"65	59"98	1'13"88	—	—
水上拔河			宣恩长潭河	宣恩椒园	宣恩自协	宣恩公安局	—	—	—	—

【文联】2016年，宣恩县有作协、音协、舞协、摄协、书协、美协、诗联学会7个协会，会员901人，其中国家级会员10人、省级67人、州级199人、县级625人。举办廉政书法展，共展出作品180余幅，其中毛笔类150余幅、硬笔类近30幅。“精准扶贫·精准脱贫”图片展，展出作品250余幅。张儒前著《秋余集》、向玖云著《双龙湖诗词集》正式出版发行。县文联组织县作家协会15名宣恩籍作家到全县各乡镇和部门，挖掘全县“六城”同创过程中的人和事，真实记录宣恩“六城”同创发展纪实，展示“六城”同创成果。经过3个月的创作，县作家协会选送《小城册页》《“创”得风景秀》《门前有条弯弯的河》《四季宣恩》等15篇优秀文稿上报，经过层层筛选，最终15篇文稿全部收录在《创——恩施州“六城”同创掠影》纪实散文集中。2016年创作制作歌曲2首（《叩拜土司城》《夫妻杉》）。在省级以上报刊发表文章130多篇（件），其中，新华社发图片稿8张、中央门户网站图片4张、中国通讯社6条、《恩施日报》13篇、《恩施晚报》9篇、州文体局网站20多条。获州“五个一”工程奖两项（田词、田绍越歌曲《我是土家人》《清江亲娘》）。退休教师蔡章武赋作专集《酉贡斋赋稿》，由吉林文史出版社出版，是全州第一部赋作专著。

【非物质遗产保护】2016年，宣恩县重点抢抓民族文化的保护、传承和利用，扎实推进非物质文化遗产保护工作。完成国家武陵山（鄂西南片区）土家族苗族文化生态保护规划编制，《宣恩耍耍》省级代表性传承项目抢救性保护工作，成功申报省级代表性传承项目《竹编》，全县省级代表性传承项目达到11项。申报省级代表性传承人2名（宣恩竹编和宣恩草把龙），完成省级代表性传承人信息录入工作。举办“和美宣恩·幸福年”年俗摄影大赛，宣恩县文化遗产摄影大赛，文化遗产日摄影展，共展出200幅照片88个文化遗产项目，再现居民昔日的生产生活，记录少数民族生产生活习俗和传统工艺。

【文物保护】2016年，国家文物局拨付文物本体修缮资金2116万元，省文物局拨付项目资金600万元。抓好文物保护工作，完善宣恩县国有收藏单位及馆藏文物数据，建立影像信息数据库，撰写第一次可移动文物普查工作报告，全面完成文物普查工作。对省级重点文物保护单位庆阳凉亭街进行立面改造、文物本体维修、复建古戏楼，至年末完成70%工程量；改造消防设施，建立湖北省重点文物保护单位管理制度。宣恩县已被省文物局列入全省少数民族村寨保护利用示范县。

【文化市场规范】2016年，宣恩县组织执法岗位业务大练兵活动，并先后4次选派执法业务骨干5人（次），参加省、州的执法技能交流学习与培训。向社会公开招考1名、遴选1名执法人员，充实执法队伍。规范市场管理，共举办安全生产、规范经营为主要内容的培训5次，参加业主及从业人员160余人（次）；与各类经营单位签订安全生产责任状，以及诚信守法承诺书，建立文化市场安全生产一户一档，加强和完善市场管理平台建设；开展日常检查，共出动执法检查人员400余人（次），检查各类经营场所310余家（次），约谈业主10家（次）12人（次）。开展文化市场交叉执法检查、雷霆行动、网吧执法月、“净网2016”“秋风”“清朗”“护苗”等行动，共检查出版物经营场所和网吧110余家（次），受理举报6起，办理网络问政1起，办理信访案件1起，实施行政立案查处6起，依法取缔非法游商及无证摊点4处，责令改正11家（次），收缴各类非法出版物800余册。

【文体基础设施建设】2016年，宣恩县文体中心项目一期工程主体施工验收，转入室外墙装饰、室内安装施工，完成4000万元货币工程量。文体中心二期工程破土动工，启动文体中心三期工程设计修改工作。全面启动社区文化活动室建设，新建成农村文化广场9个。完成“村村响”工程，建设1个县级中心机房、9个乡镇机房及150个村的虚拟广播室，安装覆盖150个村的终端1500个。开通“户户通”4.01万户，登记录入4.01万户，28个贫困村通广播电视覆盖率100%。

【文化队伍建设】2016年，宣恩县落实体制改革，对县文化体育局和县广播电影电视局的职能实行整合，所属单位及人员整体划转，组建新的县文化体育新闻出版广电局。完成机构合并后原县文化体育局和原县广播电影电视局的人员、资产和财务交接工作，实现人财物的平稳有序过渡。核定县文化体育新闻出版广电局主要职责、内设机构和人员编制，保证机构改革后新组建单位体制机制的完善，职能行使的顺畅和干部队伍的稳定。全年公开遴选工作人员6人，公开招考工作人员5人，招聘合同制演员24名，“三区”文化工作志愿者20名。全县共有文化体育协会组织21个，民间艺术表演团体36个，省级传统体育项目学校1所(沙道沟民族中学)。

(张子家)

电　视

【概况】2016年，宣恩县电视台有3套自办节目，共播出电视剧8650集、晚会102场、电影540部。陆续开办《年味浓》《精彩十二五》《“六城”同创共建美丽宣恩》《众志成城服务高速》《今日宣恩》《决战贫困》《出彩宣恩人》等多个系列报道。重点打造民生类栏目《贡水视界》、社教类栏目《话里贡乡》。全年共播发《宣恩新闻》221期，用稿1473条。《贡水视界》在宣恩县播发36期，在恩施电视台《今晚九点半》栏目播发10期。《贡水视界》节目及时反映百姓身边热点、难事，搭建群众与政府、部门沟通的桥梁。例如《二坪村的变化》介绍自精准扶贫以来，贫困村二坪的实际变化；《山东问题疫苗未流入我县》对宣恩县是否存在问题疫苗进行了深入调查，让老百姓对宣恩县的疫苗放心。《话里贡乡》在宣恩电视台共播发17期，在恩施电视台《今晚九点半》栏目共播发2期。《话里贡乡》涵括民风民俗、旖旎风光、传统故事，传奇故事、典型人物等等，内容丰富，例如《舌尖上的年味》系列，将传统的杀年猪、熏腊肉、做豆腐、打糍粑搬上荧屏，并且走出恩施，上湖北卫视的节目，让广大观众感受土苗儿女过年浓浓的年味，其中，晓关侗族乡农家做豆腐还在央视《新闻联播》播出。此外，《七姊妹山的传说》系列，《茶趣伍家台》等节目都受广大观众的喜爱。2016年，县电视台在中央电视台用稿16条，在省电视台用稿81条，在恩施台用稿889.84条。建立审片制度，做到每期新闻、栏目必审，审完必“签”制度，未出现播出事故。

开展“出彩宣恩人”大型评选活动，从6月14日起在县电视台《宣恩新闻》节目和“云上宣恩”平台开辟专栏，集中展播30位候选人的出彩事迹，他们的优秀事迹一经展播，引起了社会强烈反响，经过推委会的集中讨论，确定前10名拟表彰对象，并完成颁奖短片的拍摄工作。与县人社局主办宣恩县第一届“创业宣恩”电视大赛，6月28日完成大赛的实况录制。负责6月全州“六城”同创宣恩现场会宣传片的制作和现场解说，州委书记王海涛指示“将此宣传片在恩施电视台播出”。9月14日至16日的“中国·宣恩”2016年首届中秋恳亲商贸活动，中秋晚会凭借着巧妙的情景构思，精彩的节目编目，绚丽的灯光舞美，为全州观众承上一场视觉上的饕餮盛宴，获社会各界好评；万人捉鱼大会吸收引市民的积极参与，捉鱼活动盛况在中央电视台中文国际频道、新华社、新华网、光明日报、腾讯网、大楚网、湖北经视等各大媒体滚动播出，提高宣恩在外的知名度和美誉度。电视台抽调3名记者组成媒体问政暗访小组，精心筛选问题线索，暗访拍摄违规短片，做好2016年度“媒体问政”活动的相关准备工作。

【对外宣传】2016年，宣恩县与中央台、省台、州台等媒体沟通，形成多位一体的大外宣格局。坚持“走出去”与“请进来”相结合的思路。一方面主动报送选题，领会宣传意图，并组织稿件及时传送。另一方面，邀请上级媒体到宣恩采访，做好配合工作。特别是在6月份的暴雨灾害中，当记者得知高罗镇受灾严重，居民被困后，及时通过3N网向央视报题，另一组记者马上冒雨赶赴救援现场，拍摄真实的救人场面。6月23日，中央电视台新闻联播播出《湖北宣恩：暴雨致村民被困消防紧急救援》的报道。6月28日，央视新闻频道播出《湖北宣恩：电力部门紧张施工保村民用电》。央视中文国际频道和新闻频道也先后播出《宣恩中秋摸鱼嗨翻天》《持续大雪湖北宣恩多条道路受损》等多条新闻。同时，在选题上，注重突出全县工作重点，《宣恩：一村一品助力贫困户脱贫增收》《宣恩主题党日激发党员和党组织活力》《宣恩：积极服务宣鹤高速公路建设》等稿件相继在湖北卫视播出。

【云上宣恩】2016年，宣恩县投入建设资金71万元，聘用8名工作人员，依托“长江云”，建设“云上宣恩”客户端，打造“政务＋新闻＋服务”的移动政务新媒体平台。在县电视台成立新媒体中心，明确内容总编辑和运维总工程师，组建工作专班，按照领导小组的要求进行客户端框架搭建及内容填充。4月11日，邀请“云上恩施”的编辑和技术人员对专班人员和已经明确的33家县直部门的政务信息发布人员进行培训，从内容和技术两方面进行讲解，并制定《信息发布安全规定》，与政务信息发布人员签订《信息发布安全责任书》。

“云上宣恩”新闻板块除“头条”“湖北”“恩施”“恩施市”等八县、市频道共享其客户端内容外；“宣恩”频道聚焦本土新闻资讯，包括抓取本地媒体的新闻资讯及自采、自编、二次加工与本地相关的新闻内容；“直播”频道接入省、州、县电视台频道及广播频率，实时收听收看广播电视；“点播”汇集所有过去的新闻、专题节目，让用户随时随地看本地节目；“专题”结合时段工作重点，着眼主题报道、深度报道、重点报道、大型活动，政务板块开通“人大”“县委”“政协”等25个频道，用于发布各部门最新的工作动态，政策法规，为群众提供快捷的办事平台。服务板块突出贴近用户生活，让数据多跑路，让群众少跑腿，集纳全城服务，是百姓移动办事的便捷窗口。实现手机缴纳水电费、话费、医疗咨询、挂号排队、办理社保、公积金查询、学籍查询、工商投诉等事务。“民声”搭建网络问政平台，建立群众与党委政府的沟通桥梁。全县接入单位46家，发稿2000多篇，发布《宣恩新闻》《贡水视界》191篇视频，下载用户数达到1.01万户，日平均活跃用户480户，成为宣恩本土较具影响力的移动APP。

【农村广播电视惠民工程】2016年，宣恩县文体局按照县委县政府工作安排，负责整个项目的监管与实施，网络公司配合提供网络及设备安装，电视台负责技术方案制定及项目招标。农村智能广播“村村响”项目投入资金248万元，于2015年4月初与中标厂家签订合同启动，截至2016年底，完成县机房、5个乡镇机房以及500组终端建设。覆盖了已经通达有线电视网络的150个行政村，该项目便于县委及各级政府将各类通知公告及时发布，群众及时知晓。农村广播电视“户户通”项目投资1200万元，于2016年2月中旬与中标厂家签约，厂家于4月份开始供货，单模机顶盒2万余台供货完毕，双模机顶盒到货1.57万套。覆盖全县所有有线电视未覆盖的地区，为以上区域内居民、农户提供卫星电视服务。

（向嫒）

【湖北省楚天视讯网络有限公司】2014年8月4日，湖北省楚天视讯网络有限公司恩施分公司宣恩支公司（简称宣恩广电网络公司）正式注册，是集媒体、文化、科技、服务于一体的信息综合服务商。负责全县广播电视信息网络规划、设计、建设、管理、运营和广告经营等业务。开通标清电视、高清电视、互动电视、时移回看、广电宽带等业务，入户带宽可达100M。2016年3月17日00:00—8:00，调整标清节目顺序和高清节目顺序，并新增加20套高清，数字电视节目达到170套。全年宣恩广电网络公司累计在册用户3.72万户，宽带用户9677户，实现经营收入1695.44万元，比2015年增长27.52%。

8月，依据《关于“广电网络乡镇经营部加挂广播电视公共服务中心牌子”有关问题的批复》，乡镇广电网络经营部加挂“广播电视公共服务中心”的牌子。10月，按《宣恩县广播电视“村村响”“户户通”工程建设实施方案》要求，“村村响”“户户通”工程建设作为文化惠民、信息扶贫工作强力推进。2016年完成155个村“村村响”建设任务，建设县级“村村响”县级平台1个，乡镇级平台9个，村级广播室建成150个，安装音柱243个，安装喇叭1382只，“户户通”安装开通1.39万套。全县9个乡镇279个村实现光纤电视和“户户通”无线全覆盖。开通椒园镇水田坝“千户土家”、人民广场、风雨桥的公共无线WIFI。做好“水上运动会”“中秋恳亲大会”“稻草人艺术节”等活动和重要会议的保障工作，特别是在2016年9月4—5日在杭州举办的G20第十一次峰会和11月19日浙江乌镇召开的世界互联网大会期间，做好重要部位的安全播出保障，确保网络的安全运行。

（徐锦旺）

社会

卫生和计划生育

【概况】2016年，宣恩县共有各级医疗卫生机构271个，床位1357张；卫生技术人员1547人，其中：执业（含助理）医师546人，注册护士1001人。全县新生儿死亡率2.23‰，婴儿死亡率5‰，5岁以下儿童死亡率7.5‰。每千人口床位数达到4.49张，病床使用率达到90%；每千人口卫生技术人员4.84人。全县注册执业医师（含助理）459人，千人执业医师数1.52%。

全县医疗卫生支出3.04亿元，同比增长9.1%。万元以上医疗设备780台（件），其中：100万元以上设备14台（件），50万～99万元设备16台（件），10万～49万元设备134台（件），10万元以下设备616台（件）。救护车26辆。

全县共有医疗卫生计生单位274个，其中：县直医疗卫生计生单位5个（县人民医院、县民族医院、县妇幼保健计划生育服务中心、县疾病预防控制中心、县卫生计生综合监督执法局），纳入机关统一管理二级单位4个（县卫生财务管理中心、县红十字会办公室、县流动人口计划生育管理站、县计划生育协会）；乡镇卫生院9个，村卫生室216个，伸点门诊3个，个体诊所31个，民营医院4个，医务室1个，社区卫生服务中心1个。县新型农村合作医疗管理委员会办公室于2016年10月合并到县人社系统。

医疗卫生体制改革

【基础设施建设】2016年，宣恩县不断加大项目工作督办力度，县民族医院整体搬迁建设项目于9月15日开工建设，建筑总面积4.08万平方米，计划总投资1.36亿元，当年完成投资3000万元。投资406万元，建设椒园镇卫生院整体搬迁综合楼，建筑面积2278平方米。投资137.5万元，建设高罗镇卫生院医技楼，建筑面积800平方米。投资30万元，建设高罗镇卫生院周转宿舍，建筑面积210平方米。完成李家河镇卫生院医技楼建设项目前期准备工作。开工新建中央预算内投资35个（含30个“十大民生工程”建设任务）村卫生室，年末完成29个，其余6个处于在建阶段。完成2016年精准扶贫28个脱贫村村卫生室建设任务26个（2个与邻近村共享），行业扶贫村卫生室标准化建设全部评估验收合格。

【人才队伍建设】2016年，宣恩县树立人才兴医理念，多渠道引进和培养卫生计生技术人才，通过全州公开招考和系统专项招聘，招录卫生人才39人。充实乡村医生队伍，落实村卫生室定向委培乡村医生计划26人。强化继续教育培训，实施精准扶贫农村医疗卫生人才能力提升工程，开展第一期乡村医生集中培训50人，卫生计生监督工作培训163人（次），计生专干集中培训110人，卫生应急知识培训150余人次，国家突发公共卫生事件处置暨传染病应急培训班11人，乡镇卫生院院长培训18人（次）。落实9个乡镇计生办专职统计员、流动人口管理员和计生执法人员配备工作，全县284个村

(居)选齐配强村级计生女专干,女性专干比例达100%,城区增加47个公益性岗位人员从事流动人口计划生育服务与管理工作,并推行村级专干到计生办"挂职锻炼",建设业务精、服务好的计生专干队伍。强化人才服务管理,办理2014、2015年考试通过国考线和省线人员资格证书172个,其中初级(士)42个、中级及初级(师)130个。

【公立医院改革】2016年,宣恩县以解决群众"看病难、看病贵"为出发点和落脚点,全面推进县级公立医院改革。宣恩县人民医院、县民族医院分别于2015年10月29日、2016年10月31日正式启动改革工作,全县二级公立医院改革工作全面推进。2016年,县人民医院取消药品加成410万元,医疗服务价格调整降低280万元。通过调整医疗服务和药品销售价格,降低群众看病就医负担,群众看病就医获得感增加强。

【卫生创建活动】2016年,宣恩县万寨乡卫生院、珠山镇卫生院开展"四化(建设标准化、业务规范化、管理科学化、运作信息化)"乡镇卫生院创建活动,全县"四化"乡镇卫生院创建单位达6个,创建达标率70%。开展"五化(产权公有化、建设标准化、服务规范化、运行信息化、管理一体化)"村卫生室创建活动,2016年成功创建22个,全县"五化"村卫生室创建达标率达到85%。晓关乡中心卫生院成功创建"群众满意乡镇卫生院"。沙道沟、晓关、椒园、李家河4个乡镇卫生院创建"国医堂",李家河镇卫生院成功创建湖北省示范"国医堂"。开展妇幼健康优质服务示范县和计划生育药具示范县创建活动,通过不断加强妇幼保健和计划生育药具工作服务体系建设,完善服务功能,创建活动均得到省州卫生计生主管部门肯定,被湖北省卫生计生委命名为"湖北省妇幼健康优质服务示范县"称号,计划生育药具示范县创建工作经验在全省推介。

【基本公共卫生服务均等化】2016年,宣恩县累计建立规范化居民健康档案23.81万份,建档率78%。充分发挥县乡村三级健康教育平台,开展健康教育活动,全年印制宣传资料12种,发放133.2万份,设置宣传栏236个,更新1416期,开展公众健康咨询90次,开展健康讲座1416期。规范预防接种管理,全年接种5万剂次,督查学校接种工作,覆盖率达到100%。强化孕产妇及儿童健康管理,全县实际管理孕产妇2440人,产后访视2189人,新生儿建册并访视2178名,0—6岁随访1.75万人。进一步加强特殊对象服务管理,全年累计完成老年人健康管理23515人,健康管理率为75%;管理高血压患者21810例,规范管理19711例,规范管理率为90.38%;II型糖尿病患者在管4978例,管理率为20.95%;累计检出重性精神疾病615人,检出率2.04‰。加大传染病管理力度,全年共报告357例肺结核疑似病人(包括外地报告现住址为宣恩县的),登记活动性肺结核病人157例;全县无甲类传染病报告,共报告乙、丙类传染病2271例,及时报告2271例,及时报告率100%,死亡3例(艾滋病)。卫生监督协管服务有序开展,全年累计开展对216所村卫生室、9个乡镇卫生院日常巡查900次。

【基本药物制度】2016年,宣恩县225个基层医疗卫生机构(216所村卫生室、9所乡镇卫生院)全面实施基本药物制度,网上采购药品品规1308种,其中基本药物品规796种、低价药品规504种,补充药品8种,占采购品规总数0.61%。全年提交采购订单1805万元,配送药品总金额1666万元,配送率达92.3%;基层医疗机构本年度结算货款总金额达1839万元(含上年欠款),线下结算率达75%以上。县二级医疗机构逐步扩大基本药物配备及使用比例,县人民医院、县民族医院配备及使用比例分别达52%、41%和56%、43%。同时通过组织开展医疗机构药品购销专项检查,开展关于药品价格虚高问题专项整治工作及督导检查,使药品虚高价格得到控制,人民群众看病就医负担减轻。

(全昌龙)

人口和计划生育

【概况】2016年(自然年度)宣恩县出生人口3837人,出生率10.25‰;死亡人口1961人,死亡率5.24‰。人口自然增长率5.01‰。出生人口性别比109.47。全县年末总人口36.11万人。其中,男性人口18.92万人,占总人口

精准扶贫
JINGZHUN FUPING

2016年12月12日，高罗镇麻阳寨安置点易地扶贫搬迁交钥匙仪式

大红灯笼高高挂

安置户喜接金钥匙

麻阳寨安置点

喜迁新居

2016年10月17日，宣恩县开展全国扶贫日“精准扶贫·你我同行”捐赠仪式

2016年3月17日，县林业局为车道湖村贫困户发放树苗

2016年11月2日，县农业局专家为大茅坡营村贫困户开展核桃、白术种植实用技能培训

（薛茂林 摄）

2016年全县共转移有劳动能力的建档立卡贫困人口640人为森林管护员。图为森林管护员正在开展巡山护林、宣传护林防火

2016年7月18日，县政府在县政务服务大厅举行不动产统一登记首证颁发仪式

2016年2月1日至3日，沙道沟、李家河、高罗三镇食药监所和工商所组成联合检查组，开展食品药品安全联合执法检查

（牟方兵　摄）

2016年3月15日，县食药监局组织执法人员对假冒伪劣产品进行集中销毁　　（牟方兵　摄）

2016年9月22日，省食品药品监督管理局副局长傅建伟（左二）调研宣恩县食品药品安全工作 （牟方兵 摄）

2016年8月8日，宣恩“智慧民生”项目建设正式启动

2016年4月26日，县食药监局、县工商局、县城管局、卫计局、县畜牧局联合对城区五把车农贸市场的食品经营户的卫生条件、食品安全、证照资质、检验检疫等情况开展专项整治 （李思贵 摄）

2016年4月19日，县国税局与县地税局联合开展“便民办税春风骑行”活动，为立翔工艺公司送税收政策

2016年5月1日，县地税局与县国税局完成“营改增“工作交接

2016年4月18日，宣恩县举办全国第25个税收宣传月活动

2016年7月1日，宣恩县国税局、地税局联合举办庆“七一”活动

2016年7月21日，全县国税系统岗位业务大练兵考试

2016年10月21日，高罗启动联合办税服务

六城同创

椒园供销社院内危房

县中药材公司废弃大院

县图书馆后院 （罗清峰 摄）

2016年3月31日，拆除湖北七姊妹山自然保护区管理局大院围墙 （王叶鹏 摄）

高速公路莲花坝连接线

环卫工人定期打捞河道浪渣垃圾

环卫工人清理黄河沟地
下管网淤泥垃圾

2016年6月20日，全州拆围现场会在宣恩县行政办公大楼二楼会议室召开

县直单位干部职工在每月的最后一个星期五开展大扫除

2016年8月6日，园林养护工人对城区道路绿化树定期喷洒农药防治病虫害

县直机关食堂为环卫工人提供免费早餐

（罗清峰 摄）

2016年11月25日，宣恩县召开科技大赛表彰大会

2016年10月17日，宣恩县第一中学运动会开幕式

2016年11月3日，宣恩县第十届中学生民族体育运动会在沙道民族中学举行　　（胡慧芳 摄）

2016年5月14日，宣恩县举办第二届教师中国汉字听写大赛　　（胡慧芳　摄）

全县开展“书香校园、我爱读书”活动　（宋文　摄）

位于椒园镇三河沟的宣恩县第一中学　　（宋文　摄）

全县学校开展“戏曲进校园”活动，学生在课间操时间打连厢　　（胡慧芳　摄）

位于珠山镇民族路55号的宣恩县第二民族实验小学

2016年3月31日，县林业部门对管护员进行防火演练培训

消防大队派员到各乡镇培训消防业务技能 （谭军文 摄）

2016年11月19日，刘智勇到消防大队调研指导工作
（谭军文 摄）

2016年2月16日，2016年“双创”春季精准扶贫招聘会在人民广场举行（黄畅 摄）

2016年6月28日，宣恩县举办首届创业电视大赛（黄畅 摄）

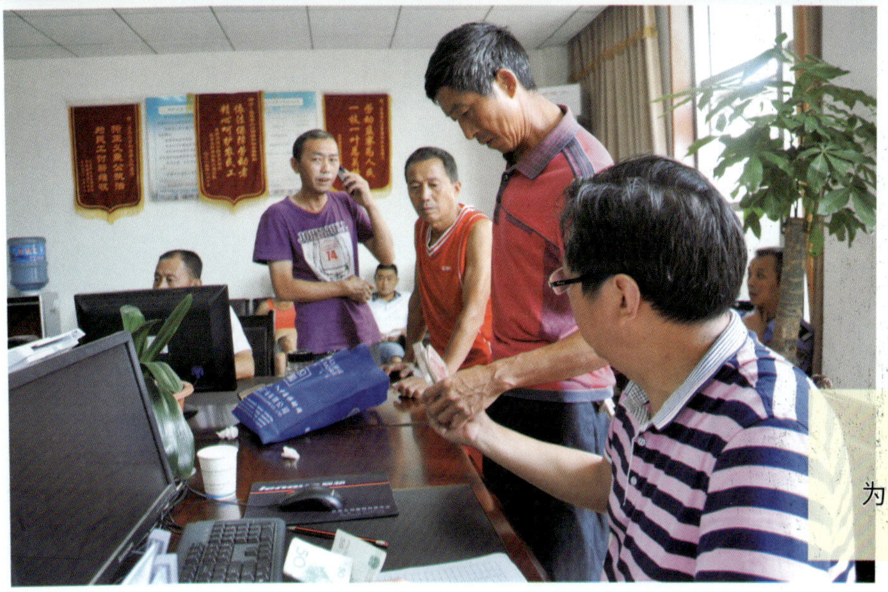

2016年7月21日，劳动监察大队为农民工发放被拖欠的工资

2016年8月12日，恩施州第四届水运会在宣恩举行，州委常委、宣传部部长尹达宣布开幕

2016年9月14日，宣恩2016首届中秋恳亲大会开幕

2016年2月22日，元宵节舞龙灯

2016年7月8日，县非遗中心演职人员到长潭河侗族乡杉木树村开展文化扶贫送戏下乡活动（张子家 摄）

2016年7月9日，第四届全国山地自行车邀请赛在晓关侗族乡举行（张子家 摄）

2016年7月22日，2016年恩施州青少年运动会排球赛在宣恩县椒园中学开赛

（张子家 摄）

宣恩县文体新广局每月组织开展一次全民健身长跑活动

（张子家 摄）

第四届白柚采摘节

2016年11月12日，宣恩县第四届白柚采摘节在高罗镇举行

开幕式歌舞表演

摘柚比赛

吃柚子比赛

稻草人艺术节

2016年10月26日至31日，宣恩首届（国际商贸城）稻草人艺术节在贡水河国家湿地公园举行

非物质文化遗产表演——打草鞋

撬蓑衣

采茶

耕

薅草锣鼓

牧童

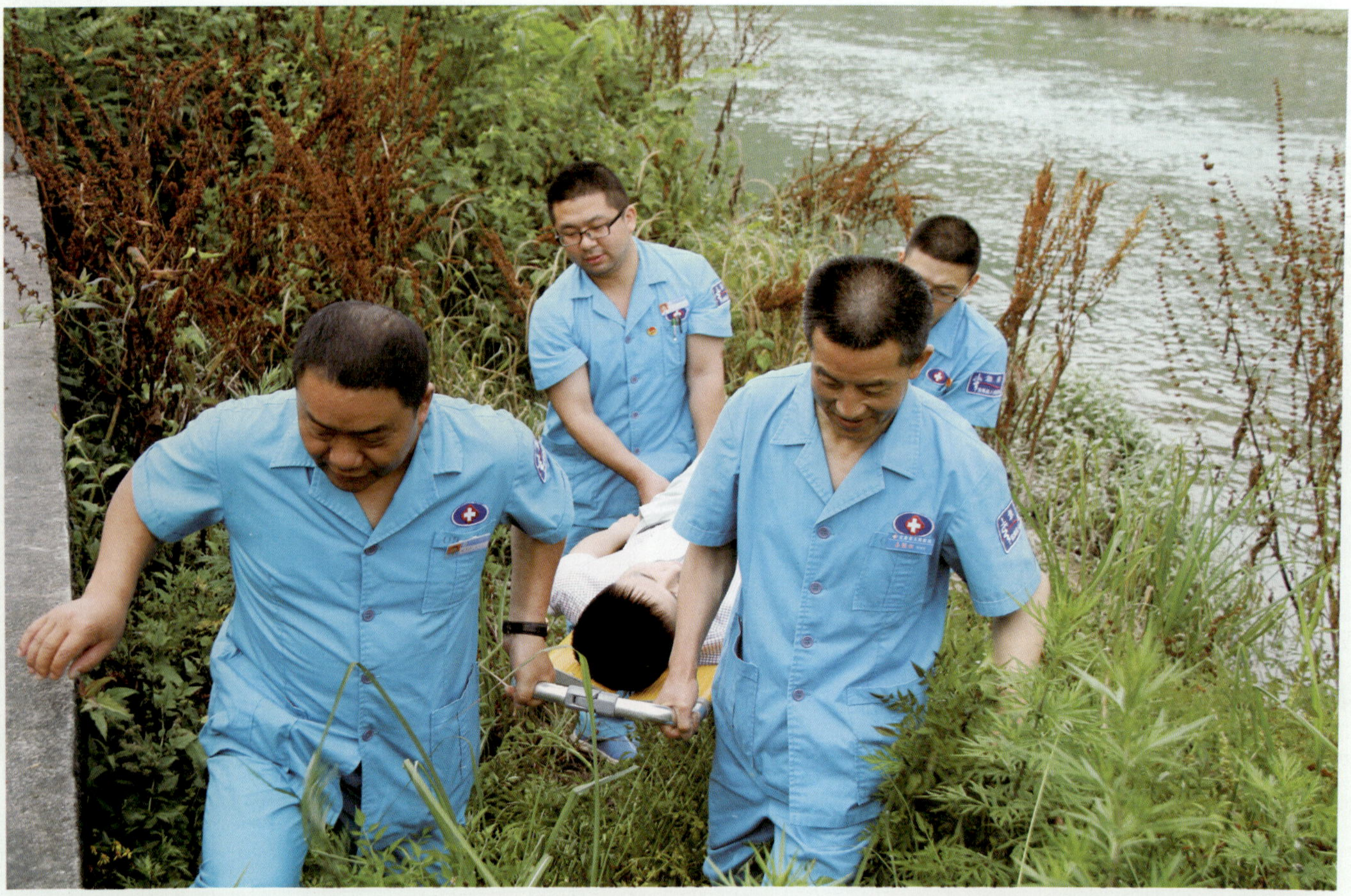

2016年6月8日，宣恩县人民医院开展突发公共事件应急医疗救援演练

2016年6月22日，高罗镇小河坝抗洪抢险救援　（谭军文 摄）

的52.4%;女性人口17.19万人,占总人口的47.6%。年末全县常住人口30.44万人,其中城镇人口10.69万人,城镇化率35.11%。

全县婚育妇女8.23万人,流动人口11万人。考核年度(2015年10月1日—2016年9月30日)内,全县共出生3670人,政策内生育3565人,当年出生政策符合率为97.14%。2016年度补报2014年度以来出生165人,按考核口径加补报前两年出生数后,出生政策符合率为96.9%。当年政策外多孩出生96人,政策外多孩率2.62%。补报前两个年度政策外多孩生育20人,补报后政策外多孩率为3.02%。当年出生男孩1918人,女孩1752人。截至9月30日,落实农村免费孕前优生健康检查2168人,参检率83.38%。婴儿死亡率为4.74‰,无孕产妇死亡现象。查处2015、2016两个年度的党员、国家工作人员违法生育案件4起,结案4起。全面落实长效节育措施,按月清理49岁以下无措施人员,全年落实长效节育措施1157例,处理不符合政策怀孕842例。

【落实计划生育利导政策】2016年,宣恩县制定《关于实施全面两孩政策改革完善计划生育服务管理的意见》。设立计生困难家庭救助专项基金10万元、关爱女孩基金20万元,落实计生专干养老保障资金14.20万,对计生特殊家庭实行特别关爱措施,实施就医绿色通道。2016年全县审核通过新增农村计划生育奖扶对象670人、特别扶助44人,累计人数分别达3232人、190人,兑现奖扶资金419万元;计生特殊困难家庭163人,兑现一次性抚慰金113.5万元;审核通过农村独女高考加分4人,农村独(双)女中考加分313人;落实企业退休职工独生子女一次性奖励107人,兑现金额37.45万元;落实城镇无业独生子女年老父母一次性奖励9人,兑现金额3.15万元;独生子女保健费家庭181户,兑现12.67万元;县本级关爱女孩助学146人,兑现助学资金19.7万元;慰问独生子女死亡家庭116户,慰问金508万元;落实计划生育节育措施奖励58人,发放奖励资金3.8万元;农村独生子女、失独家庭住院享受新农合"零起付线"和提高5%报销比例的优惠共计14.43万元。

【计划生育技术服务】2016年,宣恩县以创建省级妇幼健康服务示范县为契机,不断优化服务流程,强化优质服务管理,开展免费孕前优生健康检查,全年检测2336人,完成任务89.85%。落实免费婚前医学婚检项目,自愿参检572人,查出患有生殖系统疾病103人,未检出不适宜结婚及生育人员,婚检率26.5%。全年实施计划生育手术3723例,放置宫内节育器796例,皮下埋植剂放取术20例,人工流产1185例,取出宫内节育器1218例,女性绝育手术15例。严格终止妊娠审批管理,全年审批终止妊娠62例。规范计划生育手术并发症和病残儿鉴定工作,2016年经县级计划生育手术并发症鉴定专家组鉴定三级以上并发症人员7人,全县三级以上并发症人员共33人。按照省计划生育条例要求,自2016年起,病残儿鉴定工作由县级卫生计生行政部门组织实施,完成各项资料搜集工作。

【计划生育数据质量管理】2016年,宣恩县注重基础数据及时采集和更新,运用部门信息共享平台、村居在线平台,及时更新婚、孕、育、节育措施和人口流动信息,通过公安部门月信息交换,及时掌握户籍变更信息,通过流动人口信息交换平台,获取流动人口的相关信息变更,在办证协查信息中,提取各种有价值的信息,确保数据库信息更新及时、准确。开展专项清理清查活动,数据质量不断提高,实名制录入管理进一步规范,医疗机构出生实名制录入及时率达到99.28%,计划生育手术录入及时率达到99.44%,B超孕情录入及时录入率达到99.9%。

【流动人口管理】2016年,宣恩县通过按月核查,及时登记流出、流入人口基本情况,摸清流动人口底数,流动人口登记准确,流动人口跟踪管理到位率达93.18%。强化流动人口区域协作,与21个外省流动人口相对集中的县市签订《流动人口计划生育服务管理双向协作书》,与50余个有相关流动人口的县市函件联系,全面推进流动人口卫生和计划生育基本公共服务均等化,流入人口基本公共服务均等化到位率达到97.86%。

【计划生育协会】2016年,宣恩县计划生育协会推进计划生育基层群众自治工作,全县20%村被列入基层群众自治试点，全县有57个村开展创建工作，通过创建工作的开展，建立一支结构合理、能发挥作用的会员队伍，实现“协会建在村上，活动搞在组上，责任落实到理事会员身上，作用体现在群众的行为上”的村民自治格局。组织开展生殖健康公益性讲座活动，县计生协联合武汉送子鸟医院在晓关乡、万寨乡、椒园镇、高罗镇、沙道沟镇开展5场生殖健康知识公益讲座活动，参加讲座的育龄妇女达300余人。协同开展计划生育服务保障工作，组织计划生育家庭购买意外伤害保险，全县购买保险15.66万元，完成责任指标43.74%，全年发生保险理赔3起。

（全昌龙）

疾病预防与控制

【健康教育】2016年，宣恩县开展碘缺乏病、麻风病、疟疾、控烟等宣传活动，全县累计发放各类健康教育宣传资料110.49万份；音像资料21种，乡镇卫生院及各村卫生室全年累计播放时长14.27余万小时；设置健康教育固定宣传栏229个，共更换1313期（次）。全县各医疗机构共开展各类健康主题咨询活动92次，覆盖3万人（次）；健康知识讲座1378次，覆盖4.87万人（次）；个体化健康教育覆盖11.1万人（次）。开展控烟工作培训1次，在全县各医疗卫生机构开展控烟督导检查4次。全县购置新健康素养66条展架14套（每套5个），海报218套（1套5张），制作预防野生菌中毒宣传海报256幅。开展重点传染病健康教育知晓率调查，对全县各乡镇结核病、艾滋病、慢病、控烟等健康知识进行问卷调查，知晓率均在80%以上。

【免疫规划与预防接种】2016年，宣恩县预防接种单位170个，其中预防接种门诊10个、产科接种点8个、村级接种点152个、接种人员241人。7岁以下儿童2.54万人，建卡儿童2.54万人，流出省外儿童6020人，省外流入儿童2156人。全年一类疫苗共计接种5.59万剂次，全年接种总剂次较2015年下降9867剂次。加强儿童预防接种信息管理，全县产科接种点8个，接种门诊10个，信息系统覆盖率100%。产科接种点出生儿童2263人，建证建卡2263人，建证建卡率100%，乙肝疫苗首针接种1922人，及时接种1881人；卡介苗实种1899人。开展疫苗针对疾病监测工作，全年报告疑似麻疹1例，排除1例，AFP零报告。动物咬伤暴露910人，处置904人，接种狂犬疫苗904人，接种被动制剂821支。开展AEFI监测工作，全年报告AEFI一般反应7例，其中接种百白破疫苗2例、乙脑1例、流脑疫苗2例、脊灰疫苗1例、乙肝疫苗1例。落实入托入学儿童接种证查验工作，春秋查验托幼机构24所、小学29所、查验儿童6405人、补种儿童758人。秋季查验托幼机构88所、小学84所、查验儿童6970人、查验率≥95%、补种儿童1076人。

【传染病管理】2016年，宣恩县各医疗机构报告传染病2918例，其中乙类传染病928例、丙类传染病1262例、其他传染性疾病356例，订正排除传染病病例242例。及时核实处理传染病预警信息145条，其中疑似事件12条，预警信号阳性率为0.69%。规范聚集性暴发疫情处置，全年突发事件1起（珠山镇宝塔小学聚集性流行性腮腺炎疫情）发病59例。流感暴发事件2起（李家河镇民族中学甲型H1N1流感聚集性疫情、县直机关幼儿园B型流感聚集性疫情），分别发病24例、13例。处置其他聚集性乙丙类及食源性疾病等传染病疫情62起。累计调查、处置病例435例，追踪观察密接1.69万余人（次），病例随访2800人（次），开展疫点消毒260次。按照传染病散发疫点处置要求，全县各单位累计开展个案流行病学调查1151例，随访411人（次），追踪密切接触者4476人（次），疫点消毒处置798次。

【艾滋病、结核病防治】2016年，宣恩县按现住址统计新发现艾滋病病毒感染者23例。按现住址统计累计建档感染者人数103例，死亡38例，现存活患者67例。按户籍地址统计累计感染者139例，累计死亡39例。累计抗病毒治疗人数60人，累计抗病毒治疗中死亡人数15人，退出治疗9人，正接受抗病毒治疗36人。全年做CD4检测人数62人。初诊疑似结核病患者就诊人数为1093人（任务数985人），任务完成率110.96%，其中免费拍片467人，免费查痰979

人，免费查痰率为 89.57%。开展痰培养 125 例，其中肺结核病人痰培养 58 人，肺结核病人痰培养率为28.71%。全年共发现肺结核病人 202 例(全年任务 250 例)，完成全年任务的 80.8%。

【麻风病、疟疾防治】2016 年 3 月 28 日，宣恩县召开全县麻风病防治工作会议，全面总结 2015 年麻防工作，表彰 2015 年度麻防工作先进单位和个人，对 2016 年工作进行安排和部署，同时参会人员进行麻防知识培训。2016 年全县麻风病治愈存活者调查任务为 158 例，实际调查 158 例，现存活 134 例，死亡 24 例，失访 14 例，外迁 0 例，情况不明 2 例。在万寨乡大河村开展疫源村调查，累计普查人数 540 人，普查率达 98%，筛查出 2 名疑似疟疾患者，最终被否定。加强病人家属体检工作，对 1 例现症病例进行家属体检，累计体检人数 5 人，未发现新病人。2016 年全县血检任务为 156 份，全年完成“三热”病人血检 215 份，完成全年任务的 137.82%。

【慢病综合管理】2016 年，宣恩县 65 岁以上老年人 3.40 万人，全年健康管理估算任务 2.21 万人，共完成老年人中医药健康管理服务 2.51 万人，管理率 73.72%。全年完成服务 1.54 万人，服务率为 45.43%。

加强高血压患者健康管理，抽查各乡镇卫生院内科或妇科门诊日志，12 月份 35 岁以上首次就诊 1391 人，监测血压 1251 人，首诊测血压率 89.94%。辖区内常住人口 30.14 万人，估算(常住人口×0.8128×0.188)高血压患病总人数为 4.61 万例，四季度新增患者 236 例，全年共随访 2.21 万例，管理率为 47.97%，除社区 33.4% 外，均达到 40% 目标。全年管理高血压患者 2.21 万例，规范管理 1.96 余万例，规范管理率为 88.72%，均达到 60% 的既定目标。第四季度接受管理高血压患者 2.04 余万例，血压达标人数为 1.19 余万例，血压控制率为 58.45%，除晓关乡 44.68%、高罗镇 43.40% 外，均达到 50% 目标。全县三级高血压 336 例，占比 1.65%，二级高血压 1460 例，占比 7.15%，一级高血压 7665 例，占比 37.56%。随访次数≥5 次的 1424 人。

加强 II 型糖尿病患者健康管理，全年共筛查门诊人数 1.75 万人，住院人数 4515 人，筛查确诊 227 例。全县估算(常住人口×0.8128×0.097)糖尿病患病总人数为 2.38 万例，第四季度新增 230 例，全年在管 5064 例，管理率为 21.31%，各单位均未达到 30% 既定目标。全年管理糖尿病患者 5064 例，规范管理 4577 例，规范管理率 90.38%，均达到既定 60% 目标。第四季度接受管理糖尿病患者 4663 例，血糖达标人数为 2952 例，血糖达标率为 63.31%，均达到既定目标。其中高危患者(空腹血糖≥16.7mmol/L)41 例，占比 0.88%。随访次数≥5 次的 244 人。

强化重性精神疾病患者健康管理(结合“686 项目”)，第四季度新增 0 例，全年共检出重性精神疾病 612 人，检出率 2.03‰。全县累计录入国家直报系统确诊病例 612 例，其中在管 519 例，管理率 84.80%。录入专报系统 612 例，其中，死亡 41 例、失访 45 例、非在管 7 例，在管 519 例，已规范管理 494 例，规范管理率为 95.18%。参与“686”项目管理的在管精神分裂症患者 445 例，规范治疗 214 例，规范治疗率 48.09%；所有在管患者 519 例，参与治疗 300 例，全县治疗率 57.80%。

【死因监测】2016 年按现住地址及死亡时间宣恩县共报告死亡病例 2121 例，人口死亡率为 7.04‰。其中男性 1248 例，女性 873 例，男女性别构成比 1.43；报告 5 岁以下儿童死亡 34 例，占报告总死亡人数的 1.61%。第一位是脑血管病(486 例，死亡构成比 22.91%)，其后依次为恶性肿瘤 480 例，死亡构成比 22.63%。其中肺癌 142 例，肝癌 67 例，结肠、直肠和肛门癌 46 例，胃癌 33 例，膀胱癌 18 例，食道癌 17 例，宫颈癌 13 例，白血病 10 例，乳腺癌 8 例；呼吸系统 351 例，死亡构成比 16.55%；损伤中毒 227 例，死亡构成比10.70%；心脏病 193 例，死亡构成比 9.10%；消化系统疾病 100 例，死亡构成比 4.71%。导致男性死亡的首位疾病是肿瘤 306 例，占男性死亡 24.52%；其次是脑血管疾病 283 例，占 22.68%；呼吸系统疾病 177 例，占14.18%。导致女性死亡的疾病顺位前三位分别为脑血管疾病 203 例，占 23.25%；其次是呼吸系统疾病 174 例，占 19.93%；肿瘤 174 例，占女性死亡 19.93%。开展三大类死因分析，第一类为感染性疾病和母婴疾病 229 例，占

10.87%；第二类是慢性非传染性疾病1621例，占76.93%；第三类是损伤和中毒224例，占10.63%。宣恩县三大类疾病死亡绝大多数是慢性病，慢病的防控已成为疾病防控最为主要的工作任务。

【地方病防控】2016年，宣恩县完成300份食盐监测任务，其中食用碘盐合格282份，不合格18份，合格率94%，无非碘盐。11月18日，在椿木营乡中心小学开展相关人群氟斑牙患病率调查，调查人群氟斑牙检出率为0%，患病率为0%，氟污染中毒基本消除。人体尿氟含量最高值0.70毫克/升，最低值0.32毫克/升，平均值0.46毫克/升，中位数0.46。玉米氟含量最高值4.84毫克/千克，最低值3.07毫克/千克，中位数4.11；干辣椒氟含量最高值6.09毫克/千克，最低值3.75毫克/千克，中位数4.34；抽检农户80户，灶炉合格户数80户，合格率100%，正确使用户数80户，正确使用率100%；食用玉米干燥方式正确户数79户，正确率98.8%；食用辣椒干燥方式正确户数78户，正确率97.5%；食用玉米保管方式正确户数76户，正确率95%；食用辣椒保管方式正确户数75户，正确率93.75%；食用玉米加工前淘洗正确户数74户，正确率92.5%；食用辣椒加工前淘洗正确户数75户，正确率93.75%。

【卫生监测】2016年，宣恩县健康证办理4061人，检测出戊肝阳性16人，甲肝阳性1人，肺部异常的6人，谷丙转氨酶升高2人，驾驶员体检2932人，职业病体检85人，特种人员体检5人。县疾控中心分别在2016年3月和8月（丰水期、枯水期）对县自来水厂、9个乡镇水务中心和2个农村安全饮用水工程（桐子营水厂、会口水厂）开展水质监测。全年水质监测分为枯水期和丰水期两次进行，均存在微生物无法完全达标，但全年合格率仍大于60%。丰水期受汛期影响，不合格指标多枯水期一项（肉眼可见物），各项合格率均低于枯水期，其中微生物（总大肠菌群）合格率低于60%。加强外环境监测工作，乡镇的选择基本按照东、西、南、北、中的地理分布状况予以配置。选择的5个乡镇分别是椿木营乡、晓关乡、沙道沟镇、万寨乡和椒园镇，每个乡镇分别选择4个行政村，每个行政村随机选择5户农村家庭，开展入户调查和土壤采样工作，共采集样品20份，并及时寄达省疾控中心进行相关指标检测。采集20个行政村的土壤20份，留样100克在县疾控中心检测蛔虫卵项目。结果见附表。

土壤监测统计表

表9

村名	村编号	实验室结果				
		铬	镉	铅	pH值	蛔虫卵
赵家坝	1	52	0.23	104.5	6.66	0
官庄	2	60	0.14	117.0	4.63	0
两河	3	48	0.08	108.2	6.41	0
班大湖	4	61	0.04	103.4	6.44	0
长堰沟	5	46	0.05	91.5	7.49	0
梭龙坝	6	55	0.33	118.7	6.8	0
伍家台	7	52	0.11	114.0	5.49	0
马鞍山	8	44	0.08	104.9	6.24	0
张官	9	58	0.96	105.0	7.42	3（死卵）
宋家沟	10	55	0.10	121.9	7.44	0

续表 9

村　名	村编号	实验室结果				
		铬	镉	铅	pH 值	蛔虫卵
覃家坪	11	52	0.06	99.2	6.94	0
干家坝	12	56	0.19	114.1	5.07	0
勾腰坝	13	48	0.23	110.8	4.77	0
白果坪	14	50	0.19	102.9	7.61	0
挖断山	15	62	0.35	124.8	8.11	0
甘竹坪	16	54	0.04	110.6	4.82	0
香树林	17	41	0.22	105.4	5.87	0
庆阳坝	18	60	0.07	109.4	5.17	0
水田坝	19	57	0.11	96.6	7.63	0
土皇坪	20	59	0.09	94.2	6.44	0

20 份土壤重金属和 pH 由省疾控中心检测，参考标准为《中华人民共和国国家标准土壤环境质量标准》(GBZ15618－1995)。农村环境卫生监测土样来源为农田或荒地，采用Ⅱ类土壤环境质量分类，标准分级为二级。pH≤6.5 的村有 11 个，无镉、铬、铅超标，pH6.5～7.5的村 6 个，梭龙坝、张官镉超标，占比 10%，pH>7.5 的村有 3 个，无镉、铬、铅超标。其中张官村土壤含蛔虫卵死卵 3 个。

卫生法制与监督

【医疗机构日常卫生监督】2016 年，宣恩县对辖区 10 家接种门诊、9 家产科接种点、21 家村级接种点的接种单位资质和人员培训考核、接种场所第二类疫苗公示情况、接种告知情况、购进第二类疫苗索证情况、使用登记和报告记录等进行专项检查。对县疾病预防控制中心购进第二类疫苗途径、索取证明文件、建立并保存第二类疫苗的购进、分发、供应、使用登记，开展宣传、培训、技术指导等工作专项监督检查。

对 3 家县直医疗机构、9 家乡镇卫生院、4 家民营医疗机构的医院感染管理组织、工作制度与岗位职责、医院感染监测、医院感染重点部门(手术室、消毒供应室、中医诊疗室及口腔科、产房等)、安全注射、手卫生等医疗感染重点环节进行专项检查，针对检查中发现的问题，下达卫生监督意见书 7 份，责令 3 家医疗机构限期整改，并对整改情况进行回访。

对辖区内的县直医疗机构、个体诊所、民营医院共 52 家医疗机构是否未经许可擅自执业、是否存在出租承包科室、超范围开展诊疗活动、聘用非卫生技术人员、消毒隔离制度落实不到位等进行专项检查，共出动检查人员 126 人，下达卫生监督意见书 41 份，立案查处 1 家个体诊所，行政约谈两家个体诊所，在两家二级医疗机构、1 家民营医疗机构及 1 家乡镇卫生院召开整改督办会议，并对两家二级医疗机构、妇幼保健院、两家民营医院、7 家乡镇卫生院的整改情况进行回访。

对 55 家医疗机构的医疗废物管理制度、分类收集、运送、登记、暂时储存、处置等各环节进行了专项检查，对于检查发现的问题下达意见书 32 份，责令 11 家医疗机构限期整改。

对 14 家计划生育服务机构及从业人员资质、制度执行、“两非”防控措施、提供《出生医学证明》资料、开具《出生医学证明》情况、B

超管理等进行监督检查，针对检查中发现的问题，下达卫生监督意见书3份。

对18家放射诊疗机构的放射工作人员培训体检、个人剂量监测、放射防护性能检测、工作场所电离辐射警示标识、工作状态指示灯、工作人员及受检者防护用品、放射防护档案、放射工作人员健康档案等进行监督检查，针对检查中发现的问题，下达卫生监督意见书5份。

【公共场所日常卫生监督】2016年，宣恩县对121家公共场所进行监督，其中美容美发场所64家、住宿场所48家、网吧4家、洗浴场所5家。对单位没有“卫生许可证”和从业人员没有“健康合格证”这两个问题下发监督意见书117份。对全县29家公共场所用品用具进行抽样检测，共抽样125份，其中合格样品95份，合格率为76%。加强学校卫生风险隐患排查，共排查中小学校90所，托幼机构53所，其中公办幼儿园2所、民办幼儿园51所(其中县城1所实验幼儿园暂未获得教育行政部门许可)。发现问题需限期整改的单位有3个。其中沙道沟镇上洞小学未开展学生晨检工作、李家河镇金陵寨小学晨检工作流于形式；椿木营乡民族幼儿园幼儿使用的一巾一杯未严格执行消毒规范和流程。按照《关于开展全县校园内外安全检查的通知》安排，4月12至22日共参与全县校园内外安全检查学校18所，幼儿园9所；建立学校卫生监督档案，全年已建立学校卫生监督档案143个，单位建档率为100%，监督覆盖率达到100%。

【生活饮用水卫生监督】2016年，宣恩县对辖区10家发证集中式供水单位的水源水、出厂水、管网末梢水开展水质监测。全年监测结果：共采水样134份：水源水20份，均符合国家生活饮水水源水卫生标准要求；监测出厂水水样数29份，合格22份，合格率76%；监测末梢水水样数85份，合格52份，合格率61%。出厂水和末梢水不合格的主要指标是微生物指标。对检测不合格的供水单位均及时下发监督意见书12份，并提出限期整改意见，监督覆盖率及单位建档率均达到100%。

【非法行医打击】2016年，宣恩县立案查处无证行医案件2起，其中1件已结案、1件查处中；查处违反《处方管理办法》的规定开具精神药品案1起，受理医疗广告案件1起，已按规定移送相关部门。

公共卫生

【卫生应急】2016年，宣恩县完成对《宣恩县鼠疫疫情应急处置预案》等30个单项卫生应急预案修订工作；强化卫生应急队伍培训管理，调整充实卫生应急专家库成员136人，卫生应急专家咨询委员会成员24人，组建县级卫生应急医疗救援队2支、卫生防疫队2支、流行病学调查队2支、卫生监督执法队1支；乡镇卫生应急医疗救援队9支、卫生防疫队10支；开展卫生应急队伍演练活动，参与卫生应急演练活动2次，县人民医院开展防汛卫生应急医疗救护演练1次，李家河镇卫生院组织医疗卫生人员参加李家河镇地质灾害应急演练1次。逐步加大物资储备力度，全县物资储备达到20余万元，基本满足全县一般疫情应急处置需要。有效处置卫生应急事件，全年及时处理预警信息124条，共发生3起传染病聚集性疫情、5起因食用野生菌引起的农村家庭型聚餐食源性疾病暴发事件和1起因食品微生物性污染食源性疾病暴发事件，处理工作严格按照规范要求开展，均无死亡病例。实施突发公共卫生事件监测评估，全年编撰监测评估报告12期，对各类突发事件进行网络直报，报告率、及时率等均为100%。开展食源性疾病监测，全年医疗机构共计报告食源性疾病124例，均无死亡病例报告。落实学校突发公共卫生事件风险隐患排查机制，实施属地管理，全年抽查中小学校20所、托幼机构12所，有效防范突发公共卫生事件发生。

【妇幼保健】2016年，宣恩县产妇总数3568人，出生活产3588人。孕产妇系统管理3282人，系统管理率为92%。住院分娩率99.9%，孕产妇死亡率为零，无新生儿破伤风发生。全县7岁以下儿童2.88万人，保健覆盖2.73万人，保健覆盖率94.7%；3岁以下儿童1.2万人，系统管理1.1万人，系统管理率91%。5岁以下儿童死亡27人，死亡率为7.5‰；婴儿死亡18人，死亡率5‰；新生儿死亡8人，死亡率2.23‰，占5岁以下儿童死亡的29.6%。免费孕前优生健康检查2600人,2016年10月参加省级免费孕前优生健康检查项目临床检验室间质评成绩优秀,宣恩县连续6次参评成绩均为优秀。免费婚前医学婚检项目自愿参检564人,查出患有生殖系统疾病103人,不适宜结婚0人,不适宜生育0人。落实免费增补叶酸预防神经管缺陷项目4734人,新增依从人数3919人,依从率82.8%。落实住院分娩补助项目4948人、总金额达233.76万元,完成省任务99.8%。落实预防艾滋病、梅毒、乙肝母婴传播项目,就孕产妇艾滋病、梅毒、乙肝3项共计检测3503人,检测率88%,发现HIV阳性孕产妇1例,发现梅毒阳性孕产妇12例,规范治疗梅毒孕产妇12人,新生儿8人,检测乙肝阳性孕妇83人,产妇81人,免费接种乙肝免疫球蛋白81人。落实儿童营养改善项目,全年共发放营养包2.90余万盒,规律服用3252人,规律服用率80%。落实农村妇女"宫颈癌"免费检查2016人,查出可疑阳性52人,已按项目流程复查,无宫颈癌确诊病例。强化托幼机构的督导与管理,全年完成入园体检1166人(次),在园体检2697人(次),体检率达97%,对健康体检结果进行分析与统计,对体检出现的健康问题及时反馈给幼儿园及儿童家长,并提出相应的指导意见。为全县托幼机构在岗教职工进行一次全面的健康检查,共检查647人(次),并对存在健康问题的138人提出整改建议。规范出生医学证明的管理,全年全县医疗机构内出生2203人,首次签发2032人,首次签发率为92%,全年共计发放出生医学证明2323份。2016年9月,国家卫计委妇幼司督导检查组到宣恩,就"出生医学证明"管理工作进行专项督查,督查组肯定宣恩县"出生医学证明"管理工作中的落实力度、创新举措及工作成效。

【爱国卫生运动】2016年,宣恩县落实国务院《关于进一步加强新时期爱国卫生工作的意见》,健全组织体系和长效管理机制,巩固创卫成果,推进"六城"同创工作。在全县范围内开展"清洁家园、灭蚊除害"春季爱国卫生运动,在城区内开展"除四害"工作,营造干净舒适的生活环境。椒园镇、高罗镇、长潭河乡成功创建省级卫生乡镇,顺利完成36家省级卫生先进单位、72个省级卫生村、5个省级卫生社区、126个州级卫生村的创建工作。2016年申报椿木营乡创建省级卫生乡镇,申报创建州级卫生村32个,省级卫生村49个,州级、省级卫生先进单位各5个;同时开展卫生计生机构无烟单位创建活动,辖区内无烟卫生计生机构达标率100%,并引导社会共同参与创建活动。

【红十字会事业】宣恩县红十字会办公室属于全额拨款事业单位,有编制2名,设立主任1名(副科级),工作人员1名,主任职务空缺。2016年,宣恩县县红十字会办公室为偏远乡镇小学、幼儿园争取援助物资,共捐献练习本3000册、手抄本2500册、毛巾600条、衣物等,完成万寨乡板场"博爱卫生室"项目建设,并通过省州验收。

【宣恩县首个爱心献血屋正式投入使用】2016年11月23日,宣恩县爱心献血屋启动仪式在华鑫广场举行,宣恩县首个爱心献血屋正式投入使用。州卫计委主任高敬佩出席,史红珍、向建强及州中心血站、县卫计局主要负责人,以及县直部门、企事业单位、县消防大队、县武警中队等单位的400余名无偿献血志愿者参加启动仪式。高敬佩发表讲话,向建强致辞,志愿者代表宣读《致献血者的一封感谢信》。县委、县政府高度重视无偿献血工作,广大献血者积极响应,保障了全县医疗临床用血所需。连续多年,宣恩县临床用血100%来自于自愿无偿献血。

为进一步推动全县无偿献血事业持续健康发展,优化街头采血环境,方便群众就近献血,确保血液供应和血液安全,由州中心血站出资10万元,由县城管局提供场地,在珠山镇建设路华鑫广场设立爱心献血屋,其布局严格按照国家采供血机构管理规范的要求,献血资料数据将直接存入州中心血站数据库。爱心献血屋的正式投入使用,不仅为宣恩无偿献血者提供了一个安全、温馨、便利的献血场所,并将成为城市文明建设的一个重要窗口,对于提高市民无偿献血知晓率、拓展血源,确保临床用血按需供应,促进无偿献血事业的可持续发展具有重要的现实意义。当天90余名无偿献血志愿者在爱心献血屋献血,献血量达30000毫升。

（全昌龙）

宣恩县人民医院

【概况】宣恩县人民医院创建于1949年，位于珠山镇建设路44号，是全县一所集医疗、科研、教学、康复和急救为一体的县级综合性非营利性二级甲等综合医院。全院占地1.9万平方米，医疗业务用房2.4万平方米，总资产1.3亿元。设置病床600张，实际开放病床450张，内设21个行政职能科室和24个临床医技科室。2016年底，在岗职工482人，卫技人员419人，其中正高级职称7人，副高以上职称39人，中级职称107人。

2016年全院总收入1.28亿元，较上年同期增长20%。医疗业务收入1.08亿元，较上年同期增长7%。业务收入中服务收入7878万元，较上年同期增长14%，药品收入2931万元，较上年同期下降9%。门诊诊疗21.9万人(次)，较上年同期增长1.86%；入院2.07余万人(次)，较上年同期增长3.69%；出院2.07万人(次)，较上年同期增长3.68%；住院患者三日确诊率99.22%，治愈率34.2%，好转率53.0%，死亡率0.5%，平均日住院病人426人(次)。病床使用率99.54%，出院者平均住院日7.62天。

县人民医院有15个州级临床重点专科，1个省级临床重点专科(临床护理)。在湖北省中西医结合医院、荆州市中心医院等其他上级医院的支持下，全年开展新业务新技术23项，发表专业论文11篇，撰写论著3本。

【基础设施建设】2016年，宣恩县人民医院已具备较为完善的物资采购供应系统，后勤保障系统能较好地为临床科室做好服务工作。2016年临床和医技科室购置、安装、验收医疗设备126台(次)，价值759万元，改善临床科室设备配置水平。

【医药卫生综合体制改革】2016年，因县级公立医院改革取消药品加成425万元，医疗服务价格调整降低263万元，通过调整医疗服务和药品销售价格，让利群众688万元，减轻群众就医负担。

【人才队伍建设】2016年，宣恩县人民医院通过专项招聘、公开招聘、自主招聘等形式，引进医、药、技、护人员41人、后勤人员5人，其中本科学历22人。组织医疗、护理、院感、传染病等院内业务学习讲座80余次，培训医生1162人(次)，培训护士6785人(次)。选送11名医生、19名护理人员进修学习。医务人员外出参加各级学术会议共185人(次)。

【对口支援】2016年，宣恩县人民医院安排5人到荆州中心医院免费进修学习。3月19日，荆州市中心医院副院长饶定虎带领护理部、耳鼻喉科、消化内科、小儿外科、对外联络部等科室负责人一行调研2016年对口支援县人民医院工作情况。

2016年县医院共选派13名医务人员继续对晓关乡卫生院、万寨乡卫生院开展对口支援工作，指导业务查房160余人(次)，护理查房100余人(次)，门诊接诊30余人(次)，专题讲座1次，培训30余人(次)。

【医院文化建设】2016年，宣恩县人民医院采编医院工作动态新闻、业务创新、科研成果、队伍建设等稿件，其中《湖北日报》刊发1篇；湖北电视台播报2条；《湖北卫生计生》杂志刊发2篇；《健康报》刊发1篇；《恩施日报》刊发5条，《恩施晚报》刊发1篇；恩施电视台播报3条；宣恩电视台播报23条，恩施州政府网刊发22条。

【基本公共卫生】2016年，宣恩县人民医院上报各类传染病报告卡2550张，上报率100%，上报食源性疾病和一氧化碳中毒等突发公共卫生事件81例。网报死亡病例135人(次)，漏报率为0。肺结核转诊率达100%。预防接种证建册率100%，上报儿童死亡报告卡2人(次)，上报出生缺陷报告卡14人(次)。

【突发公共卫生事件应急处理】2016年，宣恩县人民医院共上报和处置突发公共卫生事件16起。其中：食物中毒13起，一氧化碳中毒1起，其他2起，共43人次。组织大型突发公共卫生事件演练1次。

【医疗安全管理】2016年，宣恩县人民医院上报医疗护理不良事件65起，上报药品不良反应79例，医疗器械不良反应6例。共发生医疗投诉及争议30余起，其中发展为纠纷11例(经司法鉴定等待法院判决2例，双方协调解决6例，法院判决2例，等待司法鉴定1例)。

【卫生计生重点问题专项整治】2016年，宣恩县人民医院对照《湖北省卫生计生重点问题专项整治行动工作方案》《宣恩县卫生计生重点问题专项整治行动工作方案》开展卫生计生重点问题专项整治行动，重点从违规收费、过度医疗、违法违规执业、药品价格虚高、分级诊疗等5个方面进行自查。形成问题清单共21大项33条。通过专项整治，全年共处罚医务人员30余人(次)，金额5000余元，全年药占比从32%降至年末的27%。

【见义勇为先进个人陶建华】2016年6月6日早上七时许，陶建华(男，现年54岁，县人民医院职工)在前往医院上班的路上，在文澜桥兴隆大道一端，看到有婆孙二人坐在石阶上。小女孩约莫5岁左右，面部潮红，有点异样，陶建华就上前询问老人："孩子怎么了，病怏怏的?"老人摸摸孩子的头说："孙女感冒了，准备带她到诊所看一下。刚刚下车有点头晕，歇一会就去。"陶建华听后，嘱咐老人赶快送孩子去看医生，就走开了。刚走没多远，想起老人无助的眼神，陶建华又折返回去。走近一看，发现小女孩面色苍白、四肢抽搐。陶建华急忙说："孩子不对劲，快给我!"

他从老人手中抢过孩子，抱着就往医院跑。老人急的哭了，边跟在后面跑，边自责："搞拐哒，怎么办哟!"跑了不到200米，孩子面色青紫、口吐白沫没了呼吸，陶建华立即停下，摸了摸孩子颈动脉，已没了波动。他大声叫旁边人打120电话，自己就地实施胸外心脏按压，按了50余次后，孩子渐渐有了呼吸，于是他马上抱起孩子又往医院方向跑。

因为跑得太快，心里又急，刚跑到文澜桥的另一头，患有心脏病的陶建华发现自己呼吸困难，脚也迈不开了，但他没有放弃，迈着沉甸甸的脚步向医院走去。正在此时，陶建华看见路边正准备起步的一辆轿车，便急忙向司机说明情况。司机一看这情形，二话不说，下车来打开车门，帮助他们和老人上车，急忙驶向县人民医院。到了医院，老人慌忙中摔倒了，陶建华抱着孩子，司机扶着老人，把婆孙俩送到了儿科抢救室，走绿色通道帮孩子办完入院手续，等孩子脱离危险后才离开了儿科病房，不知名的司机也悄然离开了医院。稍后，陶建华又到病室问老人有没有生活费，并塞给老人一百元后才放心离开。

儿科医生诊断后说："孩子是急性扁桃体发炎、高烧惊厥，幸亏送医及时，且在呼吸停止时处置得当，否则后果不堪设想。"

经过几天的治疗，孩子出院了，为了感谢好心人的帮助，2016年6月13日，宣恩县万寨乡伍家台村65岁老人向金菊带着全家六口人，来到县人民医院，将"大爱无疆、乐于助人"的锦旗交到陶建华的手中。一家人眼含热泪、连声道谢："那天要不是遇见陶同志，还有不知道名字的好人，孙女早就没命了。"而陶建华诚恳又谦虚地说："这是我应该做的，人都有危急和困难的时候，只要大家都伸出手帮一下忙，没有什么问题和困难解决不了。"

2016年6月6日，陶建华被宣恩县见义勇为促进会表彰为"见义勇为先进个人"，并向州见义勇为促进会申报予以表彰。

(康铝)

宣恩县民族医院

【概况】宣恩县民族医院位于珠山镇民族一路6号，创建于1983年4月，医院占地面积3700平方米，业务用房面积9300平方米。是一所集医疗、教学、科研、预防保健为一体的二级甲等非营利性公立中医医院。2016年末，全院在岗职工191人，其中卫生专业技术人员157人、高级职称18人、中级职称62人。设置病床200张，实际开放床位165张。有飞利浦螺旋CT、美国GE彩超、上海医光膀胱镜、东芝全自动生化仪、富士DR、富士CR、史塞克腹腔镜、贝克曼全自动血细胞分析仪、飞利浦24小时动态心电分析仪、24小时动态血压监测仪、美普康双相波除颤仪、惠康体外冲击波碎石机、贝朗血透机、奥林巴斯胃镜、飞利浦C臂、飞利浦呼吸机等医疗设备共计453台(件)。

医院共设7个病区，1个血液透析中心，3个医技科室，1个门诊(含急诊科)。共建成两个国家级重点专科(骨伤科和康复科)和1个省级重点专科(老年病科)，其中骨伤科和康复科分别为国家"十一五"和"十二五"重点专科。老年病科为湖北省"十二五"中医重点专科。

全年选派业务骨干3人(次)到三甲医院进修培训,开展新业务新技术共6项,发表专业论文7篇(其中核心期刊4篇)。

2016年完成门急诊诊疗人数5.91万人(次),收治住院病人5324人(次);患者治愈、好转率96.8%,手术816例,出院者平均住院日10.24天,出入院诊断符合率98%,病床使用率92.52%;全年完成总收入3681万元,其中业务收入3191.4万元,药品收入915万元。

【重大项目建设】宣恩县民族医院整体搬迁工程于2016年3月底完成医疗区建设工程设计方案并审核通过,医疗区按300张床位设置,养老区按800至1000张床位设置。2016年9月15日,医疗区启动开工仪式,按PPP示范项目建设有序推进,年末完成场地草坪的处理、医疗区外围围墙的建设、场地内杆线的拆除。项目初获国家批复,批复额度为4800万元,开工前的准备工作已基本完成。

全年购置2台大型设备(美国GE彩超、上海医光膀胱镜)投入使用。上线电子病历系统,结束手写与word打印时代。

【公立医院改革】2016年10月,宣恩县民族医院被纳入县级公立医院改革范畴。10月30日22:00起执行药品零差价销售,对全院所有医疗服务项目进行调整,检验、放射、B超等检查项目平均降价达20%。

【人才建设】2016年,宣恩县民族医院组织医疗、护理、院感、传染病等院内业务学习讲座20余次,培训医生200余人(次),培训护士800余人(次)。选送3名医生、5名护理人员进修学习。医务人员外出参加各级学术会议120人(次)。2016年新招聘21名专业技术人员,其中医生8名,护士13名;通过公开招考进编1人。

【公益活动】2016年,宣恩县民族医院分别为万寨乡金龙坪村、向家村、沙道沟镇药铺村、长潭河乡苦草坪村等4个村的村民进行免费义诊活动,咨询检查人数1000余人(次),血糖检测100余人(次),心电图检查200余人(次),为病人节省减免各种医疗诊疗费2万元。2016年针对残疾人、低保户人群等弱势群体,医院实施医疗费用优惠政策,并针对精准扶贫点及万寨、长潭河两地的患者优惠10%的自费部分,计59万元。

(陆红敏)

科技·教育

科学技术

【概况】2016年，宣恩县高新技术产业增加值2328万元，占GDP比重为0.39%。全县申报专利技术37项，有效发明专利9件。

建立“宣恩县宜红贡茶有限公司”等13家科技创新企业专项档案。对46家企业进行普查，建立基本情况及生产动态档案，准确掌握全县规模以上企业的基本情况。组织对宣恩县蓝星农业有限公司等8家重点企业进行专题调查，建立“宣恩县科技中小企业信息库”。根据高新技术产品和高新技术企业认定的标准，开展高新技术产品、高新技术企业调查和登记工作，初步确定3家企业，作为全县第一批申报高新技术企业，进行重点培育和扶持。

组织企业申报，5个项目进入州级以上科技项目库，全年申请到位科技项目资金105万元，高新技术增加值占GDP比重为0.26%。

2016年发展药材3000公顷，完成计划任务的102%；实现销售收入760万元，比上年同期增长1.55%。

组织科技知积培训1.5万人（次），开展“科技进农家”活动，进行健康养殖技术示范、茶叶规范化种植技术推广、烟叶标准化种植与管理及烘烤、药业种植与管理等实用技术培训，培训场次达500场（次），发放培训资料2.5万余份。创建科技示范村24个。

新培育13家科技创新企业，推动农产品加工企业进行技术创新，申请专利9件。

5月16日上午，在宣恩县万寨乡伍家台昌臣茶业有限公司广场举行宣恩县2016年“科技活动周”的启动仪式，县、乡共43个单位，260名专业技术人员参加，参与群众4000余人。发放各类宣传资料1400份，图书4000册，光碟150份，展出展板30块。各种药物折合人民币1.5万元，

（李忠）

【全国科普日活动】2016年，宣恩县拓展全国科普日为科普季，从9月开始到12月结束。2016年“全国科普日·宣恩县科普季”主题是“创新放飞梦想，科技引领未来”。

9月23日，“全国科普日·宣恩科普季”活动在县城区河滨广场正式启动。县科协牵头，县教育局、卫计局、食药监局、质监局等部门，以及兴隆街社区、工农街社区和上湖塘社区联合开展科普活动。通过知识问答、专家咨询、现场演示、操作体验、摆放展板、发放资料和科普大篷车巡展等方式，向广大市民宣传普及防汛抗灾、食药安全、消防安全、科学用药、防病治病等方面知识。活动期间，共接受市民咨询500余人（次），发放宣传资料5000份。

【青少年科技创新大赛】2016年9月，宣恩县第11届青少年科技创新大赛启动。基层推荐科幻绘画作品171幅，创新成果34项，科普征文64件，科技实践活动5个，科技辅导员创新成果4个，优秀教师11名，优秀组织奖8个。经评委会评选，共产生优秀组织奖4个：县民族实验小学、县民族实验中学、高罗镇中心小学、长潭河乡洗马坪小学。优秀组织工作者5个：高罗镇中心小学滕晓慧、长潭河乡

中心学校葛立华、县沙道民族中学谭清菊、县民族实验中学李斌然、县民族实验小学黄碧凤。优秀科技教师5人：长潭河乡洗马坪小学米国强、长潭河乡洗马坪小学向明超、长潭河乡洗马坪小学彭范然、高罗镇中心小学张艳、高罗镇中心小学龚友云。科技辅导员3个：民族实验小学朱凤娇、晓关乡中心小学陆红琪、珠山镇宝塔小学李红利。5个优秀科技实践活动，青少年科技创新成果类（中学、小学）各13个，科技辅导员类3个，科普征文29篇，县级奖科幻绘画34幅。

优秀科技实践活动（5个）

表10

活动名称	申报者	所在学校	指导教师
果蔬与冰箱	张博文	县民族实验小学	龚婷婷　周桃　朱凤娇
检验绿色植物进行光合作用合成淀粉	七年级生物兴趣小组	沙道沟镇民族中学	张苧方
小创客创新——贡茶飘香	张雨欣、李思琨等	县民族实验小学	朱红　朱凤娇　左碧凤
食盐调查	五六年级	县民族实验小学	朱凤娇　刘红平
让袜子更合脚	宋曲	长潭河乡中心小学	宋曲

青少年（中学）科技创新成果类（13个）

表11

项目名称	申报者	所在学校	指导教师
智能拖地吸尘车	欧阳宇航　张英培　杨俊林	李家河镇民族初级中学	阳涛　周波
遥控垃圾箱	陈月秋　罗小玲　王娜	李家河镇民族初级中学	田超
“孝为先”老人安全拐杖	黎闯	县第一中学	阚芝兰
高空U米	夏建华	县第一中学	罗云峰
“缩骨伞”	熊洲	县第一中学	罗云峰
地毯报警器	蒯睿芝	民族实验中学	张祥文
防盗电铃	夏依昭	李家河镇民族初级中学	满益文　周波
创意帆船	周琪	李家河镇民族初级中学	黄思雨　周波
水路两栖车	刘杰　黄德　杨佩	李家河镇民族初级中学	米艳玲
复制人偶	胡文鑫	椒园镇初级中学	黄正红

续表 11

项目名称	申报者	所在学校	指导教师
自制电动小船	杨亚洲等	椒园镇初级中学	满宽
口琴	刘怡菲	椒园镇初级中学	黄正红
多用圆规	姚华	县第一中学	罗云峰

青少年(小学)科技创新成果类(13个)

表 12

项目名称	申报者	所在学校	指导教师
学生多功能雨伞挂架	陈熹睿　邹淑彤	县民族实验小学	孙菊珍　邹联举
安全环保蚊香盒	童博栀	高罗镇中心小学	滕晓慧　童先志　吴雪琴
古筝	周莉	李家河镇上洞坪小学	罗桂清
植物向光性生长试验箱	张奕瑄	李家河镇中心小学	侯金菊
风油精电子驱蚊器	秦思源	高罗镇中心小学	吴雪琴
强力防震车	向启浪　向启花	李家河镇冉大河小学	田蜜
土琵琶	李学英	李家河镇上洞坪小学	罗桂清
探寻光的路线实验盘	李均	李家河镇青龙嘴小学	赵三七
超警戒水位报警器	秦晓	椒园镇中心小学	赵桂英
地动仪	姚茂成	长潭河乡洗马坪小学	米国强　彭范然
双层垃圾桶	梁自强	椒园镇中心小学	王金平
方便雨伞	王刚丽	珠山镇宝塔小学	李红利　杨茜
防断便擦粉笔筒	杨冰鑫	长潭河乡洗马坪小学	米国强　彭范然

(小学)科技辅导员类(3个)

表 13

项目名称	申报者	所在学校
综合能源电线老化报警器	朱凤娇	县民族实验小学
全自动分类洗衣机	陆红琪	晓关乡中心小学
影长、太阳高度测量仪	李红利	珠山镇宝塔小学

科普征文类(29 篇)

表 14

作　　者	作 文 名 称	所在学校	指 导 教 师
陈熹睿	我的科学梦	县民族实验小学	罗秀明
黄昱棋	电网一梦	县民族实验小学	易宗英
周资奇	新型玻璃	县民族实验小学	韩萍
张泽佳	心意	县民族实验中学	向露
梁星语	奇妙的“风之家”	高罗镇中心小学	米芳
高夕雯	未来的城市	椒园镇初级中学 703	鄢静
杨黛思	未来的今天——我和弟弟有个约会	万寨乡民族中学	向秀碧
郭　欣	畅游 2220 年	沙道沟镇民族中学	谭清菊
杨迟梅	未来的学校	晓关乡中心小学	唐晓菊
秦思源	银河华夏城	高罗镇中心小学	吴雪琴
吴文静	科技发展的利与弊	长潭乡中心小学	李凤云
张　洁	我的科学梦	高罗镇中心小学	向玉俊
袁　威	我的科学梦	高罗镇中心小学	陈金华
罗　秋	我的科学梦	高罗镇中心小学	赵碧玉
杨惠会	我最想发明……	高罗镇中心小学	吴大栋
向伊曼	我的万能药	椒园镇初级中学 703	鄢静
李鑫毓	再生药丸	椒园镇初级中学 802	蔡涛洪
满婉勤	奇妙的旅行	椒园镇初级中学 802	蔡涛洪
朱　丹	神经质的时光机	椒园镇初级中学 901	罗珍
马　悦	我的科技梦之——“好妈妈”牌厨具	万寨乡民族中学	向秀碧
崔永怡	未来的房子	万寨乡民族中学	余祥政
袁　园	多功能钢笔	万寨乡民族中学	余祥政
余　鹏	纳米分子转换器	万寨乡民族中学	刘红菊
何美玉	温馨的背包	万寨乡民族中学	刘红菊
叶雨君	中国梦我的科学梦	万寨乡民族中学	黄波
杨银萌	未来的汽车	晓关乡桐子营初级中学	吴娟
乾岑玺	水陆空三行车	晓关乡中心小学	张菊秀
胡　靖	科技创造未来	晓关乡中心小学	杨华
朱　敏	未来非洲	长潭乡中心小学	姜英秀

科幻绘画类(34幅)

表15

作品名称	作者	所在学校	指导老师
吸水触角塔	林子翱	县民族实验小学	汪　英
“乌龟”多功能服务器	刘晨璐	县民族实验小学	杨艳玲　李大梅
太阳能生活	王澳锡	县民族实验小学	李大梅
“蘑菇形”净云器	王于宁	县民族实验小学	夏　芳
公园管家	邹淑彤	县民族实验小学	李大梅
海底污水过滤器	黎偲	县民族实验中学	杜玢璃
世界屋脊转换器	张馨逸	县民族实验中学	杜玢璃
空中飞行器	黄蓉	县民族实验中学	杜玢璃
海底垃圾寻觅器	王莉茹	县民族实验中学	杜玢璃
空气能摘果机	欧阳述杰	高罗镇中心小学	滕晓慧
高科技灭火器	刘诗喆	高罗镇中心小学	童先志
海底世界	周晓慧	高罗镇中心小学	滕晓慧
苹果屋	宴滢	高罗镇中心小学	舒　琳
生活噪音空气净化器	龚汶	高罗镇中心小学	舒　琳
未来太空房	黄坤鹏	高罗镇中心小学	米　芳
未来的大厦	张榆敬	高罗镇中心小学	米　芳
地球吸尘器	杨银洁	高罗镇中心小学	刘书岑
果园机器人	李欣怡	县第二民族实验小学	刘冬梅
重原生态家园	谢雨肖	椒园镇初级中学	刘晓青
空气转换器	尹红艳	椒园镇初级中学	刘晓青
会发光的伞	王坤琦	椒园镇初级中学	刘晓青
地球的未来	刘明鑫	椒园镇初级中学	刘晓青
云朵上的城市	刘思麟	椒园镇初级中学	刘晓青
未来的雨伞	李耀鑫	椒园镇初级中学	刘晓青
月球计划	谭潇蝶	椒园镇初级中学	张金秀
若若世纪	荀翔文	椒园镇初级中学	罗　珍
雷达探测卫星	张　顺	高罗镇初级中学	魏雪　白银雪
未来	苏会铃	高罗镇初级中学	潘陈阳
超级飞鞋	黄　娅	高罗镇初级中学	魏雪　白银雪
未来世界	杨　静	高罗镇初级中学	魏雪　白银雪

续表 15

作品名称	作者	所在学校	指导教师
卫生机器人	田　蒙	高罗镇初级中学	魏雪　白银雪
未来世界	杨　曦	高罗镇初级中学	魏雪　白银雪
地铁消防车	黄　琳	高罗镇初级中学	潘陈阳
新型花朵培养器	张　洲	高罗镇初级中学	魏雪　白银雪

【青少年科技创新大赛县长奖】 2016年11月25日，宣恩县第十届青少年科技创新大赛暨第三届青少年科技创新“县长奖”颁奖大会在宣恩礼堂举行，向建强主持，习覃、王波、龙志刚、史红珍、向建强参加会议，王波宣读《县人民政府关于第十一届宣恩县青少年科技创新大赛暨第三届青少年科技创新“县长奖”获奖人员和单位的通报》。经评委会审定，从各参赛单位送的作品中共评出获奖作品64件，其中，“县长奖”13件，科技创新奖19件，科技优胜奖32件。评选出优秀科技指导教师4名（县民族实验中学杜玢璃、高罗镇中心小学米芳、县第一中学罗云峰、椒园镇初级中学蔡章用），优秀组织工作者2名（县青少年活动中心覃遵华、椒园镇初级中学席建忠），优秀组织奖4名（县民族实验小学、县第一中学、高罗镇中心小学、椒园镇初级中学）。

“县长奖”作品（13件）

表 16

序号	所在学校	作品名称	作者	指导教师
1	李家河镇中心小学	生命之家	严娜	骆　林
2	民族实验中学	未来由我做主	张馨逸	杜玢璃
3	高罗镇中心小学	吸尘降雨器	余政君	王志香
4	县第一中学	可变度数眼镜	杨福　姚本文　林晓铭	罗云峰
5	椒园镇初级中学	“阿尔法”计划	向　婷	吴明红
6	椒园镇初级中学	畅想未来科学	朱赐沼	彭建章
7	万寨乡民族中学	未来的交通工具	余非普	向秀碧
8	椒园镇初级中学	液罐车圆形车厢的秘密	吴金箐	蔡章用
9	椒园镇初级中学	气候变化一科技的“债务”	刘　棱	黄正红
10	高罗镇中心小学	酸的不会甜，甜的不会酸	冯诚谦	冯大文
11	高罗镇中心小学	我的科学梦	龙　蔓	米　芳
12	高罗镇中心小学	我的科学梦	龙道坤	刘丽华
13	民族实验小学	我和植物交朋友	刘晨璐　孙航等	刘红平　左碧凤

“科技创新奖”作品(19件)

表17

序号	所在学校	作品名称	作者	指导教师
1	高罗镇中心小学	苹果喷雾器	林嘉珽	黄友连
2	高罗镇中心小学	会盖房子的机器人	刘天翔	赵碧玉
3	民族实验小学	拖地鞋	覃钶怡	阳亚红
4	民族实验小学	小鸭彩色船	李恩熳	文　荣
5	民族实验小学	能源转化器	卢泓秀	李大梅
6	高罗镇中心小学	新型竹猫	冯诚谦	冯大文
7	县第一中学	感温变色仪	陈鸿　段宛妮	罗云峰
8	县第一中学	friend坐姿校正防近视仪	田盟　余磊	罗云峰
9	椒园镇初级中学	天上的街市	罗语嫣	蔡章用
10	椒园镇初级中学	穿越虫洞	覃仕然	蔡章用
11	椒园镇初级中学	美丽的未来畅想	谢金晏	黄正红
12	李家河镇中心小学	未来的汽车	欧阳宇航	张晓玲
13	高罗镇中心小学	我的科学梦	杨　腾	刘丽华
14	李家河镇中心小学	我梦中发明了“环保大鸟”	田佩鑫	肖春梅
15	李家河镇中心小学	猕猴桃早熟之谜	朱平宇	胡连英
16	高罗镇中心小学	我的科学梦	周晓丽	吴官秀
17	珠山镇宝塔小学	变废为宝	覃俊驰	李红利　吴菊珍等
18	民族实验小学	考察小白鹭栖息地——贡水河湿地	刘倬君　李秋禹等	朱凤娇　朱红
19	民族实验小学	经绿灯感应汽车	左碧凤	

“科技优胜奖”作品(32件)

表18

序号	所在学校	作品名称	作者	指导教师
1	李家河镇中心小学	遨游海地	段茜茜	任　宝
2	高罗镇中心小学	太空清理站	秦思源	吴雪琴
3	高罗镇中心小学	多功能环保车	黄冰冰	焦　珍
4	民族实验中学	神奇的画布	刘京华	杜玢璃
5	民族实验中学	未来的饮用水	王乐庆	杜玢璃

续表18

序号	所在学校	作品名称	作　者	指导教师
6	民族实验中学	多功能太空垃圾清理机	邹淑彤	阳亚红
7	李家河镇中心小学	太空移民	尹明华	余　波
8	李家河镇中心小学	害虫清理机器	张雯娅	罗玉琼
9	晓关侗族乡中心小学	农庄好帮手——生态机器虫	颜李行凌	孙小红
10	高罗镇中心小学	植物造油机	李佳璐	李白平
11	高罗镇中心小学	食品安全检测器	石祖航	黄　洋
12	高罗镇中心小学	植物提油机	石雨晴	周秀菊
13	高罗镇中心小学	漂浮球	黄祖义	焦　珍
14	民族实验中学	废物利用机	饶可欣	杜玢璃
15	李家河镇中心小学	光沿直线传播演示器	杨姝晗	杨　琼
16	高罗镇中心小学	竹口琴	杨晓霞	彭熹雯
17	椒园镇初级中学	温控自动伸缩晾衣杆	覃　宇	冉孟林
18	县第一中学	自然醒枕头套生态钟	余　磊	罗云峰
19	县第一中学	吸尘式黑板擦	魏婷　张蕾	罗云峰
20	县第一中学	坡度感应改变鞋	杨　丽	罗云峰
21	县第一中学	可组装、拆解试卷夹	杨　佳	罗云峰
22	县第一中学	多用途的修改液	周　锦	罗云峰
23	县第一中学	冲气式搅拌杯	喻洋　张艳科	罗云峰
24	县第一中学	用不完的笔芯	庞　宇	罗云峰
25	县第一中学	“夜视”发光笔	覃正澜　高明泽	罗云峰
26	县第一中学	“不用急”手机APP	张艳科　余磊	罗云峰
27	万寨乡民族中学	未来的生活	夏　宇	向秀碧
28	椒园镇初级中学	未来的学校	郭秀婷	蔡章用
29	晓关侗族乡初级中学	我的科学梦	唐诗琪	徐宗鲲
30	椒园镇初级中学	你好，钻石星朋友	张　荣	吴明红
31	椒园镇初级中学	月球医院	刘孟秋	蔡涛洪
32	县民族实验小学	我们身边的科学	李涵颖　王怡然	左碧凤　朱凤娇

（胡艳平）

教 育

【综述】2016年，宣恩县级财政投入2.1亿元，在椒园镇三河沟新建的宣恩第县一中学校舍于秋季学期投入使用，同时将县第二中学与县第一中学合并，县民族实验中学搬迁至珠山镇建设路45号(原宣恩县第一中学)，在珠山镇民族路55号(原县民族实验中学)新组建县第二民族实验小学，增加小学生入学名额1500个，初中生入学名额1500个，缓解县民族实验中学、县实验小学超级大班和校园校舍面积严重不足问题，基本达到标准要求。解决原高罗镇中心小学校园严重不足和教学楼危房问题，将原县第二中学校园(高罗镇洋泗街7号)改造成高罗镇中心小学。“改薄”工程全面实施，11月15日，义务教育均衡发展通过省级验收。

全县学校总数104所，其中，普通小学88所，普通中学14所，中等职业教育学校1所，特殊教育学校1所。年末全县专任教师2096人，其中，小学教师1143人，中学教师877人，职业学校教师76人。在校学生3.67万人，其中，小学在校生2.18万人，普通中学在校生1.34万人，职业学校在校生1422人，特殊教育学校82人。全县幼儿园76所(含小学附属幼儿园)，在园幼儿1.03余万人。全县小学适龄儿童净入学率100%，初中三年巩固率96.47%。

【教师队伍建设】2016年，宣恩县提升薄弱学校的师资水平，定点招聘教学点教师，试行定向直接选聘，招聘具有教师资格的大专以上学历的人员，稳定教师队伍，确保教学点教学教师配置到位。全年专项招聘高中教师16人，公开招聘农村义务学校教师117名。

建立校长考核制度，制定《宣恩县中小学(幼儿园)校长任期工作目标量化考核表》，根据细则从工作态度、工作能力、工作效果3个方面每年度对校长进行一次考核，建立校长任期考核档案。制定包括师德师风、工作出勤、教学能力、教学环节、教研教改、教学效果在内的岗位责任制和责任追究制，对业绩突出的给予奖励，对平庸者采取组织措施予以分流，解决人浮于事、职责不清、赏罚不明的问题。

·学前教育·

【概况】2016年，宣恩县有幼儿园76所。其中，县直公办幼儿园2所(县直机关幼儿园、县民族幼儿园)，民办幼儿园41所，小学附属幼儿园33所，幼儿班级288个，在园幼儿1.03余万人，教职工827人，保育员472人。

制订《关于加强幼儿园教师培训工作的意见》，采取职前培训和在职培训等多种培训形式，提高幼教队伍素质。2016年组织幼儿教师培训班两期，参训人员(含保育员)达300余人(次)。此外，经常开展岗位练兵活动，举办幼儿教师业务竞赛，幼儿教师风采大赛；鼓励幼儿教师通过自学、进修等途径不断提升学历层次。2016年全县有50余名民办幼儿教师参加学前教育专业学习。

·义务教育·

【“全面改薄”工程】2014年至2016年，宣恩县全面改薄校舍建设项目规划实施项目198个，建设面积96482平方米，其中校舍建设建筑面积47552平方米，室外运动场建设面积48930平方米，总投资6781万元。

【宣恩思源实验学校】2016年，宣恩县投资7000万元，新建宣恩思源实验学校，计划2017年搬迁李家河中学，彻底解决李家河中学、李家河中心小学两校校园面积严重不足问题。校舍主体于2016年6月16日正式开工建设。年内教师周转房、图书室、风雨操场、女生宿舍主体竣工，均进入装修工程；报告厅、男生宿舍进入主体工程施工；教学办公楼基础完工；学生食堂基础施工。

【教育科研】2016年，宣恩县开展教学调研、视导活动。组织针对全县中考备考及小学常规教学教研工作的专项视导活动。切实做好教学质量分析工作，召开教学质量分析会，以系列数据理性分析各中小学教育教学质量基本情况以及教学工作中存在的问题和困难，并对教学教研工作进行全面科学地安排和部署。强化教学教研量化考评工作，制订《宣恩县中小学2016年度教学教研重点工作考评办法》，办法对常规管理、教研管理、质量管理、校本研修、课改指导、其他工作等6大方面内容进行指标量化，对全县中小学教学教研情况进行动态考评。开展网络教研工作，利用教育部“一师一优课，一课一名师”网络平台，组织教师开展“晒课”工作，实现教育资源共享。

（胡慧芳）

【县第二民族实验小学】2016年5月20日，宣恩县第二民族实验小学成立。可开办30个教学班，容纳学生1500人。学校在原宣恩县民族实验中学校址（珠山镇民族路55号）上筹建，校园占地面积1.5万平方米，校舍面积7000余平方米，运动场、食堂、功能室一应俱全。9月1日，秋季学期正式开学，开设有一至四年级8个教学班，五、六年级未办班。招收一年级新生5个班251人，二年级1个班63人、三级1个班54人、四年1个班61人；全校共有教师18人，校长和老师均从全县各个学校遴选而来。

（田雪萍）

·高中阶段教育·

【概况】2016年，宣恩县高中阶段教育设有宣恩县第一中学、宣恩县中等职业技术学校。2016年高考一本硬上线123人，其中，理科84人，文科39人，比上年增加47人，增幅为61.8%，加上少数民族加分因素，一本上线151人；全县高分段600分以上比上年增加8人。二本上线461人，文科179人，理科282人。

宣恩县第一中学

【概况】2016年，宣恩县第一中学（简称宣恩一中）开设高中一、二、三年级，春季学期教学班45个，学生2674人，毕业898人；秋季学期，宣恩一中搬迁至三河沟村黎家坝新校区，实现与宣恩县第二中学联合办学，开办58个教学班，招收高一新生1200人，共有学生3461人。2016年招聘调入教师16人，年底有在编在岗职工209人，其中专职教师191人（高级教师43人，中级教师79人）。有县教学精英人才20人，省、州、县学科带头人、骨干教师40人。自2012年秋季学期开始，学校开设6个日语班，有日语教师4名（含日本外教1名）。

【宣恩一中新校区】2016年9月，宣恩一中搬迁至椒园镇三河沟村黎家坝新校区。搬至新校区后，设施设备更新，校园环境更加优美，校园内有17栋楼，其中，教学楼3栋，学生宿舍楼6栋，食堂1栋，办公楼1栋，综合楼1栋，艺术楼1栋，实验楼1栋，教师公租房1栋、经济适用房2栋。3栋教学楼共有75（3×25）间教室，每间教室建筑面积为77.2平方米。根据新课改的有关要求，每班按50人计算，可容纳学生3750人（若每班按55人计算，可容纳学生4125人；若每班按60人计算，可容纳学生4500人）。学生食堂的建筑面积近8000平方米，可满足4200至4500名学生的就餐需求。学生宿舍有男生宿舍3栋，女生宿舍3栋，共6栋。每栋可住学生808人。另外学校行政办公楼、实验楼、综合楼、艺术楼等，完全满足75个教学班的教学要求。3个阶梯教室（两小一大）、一个多功能报告厅、一个1500人左右的小礼堂。新校区除外部硬件优化，内部硬件也已全部更新。每栋楼里都配备相应先进的教学设备，能满足推进新课改和运用高效课堂教学模式。

【教学质量】2016年，宣恩一中高考应届生898人参考，文化生一本上线148人（文化生应届硬上线116人，复读生上线7人，特征分上线25人），一本应届硬上线人数较上年增加40人。恩施州教育局为学校校划分的2016年高考一本应届文化生硬上线目标任务为66人，实际上线116人，完成率175.76%。二本上线659人，本科上线率达71.24%。308班学生肖海华以630分夺得全县理科最高分，307班学生代娜以582分夺得全县文科最高分。

高一、高二年级在狠抓教育教学质量的同时注重培养学生特长，拓展学生成才的空间。一方面注重发掘学生艺术、体育的学习潜能，积极搭建张扬特长的平台；并与日本富士国际语学院合作办学，2012年首次开设日语班，2016年学校继续开设日语班，共有日语班6个，日语教师4名，其中日籍教师1名。

【教师队伍建设】2016年，宣恩一中公开招聘教师13名，调入优秀教师3名，充实宣恩一中教师队伍。并组织新进教师培训，提高教师业务素质。除学校组织的常规培训外，还积极创造机会，将老师“送出去”。8月，宣恩一中分别组织两批教师到上海和厦门学习新课改先进教学经验和班主任教育管理经验。

2016年春季学期，宣恩一中建立《宣恩一中教师业务档案》，每个学期对教师的业务进行考核，主要包括教学成绩、发表论文、获奖情况等方面。建立《宣恩一中教师师德档案》，主要考核教师师德，师德不合格者，实行一票否决。

【校园活动】2016年，宣恩一中组织学生参加数理化等学科的竞赛、科技竞赛和作文竞赛，500余人(次)获奖。组织开展元旦晚会、“校园主持人大赛”“红五月文化艺术节”等文娱活动。10月，宣恩一中在新校区田径场举办第49届田径运动会。

（向艳红）

宣恩县中等职业技术学校

【概况】宣恩县中等职业技术学校是一所集中等学历教育与职业技能培训于一体的国民教育学校，是湖北省重点中职学校，湖北省第三批中职示范学校。学校位于珠山镇莲花路8号，校园占地面积7.93公顷。有教职员工101人，其中，在职在编专任教师74人，高级教师19人，“双师型”教师24人，中级职称教师26人。具有研究生学历的教师1人，在读研究生3人，本科学历教师69人。在校中职学历教育学生1436人，电大远程教育本、专科学员545人。中职教育开设有电子电器应用与维修、计算机应用、会计、物流服务与管理、旅游服务与管理、社会文化艺术、现代农艺等8个专业。现代农艺为湖北省特色专业，电子电器应用与维修和计算机应用为省级重点专业。学校拥有电子电工专业国家级实训基地和计算机应用专业、现代农艺专业省级实训基地。图书室藏图书10万余册，各类专业实训室26个。

【高考及招生就业培训】2016年，宣恩县中等职业技术学校毕业生358人，166人报名参加高考，参加单招考试105人，最终录取98人；参加技能高考61人(含4名定向委培学生)，共上本科35人。其中农学类20人参考，上本科20人，合计本科上线率为57.4%。在全州中职学校中排名第四。其余124人全部进入高职学习。

2016年秋季注册学生626人，其中，电子电器应用与维修128人，会计63人，计算机126人，社会文化艺术111人，旅游服务与管理64人，现代农艺技术134人，中职学生在校学生总数达到1436人。电大招收学生153人，电大在校人数545人。与县委政法委合作开展网格员技能培训322人，与县扶贫办开展信息录入人员培训280人，与县地税局合作开展税务执法培训124人，承担县人社部门劳动力转移培训计划100人，完成岗位技能提升培训计划163人。2016年共有306名学生参加学校集中组织的顶岗实习。

【教师培训及教研】2016年，宣恩县中等职业技术学校加大专业负责人、专业骨干教师和“双师型”教师的培训力度，鼓励教师参加研究生学历、高级职称和技师等方面的晋升和进修。3名教师在读研究生，2名教师成功申报高级教师，4名教师成功申报中级教师，5名教师参加国培计划项目培训，21名教师参加省培计划项目培训，教师到企业挂职培训。77名教师利用互联网，参加“湖北省中小学教师网络研修”培训。

2016年学校共申报省级课题5个，其中重点课题两个(《创新中职招生方式的研究》《职业院校教育教学工作诊断与改进策略的研究》)，一般课题3个(《中职数学数字化教育教学资源建设的研究》《中职学校计算机专业数字化教育教学资源建设的研究》《中职升高职转段培养的考核认定办法的研究》)。全年教师发表论文41篇，其中国家级刊物发表3篇。参加第十届全国教师教学创意设计大赛有10篇论文获一等奖，22篇获二等奖。

【学校项目建设】2016年，宣恩县在建工程项目5个，投资额5400万元。其中，学生宿舍楼A、B栋，投资1600万元；挡土墙、拦河坝工程项目，投资900万元，由湖北鑫城市政工程有限公司承建；教师经济适用房工程项目，投资1118万元，由湖北双鑫建设集团有限公司承建;桥梁工程项目,投资285万元,由湖北清江路桥工程有限公司承建。综合楼(学生餐厅)工程项目,投资1250万元,由湖北双鑫建设集团有限公司承建。

(曾凡富)

·重点学校介绍·

【宣恩县民族实验中学】宣恩县民族实验中学位于县城建设路东端北侧青龙山下(珠山镇建设路45号),是全县由县教育局唯一直管的初级中学。学校创建于1979年9月,原名“宣恩县城关镇中学”,1985年9月更名为“宣恩县珠山镇第一中学”,2005年8月更名为“宣恩县民族实验中学”,2016年8月,学校由珠山镇民族路55号迁至珠山镇建设路45号(原宣恩县第一中学校校址)。

学校设校务办公室、政教处、安全处、教务处、总务处、教科室六个处室,另有党支部、工会、教代会、团委和家长委员会等党团群组织。有专任教师106人,其中具有研究生学历2人,本科学历48人,专科学历56人;高级职称32人,中级职称56人,初级职称18人。

学校建有音乐室、美术室、理化生实验室、微机室、图书阅览室、校园图书超市、体育活动室、体育器材保管室、语音室、校园广播室(台)、校内“天网”(校园监控)、未来教室、多媒体报告厅、师生文体活动中心、生物园地和劳动教育基地等,每间教室都配备电子白板教学设备,每个办公室都配备有台式计算机,每位教师都装备有笔记本计算机,是全州第一批唯一的国家级教育信息化试点学校。

学校在全面推行素质教育的基础上,坚持走科研兴校、质量强校之路,4个国家级教育科研课题获A等成果奖,6个省级课题获A等成果奖,3个州级课题获A等成果奖。教师所撰写的教学研究、课改研究及教育科研课题研究的论文、教案、案例分析、说课稿等900余篇在各级教育业务主管部门、学会组织的各学科论文(教案)评选中获奖或发表。

学校在实施新课改、推进素质教育、开展第二课堂活动过程中,注重学生全面发展,尊重学生个性与爱好,着重培养学生特长。在州、县历届中学生运动会上,无论是团体总分还是个人单项成绩,都在全州名列前茅,在全县居第一;在湖北省第二、三、六届黄鹤美育节活动中,学校选送的节目分别获二、三等奖,在县青少年书法竞赛及展出活动中有80人(次)获奖,在各级教育、科技部门组织的青少年科技创新大赛中,4人获“县长奖”,另有700余人次获其他各种奖励;举办校园科技文化艺术节,丰富校园文化生活。

宣恩县民族实验中学是州、县教育改革试点学校、学校管理示范学校、民族教育示范学校,文明单位,德育先进单位,绿色文化学校,教育教学质量优胜学校,是湖北省“教改名校”、湖北省“文明校园”,湖北省和国家诗词楹联教育基地学校和先进学校。

【宣恩县民族实验小学】宣恩县民族实验小学位于珠山镇解放街26号,始建于1905年。校园占地面积1万平方米,49个教学班,3182名学生。教师133人,其中,本科学历55人,专科学历77人;高级职称7人,中级职称85人。全校教师普通话水平均达到二级乙等以上,其中一级乙等7人,省级普通话测试员6人,二级甲等91人。有恩施州名师1人、州劳动模范1人、州师德标兵1人、州级优秀教师7人、县级学科带头人10人、县级骨干教师20人。

学校先后被评为“十五国家德育课题实验先进单位”“全国百所德育科研名校”“湖北省语言文字工作先进集体”“湖北省现代教育技术实验学校”“湖北省教改名校”“湖北省电化教育先进单位”“湖北省语言文字规范化示范学校”“湖北省首批中华优秀文化艺术传承学校”“湖北省民族团结进步创建活动示范单位”“恩施州未成年人思想道德建设工作先进单位”“恩施州综合办学先进学校”等多项称号。

【宣恩县椒园镇初级中学】宣恩县椒园镇初级中学(简称椒园中学)始建于1971年,坐落在宣恩县城珠山镇神龙坳头(凌云路34号),北濒贡水河,南倚明珠山。学校占地面积2.26万平方米,校舍建筑面积1.52余万平方米,有28个教学班,在校学生1734人,教职工106人。

学校秉持“关注每一个学生,为每一个学生成功奠基”的办学理念,牢固树立“依法治校、以德立校、科研兴校、质量强校”的办学思想,始终坚持全面贯彻党的教育方针,办人民满意的教育。先后获

“湖北省现代教育技术试验学校”“湖北省百所数字校园示范校建设项目”学校、湖北省“绿色文化学校”“湖北省依法治校示范校”、恩施州“综合办学先进学校”“全国青少年校园足球特色学校”等荣誉称号。新华网、《湖北日报》《中国文化报》、湖北荆楚网、湖北教育信息网、《恩施日报》等多家新闻媒体对学校开展第二课堂活动、学生读书活动及校园文体活动进行报道。

学校建有标准化理化生实验室5间，计算机教室2间，音乐教室、美术教室、体育器材室一应俱全，多媒体教室30间，建有大型阅览室，藏书5.70万册。配齐配足专用教室和办公用房，其他辅助用房数量充足，满足教育教学及学生兴趣特长发展需要。有运动场3500平方米，有300米环形跑道1个，各种球场6个。有设施齐全的图书室、阅览室、理化生实验室、体育器材室、音乐教室、美术教室、计算机教室、心理咨询室等13个功能室。有电脑170台，有计算机网络教室2个，配有多媒体班班通30套，宽带终端通到每个办公室和各个功能教室。配齐实验室和各功能室的各种设施器材，实验开出率达100%。

椒园中学坚持全面实施素质教育，积极推进义务教育学校标准化建设，办学经费投入、硬件设施、师资配置、办学水平和教育质量等方面逐年增长。确立以追求高效课堂为突破口，由校长亲自抓，分管校长具体抓的教研教改工作常态机制，通过教师学理论、强实践、重总结，使学校教研教改工作落到实处，提升学校的办学水平。实行推门听课制度，学校中层以上干部及各教研组长进行不打招呼推门听课，开展评课议课、集体备课、集体教学评议、“青蓝工程”等活动，教学质量得到大力提升。

采取阳光招生、均衡编班的方式，保障辖区适龄少年就近全部入学，对进城务工子女、外来务工人员子女入学同等对待，入学率达100%。课程管理制度健全，教学改革不断深化。体育美育切实加强。蓬勃开展“阳光体育”，学生体质健康标准测试合格率100%。开展创建书香校园活动。学校重视学生阅读的培养，建有大型阅览室，各班有“班级图书角”，语文课每周安排一节课到阅览室阅读。建有教师读书室，学科教研组每次研课前读20分钟的好书籍，每年举行“教师读书演讲比赛”，教师综合素质不断得到提升。

开展特色班级文化创建活动，创建了雏鹰班、进取班、文明班、春笋班、和谐班、七彩阳光班、美德班等特色班级。各班根据不同特色创建班徽、班训、班级口号、班级形象和公约。通过创建特色班级，提高教师的管理水平，培养师生自主、创新的学习能力。

椒园中学从2012年秋季学期起，在全校开设第二课堂课，内容涉及艺术、体育运动、学习竞赛三类，组建有合唱队、舞蹈队、田径队、乒乓球队、篮球队、羽毛球队，开设小制作、国文书法、阅读、写作、英语书法、象棋、围棋，葫芦丝、舞蹈、古筝、科技小发明等多项活动供学生选择参加。2013年以来，椒园中学积极探索“自主、合作、探究”的小组合作学习的教学模式，注重以学生为主体，教师为主导，更多的让学生自主参与学习，自主实践，发挥学生的各种优势，积极主动交流，合作学习互动，不断提高学生解决问题的能力。

（胡慧芳）

劳动与就业

【概况】2016年，宣恩县围绕“民生为本、人才优先”主线，将就业创业工作与精准扶贫、“六城”同创、“七大产业链”建设等中心工作紧密结合，实施就业优先战略和更加积极的就业政策，推进“大众创业、万众创新”，多渠道开发就业岗位，开展全县大中专院校毕业生、未继续升学的初高中毕业生就业指导与服务，实施县内劳动力转移就业，建立健全统筹城乡的就业服务体系。做好工业园区用工对接和劳务协作，引导农业富余劳动力和返乡农民工就地就近就业创业。统筹做好复退军人、被征地农民、残疾人员等特殊人员的职业培训和就业帮扶工作。加大实施“草根创业计划”等各种创业扶持项目，通过开展建档立卡贫困户精准扶贫培训等一系列就业创业服务活动，扶持贫困人员创新创业，提高贫困户就业技能，增强脱贫信心。全县城镇就业人员2.29万人，其中，城镇单位就业人员0.78万人。城镇登记失业人员0.09万人，比上年减少228人；城镇新增就业人员0.56万人。县公共就业和人才服务局(简称县就才局)被湖北省人民政府农民工工作领导小组授予“湖北省农民工工作先进集体”称号。

【城乡就业及劳动力资源开发】2016年，宣恩县城镇新增就业5613人，城镇登记失业率为2.5%，控制在4.1%以内；帮助城镇失业人员实现再就业879人，帮助就业困难人员实现就业440人。全县农村劳动力外出就业6889人，其中由人社部门组织外出就业2843人。发放创业担保贷款6382万元，其中发放女性创业者贷款3250万元，高校毕业生贷款160万元，就业困难人员贷款430万元。扶持创业新增706人，新开办企业22家，其中新增高校毕业生创业18人，累计创业带动就业3656人。征缴失业保险金315万元，发放失业保险金41万元，发放失业人员医疗保险金12万元，对符合政策要求的珠山镇粮食购销公司等29家单位给予稳岗援助，落实2015、2016年度稳岗补贴134万元。完成城乡劳动者就业创业培训2818人，其中开展精准扶贫技能培训62人，创业培训834人。

组织各类主题招聘活动，实现充分就业。每月15日定期举办人力资源招聘会，促进就地就近就业。针对企业用工和求职人员情况，利用农民工返乡、大学生毕业等重点时段，组织开展各类大型主题招聘活动，搭建就业供需平台，提供更加优质的公共就业服务。2月16日，在县城人民广场举办的以“大众创业，万众创新”为导向的“双创”春季精准扶贫招聘会，进场企业102家，提供354个工种3862个岗位，有5041人进场求职，现场签订就业意向协议1447人。5月25日，与来凤县就业局首次联合举办李家河镇精准扶贫、就业扶持专项招聘会，进场企业39家，为建档立卡贫困户提供就业岗位1000余个，现场签订就业意向协议145人，其中建档立卡贫困户32人，帮助农村建档立卡贫困劳动力增加就业机会，加快贫困人口脱贫步伐。全年组织春风行动暨精准扶贫专场招聘会、民营企业专项招聘会、“两后生”专场招聘会等18场线下招聘活动，累计进场企业289家，提供1226个工种共计1.92万个岗位，吸引超过1.76万名劳动者进场求职，达成意向性求职

2501人。

搭建全方位就业信息对接平台，通过电视媒体、微信平台、招聘信息网、便民服务大厅LED屏等各类平台，及时更新招工信息，拓宽外出务工渠道，构建县、乡(镇)、社区三级人力资源市场信息网。推进就业服务向基层、向纵深方向延伸。将就业与省民族歌舞团的“文化惠民”活动相结合，在珠山镇、万寨乡、晓关乡开展3场送政策、送信息、送岗位、送温暖下乡进村活动，将就业创业、人才政策信息宣传到基层群众中，引导农村劳动力就地就近转移就业。

结对劳务输出，促进转移就业，开展跨区域劳务输出精准对接，为有就业愿望和就业能力的劳动者找出路，实现“就业脱贫”。8月、9月，宣恩县与荆州市人社局、宁波市众信人力资源服务有限公司达成劳务输出对接协议，确保城乡劳动力输出有组织，求职有服务，就业有技能，创业有平台，权益有保障，助推全县实现劳动力转移就业脱贫。宣恩县就才局与湖北丰岛食品公司等企业开展劳动力输出合作，引导县内劳动力外出成为柑橘罐头生产的季节性工人，建立稳定的输出渠道，提高劳务开发的有序化和组织化程度。在做好对外输送人员的同时，开展本地区工业园区企业的对接，让劳动者在家门口就业致富。

根据国家、省、州和县委县政府发布的一系列扶持创业优惠政策，积极培植市场主体，推进创业带动就业，结合宣恩县实际，对贷款对象、条件及额度予以放宽，并且针对信用良好、吸纳就业能力强(带动就业5人以上)的创业者，可在还清首次贷款后申请再次创业担保贷款。同时加强创业担保贷款的宣传力度。通过网络、电视、报纸、宣传栏等多种形式宣传创业担保贷款的惠民政策。6月，举办宣恩县首届就业创业促进工程电视大赛，最终有13名创业代表分别获得就业创业、返乡创业、青年创业、巾帼创业4个创业扶持项目的2万～10万元不等的扶持资金，助推返乡创业向纵深发展。全年组织县内10家企业申报州级“草根创业计划”扶持项目，扶持一批有带动力、领导力的草根精英，助力中小微企业发展。

2016年6月24日，新坤电子岗前培训

推进创业平台建设，实现联动增长。筹备创业基地、企业孵化基地、外贸加工园区“三位一体”的示范园区，为返乡创业者提供全方位、多层次创业空间。项目占地面积8公顷，总投资5630万元，已完成可研报告，报国家发改委申报系统进行审核。

落实就业创业服务补贴，帮扶就业困难人员顺利就业。2016年全县690名灵活就业的就业困难人员获社会保险补贴234万元。县内40余家单位共计587人(次)办理公益性岗位社保补贴和岗位补贴申报、审核及兑现工作，发放社保补贴和岗位补贴379万元。

全面清理全县公益性岗位，发挥公益性岗位的托底作用。全县共清理出150余个清洁工、门卫等类型的公益性岗位，用于集中安置建档立卡贫困人口，解决建档立卡易地搬迁贫困家庭的就业问题。年末有22名建档立卡贫困户认定为就业困难人员，并进行公益性岗位安置。

统筹做好复退军人、被征地农民、残疾人员等特殊人群的职业培训和就业帮扶工作。11月，与南京星河集团展开劳务合作，针对退伍士兵进行就业直通车工程，拓宽退役士兵就业渠道，通过现场招聘面试会帮助7名退伍士兵达成意向性求职。全年共为1000余名退伍军人、十星级文明户、农村转移劳动者等人员开展驾驶培训。

【职业技能培训】2016年，宣恩县对2818人开展技能培训，其中恒顺驾校汽车驾驶培训9期，共971人(包括四类人员5期748人，十星级文明户、精准扶贫户3期123人，退伍军人1期100人)；泰安驾校汽车驾驶培训4期共322人；中等职业技术学校印刷包装1期共80人；阳光职业技术学校2期232人(包括计算机应用1期117人，会计电算化1期115人)；县培训中心培训9期共1213人(包括新坤电子装配工184人、今典营业员133人、大茅坡营精准扶贫技能培训62人，创业培训6期834人)。

以服务园区企业为重点，根据企业的岗位需求，实施“订单式”“定向式”“定岗式”岗前技能培训。与园区企业联合开展电子加工等技能提升培训，协助县内企业开展销售导购、营销管理等岗前培训，提升就业质量和技能水平，实现“就业一人，培训一人”的工作目标。

开展专项培训活动，助力全县产业发展。特邀省农业科学院果树茶叶研究所副所长、研究员等专家开展“万名专家服务基层行动·宣恩县贡水白柚种植培训”活动，对李家河镇、高罗镇的100余名白柚专业合作社社员、种植大户和销售人员进行白柚种植技术培训，助推白柚产业发展升级，帮助柚农发家致富。对有创业愿望的建档立卡贫困人员、失业人员、创业城乡劳动者组织开展6期精准扶贫创业培训。

【宣恩县首届就业创业促进工程电视大赛】2016年6月28日，由宣恩县人力资源和社会保障局、工业园区、财政局、妇联等7个单位联合举办的宣恩县首届就业创业促进工程电视大赛在县行政办公大楼二楼会议室举行。县委常委、常务副县长岳东，县人大常委会副主任唐斌观看比赛。湖北鹏博生态农业有限公司、湖北土家爱食品开发公司、宣恩县巅峰茶业有限公司、宣恩县方圆绿色再生资源科技有限责任公司、宣恩县德诚节能建材有限公司等5家企业获10万元的创业扶持资金，其余8家企业分别获得1－5万元不等的创业扶持资金。

(黄畅)

劳动关系调整

【概况】2016年，宣恩县劳动监察大队共接待群众来访咨询259人(次)，主动监察检查用人单位125家，涉及劳动者1425人。全县企业劳动合同签订率96%，集体合同签订率86%。接受投诉案件18件，投诉立案18件，结案18件，投诉案件结案率100%。为935名农民工追讨工资1832.7万元。全年收取欠薪保障金195.85万元，收取工资准备金2104.88万元。全县共完成用工单位备案381家，用工单位备案人数8911人。对2015年度劳动年检，共审查用人单位102家，涉及劳动者2128人，年检合格率100%。

【人力资源市场秩序清理整顿】2016年，宣恩县开展清理整顿人力资源市场秩序专项检查行动，全县组成以人社、工商为主的3个工作专班，到全县各乡镇，将全县工商企业密集区、流动人口集散地、职业中介机构和自发形成的人力资源交易场所作为重点检查区域，有针对性地进行一次拉网式检查。全县共参加专项行动检查36人(次)，共检查职业中介机构2个，用人单位96家，没有发现违反就业管理相关规定的违法案件。

对全县机关事业单位临时用工情况进行全面调查摸底，全县共涉及113个单位，临时用工2340人。其中，已缴纳养老保险1628人，医疗保险1268人，工伤保险1428人，生育保险1086人，失业保险1261人。

组织开展农民工工资拖欠重大隐患排查工作。对全县建设工程项目，重点是房地产领域工程的检查，专项排查各建设工程款拨付情况、工资支付情况、欠薪涉及人数及欠薪金额等。对全县66个在建工程进行全面排查，存在拖欠隐患的工程项目有两个，拖欠农民工工资人数1300人，金额2960万元。通过与老城改造指挥部、开发商、施工总承包企业广泛协商，开发商支付施工单位2500万元的工程款，用于解决被拖欠的农民工工资。

开展用人单位遵守劳动用工和社会保险法律法规专项检查工作，对全县115家用人单位开展用人单位遵守劳动用工和社会保险法律法规情况专项检查，规模以上企业劳动合同签订率达到100%，养老保险参保率达到100%,医疗保险参保率达到100%,工伤保险、生育保险参保率达到95%;中小型企业劳动合同签订率达到95%,个体工商户的劳动合同签订率较低,只有70%;100%的企业都能在当月足额发放工人工资,没有发现违反最低工资规定的用人单位;所有企业未发现一起使用童工案件。

加快推进建设领域农民工工资准备金制度和劳动保障监察信息化管理监管系统推广运用工作。对全县9个乡镇和住建、交通、国土、水利、电力、烟草等6个行业主管部门的劳动保障监察信息化管理监管系统操作人员及所管辖的在建工程劳资专管员进行专题培训,开设准备金账户的施工企业20个,缴存金额2104.88万元。用准备金通过银行代发农民工工资470万元,涉及工程项目9个,涉及人数1090人。

【人事劳动争议仲裁】2016年,宣恩县人事劳动争议仲裁院共接待群众来访咨询243起,劳动人事争议纠纷案79件(其中受理57件,不予受理22件),2015年度未审结案件6件。调解结案14件,裁决结案36件,其他处理12件,未结案1件,结案率为98.41%。57件案件当中,确认劳动关系8件,解除劳动关系13件,工伤待遇14件,补缴社会保险19件,劳动报酬2件,经济补偿金1件。涉案赔偿金额276.31万元。对于所受理的案件均严格按照法定程序,“以事实为依据,以法律为准绳”依法以调解或仲裁方式结案。

(蒋华云)

社会保障与公益事业

【概况】2016 年，宣恩县实现社保费征收共计 2.23 亿元（不含新机保应征 1.3 亿元），全县参加养老、医疗、失业、工伤、生育保险人数分别达 3.73 万人、3.74 万人、9079 人、1.18 万人、4864 人，分别完成计划的 102.4%、103. 9%、102.6%、105.3%、108.1%；14.87 万名城乡居民参加养老保险，完成任务的 103.4%；新型农村合作医疗参合率达 99.23%。社会保险基本保障实现“五提高”。缴费最高档次提高到最高 2000 元每年，缴费对选择高档次的财政补贴由 30 元提高到 45 元或 60 元；城乡居民基础养老金待遇，缴费每满一年每月加发养老金 1 元；参合医疗保障扶贫对象新农合住院费用平均报销比例较上年提高 20%，推行个人账户每人 120 元；城乡居民大病保险报销比例，分段报销比例分别提高到 55%、65%、75%；企业退休人员养老保险待遇，人均月增资 141 元；机关事业退休人员基本养老津贴标准月增加额 74.6 万元。实现社会保险费率“三降低”的优惠政策。工伤保险缴费费率由原来的 0.8%、1.5%、3.0% 三个类别调整为 0.2% 至 1.9% 共八个类别，减轻用人单位工伤保险缴费负担 250 万元；企业养老保险单位缴费比例，由原来的 20% 降低到 19%，减轻企业负担 75 万元；“三降低”失业保险缴费比例由 2% 降为 1%，其中单位缴费比例由 1.5% 降为 0.7%，个人缴费比例由 0.5% 降为 0.3%，减轻用人单位负担 130 万元。

【养老保险费征缴】2016 年，恩施州下达全县全年企业养老保险计划参保人数 2.88 万人，核定征收任务 7200 万元；机关事业单位养老保险计划参保人数 7662 人，核定征收任务 1.31 亿元。实际完成企业养老保险参保人数 2.96 余万人，完成全年参保任务的 103%，完成核定征收保费 8158 万元，完成全年核定征缴任务的 113.3%；完成机关事业养老保险参保人数 7662 人，完成全年参保任务的 100%，完成核定征收保费 2120 万元，完成全年任务的 16.2%（未完成核定征收的原因是新机保启动后，参保登记已完成，但保费征收全省未启动，故征收未到位约 1.3 亿元，如果剔去 1.3 亿元，已超额完成全年征收任务）。

【养老保险基金支出】2016 年，宣恩县企业基本养老保险共有 1.32 万人享受待遇，累计支出 1.99 亿元；机关事业单位养老保险共有 686 人享受待遇，累计支出 3130 万元。

【离退休人员服务管理】2016 年 4—5 月，宣恩县例行开展生存信息年检工作，采用人像识别系统，快速、准确地确定人员身份信息，并提供远程视频认证、异地协助认定的方式为异地居住的离退休人员办理年检，共计完成年检 1.34 万人。按照国家的相关政策，完成企业、机关事业离退休人员调待工作。

【机关事业单位养老保险工作】

2016年5月20日，宣恩县编委《关于设立宣恩县机关事业养老保险管理服务中心的批复》，同意设立宣恩县机关事业养老保险服务中心，隶属县社会保险管理局管理的公益一类事业单位，负责办理本县机关事业单位参保人员的参保登记、保险费核定和征收，离退休人员的待遇审核发放和年检、职业年金管理、保险基金的预算和决算以及日常社会化服务和管理工作。7月27日，召开全县机关事业单位养老保险制度改革培训会，全县95个机关事业单位相关负责人参加会议，业务操作人员就政策宣讲和操作流程进行培训。8月1日，全县机关事业单位养老保险工作正式启动。8月11日，县社保局派两名工作人员参加州直机关事业单位养老保险制度改革培训。年底全县共完成养老保险预登记单位155个(含老机保9个单位)，登记完成率为100%；155个单位应录入人数4812人(不含老机保人数)，实际录入人数完成4812人(不含老机保人数)，录入率为100%；已审核人数为4688人(含已审核未通过人数)，完成率为97%；已导入核心系统人数为4018人，完成率为83%。

医疗保险

【概况】2016年，宣恩县社保局在城镇居民医疗保险参保缴费、严重慢性疾病评审、大额医疗补偿实施、医保定点零售药店突出问题专项整治等阶段开展相应的医保政策宣传，并利用电视、网络等媒体，营造出“医保政策人人皆知”的良好氛围，不断增强用人单位和群众主动参保意识。州下达全县城镇职工基本医疗保险参保人数1.68万人，核定征收保费5665万元；城镇居民医疗保险参保人数1.92万人。城镇职工基本医疗保险实际参保人数1.77余万人，完成全年计划参保人数105.6%；核定征收6336万元，完成全年征收任务111.9%；城镇居民实际参保人数1.96余万人，完成全年计划参保人数102.5%。

社保基金纳入财政专户管理，结算实行收支两条线；加强内部监督制约机制，严格执行支付政策、支付标准和支付范围，严格执行住院医疗费报销审核、转诊审批制度，明确工作责任。设立城镇居民医保和大病保险政策宣传栏、报销公示栏、利用县人社局网站公示宣传居民医保和大病保险政策、报销流程、信息动态、通过手机短信群发等方式，最大范围将居民医保和大病保险政策告知广大城镇居民。全年基本医疗保险待遇累计支出5201万元，其中，统筹基金支付3068万元，城镇职工个人账户支付2133万元。城镇居民统筹和个人账户医疗总支出1144万元，其他医疗支出259万元。

【城镇医疗保险管理】2016年，宣恩县社保局与59家定点药店和20家医疗机构签订协议城镇医疗保险管理，建立日常巡查制度、协议管理制度、“双审双签”、审核制度、登记备案制度。对2015年以来医保发生额异常的予以监督，并开展定点零售药店突出问题进行专项行动，重点查找摆放或销售超出“国药准字”“国药食字”“卫食健字”“卫消字”等个人账户支付范围外商品行为、查处使用医保卡套取现金等方面的问题，对新特药店违规给开具处方行为给予通报批评处理、对长潭河爱民医院虚开发票行为给予罚款3倍处理。对部分企业在申报医疗保险时提供的工资总额不实的问题，实行书面稽核。共稽核单位34家2532人。

【大额医疗费用补偿】2016年，宣恩县按照《恩施自治州城乡居民大病保险实施细则》《恩施州城镇医疗保险大额医疗费用补偿办法》，将参加城镇居民医疗保险和城镇职工医疗保险的参保对象纳入大病医疗范围。对2015年度自付合规医疗费用超过5000元以上的参保人员进行大额医疗补偿，符合大额医疗费用补偿的人数294人(次)，全年进行大额医疗补偿139人(次)，补偿金额112万元。

【严重慢性疾病评审】2016年，宣恩县对评审方法进行进一步改进，将评审方式改为异地评审，组织异地专家进行评审，对申请人个人信息进行密封处理，评审活动报纪委备案，评审过程全程监督，评审结果做好公示，杜绝暗箱操作和人为因素。2016年宣恩县严重慢性疾病评审在咸丰县展开，在咸丰县社保局的协助下，邀请8名专家人员组成评审小组，结合病人所提交的诊断证明、检查报告单、住院记录等资料，省、州基本医疗保险门诊特殊慢性病准入标准进行严格评审，提出初步评审意见。全体评委参与评审，结合医疗专家初步评审意见采取无记名投票方式实行民主决策。评审结果由县社保局进行为期7天以上的公示，公示期满无异议的由社保局签署通过评审意见并加盖公章，作为基本医疗保险严重慢性病门诊费用报销根本依据。评审通过者可享受范围内的严重慢性疾病门诊报销，最高报销比例达70%。经评审，2016年度共计有283人符合待遇享受条件，两人因资料不全或不符合标准未通过。评审名单也在相关网站进行公示，并及时落实相关待遇。

（袁梦）

城乡居民社会养老保险

【概况】2016年，宣恩县指导各乡镇利用元旦、春节、中秋、国庆节和逢场日等人员集中的有利时期，举办街头宣传活动，印制城乡居民基本养老保险政策宣传册6万份、温情服务卡5万份，免费发放给全县城乡居民，对政策亮点进行广泛宣传。调动城乡居民的参保积极性，促进参保扩面工作的开展。全年新增参保人员6559人，共计征收保险费1090.20万元。全年全县城乡居民社会养老保险参保人数14.87万人，参保率持续保持100%。其中，享受养老保险待遇4.87万人，养老金发放率100%。享受被征地农民养老保障待遇204人；享受被征地农民养老保险补贴470人。

【养老金发放】2016年，宣恩县享受城乡居民社会养老保险金4.87万人，按时足额发放养老金。全年新增领取待遇人员3881人，死亡注销终止养老保险关系1420人，发放丧葬补助金100.40万元。按时申报参保人员死亡信息，核实继承人或指定受益人资料，按照政策及时停发待遇，结算个人账户资金，核发丧葬补助金。开展待遇领取人员的生存信息认证工作，以村为单位，对领取城乡居民养老保险待遇情况进行公示，对享受待遇人员生存状况进行核对，加强疑似重复领取待遇人员信息核对，主动发函与其他省市进行核实，稽核重复冒领现象，防止基金流失。

【基金管理】2016年，宣恩县严格执行社会保险基金管理有关要求，基金管理实行收支两条线，财政专户储存，专款专用，封闭运行。全年基金收入5239.99万元，基金支出4351.77万元，年底全县城乡居民基本养老保险基金累计结余9562.9万元。

【制度衔接】2016年，宣恩县保障参保人员合法权益，做好城乡基本养老保险转移衔接。全年办理城乡养老保险制度衔接136人，结算个人账户基金5.1万元。

【被征地农民养老保险】2016年，宣恩县被征地农民养老保险补贴人员470人，月领补贴191元/人。2016年拟征地项目被征地农民养老保险补偿资金测算7批次，合计906人，1682.69万元。

（陈威先）

住房保障

【保障性住房建设】2016年，湖北省恩施州下达的棚户区改造任务：新开工500户（其中货币化安置250户），保障性住房基本建成900套（户）、保障性住房分配入住100套、新增租赁补贴30户。完成棚户区改造新开工500户，其中货币化安置389户，保障性住房基本建成954套，保障性住房分配入住120套，新增租赁补贴3户。加强公租房后期管理，开展公租房回访复查，回访431户，回访率80.56%。解决工业园区企业96户农民工家庭住房困难。

（汪盛华）

社会福利与社会救济

【概况】2016年，宣恩县社会福利收养性单位11个，收养性床位1171张；全县城镇低保人数1.49万人，农村低保人数1.44万人。

【兜底保障】2016年，宣恩县做好全县精准扶贫“社会保障兜底一批”的牵头工作，制定《宣恩县精准扶贫“社会保障兜底一批”工作实施方案》，整合各项资源，清理各项兜底政策，聚集兜底资金，精准确定兜底对象，将兜底资金发放到户到人。逐步提高城乡低保标准，将城市居民低保标准提高到420元/人·月；农村低保标准提高到3200元/人·年，发放乡低保发放兜底保障资金2578万元。开展低保对象动态管理“回头看”工作，提高农现村“五保”对象供养标准，将农村“五保”供养标准提高到5100元/人·年，全县五保对象1049，保障资金428.8万元。全面启动22种重大疾病救助工作，共救助6710人(次)，金额达691万元。将突发性事件造成的生活困难的群众及时纳入临时救助范畴，共实施临时救助1697人(次)，救助资金150万元。

【自然灾害】2016年，宣恩县冰冻雪灾：1月21至22日，宣恩出现低温大雪冰冻天气，最低温度－2℃。冰冻雪灾造成35千伏输电线路停运1条，10千伏输电线路停运25条，340个台区、29421户停电，10千伏输电线路倒、断杆14根，断线29处，380/220伏线路倒、断杆16根，断线116处，损坏变压器3台、真空开关3台。

暴雨灾害：6月24日20时至6月25日08时，宣恩县出现中到大雨、局部暴雨天气过程，最大降雨量彭家寨88.4毫米。降雨造成全县9个乡镇45个村受灾人口2500人，受灾农作物637公顷，乡、村、组公路塌方250余处，约3万立方米，河堤损毁500余米，全县因洪水造成危桥6座，损毁桥梁2座，因灾转移人口65人，倒塌房屋8间，直接经济损失2802万元，其中水利直接经济损失43万元。庆阳凉亭古街受影响较大，1座凉桥被冲毁。

7月灾情最大出现在7月19日，全县境内突降暴雨，主要降水区集中在椿木营乡、长潭河乡、沙道沟镇、珠山镇、李家河镇、万寨乡。其中椿木营乡、长潭河乡遭受长达8小时的暴雨袭击，最大的降雨量达247毫米，椿木营乡暴雨持续时间长，乡内恩鹤省道、县道长椿线、农村公路200余处均不同程度垮塌，电力和通讯基本瘫痪。雨水形成的强大洪流，造成山洪和泥石流等灾害。暴雨造成长潭河乡道路多处塌方，多条主干道交通中断。截至20日0时40分，暴雨致使全县6个乡镇117个村1.61余万户4.21余万人受灾，紧急转移安置人员2780人，紧急生活救助1050人，过渡性救助253人，其中椿木营乡杉坨村一村民不幸遭遇泥石流冲走，当场死亡；农作物及经济作物受灾面积1600公顷，成灾面积900公顷，绝收面积500公顷；农房倒损149户470间，其中倒塌25户100间，严重损毁33户100间，一般损毁91户270间；县、乡、村公路严重损毁450余千米，桥梁损毁4座，冲垮1座，公路垮塌方9万余立方米；水毁集镇饮水管网2000余米，造成商铺门面被淹230余家。暴雨造成全县直接经济损失1.2亿元，其中椿木营乡达8060万元。

8月25日20时至8月26日20时，宣恩县出现暴雨、局部大暴雨天气过程，暴雨造成椒园、珠山、晓关、沙道沟、椿木营、李家河6乡镇50个村9566人遭受暴雨灾害；农作物受灾面积962公顷，成灾面积566公顷，绝收面积149公顷；城区多处道路被洪水冲刷和泥沙覆盖，被淹商铺1家；乡、村、组公路250余处塌方，约25.5万立方米，交通中断7条(次)，公路路面冲毁178千米；地质滑坡21.82万立方米；桥梁受损6座；损毁农房319间，转移人口302人；10千伏电杆倒杆3根，断线4处，低压线路断杆14根，断线8处，致147个台区停电；水毁河堤7处共1540米；椒园镇水田坝村水毁供水水厂1座，冲毁饮水水管4000余米；珠山镇黄河沟排洪隧洞水毁现浇混凝土800立方米;水毁大坝沟水库引水渠135米。致使椒园2家企业受损严重。直接经济损失5088万元,其中水利设施559.8万元。26日凌晨4至7点,宣恩县城区降雨量达到107毫米,黄河沟河水暴涨,造成县城低洼地带严重积水,地下商城被淹。

11月最大强降雨出现12日凌晨,11日20时至12日04时,最大雨量出现在李家河。全县6个乡镇5300人遭受暴雨灾害,农作物受灾面积150公顷,成灾面积46公顷,绝收面积23公顷。水毁村级公路7千米,组级公路塌方105处1500立方米,冲垮拦水坝(松坪)1座;受损桥梁1座;倒电杆1根,淹死鸡500只;村级水厂主水管被毁5千米;房前屋后垮方21户,损坏房屋36间,本次降雨造成直接经济损失270万元。

【防灾减灾】2016年,宣恩县为增强全社会防灾减灾意识,组织开展以"减少灾害风险,建设安全城市"为主题的"5·12"防灾减灾宣传和应对突发事件安全教育宣传月活动,发放宣传资料1.20万份,制作宣传展板23块、公益广告15个、光碟13块、发布短信1522条。8月26日,县应急办组织救灾应急演练活动,提高事故的应急处置救援水平。

在6至8月的洪涝灾害中,紧急转移安置和生活救助人口1.01万人,发放应急补助资金214万元,过渡性需救助人口1737人,发放过渡性救助资金74.03万元,发放因灾遇难家属慰问金0.5万元,发放救灾棉被、毛巾被、衣服等800余件套,灾民得到妥善安置,受灾群众有饭吃、有衣穿、有干净水喝、有临时安置住所、有病能得到及时救治。

开展灾后倒损房屋重建恢复工作,采取集中和分散安置相结合,对倒房恢复重建愿意集中安置的85户全部纳入异地扶贫搬迁,实行交钥匙工程;倒房恢复重建分散安置的93户纳入危房改造,每户给予2万元以上补助资金;对房屋损毁的732户进行修缮,由民政部门组织灾后调度资金适当予以补偿,重建恢复工作全部完成。推进防灾减灾示范社区建设,莲花坝村成为省级综合减灾示范社区。县级财政投入30余万元,对全县6.5万户农房实施农房保险。

民政工作

【优抚与安置】2016年,宣恩县逐步提高义务兵家庭优待金标准,2016年农村户口义务兵家庭优待金标准提高到7805元/年,城镇户口义务兵家庭优待金标准提高到10303元/年,全年发放优待金268.7万元。落实重点优抚对象医疗保障政策,完善重点优抚对象短期疗养制度,一至六级伤残军人实行医疗费实报实销,其他重点优抚对象每年发放一定的门诊医疗补助费,住院费用按照政策进行报销和减免。严格优抚资金的管理使用,按照省民政厅要求调标并足额及时发放优抚对象抚恤、生活补助742.05万元。开展"关爱革命功臣·情系基层官兵"活动,在春节、"八一"期间对驻宣部队、县光荣院及军休干部、新兵军属特困优抚对象开展走访慰问,发放慰问金15.5万元,为110户困难优抚对象家庭解决生活、就医、住房方面的实际困难,选送26名重点优抚对象到省、州进行疗养,发放"解三难"(生活难、医疗难、住房难)资金11.85万元。接收退役士兵121人,安置符合政府安排工作条件的8名退役士兵,组织66人免费参加汽车驾驶技能培训,发放自谋职业补助费、自主就业补助费、待安排工作期间生活补助费共计136.08万元。清明节、烈士纪念日期间组织驻军、机关、学校到县烈士陵园、板栗园大捷纪念牌、椿木营烈士纪念亭等爱国主义教育基地开展"缅怀革命先烈·发扬光荣传统"等系列活动。加强军队离退休干部服务管理工作,落实"两个待遇",参加州军休科组织的各种文体活动,丰富精神文化生活。

【养老服务】2016年,宣恩县开展社会福利机构安全整治活动,规范公办养老机构的服务管理,在春节、五一、国庆期间组织专班到各乡镇农村福利院进行安全隐患排查,针对发现的问题提出整改意见，确保公办养老机构安全运行。做好养老服务设施的建设工作，投入资金404万元建成35个农村老年人互助照料活动中心和上湖塘社区居家养老服务中心。通过基层老年协会组织老年人开展文体娱乐活动，丰富精神文化生活。关爱留守老人，办理和发放458个老年优待证，全县农村80岁以上老人6885人，发放高龄津贴196.2万元。

【社会事务管理】2016年，宣恩县推进殡葬服务精细化管理、优化服务，落实惠民殡葬政策，县殡仪馆办理丧事78起，通过测评满意率达100%。开展城镇"三无"人员和孤儿核查工作，全县孤儿保障对象184人，其中集中供养14人、社会散居170人，全年发放基本生活费51.52万元。进一步规范流浪乞讨救助管理，共接待救助人员440人(次)，救助支出17.4万元。严格规范婚姻收养登记程序，共办理婚姻登记手续3672对(其中结婚登记2053对，离婚登记815对，补领婚姻证件804对)。办理收养登记4件，登记合格率100%。贯彻落实残疾人"两补"制度，全县享受困难残疾人生活补贴对象3157人、享受重度残疾人护理补贴对象2669人，发放补贴资金382.28万元。开展"三留守"人员调查摸底工作，全县有留守儿童8629人、留守妇女2869人、留守老人1.13万人，为全面、清晰掌握全县农村"三留守"人员基本信息，建立"三留守"人员信息库，为更好为农村"三留守"人员奠定了基础。开展慈善助学、小儿先天性心脏病筛查及救助、医疗救助、"慈善亮眼行动"、定向捐赠等慈善救助活动，组织协调救灾捐赠260万元、慈善捐赠35万元、定向捐赠20.6万元，共资助1200人(次)。福利彩票发行安全运行，无安全事故发生，全年销售福利彩票2460万元。

【区划地名】2016年，宣恩县开展地名普查工作，收集涵盖地名普查的11大类地理实体资料35种，形成查阅历史档案综合资料1本(居民点和群众自治组织沿革资料)、初步地名调查目录6300条、锁定地名目录5378条、预填地名普查登记表5378张、采集地名实体照片6100张、采集地名少数民族语音信息50条、采集地名标志350处、整理地名诗词联1200条、集中收集宣恩地名故事组稿55篇目，新增地名34个、地名纠错25个、地名更名24个、重新命名78个，提出地名文化保护意见和建议33条，筛选出在标准地名图上注记的11大类地理实体共694个，编制工作简报18期，设置交通、旅游、城区街、路、巷等地名标志823块，已录入地名目录、地名登记表和地名标志登记表、完成少数民族地名语音(苗语、土家语、侗族语言)采集等成果。挖掘地名文化，开展矢量地图的修测、注记及整理工作。利用福彩资金17.8万元，在城区规范化设置具有民族特色的街、路巷牌23块。7月29日，省地名普查办主任、省民政厅党组成员、副厅长闵建华带领的省政府第四督查组到宣恩督查第二次全国地名普查工作开展情况。

参加平安边界建设工作，配合恩施市、鹤峰县完成行政区域界线及280128252828S界桩的联合检查工作，签定平安边界协议。

【基层社会治理和社会组织管理】2016年，宣恩县在14个农村社区试点建设开展，有序进行社区治理与服务创新管理，建立县、乡镇、村一体社会管理服务的"三级平台"，提升基层社会管理水平。整合省级补助资金35万元，乡镇配套资金50万元，部门帮扶资金20万元对椒园镇石家沟村、晓关乡大山坪村、沙道沟镇林业村、高罗镇光荣桥村4个"难点村"进行治理。拨付村(居)务公开工作经费14.45万元，按照《湖北省村务公开目录》的要求，对全县的村(居)务公开栏进行进一步规范。培育发展民间组织，在精简办事流程，提高办事效率的基础上，强化对民间组织的依法管理，开展成立、变更、注销登记和年检工作，共成立登记社会组织62个、变更登记社会组织7个，登记合格率100%，应接受年检的社会组织90家，75家已年检，年检率83.3%。开展行业型协会(商会)兼职与行政机关脱钩试点工作，按照民政部门权力清单的制定和"双随机一抽查"工作的要求，配合组织部门开展"两新组织"党的全覆盖工作。通过政府向社会组织购买服务的方式，充分利用武汉珞珈社会工作服务中心在宣恩开展的社会工作服务项目，加强社会专业人才队伍建设，培养专业社工人才，支持社会“义工”参与社会工作服务。

【民政项目建设】2016年，宣恩县加大督办沙道沟镇、椿木营乡农村福利院和上湖塘社区日间照料中心修建工程的进度，沙道沟镇农村福利院主体工程已完工，椿木营乡农村福利院年底院民可入住，上湖塘社区老年人日间照料中心年底完成建设任务。编制椒园镇农村敬老院、高罗镇农村敬老院、珠山镇兴隆街社区日间照料中心、宣恩县福利院养老康复中心项目的可研报告并组织评审，珠山镇兴隆街社区日间照料中心争取资金160万元，建设工作在正筹划中，高罗镇农村敬老院项目已上报州发改委，争取纳入2017年建设项目。

（郑海燕）

【宣恩县义工协会】宣恩县义工协会成立于2014年8月19日，是一个主要从事民间公益、慈善事业为主的社会团队，2016年广纳爱心人士，义工队伍不断发展壮大，全年共发展新会员138人，预备会员220人，年底有正式会员232人，预备会员300余人。

宣恩县义工协会积极发挥自身优势，主动承担社会责任，被共青团宣恩县委授予“最佳公益伙伴”称号，在水上运动会龙舟项目中夺得女子组200米第5名、男子组800米第6名。协会内部团结一致、分工明确、制度规范、各司其职，主要开展儿童减贫与综合发展项目43次，助残救灾11次，走访贫困户39次，在全县组织的各类大型活动中提供公益服务。

（张　琼）

人民生活

【概况】2016年，宣恩县全体居民人均可支配收入1.23万元，比上年增加1119元，增长10.0%。其中城镇常住居民人均可支配收入2.28万元，增加2178元，增长10.6%；农村常住居民人均可支配收入8550元，增加745元，增长9.5%。全体居民人均消费支出9328元，比上年增加1045元，增长12.6%。其中城镇常住居民人均生活消费支出1.60余万元，增加1861元，增长13.1%；农村常住居民人均生活消费支出6951元，增加757元，增长12.2%。

2016年居民生活呈现三大特点：一是可支配收入保持平稳增长，增长幅度相比上年有升有降。城镇常住居民人均可支配收入增速比上年上升1.4个百分点；全体居民人均可支配收入增速下降0.6个百分点；农村常住居民人均可支配收入增速下降1.2个百分点。二是生活消费支出增幅高于收入增幅。2016年全体居民、城镇及农村常住居民人均可支配收入分别比上年增长10.0%、10.6%和9.5%，而生活消费支出分别增长12.6%、13.1%、12.2%，支出增速分别高出2.6、2.5和2.7个百分点。三是城镇居民收入和消费支出增速均高于农村。2016年城镇常住居民人均可支配收入增幅高出农村1.1个百分点，人均生活消费支出增幅高于农村0.9个百分点。城镇增收主因：一是“六城”同创助力城镇居民增收；二是实施积极的就业扶持政策，就业带动创业，促使城镇居民收入稳定增长；三是大力发展服务业，为城镇居民收入带来新的增长点。

乡镇概况

珠山镇

【概况】珠山，1983年全国规范县城名称时，取“宣恩八景”中“珠山晓翠”的明珠山而名。本施南土司故基地，自设立宣恩县治始建县署，或称县邑、城关等。

珠山镇地处鄂西南边陲，位于宣恩县北部贡水河中游，为中共宣恩县委、宣恩县人民政府驻地。东连长潭河侗族乡，南与高罗乡毗邻，西与椒园镇、晓关侗族乡接壤，东北接万寨乡。地处北纬29°49′06″～30°03′49″，东经109°25′39″～109°35′23″。东西最大横距9.145千米，南北最大纵距17.405千米。北距恩施45千米，距省武汉729千米，南距湖南张家界火车站329千米，西至重庆万州港292千米。

全镇土地面积163.77平方千米，年末常用耕地1616公顷。辖工农街、白鹤井、上湖塘、兴隆街、双龙湖5个社区居民委员会，莲花坝、猫儿堡、宝塔、七里桥、岩堡、甘溪、大坝沟、芭蕉坨、封口坝、卸甲坝、咸池沟、铁厂坡、东门关、土鱼河、茅坝塘、界直岭、狮子关、五里牌、天井堡等19个村民委员会，172个村(居)民小组，1.80万户，4.62万人，其中乡村人口2.29万人。

2016年全镇农村经济总收入达到6.36亿元，同比增长9.47%；全镇农村居民可支配收入9960元，同比增长26.87%；城镇居民人均可支配收入达到2.28万元，同比增长9.42%。

【产业建设】2016年，珠山镇开展特色产业建设及有机茶园的管理工作，全面启动有机茶叶基地333.33公顷创建，管理原有茶叶基地133.33公顷。完成春、夏茶管理面积933.33公顷，推广猪—沼—茶(果、菜)生态循环农业模式，建茶叶示范基地样板33.33公顷，新建茶叶加工作坊6家，茶业产业收入突破7000万元。全镇种植烟叶面积349.4公顷，新建卧式烤房22栋，烟农收入1817万元，实现烟叶税收363万元。畜牧业持续健康发展，建设“4450”栏圈15户，生猪出栏5.58万头。在发展的同时，更加注重农产品、畜产品质量安全监管工作，健全农产品质量安全档案，建立农产品质量自检体系和农产品质量追溯体系，开展农产品生产企业和基地质量安全风险排查，建立农产品安全巡查记录，农产品质量监督抽样检测1213个。加强动物防疫和疫病监测，防疫密度达100%，加强动物检疫，确保动物源性食品安全。

工业总产值1.81亿元，规模以上工业总产值2100万元，新增规模以上工业企业1家。招商引资到位资金4800万元。依托和平产业制造园的工业企业，以湖北龙鑫厨具有限公司为龙头，打造湖北健康厨具生产基地，以莲花坝汽车销售市场为依托，推动汽车4S店建设。

加速旅游产业配套设施建设，狮子关景区实现开门迎客，成为全县首家经营性景区。突出发展乡村旅游，重点建设以“九子抱母”为核心景点的白果树片区生态休闲旅游，投入131万元资金，加强基础设施的配套升级，建成集餐饮、娱乐、休闲、观光为一体的生态乐园。以贡水河为轴的城市观光游，已成为宣恩县城的城市名片，全年共接待游客30万人(次)。

【城镇建设】2016年，珠山镇为县城69个重点建设项目实施完成征地23.33公顷，拆迁房屋及附属设施46处，搬迁坟墓90余座，化解各类矛盾140余起，保证和平大道、兴隆大道中段改造、凌云路道路扩建与管网改造、狮子关旅游道路加宽工程、时代华府至青少年活动中心泄洪工程、水厂路道路扩建与管网改造工程、西门沟道路隧道建设、黄河沟防洪治理工程隧道、宝塔山森林公园栈道修建、宝塔小学教学楼修建等建设项目的顺利实施。

【基础设施建设】2016年，珠山镇编制完成东门关村、五里牌村、大坝沟村、芭蕉坨村建档立卡贫困户饮水现状调查统计、重点贫困村的饮水工程规划和饮水安全实施方案。完成岩堡村扶贫联系点的饮水规划和饮水安全实施方案，全年共修建蓄水池19口1260立方米，安装引、供水主管10.34千米。完成自然村撤并村畅通工程共计15千米，窄路加宽工程13.5千米，已完成50%。镇政府自筹资金801万元，计划完成道路硬化41千米，全年完成27.5千米。完成精准扶贫产业路2千米。

【社会保障】2016年，珠山镇摸底排查需易地搬迁贫困户824户2717人，4个集中安置点规划安置贫困户1100余户。年末甘溪安置点16套房竣工,76套装修,20套正在封顶,144套主体在建;东门关村安置点一户一宅13栋房屋竣工,封口坝王家坳安置点基础在建186套;63户分散安置对象实行扶贫移民已搬进新居,59户正在进行房屋主体工程建设,20户进城(工业园区)购房。

全镇城乡居民养老保险续保人数9247人,收缴社保资金111.5万元,完成计划的96.21%。完成全镇返乡农民工就业创业摸底调查工作,办理失业登记324人,认定就业援助困难人员258人。农村新型合作医疗参合率达100%。发放各类保障金1500万元,医疗救助815.6万元。从镇财政收入烟叶分成奖金中列支资金,对全镇2126户7349人贫困对象、1168名"三留守"人员家庭、71名重症精神病人所属家庭购买户均一份平安保险。

【社会事业】2016年,珠山镇建立电子健康档案1.85余万份,建档率达86.8%。开展主题健康宣传活动9次,接受咨询1334人(次),健康讲座90次,创办宣传栏90期,播放音像资料12种3.03万小时,发放健康教育处方及宣传折页25种7.88万份,开展个体化健康教育2.55万人(次),辖区居民健康知识知晓率达到80%以上,重点人群健康知识知晓率90%以上。

全年出生543人,政策外生育14人,符合政策生育率97.42%。申报2017年农村奖扶对象29人,特别扶助对象1人。兑现独生子女保健费50人,落实中考加分33人。申报县级农村独女、双女考取二本以上助学奖励13人。申报州级农村女孩考取二本以上助学奖励1人。申报城镇无业居民领取独生子女证一次性奖励6人。对25位独生子女死亡或伤残的特殊对象发放了"绿色就医卡"。

全面落实"五个必查"工作制度,加大道路安全宣传教育,危险路段树立安全警示牌280余块,签订"四方一责"道路交通安全责任书3613份,开展安全生产检查60余次,下发隐患整改通知书2000余份,2016年全镇未发生安全生产责任事故。对非煤矿山实行实地巡查和室内监控的管理模式,巡回检查24人(次),下达安全隐患整改通知书2份,与矿主签订《安全生产管理责任书》3份。在地质灾害防治管理方面,建立群测群防体系,落实险情明白卡67份,签订地质灾害管理目标责任状24份,地质灾害巡回监测46人(次)。出动执法人员4980余人(次),检查食品经营单位524户,到户率100%,检查餐饮服务单位251户,到户率100%,下发整改意见书1200余份。全镇投入147万元,实施"消危"工程,改造危房196户。

129名学生申报"雨露计划",9名贫困家庭学生定向委培,26名学生通过湖北省属高职专项招生,18名学生申报团县委组织的十大助学工程,23名学生享受泛海助学项目,70名贫困家庭普高学生免学费,全镇贫困人口中有274户754人通过教育发展享受到学生资助,减轻家庭教育支出负担。

农村放影300余场(次),观看人数1万余人(次),兴隆街社区、微霞艺术团、白鹤井社区、老年艺术团多次参加北京、省、州演出,并分别荣获金、银、奖项。组织"耍耍"表演队参加"恩施记忆"文艺会演活动,参加全县"工会杯"排球赛获三等奖。工会、妇联帮扶贫困户,开展就业培训200余人(次)。

【社会管理综合治理】2016年,珠山镇共受理群众信访128件(次),其中网上受理回复86件(次),全部按期办结,回复率100%,无复查复核信访事项。组织摸排精神障碍患者91人,对其中的患者或疑似患者75人签订"五方一责"责任书,并具体落实定期走访、五方监护等责任。推进法律服务进村社和平安建设,更新人、楼、房信息94517条。持续推进反邪教、禁毒工作,发放反邪教知识读本300册,发放反邪教宣传册112份。摸排、帮教和转化相关人员,对26个已登记的参与邪教人员,通过依法教育、训导和劝诫,成功转化4人。筹划设立社区禁毒中心,加强禁毒工作的宣传和帮教工作,形成"全民禁毒"的良好氛围。

(董秀琼)

沙道沟镇

【概况】沙道沟原名畲刀沟,谐音取嘉义为沙道沟,旧时属忠峒土司,设有集场。

沙道沟镇地处宣恩县东南部,国道209、省道325恩来高速公路入境而过,位于北纬29°35′36″～

29°59′05″，东经 109°29′35″～109°49′45″，东与鹤峰县接壤，东南与湖南省龙山县交界，西及西南与李家河镇、高罗镇相邻，北与椿木营乡接壤，镇人民政府驻地为建设路74号，归松坪村委会管辖。沿325省道东行距鹤峰县城63千米，沿209国道向西行至来凤县城30千米，北行距宣恩县城68千米。

沙道沟是国家500个小城镇试点镇、湖北省100个重点镇和恩施州30个重点建设镇之一，也是宣南经济中心及宣恩、鹤峰、来凤、龙山、桑植5县边邻的物资集散地。集镇面积3.5平方千米，常住人口1.8万人。集镇有老司街、四道坝街、平安路、建设路、响龙大街5条主要街道，街道总长度为6.5千米。

境内大部为二高山，地势为北高南低，最高点八大公山主峰，海拔1890.4米，最低点龚家桥海拔530米。镇内属亚热带季风气候，四季分明，地理、地貌奇特，森林覆盖率达70%，气候形态多样化。境内属酉水河流域，共有大小河流6条。主要河流酉水河自北部马桑溪村入境，由北而南，与车洞河在栏杆坪村交汇，经来凤、龙山等县，流进沅江，汇入洞庭湖。全镇矿物资源分布广泛，硅、铜、煤、紫砂陶土、灰质页岩、生物化石等矿产资源丰富。

沙道沟镇民族文化活跃，民族风情浓郁。当地流传薅草锣鼓、八宝铜铃舞、摆手舞等原生态民间舞蹈，其中薅草锣鼓被列为国家级非物质文化遗产。彭家寨被誉为“土家吊脚楼的典藏”，中国古建筑专家张良皋先生曾歌咏赞叹彭家寨：“未了武陵今世缘，贫年策杖觅桃源，人间幸有彭家寨，楼阁峥嵘住地仙。”两河口县苏维埃政府旧址于1986年5月被列为县级文物保护单位。2009年，两河村被国家确定为第四批“中国历史文化名村”。2013年3月5日，国务院公布彭家寨古建筑群为全国第七批重点文物保护单位。2014年9月23日，国家民委命名沙道沟彭家寨为首批“中国少数民族特色村寨”。10日，沙道沟镇获2016发现恩施“魅力乡镇”魅力乡镇荣誉称号。

全镇土地面积649.95平方千米，其中东西最大距离25.8千米，南北最大距离25.1千米。年末常用耕地4324公顷。辖水田坝、松坪、苦溪、上洞、补溪、咸池、响龙、桃子岔、街上、乐坪、核桃湾、中坝坪、洗白溪、沙河溪、当阳坪、栏杆坪、班大湖、黄泥塘、麻柳、小白溪、龙潭、布袋溪、鱼泉、野溪、茶园、林业（含林场、药材场）、四道、红旗坪、两河、玛瑙、红石、二坪、金盆、庙垭、大白溪、芦茅塆、官庄、白水、棕溪、马桑溪、高荒坪、药铺、潭子洞、赵家坝、木笼寨、二台坪、老岔、辽叶、大垭等49个村，522个村民小组，2.29万户，6.72万人，其中乡村人口6.39万人，以土家族、苗族为主的少数民族占52%。

全年实现农村经济总收入6.86亿元，增长3.94%；工业经济总产值3.31亿元，增长10.71%；农村常住居民人均可支配收入7719元，增长5.51%；社会消费品零售总额4.23亿元。

【产业发展】2016年，沙道沟镇采取定责任、定基地、定丘块，建11个核心基地和栏杆坪（猫子滩）、当阳坪（周家坪）、班大湖（熊家槽）示范基地的管护样板，培训柚农40余次，1500余人（次），发放资料4000余份。种植烟叶333.33公顷，收购烟叶500吨。年出栏生猪12万头。申报限上商贸企业2家，新增4家规模以上工业企业，完成工业固定资产投资1000万元，全年新签约项目4个，新储备项目3个。建成彭家寨乡村旅游景点两河旅游公路，全年共接待外来游客约3.1万人（次），完成白水河总规设计，投入16万元修缮省级文物保护单位两河老街苏维埃旧址。

【精准扶贫】2016年，沙道沟镇严格落实“五个一批”精准扶贫政策。将产业扶贫规划到户、责任到人，将整村推进与全面帮扶相结合，全年组织劳务输出3569人，其中5个重点村组织劳务输出1132人。发展核桃基地200公顷，油茶66.67公顷，黄柏66.67公顷，药材200公顷，全镇4000户贫困户受益，培植养殖大户80户，其中5个重点村发展核桃基地165.4公顷，茶叶10公顷，黄柏26.67公顷，药材66.67公顷，发展规范化养殖大户50户，养殖家禽18000羽。全镇成立专业合作社33家，其中5个重点村专业合作社4家，带动445户，1638人入社受益。全镇2016年易地扶贫搬迁共规划集中安置点6个，搬迁总任务数为811户、2622人，6个安置点已全部开工，综合建房共259户、865人。

【"六城"同创】2016年，沙道沟镇紧扣"扫干净、摆整齐、保畅通"目标，全年城建城管投入80余万元，招聘12名城管工作人员、18名环卫工人，加强集镇管理。全年总投资1300万元，建设响龙大道、四道坝街人行道，完成老街棚户区改造工程，325省道河东河西人行道建设。集镇新增垃圾箱48个，道路划线4千米，安装电子抓拍探头11个，在平安路摆放花木，街道绿化1千米。全年对违规建设下达27份停工通知，与审批建房户签订安全协议书，动员建房户购买意外保险。全年召开专题会20余次，组织全镇干部500余人(次)，进行3次集中突击整治集镇脏乱差、占道经营、乱停乱放等。

【项目工作】2016年，沙道沟镇建设农村公路93.1千米(撤并村通畅11千米、自然村通畅22.8千米，精准扶贫产业路10.2千米，窄路面加宽41.8千米，改扩建公路7.3千米)，筹资400万元对全镇的水毁路段进行抢修，完成恢复重建。落实基础设施扶贫项目，投入资金2149.8万元，硬化村组公路82.16千米，投资1206.9万元，维修、新修公路107千米，其中5个重点村维修公路36千米，已全部竣工；投资1300万元，新建雪落寨水厂1座；全镇489户、1468人实施危房改造；投资28.3万元对街上村进行农村环境整治；投资4961.71万元，分4批对18个村进行农村电网改造，受益贫困户1649户；推进实施沙道沟镇三级客运站片区综合开发项目，项目一期占地10.13公顷，投资2亿元，2016年9月28日开工；宣鹤高速建设有序推进，征地140公顷，涉及1000户，完成征迁补偿协议960户，拆迁房屋85栋。

【社会事业】2016年，沙道沟镇出生724人，出生率10.5‰，符合政策生育率95.20%，性别比111.38∶100，信息化运用率97.96%。

城镇新增就业人员620人，农村劳动力转移就业2.25万人，城镇登记失业率控制在4.3%以内。社会保障与救助全面覆盖，2016年社会保险扩面200余人，续保600余人，征缴保险费400余万元，全年共参保缴费人员1.69万人，完成县下达目标任务的99.26%，新型农村合作医疗参保超过5.4万人。

全年共发放农村低保保障金565.56万元，救灾救助资金45万元，大病救助1456人(次)，救助金额125.18万元，优抚补助金118.8万元，五保户政分散供养98人，集中供养19人，临时救助376人，救助金额达52.54万元，做到应保尽保。

沙道民族中学中考上重点公费线192人，全镇春季、秋季学期分别有1321名和1959贫困生受到资助，51名高职高专学生享受雨露计划职业教育扶持政策。

【美丽乡村建设】2016年，沙道沟镇按照"纯天然的生态环境、现代化的特色产业、干栏式的特色民居、本土性的民族文化、景区般的乡村旅游"发展思路，以基础设施建设为抓手，实施两河村民房建设、厕所改建60户、饮水改造200户、文体设施健身广场500平方米、环境整治日转运垃圾0.5吨、道路硬化3千米、通信通讯(有线电视220户、互联网用户135户)等项目；新增太阳能热水器100台，气化炉227台，完成"三沼综合利用"33.33公顷，全年开展沼气池使用技术培训80人(次)，发放技术资料、图片80余份。

【平安建设】2016年，沙道沟镇落实安全生产责任制，狠抓重点行业领域安全专项整治和隐患排查治理，全年不定期对道路交通、食品安全、消防安全开展检查，共排查安全隐患104处，整改104处。严格落实信访责任，社会治安防控体系网络、矛盾纠纷排查调处网络和防范处理邪教组织网络进一步健全，全年共受理来信来访218人(次)，其中县信访局交办和转送的信访件106件，办结102件。推行法律顾问参与信访事项办理，将重大矛盾纠纷引入诉讼程序，提高化解成效。加强食品药品监督管理，配齐全镇49个村的信息员、协管员、监督员共138名，对辖区内食品药品经营户的检查实行全覆盖，做到村村到，户户落，强化执法办案，全年办案两起，打击了食品经营违法行为，全镇未发生食品药品安全事故。

【党的建设】2016年，沙道沟镇在全体党员中开展"学党章党规、学系列讲话，做合格党员"学习教育活动，在全镇61个基层党支部开展"四整四强化""不忘初心·永跟党走"主题实践活动和"立足岗位做贡献，争做出彩宣恩人"实践活动。落实全面从严治党主体责任和纪委监督责任，镇党委成立以书记为指挥长的全面从严治党指挥部，并将全镇划分为7个战区，建立起“横向到边、纵向到底”的责任体系，开展“小五长”专项整治活动，对75名基层“小五长”进行自查自纠，共查找问题24个，落实整改措施24条，对24名“小五长”进行追责问责。全年受理和接上级转办信访举报件44件，其中上级转交35件，群众来信来访9件，已了结40件。立案查处违纪案件19件，其中信访举报立案5件，巡视组交办2件，司法移送1件，大数据比对发现11件。开展党员组织关系排查，建立失联党员系列台账，对取得联系党员进行规范管理，开展违规违法党员、两代表一委员处理情况专项排查。开展党费专项清缴工作，全镇61个支部党员党费缴纳情况进行清理排查，做到应补尽补。全面开展非公企业和社会组织“两个覆盖”，进行全面排查摸底，对未建立党组织的情况做到情况掌握“五清”。对镇内所有支部开展党员先锋指数管理，对支部实施五星级管理。制定村干部管理细则，严格落实村主职干部专职化管理。向重点贫困村精准选派驻第一书记，对贫困村支部书记实现培训全覆盖。严格党员发展工作，严把党员发展条件关和程序关，入党积极分子、预备党员、党员转正条件符合，程序规范，资料齐全。投入190余万元新修党员群众服务中心7个，整修党员群众服务中心1个，基本实现党员群众服务中心全覆盖（马桑溪村除外）。完成镇党委、人大换届选举和政协委员推荐工作。成功选举出县党代表28名、县人大代表34名、镇党代表97名、镇人大代表81名。

【宜居村庄当阳坪】2016年5月23日，湖北省推进新型城镇化工作领导小组办公室命名晓关乡大岩坝村、沙道沟镇当阳坪村等240个村为第五批“宜居村庄”。

当阳坪村位于沙道沟镇西北方，距离沙道沟集镇4千米，209国道与325省道贯穿而过，联通来凤、鹤峰、宣恩、恩施等地，交通便利，有沙道沟镇门户之称。全村辖18个小组，796户2748人。全村面积6.6平方千米，耕地面积163.6公顷，2016年人均纯收入7674元。

（漆走方）

椒园镇

【概况】椒园，因地势而名。楚辞注，土高四堕曰椒丘，又山顶曰椒。古汉语中，园即某事物聚集，丛生之地，释义为山堡丛生聚集的地方。清朝在椒园设有集场、塘汛、铺递。

椒园镇位于宣恩县西北部，209国道、232省道穿境而过，地处北纬29°55′29″～30°05′24″，东经109°17′29″～109°31′37″，西北与恩施市毗邻，西南与晓关乡相连，东北与万寨乡接壤，东南与珠山镇交界。镇人民政府位于省道232椒石线东端起点与209国道交汇处椒石路58号，紧靠恩来恩黔高速公路宣恩入口，归椒园村委会管辖。距县城7千米，恩施州府38千米。椒园镇先后获得“全国生态建设示范乡镇”“全国重点镇”“全国第二批标准化气象为农服务乡镇”等国家级荣誉称号。

全镇土地面积175.97平方千米，年末耕地1477公顷。辖椒园、黄坪、白泥坝、龙洞、锣圈岩、凉风洞、水井坳、荆竹坪、龙潭溪、洗草坝、水田坝、庆阳坝、老寨溪、店子坪、红岩卡、香树林、三河沟、新茶园、石马、石家沟、土皇坪等21个村，188个村民小组，8542户，2.58万人，其中乡村人口2.46万人。

2016年全镇实现农村经济总收入5.11亿元，同比增长11.82%，其中农业收入3.18亿元。招商引资3500万元，培育规模以上工业企业1家，培育年产值在500万元至2000万元的工业企业户1户。

【农业经济】2016年，椒园镇335户烟农种植烟叶431.93公顷，完成收购量700吨，收购均价近30元/千克，实现烟农收入2100万元，实现烟叶税收460万元。

茶叶面积2533.33公顷，其中有机茶示范基地236.67公顷，形成水田坝—庆阳坝—石家沟一线的茶叶产业带，年产值达1.2亿元。

以黄坪为中心，辐射椒园、店子坪、白泥坝村的黄金梨产业圈，黄金梨种植面积200公顷，产值达1500余万元，举办第二届黄金梨采摘节。利用黄坪扶贫互助社，创新销售方式，通过众筹模式，并凭借传统路边销售和网上销售相结合方式，黄金梨实现产销两旺。在持续壮大三大特色产业的基础上，以“核桃、温棚蔬菜、药材”为辅，不断补充完善村级农业特色产业发展。

全镇有“4450”生猪养殖户200余户，防疫注射密度达到100%，生猪出栏4.28余万头，大牲畜出栏2011头，山羊出栏1792只，家禽出笼23.07万羽，能繁母猪存栏4216头。

【生态旅游】2016年，椒园镇编制辖区景区规划，形成以“三坝一坪一洞一天坑”为中心的旅游发展格局。推进总投资11.5亿元的锣圈岩旅游区景区建设，加大洗草坝景区建设协调力度，建成水田坝千户土家景区，并完善组级路、联户路、游步道、观光亭、风雨桥、人文广场等配套基础设施，完成白玉洞景区勘测及洞内清理。

【“六城”同创】2016年，椒园镇投资120万元，以“1+3+1+1+X”为主线对镇域“四化”规划设计，规划已完成，待评审。农贸市场投入使用。启用椒园集镇道路电子监控违法抓拍系统，进一步加强椒园集镇道路交通管理，保障群众出行安全、有序。成立椒园城管中队，对车辆乱停乱靠进行常态化管理，严厉打击占道经营、出店经营等行为，杜绝街道路边交易、场外交易，确保集镇干净、整齐、畅通。全县“六城”同创现场会在椒园镇召开，椒园村被州“六城”同创指挥部通报表扬为“六城”同创优胜单位。

【精准扶贫】2016年，椒园镇获全州脱贫攻坚优秀乡镇称号，全州精准扶贫现场会到椒园镇学习参观。建设精准扶贫标准化档案室，迎接县、州脱贫验收、年终考评及第三方评估工作。2014年脱贫192户663人，2015年脱贫1217户3760人，2016年脱贫467户1233人，椒园整镇脱贫出列及4个建档立卡贫困村整村脱贫出列。“五个一批”落实得力，完成189户易地扶贫搬迁任务，952户贫困户获生态公益林补偿资金15万元；140名学生享受雨露计划补助资金21万元，发放兜底救助资金352.55万元，发放临时救助资金9.18万元。发放高龄津贴12.1万元，大病救助资金38.58万元。

【社会管理综合治理】2016年，椒园镇健全矛盾纠纷层级排查、层级化解、联动调处机制，化解大量矛盾纠纷。以“一站三联”工作模式为载体，全镇21个村完成网格化管理工作。实行主要领导亲自抓，分管领导直接抓的制度，层层签订平安创建工作责任状。开展平安村、平安校园、平安家庭等创建活动，全面落实社会管理综合治理各项措施。启动法律顾问制度，实行法律进村，与湖北百嘉律师事务所签订协议，常年聘请4名法律顾问，进行法律宣传、提供法律咨询、参与矛盾调处，并在水田坝建设法制走廊，让老百姓真正地学法、懂法、用法。2016年，全镇排查受理矛盾纠纷82起，化解81起，其中不稳定因素8件，化解7件；安全隐患16件，化解16件。接访71批(次)，本级接访52件，信访转交办件17起，办结70起，办结率98.59%，无重大群体性事件发生，无安全生产事故发生。

【民生改善】2016年，椒园镇小学适龄儿童入学率100%、小学适龄女童入学率100%、初中阶段入学率96%以上，中考上重点线322人，排名全县第一。

新修镇卫生院综合楼，完善乡镇卫生院的服务功能。坚持计划生育国策不动摇，狠抓计划生育综合管理，落实人口和计划生育基本国策，全面落实计划生育各项奖励优惠政策，生育水平保持稳定。

城乡居民医疗保险参保人数2.27余万人，参保率达93%；城乡居民养老保险参保率达100%。

丰富群众精神文化生活，为11个村配备文体设施，建设3个文体广场、1个村级综合文化服务中心、组建业余文艺宣传队13支、设立21个“农家书屋”。

实施集镇供水管网升级工程，在9个村(黄坪、红岩卡、石马、水田坝、新茶园、土皇坪、锣圈岩、龙洞、店子坪)投资128.6万元修建水池2130立方米、提水泵站1座，铺设管道4.49千米，解决712户2841人的安全饮水问题。投资17万元新建和维修红岩卡、土皇坪、石家沟、香树林村的饮水工程，新铺设和更换管道3.25千米，新建香树林8组水源排污渠120米。投资32万元抢修水田坝村泵站1座，水源池1口，水管4.5千米。投资1481.11万元，完成43个电网建设项目，全镇1789户“低电压”问题得到有效治理，供电卡口、腐烂木质电杆存量问题有效改善。投资1959万元，新修、改扩建村级公路 58.7 千米，投资 782 万元，硬化村组公路 39 千米，实现所有行政村通水泥路的目标，100%的行政村实现通客运班车。投资 260 万元，新建 3 个、改扩建 1 个村级党员群众服务中心，实现 21 个村级党员群众服务中心提质升级全覆盖。

【党风廉政建设】2016 年，椒园镇牢固树立“不抓党建是渎职、抓不好党建是失职”理念，履行书记作为基层党建工作的直接责任人的职责，推行“全员责任机制”，完善“考评机制”，推行目标责任管理，层层压实党建责任。镇党委与各党(总)支部书记签订党建工作责任状，建立定性与定量相结合的考核制度，把“软任务”变成“硬指标”，使党建工作做到逐项落实。落实“奖惩机制”，镇政府干部直接驻村，领导班子成员直接联系村制度。制定完善《椒园镇镇、村干部管理办法》和《椒园镇机关管理办法》。按照每月一抽查，每季度一全查的督查方式，分别对阶段性重点工作进行检查督办，并将督查结果与年底待遇挂钩，确保各项工作落到实处。2016 年，共组织综合性督查两次，组织各支部书记、镇直单位负责人、全体机关干部召开述责述职述廉大会 1 次，全面落实责任，解决基层党建工作“谁首抓、谁主抓、谁负责、谁追责、追谁责”的问题，形成一级抓一级的良好工作局面。

开展“两学一做”学习教育，不断丰富学习教育形式，通过召开会议专题学、班子成员带头学、支部书记上门学、以考提能促真学的方式，开展《中国共产党纪律处分条例》《中国共产党廉洁自律准则》集中学习 5 次，发放读本 750 本，开展测试 12 次。集中学习《中国共产党问责条例》两次，学习《关于新形势下党内政治生活的若干准则》《中国共产党党内监督条例》两次。组织班子成员到各自所联系的部门和村讲课 18 次，并将“两学一做”学习教育与精准扶贫紧密结合，统筹兼顾、整体推进，做到两手抓、两不误、两促进。

坚持带头示范为先导，“把纪律挺在前沿”，切实履行主体责任。以“大数据”核查为重点，对 1865 条问题线索进行梳理、核定，查实问题线索 261 条，查否问题线索 1598 条，待查问题线索 6 条。对在大数据中发现的原村干部违纪问题线索 3 起，立案 3 起，其中干部主动上交违纪金额 7582.48 元。对群众信访及县纪委转交的 19 件线索中(其中 1 件未受理)，初核 18 件，初核了结 8 件，立案 8 件，结案 6 件。全年共谈话函询 1 起 1 人，廉政谈话 70 人(次)，警示性谈话 9 人(次)，诫勉谈话 1 人(次)，通报批评 2 人(次)，批评教育 3 人(次)；党纪处分 4 人，开除党籍 3 人。

(杨楚云)

李家河镇

【概况】清朝时期，有一外地李姓富商来此经商，后又设庄园，有一条小河流经李家庄园，故名李家河。集镇亦因河得名，沿用至今。

全镇土地面积 216.79 平方千米，地处北纬 29°32′46″～29°47′0″，东经 109°17′52″～109°31′16″。年末常用耕地面积 3226 公顷。全镇辖凤山、二虎寨、老司城、八洲坝、波螺河、塘坊、川大河、车子口、贾家沟、金陵寨、烂泥沟、燕子溪、青龙嘴、麻阳、茅坝、干坝、歪尖坡、汤塆、冉大河、高桥、老师沟、茅坡、箭竹坪、中大塆、板栗园、利福田、司城、头庄坪、楠木园、车道塆、长塆、柏子坳、郭家坡、上洞坪、下洞坪、关洞坪、田幺坪、黄柏园、回龙、冷草沟等 40 个村，352 个村民小组，1.50 万户，5.25 万人，其中镇村人口 4.82 万人。

李家河镇位于宣恩县最南部，处于两省(湖南、湖北)四县(宣恩、咸丰、来凤、湖南龙山)的交界之地，有“一脚踏两省、鸡鸣闻四县”之说。镇政府驻地为李家河集镇龙虎路 279 号，归凤山村委会管辖，距宣恩县城 80 千米。距世界自然遗产风景区张家界 90 千米。“恩来高速”由东向西穿过李家河镇 11 个村。李家河镇是“塘坊早”蜜橘和宣恩“贡水白柚”的原产地和主产区。2016 年，全镇经济总收入 5.15 亿元，公共财政收入 597 万元，农村人均纯收入 7538 元。

【精准扶贫】2016 年，李家河镇按照“规划到村、帮扶到户、责任到人”的总体思路，编制《李家河镇扶贫攻坚精准扶贫实施方案》，确立贫困村主导产业，制订贫困户脱贫计划。按照“政府主导，部门联动，社会参与，自力更生，开发扶贫”原则，全体干部与 40 个贫困村贫困人口建立联系帮扶制度，落实帮扶责任人。通过李家河镇班子成员带头，召开党员会、代表会、群众会、院落会、联组会等形式，广泛宣讲精准扶贫政策，将《宣恩县建档立卡贫困户脱贫到户扶持政策》原文张贴到村到中心院落，政策宣传做到全覆盖。开展精准识别"回头看"，剔除"硬伤"户 726 户 2550 人，新增贫困户 823 户 260 人，年末实有贫困户 3547 户 1.24 万人。将所有贫困户全部纳入"五个一批"进行精准帮扶，初步制定集镇、中心村、分散安置的规划和设计方案。开工建设二虎寨、板栗园一期、二期、三期、下洞坪、贾家沟、关洞坪等 10 个安置点，其中，二虎寨一期、贾家沟、板栗园一期、二期、下洞坪、关洞坪在年内完工，可"交钥匙"入住 390 户 1287 人；箭竹坪、回龙等安置点已完成征地规划。全镇确定集中安置的 1080 户 3915 人，占应安置的 70%；分散安置的 461 户 1539 人，占应安置的 30%。回龙、冷草沟、田幺坪村党员群众服务中心已完工，3 个村共硬化公路 11 千米，建安全饮水池 400 立方米，建文化广场 2200 平方米，建"4450"养殖户 28 户，扶贫搬迁 37 户，危房改造 10 户，新成立专业合作社 2 家，发展烟叶 208.53公顷，建苗圃基地 53.33 公顷，发展蔬菜 10 公顷，安装路灯 50 盏，建垃圾池 20 个，安装健身器材 2 套，土地酸化治理 10 公顷，国土整治 13.33 公顷。制定下垌坪、老司城、燕子溪 3 个村整村推进扶贫开发工作计划。金陵寨联片土地入股、上洞坪土地流转、塘坊村集体土地开发、童话玩具厂参与式扶贫等助力精准扶贫脱贫攻坚。

【"六城"同创】2016 年，李家河镇随着 209 国道和恩来高速的穿境而过、创美物流园、童话玩具厂、博城钢化玻璃、沈氏面业等企业的入驻，思源学校的修建，上城大道一期二期的建成，二虎寨、塘坊、凤山等安置小区的规划修建，新水厂人行栈道的建成，集镇环境更加优美。投资 300 万元，改造集镇老街棚户区，道路改造升级 1.5 千米，整修下水道 2.5 千米，集镇人行道铺设青石板 7500 平方米，安装标准化路灯 305 盏。投资 20 万元，规范集镇商户门头广告牌，管、线、网全部入地，种植绿化草皮 2000 余平方米，鲜花 8000 株，绿化栅栏 166 个，集镇变得更加美化，更加亮化，更加绿化，环境更加优美。

规范集镇管理，投资 48 万元购买服务，实行集镇物业外包，由保洁公司清扫清运集镇垃圾，聘请 4 名保安常年维持集镇秩序，并不定期的抽调干警和党员干部职工利用赶集日自觉上街维持秩序，严格要求集镇住户实行门前"六包"，签订门前"六包"责任书 300 余份，通过多措施、多途径的治理，集镇面貌常年保持干净、整洁、畅通。

统筹城乡一体化发展，在抓好李家河集镇建设管理的同时，纵深向村推进美丽乡村建设，在集中院落种植绿化树 1 万余株，村级落实环境治理专项经费，设定村级环卫保洁员，全面开展农村环境整治，提升人民群众的幸福感和获得感。

【农业农村】2016 年，李家河镇新增白柚基地 266.67 公顷，全镇白柚产值 1.5 亿元，11 月 11 日，举办首届"贡水白柚狂欢节＋乡村旅游"商贸推介会，拍卖现场柚王拍出 1.69 万元的天价，与武汉、广州、重庆、恩施等地 62 家企业签订 2.2 万吨白柚销售意向协议，金额达 4000 余万元。组建多家电商销售平台，通过互联网向全国各地销售贡水白柚 500 吨。烟农收入 1250 万元，实现税收 250 万元。种植蔬菜 533.33 公顷，菜农收入 450 万元，种植土豆 666.67 公顷，农民收入 800 万元，农业产业多元化格局逐渐形成，农民增收渠道不断扩宽。在洪坤、发扬等 25 家规模养殖场、养殖小区、养殖村的带动下，全镇新增"4450"生猪养殖模式 20 户，新增养蜂专业合作社 1 家。

按照"公司筹钱、农民出地、股份合作、利益共享、精准开发、抱团发展"的经营模式，因地制宜、集约发展，组建金硒生态农业股份合作社，金陵寨村 125 户农户用 33.33 公顷土地入股富硒农业公司组建合作社，农民成股民，每年土地收益分红的农业发展新模式，获得中国扶贫网、国家行政学院出版社地方领导论文集、州深改办以工作简报第十四期推广报道。特别是恩航农业、富源农业、绍荣园艺、湖北绿硒旅游开发、四季果园等公司和家庭农庄融入镇农业产业发展，为李家河镇农旅结合注入新动力。

加大农产品质量监管，先后与 32 户农资经营户、50 户蔬菜水果种植户、25 户规模养殖场签订农牧产品质量安全承诺书。开展农技集中培训 10 次，培训 485 人（次），发放技术资料 3800 余份。对全镇种植、养殖、产品生产加工销售等环节进行抽样检测 1004

个，检测合格率达100%。

【项目工作】2016年，李家河镇优化项目管理，采取多种方法推动项目建设。制定详细目标任务，实行项目进度台账，确保资料完整规范。明确1名项目专干，分月、分季度上报和反馈项目进度，及时发现并纠正问题。

在项目的实施安排上，针对地处偏远的上洞坪片区的下洞坪村、冷草村、回龙村、田坪村、高桥村，投资2280万元解决公路硬化、安全饮水等群众急切需解决的问题。在项目实施上，注重产业的拉动，带动群众就业，助力精准扶贫。通过实施822万元的中央彩票公益金项目，拉动白柚主产区二虎寨村、波螺河村、塘坊村、老司城村、川大河村5个村的产业壮大，项目区新增特色民居农家乐5家，实现农旅融合。

围绕宣南产业新城的定位，加大招商引资力度，共启动招商项目5个，注册固定资产投资达10.73亿元。引进落户的创美物流、恩航农业、博诚钢化、湖北童话、富源农业、沈氏面业等一批招商项目落户工业园区。投资3500万元的上城大道二期工程建设、投资3000万元的凤山公寓项目稳步推进，投资6500万元的思源学校建设项目进展顺利，投资300万元的棚户区改造项目基本完成。

【社会事业】2016年，李家河镇共出生人口581人，出生人口符合政策生育率96.9%，政策外多孩率3.1%，两个年度落实措施率73.24%，综合避孕率77.28%，孕前优生健康检查参检375人，参检率98.68%，流动人口有效联系率91.65%。投资6400万元新建思源学校，改善办学条件。以中小学为依托，继续开展非物质文化遗产传承活动，做好滚龙连厢教学示范光碟拍摄，办好三棒鼓培训班。农保征收149万元，农合征收668万元。累计发放惠农资金862万元，发放救灾资金95万元。为1734户2528人发放民政低保救助资金516万元，发放救助资金55万元，发放优抚补助资金46万元，民政分散供养154人，集中供养31人；享受待遇7500人，发放养老金730万元，完成失地农民保险审定722人。

【中国共产党宣恩县李家河镇第二次代表大会】2016年10月12日，中国共产党宣恩县李家河镇第二次代表大会在李家河镇政府五楼会议室召开。大会听取和审查中国共产党宣恩县李家河镇第一届委员会的工作报告，听取和审查中国共产党宣恩县李家河镇第一届纪律检查委员会的工作报告。选举产生中国共产党宣恩县李家河镇第二届委员会，李家河镇第二届党委委员9人(按姓氏笔画为序)：杨洋(女)、肖文锋、肖光辉、张勇、明关祝、唐刚、唐子标、谭长江、滕召强。选举产生中国共产党宣恩县李家河镇第二届纪律检查委员会，李家河镇纪委委员5人(按姓氏笔划为序)：杨志云、肖光辉、张发松、段绍迪、谢仕奎。选举李家河镇出席宣恩县第十五次党代会代表。

10月12日，中共李家河镇第二届委员会和纪律检查委员会分别召开第一次全体会议。选举唐刚为李家河镇党委书记；张勇、滕召强为李家河镇党委副书记；肖光辉为李家河镇纪委书记；段绍迪为李家河镇纪委副书记。

【李家河镇第二届人民代表大会第一次会议】2016年11月18日，李家河镇第二届人民代表大会第一次会议在李家河镇政府五楼会议室召开。明关祝代表李家河镇第一届人民政府作政府工作报告，刘正坤代表第一届镇人民代表大会作人大工作报告，审查镇人民政府提出的《李家河镇2015年财政预算执行情况与2016年财政预算(草案)报告》，同意镇第二届人民代表大会预算审查委员会提出的审查结果报告。会议决定，批准《李家河镇2015年财政预算执行情况和2016年财政预算(草案)报告》，批准2016年李家河镇财政预算。选举唐刚为李家河镇人大主席团主席，刘正坤为专职副主席，明关祝为李家河镇人民政府镇长，杨洋(女)、谭长江为李家河镇人民政府副镇长。

(王小孟)

高罗镇

【概况】高罗，史称歌乐、歌罗，清朝时设有塘汛、铺递。高罗镇是全省文明乡镇、全省卫生乡镇、全省特色乡镇、荆楚诗词之乡、中国贡水白柚之乡。2016年9月10日，高罗镇获2016发现恩施“魅力乡镇”

名品名镇荣誉称号。位于宣恩县中南部，地处北纬29°38′13″～30°38′13″，东经109°20′52″～109°36′47″，北毗邻珠山镇、长潭河乡，西北接晓关乡，西及西南与李家河镇接壤，东、南与沙道沟镇相邻，是宣恩县唯一乡界和县界无重叠的乡。距宣恩县城54千米。高罗地处武陵山区，乡域地势平坦，土地肥沃，气候温和，雨量充沛，物产丰富，平均海拔在700米左右，属于亚热带气候，是发展水果的最佳地区。高罗境内物产丰饶，资源丰富，已探明的铅锌矿、硅铁矿、生物大理石、白云石、紫砂陶等矿产多达30余种。高罗民风淳朴，民族文化风情十分浓郁。土家族和苗族人民在这里世代集居、劳作和生活，留下众多的历史文化遗产，素有“苗文化活化石”之称的小茅坡营民俗村，是湖北省唯一一座保存苗族语言的苗族集居村；省级文物保护单位观音堂，可谓土家族天井式建筑的瑰宝。宣恩古八景中高罗有“东关飞瀑”“李溪层石”。清水塘曲径通幽，山水如画，5千米长廊上镶嵌着18座石拱桥。

全镇土地面积287.18平方千米，年末常用耕地2684公顷。辖龙河、苗寨、马料坡、干溪、麻柳塘、盘古庙、腊树园、九间店、埃山、黄家河、熊洞、大坪、光荣桥、七把刀、龙潭河、麻阳寨、下坝、磨子沟、小河、马家寨、清水塘、车道湖、水塘、板寮、倒流水、岩缝溪、向家坪、火烧营、团结、小茅坡营、大茅坡营、漫牯牛等32个村，313个村民小组，1.49万户，4.57万人。

2016年全镇农村经济总收入5.02亿元，较上年增长9.13%。农村常住居民人均可支配收入8108元，比上年增长12.8%。全社会固定资产投资达到8108万元，到位招商引资达到9000万元，社会消费品零售总额达到2亿元。

【特色产业】2016年，高罗镇大力推进特色产业链建设，发展209国道沿线、水塘至马家寨贡水白柚经济走廊，全镇种植白柚3066.67公顷，其中200公顷获有机认证，培植白柚加工“521”合作社1家，贡水白柚入选《2015年度全国名特优新农产品目录》。种植烟叶100公顷，烟叶生产基础设施建设不断完善。茶叶、百合、白术等经济作物稳步发展。“4450”模式生猪养殖户440户，建成畜牧养殖专业合作社12家、家庭牧场13家，出栏生猪7.8万头。长飞农业、天香肉业等重点企业加快发展，工业企业达到17家，其中规模以上企业3家，征收储备小微企业创业园土地8公顷。加快发展第三产业，完成清水塘村旅游规划编制，打造板寮、观音堂等旅游景点，大茅坡营村被列入镇村旅游扶贫重点村和中国传统村落，举办第四届贡水白柚采摘节。个体工商户718户，歌乐福零售企业、村友电商等服务主体兴旺。

【镇村建设】2016年，209国道高罗段复建工程全面完成，绕镇线建设加快实施，高罗水厂投入使用，有效解决了集镇和沿线5个村的安全饮水问题，新增台变48个，通讯信号覆盖率达到98%，31个村开通农村客运专线。开展“六城”同创活动，投资600万元对集镇街道进行改造升级，美化亮化3处集镇进出口道路节点，安装LED路灯158盏，铺设青石板人行道1.5万平方米，五级客运站完成改造，王家湾特色一条街建设完成前期工作，农贸市场和停车场建设加快推进。整合近亿元资金整治国土、整修河道、改造民居、美化家园，硬化村组道路200余千米，新修循环路、产业路100千米，初步构建起干支相连、村村相通的交通网络。推进“绿满荆楚”行动，栽植各类苗木61万株，生态文明理念深入人心。火烧营至黄家河一线荣获“全国美丽镇村示范带”称号，板寮村、小茅坡营村入选第二批“中国少数民族特色村寨”。配齐配强管理人员，明确细化部门职责，全面实施集镇范围内禁鞭和禁烧秸秆，开展占道经营、乱停滥靠、乱搭滥建、街道保洁专项治理，实行集镇卫生打捆外包，启用智能抓拍系统，“摆整齐、扫干净、保畅通”的目标基本实现。

【社会事业】2016年，高罗镇脱贫攻坚精准发力，明确路线图、时间表，强力推进“五个一批”，累计减少贫困人口1.1万人，建6个异地扶贫搬迁安置点。坚持教育优先发展，投资1900余万元，实施学生营养改善计划、“全面改薄”项目、“洁净温暖”工程和教师周转房建设，教育教学条件连年改善，全镇中、小学生入学率均达100%。加强医疗卫生服务体系建设，新建村卫生室13个，医院经济适用房投入使用，医技楼建设稳步推进。新农合参合率达到99%，累计补偿医疗费用987万元。严格落实人口计生政策，生育水平保持总体稳定。落实各项惠民政策，农村最低生活保障标准大幅提升，困难群众基本生活得到有效保障。实施文化惠民工程，村级文化活动百花齐放，板寮“百家宴”活动已较具影响力。新建村级文化广场12个，完成农民体育健身工程12个，农家书屋实现村村全覆盖，埃山村农家书屋被湖北省新闻出版局授予“三星级农家书屋”称号。开展文明创建活动，涌现出“全国最美孝心少年”刘倩，“宣恩好人”廖和庭、刘志弟等一批先进人物，“猴儿鼓”“三棒鼓”等非物遗民族文化得到弘扬和传承。加强和创新社会管理，成立和事佬协会，全面推行村医村教进班子、法律顾问进镇村和农民办事不出村“三位一体”基层治理模式，依法依规做好综治信访、维稳处突、安全生产等工作，社会大局保持和谐稳定。

【中国传统村落大茅坡营】2016年12月9日，《住房城乡建设部等部门关于公布第四批列入中国传统村落名录的村落名单的通知》将高罗镇大茅坡营村等村落列入中国传统村落名录。大茅坡营村聚居着160余户600余名苗族村民，民风民俗浓郁，有苗家服饰、苗家婚嫁、薅草锣鼓、三棒鼓等珍贵的民间文化习俗。村落由入云的群山、茂密的古树、涓涓的流泉、众多的木楼、成片的梯田、成群的吊脚楼和伸向远方的石板路等有机部分组成，吊脚楼在“Y”形山体下散布，依山就势、背山面溪而建，错落有致，自然成寨。房屋全部为木质瓦屋，五柱四骑到六柱五骑不等，大多保存完好。

（董帅）

晓关侗族乡

【概况】晓关，古称筱关，原名小关，清同治版《宣恩县志》载，因有小关山得名。清朝乾隆年间，为石虎里治所，设有关隘、集场。抗日战争时期，湖北省国民政府由武汉迁至施南（恩施），改称晓关，取光明吉祥之意。

晓关侗族乡位于宣恩县西南部，地处北纬29°45′07″～29°58′21″，东经109°10′50″～109°30′29″。是湖北省12个少数民族乡镇之一，也是全州3个侗族乡镇之一。东邻珠山镇，南与咸丰县高乐山镇、宣恩县高罗镇、李家河镇交界，西与恩施市盛家坝乡毗邻，北连宣恩县椒园镇。乡政府驻地为晓关集镇，位于晓关侗族乡政府黄河村55号，距县城29千米。2016年5月23日，湖北省推进新型城镇化工作领导小组办公室《关于命名第五批“宜居村庄”的通报》命名晓关乡大岩坝村等为“宜居村庄”。9月10日，晓关侗族乡获2016发现恩施“魅力乡镇”生态名乡、荣誉称号。

全乡土地面积421.38平方千米，年末常用耕地4297公顷。辖黄河、岩狮、古路槽、大岩坝、宋家沟、蚂蚁洞、野椒园、高桥、坪地坝、白沙溪、张官、黄草坝、猫山、牛场、草坝、小溪、覃家坪、马泥光、茅坡田、山尖坳、七将营、沙水田、大咸、八台、匠科、桐子营、中村坝、干家坝、桥塘、长坳、倒洞塘、堰塘坪、卧西坪、铜锣坪、杉木岭、骡马洞、大山坪、尖山坪、姚家坪、小高锣等40个村民委员会，441个村民小组，1.52万户，4.27万人，其中乡村人口4.05万人，全乡侗族人口约占75%。

2016年全乡农业总产值达到6.46亿元，增长16.82%；农村常住居民人均可支配收入达到1.03万元，人均纯收入达到9625元，增长16.4%。

【支柱产业】2016年，晓关侗族乡23个村烟叶种植村，种烟1253.2公顷，收购烟叶1925吨，烟农收入6075万元，实现税收1215万元。新发展茶叶217.6公顷，年末全乡茶叶面积3084.7公顷，获有机认证的200.6公顷。

【工业经济】2016年，晓关侗族乡小型企业、农民专业合作社、家庭农场等市场主体逐年发展壮大，累计有145家，其中茶叶加工厂55家，限上商贸企业1家（宣恩县裕鑫商贸有限公司）。全年招商引资到位资金3137万元，新增规模以上工业企业1家（宣恩县钧尧建筑材料有限公司）、年产值500万元以上的工业企业两家（宣恩硒茗茶业有限公司、湖北立欣纸业有限公司）、注册资金1000万元的工业企业1家（宣恩硒茗茶业有限公司）、注册资金500万元的工业企业1家（宣恩县金满枝茶叶有限公司）、注册资金100万元以上的工业企业3家（静茗茶叶、立欣纸业、露源茶业）。工业固定资产投资4700万元，完成全口径工业总产值3.29

亿元，其中规模以上工业总产值1.89亿元。

【旅游开发】2016年，晓关侗族乡按全县的旅游布局，结合特色观光农业，发展侗乡特色民居的乡村休闲旅游，启动开发野椒园古侗寨旅游景区，举办侗乡30周年大型系列活动，对外展示晓关宜居宜业宜旅的良好形象，聚集了大量的人脉财气。每逢节假日，有游客观光休闲游玩，乡村旅游已悄然崛起。

【基础设施建设】2016年，晓关侗族乡编制晓关集镇规划，投入集镇建设管理服务资金2000万元，完成侗乡民族文化活动中心、侗乡便民综合服务中心、农村综合市场、公厕、集镇停车场、民族街道路硬化、鼓楼、戏台和文化广场建设，实施晓关集镇的净化、美化、亮化、硬化工程及桐子营集镇的亮化、绿化项目。晓关集镇基本实现"扫干净、摆整齐、保畅通"目标。2016年，晓关乡被评为全州"六城"同创工作先进单位，年终全县综合目标考核"六城"同创工作名列第一名。

投入资金8000万元，对群众盼望最迫切的水、电、路、网等基础设施进行不断改善。投入1300万元实施撤并村通畅工程10千米，自然村通畅工程17.5千米，修建精准扶贫产业路4千米，窄路面加宽23.3千米，完成全乡村村通客车工程，群众出行条件得到改善。启动后塘水库的维修工程，实施蚂蚁洞、卧西坪、铜锣坪3个行政村的安全饮水项目。电网网改有序推进，完成"绿满荆楚"行动造林绿化任务。全面加强农村环境治理，在人口居住较为集中的中心村及院落新建垃圾池9个。建立河长制，切实改善全乡河道生态环境质量，进一步落实水环境治理责任。全面启动农作物秸秆露天禁烧工作，实现全乡重点区域内全面禁烧。

【社会事业】2016年，晓关侗族乡脱贫人口1150户，3547人。安置易地扶贫搬迁贫困户298户978人。加强农村危房改造工作，完成第一批危房改造140户，第二批140户待验收。加大灾后恢复重建，完成受损房屋恢复75户，其中12户纳入易地扶贫搬迁，改善贫困群众的住房条件。加强民政低保、救助救济资金规范管理与使用，年末全乡农村低保人口920户，1413人，全年累计发放民政资金680万元。新型农村合作医疗参合率达到91.4%，城乡居民养老保险参保率107.8%。

人口与计划生育工作，各项考核指标均达国家规定要求。推进义务教育均衡发展，适龄儿童入学率和义务教育阶段初中入学率达100%。晓关乡卫生院成功创建"群众满意乡镇卫生院"，乡村卫生室达到30个，基本实现群众看病不出村。

【社会管理综合治理】2016年，晓关侗族乡社会大局和谐稳定，共受理群众来信来访65件、74人，上级部门转办案件18件，办结18件。排查矛盾纠纷95起，其中信访3起，调处成功59起，跟踪调处14起，其中不予受理19件。开展农村道路交通、校园安全、食品安全及烟花爆竹、危险化学品、非煤矿山等专项整治行动，累计开展专项检查22次，排查安全隐患200余处，下达检查整改通知260余份，有效预防重特大安全事故的发生。平安建设知晓率达100%，参与率达95%以上，平安家庭创建率达85%以上，群众对安全的满意度达到98%以上。没有发生重特大治安刑事案件、重特大安全责任事故、群体性上访和个体缠访，全乡社会稳定，人民安居乐业。

【中国共产党宣恩县晓关侗族乡第四次代表大会】2016年10月12日，中国共产党宣恩县晓关侗族乡第四次代表大会在晓关侗族乡便民综合服务大楼五楼会议室召开。大会听取和审查中国共产党宣恩县晓关侗族乡第三届委员会的工作报告、中国共产党宣恩县晓关侗族乡第三届纪律检查委员会的工作报告，选举产生中国共产党宣恩县晓关侗族乡第四届委员会和纪律检查委员会及晓关侗族乡出席宣恩县第十五次党代会代表。晓关侗族乡第四届党委委员9人(按姓氏笔画为序)：卢远春、田波、刘川、陈帮立、罗晶月(女)、姜绍来、唐猛、黄义、龚传华。晓关侗族乡纪委委员5人(按姓氏笔画为序)：毛明举、卢远春、李大庆、张卉琳、郑道晟。

10月12日，中共晓关侗族乡第四届委员会和纪律检查委员会分别召开第一次全体会议，选举唐猛为晓关侗族乡党委书记，黄义、刘川、田波为晓关侗族乡党委副书记，卢远春为晓关侗族乡纪委书记，郑道晟为晓关侗族乡纪委副书记。

【晓关侗族乡第六届人民代表大会第一次会议】2016年10月28日，晓关侗族乡第六届人民代表大会在晓关侗族乡便民综合服务大楼五楼会议室召开，黄义代表晓关侗族乡第五届人民政府作政府工作报告，朱昌顺代表第五届乡人民代表大会作人大主席团工作报告，审查乡人民政府提出的《晓关侗族乡2015年财政预算执行情况与2016年财政预算（草案）报告》，同意乡第六届人民代表大会预算审查委员会提出的审查结果报告。批准《晓关侗族乡2015年财政预算执行情况和2016年财政预算（草案）报告》，批准2016年晓关侗族乡财政预算。选举唐猛为晓关侗族乡人大主席团主席，朱昌顺为专职副主席，黄义为晓关侗族乡人民政府乡长，陈帮立、龚传华、胡章禹为晓关侗族乡人民政府副乡长。

（高鹏）

万寨乡

【概况】万寨，明清时期，白莲教抗暴发展迅速，在本地安营扎寨，设有千师营、大营、小营、暗营、新营、二寨、大公寨、罗家寨、马家寨等多个营寨，号称“万寨”，以其虚实不定吓阻清兵。“万寨”就此得名，设有集场、塘讯。

万寨乡位于宣恩县域东北角，宣恩与恩施交界处。地处北纬29°59′25″～30°13′36″，东经109°29′51″～109°38′59″。东及东南与长潭河乡和恩施市双河相毗邻，西南与椒园镇、珠山镇接壤，西连恩施市芭蕉乡，北抵石心河与恩施市三岔乡隔河相望。乡人民政府驻万寨集镇和平路132号，距宣恩县城25千米。

万寨乡属典型的亚热带季风气候，地形起伏、气候温和、雨量充沛，山水奇特秀丽，群山云雾缭绕，生物资源丰富，粮食作物以水稻、玉米、小麦、薯类为主，经济作物有茶叶、烟叶、油菜、柑橘、花生等。土壤以酸性紫砂泥为主，富含硒等稀有微量元素，pH值在4.5～6.5之间，适宜茶叶生长发育。万寨乡是湖北省十大茶叶名乡之一，伍家台贡茶的发源地，是恩施州茶叶主产区，所产干茶其色青翠绿润，其香清幽淡雅，其味甘醇可口，富含硒、铁、钙、维生素C等微量元素，有清肺止涩、抗癌阻痈、防病健身的功效。据传清乾隆四十九年（1784）伍氏茶农精心育茶制茶，乾隆亲品，赐《皇恩宠锡》牌匾。万寨乡所产茶叶经专家分析测定为含硒量在0.1～0.5ppm之间。茶叶品种多样，境内拥有鄂茶10号、龙井43、乌牛早、福鼎大白和浙农117等优良品种。所采鲜叶可加工制作绿茶、红茶、乌龙茶、砖茶等各大类茶叶产品。

万寨乡旅游资源有伍家台贡茶第一村（伍家台村）、清江画廊西入口（石心河深水港）、地下发电厂房（洞坪水电站）、中华油麻第一藤（常青油麻藤），全省八大农村党员干部培训示范基地之一，是全州唯一一个省级培训示范基地（湖北省农村党员培训示范基地位于万寨乡伍家台村）。

全乡土地面积183.58平方千米，年末常用耕地面积2253公顷。辖千师营、石心河、小姑珠、后坪、芷药坪、白果坝、长沙河、六堰塘、长堰沟、梭龙坝、向家村、大河坝、铁厂沟、大明山、网台、罗针田、中台、芋荷坪、凉风、伍家台、板场、马鞍山、白虎山、金龙坪等24个村，244个村民小组，1.01万户，年末总人口3.05万人，其中乡村人口2.91万人。

全乡农村经济总收入5.46亿元，同比增长11.66%；农民人均纯收入达到9190元，同比增长17.97%；公共财政收入351万元。

【特色产业】万寨乡是湖北省十大茶叶名乡之一，坚持“走有机茶之路，努力打造贡茶名乡”的发展思路，把发展和壮大茶叶产业作为群众增收致富的“聚宝盆”。2016年全乡有茶叶基地3740公顷。其中，有机茶叶基地900公顷。新规划66.67公顷有机茶实施点，进行低产茶园改造技术培训，采用重剪和台刈等方法改低产茶园100公顷，按照无公害茶园生产技术规程，实施标准化茶叶生产基地土地整治和培肥66.67公顷，选择无性系优质良种茶苗新造园13.33公顷，标准化管理茶叶生产基地1333.33公顷。按照“1＋X”模式，龙头企业昌臣茶业公司带动小微企业，小微企业带动农户，强化基地管理，实现利益链接全覆盖。成立伍家台贡茶集团销售公司，企业主动加入，抱团发展，形成茶叶销售省内30%，国内省外30%，出口40%的“三三四”销售渠道格局。推动企业布局逐步完善，实现与基地布局无缝衔接，在全乡形成既有龙头企业，又有小微企业工业格局。绿可公司选送的绿可牌烘青荣获第四届“国饮杯”一等奖，中国茶叶学会授予伍家台“茶叶科技示范基地”。

全乡种植烟叶 264.27 公顷，收购烟叶 455.5 吨，实现烟叶税收 324.65 万元。完成烟水、烟电配套工程和道路交通建设。

推广生猪生态环保养殖，全年出栏肥猪 6.3 万头，新培植 4450 模式养殖户 21 户，完成新建小面积猪栏 20 户。按照“五不漏”（乡不漏村、村不漏户、户不漏畜、畜不漏针、针不漏量）的要求，狠抓强制免疫工作，保障畜牧产业健康稳定发展。

实施“绿满荆楚”行动，新造林 275.7 公顷，其中巩固退耕还林成果后续产业建设造林 35.2 公顷；“绿满荆楚”行动块状成片造林 28 公顷；强化林政管理，规范木材市场经营，2016 年共查处林业行政违法案件 4 起，给予林业行政处罚 3300 元，有效遏制滥伐林木的不法行为。

伍家台乡村休闲度假区成功创建为国家 AAAA 级景区，全年接待游客 56 万人（次），实现旅游收入 1.3 亿元，并初步形成辐射效应。

【工业经济】2016 年，万寨乡新增产值 2000 万元以上的规模工业企业 2 家，规模以上工业企业总数达到 9 家，茶叶加工企业达到 78 家，工业总产值达到 8.20 亿元。

【党风廉政建设】2016 年万寨乡纪委共接到反映党员干部违纪投诉 28 起（其中重复信访 6 起），初核了结 9 起，结案 10 起（含上年接转 1 起），采用组织处理方式实行诫勉谈话 2 人、提醒谈话 1 人。县乡换届期间，严肃换届工作纪律，组织 3 批（次）400 余人（次）观看《镜鉴》警示教育片，发放“九严禁九必须”换届纪律提醒卡 500 余份。组织谈心谈话 4 批 60 余人（次），警示各级领导干部自觉筑牢纪律防线。利用自媒体平台发送手机短信 500 余条（次），引导广大党员干部始终绷紧换届纪律这根弦，守住底线、不越红线、不碰高压线。坚持从严资格审核。做好提名候选人的资格审核工作，共对 252 人（次）进行资格审核，其中否决 18 人（次），杜绝“带病提名”情况的发生。坚持从严督查问责，乡纪委会同乡组织办和乡党政办成立 2 个督查巡察组，紧盯责任主体、典型问题、重要环节，采取个别谈话、查阅资料、暗查暗访等方式，对全乡换届风气进行全方位、不间断、无缝隙的督查巡察，发现苗头性、倾向性问题及时监督整改。

【基层组织建设】2016 年，万寨乡开展“两学一做”学习教育活动。坚持按时开展“支部主题党日”活动，以“规定动作＋自选动作”的会议模式，以支部、党员“双指数”的管理模式，发挥“指挥棒”作用。5 月 26 日，州委“两学一做”学习教育第一督导组在州委副秘书长、州委主体责任办常务副主任张安俊带领下，到伍家台村检查指导“两学一做”学习教育开展情况。开展党员组织关系排查，进一步规范党员组织关系管理，从源头上治理党员组织关系“空挂”“失联”等现象，做到底数清、情况明。深化基层阵地建设，筹集资金 186.75 万元，对 14 个村的党员群众服务中心进行提档升级，“打通服务群众最后一千米”。深化管理与服务相结合，创新村级干部管理方式。按照村主职干部专职化的新要求，制定《万寨乡村主职干部管理办法》，对村主职干部实行连片集中管理，实行集中食宿、集中办公、集中管理。深化党建促脱贫攻坚，选派 3 名能力强、积极性高的机关干部担任重点村第一书记，2 个重点村配备 2 名大学生“村官”，并纳入重点村后备干部人选。

【社会事业发展】2016 年，万寨乡小学适龄儿童入学率 100%、小学适龄女童入学率达到 100%、初中阶段入学率达到 95%以上。坚持以计生服务为主线、以优生优育、提高出生人口素质为目标、以“三狠抓三保障”为举措，按照“夯实基层基础，突出利益导向，强化优质服务，争创一流业绩”的工作思路，宣传全面二孩政策。2016 年考核年度全乡共出生 266 人。其中，男孩 143 人，女孩 123 人，一孩 111 人，二孩 137 人，多孩 198 人，政策外 5 人。比上年同期少出生 53 人，当年出生符合政策率98.12%，政策外多孩率 1.88%，出生人口性别比 116.26。落实计生手术 192 例，政策外多孩补救措施 72 例。2016 年新增农村奖励对象 75 人，年底共 325 人，新增农村特别扶助对象 4 人，年底共 14 人。便民服务日趋完善，服务窗口的便民水平不断提高。健康教育、预防接种、传染病防治、儿童保健等基本公共卫生服务项目完成全年责任目标。实施积极的就业再就业政策,促进创业带动就业。扩大社会保险覆盖面,基本实现应保尽保。推进普法教育,提高全民法律素质。加大安全生产责任制落实力度,从严监管食品药品安全,无重特大安全事故发生。做好国防动员、民兵预备役和双拥共建等工作,共向部队输送6名优秀兵员,支持国防建设。

【社会管理综合治理】2016年,万寨乡加强社会管理综合治理,完善群防群控网络,严厉打击各类违法犯罪,创建"平安万寨"。重视信访工作,切实解决群众的合理诉求,严格落实信访责任,各级领导接待来访群众44批69人,基本实现初信初访初结初了。排查各类矛盾纠纷153起、有效化解153起,调解成功率100%。排查安全隐患461起,整改到位461起,整改成功率达100%。建立健全社会预警、突发事件应急和社会动员机制,防范群体性事件,社会大局稳定,创建平安单位24个,平安示范村24个,平安校园5所。

【"六城"同创】2016年,万寨乡以"保畅通"为目标,强化管理治理执行力度,对集镇占道经营、少数未拆除搭建物依法进行劝导拆除,并对占道经营的危害进行宣讲。发挥已建成的集镇农贸市场作用,划行规市,取缔马路市场。规范沿街门店的经营行为,严禁主干道店外经营现象。结合拆除乱搭乱建工作,投资20万元,实施户外广告和门店招牌专项整治,完成统一风格的店面门头装修。投入20万元,安装5组"电子眼"及多处禁停提示牌,并投入使用。在街面黑色化地基础上,投入资金5万元,划定集镇道路交通标识线,文明行驶风气逐步形成。单位院落及停车场统一制作"车头朝外、有序停放"的停车提示牌。投资80万元,完成集镇垃圾填倒场征地和垃圾处理场建造工作。投资10万元,采购100个集镇垃圾箱和5辆人力垃圾收集车。

【伍家台乡村休闲度假区】2016年,万寨乡以伍家台乡村休闲度假区为中心,以向家片区为重心,打造以S232省道为主线,贯穿伍家台、白一金一马、乡集镇、芷药坪、石心河,构造一线穿五珠的旅游格局。

2016年12月30日,经湖北省旅游景区质量等级评定委员会组织评定,恩施州宣恩伍家台乡村休闲度假区达到国家AAAA旅游景区质量等级标准,批准为国家AAAA旅游景区(湖北省旅游景区质量等级评定委员会关于国家级4A级景区公告〈2016年第4号〉)。

【伍家台贡茶农业综合标准化示范区通过考核验收】2016年11月15—16日,国家标准委考核组到宣恩,对伍家台贡茶农业综合标准化示范区进行考核验收。考核期间,考核组先后到伍家台贡茶农业综合标准化示范区的全国富硒有机茶示范园基地、宣恩县伍台昌臣茶业有限公司,现场察看示范区建设情况,对示范区的标准制订与实施、保障与服务体系、生产档案等方面进行考核,并查验示范区建设相关资料。宣恩县伍家台贡茶种植区于2013年被国家标准化委员会批准为国家第八批二类农业综合标准化示范项目,建设时间为2014年初至2016年底。项目由县人民政府承担,县质监局、县农业局、伍家台贡茶协会参与。制定切实可行实施方案,不断提升示范区标准化程度。项目建设区示范面积达到7000公顷,示范户达到1.05万户,实现农民增收、农业增效、农村经济可持续发展的预期目标,完成项目建设任务。通过听汇报、看现场、访企业、查资料,考核组肯定示范区的建设成果,同意伍家台贡茶农业综合标准化示范区通过验收。

【"最美长寿村寨"芋荷坪村】2016年11月19日,2016武陵山片区健康产业博览会在湖南省怀化市举行,其中的武陵山区"最美长寿村寨"有11个市(州)的71个县市的村寨参与。评选内容有村寨的生态环境、健康文明的生活方式、卫生环境等方面,同时由老龄机构通过现场考察、查阅资料等方式,综合打分后予以申报评选出武陵山区"最美长寿村寨"。11月20日,万寨乡芋荷坪村获武陵山区"最美长寿村寨"称号,是恩施州唯一获此殊荣的村落。芋荷坪村距离宣恩县城20千米、万寨乡集镇5千米,辖16个村民小组,360户1299人。茶叶种植为主导产业,依山而建的186公顷绿色茶园成为风光旖旎的山乡景色，同时受益于美丽乡村建设，茶园旁独具特色的田园民居也引人注目。当地村民良好，村民爱卫生，爱劳动，爱文体活动，健康水平良好，村容村貌整洁。2015年全村居民人均可支配收入8342元，高出全县农村常住居民人均可支配收入537元，2016年全村居民人均可支配收入10246元，高出全县农村常住居民人均可支配收入1696元。全村60岁以上老人达到271人，其中80至89岁老人有33人，90至99岁老人有3人。

【“伍家台贡茶”荣获中国国际有机食品博览会金奖】2016年5月26至28日，由中国绿色食品发展中心和德国纽伦堡国际博览集团主办的第十届中国国际有机食品博览会，在上海世博展览馆举行，350余家参展商参展。宣恩县共组织湖北宣恩维民实业有限公司、湖北绿可生态茶业有限公司、恩施州伍家台富硒贡茶有限责任公司3家茶叶企业参展，其中湖北绿可生态茶业有限公司选送的绿茶“伍家台贡茶”获金奖。

【各级领导到万寨调研检查指导工作】2016年3月16日，恩施州政协副主席王继刚陪同省政协港澳台侨和外事委员会副主任龚强华及调研组一行到伍家台村、金龙坪村，专题调研产业扶贫工作。张频、岳东、王此权、陈浩参加。

4月9日，省农业厅党组副书记、副厅长徐能海，省贸促会副会长张爱民，中国农业科学院、华中农业大学等科研机构的专家学者出席“游宣恩·品贡茶”为主题的贡茶文化节。

4月14日，省政府参事赵志飞一行在副州长、州公安局局长汤文江的陪同下到伍家台村，调研农村社会治理工作。习覃、张友刚参加调研。

4月16日，州领导张勇强陪同国家统计局工业司司长张卫华带领的调研组到伍家台茶叶基地、昌臣公司，调研工业经济运行情况。刘智勇、岳东及万寨乡主要负责人参加。

5月5日，省水利厅党组成员、副厅长唐俊带调研组到伍家台村，调研水利行业精准扶贫工作。周志斌参加。

5月12日，新西兰怀马卡里里地区市市长 DavidLindsayAyers(大卫·林赛·艾尔斯)一行在州政协副主席、州工商联主席王继刚及州外侨局负责人的陪同下到万寨乡，参观考察茶叶产业发展情况。

5月25日，刘智勇、朱瑾到万寨乡调研经济社会发展情况。

5月28日，天门市副市长雷华到伍家台全国富硒有机茶示范园基地、湖北伍家台贡茶有限公司，考察富硒产业建设情况。周志斌参加。

6月13—15日，省政协民宗委主任余立国带调研组，到伍家台茶叶基地，调研民族地区绿色发展情况。副州长张勇强、州政协副主席向宏贵出席座谈会。

6月16日，湖南省湘西土家族苗族自治州保靖县政协副主席向世忠、彭光海带考察组到伍家台村全国富硒有机茶示范园基地，考察万寨乡美丽乡村建设及“六城”同创工作。

6月19日，副州长张勇强到万寨乡伍家台村，调研伍家台土家族特色村寨建设项目。向子明、罗文骏参加。

6月22日，平安银行医疗健康文化旅游金融事业部北京分部总监杨朵铁带考察组一行到万寨乡，实地考察文化旅游情况。向建强参加。

6月23日，中国人民银行武汉分行行长杨立杰、恩施中支行行长吴剑峰带调研组到伍家台村党员群众服务中心、伍家台村全国富硒有机茶示范园基地、宣恩县伍台昌臣茶业有限公司，调研金融扶贫工作。

6月27日，习覃、向子明到万寨乡，查看农村公路水毁灾害情况。

6月29日，省人大民族宗教侨务外事委员会主任委员谭徽在带检查组，由州人大常委会副主任陈学明陪同，到伍家台乡村休闲度假区，检查旅游法律法规实施情况。刘智勇、杨安明、覃正彪、向建强参加。

7月6日，中国茶叶学会理事长、中国农科院茶科所副所长江用文与省茶叶学会常务理事、省农业厅经济作物处调研员姜金生分别带领部分中国茶叶学会会员、省茶叶学会会员到万寨乡，调研茶产业建设情况。钟昌泽参加。

7月8日，副州长程水源陪同江西省赣州市副市长黄金龙及考察团，到伍家台全国富硒有机茶示范园基地、湖北伍家台贡茶有限公司，考察富硒产业建设情况。周志斌参加。

7月20—21日，省文化厅党组成员、省文物局局长黎朝斌到伍家台村，调研民族村寨的保护与利用工作。习覃、邵爱华参加。

8月24—25日，省旅游委副主任李开寿带省旅游景区质量等级评定组，在州旅游委主任杨跃红的陪同下到宣恩，对伍家台乡村休闲度假创建国家AAAA级旅游景区工作进行检查验收。刘智勇、习覃、杨安明、张频、覃正彪、邵爱华参加。

8月30日，国家民委副主任陈改户带调研组，由副州长张勇强陪同，到万寨乡伍家台村，调研民族地区团结进步工作。刘智勇、习覃、郭晖、邵爱华参加。

9月7日，省农业银行副行长方先明带调研组到万寨乡调研重点项目建设情况。习覃、岳东参加。

9月23日，省商务厅副厅长胡道银带调研组到宣恩，调研伍家台全国富硒有机茶示范园基地建设情况。谢世鸿参加。

10月28日，习覃、张频、龙志刚、谢世鸿到万寨乡，调研精准扶贫及易地扶贫搬迁工作进展情况。

10月30日，刘智勇到万寨乡调研易地扶贫搬迁工作。

11月4日，州委副书记刘建平到伍家台村全国富硒有机茶示范园基地、湖北伍家台贡茶有限公司调研。刘智勇、王波、朱瑾、覃国锋参加。

11月7日，云南省楚雄彝族自治州州委常委、常务副州长赵克义带考察团一行，由州政府副秘书长李国庆陪同，到伍家台贡茶文化旅游区调研。习覃参加。

11月15日至16日，由江西省质监局标准化处处长彭家骠任组长的国家标准委考核组到宣恩，对伍家台贡茶农业综合标准化示范区进行考核验收。罗文骏、钟昌泽参加。

12月15日，浙江省发改委党组成员、省对口支援办专职副主任陈海涛带队到伍家台调研。州委常委、常务副州长周静参加调研。

12月27日，省民政厅基政处调研员齐瑞新到伍家台村，调研农村社区试点建设及难点村治理工作。黄家勇参加。

（谭琴）

长潭河侗族乡

【概况】长潭河，原名长滩河，清朝时期设有集场。

长潭河侗族乡位于宣恩县东北部，地处北纬29°50′15″～30°09′53″，东经109°32′28″～109°47′45″，东与椿木营乡、沙道沟镇交界，南与高罗镇相连，西与珠山镇、万寨乡相望，北与恩施市新塘乡毗邻。乡政府驻地为长潭河集镇，属甘露村，沿王椿线西行，距县城34千米。

境内崇山峻岭、沟壑纵横、奇山秀水、险峰颇多，四山（七姊妹山、观音山、龙马山、中武当）三水（中间河、长潭河、新四河）两库（洞坪水库、狮子关水库）一圣地（中武当）；一石（菊花石）二仙（仙人洞、仙女池）三建筑（侗族门楼、风雨桥、鼓楼）构成了长潭河侗族乡独特的自然与人文景观。经勘测，全乡煤矿贮量达1.1亿吨，铁矿贮量达1.6亿吨，天然气贮量达980亿立方，森林覆盖率达75%以上，是自然资源的宝库、民族文化的沃土、绿色生态的天然氧吧。有植物1500余种，境内的七姊妹山国家级自然保护区内有珙桐、马铃光等国家一、二级保护植物20余种和大鲵、黑熊、麝獐、水獭等国家珍稀保护动物10余种。可供开发的水能资源装机容量达5万千瓦。境内有煤、铁、天然气、高能土等矿产资源20余种，其中铁矿蕴藏较为丰富，贮藏量达1.6亿吨。

全乡土地面积432.71平方千米，年末常用耕地面积3638公顷。全乡辖甘露、小卧龙、细沙坝、后河、兴隆、两河、龙潭、龙马山、中坝、小坝、万岭山、易家坪、马虎坪、大坨、会口、黄田、陈家台、苦草坪、田坪、土鱼河、洗马坪、九坝、大湾、白果、中间河、杨柳池、中间坪、猫村子、大卧龙、王家山、猫子庄、客家营、诺西、杉木树、芭叶槽、施铁坪、律侣坝、涌洞河、梨子坪等39个村，361个村民小组，1.4万户，3.79万人，其中乡村人口3.64万人。居住着侗族、土家族、苗族、壮族等6个少数民族，侗族人口1.9万人，占51.3%。

2016年全乡农村经济总收入5.65亿元，农民人均可支配收入达到7909元，公共财政收入661万元。

【农业经济】2016年，长潭河侗族乡按照"稳烟叶、壮茶叶、养畜禽、兴旅游"的思路，发展特色主导产业。种植烟叶576.4公顷，收购

900吨，烟农收入2600万元，实现税收574万元。新增茶叶面积133.33公顷，茶叶面积达到2466.67公顷。出栏生猪10.46万头，新增“4450”模式养殖户28户。种植大户126户、养殖大户576户。新增各类专业合作社17家，总数达到51家，新增家庭农场8家，总数达到22家。

【工业经济】2016年，长潭河侗族乡新增茶叶加工企业4家，实现茶叶产值7000多万元，较上年增长12.2%。全乡工业总产值达到1.9亿元，较上年增长13.4%，完成年度目标任务的108%。

【旅游发展】2016年，长潭河侗族乡按“武陵山区最具侗族特色精品集镇”定位，建设长潭河特色小镇。修建侗族门楼、风雨桥、文化长廊、侗族风情街等彰显侗族风格的特色建筑。集镇新区、侗乡风情公园、人工湿地、集镇易地搬迁工程等一大批项目开工建设。实施中心村美化、亮化工程，建成以洗马坪、两溪河和大坨为核心的“美丽乡村”示范带。2016年，白果村黄家寨被列入第四批中国传统村落，易家坪被评为全州“十大长寿村”。

立足生态优势，文化资源，突出民族特色，按照“点上精品打造，带上串点连线，面上整体推进”的思路，着力打造乡村生态休闲旅游品牌。初步形成“点、带、面”乡村旅游创建的基本框架。成功打造两溪河、诺西两个乡村旅游示范点，整合开发以中武当一卢家院子一七姊妹山自然保护区一线为核心的旅游资源，2016年，中武当和“萨玛·长潭”旅游综合开发项目成功立项。

【基础设施建设】2016年，长潭河侗族乡公路通车里程达772千米，硬化总里程突破500千米，行政村通村公路硬化、“村村通客车”实现全覆盖。累计投资3744万元，完成1560公顷基本农田整治。农村安全饮水普及率90%。新建35千伏配电站1个，累计完成24个台区电网升级改造，供电保障能力不断提升。行政村移动通讯实现全覆盖，行政村光纤网络开通率92%，有线电视开通1365户。新建和改造标准化村卫生室32个，改造农村危房906户。

【社会管理】2016年，长潭河侗族乡全面加强应急管理和安全生产工作，积极应对各类突发公共事件，2016年成功举办侗乡成立30年系列庆祝活动，积极应对“7·19”洪灾，预防和妥善处理事故灾害、公共卫生事件等突发事件，全乡大局和谐稳定，群众安居乐业。长潭河法庭被评为“出彩宣恩人”先进集体，长潭河食药监所被评为州级示范所，长潭河乡被评为全州“‘六五’普法先进单位”和全州老干部工作先进集体。

【精准扶贫】2016年，长潭河侗族乡1114名党员干部、30家企业结对帮扶贫困户，实现结对帮扶全覆盖。截至年底，全乡3210户1.05万人贫困户有2280户7944人越过贫困线，15个重点贫困村有6个贫困村脱贫出列，贫困发生率由28.7%下降到6.89%。全乡易地搬迁1848户5997人，分散安置101户338人已入住，集中安置1747户。2016年启动的安置房全部完工，附属工程建设有序进行。对项目实施情况实行“一月一调度、一季一通报、半年一考核”，确保所有项目有序推进。重点贫困村91个项目已完成招标，处于建设之中。集中安置小区电力配网工程正加紧施工，非重点贫困村的交通项目，龙马山一陈家台（7千米）、白果村组级路硬化（9千米）、客家营一猫子庄（8.2千米）等项目已完成设计招标。

全年兑现生态补偿资金430.75万元，惠及贫困户755户2506人，聘用贫困户98人为生态护林员岗位，补助资金39.2万元。“雨露计划”资助166名贫困学子24.9万元，补助寄宿制贫困学生496人生活补助36.7万元，贫困学生640人学杂费35.4万元，落实农村中小学营养餐资金70.44万元，受益学生1761人，确定符合条件“定向委培生”12名。落实744名残疾人“两项补贴”，1768户2218人的农村低保、“五保”对象实现应保尽保。成立精准扶贫金融互助合作社26家，带动贫困户500余户1600余人脱贫致富。累计完成农村危旧房改造1250余户。

【民族团结】2016年，长潭河侗族乡贯彻执行党的民族政策，推动全乡经济社会发展。培养传承弘扬民族文化队伍，全乡共有县级非遗传承人10名，优秀民间艺人24名。加大民族干部的培养力度。协助组织部门大力培养和选拔优秀少数民族干部。全乡有56名干部,其中少数民族干部41名(其中侗族6名),少数民族干部占比达到73%。两溪河村支部书记张兴红被国务院表彰为"民族团结进步先进个人"。2016年,猫村子村支部书记谭家信被评为"全省优秀村支部书记"。

【中国传统村落黄家寨】2016年12月9日,《住房城乡建设部等部门关于公布第四批列入中国传统村落名录的村落名单的通知》将长潭河乡白果村黄家寨等1598个村落列入中国传统村落名录。

黄家寨位于长潭河乡白果村,冬少严寒,夏无酷暑,雨量充沛,四季分明,日照充足,植被保存良好,碧绿农田,菜花遍地,村庄小溪弯曲流淌,碧波荡漾。其居民以侗族为主,民居房屋以木质结构的吊脚楼为主体,始建于清朝年间,保存着传统的建筑风貌,依山傍水,气势雄伟,古朴实用。最为普遍的建造格局为正屋三间两边厢房或一边厢房,成"撮箕口"或"7"字拐式格局,厢房的间数有三列两间或者四列三间。房屋多为穿斗式结构,木屋内向围合、院落封闭、内部出檐深远,明间大开间、重私密性、主次分明的组合形式,其主要建筑特征为月梁、冬瓜梁和内檐装饰斗拱的广泛运用,木门木窗等细部建筑精美、华丽,木雕、石雕图案流畅生动、题材广泛。村庄生态良好,满目青山,悠悠清水,最大程度地保留原有风俗风貌,蕴藏着丰富的历史人文景观,是一处保存完好的传统百年老寨。

(张毅)

椿木营乡

【概况】清雍正十三年(1735)改土归流时,椿木营部分属宣恩县东乡里,部分属恩施市,部分属鹤峰县。

椿木营乡位于宣(恩)、恩(施)、鹤(峰)三县交界处,位于宣恩县东北高山地带,地处北纬29°56′19″～30°08′20″,东经109°42′19″～109°55′52″,乡人民政府驻地位于集镇国知街29号,属长槽村委会管辖,距宣恩县城80千米,鹤峰县城76千米,恩施州城110千米。椿木营是贺龙领导的红二军团创建恩(施)宣(恩)鹤(峰)边防司令部、建立苏维埃政府之地,是全国优秀基层干部、"为民模范"周国知和省级劳动模范王贵清的故乡。

全乡土地面积205.84平方千米,年末常用耕地面积1319公顷。辖白果坪、长槽(含巴山坪)、干竹坪、黄家坪、勾腰坝、木营、十家坪、杨柳坨(含晒坪林药厂)、锣鼓圈、范家坪、挖断山、杉坨、深湾、莲花台、白岩溪等15个村,84个村民小组,4684户,1.26万人,其中乡村人口1.21万人。

全乡林地面积1.61万公顷,森林覆盖率为73%。境内有煤矿、铁矿、硫矿等矿产资源,特别是硒资源十分丰富,尤以杉坨村为最高,矿层含量高达109～188PPm,硒含量超出工业规定品位100～150倍。椿木营地处武陵山区椿木营高原(指宣恩椿木营、恩施石灰窑、鹤峰中营毗邻地区大高原一部分),平均海拔1680米,被称为"恩施屋脊""宣恩之巅"。最高点长槽村火烧堡海拔2014.5米,最低处杉坨村5组海拔1100米。属夏凉冬寒的典型高山气候,夏短冬长,气候凉爽,易涝少旱。年平均气温8.9℃,无霜期189天。鸡笼洞河发源于椿木营乡长槽村,向北流入恩施市,属清江支流马尾沟水系。西水河源头位于杨柳坨村以南约1.5千米处的山坳上(北纬30°01′02″,东经109°45′20″),海拔1892米。

2016年椿木营乡实现农村经济总收入1.44亿元,比上年增长15.2%;农村人均可支配收入7785元,同比增长11.85%;公共财政收入942万元。

【支柱产业】2016年,椿木营乡实施现代烟草农业项目,新建4口烟水配套水池、总容量5000立方米、管网32.6千米,完成147栋小改密烤房、4处14座育苗大棚建设。全乡种植烟叶964.33公顷,实际收购1430吨,收购均价26.92元/千克,同比增加1.28元;实现税收846万元,同比增长13.56%。

推广绿色无公害蔬菜种植,沿勾腰坝村、长槽村、莲花台等村建千亩绿色无公害蔬菜示范基地,在勾腰坝、杨柳坨、挖断山、长槽等村建千亩马铃薯良种扩繁基地。抓好蔬菜产业技术指导与服务,对8个蔬菜专业村按季度进行培训,集中参训菜农达1000人次以上。进一步提升农产品质量安全水平,全年农残抽样检测1000个样品,合格率达到99%以上。

按"全力打造消夏避暑、滑冰赏雪、登山览胜的旅游休闲胜地"

的发展定位，连续4年举办高山露营节，7月举办的椿木营第四届露营节暨首届国际风筝节，吸引周边省市近万余名游客以及多家有影响力的新闻媒体和企业参加。

整合药材专业合作社，重点建设以深湾、长槽、范家坪、杉坨等村为主的133.33公顷药材示范基地。在湖北省农科院中药材研究所的支持下，新发展紫油厚卜66.67公顷。新增生猪养殖专业合作社1家，新注册的家庭牧场4家，开展县级四级联创两户，完成10户“4450”生猪养殖大户建设，新增标准化养猪“150”模式1户，新增养殖专业合作社两家，规范完善并申报成功8户家庭农庄。支持水电开发，鸡笼洞流域开发完成电站征地工作，进入前期施工阶段。

【基础设施建设】2016年，椿木营乡按照“发展小集镇、带动大农村”的思路，加大“水、电、路、池”等基础设施建设力度，改善基础条件，建设美丽宜居乡村。

投资400万元的农村分散饮水工程全面铺开，新建蓄水池5处，维修拦水坝2处，新建提水工程2处，铺设水管3万米，深湾、勾腰坝、木营、范家坪、杉坨等村群众安全饮水得到有效改善。投资1100万元用于农村配网改造工程建设、2000万元用于会椿线35千伏输变线路改造工程，157万元电力水灾恢复工程。启动长椿线道路改扩建工程，完成范家坪、深湾、杉坨等道路硬化和窄路加宽25千米，改扩建及新建杉坨、杨柳坨、锣鼓圈等道路路基工程16千米，完成“7·19”特大洪水灾害造成的125千米道路损毁修复工作。启动农村危房改造任务数279户，已全部开工，竣工104户。

按照“特色明显、功能完善、生态宜居的高山明珠小城镇”定位，聘请省规划设计院，编制椿木营乡集镇规划。翠谷嘉园项目基本完成一期工程，公租房、福利院、派出所建设项目完成主体工程。治理集镇进口沟渠，改造集镇电网，集镇水厂2000立方米的新水池和管网改造工程开工建设。投资150万元，新建集贸市场1个、临时停车场2处，完成集镇绿化，建设集镇路灯。整合资金50万元，采取购买社会化服务方式，对集镇实行全天候保洁。划定交通标线，设立临时停车位100余个，交通标志标牌10余处，新安装监控摄像头10个，引导车辆有序停放，自觉遵守交通管理秩序。

【精准扶贫】2016年，椿木营乡共有建档立卡贫困户1412户、4003人，贫困人口呈现出贫困面宽、量大、贫困程度深、致贫原因复杂的特点。2016年减贫382户1056人，范家坪、杉坨两个村实现整村脱贫，杨柳坨、锣鼓圈、木营3个村贫困户全部销号。

严格按照“四议一公开”程序开展“回头看”工作，对“五个硬伤户”和“三个漏网户”进行重新甄别，结合县扶贫指挥部的信息数据，完成“八个比对”工作，共剔除硬伤户329户，重新识别因灾、因病、因学等返贫贫困户429户。

主动对接和争取项目，科学编制全乡和15个村扶贫专项规划。在4个重点村中，分别实施深沟至长坪、挖断山至范家坪道路硬化，新建范家坪至杉坨公路，杉坨窄路加宽，长槽国土整治，长槽供水管网改造、长槽及范家坪烟水配套等水利项目，农网整改等电力项目。

坚持执行扶贫资金公示制、扶贫项目群众评议制、易地扶贫搬迁实名制等行之有效的工作机制，严格扶贫项目备案审批程序，防止扶贫资金闲置、挤占挪用、虚报冒领等违规违纪违法行为。对性质相近、用途相同的扶贫开发和涉农资金项目实行整合，把资金集中投放到贫困村、贫困户，确保资金使用的针对性和实效性。成立全州第一个乡金融扶贫互助社，农商行为农户量身定做“扶贫小额贷款”，为精准扶贫对象评级授信总额2780万元。

因地制宜，长短结合，分片发展特色农业，实现家家有项目，户户有产业。采取“龙头企业＋专业合作社＋基地＋农户＋市场”的经营模式，实行“参股合作，价格保底，利益返还，流转佣工”等多种利益联结机制，大力发展烟叶、蔬菜、药材等高山特色产业。

将贫困户纳入住房保障体系，确保住有所居。全乡贫困户774户2231人提出搬迁意向并签订搬迁申请书和承诺书。建设集镇商品房回购安置点、长槽村公租房安置点、深湾村集中安置点，开工建设，勾腰坝村、范家坪村、白岩溪村、黄柏营、水源头5个安置点，已开展规划设计和招投标等前期工作。

【社会事业】2016年，椿木营乡实行教育优先发展战略，全乡中考上县一中分数线57人。组织参加全州第11个非物质文化遗产日表演国家级非物遗项目《薅草锣鼓》，到重庆市黔江区参加“我要上春晚”栏目演唱高腔山歌，获得晋级；代表湖北省到重庆市黔江区参加“十三女儿谷”武陵山五省（市）山民歌擂台赛，获得“银奖”；参加恩施州首届山民歌大赛，被授予“恩施民歌之乡”称号。改善村级卫生室硬件条件，卫生医疗水平不断提高，新农合参合比例提高两个百分点。计划生育考核年度出生人口125人，符合政策生育率98.4%。

组织城乡居民参加社会养老保险，参保率98.12%，享受养老金人员发放率达到100%。完成低保评审364户744人，实现低保动态管理18户。享受大病医疗救助22人，残疾人两补政策落实108人。

【综治维稳】2016年，椿木营乡牢固树立“发展是第一要务，稳定是第一责任”的执政理念，巩固“整酒风”治理成果，整酒备案93起，先后劝退违规整酒42起。

狠抓社会矛盾纠纷排查调解工作，继续聘用湖北勇鑫律师事务所的3名律师作为全乡的法律顾问。全年共排查矛盾纠纷106件，有效化解104件。接到上级交办信访件13件，乡自办信访件受理10件，已经全部办结。连续5年无进京赴省到州上访事件。全乡共计发生刑事案件14件，破案9件；发生治安案件60件，处理59件，治安拘留40人；严厉打击赌博，查处赌博案件5起，行政拘留34人。加大安全隐患排查和整改力度，建立规范化、标准化的交通劝导站，强化食品药品安全和森林防火工作，组织各类安全检查30余次，排查出安全隐患94起，整改90起，有4起正在整改之中，拘留无证经营烟花爆竹1人。

【基层组织建设】2016年，椿木营乡牢固树立“抓好党建是本职、不抓党建是失职、抓不好党建不称职”的理念，乡党委扎实履行管党治党职责。突出“严管”和“厚爱”，采取管、暖、逼、培等方式，强化干部队伍建设，提升队伍综合素质。出台椿木营乡干部“八讲八严禁”行为规范等各项制度，管理干部有章可循。结合“主题党日活动”，学党章、党规，学准则、条例，学习近平系列讲话精神，学十八届六中全会精神，传达州第七次党代会、县十五次党代会和县十八届人大会精神。采取考试、经验交流会、老带新、限期解决问题等形式多渠道、多角度加大年轻干部培养力度，提高年轻干部政策理论水平和综合素质。

细化农村党员分类管理，对全乡党员、流动党员、留守儿童、空巢老人建档建卡，让在家党员与流动党员、留守儿童、空巢老人相互结对子，经常联系与帮扶，实施“温暖到家”“技术到家”“清洁到家”三到家工程。整合资金130万元，实施长槽、黄家坪、锣鼓圈等3个村委会建设工程。将示范村创建和软弱涣散党组织整顿工作纳入乡“书记破难点”项目，打造以药材、蔬菜、烟叶等产业的党建示范点3个，整顿锣鼓圈村软弱涣散后进党组织1个。

制定《2016年椿木营乡党风廉政建设“两清单一承诺”》，梳理整理《2016年椿木营乡主体责任工作要点清单》，与班子成员、乡直部门负责人及村组织干部签订党风廉政建设责任书40余份，层层落实责任。先后组织召开4次主体责任落实专题会议，要求班子成员务必做到“四个亲自、六个必须”，当好党风廉政建设责任制的践行者、引领者、推动者和示范者。执行干部任职前廉政谈话和重点岗位人员工作约谈制度，对全体在职干部和15个行政村定补干部分别进行集体廉政谈话，班子成员对所有责任单位进行主体责任约谈，党委书记对新一届班子成员分别进行廉政谈话。加大执纪监督问责力度加大案件的查办力度，共开展执纪监督检查15次，明察暗访干部作风10次，印发督查工作通报5期。认真践行“四种形态”，全年“四种形态”案例共计89例，第一种形态84例，工作约谈76人（次），其中谈话函询2人，警示约谈1人，提醒约谈3人，廉政约谈1人，诫勉谈话1人；第二种形态4例，其中党内警告4人；第三种形态1例，撤销党内职务1人。

制定换届风气监督工作实施方案，建立换届风气监督责任清单，领导干部、村支两委人员全体签订《严肃换届纪律承诺书》，多次集体观看警示教育片《镜鉴》，发放“九个必须”“九个严禁”提醒卡100余份，印制严肃换届纪律的横幅30幅，及时向社会公布县纪委、县委组织部“12380”电话、网络、短信和信访“四位一体”的综合举报受理平台，乡纪委、乡换届办组建督查小组，采取随机抽查、定期检查和暗访巡察的方式对换届纪律遵守情况进行督查；成功选举出县党代表12名、县人大代表10名、乡党代表54名、乡人大代表48名，胜利召开乡第六次党代会和第六届人代会第一次会议，选举产生新一届党委、政府、纪委班子。

【椿木营乡成立扶贫互助社】2016年12月8日，椿木营乡召开扶贫互助社成立大会，标志着全州首家乡级扶贫互助合作社正式成立。椿木营乡是恩施州四县五乡镇（恩施市新塘乡、红土乡，鹤峰县中营镇，建始县官店镇，宣恩县椿木营乡）高山片区重点开发区域之一。全乡有20个农村新型经营主体加入互助社，州财政局拨付300万元金融扶贫风险基金支持“扶贫益贷”项目。互助社通过“金融机构承贷，互助社提供担保”的方式，惠及贫困村贫困户，确保全乡贫困村贫困户扶贫产业“不差钱”。

【中国共产党椿木营乡第六次代表大会】2016年10月12日，中国共产党椿木营乡第六次代表大会在乡政府会议室召开，正式代表54人，列席代表28人。大会听取和审议了乡党委工作报告和乡纪委工作报告。选举产生乡党委委员尤浩、徐兆海、姚罡、汪鼎昱、夏国志、邓国君、刘艳红（女）、杨祝奎、白俊德；选举产生乡纪委委员夏国志、冯军、唐秀明、万齐伟、李国清。

【椿木营乡第六届人民代表大会第一次会议】2016年10月26日，椿木营乡第六届人民代表大会第一次会议在乡会议室召开，参会正式代表48人，列席代表38人。大会听取和审查乡人民政府工作报告、乡人大主席团工作报告。选举尤浩为乡人大主席团主席，周朝顺为人大主席团专职副主席，徐兆海为乡人民政府乡长，刘艳红（女）、杨祝奎为乡人民政府副乡长。

（唐秀明）

人物

先进模范人物

湖北省三八红旗手

罗　杰(女)　县荧屏特殊教育学校校长

恩施州劳动模范

曹翠平(女)　珠山镇农业服务中心副主任

郑奉英(女)　县公安局出入管理大队大队长

王　斌　县人民医院外科主任

杨光海　李家河民族中学校长

王真友　椒园镇庆阳村农民

朱学杰　长潭河乡洗马坪村村委会主任

陈应国　县环境卫生管理局工人

车昌茂　湖北土家爱食品开发公司员工

杨在双　宣桃茶叶有限公司生产车间主任

张继亮　湖北龙鑫厨具有限公司董事长兼总经理

新闻人物

第四届湖北最美警察

郑奉英(女)　县公安局出入境管理大队大队长

荆楚楷模

张兴红　长潭河侗族乡两溪河村支部书记

见义勇为先进个人

陶建华　县人民医院总务科工作人员

2016 年度出彩宣恩人

张相成　沈香云　龙维民

代　娜　李金凤夫妇　郑奉英

王焕军　韩　英　方应鹏

长潭河侗族乡“流动法庭”团体

百岁老人

苏妹姐,女,土家族,生于 1915 年 3 月 4 日,居住在椿木营乡白岩溪 5 组。

安国政,男,苗族,生于 1913 年 6 月 5 日,居住在高罗镇苗寨村 3 组。

陈正朝,男,汉族,生于 1912 年 12 月 25 日,居住在珠山镇兴隆大道 198 号。

刘先凤,女,汉族,生于 1914 年 3 月 16 日,居住在万寨乡芋荷坪村 9 组。

田珍云,女,土家族,生于 1915 年 2 月 22 日,居住在李家河镇二虎寨村 5 组

龙平阶,男,侗族,生于 1915 年 11 月 7 日,居住在椿木营乡黄家坪村 3 组。

刘玉平,女,汉族,生于 1916 年 2 月 27 日,居住在晓关乡桐子营村 3 组。

魏德运,男,侗族,生于 1916 年 11 月 11 日,居住在晓关乡茅坡田村 3 组。

李丁兰,女,土家族,生于 1916 年 1 月 30 日,居住在沙道沟镇栏杆坪村 4 组。

张枚香,女,汉族,生于 1916 年 7 月 21 日,居住在沙道沟镇林业村 6 组。

(郑海燕)

逝世人物

龚昊

龚昊，男，侗族，中共党员，生于1990年9月28日，宣恩县晓关侗族乡堰塘坪村人。龚昊2008年12月入伍，2011年11月加入中国共产党，生前系火箭军某部班长，中士军衔。2016年8月14日，他在执行巡逻任务中，因抢救落水战士英勇牺牲，献出年仅26岁的宝贵生命。龚昊被部队批准为烈士(2016军烈字第090300040001号)。

2008年12月，龚昊怀着报效祖国、献身国防的远大志向应征入伍，成为一名光荣的人民解放军战士。在部队的他不怕吃苦，加强训练，勤奋学习，乐于助人，入伍第三年，光荣地加入中国共产党，入伍第五年，当上班长，先后被评为“优秀学员”“优秀士兵”“优秀士官”。他作为一名老兵，除了严格要求自己，对刚入伍的新兵也是爱护有加，用实际行动得到战友信任、领导的肯定。龚昊从小到大，孝顺懂事，自从入伍以后，没有特殊情况每周都不忘给家里打电话报平安，每次探亲假，他都会帮助家人分担重活累活。

2016年8月14日，按照日常工作要求，身为班长的龚昊和战友按规定对军事禁区周边进行例行巡查。下午2：00分左右，巡查队伍中的一名战友不慎崴脚跌入深约4米的深水沟。危急时刻，不谙水性的龚昊边喊救人边脱去体能训练服从5米远的高地跑下来，不顾自身安危，与另一位战友一起下水救人，紧急关头，龚昊奋力将溺水战友猛然推向岸边战友，自己却沉入水中。事发突然，在战友和村民展开紧急救援未成功的情况下，当地公安、消防等部门组织大量救援人员搜索近3个小时，18：30分左右，龚昊同志被救上岸，已无生命体征，英勇牺牲。

2017年8月15日上午9：15，宣恩县在宣恩县殡仪馆举行悼念仪式，迎接烈士龚昊回家，其舍己救人、勇于牺牲自我的烈士精神感染社会各界人士。8月16日上午7点，龚昊的骨灰被安葬在宣恩县烈士陵园。

(郑海燕)

向裕松(1932—2016)，男，汉族，1932年9月25日出生，湖北省武汉市汉阳区人，1956年12月加入中国共产党，1950年7月参加工作，1993年7月退休，2016年5月5日因病逝世。

1950年7月至1952年6月，在武汉市汉阳区鹦鹉州工作；1952年7月至9月在武汉革命大学学习；1952年10月至12月在武汉市委办公厅工作；1953年1月至1965年3月，先后在恩施县、建始县、宣恩县林业局工作，历任股长、副局长；1965年4月至10月任宣恩县人民委员会办公室秘书；1965年11月至1970年4月任宣恩县高罗区委副书记；1970年5月至1972年12月任宣恩县李家河区革委会副主任；1973年1月至1979年12月任宣恩县革委会办公室副主任；1980年1月至1987年11月任宣恩县人民政府办公室主任；1987年12月至1993年7月任宣恩县人大常委会副主任。

附录

统计资料

宣恩县2016年国民经济主要指标(一)

表19

指　　标	单　位	2016年	2015年	±%
全县生产总值(现价)	万元	602347	550108	8.1
第一产业增加值	万元	153338	146492	4.2
第二产业增加值	万元	172267	158505	9.5
其中:工业增加值	万元	131110	121018	9.4
第三产业	万元	276741	245111	9.5
总人口	万人	361092	360378	0.2
常住人口	万人	30.44	30.26	0.6
城镇化率	%	35.11	33.01	2.1
财政总收入	万元	47295	41961	12.7
公共财政预算收入	万元	32874	28465	15.5
公共财政预算支出	万元	276999	262017	5.7
固定资产投资额	万元	446683	375049	19.1
500万元以上项目	万元	402470	300256	34.0
房地产投资	万元	44213	74793	—40.9
本年新增固定资产	万元	124794	252701	—50.6
本年施工项目	个	117	74	58.1
其中:新开工项目	个	92	23	300
招商引资到位资金	亿元	28.83	21.32	35.2
实际利用外资	万美元	524	432	21.3

注:生产总值、增加值增幅按可比价格计算,固定资产投资额2015年数据为调减数据。城镇化率增速为提高的百分点。

宣恩县2016年国民经济主要指标(二)

表20

指　　标	单　位	2016年	2015年	±%
农林牧渔业总产值	万元	272520	259814	4.4
农林牧渔业增加值	万元	154387	147511	4.2
年末生猪存栏头数	万头	43.27	36.06	20.0
生猪出栏头数	万头	55.82	58.65	-4.8
猪肉产量	万吨	4.51	4.72	-4.4
粮食总产量	万吨	12.15	13.70	-11.3
工业总产值	万元	336629	291063	15.7
工业销售产值	万元	330236	286742	15.2
工业产品销售率	%	98.1	98.52	-0.42
社会消费品零售总额	万元	380690	338657	12.4
外贸出口总额	万美元	2330.9	3219.2	-27.6
金融机构各项存款余额	万元	854351	734498	16.3
城乡居民储蓄存款	万元	471306	428450	10.0
金融机构贷款余额	万元	390176	348065	12.1
城镇常住居民人均可支配收入	元	22784	20606	10.6
农村常住居民人均可支配收入	元	8550	7805	9.6

注：工业指标为年主营业务收入2000万元以上企业快报数；

工业农业增加值、农林牧渔业总产值增长速度按可比价计算。

宣恩县2016年固定资产投资完成情况

表21　　单位:万元、平方米

指　　标	2016年	2015年	±%
固定资产投资完成额	446683	375049	19.1
5000万元以上项目完成投资	287366	239825	19.8
500—5000万元以上项目完成投资	115104	60431	90.5
房地产开发投资	44213	74793	—40.9
本年新增固定资产	124794	252701	—50.6
本年施工项目个数(个)	117	74	58.1
新开工项目(个)	92	23	300
本年投产项目个数(个)	66	46	43.5
房屋施工面积	407708	446986	—8.8
房屋竣工面积	38908	102782	—62.2
商品房销售面积	162214	145094	11.8
商品房销售总额	60215	58855	2.3

注:2015年数据为调减数据。

宣恩县2016年按行业分500万元以上项目投资情况

表22　　单位:万元

指　　标	总　计	500万元以上	500—5000万元
投资完成额合计	402470	287366	115104
1.农、林、牧、渔业	5738	4728	1010
2.制造业	70066	41545	28521
3.电力、燃气及水的生产和供应业	11050	10000	1050
4.批发和零售业	17130	17130	
5.交通运输、仓储和邮政业	103362	84373	18989
6.采矿业	1500		1500
7.租赁和商务服务业	33031	26531	6500
8.水利、环境和公共设施管理业	43895	25430	18465
9.居民服务和其他服务业			
10.教育	40850	34860	5990
11.卫生和社会工作	35479	2400	33079
12.文化、体育和娱乐业	10970	10970	
13.公共管理和社会组织	29399	29399	

宣恩县2016年重点项目建设完成情况

表23

单位:万元

项目名称	计划总投资	截至2015年底累计投资	2016年计划	2016年实际完成	截至2016年底累计投资
1.罗圈岩旅游项目(省重点)	115000	14000	16000	13786	27786
2.宣恩丹峰贡水龙城	77000	48000	12000	22200	70200
3.宣恩万和广场	60000	38000	10000	7512	45512
4.宣恩翠谷家园	16000		8000	14550	14550
5.宣恩县创美物流综合服务城	42880		12000	12100	12100
6.宣恩国际商贸城	50000		10000	16200	16200
7.宣恩县官千水库工程	17900		8000	2826	2826
8.宣恩县教育中心	52300	24559	8000	25360	49919
合计	431080	124559	84000	114534	239093

宣恩县2016年社会消费品零售总额

表24　　　　单位:万元

指　　标	2016年	2015年	±%
社会消费品零售总额	380690	338657	12.4
按销售单位所在地分			
城　　镇	270450	240453	12.5
乡　　村	110240	98204	12.3
按行业分			
批发零售贸易业	312130	277706	12.4
住宿和餐饮业	68560	60951	12.5
按规模分			
限额以上	43256	32664	32.4
限额以下	337434	305993	10.3

宣恩县2016年财政收支情况

表25　　　　单位:万元

	2016年	2015年	±%
一、公共财政预算收入	32874	28465	15.5
税收收入	23596	23481	0.5
非税收入	9278	4984	86.2
分部门			
国　税	8231	5627	46.3
地　税	15365	17854	−13.9
财　政	9278	4984	86.2
二、财政总收入	47295	41961	12.7
国　　税	17672	12757	38.5
地　　税	20345	24220	−16.0
财　　政	9278	4984	86.2
三、公共财政预算支出	276999	262017	5.7
八项民生支出合计	191086	165485	15.5
农林水事务	53281	40389	31.9
教　　育	2785	2118	31.5
社会保障和就业	35221	33287	5.8
医疗卫生与计划生育	29693	23936	24.1

宣恩县2016年金融机构各项存贷款余额

表26

单位:万元

	2016年	2015年	±%
金融机构存款余额	854389	734506	16.3
居民储蓄存款余额	471306	428450	10.0
金融机构贷款余额	390173	348066	12.1
短期贷款	203159	167194	21.5
中长期贷款	187013	180871	3.4
个人消费贷款	69799	50926	37.1

宣恩县2016年住户调查主要指标

表27

单位:元

指 标 名 称	2016年	2015年	±%
一、人均可支配收入			
全体居民人均可支配收入	12270	11151	10.0
城镇常住居民人均可支配收入	22784	20606	10.6
农村常住居民人均可支配收入	8550	7805	9.6
二、人均生活消费支出			
全体居民人均生活消费支出	9328	8283	12.6
城镇常住居民人均生活消费支出	16044	14183	13.1
农村常住居民人均生活消费支出	6951	6194	12.2

宣恩县2016年规模以上工业生产完成情况

表28　　单位:千元

指标名称	2016年	2015年	±%
一、工业总产值(现价)	3366290	2910626	15.7
#轻工业	2514697	2208969	13.8
重工业	851593	701656	21.4
#国有企业	104963	104048	0.9
股份制企业	3016109	2564490	17.6
其他经济类型企业	245218	242088	1.3
二、工业增加值增幅			10.3
三、工业销售产值(现价)	3302363	2867415	15.2
#轻工业	2464922	2179709	13.1
重工业	837441	687705	21.8
#国有企业	104963	104048	0.9
股份制企业	2952182	2521279	17.1
其他经济类型企业	245218	242088	1.3
四、工业产品销售率(%)	98.10	98.52	-0.42
五、工业主要产品产量			
精制茶(吨)	20801	18327	13.5
果汁果菜汁饮料(吨)		7450	—
混合饲料(吨)	5874	6608	-11.1
鲜、冷藏肉(吨)	11990	12370	-3.1
商品混凝土(立方米)	119769	213510	-43.9
大米(吨)	30222	28273	6.9
砖(万块)	304	630	-51.7
瓦(万片)	2965	2162	37.1
钢结构(吨)	788	731	7.8
电子元件(万只)	2310	2719	-15.0
石灰石(吨)	100216	296043	-66.1
胶合板(立方米)	52922	51148	3.5

宣恩县2016年规模以上工业生产分行业完成情况(一)

表29

单位:千元

指标名称	2016年	2015年	±%
合计	**3366290**	**2910626**	**15.7**
一、农产品加工	2447209	2152401	13.7
(一)农副食品加工业	888784	752598	18.1
谷物磨制	148823	136313	9.2
饲料加工	28098	34816	-19.3
屠宰及肉类加工	283550	271500	4.4
蔬菜、水果和坚果加工	114439	103885	10.2
其他农副食品加工	150983	114439	31.9
(二)食品制造业	58996	63756	-7.5
焙烤食品制造	58996	57691	2.3
方便食品制造		6065	-100
(三)酒、饮料和精制茶制造业	1339417	1200922	11.5
饮料制造		37450	-100
精制茶加工	1284483	1163472	10.4
(四)纺织业棉纺织及印染精加工	22380	22790	-1.8
棉纺织及印染精加工	22380	22790	-1.8
(五)木材加工及木、竹、藤、棕、草制品业	105719	85350	23.9
木材加工	45625	27500	65.9
人造板制造	60094	57850	3.9
(六)造纸和纸制品业	31913	26985	18.3
纸制品制造	31913	26985	18.3

宣恩县2016年规模以上工业生产分行业完成情况(一)

续表29　　单位:千元

指标名称	2016年	2015年	±%
二、水电开发	157169	98276	59.9
三、矿产资源开发及其他	514250	429084	19.8
(一)有色金属矿采选业	7650	26444	−71.1
常用有色金属矿采选	7650	26444	−71.1
(二)非金属矿采选业	22094	64349	−65.7
土砂石开采	22094	64349	−65.7
(三)有色金属冶炼和压延加工业	60097	79535	−24.4
(四)文教、工美、体育和娱乐用品制造业	110772	99681	11.1
工艺美术品制造	75600	54380	39.0
玩具制造	35172	45301	−22.4
(五)非金属矿物制品业	276451	199831	38.3
石膏、水泥制品及类似制品制造	130993	99783	31.3
砖瓦、石材等建筑材料制造	90134	53180	69.5
玻璃制造	55324	46868	18.0
(六)金属制品业	133956	83296	60.8
结构性金属品制造	61456	30249	103.2
金属工具制造	51040	40000	27.6
(七)计算机、通信和其他电子设备制造	34533	32920	4.9
电子元件	34533	32920	4.9
(八)废弃资源综合利用	56772	28000	102.8
非金属废料和碎屑加工处理	56772	28000	102.8
(九)印刷和记录媒介复制业	40975	29190	40.4
印刷设备制造	40975	29190	40.4

宣恩县 2016 年规模以上工业企业主要经济指标

表 30　　　　单位：千元、人

指 标 名 称	2016 年	2015 年	±%
年初存货	245135	201505	21.7
流动资产合计	1401754	1187829	18.0
应收账款	259995	197358	31.7
存货	307692	260428	18.2
产成品	92672	70731	31.0
资产总计	3821761	3510376	8.9
负债合计	1879248	1810029	3.8
营业收入	3226430	2869357	12.4
主营业务收入	3225896	2868911	12.4
营业成本	2635897	2379067	10.8
主营业务成本	2635878	2378661	10.8
营业税金及附加	15168	15572	−2.6
主营业务税金及附加	15153	15497	−2.2
销售费用	132408	114114	16.0
管理费用	153929	138405	11.2
税金	10630	12344	−13.9
财务费用	67985	69521	−2.2
利息收入	4120	709	481.1
利息支出	46355	56279	−17.6
利润总额	223654	155903	43.5
亏损企业	1	1	
亏损企业亏损总额	2313	17	135 倍
税金总额	66144	49723	33.0
应交增值税	50991	34226	49.0
从业人员平均人数	4123	3852	7.0

注：所有指标数据为 12 月快报数。

宣恩县2016年农业产值情况

表31　　　　单位:万元

指标名称	2016年	2015年	±%
农林牧渔业总产值	272520	259814	4.4
农业产值	159840	150192	6.4
烟叶产值	11564	9800	22.9
蔬菜产值	10493	7503	33.2
水果产值	20847	18215	13.2
茶叶产值	84806	82649	3.6
药材产值	5629	4320	32.5
林业产值	5204	4973	4.5
牧业产值	103289	100501	1.7
生猪产值	89357	85928	2.2
渔业产值	2860	2859	−1.6
农林牧渔服务业产值	1327	1289	1.9
农林牧渔业增加值	154387	147511	4.2

注:增长速度按可比价计算。

宣恩县2016年农业生产情况(一)

表32

指标名称	单位	2016年	2015年	±%
乡村户数	万户	9.10	8.99	1.2
乡村人口	万人	32.04	31.99	0.2
年末耕地面积	公顷	24834	24800	0.1
农作物播种面积	公顷	72475	72864	—0.5
粮食作物面积	公顷	37580	38104	—1.4
粮食总产量	吨	121500	137043	—11.3
夏收粮食面积	公顷	10140	10100	0.4
夏粮总产量	吨	21818	22000	—0.8
小麦产量	吨	18	15	20.0
洋芋产量	吨	21400	21620	—1.0
秋收粮食面积	公顷	27440	28004	—2.0
秋粮总产量	吨	99682	115043	—13.4
稻谷产量	吨	40262	47393	—15.0
玉米产量	吨	38103	42524	—10.4
大豆产量	吨	3374	3379	—0.1
油料作物面积	公顷	3684	3897	—5.5
油料总产量	吨	5133	5631	—8.8
油菜籽产量	吨	3237	3760	—13.9
烟叶面积	公顷	4817	4512	6.8

宣恩县2016年农业生产情况(二)

续表32

指标名称	单位	2016年	2015年	±%
烟叶总产量	吨	8004	7161	11.8
烤烟产量	吨	7848	7011	11.9
蔬菜面积	公顷	11850	11720	1.1
蔬菜总产量	吨	136509	131745	3.6
茶叶总产量	吨	16550	16000	3.4
水果总产量	吨	112800	106100	6.3
当年造林面积	公顷	3430	4298	—20.2
生猪出栏	万头	55.82	58.65	—4.8
生猪存栏	万头	43.27	36.06	20.0
羊出栏	只	47454	47084	0.8
家禽出笼	万只	121.01	116.04	4.3
畜禽肉总产量	吨	51820	53120	—2.4
猪肉产量	吨	45140	47215	—4.4
禽蛋产量	吨	3191	3741	—14.7
水产品产量	吨	362	362	

宣恩县2016年招商引资、外贸出口及旅游情况

表33

指标	单位	2016年	2015年	±%
外贸出口总额	万美元	2330.9	3219.2	—27.6
旅游综合收入	亿元	6.25	4.80	30.2
旅游接待人数	万人次	141.02	114.65	23.0
招商引资到位资金	亿元	28.83	21.32	35.2
实际利用外资	万美元	524	432	21.3

注:旅游综合收入、旅游接待人数数据来源入县旅游局。

全州县市主要经济指标排序(一)

表34　　单位:亿元、%

县市	生产总值	位次	增长速度	位次	第一产业增加值	位次	增长	位次
全州	735.7	—	7.9	—	152.52	—	4.2	—
恩施市	187.86	1	8.4	2	27.64	2	4.5	1
利川市	107.27	2	7.2	6	32.33	1	4.2	5
建始县	85.79	4	8.1	3	19.02	3	4.2	5
巴东县	96.21	3	7	7	18.18	4	4.4	3
宣恩县	60.23	7	8.1	3	15.33	6	4.2	5
咸丰县	73.89	5	8.5	1	16.8	5	4.5	1
来凤县	62.97	6	6.5	8	12.9	7	4.1	8
鹤峰县	51.98	8	7.8	5	10.32	8	4.3	4

注:因是分级核算,县市生产总值汇总数不等于全州核算数。GDP相关数据为初步核算数。

全州县市主要经济指标排序(二)

表35　　单位:亿元、%

县市	第二产业增加值	位次	增长	位次	第三产业增加值	位次	增长速度	位次
全州	264.73	—	8.2	—	318.45	—	9.5	—
恩施市	73.94	1	8.8	4	86.29	1	9.5	4
利川市	29.57	4	7	7	45.38	2	9.5	4
建始县	29.68	3	9	3	37.09	4	9.6	2
巴东县	39.52	2	8.6	5	38.51	3	6.5	8
宣恩县	17.23	8	9.5	1	27.67	7	9.5	4
咸丰县	22.83	5	9.5	1	34.26	5	9.7	1
来凤县	18.52	7	6.5	8	31.55	6	7.6	7
鹤峰县	21.66	6	8	6	20.01	8	9.6	2

注:工业企业为辖区内全部年主营业务收入2000万元以上的工业企业。

全州县市主要经济指标排序(三)

表36　　单位:亿元、个、%

县　　市	工业增加值	位次	增长速度	位次	工业企业个数	位次	规上工业增加值增长速度	位次
全　　州	213.06	—	8.2	—	556	—	8.5	—
恩施市	60.79	1	9.2	3	85	1	10	3
利川市	23.41	3	6.2	6	65	6	6.5	6
建始县	21.87	4	8.6	4	75	2	9.3	5
巴东县	34.4	2	9.3	2	66	5	10.2	2
宣恩县	13.11	8	9.4	1	67	4	10.3	1
咸丰县	17.47	6	8.6	4	70	3	9.4	4
来凤县	14.53	7	5.7	7	65	6	6	7
鹤峰县	18.34	5	5.7	7	63	8	5.5	8

全州县市主要经济指标排序(四)

表37　　单位:万元、%

县　　市	固定资产投资额	位次	增长速度	位次	地方财政总收入	位次	增长速度	位次
全　　州	7194008	—	17	—	1426228	—	8	—
恩施市	1741416	1	18.8	3	281460	1	4.2	3
利川市	1135661	2	18.5	5	165549	2	3.7	5
建始县	886134	4	18.4	6	92216	3	3.6	6
巴东县	999869	3	18.7	4	85019	4	4.1	4
宣恩县	446683	8	19.1	1	47295	7	12.7	1
咸丰县	628754	6	18.9	2	66595	6	8.4	2
来凤县	676671	5	18.2	7	75109	5	2.2	7
鹤峰县	490181	7	18.1	8	45452	8	−0.8	8
州　　直					567533	—	14.1	—

全州县市主要经济指标排序(五)

表38 单位:万元、%

县市	地方公共财政预算收入	位次	增长速度	位次	地方税收收入	位次	增长速度	位次
全州	719100	—	10.4	—	514437	—	4.6	—
恩施市	204732	1	3.1	8	164158	1	3	3
利川市	98246	2	8.5	4	65038	2	2.3	4
建始县	55160	4	8.5	4	39910	4	1	5
巴东县	59077	3	5.8	6	42813	3	6.2	2
宣恩县	32874	8	15.5	1	23596	7	0.5	7
咸丰县	39490	5	10	3	28496	6	11.6	1
来凤县	38519	6	5	7	29448	5	—0.2	8
鹤峰县	33333	7	10.8	2	23345	8	0.9	6
州直	157670	—	26.6	—				

全州县市主要经济指标排序(六)

表39 单位:万元、%

县市	地方公共财政预算支出预算支出	位次	增长速度	位次	社会消费品零售总额	位次	增长速度	位次
全州	3202436	—	—3.8	—	5003901	—	12.2	—
恩施市	591425	1	—21.1	8	1559700	1	12.2	4
利川市	507029	2	0.1	6	884920	2	12.1	5
建始县	332643	5	5.4	5	555800	4	12.3	3
巴东县	366076	3	10.3	3	567100	3	12	7
宣恩县	276999	6	5.7	4	380690	6	12.4	2
咸丰县	353381	4	0	7	407480	5	12.5	1
来凤县	253535	8	21.8	1	358401	7	12	7
鹤峰县	257603	7	12.1	2	289810	8	12.1	5
州直	263745	—	—29.3	—				

注:一般公共预算收入、地方税收收入、一般公共预算支出为可比增速。

全州县市主要经济指标排序(七)

表 40

单位:元、%

县市	全体居民人均可支配收入	位次	增长速度	位次	农村常住居民人均可支配收入	位次	增长速度	位次
全州	13905	—	9.78	—	8728	—	9.52	—
恩施市	16950	1	9.51	6	9037	2	9.22	8
利川市	13743	2	10.15	1	8607	6	9.8	1
建始县	12712	6	9.92	3	8689	3	9.71	2
巴东县	12804	5	9.8	5	8628	4	9.31	7
宣恩县	12270	8	10.03	2	8550	7	9.55	5
咸丰县	13158	3	9.81	4	8613	5	9.64	3
来凤县	12374	7	9.51	6	8542	8	9.6	4
鹤峰县	13075	4	9.45	8	9159	1	9.4	6

全州县市主要经济指标排序(八)

表 41

单位:元、%、万美元

县市	城镇常住居民人均可支配收入	位次	增长速度	位次	外贸出口额	位次	增长速度	位次
全州	24410	—	9.96	—	54286.2	—	3.5	—
恩施市	26559	1	9.63	6	16680.6	1	18.2	1
利川市	24409	2	10.41	2	9597.1	2	13.2	3
建始县	22867	7	10.11	4	4895.3	6	1.6	5
巴东县	23219	5	10.26	3	8031	3	4.2	4
宣恩县	22784	8	10.57	1	2330.9	7	−27.6	7
咸丰县	22844	6	9.96	5	6351.9	4	15.4	2
来凤县	23408	3	9.44	8	1293.7	8	−52	8
鹤峰县	23122	4	9.49	7	5105.5	5	−13.9	6

全州县市主要经济指标排序(九)

表42

单位:亿元、%、万美元

县　　市	招商引资到位资金	位　次	增长速度	位　次	实际利用外资	位　次	增长速度	位　次
全　　州	280.04	—	24	—	4910	—	34.3	—
恩施市	41.19	1	27.5	3	700	2	3.6	7
利川市	36.94	2	15.5	8	645	4	35.5	3
建始县	36.55	3	35.6	1	646	3	6.4	6
巴东县	32.69	6	23.4	5	554	5	5440	1
宣恩县	28.83	8	35.2	2	524	8	21.3	5
咸丰县	35.3	4	20.5	6	553	6	—2.1	8
来凤县	33.98	5	16.4	7	550	7	28.2	4
鹤峰县	28.92	7	25.4	4	738	1	60.4	2

全州县市主要经济指标排序(十)

43表

单位:万元、%

县　　市	全金融机构人民币存款余额	位　次	增长速度	位　次	全金融机构人民币贷款余额	位　次	增长速度	位　次
全　　州	12327183	—	17.5	—	7713469	—	17	—
恩施市	4198569	1	11.1	8	3614562	1	14.4	5
利川市	2097373	2	17	5	1178109	2	29.8	1
建始县	1137863	4	18.8	4	601412	3	11.4	8
巴东县	1400492	3	30.1	2	551608	5	20	3
宣恩县	854351	7	16.3	6	390173	7	12.1	7
咸丰县	926298	5	11.4	7	426342	6	22.3	2
来凤县	865036	6	19.7	3	589981	4	15.5	4
鹤峰县	847202	8	41.4	1	361283	8	13.2	6

全州县市主要经济指标排序(十一)

表44　　单位:万千瓦时、%

县　市	全社会用电量	位次	增长速度	位次
全　州	417793	—	12.3	—
恩施市	128679	1	12.9	3
利川市	63991	2	8.1	6
建始县	45977	3	6.5	8
巴东县	40606	4	8.3	5
宣恩县	23176	7	15.4	2
咸丰县	28702	6	12.6	4
来凤县	37091	5	25.4	1
鹤峰县	22403	8	8	7

表 45 **武陵山片区 71 个县(市、**

省(市)	地(市、州)	县(市、区)	土地面积(平方公里)	总人口(万人) 2017 年	总人口(万人) 增长(%)
湖北省(11 个)	宜昌市(3 个)	秭归县	2427		
		长阳县	3430	39.3	−1
		五峰县	2347	19.8	−0.7
	恩施州(8 个)	恩施市	3976	80.6	−0.2
		利川市	4606	91.4	−0.7
		建始县	2665	51.2	−0.5
		巴东县	3352	49	−0.6
		宣恩县	2737	35.8	−0.8
		咸丰县	2523	38.4	−0.9
		来凤县	1342	33.3	−0.1
		鹤峰县	2868	21.7	−2.7
湖南省(37 个)	邵阳市(8 个)	新邵县	1762	83	−0.8
		邵阳县	2001	106	−0.6
		隆回县	2868	128.4	−0.1
		洞口县	2179	89.7	−0.4
		绥宁县	2917	38.5	−0.3
		新宁县	2756	65.2	−0.4
		城步县		29.2	5
		武冈市	1539	83.8	−8.4
	常德市	石门县	3970	66.7	−0.6
	张家界市(4 个)	慈利县	3480	70	−0.9
		桑植县	3474	46.8	−1.2
		武陵源区	398	5.6	−1.6
		永定区	2174	47.4	
	益阳市	安化县	4945	102	−0.9
	怀化市(12 个)	鹤城区	723	39.9	
		中方县	1461	29.3	
		沅陵县	5852		0.7
		辰溪县	1990	53.4	0.2
		溆浦县	3438	94.2	0.5
		会同县	2258	36.8	0.8
		麻阳县	1568	39.8	0.6
		新晃县	1508	25.9	−0.5
		芷江县	2099	38.3	
		靖州县	2210	27.5	0.2
		通道县	2234	24	−0.1
		洪江市	2174	43.3	−0.5

区)主要经济指标(一)

常住人口(万人)		生产总值(亿元)		第一产业(亿元)		第二产业(亿元)		其中:工业增加值(亿元)	
2017年	增长(%)	2017年	增长(%)	2017年	增长(%)	2017年	增长(%)	2017年	增长(%)
		135.3	3.7	41.3	3.7	38.6	6.7		
19.2	1.1	65.5	3.4	22.4	3.7	20.5	1.5	19	2.2
77.7	0.5	211.2	7.9	28.9	4.1	84.5	7.8	69.4	8.1
66.9	0.5	117.9	7	33.9	4.3	33.1	7.1	26.3	6.6
42	0.4	92.6	4	19.9	3.9	30.3	−1.5	24.1	4.6
42.9	0.4	105.6	5.3	19.2	4.2	43.3	2.7	38.1	4.8
30.6	0.5	66.2	6.8	16.1	4.3	19.1	5.8	14.6	5.3
30.8	0.4	79.2	4.5	17.7	4.1	23.9	−1.1	18.8	2.1
24.8	0.4	68.6	6	13.6	4.5	19.9	2.8	16.3	6.5
20.4	0.4	56.8	6.1	10.9	4.3	23.7	4.6	20.1	3.9
78.2	0.9	138	6.9	32.3	4.3	48.7	3.4	41.4	2.9
93.7	−1.3	143.7	7.5	33.6	4	49.7	6.9	39.4	5.8
114.5	1.8	171.9	8.5	39.2	4.5	44.5	6.5	52.3	8.5
80.7	1.3	168.2	7.4	54.8	4.2	54.7	7.1	39.6	5.9
36.5	1.6	89.7	7.4	21.2	4.4	38.2	6	35.7	7.2
58.7	1.8	101.9	8.7	25.9	4.4	24.6	4.8	18.2	6.3
27.3	2.2	39.7	7.9	10.5	4.6	13.5	6.5	8.4	10.4
77.6	1.2	143.3	8.4	46.9	4.7	27.3	6.1	22.3	5.7
60.1	−0.2	270.1	9.7	42.8	4.3	108.7	8.5	99	9
61.5	0.2	183.2	8.5	28	4	54.2	4.6	46.3	4
39	0.2	90.9	8.5	10.6	3.9	18.1	5.5	14.8	6.2
		56.1	8.7	1.8	3.8	0.7	2.9	0.2	5.9
46.6	0.7	224.1	8.8	18.3	3.9	43.2	5.9	33.4	4.8
86.3	−5.6	221.3	8.4	45.4	3.7	76.9	5.7	73.2	5.6
61.5		355.1	8.1	10.7	3.6	76.7	2.1	36.6	
25.2	3.3	107.7	7.4	13.7	4.3	59.6	6.5	55.7	6.6
61.1	1.3	185.4	8.2	22.2	4.6	112.6	7.5	102.1	7.4
47	1.5	118	7.3	17.9	4.5	44	6.1	36	6.2
76.2	0.1	152.2	7.4	34.3	4.5	46.9	8.3	23.6	7.2
33.6	1.1	74	7.6	13.9	3.5	15	5.9	13.5	6.1
35.5	1.4	78	7.6	17.6	4	27.7	5.8	19.8	7.4
		57.7	7.4	7.8	3	26.5	6.2	24.6	7.1
35.2	0.9	107.6	6.1	24	4.6	42.9	5.9	41.4	5.8
26	2	83	8.6	15.5	5.3	28.4	6.5	25.9	6.7
21.1	−1.2	41.7	8.7	8.1	3.4	12.7	6.8	11.7	
41.5	−3.4	115.6	8.3	21.1	4	35.6	6.6	32	6.2

续表45

武陵山片区71个县(市、

省 (市)	地 (市、州)	县 (市、区)	土地面积 (平方公里)	总人口(万人)	
				2017年	增长(%)
湖南省(37个)	娄底市(3个)	新化县	3642	150.9	0.5
		涟源市	439	37.1	−0.5
		冷水江市	2144	114.4	−3.7
	湘西州(8个)	吉首市	1077	31	2
		泸溪县	1566	31.7	−0.1
		凤凰县	1738	43.2	−0.2
		花垣县	1108	31.3	−0.6
		保靖县	1746	31.6	0.4
		古丈县	1286	14.5	0.5
		永顺县	3810	55.5	0.9
		龙山县	3131	60.5	−0.6
重庆市(7个)		丰都县	2896		
		石柱县	3013	54.8	−0.1
		秀山县	2450	66.6	−0.2
		酉阳县	5173	85.3	−0.1
		彭水县	3903	70	−0.4
		黔江区	2402	55.5	0.1
		武隆县	2872	41.3	−0.4
贵州省(16个)	遵义市(6个)	正安县	2595	65.7	
		道真县	2156	35.1	
		务川县	2778	47.6	1.2
		凤冈县	1885	44.5	0.3
		湄潭县	1864	50.7	0.1
		余庆县	1630	30.8	0.4
	铜仁市(10个)	碧江区	1012		
		万山区	842		
		江口县	1869	24.7	0.1
		玉屏县	517	15.9	1.6
		石阡县	2173		
		思南县	2231	68.1	−0.4
		印江县	1969	45.1	0.2
		德江县	2072	55	−0.03
		沿河县	2469	68.6	0.4
		松桃县	3409	72.7	−0.01

区)主要经济指标(续一)

常住人口(万人)		生产总值(亿元)		第一产业(亿元)		第二产业(亿元)		其中:工业增加值(亿元)	
2017年	增长(%)	2017年	增长(%)	2017年	增长(%)	2017年	增长(%)	2017年	增长(%)
114.4	0.5	245.3	8.2	61.9	4.1	76.3	6.8	55.6	7.2
34.8	0.9	301.6	7.6	11.1	4.2	189	5.9	178	5.9
98.3	−3.4	286.3	8.3	53.8	4	123.7	7	86.2	7.5
34.8	3.2	153.5	10.1	7.6	4	45.2	8.8	30	11.1
29.3	0.7	56.5	3.6	8.7	3.5	26.6	1.7	12.9	1
33	0.7	81	6.3	9.4	3.6	12.7	−8.6	3.3	−28.6
29.8	−3.3	68.1	10.4	7.1	3.5	36.6	12.7	17.8	14.5
29.7	0.4	52.3	8	8.9	3.9	18	8.3	12.8	11.3
13.4	1.4	25.3	4	5.3	4.1	6.9	−1	3.4	−3
44.6	−0.6	65.9	5.8	17.1	3.7	15.9	1.2	5.3	1.1
49.3	−0.6	80.1	8.5	19.6	3.8	16.3	8.2	5.7	13.6
59.6									
37.9	−1.1	162.3	11.6	25	4.9	82.9	10.3	58.7	10.8
49.1	1	162.6	7.9	21.9	5	77.8	7.3	59.9	6.7
55.7	0.9	140.3	8.4	28.7	4.7	60.1	6.5	38.4	5.2
49.1	−1.5	140.8	9.4	26.6	4.6	58.6	5.4	33	2.4
46.2	−0.8	231.9	6	22.8	4.5	124.2	7.1	100.1	6.4
34.7	0.3	160.5	10.2	22.7	5	65.3	9.9	28.8	10.6
38.8	0.3	100.6	15.5	28.6	6.8	22.2	15.9		
24.7		65.2	12.1	22.2	6.9	13.3	14.6	6.3	12.6
32.3	0.2	69.1	11.9	22.9	7	15.4	16.3	5.9	13.2
31.4	0.2	77.4	11.6	24.9	6.7	19.4	9.9		
38.2		104.6	12	30	6.8	27.4	11.4	28.7	13.6
23.9	0.3	80.9	9.3	19.8	6.5	23.9	−0.8	14.9	9.5
		162	13						
17.5	0.5	56.1	11.4	14.9	6.9	14.1	11.8		
12.8	5.2	78.6	11.7	9.6	6.8	42.7	10.9	38.3	10.5
		79.1	12.1	26.2	6.5	11.6	13.4		
50.3	0.1	130.1	11.9	35	6.6	30.9	12.5		
28.7	0.5	95.4	12.1	26.5	6.5	17.8	12.8		
37.2	0.2	107.2	12.2	26.8	6.5	21.7	12.9		
45.3	0	103.2	12.2	28.7	6.5	19.8	13.8	10.4	12
49.3	0.1	127.5	12	28.3	6.6	42.4	12.3	34.7	11.8

续表 45

武陵山片区 71 个县(市、

省（市）	地（市、州）	县（市、区）	第三产业(亿元) 2017 年	第三产业(亿元) 增长(%)	人均 GDP(元) 2017 年	人均 GDP(元) 增长(%)
湖北省	宜昌市(3 个)	秭归县				
		长阳县	55.4	1.2	34882	1.2
		五峰县	22.5	4.6	34037	2.6
	恩施州(8 个)	恩施市	97.8	9.3	25880	7.4
		利川市	50.9	9	16987	6.5
		建始县	42.4	8.5	20850	3.5
		巴东县	43.1	8.5	23370	4.8
		宣恩县	30.9	8.9	20820	6.3
		咸丰县	37.7	8.5	24416	3.9
		来凤县	35.1	8.6	26407	5.5
		鹤峰县	22.2	8.9	26828	5.6
湖南省（37 个）	邵阳市(8 个)	新邵县	57	11.7	17644	7.6
		邵阳县	60.5	10.3	15244	8.9
		隆回县	88.3	11.4	15016	8.1
		洞口县	58.8	10.8	20855	9
		绥宁县	30.4	11.5	24798	9.1
		新宁县	51.5	1.3	17621	9.2
		城步县	15.7	11.5	14551	7.5
		武冈市	69.2	12.1	18575	7.5
	常德市	石门县	119.7	13.1	45064	13.9
	张家界市(4 个)	慈利县	101	12.1	29812	9.2
		桑植县	62.3	10.2	23341	10.5
		武陵源区	53.6	8.9	21726	8.9
		永定区	162.6	10.1		
	益阳市	安化县	99	12.8	25650	19.3
	怀化市(12 个)	鹤城区	267.6	10.3	58012	
		中方县	34.5	10.4		
		沅陵县	50.7	11.6	30516	102.1
		辰溪县	56.1	9.4	25291	6.3
		溆浦县	71	8.2	20060	
		会同县	45.1	9.7	22183	8.5
		麻阳县	36.7	10.6	22101	6.8
		新晃县	23.4	10.5	22825	5.4
		芷江县	40.8	7.3	30743	7.2
		靖州县	39.1	11.5	31956	8.8
		通道县	21	12.3	19784	12.9
		洪江市	58.9	11.2	27383	9.5

区）主要经济指标（二）

粮食总产量（万吨）		固定资产投资（亿元）		社会消费品零售总额（亿元）		财政总收入（亿元）		一般预算收入（亿元）	
2017年	增长（%）	2017年	增长（%）	2017年	增长（%）	2017年	增长（%）	2017年	增长（%）
		102	-0.3	48	8.5	19.4	46.6	7.4	6.9
10.4	1.2	92.3	-1.9	52.9	7.6	9.5	2.1	7.1	1.5
8.2	1.5	49.8	-13.8	23.5	7	4.6	5.8	3.3	4.6
22.3	2.6	205.9	18.2	173.9	11.5	31.7	12.8	21.1	3.1
34.2	2.8	134.2	18.2	98.1	10.9	19	14.9	10.2	3.5
21.7	2.7	103.8	17.1	62.1	11.7	10.7	15.9	5.8	4.9
21.1	2.5	117.6	17.6	62.9	19.9	9.7	13.9	6.4	8
12.3	1.5	53.1	18.8	42.4	11.3	5.4	14	3.6	8
21.6	2.7	74.5	18.4	45.3	11.1	7.6	14.7	4.3	8.7
11.7	0.9	45.3	-33.1	39.7	10.7	8.7	15.2	3.9	1
8.8	5.2	58.1	18.5	32.1	10.6	4.9	8	3.4	0.7
32.3	2.1	168	10.5	70.5	10.9	11.9	9.1	8.4	2.4
45.3	0.5	229.2	12.1	94.5	11.1	9.7	10.2		
46.5	0.8	176.1	14.1	97.2	10.6	12.1	9.7	7.7	3.5
45.9	1.7	218.4	12.9	81.5	11	9.3	0.4	6.5	-9.3
14.2	-0.8	84.7	11.3	38.6	10.5	5.5	10.6	3.6	-0.8
30.5	0.4	95.2	10.9	50.6	10.3	8.2	10.8		
7.9	1.3	52.2	12.4	27.3	10.7	4.7	9.9	3.1	2.8
47.5	2.1	223.4	13.5	83.6	10.1	10.3	8.2	7.3	-1.8
27.8	3.5	120.7	-10.6	120.9	11.9	13.7	10.6	7.8	2.3
30.8	4	93.5	21.4	61.9	10.6	12.4	12	8.1	11.2
		48.7	1.7	35.7	10.7	6.1	12.3	3.4	3.4
1.5	1.7	36.5	18.4	15.2	10.8	5.9	12.6	4.2	11.2
15	2.7	166.5	21.9	106.4	10.7	12.2	20.7	5.9	16.4
24	0.7	169.2	15.3	110.9	10.4	13.8	12.3	6.9	2.1
5.2		182.4	5.2	214.7	10.5	11.6	14.5	6.2	-2.2
11.6	1.6	155.3	2.6	20.7	9.8	13.6	13	9.2	13.4
23	3.8	135.9	18.5	59.5	10	13.2	11.2	7.5	5.1
18.7	-0.1	118	18.5	50.2	9.9	8.4	13.1	5.1	9.2
33.7	0.4	126.4	18.5	67.8	11.1	7.7	11.5	4.3	0.3
12.4	4.9	61.5	17.2	20.7	10.8	5.4	11	3.2	3.1
11.4	4	67.3	18.4	31	10.6	5	11.3	2.9	-2.8
8.2	2.9	61.1	19.3	17.3	11.2	4.6	12.5	2.8	2.9
20.7	-1.3	71	19.6	42.1	11	6.5	-10.2	4.2	-18.1
		55.4	18.4	31.6	10.1	4.7	11	2.7	1.3
8.4	3.7	45.9	19.5	14.8	10.9	4	11	2.3	10
16.6	1.6	116.9	18.5	34.2	10.3	7.9	11	4.6	5.2

续表 45

武陵山片区 71 个县(市、

省(市)	地(市、州)	县(市、区)	第三产业(亿元) 2017 年	第三产业(亿元) 增长(%)	人均 GDP(元) 2017 年	人均 GDP(元) 增长(%)
湖南省(37 个)	娄底市(3 个)	新化县	107.1	11.6	86592	
		涟源市	1015	11.6	21440	
		冷水江市	108.8	12.3	29125	
	湘西州(8 个)	吉首市	100.7	11.1	45009	5
		泸溪县	21.1	6.4	19506	3.1
		凤凰县	59	10.4	23894	11.1
		花垣县	24.3	9.1	22468	11.1
		保靖县	25.3	9.4	17854	7.5
		古丈县	13	6.9	19154	2.6
		永顺县	32.9	9.5	14830	6.3
		龙山县	44.3	10.9	16239	8.5
重庆市(7 个)		丰都县				
		石柱县	54.3	8.9	42564	12.7
		秀山县	62.9	7.9	34126	10.2
		酉阳县	51.6	6.1	25499	6.7
		彭水县	55.6	7.3	28475	7.7
		黔江区	84.8	4.7	48463	27.1
		武隆县	72.5	6.5	46305	7.7
贵州省(16 个)	遵义市(6 个)	正安县	49.8	21.1	25958	16.1
		道真县	29.7	15.1	26378	14.1
		务川县	30.8	13.6	21400	13.7
		凤冈县	33.1	16.6	24706	11.3
		湄潭县	47.3	15.6		
		余庆县	37.1	18.7		
	铜仁市(10 个)	碧江区				
		万山区				
		江口县	27.1	14	32077	
		玉屏县	26.3	14.2	63131	8.4
		石阡县	41.3	15.3		
		思南县	64.2	13.9	25879	11.9
		印江县	51.1	15.1	33288	4.7
		德江县	58.8	14.5	28800	
		沿河县	54.8	14.6	22783	12.1
		松桃县	56.8	14.7	25867	10.6

区）主要经济指标（续二）

粮食总产量（万吨）		固定资产投资（亿元）		社会消费品零售总额（亿元）		财政总收入（亿元）		一般预算收入（亿元）	
2017年	增长（%）	2017年	增长（%）	2017年	增长（%）	2017年	增长（%）	2017年	增长（%）
48.9	2.1	173.7	16	104	10.8	12.7	9.3	7.8	4.3
4.5		236.3	8	103.4	10.7	17.6	397		
45.2	2.1	233.3	11.9	124.3	10.7	12.1	1.1		
4.9	2.4	154.7	27	97.2	11	13	18.3	8.3	9.4
7.4	1.2	31.9	15.6	15.5	10.9	5.2	12.2	3.2	−6.2
12.2	1.3	71.3	21	49.5	10.6	12.1	20.1	8.1	4.3
9	−0.3	33.2	23.8	16.4	11	12.2	53.5	7.2	37.4
8.8	0.6	26.4	−28.6	13.4	10.3	4.3	2.1	2.7	−3
3.3	−0.6	32.3	2.1	6.3	10.2	3.3	6.2	2.1	−0.7
21.1	1	50.2	−14.8	39.2	10.1	6.5	22.6	3.8	14.8
18.1	2.1	66.6	7.4	42..7	10.8	8.1	15.2	5.2	9.5
26.5	0.2	142.4	16	62.9	13.6	22.4	−13	13.4	3
31.8	0.3	166.9	16.1	75.8	14.1	12.6		12.6	9.9
38.7	0.5	140	13.6	59.4	13.5	21.3	−9.7	12.1	−7.3
		178.7	13.5	67.5	13.7	29.1	0.3	14	3.7
25.3		262.7	4	103.2	11.6			23	7.8
18.3	0.3	144.3	10	58.8	11.9	28.3	5.1	21.8	2.9
23.4	0.4	89.22	23.9	24.2	10.4	20.1	94.4	8.1	59.1
14.1	−5.4	63.8	23.3	16.1	16.6	8.9	8.8	4.5	11.8
16.7	−4.1	74.4	23.7	15.6	22.2	11.1	16.6	5.1	25.6
20.7	−1.2	54.5	8.1	21	10.4	6.8	12.5	2.9	4.8
23.2	0.7	116.9	8.2	34	16.8	10.6	8.4	4.6	6.6
18.7	−0.1	106	5.4	19.4	7.1	8.8	−4.5	4.3	−0.7
		177	23	52.5	130			12.9	15
6.7	−0.1	86.9	10.6	10.6	12.7	4	7.1	1.9	3.6
3.9	−4.7	91.8	22	11.3	12.4	9.6	16.4	5	12.9
		70.5	22.8	12.1	12.8			3.8	14.7
23.2	−0.2	140.5	22.8	28.5	12.5	11.1	11.8	5.1	3.9
14.2	−1.8	95.9	22.9	15.3	12.7	5.7	5.1	2.8	11.8
17.3	−2.7	82.2	22.3	20.1	12.9	11.2	12.4	5.6	12.1
18.6	−2	135	23.1	21.3	12.6	9.6	14.4	4.7	15.7
24	−1	118.5	22.3	27.2	12.6	12.7	8.9	6.8	3.7

续表45

武陵山片区71个县(市、

省 (市)	地 (市、州)	县 (市、区)	财政总支出(亿元)		城镇居民人均可支配收入(元)	
			2017年	增长(%)	2017年	增长(%)
湖北省	宜昌市(3个)	秭归县	46.6	30.9		
		长阳县	34.3	5.6	26532	8.3
		五峰县	33.8	23.9	24428	9.2
	恩施州(8个)	恩施市	61.7	4.2	29138	9.7
		利川市	63.8	25.8	26711	9.4
		建始县	39.4	18.3	25138	9.9
		巴东县	37.3	1.8	25496	9.8
		宣恩县	29.9	8	24954	9.5
		咸丰县	30.1	−14.7	24999	9.4
		来凤县	25.4	0.2	25690	9.7
		鹤峰县	27.1	5	25351	9.6
湖南省(37个)	邵阳市(8个)	新邵县	46.3	11.5	24449	8.7
		邵阳县	48.8	3.9	24398	8.8
		隆回县	56.5	10.3	23217	8.5
		洞口县	52.7	10.5	24803	8.6
		绥宁县	32.8	−8.4	22871	10.9
		新宁县	42.3	20.4	23599	10.7
		城步县	2.5	6	21988	10.4
		武冈市	47.2	7.5	24395	8.9
	常德市	石门县	45.5	10.5	22923	8.1
	张家界市(4个)	慈利县	42.6	2	22092	9
		桑植县	33.3	7.8	15653	10.9
		武陵源区	11.8	2	27571	8.7
		永定区	32.3	11.8	25845	9.3
	益阳市	安化县	56.4	8.9	17030	8.5
	怀化市(12个)	鹤城区	23.3	14.3	19992	8.4
		中方县	19.8	9	25536	9
		沅陵县	37.5	8.6	20916	8.5
		辰溪县	33.8	23.3	21235	8.6
		溆浦县	52.1	−2.9	21631	8.6
		会同县	25.5	5.7	20185	8.2
		麻阳县	27.8	14.9	21342	9.4
		新晃县	28.6	3.1	18882	9.1
		芷江县	25.4	0.5	22131	9.5
		靖州县	22.7	8.2	20151	8.8
		通道县	21.3	3.5	19276	9.3
		洪江市	27.4	12.9	21978	8.3

区）主要经济指标（三）

农村居民人均可支配收入（元）		金融机构存款余额（亿元）		居民存款储蓄（亿元）		金融机构贷款余额（亿元）		城市化率（%）	
2017年	增长（%）	2017年	增长（%）	2017年	增长（%）	2017年	增长（%）	2017年	增减（百分点）
		169.7				108.2			
9687	9.6	156	16.6	112		124.2	34.1		
9498	9.9	87.6	2			44.4	17.4		
9931	9.9	472.1	12.4	221.3	14.2	405.6	12.2	54.8	1.5
9473	10.1	240.8	14.8	161.7	16.1	147.6	25.3	43.1	1.6
9523	9.6	126.8	11.5	79	16.4	752.7	20.9	40.1	1.8
9476	9.8	151.1	7.9	87.8	16.7	65.3	18.5	37.6	1.6
9408	10	96	12.4	55	16.6	51	30.7	36.7	1.6
9475	10	109	17.7	72.5	13	57.3	34.5	41.4	1.5
9362	9.6	98.3	13.6	66.5	17.7	68.6	16.2	41.8	1.5
10043	9.7	87.1	2.8	49.9	14.1	35.5	−1.9	36.4	1.8
10020	10.5	193.2	16.2	141	15.1	84.8	11.6	0.4	2
9907	12.3	206.3	10.1	163.7	13.5	66.3	5.7	0.4	2
9174	13.3	322.4	12.1	242	13.2	95.9	−5.1	0.4	2
9709	11.8	244.6	12.6	189.9	14.3	86	8.9	0.4	1.9
9211	12	109.3	8.5	82.6		38.4	17.9	0.4	2.3
9109	12.4	165.9	17.8	122.4	15.6	71.8	29.1	0.4	2.1
7160	15.9	78.6	7.8	52.5	10.3	41.6	30.2		
10779	125.3	226.5	10.7	171.5	14.5	85.1	16.3	0.4	1.9
10561	10.1	230.3	8.4			99.1	23.1	45	2.8
9734	11.5	223.2	12.8	161.5	10.5	129	27.8	45.9	5.1
7210	15.1	119.3	10.8	79.3	143.9	63.3	21.3	42.9	4.6
12029	9.5	46.3	21.7			48.7	19.8	64	10.3
9099	11.3	400.8	25.8			316.4	8.7	53.5	3.2
8138	9.6	329.2	15.5			110.2	24.7	35.1	13.3
9924	10	676.9	9.8	338.6		438.6	10.2	92.3	
10165	9.6	60.1	25.2			41.5	12.8	38.1	2.4
8583	10.1	168.5	12.5	126.7	10.3	64	18	38.4	2.8
9030	10.3	114.9	5.4	92.2	11.8	59.25	17.7	37.7	2.1
10202	9.7	222.6	15	180.4	12.1	96.2	17		
9015	10.2	103.4	8.3	82.7	10.8	34.3	15.3	38.2	3.2
7650	13.1	97.7	20.1	68.7	21	56.2	20.7	37.4	2.3
7663	13.8	61.1	4.8	46.7	10.3	22.1		37.2	
8086	11.1	111.1	8.3	87.8	14	44.9	9.2	36.9	2.6
8769	10.8	92	4.2	66.9		41.9	12.7	47	2.3
6887	16.6	68.8	15.8	44.1	10.7	27.9	45.5	37.5	3.3
10100	10.4	128.9	9.6	100.9	12.4	82.6	2.8	42.7	2.2

续表45

武陵山片区71个县(市、

省（市）	地（市、州）	县（市、区）	财政总支出（亿元）2017年	财政总支出 增长（%）	城镇居民人均可支配收入（元）2017年	城镇居民人均可支配收入 增长（%）
湖南省（37个）	娄底市（3个）	新化县	72.1	9.8	19266	8
		涟源市	29	－5.7	31729	7.7
		冷水江市			20322	8.7
	湘西州（8个）	吉首市	34	15	27881	9.2
		泸溪县	26.7	5.9	21461	9.6
		凤凰县	35.8	11.9	22698	9.5
		花垣县	28.5	11.1	22586	9.7
		保靖县	24	5.1	20256	9.5
		古丈县	16.1	－8.2	19555	9
		永顺县	39.6	13.8	19852	9.1
		龙山县	40.9	9.9	20054	9.6
重庆市（7个）		丰都县				
		石柱县	54.8	11.3	30087	9.3
		秀山县	49.1	4	29956	11
		酉阳县	65.4	2.9	24585	9.4
		彭水县	70.5	2.7	26808	9.5
		黔江区			29812	9.7
		武隆县	57.6	－0.9	32495	9.4
贵州省（16个）	遵义市（6个）	正安县	49.5	29.8	26659	10
		道真县	28.3	3	26645	9.9
		务川县	31.3	18.9	26594	9.7
		凤冈县	29.6	12.3	26639	9.5
		湄潭县	33.6	14.8	29536	8.1
		余庆县	20.4	13.5	10631	9.6
	铜仁市（10个）	碧江区			29054	9.1
		万山区				
		江口县	21.1	3.7	26727	9.1
		玉屏县	26.6	－37.5	27849	9
		石阡县			25986	9.2
		思南县	49.4	17.6	26212	9.6
		印江县			26031	9.1
		德江县			26298	9.7
		沿河县	47.7	18.9	25833	9.5
		松桃县	42.7	13.7	26171	9.8

区)主要经济指标(续三)

农村居民人均可支配收入(元)		金融机构存款余额(亿元)		居民存款储蓄(亿元)		金融机构贷款余额(亿元)		城市化率(%)	
2017年	增长(%)	2017年	增长(%)	2017年	增长(%)	2017年	增长(%)	2017年	增减(百分点)
7920	10.4	650.9	15	276.4	15.2	148.1	19.2	36.2	
21184	8	188.3	8.2	139.1	10.8	139.8	0	77.1	
9096	11.2	252.3	11.7					40.8	
9720	11.1	389.1	11.9	179.7	13.5	210.6	24.2	73.9	0.4
7518	11.8	85	8.4	66	17.5	40.5	23.1	43.1	1.1
9142	11.3	138.6	8.2			75.6	6.8	38.2	0.9
7859	11.4	112.9	13.1			58.1	12.4	43.5	5.8
8658	11.4	72.2	4.2	51.6		39.7	14.7	40.5	1
6932	15.9	54.25	12.9	31.1	15.9	34.5	21.3	38.6	0.4
7168	14	144.3	16.5	93.4	14.9	84.8	27.5	39.9	2.2
8494	11.3	157.6	15.6	115.7	14	88	19.5	40	1.6
11752	10.1	216.5	9.6	145.5	9.1	129.2	38.3	42.2	5.9
10189	10	207.4	4.9		13.8	172.2	30.5	40.3	4.2
8852	9.7	236.2	21.4	147	14.1	140.5	40.1	33.5	4.2
10196	9.7	186.6	2.1	134.9	4.3	179.6	8.3		
10792	9.9	226.4	−7.1	137.8	8.6	238.4	15.4	49.1	3.4
11744	10.4	215.2	8.9			405.8	9.5	42.7	3.8
9189	10.8	166.3	23	91.8	16.5	123.6	35.3	52.1	
9178	10.7	104.6	0.4	74.6		58	30.1	34.2	
9124	10.1	137.1	24.6	72.6	17.8	83.1	28	43.9	
10198	10	108	17.2	68.3	14.1	77.9	24.4	34.6	
12137	9.8	163.9	7	105.6	13	137.8	25.5		
26721	9.1	98.9	3.7	65.6	12.4	87.2	12.8		
11400	10	373.8				262			
8285	10.5	74.8	19.4	38.2	17.8	60.6	16.2		
10534	10.9	79.5	−5.7	37.5	22.3	63.2	10.8	43.7	
8197	10	124.6	39.6			80.1	28.9		
8090	10.4	137.8	12.9	89.8	13.5	114.2	17.6		
8058	10.1	126.7	23.3	66.4	20.9	98	23.3		
8048	10.5	138.1	30.1	66.8	30.1	93.7	35.5		
8016	10.2	144	12.9	78.4	16	79.8	18.1		
8068	10.7	165	24.1			108.7	17.9	20.5	

县农发行庭院绿化